QIĀNCÍ JÌNGCÍ WĂNCÍ CÍDIĂN
谦词敬词婉词词典

（增补本）

洪成玉　编著

商务印书馆
The Commercial Press

图书在版编目(CIP)数据

谦词敬词婉词词典:增补本/洪成玉编著. —北京:商务印书馆,2010.1(2024.8重印)
ISBN 978-7-100-05651-9

Ⅰ.谦… Ⅱ.洪… Ⅲ.汉语-敬语-词典
Ⅳ.H136.3-61

中国版本图书馆 CIP 数据核字(2007)第 157526 号

权利保留,侵权必究。

QIANCÍ JÌNGCÍ WĂNCÍ CÍDIĂN
谦词敬词婉词词典
(增 补 本)
洪成玉 编著

商 务 印 书 馆 出 版
(北京王府井大街 36 号 邮政编码 100710)
商 务 印 书 馆 发 行
北京盛通印刷股份有限公司印刷
ISBN 978-7-100-05651-9

2010 年 1 月第 1 版　　开本 850×1168 1/32
2024 年 8 月北京第 4 次印刷　印张 17¾
定价:80.00 元

总 目

增补本说明 …………………………………………	1
自序 ………………………………………………………	3
凡例 ………………………………………………………	31
正文目录 …………………………………………………	34
正文 ………………………………………………………	1
（一）谦词 …………………………………………	1
（二）敬词 …………………………………………	86
1. 通用敬词 …………………………………	86
2. 书信敬词 …………………………………	256
（三）婉词 …………………………………………	300
1. 厕所便器婉称 ……………………………	300
2. 排泄婉称 …………………………………	305
3. 生殖器婉称 ………………………………	310
4. 月经婉称 …………………………………	313
5. 性爱婉称 …………………………………	315
6. 妓女婉称 …………………………………	325
7. 妓院婉称 …………………………………	336
8. 狎妓婉称 …………………………………	346
9. 去世婉称 …………………………………	354
10. 父母丧事婉称 …………………………	411

11. 疾病婉称 …… 415
12. 其他 …… 418

音序检索 …… 426

增补本说明

初版《谦词敬词婉词词典》只是对我国礼貌语言中丰富的谦词、敬词和婉词,做了初步的系统收集整理工作。出版以后,我又陆陆续续地收集整理了一些,达到一定数量后,征得商务印书馆的同意,又出版了增补本。增补本增补了近七百条词条,约10万字。同时,还对编排体例和词条的目次作了一些适当调整。

一、增补部分,有两种情况:

(一)新增条目。又可分两种情况:一种是原来失收的,谦词:如掷下、掷还、掷送等;敬词:如珂里、珂乡等;婉词:如宾天、宾空等。一种是原来已收有,只是增补该词用法的条目,如"尊"这一条目下,增补了尊篆、尊章、尊嫜、尊婢、尊酌、尊裁、尊怀、尊闻、尊览、尊腹、尊步、尊拳、尊仪、尊面、尊貌、尊性、尊威、尊履、尊召、尊藏、尊辑、尊纂、尊稿、尊纸、尊论、尊言、尊嘱、尊乘、尊照、尊相等。这些条目,对读者如何用"尊"这个敬词,有参考价值,而现有的大型工具书却不能查到。

(二)增补例句。也可分两种情况:一种情况是充实例句。有好多词条原来只有一个例句,适当加以增补。但也只是有选择地增了一些,数量并不多。一种是原例较古,适当增补近现代的例句。一般也只是增补一两例,以说明这些词语至今还有很强的生命力。

二、改动编排体例。有两处作了比较大的改动:一是正文细目的改动。原来的细目,密密麻麻,挤成一片,也没有页码,失去查检的作用。改动以后的正文目录,试图眉目清楚一些,且增加了页码。一是把词语的音序检索,挪放到正文之后。调整以后，读者可以按分类目录查检想要找的条目，也可以从音序检索中查检所需的条目，可能会更方便一些。

三、目次也有一些调整。本词典实质上是一本同义词词典。大类是把谦词、敬词、婉词分别编排在一起，词目也尽可能把用法和词义相近的编排在一起。例如婉词，其中表示人去世的婉称共四百余条，其实就是一组同义词。再如谦词，增补本把"家""舍""愚""蒙""拙""顽""浅""薄""微""菲""寸""谫""陋""卑""鄙""贱""贫""寒"等编排在一起，而初版则被一些相关条目隔开，虽然大体上也是以类相从，但稍嫌松散一些。不过，有些条目处理起来还是感到有些困难，经初步调整以后，问题还是存在。

本词典的正文，百分之九十五以上是书证，而且多为古籍中的书证，在转录过程中，稍一不慎就会出错。这无疑给编审稿件增添了很大的困难和难度。我要特别感谢责编王玉先生。她细心、认真、负责，不仅核对原文，改正了不少错误，而且对一些用法和编排也提出了可贵的改进意见，从而最大限度地保证了本词典的质量。当然，尽管经过作者和责编的共同努力，错误和不妥之处还是难以避免的，恳切希望同行和读者及时给我们提出批评意见。

洪 成 玉
2007 年 9 月

自 序

一、社会呼喊文明

礼是对人的社会行为的规范,是文明社会的重要标志。人具有两重属性:一种是自然属性,一种是社会属性。作为自然属性的人,属于动物,只不过是高级动物而已;作为社会属性的人,必须受社会的制约,必须受礼仪的规范。一个人的行为,如果脱离了社会的制约、礼仪的规范,那么剩下的只是自然属性,这实际上是把自己等同于禽兽。这个道理,早在两千多年前,我们的先哲就已经说得清清楚楚。《礼记·曲礼上》:"鹦鹉能言,不离飞鸟;猩猩能言,不离禽兽。今人而无礼,虽能言,不亦禽兽之心乎!……是故圣人作,为礼以教人,使人以有礼,知自别于禽兽。"我国伟大的思想家、教育家孔子特别强调人的社会行为应该受到礼的规范,他说:"非礼勿视,非礼勿听,非礼勿言,非礼勿动。"(《论语·颜渊》)认为人的一举一动都应符合礼的规范。这句曾一度受到批判的话,其实并没有错。礼,既是人和禽兽的分野,也是文明和野蛮的分野。每个社会,在不同的历史时期,礼的内容和形式可能会因时而异,但是,礼作为人的行为规范,应该是与社会永世共存的。

谦词、敬词和婉词是礼貌语言之一,即在礼貌方面规范人的语言行为。汉语是世界上历史最悠久、语汇最丰富的语言之一。我国人民在人际交往中十分讲究谈吐文雅,举止有礼。历代以来,积累了大量的有广泛群众基础的谦词、敬词和婉词。不仅在文人中广为使用,而且在被称为村夫俗子的粗人中也广为使用。请看摘自反映下层社会生活的小说中的几段对话：

> 虞候道："无甚事，闲问则个。适来叫出来看郡王轿子的人，是令爱么？"待诏道："正是拙女，止有三口。"虞候又问："小娘子贵庚？"待诏应道："一十八岁。"再问："小娘子如今要嫁人，却是趋奉官员？"待诏道："老拙家寒，那讨钱来嫁人？将来只是献与官员府第。"（《京本通俗小说·碾玉观音》）

"令爱"是敬称对方的女儿；"贵庚"是敬问他人的年龄；"拙女"是谦称自己的女儿；"老拙"是老年人谦称自己。再引一段对话：

> 徐信道："我徐信也是个慷慨丈夫，有话不妨尽言。"那汉方才敢问道："适才妇人是谁？"徐信道："是荆妻。"那汉道："娶过几年了？"徐信道："三年矣。"那汉道："可是郑州人，姓王小字进奴么？"徐信大惊道："足下何以知之？"……徐信闻言，甚踽踽不安，将自己虞城失妻，到睢阳村店遇见此妇始末，细细述了："当时实是怜他孤身无依，初不晓得是尊闻，如之奈何？"……徐信亦觉心中凄惨，说道："大丈夫腹心相照，何处不可通情？明日舍下相候。足下既已别娶，可携新闻同来，做个亲戚，庶于邻里耳目不碍。"（《京本通俗小说·冯玉梅团圆》）

这一段对话也用了不少谦敬词。"荆妻"是谦称自己的妻子；"小字"是谦称自己或自己亲人的姓名字号；"舍下"是谦称自己的住所；"尊闻""新闻"是敬称对方的妻子；"足下"是敬称对方。《水浒传》中被称为绿林好汉的英雄人物，看起来很粗鲁，但初次相见时，对话也颇文雅：

> 戴宗问道："壮士高姓大名？贵乡何处？"那汉答道："小人姓石，名秀，祖贯是金陵建康府人氏，自小学得些枪棒在身，一生执意，路见不平，但要去相助，人都呼小弟作'拼命三郎'。……既蒙拜识，当以实告。"戴宗道："小可两个因来此间干事，得遇壮士，如此豪杰，流落在此卖柴，怎能勾发迹？不若挺身江湖上去，做个下半世快活也好。"（《水浒传》第四四回）

对话中的"小人""小可""小弟",是谦称自己;"壮士",是敬称对方;"蒙",是敬称受人眷顾;"拜识",是敬称受人赏识;"高姓大名",是敬问对方姓名;"贵乡",是敬问对方籍贯。

《京本通俗小说》和《水浒传》都是以当时的话本为基础整理而成的。话本是一种在市井茶楼酒肆中说唱的民间文学形式,对象多为人民大众。可见这些谦、敬词的使用有相当广泛的群众基础。可是,这种有着悠久传统的"和气、文雅、谦逊"(《大家都来讲究语言的文明和健康》,《人民日报》1981年6月19日社论)的文明礼貌语言,由于历史的原因,现在较年轻的一代已知道得不多,以致有的作者虽力图谈吐文雅也无所适从,竟在电视剧中出现了"你的家父……"这样贻笑大方的对话。社会迫切呼喊文明。在《人民日报》社论发表的当年,北京市语言学会曾配合社论,提出了"您好、谢谢、对不起、再见、请"等几个文明礼貌词语以应急需。很显然,这与社论所要求的说话"和气、文雅、谦逊"相距甚远。看来,不说粗话脏话还是比较容易做到,而说话"和气、文雅、谦逊"还要有一个逐渐提高的过程。编写这本小词典就是想在这方面提供查检用的参考资料。

汉语中谦、敬词和婉词虽然极为丰富,但是迄今为止,这些散见于历代作品中的词语,还不见系统的收集整理。本词典所收的条目,有一部分是作者直接从先秦两汉的作品和大量书信(7000余封)中收集的,但也有相当部分是从《辞源》《汉语大词典》《汉语大字典》几十万个词条、上百万个义项中收集整理出来的。由于受时间和水平的限制,或挂一漏万,或取舍有误,这只能有待于有志于此的同行补正了。

二、谦词、敬词

汉语谦、敬词的使用由来已久。早在先秦时期,人们在交往中就已广为使用。开始见于统治阶级内部。如王侯常用"孤""寡""不穀"谦称自己。

"孤""寡"是谦称自己少善寡德,"不穀"是谦称自己不善。这些谦称多见于当时的史书《左传》和《国语》。据统计,《左传》用"寡人"90次,用"孤"32次,用"不穀"19次;《国语》用"寡人"42次,用"孤"28次,用"不穀"14次。当时的天子、诸侯国国君在外交场合或君臣对话时,这些谦词是作为第一人称谦称自己。与此同时,敬词也开始出现。如《左传》《国语》习以"执事"敬称君王。"执事",原意是办事人员。敬称君王为办事人员,是表示自己不敢直接指称君王,只配与君王手下的人打交道。《左传》共用"执事"39次,《国语》共用"执事"4次。现在书面语言中还用的"足下",最早见自《战国策》。如《战国策·燕策一》:"(武安君)谓燕王曰:'臣,东周之鄙人也。见足下身无咫尺之功,而足下迎臣于郊,显臣于廷。'"起初常用于对国君的敬称,现已广泛用于对平辈或朋友间的敬称。

谦、敬词的产生,是适应文明社会人际交往的需要。《礼记·曲礼上》:"夫礼者,自卑而尊人。""自卑",自己谦卑;"尊人",对人尊敬。这就是说,在人际交往中,"自卑而尊人"是礼的基本原则。谦、敬词可以说是礼的原则在语言中的体现,是礼貌语言之一。谦词,是用谦卑的言词谦称自己或与自己有关的人或事;敬词,是用尊敬的言词敬称他人(主要是对方)或与他人有关的人或事。因此,用作谦词的词,多为卑、贱、愚、拙、贫、寒、微、小、浅、薄等含有谦意的词;用作敬词的词,多为令、尊、敬、谨、贤、高、大、宝、玉、芳、华、圣、雅、清、拜、奉等含有敬意的词。在一般情况下,谦、敬词是不难区别的。如"家母"是谦称自己的母亲,"令堂"是敬称他人的母亲;"拙著"是谦称自己的著作,"大著"是敬称他人的著作;"贱庚"是谦称自己的生日,"贵庚"是敬称他人的生日;"愚见"是谦称自己的见解,"高见"是敬称他人的见解;等等。以上介绍的是一些常用的谦、敬词。

但从广义来说,含有平庸卑下的词语在用于自称时,都可理解为谦词;含有尊敬美誉的词语用于对方时,都可理解为敬词。如"凡驽""驽下",用于客观评价他人时,表示能力平庸低下;用于自称时,应理解为谦词。清侯方域《与吴骏公书》:"域凡驽不材,年垂四十,无所表现。"《清代名人书札·阎敬铭致彭玉麟》:"爵相魄力沈雄,兵多饷厚,人材如林,……惟弟万分驽下,不堪为役耳。""呈""请""恭""敬"等含有表敬色彩的词,都可理解为敬词。"芳",常用于美称他人。但辞书有时解释为敬词,有时解释为美称。如《汉语大词典》"芳"的义项⑤:"称人之敬词。如芳翰;芳颜;芳龄。"但在词条中,却释"芳颜"为"美称他人之容颜",释"芳龄"为"妙龄",其他如"芳邻""芳声""芳讯""芳词""芳信""芳札""芳名"等,一般都释为美称。美称往往含有敬意,辞书为"芳"单列"称人之敬词"一个义项,说明美称也可理解为敬称。

　　谦词和敬词,前者是用谦卑的词语表示,后者是用尊敬的词语表示,而且谦词是谦称自己,敬词是敬称他人,两者的界限一般是清楚的。但是由于用谦词是为了表示对人尊敬,用敬词是为了表示自己谦卑,有时候两者的界限也容易相混。相混的原因主要有两个。一个是有些敬词,含有双向的意思,从字面上看不出谦卑或尊敬的色彩。如"屈""辱""枉""曲"等,是表示自己地位卑下,他人施加于自己的行为,对于他人来说,是降低了身份,是一种屈辱。但是由于这些词后面的动词所表示的是他人的行为,如"屈临""辱临""辱到""枉驾""枉顾""曲临",都表示对方屈尊光临,与敬称他人来到的"惠顾""惠临""光临""光顾""驾临""驾到""荣顾"等语义是完全一致的。既然是敬称他人的行为,当然应该理解为敬词。谦词只能谦称自己,敬词只能敬称他人。这是谦、敬词在用法上很重要的区别。但辞书在处理这些具有双向意义的词时,颇感困惑,只好笼统地释"辱""枉"为谦词,释"屈""曲"为敬词。另一个原因是有些谦、敬词是同一个词。如"下""老"。"下",也含有双向的意义。既可以表示自己在下位,也可以表示对方在上位。用作谦词时,是表示自己身处下位,后面一般是表示称谓或事物的名词。如"下官",男子谦称自己;"下妾",女子谦称自己;"下家",谦称自己的家;"下忱""下怀""下悃",谦称自己的诚意或心意。"下"用作敬词时,是表示对方居高临下,后面一般是表示对方行为的动词。如"下爱",敬称对方对自己的关怀或爱护;"下顾""下降",敬称对方光临;"下问",敬称对方有问于己。"老"用作谦词时,是老年人谦称自己或与自己有关的人或事。如"老朽""老拙""老鄙",老年男子谦称自己;"老妾",老年女子谦称自己;"老僧""老衲",老年僧人谦称自己;"老荆",老年人谦称自己的妻子。"老"用作敬词时,有两种情况。一种是和实际年龄无关,如《红楼梦》第六回:"你老拔一根寒毛,比我们的腰还粗呢!""老"是敬称才十八九岁的凤姐。一种是与尊老义有关,如"老人家""老伯伯"等。

谦、敬词中虽然有一些容易相混,但是绝大多数,两者的界限还是很清楚的。如果遇到某些界限不甚清楚的谦、敬词时,主要可从用法上区分:是用于自称,还是用于他称?自称应该是谦词,他称应该是敬词。

谦词,从意义和用法上大体可分为如下几类:

1. 家、舍

这一类谦词主要用于谦称自己的亲属。"家"可用在称谓词前,谦称自己亲属中的长辈或年长于己的同辈。谦称自己长辈的,如"家祖",谦称自己的祖父;"家父""家严""家尊",谦称自己的父亲;"家母""家慈",谦称自己的母亲等。谦称自己亲属中年长于己的同辈的,如"家兄",谦称自己的兄长;"家姐",谦称自己的姐姐。"家"的用法要注意两点:(1)用于谦称自己的同辈时,只能谦称同辈中的年长者。谦称同辈中的年幼者,不能用"家",应该用"舍"。如"舍弟""舍妹"。这大概是唐以后形成的通例,魏晋时期不拘此限。(2)称他人的亲属不能冠以"家"字,如不能说"你的家父""他的家父"。称他人的亲属应该用敬词。

"舍"虽然也用于谦称自己的亲属,但有别于"家"。(1)"舍"只能用于谦称同辈亲属中年幼于己的,而不能用于亲属中的长辈或同辈中的年长者。如不能说"舍父""舍兄"。(2)可用于谦称自己的亲戚,如"舍亲"。

（3）"舍"可用在方位词前，谦称自己的家。如"舍下""舍间"。

2. 孤、寡、不穀、愚、拙、蒙、不才、不肖、不佞、不敏、樗材

　　这一类谦词主要谦称自己寡德少善、愚昧无能。其中"孤""寡""不穀"专用于王侯的谦称，其他为一般的谦称。"愚""拙"两个谦词，现在还用，在用法上有些应该注意的地方。"愚"用作谦词比较早，战国时期就已用作谦词。如《韩非子·存韩》："今以臣愚议：秦发兵而未名所伐，则韩之用事者以事秦为计矣。"又："臣斯愿得一见，前进道愚计，退就菹戮，愿陛下有意焉。""愚议""愚计"就是谦称自己的谋虑。

　　汉代时，除用于谦称自己的谋虑外，还可用于谦称自己。《史记》中就有三例。如：

　　（1）冯驩曰："非为客谢也，为君之言失。夫物有必至，事有固然，君知之乎？"孟尝君曰："愚不知所谓也。"（《孟尝君列传》）

　　（2）使者曰："苟如此，子何欲而然？"式曰："天子诛匈奴，愚以为贤者宜死节于边，有财者宜委输，如此而匈奴可灭也。"（《平准书》）

　　（3）上使刘敬复往匈奴，还报曰："两国相击，此宜夸矜见所长。……愚以为匈奴不可击也。"（《刘敬叔孙通列传》）

以上三例，例（1）是孟尝君对自己的门客称"愚"；例（2）是卜式对天子的使者称"愚"；例（3）是臣下对天子称"愚"。这表明，"愚"早期用作谦称时，还没有受"以上对下、以尊对卑、以长对幼"的限制。唐宋以至晚清仍然如此。同辈或晚辈都可自谦为"愚"。如：

　　（4）余山三兄大人阁下：……愚弟高翔麟顿首上。（高翔麟《致裕泰》）

　　（5）承香亲家仁弟大人阁下：……姻愚兄陈嵩庆顿首。（陈嵩庆《致承香》）

　　（6）敬启者：侨依珂里，时接霁光，渥蒙曲体关垂，无微不至，五中感

泐,子墨难宣。……愚侄从吉季念诒谨启。(季念诒《致徐宗幹》)

上面几个例子都选自《清代名人书札》。当时,同辈或晚辈自谦为"愚",还是相当通行的。一个明显的例子是,同一写信人写给同一对象,同辈年幼者有时自谦为"愚弟",有时自谦为"小弟";晚辈有时自谦为"愚侄",有时自谦为"小侄"。如:

(7)芗翁仁兄大人阁下:……愚小弟时乃风顿首。(清时乃风《致刘含芳》)

(8)芗翁仁兄大人阁下:……小弟乃风顿首。(同上)

(9)丹老年伯中堂阁下:……年愚侄徐树钧顿首。(清徐树钧《致阎敬铭》)

(10)丹老年伯中堂阁下:……年小侄制徐树钧顿首启。(同上)

正如"足下"初用于敬称国君,经历了一段时期,后演变为广泛用于同辈之间一样,"愚"作为自谦的泛称,后逐渐演变为"以上对下、以尊对卑、以长对幼的所谓'谦词',平辈之间是不能用的"(《语文建设》1995年第6期第40页),这大概是在晚清以后到解放前一段时期内完成的。收有三千余封信的《汪康年(按:汪康年1860—1911年)师友书札》,同辈之间的年幼者,谦称自己为"愚弟",还颇为习见。

"拙"用作谦词,只能用在相关的名词前,不能单用。现在还用的可分两种情况:一种情况是谦称自己的亲属,主要是谦称自己的妻子,如谦称自己的妻子为"拙妻""拙荆""拙室""拙妇";也有谦称自己的丈夫为"拙夫"的,只是用得比较少;还可谦称自己,如"拙汉";谦称自己的女儿,如"拙女"。还有一种情况是用于谦称与自己有关的事物。谦称自己的作品(包括画作、书法等作品),如"拙著""拙作""拙书""拙笔""拙恶""拙稿""拙诗""拙译""拙画""拙制""拙集""拙刻";谦称自己的意见,如"拙意""拙见";谦称自己的计虑,如"拙计";谦称自己的话,如"拙言";"拙"还可与相关的形容词连用,表示自谦,如"拙薄",谦称自己性拙才薄;"拙讷""拙呐",谦称自己笨嘴拙舌,不善言辞。这些用法,也可偶从报刊上看到。

3. 仆、走、妾、奴

这一类谦词,谦称自己是供役使或驱使的人,属名词或名词性词语,且都能单独使用。仆,是男性奴隶;妾,初义是提供性服务的女性奴隶。《说文》:"妾,有罪女子给事之得接于君者。"《释名·释亲属》:"妾,接也,以贱见接幸也。"王先谦疏引《一切经音义》:"以色事人得幸者也。"走,走使之人,意义相当于仆。《玉篇·走部》:"走,仆也。"《字汇·走部》:"走,仆也。今人自谦曰走,犹言隶仆驰走之人。"这三个词用作谦词较早。妾,在战国时期就用作女子自谦。战国楚宋玉《高唐赋》:"昔者,先王尝游高唐,怠而昼寝,梦见一妇人曰:'妾,巫山之女也。'""仆"和"走"用作谦词不会晚于西汉。例如:

(11) 且仆楚人,足下亦楚人。仆游扬足下之名于天下,顾不重邪?何足下距仆之深也!(《史记·季布栾布列传》)

(12) 太史公牛马走,司马迁再拜言。(《昭明文选·司马迁〈报任少卿书〉》李善注:"走,犹仆也。言己为太史公掌牛马之仆,自谦之词也。")

"走"首见于西汉司马迁的《报任少卿书》,以后一直沿用,唐宋时期还颇为习见。唐白居易《因继集重序》:"微之,微之,走与足下和答之多,从古未有。"宋范仲淹《与韩魏公书》:"西事之责,在公与走。"甚至在上个世纪初也还用。梁启超《致汪康年》:"嗟夫!走非木石,能不神驰哉?""奴"用作女子的谦称较晚,唐五代时,还是男女的通称。女子自称为"奴",约始于宋代,起初是女子的美称。清钱大昕《十驾斋养新录》卷十九:"妇人自称奴,盖始于宋时。……贵近之家,其女其妇,则又自称曰奴。是宋时妇女,以奴为美称。"《宋史·忠义传六·陆秀夫》:"杨太妃垂帘,与群臣语,犹自称奴。"大约在元明时期,演变为女子的自谦之称。明孔尚任《桃花扇·拒媒》:"奴是薄福人,不愿入朱门。"《西游记》第二七回:"只得将奴招了一个女婿,养老送终。"

4. 卑、鄙、贱、贫、寒、敝、下、小、微、末、浅、薄、菲、陋、寸

这一类谦词,或谦称自己地位卑贱,或谦称自己家道贫寒,或谦称自己才学浅薄,或谦称自己心意微薄。它们之间有着共同点:(1)都是形容词或用如形容词的词;(2)不能单用;(3)在修饰意义相同或相近的词时,用法也基本相同。如"卑人""鄙人""敝人""小人",都是男子谦称自己;"贱生""小生""寒生",都是读书人谦称自己;"贱妾""小妾""下妾",都是妇女谦称自己;"贫舍""寒舍""敝舍""小房",都是谦称自己的家宅;"卑意""鄙意""鄙见""末见""陋见",都是谦称自己的意见;"贱恙""贱疴""微恙""微疴""小恙",都是谦称自己的疾病;"鄙躯""贱身""贱躯""微身""微躯""薄身""薄躯""陋身""陋躯"都是谦称自己的身躯或自谦;"鄙心""微意""寸心""寸意"都是谦称自己的心意;"鄙见""浅见""微管"都是谦称自己的见识;"薄才(材)""菲才(材)""陋才"都是谦称自己的才学;等等。

5. 辱、叨、忝、猥、枉、曲、屈

这一类谦词是表示对方加于自己的行为,使对方蒙受了屈辱。这几个谦词也有一些共同的特点:(1)在词义上都有屈辱、枉曲的意思。《一切经音义》卷二一:"叨,忝也。"《尔雅·释言》:"忝,辱也。"《汉语大字典》:"猥,谦词。含有'辱'意。""枉""曲""屈"都有屈曲义。(2)都是副词性谦词,主要用于修饰动词,如所修饰的动词意义相近,谦称的语意也基本相同。如"辱临""辱到""猥临""屈临""枉驾""枉顾""曲临"等,都是称对方屈尊光临。

这类谦词当然也有相异点:(1)虽然以修饰它词为常,但是有的,如"辱""枉"有时能单用。苏轼《次韵高要令刘湜峡山寺见寄》:"喜有新诗辱。"柳宗元《答贡士元书》:"前时所枉文章。""辱""枉",后面虽然没有所修饰的动

词,但是仍含有"辱赐"的意思。(2)"叨""忝"以修饰动词为常,但有时也可修饰名词。如"叨位""叨尘""忝官""忝职"。这几个谦称意义相近,都是谦称自己愧居其位或愧任其职。

6. 其他

还有一些谦词,最初是出自某个典故,如谦称自己的妻子为"贱荆""拙荆""荆妻""荆室""荆布""荆妇""荆人",就是出自东汉梁鸿的妻子孟光荆钗布裙的典故。谦称自己的病为"负薪""采薪",是出自《礼记·曲礼上》:"君使士射,不能,则辞以疾,言曰:'某有负薪之忧。'"谦称自己的情意或所献微不足道为"芹意""芹诚""芹献""芹敬""芹曝""献曝""献芹",出自《列子·杨朱篇》中的一个故事。说一个农民把自己认为最味美的胡豆、草果推荐给富人品尝,富人"取而尝之,蛰于口,惨于腹。众哂而怨之,其人大惭"。后用以谦称自己所献的微不足道,且不一定中对方的意。谦词中像这类出自典故的也不少。

敬词,在数量上要比谦词多得多。在人际交往中,自谦也是为了对他人表示敬意。如果直接用敬词,当然能更好地表达出自己对他人的敬意。这恐怕是敬词要多于谦词的一个重要原因。

为了叙述方便,我们把敬词分为通用敬词和专用敬词两大类进行介绍。通用敬词是指在一般交往中所使用的敬词,当然也不排除在专用场合使用;专用敬词主要介绍书信中所用的敬词。

通用敬词

敬词在产生初期,所敬称的对象或用法上一般是有所规定的。但随着时间的推移,适用范围逐渐扩大。如先秦时期,"执事""足下"用于敬称君王。"钧""台",约产生于唐宋时期,"钧"用于敬称帝王,"台"用于敬称中央内阁级官员。但在实际使用中,敬称对象的社会地位有逐渐下移的趋势。"执事""足下"在唐宋时期已普遍用于敬称官员或平辈亲友。"钧""台"在北宋时期就开始用于地方官员或自己所敬仰的人士。当时大概离"钧""台"产生时期不远,被敬称者往往会感到不安。北宋黄庭坚《与王元直书》:"每承诸贤,见目以'钧''台',甚不安也。凡名皆须宜称耳。若常行,唯执政可呼'钧候''钧旨';两制及大两省、三独坐,可呼'台候''台旨';如司谏、正言、三院御史修撰、直阁大卿监,皆不呼'台候''台旨'也。因见诸公,为道此,皆改之。孔子所谓君子名之必可言也。不尔,不唯不肖得罪,诸贤亦不免为识者所讥笑耳!"黄庭坚在当时文坛颇负盛名,很有影响,号称"苏门四学士",但只担任过地方官员,所以对他人以"钧""台"敬称自己,深感不安。

"大""老"是两个现代还用的敬词,用者自用,谁也不会去辨别哪一个表敬色彩更重一些。但起初是有区别的。《聊斋志异·夏雪》:"大王忽附人而言曰:'如今称老爷者皆增一大字,其以我神为小,消不得一大字也。'众悚然,齐呼大老爷。雪立止。"又:"异史氏曰:'世风之变也,下者益谄,上者益骄。即康熙四十余年中,称谓之不古,甚可笑也。举人称爷,二十年始;进士称老爷,三十年始;司院称大老爷,二十五年始。昔者,大令谒中丞,亦不过老大人而止。……若缙绅之妻呼太太,裁数年耳。昔惟缙绅之母,始有此称。……唐时,上欲加张说大学士。说辞曰:学士从无大名,臣不敢称。……窃意数年以后,称爷者必进而老,称老者必进而大,但不知大上造何尊称。'"

通用敬词大致可分如下几类:

1. 令、尊、贵、贤、高、宝、大、太、上、老、玉、芳、华、清、雅、圣、明、钧、台

这一类敬词有两个共同特点:(1)用不同色彩的敬词,从不同的角度敬称他人。一般不能单用,主要用在相关的名词前,敬称他人或与他人有关的人或事。(2)如果所修饰的名词词义相同或相近,那么敬称的语意也基本相同或相近。如:

令慈、令堂、令萱、尊慈、尊堂、尊萱——敬称他人的母亲。

令妻、令室、令阃、令阁、尊阃、尊阁、尊嫂、尊夫人、贤室、贤阃、贤阁、贤内——敬称他人的妻子。

贵姓、贵名、贵号、尊姓、尊名、尊号、大名、大号、高姓、上姓、雅号、雅篆、芳名、台甫、台讳——敬称他人的姓名字号。

大著、大作、大篇、大笔、大文、高制、高作、华篇、华章、华编——敬称他人的著作。

大札、大函、宝札、玉札、华函、华笺、华缄、芳函、芳翰、芳缄——敬称他人的信函。

尊容、尊颜、尊仪、尊范、玉容、玉颜、玉貌、芳颜、清颜、钧颜、台颜——敬称他人的容颜仪态。

贵庚、尊庚、尊齿、高寿、高龄、芳龄——敬问他人的年龄。

宝宇、宝坊、宝刹、宝台、上刹、上院——敬称佛教寺院。

尊恙、贵恙、清恙——敬称他人的疾病。

2. 公、子、君、卿、贤

这一类敬词,用于敬称男子,都可单用,有的可和姓氏连用。

"公"用于敬称,不受尊卑限制。《史记·范雎蔡泽列传》:"雎详死,即卷以箦,置厕中。……雎从箦中谓守者曰:'公能出我,我必厚谢公。'"这是范雎在难中称看守的人为"公"。又《刘敬叔孙通列传》:"高帝至广武,赦敬,曰:'吾不用公言,以困平城。吾皆已斩前使十辈言可击者矣。'"这是汉高祖称臣下为"公"。"公"前如著有姓氏,也是表示对人敬称。《汉书·艺文志》:"汉兴,鲁申公为《诗》训诂,而齐辕固、燕韩生皆为之传。……又有毛公之学,自谓子夏所传,而河间献王好之,未得立。""申公",名培;"韩生",名婴;"毛公",名苌。同是为《诗经》训诂,《汉书》作者对辕固径称其名,对韩婴称韩生,而对申培、毛苌敬称之为申公、毛公。

"子",单用或用在姓氏前后,表示敬称老师或男子。《论语·学而》:"子曰:'学而时习之,不亦悦乎!'""子",这是学生对老师的敬称。"子"前著姓氏,也是表示对人的敬称,如"孔子""孟子""老子""墨子"等。有时,为了表示对老师的尊敬,在姓氏前后都加"子"。如《墨子》一书,是墨子弟子和再传弟子对墨子言行的集录,书中一般称墨子为"子墨子",凡达数百处之多。

"子"也泛用于敬称对方,相当于现在"您"的用法。《韩非子·难势》:"以子之矛陷子之盾,如何?"《史记·张仪列传》:"子亦知子之贱于王乎?"

"君"主要用于敬称对方。一般单用,相当于"您"。在对话时,上下都可敬称对方为"君"。《史记·张丞相列传》:"上曰:'君勿言,吾私之。'"这是上敬称下为"君"。《战国策·齐策四》:"狡兔有三窟,仅得免其死耳。今君有一窟,未得高枕而卧也。"这是下敬称上为"君"。"君"前著有姓氏或后附有"家"字,仍表示敬称。《史记·范雎蔡泽列传》:"须贾因问曰:'秦相张君,公知之乎?'"《续资治通鉴·宋宁宗嘉泰三年》:"我与君家是白翎雀,他人鸿雁耳。""君家"相当于"您"。

"卿",用作对男子的敬称,以前面著有姓氏为常。单用时,多表示君对臣或夫妻间的爱称。《史记·刺客列传》:"荆轲者,卫人也。其先乃齐人,徙于卫,卫人谓之庆卿。"司马贞索隐:"轲先齐人,齐有庆氏,则或本姓庆。……卿者,时人尊重之号,犹如相尊美亦称'子'然也。"《汉书·儒林传》:"孟喜字长卿,东海兰陵人也。父号孟卿,善为《礼》《春秋》,授后苍、疏广。"颜师古注:"时人以卿呼之,若言'公'矣。"

"贤",除用在称谓词前表示敬称以外,还可单用,表示敬称对方,相当于"君"或"您"。《一切经音义》卷二二:"贤,士之美称也。"宋苏轼《李行中秀才醉眠亭》诗:"醉中对客眠何害,须信陶潜未若贤。""贤"后还可加"每""门""瞒"或"家",表示复数,还是用作敬称。请参见词典正文。

3. 惠、光、幸

这几个敬词,是副词性敬词,用在动词前,表示对方施加于己的行为,对自己是一种恩荣。在用法上,和谦词"辱""叨""忝"等大致相对。如敬称对方来临的"光临""光顾""光贲""惠顾""惠临""幸临",正和"辱临""辱贲""辱到"相对;敬称受人眷顾的"幸承""幸蒙""惠蒙""光膺",正和"辱荷""辱蒙""叨承""叨膺""忝受"相对;敬称对方馈赠的"惠赐""惠贶",正和"辱赐""辱贶"相对。比较起来,这三个敬词,以"惠"最为常用。

4. 承、蒙、荷

这三个敬词,一般用于感谢他人对自己的眷爱和照顾。多用在主谓结构前面。唐薛用弱《集异记·王维》:"岐王曰:'承贵主出内,故携酒乐奉宴。'"《古今小说·葛令公生遣弄珠儿》:"(申徒泰)禀道:'承恩相呼唤,有何差使?'"但是,它们后面的主谓结构,主语常常隐去。如"承热情招待",即承(你们)热情招待;"蒙不吝赐教",即蒙(先生)不吝赐教。

"荷"的用法与"承""蒙"基本相同,但以主语隐去为常。唐韩愈《答刘正夫》:"辱笺教以所不及,既荷厚赐,且愧其诚然,幸甚幸甚!""既荷厚赐",即既荷(您)厚赐。《清代名人书札·徐树铭致阁敬铭》:"丹老年伯中堂阁下:曹司奔走,久荷栽培,偃蹇南归,孤负大德,感激愧恨,匪言可宣。""久荷栽培",即久荷(您)栽培。"荷"还有一特殊的用法,就是用在"为""是"的后面,以表示请求眷顾的心情。这种用法多见于书信中,且与"请""望"一类词相照应。《清代名人书札·许振祎致阁敬铭》:"各处前定之规条,恐均不足为凭,署司只好退听,求寄语玉山同年鉴亮苦衷为荷。"又《刘崐致全庆》:"字草草而文法亦多不顺,请意会为荷。"《花月痕》第三回:"席设宝髻坊荔香仙院,务望便衣早临是荷。"

5. 伏、仰、俯、垂

这一类也属副词性敬词,用于下对上。从它们的用法来看,可分为两组:"伏""仰"为一组,"俯""垂"为一组。"伏",低头俯伏;"仰",仰脸向上;"伏""仰"后面的动词是用敬词者自己的行为,表示自己身处下位。如"伏读",(自己)俯伏拜读;"伏闻",(自己)俯伏闻知;"伏奏",(自己)俯伏上奏;"伏奉",(自己)俯伏接奉等。"仰烦",(自己)向上烦劳;"仰攀",(自己)向上攀附;"仰酬",(自己)向上酬答等。因此,"伏""仰"看起来是两个意义相反的词,但在修饰意义相同的词时,所表达的语意却是一致的。如"伏乞""伏祈""仰乞""仰祈",都是表示祈求的敬词。所不同的只是表敬方式不同:前者是俯伏低头,后者是仰脸向上,当然只是意念上如此,一种形象的说法罢了。

"俯",俯身;"垂",往下;表示因自己处在下位,对方施加于自己的行为,需俯身往下。因此,与"伏""仰"正好相反,"俯""垂"后面的动词,是表示对方的行为。如"俯察",敬称对方俯身下察;"俯念",敬称对方俯身下念;"俯就",敬称对方屈身低就;"俯纳",敬称对方俯身采纳。"垂鉴",敬称对方下察;"垂问",敬称对方下问;"垂教",敬称对方对下教诲;"垂听",敬称对方俯身下听等。

6. 敬、谨、恭、奉、拜、请

这一类是直接用含有敬意的词作敬词。当它们和相关的词搭配,所表示的敬意常常是相同的。如:

敬贺、敬祝,奉贺、奉祝——表示祝贺的敬词。
敬迓,拜迎,奉迓——表示迎候的敬词。
敬白、敬启、敬告,谨白、谨启、谨告,奉白、奉告——表示告语的敬词。
恭请,拜请,奉请——表示邀请的敬词。

拜央、拜求、拜恳、奉央、奉求——表示请求的敬词。

恭候、奉候——表示等候的敬词。

敬呈、敬上、谨呈、谨上、奉呈、奉上——表示递上的敬词。

"请"的用法比较繁杂一些,归纳起来,主要有两种:一是请求他人允许自己做某件事,一是请求他人为自己做某件事。前者如:

(13) 对曰:"忠之属也,可以一战,战则请从。"(《左传·庄公十年》)

(14) 颜渊曰:"回虽不敏,请事斯语矣。"(《论语·颜渊》)

(15) 楚王曰:"善哉!吾请无攻宋矣。"(《墨子·公输》)

(16) 不韦虽贫,请以千金为子西游,事安国君及华阳夫人,立子为适嗣。(《史记·吕不韦列传》)

后者如:

(17) 太公道:"师父请吃些晚饭,不知肯吃荤腥也不?"(《水浒传》第五回)

(18) 正是无聊的很,贾兄来得正好。请入小斋,彼此俱可消此永昼。(《红楼梦》第一回)

现代汉语中,前一种表敬用法已基本消亡,后一种用法仍普遍使用。如"请进""请坐""请用茶""请稍等"等。

7. 先、灵

这两个敬词的特点,是用于敬称死者或与丧事有关的事物。但也有分工,"先"表示敬称自己已故的亲属,"灵"表示敬称与丧事活动有关的事物。如:"先父""先严""先君""先考""先公",敬称自己已故的父亲;"先母""先慈""先媪""先妣",敬称自己已故的母亲;"先舅""先姑",敬称自己丈夫已故的父母;"先祖",敬称自己的祖先等。

"灵位""灵牌",敬称为死者暂时所设的木牌;"灵柩""灵榇",敬称死者已入殓的棺材;"灵帐""灵帷""灵帏",敬称灵堂内设置的帐幕;"灵座""灵几""灵桌""灵筵",敬称供奉灵位的几筵;"灵车""灵舆""灵驾",敬称载运灵柩的车子等。

"灵"除表示与丧事有关的事物外,还可用于敬称佛、仙、道等有关神灵的事物。如:

灵寺、灵刹、灵宫、灵观、灵庙——敬称寺庙道观。

灵塔、灵图——敬称佛塔。

灵居、灵室、灵洞——敬称仙人居住的洞府。

灵篇、灵章、灵诰——敬称道教经文。

8. 其他

敬词中有一些也来自典故。如"荆州",原是一个地名。在唐代时,韩朝宗出任荆州长史,极为时人所推重。当时著名诗人李白《与韩荆州书》中,就曾用赞扬的口气写道:"白闻天下谈士相聚而言曰:'生不用封万户侯,但愿一识韩荆州。'"后"识荆州"或"识荆",成为初次认识为自己所推重的人的敬词。《汪康年师友书札·邹道南》:"南曾奔走五洲间,中外士大夫谈震旦人杰,至明公首屈二指,南尝心窃慕之,不获一识荆州以为憾。"明王玉峰《焚香记·相决》:"久闻先生风鉴,未曾识荆。"

书信敬词

书信是日常交往中最常见的形式之一。即使在现代社会电信技术高度发达的时代,书信作为一种重要的交际形式也不能被完全取代。在文明社会里,哪里有交际活动,哪里就有礼貌语言。我国书信交往的历史,至少已有两千多年。留存于世且被作为名篇广为传诵的书信,就有战国时期的乐毅《报燕惠王书》,秦汉时期的李斯《谏逐客书》、李陵《答苏武书》、司马迁

《报任少卿书》等。其中就不乏谦、敬词。如：

(19) 臣不佞,不能奉承先王之教,……而又害于足下之义。故遁逃奔赵,自负以不肖之罪,故不敢为辞说。(《战国策·燕策二》)

(20) 臣闻吏议逐客,窃以为过矣。(《史记·李斯列传》)

(21) 少卿足下：曩者辱赐书,教以慎于接物,推贤进士为务,意气勤勤恳恳,若望仆不相师用,而流俗人之言。(《汉书·司马迁传》)

以上所摘引的,虽然只是短短的几句话,就有不少谦、敬词。如例(19)中的"不佞""不肖""不敢",例(20)中的"窃",例(21)中的"辱""仆"是谦词；例(19)中的"奉承""足下",例(21)中的"足下""赐""教"是敬词。

由于我国用书信进行交际的历史悠久,谦、敬词几乎已经形成套语,但并未失去表敬色彩。下面分上款、来信、知悉、达览、思慕、问候六类进行介绍。

1. 上款

用作上款的敬词,一般都用在称谓词后。基本上可分两类：一类是表示处所或表示服务人员的词,一类是敬请收信人看信的词。前者表示不敢直接指称尊上。用表示处所的词,是表明自己只能站在底下或旁边；用表示服务人员的词,是表明自己只能与尊上手下的人打交道。两者的用意都在"因卑达尊"。汉蔡邕《独断》卷上："陛下者,陛,阶也,所由升堂也。……群臣与天子言,不敢指斥天子,故呼在陛下者而告之,因卑达尊之意也。上书亦如之,及群臣庶士相与言殿下、阁下、足下、侍者、执事之属,皆此类也。"书信交往中也是如此。

书信中常用的阁下、足下、钧座、台座、座右、座下、座前、台下、台席、道席、函席、耆席、杖席、礼席、讲席、著席、撰席、史席、文席、吟席、道右、麾下、节下、侍前、侍右、尊前、尊右等,就是属于表示处所的词；执事、侍者、侍史、书侍等,属于表示服务人员的词。

还有一类是敬请收信人看信。常用的有"鉴""览""察"等。这些词前又可受各种表敬的词的修饰。如钧鉴、台鉴、勋鉴、尊鉴、道鉴、赐鉴、垂鉴、惠鉴、大鉴、台览、青览、赐览、惠览、安览、台察、青察、赐察、惠察等。

2. 来信

在书信交往中,常常要提及对方的来信。和面对面交谈一样,对对方的来信也有习用的敬称。如称来信为钧谕、钧函、尊谕、尊示、尊函、尊翰、尊缄、尊札、赐书、贶书、贶毕、惠示、惠教、惠书、惠函、惠札、惠笺、惠毕、函教、笺教、台函、台教、教赐、教简、教言、大教、大函、大札、谕示、谕书、瑶章、瑶函、玉缄、华教、华翰、手谕、手海、手教、手示、来诰、来谕、来示等。

称对方的复信为钧复、钧答、赐复、惠复、还翰、还云、环谕、环章、环书、环示、复谕、复示、复书、复函、复缄等。

3. 知悉

用书信方式交往的,一般都身居两地。或报平安,或通情况,或托办事,都希望对方能及时获悉自己所输送的信息。因此,一方在收到信件后,总要告诉对方信上所说内容已全部获悉,让对方放心。这几乎成为书信中的一种通例。常用的习语有:敬悉一切、敬悉一是、敬悉一一、敬聆一切、敬聆种切、谨悉一一、祗悉种种、悚领一切、备聆一切、具聆一切、拜悉一一、领悉一切、聆悉一一、诵悉种切、读悉种切、具谂种切等。表示全部内容的"一一""一切""一是""种切""种种"等,可用在"敬悉"等词的任何一个词的后面。

4. 达览

如果寄信人前此已给对方写过信,一般都有预计对方已经收阅的套语。主要是在"鉴""览""察"等词前面加有关敬词或动词,进行表述。

用"鉴"构成的有:台鉴、钧鉴、慈鉴、青鉴、藻鉴、入鉴、鉴及等;

用"览"构成的有：台览、钧览、青览、清览、垂览、省览、赐览、达览、登览、澈览、入览、收览等；

用"察"构成的有：青察、垂察、鉴察、入察、察阅、察收等。

在行文时，在这些词前一般还需加"荷""蒙""谅""想"一类词语。如"当蒙钧鉴""计荷垂察""谅登览""想均察览"等。

5. 思慕

收信人通常都在异地，已多时没有见面。在来往书信中，思慕或渴念之情，常常是书信中所要表达的内容之一。其中最有特点的，是以"驰"与表示思念的词相搭配，构成表达思慕之情的词语。"驰"，是指思想飞驰。由"驰"构成的词语，都含有遥思、遥念的意思。如驰念、驰思、驰系、驰仰、驰慕、驰依、依驰、驰恋、驰企、驰神等；其他常见的有：翘企、孺企、孺恋、孺慕、悬悬、悬系、系念、系恋、企念、萦念、渴念、渴想、渴忆、瞻恋、瞻依等。

书信中还有一些特有的表示方式，有的是以词语叠用表示思念之切。如殊念殊念、至念至念、念极念极等；有的是在表示思念的词语前后加"无任"或"无似"，以表达自己的思念之情已达到无法承受的程度。如"无任翘企""无任驰依之至""驰系无似"等。

6. 问候

书信中的敬词，最丰富的莫过于问候语。问候语一般以表示平安、吉祥、幸福的"安""绥""祺""祉""福""禧""嘉"等构成。写信人可以根据需要，在这些词前，加上适当的敬词、时间词或有关职业性质的词，表示向收信人问候。

由"安"构成的问候语有：钧安、台安、勋安、尊安、崇安、道安、升安、金安、慈安、懿安、侍安、万安、福安、德安、善安、大安、元安、文安、吟安、著安、撰安、砚安、纂安、鉴安、铎安、研安、辩安、捷安、筹安、财安、怡安、平安、潭安、邸安、寓安、俪安、双安、妆安、痊安、行安、旅安、游安、新安、年安、岁安、节安、春安、夏安、暑安、秋安、冬安、炉安、近安、日安、刻安、时安、早安、晨安、午安、晡安、晚安等；

由"绥"构成的问候语有：台绥、道绥、尊绥、升绥、教绥、文绥、戎绥、撰绥、公绥、政绥、潭绥、旅绥、岁绥、时绥、日绥、双绥等；

由"祺"构成的问候语有：台祺、勋祺、崇祺、慈祺、升祺、公祺、文祺、著祺、撰祺、纂祺、教祺、研祺、文祺、学祺、礼祺、曼祺、侍祺、潭祺、履祺、行祺、旅祺、痊祺、摄祺、新祺、岁祺、年祺、节祺、春祺、夏祺、暑祺、秋祺、冬祺、近祺、刻祺、双祺等；

由"祉"构成的问候语有：元祉、升祉、嘉祉、吉祉、礼祉、著祉、纂祉、文祉、侍祉、潭祉、俪祉、双祉、坤祉、聪祉、新祉、岁祉、年祉、节祉、春祉、秋祉、近祉、日祉等；

由"福"构成的问候语有：著福、撰福、文福、万福、曼福、潭福、阃福、坤福、双福、幸福等；

由"禧"或"喜"构成的有：新禧、新喜、岁禧、年禧、年喜、年釐、节禧、节喜、春禧、秋禧、时禧、近禧、午禧、福禧、大喜、鸿喜、痊禧等；

由"嘉"构成的有：撰嘉、筹嘉、俪嘉、时嘉等。

从上面的介绍可以看出，"安"所能接受的修饰语最多。但这只是说明写信人习用"安"向对方问候，而不是说，其他问候词不能接受"安"所能接受的那些修饰词。就以受时间词修饰为例，能修饰"安"的"年""岁""节""春""夏""秋""冬""时""刻""日"等，同样也应该能修饰"绥""祺""祉""禧"等问候词。介绍不全的原因，除了写信人习用"安"以外，是受书证的限制。作者虽然翻阅了近万封信，但毕竟是其中极小的一部分。

三、婉词

婉词也是文明礼貌语言的一种。社会生活十分复杂,无所不包。在人际交往中,所交谈的内容涉及社会生活的各个方面。有时候一些听起来不太文雅、不太吉利的话,需要表达而又不便于直接表达,只好选用间接、委婉而又能为人所理解的话来代替。如在公众场合有人要上厕所,"厕所"这个词不能登大雅之堂,因而不直接说"上厕所",而说"上洗手间"或"净手";妇女来月经,"月经"这个词不便启齿,便说"来例假";"死"是一个不吉利的字眼,称人去世常用"仙逝""长辞""作古"来表示。这种替代不文雅、不吉利的词语,一般称为婉词或委婉语。

我国自古以来,在语言实践中,创造并积累了丰富多样的婉词。所涉及的面也是多方面的。诸如上厕所、来月经、性行为、嫖娼妓以及人去世等,都涉及了。其中最为丰富的还是人去世的婉词,竟达三四百个之多。下面主要介绍人去世的各种婉称。人去世的婉称,大体可从词义和用途上分为两类。

从词义上来看,又大致可分为如下几类:

1. 离家远行

现代汉语中,也常用"走""出门"一类词,婉称自己亲人的去世。如有的老年人说"自己的老伴已先走了";有的母亲不忍心把丈夫去世的消息告诉孩子,当孩子问起时,便婉称:"你爸爸出门了,到很远很远的地方去了。"从现代汉语来看,死亡的"亡",几乎同"死"一样,已经是专职表示死亡的词,但开始也是一个婉词。《说文》:"亡,逃也。"段玉裁注:"亡之本义为逃。今人但谓亡为死,非也。……孝子不忍死其亲,但疑亲之出亡耳。"其他如"逝""徂""往",也常用作人去世的婉称。这三个词实际上是一组同义词。《说文》:"逝,往也。""徂,往也。""徂"引申出去世义后,又新造一个今字"殂",专职表示去世义。"亡""逝""徂""往"等词,可与相关的词搭配构成表示人去世的婉称。如:亡没、亡泯、亡化、亡故、亡逝、逝世、逝没、逝殂、长逝、溘逝、奄逝、徂背、徂逝、徂落、徂谢、徂迁、往化、往逝等。

2. 仙升而去

这反映了生者对已故亲友的良好祝愿。这一组婉词主要由"仙""升""迁(迁有升义)""登""上"等词构成。如:

由"仙"构成的有:仙化、仙去、仙逝、仙游等;
由"升"构成的有:升天、升仙、升遐等;
由"迁"构成的有:迁化、迁逝、迁形、迁神等;
由"登"构成的有:登仙、登真、登遐等;
由"上"构成的有:上仙、上天、上西天等。

3. 捐弃人生

这一类婉称主要由"捐""弃""委""谢""背"等词构成。如:

由"捐"构成的有:捐身、捐躯、捐骸、捐客、捐生、捐世、捐背、捐馆、捐舍、捐馆舍、捐宾客等;
由"弃"构成的有:弃世、弃代、弃身、弃躯、弃捐、弃背、弃禄、弃养、弃天下、弃群臣等;
由"委"构成的有:委世、委离等;
由"谢"构成的有:谢世、谢时、谢事、谢宾客、谢尘缘等;
由"背"构成的有:背世、背弃等。

4. 泯没于世

这一类词由从"水"的"没""泯""沦""灭"等词表示或构成。意思是人去世,就像沉没于水中一样,从世上消失了。王力《同源词典》:"按,古文以沉没比喻死亡,'没'是死亡的委婉语。"后来,又改"没"的偏旁"氵"为"歹",另造一个"殁"字,专职表示死亡。

"没""殁""泯""灭",既可单独表示死亡,也可与其他词搭配婉称人去世。如:没世、殁世、没化、没地、没陈、泯没、沦没、沦逝、灭化、灭没、灭度、灭陨等。

5. 山崩星陨

这一类词是以重大的自然现象比拟人的去世。如"崩""薨"就是以山的轰然崩塌比拟帝王的死亡。《说文》:"崩,山坏也。"段玉裁注:"引申之,天子死曰崩。"由"崩"构成的婉词有:崩殂、崩背、崩薨、崩逝等。古人认为,"崩"是山体崩塌所造成的壮观气势比拟帝王的死亡,"薨"是山体崩塌的巨大声音比拟诸侯的死亡。《释名·释丧制》:"诸侯曰薨。薨,(山)坏之声。"由"薨"构成的婉称有:薨殂、薨落、薨陨、薨殁、薨逝、薨谢、薨奄、薨背等。

"陨",天体从太空陨落。用以比拟重要人物死亡,犹如星辰陨落,并从太空中消失。"陨"引申出死的婉称义后,又另造一个"殒"字,专职表示死亡。《同源词典》:"'陨'和'殒'的关系,跟'没'和'殁'的关系是一致的。'殁'和'殒'都是死的委婉语。"由"陨"或"殒"构成,表示死的婉称的有:星陨、陨仆、陨世、陨身、陨没、陨命、陨背、殒缺、陨队、陨隧、陨越、陨落、陨丧、陨零、殒没、殒逝、殒谢等。

6. 事感突然

人有着丰富的感情世界。一旦听到亲友中有人去世的噩耗,即使是寿终正寝,享尽天年,也会令人感到突然。如婉称人去世为"溘然长逝""奄然登遐",其中的"溘然""奄然",就是突然的意思。由于"溘然""奄然"经常用于修饰表死亡的动词,以表示在心理上突然受到刺激的心情,后来渐渐产生以"溘""奄"构成的婉称。如：

由"溘"构成的有：溘然、溘逝、溘丧、溘尽、溘谢、溘死等。

由"奄"构成的有：奄然、奄忽、奄沦、奄弃、奄隔等。

表示死的婉称，多数是双音词。以上的分类是按主要词素的意义划分的，比较粗略，且不十分准确。除此以外，有的一时还难以归类，如物故、故世、就木、过背、作古、早世、即世、呜呼等等。不过，以上粗略的分类，也可以反映出汉民族对死亡这一人生大事的文化视角和心理视角。

从死的婉称的用途来看，也大致可分为如下几类：

1. 对王侯去世的婉称

除上面介绍的"崩""薨"和由"崩""薨"构成的词以外，还有晏驾、晏归、晚驾、驾崩、驾薨、晚出、弃朝、弃天下、弃群臣、大讳、升遐、厌代、尤讳、升退、登遐、龙升、上宾、宾天、万世之后、千秋之后、千秋万世之后、百岁后、百年等。"百岁之后""百年之后"后演变为泛指死的婉称。

2. 对官员、士大夫或贤者去世的婉称

官员、士大夫都有一定的俸禄或社会地位，婉称官员去世有弃禄、不禄、捐馆舍、捐馆、捐宾客、捐宾、弃堂帐等。旧时常以玉、兰喻贤者行为高洁，婉称贤者去世有玉折、玉摧、玉碎、兰摧玉折等。

3. 对僧、道去世的婉称

佛教、道教对人生的看法有着自己不同于世俗的理解。他们认为，人去世以后将会到达另一个世界，因此对人的死亡看得比较超然，反映在对死亡的称谓上也不同于世俗。当然，他们关于死亡的称谓也是避免直接说出"死"这个不吉利的字眼。

僧尼对于去世的婉称，一般有涅槃、圆寂、灭度、灭化、就化、寂灭、示灭、

示寂、迁化、迁形、迁神、顺世、归真等。其中,涅槃,是佛教修行所达到的最高理想境界。这个境界是一个去除一切烦恼,渡越茫茫苦海的境界,是一种极乐世界。示灭、示寂,是指高僧坐化而死。意思是,寂、灭只是视觉所示现的现象,而并非真寂、真灭。

道教认为,道教徒去世,只是躯壳留在人间,而其神则已仙化而去。因此,道教对死的婉称有别于僧尼,一般有蜕、蜕化、遁化、解形、尸解、水解、兵解、木解、解首、遗世、遗形、羽化、登仙、仙化等。

4. 对未成年去世的婉称

人生一世,享尽天年而离开世界,这是人们所共同具有的愿望。但是,在实际生活中,人在成长过程中夭折的情况,即使在当今科技先进、医疗发达的时代,也是不能完全避免的。古人对未成年而死,用一个很形象的"夭"字表示。"夭"的本义是夭屈。《说文》:"夭,屈也。"段玉裁注:"像首夭屈之形。"如植物在生长过程中,屈而折之,就夭折而枯死,因用以喻人未成年而死为夭。一般说,古书中用"夭"构成表示死亡的词,都是指未成年而死。如夭亡、夭折、夭没、夭殂、夭柱、夭促、夭昏、夭疾、夭疫、夭瘥、夭丧、夭短、夭绝、夭寿、夭邃、夭遏、夭谢、夭亡、夭札、夭殇等。

古汉语中还有一个专职表示未成年而死的词是"殇"。《说文》中有非常具体的解释。《说文》:"殇,不成人也。人年十六至十九死为夭殇,十五至十二死为中殇,十一至八岁死为下殇。""殇"和"伤"是同源词。因未成年而死,令人哀伤,所以利用哀伤义的"伤",另造一个与"伤"同音的"殇"字。《释名·释丧制》:"未二十而死曰殇。殇,伤也,可哀伤也。"《仪礼·丧服》"长殇、中殇"下郑玄注:"男女未成年而死,可哀伤者。"

5. 对年轻女子去世的婉称

一般以"香""玉""珠"等常喻女子的词构成。如香消玉碎、香消玉损、香消玉殒、玉碎香销、玉碎珠沉、珠沉玉陨、珠沉玉碎、瑶台倾等。

6. 为正义事业而献身的婉称

为正义事业献身的，一般都具有崇高的理想和信念，而且有牺牲身家性命的思想准备。一旦需要，便不惜献出自己的生命。常用的婉称有捐身、捐躯、捐骸、成仁、牺牲、就义、阵亡、取义、殉国等。这些词前，常常有含有褒义的修饰词语，如英勇就义、壮烈牺牲、杀身成仁、为国捐躯、舍生取义等。

7. 其他

享尽天年而死的，如终、终没、寿终、老、老去等。
饥饿而死的，如捐瘠、殍、殍殕(bó)、殍馑等。
以上的归类是很概略的，属导读性质。实际用法要复杂得多。本词典所收的词条，也超出以上的归类。读者可以据情参考使用。
谦词、敬词、婉词因属于礼貌语言，还与汉民族的文化心理有着密切的联系。深入研究并普及谦、敬词和婉词的使用，不仅有助于提高语言修养，促进社会的文明礼貌，而且还有助于了解汉民族的文化观、生死观和心理禁忌，并为研究这方面的问题提供有价值的参考资料和线索。

凡 例

编 排 原 则

一、编排原则:以义为纲,以类相从。即把词义和用法相同或相近的词编排在一起。

二、依据这个原则,本词典按谦词、敬词、婉词三部分分别编排。

三、每部分又按词义和用法的相同或相近分别编排。如谦词部分把谦称自己亲属的"家""舍"、谦称自己性愚才浅的"愚""拙""浅""薄"分别编排;敬词部分把通用敬词和书信敬词分别编排;婉词部分把上厕所、来月经、性行为、嫖娼妓、人去世等分别编排。

四、在同一词条下的用法举例,把用法相同或相近的编排在一起。如谦词"拙"的用法举例,把谦称自己作品的"拙著""拙作""拙笔"编排在一起,把谦称自己妻子的"拙荆""拙室""拙妻"编排在一起;如敬词"尊"的用法举例,把敬称他人父亲的"尊公""尊甫""尊君""尊翁"编排在一起,把敬称他人母亲的"尊慈""尊堂""尊萱"编排在一起。

五、词义和用法各不相属,难以编排在一起的条目,放在每部分最后。

编 排 方 式

六、条目的编排方式:按词义和用法分级编排。分两种情况:一种是单词条目,一种是多词条目。

七、单词条目。如单词的用法较多,下面再列分条目。分条目加鱼尾括号【】。如敬词"大"为单词条目,并且有很多用法。分条目也按用法的相同或相近分别编排。如【大作】【大著】【大篇】【大笔】都是敬称他人的作品,【大函】【大札】都是敬称他人的来信,各相当于一个多词条目,分别编排。为了醒目,分条目下再列一级条目,并用六角括号〔〕加以区别,如〔大作〕,然后再进一步解释或引用书证。

八、多词条目。词义和用法相同或相近的一组词,列为一个条目。如"过""过世""过背""过去"都是表示死亡义等。列为一个条目的一组词,一般都有一个共同的词素。如表示死亡的一组词中,"过"是共同的词素。为了醒目,多词条目下再列分条目。分条目加鱼尾括号【】。

释　义

九、打头条目,无论是单词条目,还是多词条目,条目后都有释义。释义一般有三部分:类别,词义解释,用法。

十、类别。是说明该条目在本词典中所属的类别。如"微"属谦词,"令"属敬词,"没"属婉词。

十一、词义解释。如微:卑微;卑贱。令:美;善。没:沉没;殁的古字。

十二、用法。如微:用在相关的名词前,谦称自己或与自己有关的事物。令:用在称谓词前,敬称他人的亲属。分条目下,也看需要酌情说明用法。如【贱姓】【贱名】【贱字】【贱表】【贱号】谦称自己的姓名字号;【贤息】敬称对方的子嗣。

十三、条目的情况有所不同,并不是每个条目都有三部分。

字　　词

十四、古今字、通假字一般用圆括号附在本字后面,不另起条目。如【没(殁)世】,没、殁,古今字,"殁世"不另起条目。【雅贶(况)】,"况"通假为"贶","雅况"不另起条目。

注　　音

十五、只在打头条目下注音,包括单词条目和多词条目。分条目一律不注音。

其　　他

十六、谦敬词部分的用法举例,因受书证的限制,只是日常用法的一部分。读者可据情类推使用。

十七、婉词部分照顾到以类相从的原则,一些词义相同或相近而并非婉词的俗称,也连类而及编排在一起。有的用【附】标出,并放在该条目的最后;有的因数量很少没有单独标出,但注明是俗称。

正 文 目 录

（符号"~"代表圆括号前的字）

（一）谦词

家 （~祖　~公　~父　~严　~尊　~公　~君　~府　~大人　~王
　　~母　~慈　~夫人　~父母　~严、慈　~二亲　~岳母　~叔
　　~姑　~舅　~兄　~从兄　~嫂　~姊　~姐　~姐夫　~小姐
　　~弟　~孙　~下　~师）……………………………………… 1
舍 （~下　~间　~弟　~弟妇　~妹　~妹丈　~表弟　~表妹
　　~侄　~侄女　~甥　~眷　~亲）……………………………… 4
愚 （~老　~臣　~计　~筹　~议　~策　~虑　~心　~意　~见
　　~怀　~情　~悃　~衷　~恳　~诚　~款　~悃　~忱　~志
　　~管　~言　~效　~伯父　~夫　~夫妇　~兄　~嫂　~姊妹
　　~弟　~表弟　~妹丈　~侄　~男）…………………………… 5
蒙 ……………………………………………………………………… 9
拙 （~作　~著　~书　~撰　~笔　~恶　~稿　~诗　~译　~存
　　~画　~刻　~集　~书　~制　~意　~见　~计　~言　~才
　　~手　~技　~宦　~疾　~政　~讷(呐)　~夫　~荆　~室
　　~妻　~妇　~女　~汉　~号）………………………………… 9
顽 （~才　~鸷　~健　~躯　~儿）………………………………… 12
浅 （~见　~闻　~衷　~学　~拙　~狭　~谬　~督　~陋）… 12

薄（~躬　~身　~躯　~才(材)　~伎(技)　~识　~陋　~意
　　~言　~晓　~面　~情　~宦　~游　~干　~田　~业　~产
　　~敬　~馔　~酒　~酌　~具　~设　~礼　~物）…………13
微（~臣　~贱　~名　~力　~才　~身　~躯　~躬　~质　~姿
　　~命　~生　~恙　~疴　~诚　~衷　~款　~意　~忱　~志
　　~敬　~素　~节　~功　~劳　~力　~尚　~情　~趣　~说
　　~论　~管　~末　~尘　~仪　~物　~芹）……………16
菲（~才　~材　~薄　~德　~诚　~什　~仪　~敬　~酌　~葑）
　…………………………………………………………………19
葑菲………………………………………………………………20
寸（~心　~忱　~志　~意　~衷　~诚　~敬　~长　~名　~报
　　~函　~禀　~笺　~缄　~简　~楮）…………………20
谫（~才　~能　~劣　~陋　~薄　~识）…………………22
陋（~生　~才　~目　~见　~身　~躯　~质　~拙　~忠　~诚
　　~宗　~族　~制）……………………………………22
卑（~人　~微　~末　~吏　~职　~弁　~目　~府　~意）
　…………………………………………………………………23
鄙（~人　~夫　~薄　下~　~老　~耇　~子　~生　~臣　~念
　　~名　~言　~谏　~心　~惊　~悃　~忱　~衷　~诚　~意
　　~旨　~见　~论　~说　~识　~计　~愿　~怀　~志　~概
　　~愚　~迂　~钝　~性　~处　~制　~作　~文　~函　~术
　　~事　~况　~状　~躯　~土　~祝）……………………24
孤耿………………………………………………………………28
贱（~子　~夫　~迹　~士　~生　~臣　~妾　~奴　~婢　~人
　　~身　~躯　~躬　~体　~品　~姿　~质　~姓　~名　~字
　　~表　~号　~内　~室　~房　~荆　~累　~眷　~息　~庚

贫（~道 ~僧 ~衲 ~尼 ~姑 ~身 ~生 ~妾 ~儿 ~宅 ~舍 ~家 ~栖）……………………………… 32

寒（~舍 ~家 ~门 ~厅 ~邸 ~斋 ~生 ~贱 ~荆 ~族）……………………………………………… 34

敝（~人 ~房 ~眷 ~戚 ~婶母 ~本家 ~亲家 ~岳 ~友 ~乡友 ~同乡 ~同事 ~账房 ~门下 ~门人 ~徒 ~方 ~国 ~邑 ~邦 ~省 ~县 ~赋 ~甲 ~军 ~衙 ~署 ~邑 ~乡 ~里 ~村 ~处 ~庄 ~山 ~境 ~庐 ~寓 ~宅 ~舍 ~居 ~斋 ~学堂 ~报 ~社 ~会 ~馆 ~号 ~意 ~藏 ~状 ~况）……………… 35

弊（~邑 ~赋 ~止 ~居 ~宅 ~帚）……………………… 40

小（~人 ~子 ~生 ~可 ~的(底) ~我 ~老(老儿) ~弟 ~侄 ~官 ~僧 ~行 ~尼 ~妇 ~妇人 ~妹 ~妾 ~儿 ~犬 ~顽 ~女 ~婢子 ~婿 ~客 ~价 ~筵 ~恙 ~疾 ~文 ~词 ~意思 ~房 ~舍 ~号 ~园 ~酌）…… 40

老（~朽 ~拙 ~鄙 ~仆 ~物 ~槽头 ~骨头 ~妾 ~身 ~媳妇 ~僧 ~衲 ~荆）………………………… 44

下（~臣 ~官 ~愚 ~妾 ~房 ~家 ~忱 ~悃 ~怀 ~情 ~风 ~尘 ~祝 在~）………………………… 46

末（~臣 ~官 ~朝 ~僚 ~学 ~进 ~席 ~列 ~路 ~见 ~议 ~志 ~契）……………………………… 48

窃 ……………………………………………………… 49

忝（~辱 ~高位 ~任 ~膺 ~官 ~职 ~窃 ~越 ~逾 ~累 ~守 ~为 ~在 ~居 ~参 ~中 ~附 ~列 ~近 ~幸

```
         ～出  ～私  ～厚眷（～眷）……………………………… 49
叨 （～受  ～承  ～膺  ～领  ～辱  ～忝  ～光  ～位  ～据  ～践
     ～尘  ～滥  ～窃  ～第  ～厕  ～笾  ～陪  ～长  ～冒  ～教
     ～荣  ～赖  ～扰） ……………………………………………… 51
辱 （～贶  ～见贶  ～赐  ～赐观  ～示  ～收  ～临  ～临访  ～临
     顾  ～到  过～  ～知  ～存问  ～在  ～爱）………………… 53
猥 （～厕  ～托  ～赐  ～受  ～垂  ～临  ～劳  ～辱  ～叨  ～承
     ～蒙  ～荷） …………………………………………………… 55
敢 （～不  不～  不～当  岂～  何～） ………………………… 56
哪（那）里 …………………………………………………………… 57
尘 （～渎  ～黩  ～秽  ～触  ～冒  ～览  ～渴  ～浊  ～忝  ～声音
     ～教  奉～） ………………………………………………… 57
渎 （～告  ～陈  琐～  赘～  ～商  劳～  烦～） …………… 58
芜 （～词  ～音  ～笺  ～柬  ～函  ～禀  ～牍） …………… 58
草 （～莽  ～鄙  ～字  ～命  ～庐  ～房  ～舍  ～榻） …… 59
荒 （～斋  ～居  ～村  ～庄  ～署  ～函  ～陋  ～唐） …… 60
蓬庐  茅舍  茅茨  斗舍 …………………………………………… 61
蓬心 ………………………………………………………………… 61
斗筲 ………………………………………………………………… 61
斗胆 ………………………………………………………………… 61
管 （～窥  ～窥之见  ～见  ～窥之说  ～说  ～窥蛙见  ～窥蠡测）
    …………………………………………………………………… 61
瞽 （～言  ～说  ～论  ～议  ～辞  ～语  ～见  狂～） …… 62
晚 （～学  ～学生  ～生  治～生  治～  ～进） ……………… 63
后学 ………………………………………………………………… 64
犹子 ………………………………………………………………… 64
```

荆（~人 ~布 ~妻 ~室 ~妇 山~） ………………………… 64
山妻 ……………………………………………………………… 65
犬子 豚儿 豚犬 ……………………………………………… 65
孤 ………………………………………………………………… 65
寡（~人 ~君 ~小君） ……………………………………… 65
不穀 不德 ……………………………………………………… 66
不（~才 ~材 ~佞 ~肖 ~敏 ~腆 ~庄） ………………… 66
樗材 樗散 樗朽 樗栎 樗枥 ………………………………… 68
栎材 栎散 栎樗 ……………………………………………… 68
散木 散才(材) 散樗 散栎 ………………………………… 69
仆 ………………………………………………………………… 69
走（下~ 牛马~ 马~） ……………………………………… 69
奴 奴奴 奴家 ………………………………………………… 70
妾 妾身 妾人 婢子 …………………………………………… 71
犬马 狗马 ……………………………………………………… 71
马齿 犬马齿 犬马之年 ……………………………………… 71
犬马之劳 犬马之力 …………………………………………… 72
犬马 犬马之疾 犬马病 狗马病 狗马之疾 ………………… 72
犬马之报 狗马心 ……………………………………………… 72
结草 衔(啣)环 结草衔(啣)环 衔(啣)环结草 衔(啣)结 环草
　　寸草衔结 吐珠 ………………………………………… 73
展草 …………………………………………………………… 74
滥（~竽 ~厕 ~尘） ………………………………………… 74
狗尾续貂 续貂 ………………………………………………… 75
附骥尾 附骥 托骥 …………………………………………… 75
芹献 芹曝 献芹 芹敬 献曝 ………………………………… 75

芹意　芹诚	76
绵(緜)力　棉力　绵力薄才　绵薄　棉薄	76
刍荛　刍言　刍议　刍论　刍说	77
千虑一得　千一虑　一得　一得之见　一得之愚	78
不揣　不自揣　不揣冒昧　不揣梼昧　不揣鄙陋　不揣固陋　不揣寒陋	78
不揆　不揆梼昧　不逊	79
谬（～爱　～顾　～膺　～职　～举　～厕　～容　～会　～(缪)恩）	79
过（～蒙　～爱　～称　～誉　～奖）	80
错爱	81
失迎　失迓　失候	81
失敬	81
失陪	82
高奖	82
叱名	82
叱谢	82
眼拙	82
领教	82
何足挂齿	82
佛头着粪	83
鸠拙	83
掷还　掷下	83
掷送	83
蒹葭玉树　蒹葭倚玉	83
恶札	84

涂鸦　涂雅　涂 ·· 84
覆酱瓿　覆酱　覆瓿 ·· 84
茅塞 ··· 84
榛芜　榛荟 ·· 85
杯水之敬　杯水之酬　杯水候　杯茗之敬 ······················· 85
免贵 ··· 85

（二）敬词

1. 通用敬词

令（~尊　~严　~先君　~先翁　~伯　~堂　~慈　~萱　~妻
　　~阃　~阄　~正　~政　~阁正　~荆　~子　~郎　~嗣　~似
　　~爱　~媛　~嫒　~女　~婿　~坦　~岳　~岳母　~亲　~兄
　　~嫂　~姐　~姊　~姊丈　~甥　~侄　~侄女　~弟　~妹
　　~表妹　~师　~友）··· 86

尊（~姓　~名　~字　~讳　~号　~篆　~公　~甫　~父　~府
　　~君　~侯　~翁　~大君　~堂　~萱　~慈　~夫人　~大人
　　~上　~人　~亲　~章　~嬗　~姉　~夫　~阁　~阃　~壶
　　~正　~夫人　~嫂　~嫂夫人　~眷　~累　~师　~友　~庚
　　~寿　~齿　~行　~长　~宿　~兄　~驾　~台　~重　~官
　　~介　~价　~纪　~使　~婢　~门　~阀　~府　~寓　~居
　　~门　~乡　~命　~意　~见　~旨　~恉　~酌　~裁　~怀
　　~听　~闻　~览　~临　~造　~体　~腹　~足　~步　~拳
　　~恙　~仪　~颜　~面　~貌　~性　~威　~候　~履　~召
　　~报　~刻　~藏　~作　~篆　~撰　~辑　~稿　~纸　~馆
　　~处　~论　~言　~赐　~事　~况　~嘱　~款　~乘　~照

~相 ~函 ~札 ~件 ~便) 91

贵（~姓 ~名 ~表 ~号 ~人 ~意 ~庚 ~寿 ~诞 ~降
~造 ~体 ~恙 ~疾 ~手 ~足 ~步 ~脚 ~趾 ~亲
~室 ~眷 ~兄 ~弟 ~子 ~男 ~婿 ~戚 ~友 ~相知
~客 ~居停 ~伙 ~本家 ~宗 ~族 ~相好 ~国 ~邦
~政府 ~主 ~亲王 ~大臣 ~总督 ~公使 ~省 ~治
~围 ~营 ~部 ~官 ~县 ~职 ~属 ~同事 ~同年
~账房 ~行 ~价 ~纪 ~获 ~上 ~事 ~干 ~忙 ~冗
~府 ~宅 ~邸 ~居 ~寓 ~门 ~土 ~地 ~壤 ~里
~乡 ~邦 ~处 ~府 ~庄 ~山 ~寨 ~院 ~刊 ~报
~社 ~馆) 102

贤（~每 ~门 ~瞒 ~家 ~尊 ~夫 ~室 ~阁(阁) ~阃
~配 ~妇 ~内助 ~内 ~助 ~夫人 ~妻 ~伉俪 ~卿
~姊 ~仲 ~弟 ~从 ~妹 ~子 ~郎 ~女 ~孙 ~息
~甥 ~亲 ~妣 ~叔 ~辈 ~侄 ~契 ~侯 ~府 ~藩
~东 ~友 ~度 ~灵 ~歌) 110

高（~明 ~驾 ~贤 ~风 ~风亮节 ~风峻节 ~风劲节 ~姓
~名 ~见 ~意 ~论 ~旨 ~发 ~升 ~迁 ~就 ~谕
~情 ~谊 ~义 ~闻 ~听 ~问 ~鉴 ~会 ~制 ~文
~篇 ~龄 ~寿 ~足 ~弟 ~徒 ~手 ~邻 ~斋 ~居
~盖 ~抬贵手) 115

宝（~宇 ~坊 ~刹 ~台 ~殿 ~楼 ~阁 ~地 ~相 ~像
~塔 ~钵 ~灯 ~偈 ~谕 ~方 ~地 ~店 ~号 ~札
~眷 ~邻) 119

老（~佛爷 ~父母 ~父台 ~公祖 ~堂台 ~道长 ~祖宗
~相公 ~前辈 ~先生 ~先儿 ~先 ~爷 ~公公 ~太爷

	~大爷	~爷子	~人家	~丈	~伯伯	~大伯	~老	~爹	~父
	~伯	~家公	~叔	~爷爷	~太太	~太	~大娘	~师父	
	~师	~仙长	~师傅	~郎	~大哥	~哥	~兄	~年兄	~大
	姐	~弟	~客	~客长)					121
大	(~名	~号	~驾	~雅	~师	~匠	~家	~人	~爷 ~伯
	~叔	~舅爷	~妈	~娘	~兄	~哥	~嫂	~嫂子	~娘子
	~姐	~姐姐	~老爷	~令	~公祖	~官人	~翁	~德	
	~作	~著	~篇	~笔	~文	~稿	~刻	~旨	~教 ~函
	~札	~庆	~馆)						127
太	(~公	~翁	~老爷	~爷	~夫人	~太	~婆	~弟	~爷
	~尊	~医	~仆)						131
鸿	(~制	~篇巨制	~著	~文)					133
上	(~人	~老	~下	~足	~舍	~姓	~院	~刹	~裁 ~尘
	~覆)								133
下	(~顾	~降	~访	~爱	~问	~询)			135
降	(~止	~光	~格	~冕	~临	~驾	~喻	~问	~眷 ~鉴
	~尊临卑)								135
临	(~贲	贲~	~顾	顾~	~降	~莅	莅~	~幸)	136
驾	(~临	~到	师~	星~)					137
钧	(~批	~命	~令	~谕	~旨	~教	~诲	~意	~语 ~录
	~览	~赏	~听	~聪	~牌	~慈	~范	~威	~严 ~颜
	~眷	~注	~问	~座	~裁	~帖)			138
台	(~下	~屏	~座	~从	~驾	~驭	~端	~严	~旌 ~斾
	~眷	~甫	~讳	~衔	~安	~候	~照	~鉴	~电 ~诲
	~训	~谕	~爱	~廑	~慈	~命	~属	~听	~阅 ~旨
	~意	~光	~席	~臺	~颜	~翰	抚~	藩~	河~ 制~

	提~	寅~	父~	爷~	师~	~兄	兄~	表~)	·········	140

宪（~台　~驾　~车　~恩　~听　~行　~断　~批　~檄　~眷

~厘　~注　~意　~考　~躬）·················· 145

道（~范　~驾　~体　~躬　~爱　~师　~宪　~尊　~长　~丈

~官　~兄　~终　~诲　~扰）················· 146

府（~上　潭~　~报　~主　~君　~尊）·········· 148

恩（~人　~家　~主　~星　~公　~官　~地　~府　~门　~师

~东　~相　~台　~临　~顾　~力　~引　~睐　~允　~准

~俞）···································· 149

宠（~临　~降　~访　~诲　~谕　~顾　~携　~召　~招）

·· 151

慈（~闱　~颜　~容　~色　~景　~躬　~恩　~纶　~壹　~庇

~荫　~命　~训　~教　~诲　~注）············ 152

赐（~示　~札　~书　~函　~临　~顾　~光　~见　~听　~命

~祝　~教　~正　~许　~允　~复　~问）······· 154

赏（~光　~脸　~收）························ 155

敬（~诺　~恳　~受命　~闻命　~从命　~奉教　~闻　~劳

~问　~谢　~空）··························· 155

谨（~上　~白　~启　~禀　~告　~呈　~献　~记　~志　~书

~勒(泐)　~诺　~对　~空　~状　~题　~谢　~听　~悉）

·· 156

恭（~候　~迎　~迓　~贺　~喜　~叩　~请　~谢　~诣　~送

~求　~听）································ 159

玉（~色　~面　~容　~颜　~貌　~体　~女　~度　~照　~音

~声　~言　~音　~札　~趾　~步）············ 160

华（~翰　~缄(械)　~笺(牋)　~教　~篇　~章　~编　~诞

～问　～筵)	162
芳 (～札　～信　～翰　～缄　～词　～讯　～名　～颜　～容　～辉	
～龄　～年　～邻　～驾)	163
清 (～士　～才　～风　～格　～范　～辉　～颜　～神　～徽　～言	
～论　～议　～谈　～兴　～教　～诲　～听　～聪　～誉　～名	
～鉴　～德　～箴　～赏　～贯　～斋　～恙　～况)	164
雅 (～贶(况)　～惠　～望　～教　～诲　～爱　～奏　～论　～属	
～鉴　～度　～量　～号　～篆　～意　～思　～怀　～体)	167
嘉 (～什　～藻　～命　～谕　～诲　～贶(况)　～惠　～诏　～宾	
～客)	169
佳 (～宾　～客　～篇　～什　～作　～惠　～贶)	170
笔 (大手～　椽～　如椽～　大～如椽)	171
哲 (～兄　～昆　～嗣　～舅)	171
圣	172
御	172
公	173
子	173
君	173
卿	174
您	174
下 (陛～　阁(阁)～　殿～　门～　第～　麾～　节～　座～　几～	
席～　铃～　足～　膝～)	174
甫	177
父 (～老　～兄)	178
爹 (爹爹　爹爹)	178
爷 (爷爷　爷爷)	178

官（~人　客~　看~）……………………………………… 179

端 ………………………………………………………… 180

明（~上　~公　~府　~府　~廷　~候　~台）………… 180

青（~眼　~目　~睐　~眸　~盼　~及）………………… 181

枉（~临　~驾　~骑　~辙　~棹　~步　~访　~顾　~刺　~从
　~过　~送　~语　~屈　~存　~问　~教）……………… 182

屈（~尊　~威　~驾　~临　~就　高就下　~留）……… 183

曲（~允　~垂　~降　~赐　~锡　~临　~屈　~荷）…… 184

左顾 ……………………………………………………… 184

拜（~贺　~见　~谒　~访　~望　~会　~客　~府　~茶　~识
　~辱　~伏　~服　~教　~意　~上　~托　~告　~内　~纳
　~接　~受　~收　~登　~纳　~赐　~惠　~贶　~领　~嘉
　~还　~请　~央　~求　~恳　~荷　~谢　~酬　~门　~迎
　~接　~送　~辞　~别　~违　~候　~覆　~书　~聆　~省
　~慰　~问　~撰　~具　~启　~禀　~告　~读　~诵　~览
　~烦　~扰　~悉　~捧　~降）…………………………… 185

叩（~祝　~贺　~喜　~请　~求　~别　~辞　~违　~谢　~谒
　~询　~咨　~问　~庐　~见　~迎　~接　~送）……… 191

请（~正　~政　~便　~酒　~教　~问　~示　~行　~脉　~发
　有~）…………………………………………………… 193

呈（~教　~政　~禀　~阅　~览　~献）………………… 195

启（~请　~烦　~陈　~禀　~白　~知　~问）………… 195

奉（~央　~求　~恳　~干　~白　~告　~布　~达　~报　~申
　~商　~邀　~请　~屈　~迎　~迓　~别　~辞　~违　~饯
　~留　~祝　~贺　~觞　~访　~谒　~诣　~拜　~叩　~烦
　~扰　~劝　~慰　~陪陪~　~赠　~送　~纳　赠~　~托

~询	~扣	~仰	~慕	~候	~读	~览	~教	~复	~答
~报	~酬	~答	~报	~谢	~闻	~呈	~渎	~纳	~缴
~交	~完	~璧	~赵	~还	~还	~返	~偿	~到	~寄
寄~	~让	~敬	~献	~上	~介	~国	~祭	告~)	……196

盥（~诵　~读　浣诵）……………………………204
彻（~电　~听）……………………………………204
洛（~诵　雒诵）…………………………………204
环诵………………………………………………205
庄诵………………………………………………205
展（~奉　~谒　~诣）……………………………205
见（~教　~谕　~谅　~亮　~恕　~顾　~临　~过　~访　~惠
　　~赐　~诒　~赠　~委　~托　~告）………………205
仰（~攀　~扳　~高　~酬　~答　~羡　~慕　~企　~止　~屈
　　~承　~荷　~祈　~烦　~服　~渎）………………207
伏（~惟　~念　~计　~想　~望　~惟（维）　~冀　~祈　~乞
　　~承　~蒙　~知　~见　~闻　~听　~读　~候　~奉　~奏
　　~谒）………………………………………………208
俯（~爱　~察　~稽　~烛　~鉴　~念　~思　~注　~就　~拾
　　~允　~从　~纳　~采　~亮　~询）………………210
垂（~察　~鉴　~爱　~眷　~念　~注　~廑　~顾　~照　~哀
　　~悯　~怜　~矜　~盼　~怜　~意　~情　~青　~目　~问
　　~询　~教　~示　~听　~恩　~范　~法　~宪　~恕　~谅
　　~戒　~诰　~救　~阅　~佑　~接）………………212
惠（~赐　~贶　~赠　~临　~顾　~允　~存　~借　~邮　~音
　　~书　~函　~寄　~教　~问　~告　~招）…………215
葵（~向　~悃　~私　~心　~倾）…………………217

鹄（~候　~恭　~俟　~盼　~望）……………………… 217

伫（~候　~闻）……………………………………………… 218

光（~临　~顾　~驾　~降　~贲　~伴　~陪　~尘　~霁　~仪
　~容　~貌　~颜　~耀　~范　~景　~灵　~像　~相　~降
　~爱　~诵　~翰）…………………………………………… 218

幸（~蒙　~辱　~承　~临　~察　~教　~会　~甚　有~　三生
　有~）………………………………………………………… 220

荣（~任　~膺　~升　~擢　~行　~归　~还　~顾　~庇　~愿
　~获　~幸　~问　~览　~翰　~光）……………………… 221

厚（~恩　~泽　~爱　~情　~意　~幸　~赐　~贲　~贶　~托）
　……………………………………………………………… 222

承（~刻　~前　~昔　~近　~既　~忽　~复　~尝　~屡　~仰
　~渥　~素　~恭　~辱　~面　~多　~远　~重　~蒙　~惠
　~嘉惠　~询　~教　~面谕　~寄示）……………………… 223

蒙（~仰　~伏　~即　~嗣　~夙　~适　~既　~复　~重　~两
　~果　~多　~颇　~前　~辱　~乃　~深　~渥　~亮　~如
　~倘　~未　~今　~昨　~早~）…………………………… 225

荷（~蒙　~顷　~曩　~久　~仰　~深　~渥　~幸　~辱　~乃
　~谅　~亮~）………………………………………………… 227

仙（~乡　~里　~诞　~长　~师　~翁　~客　~姑）……… 228

灵（~位　~牌　~枢　~榇　~帏　~帷　~帐　~座（坐）　~几
　~筵　~床　~桌　~车　~舆　~辀　~辒　~辌　~辕　~驾
　~堂　~寺　~刹　~室　~宫　~观　~庙　~龛　~塔　~图
　~骨　~像　~网　~篇　~章　~诰　~符　~箓　~居　~室
　~洞　~署）………………………………………………… 229

先（~人　~父　~子　~大夫　~夫子　~公　~考　~君　~府君

～严　～母　～妣　～媪　～慈　～亲　～妾　～后　～祖　～生	
～人　～君　～君　～子　～姑　～室　～兄　～友）	233
显（～祖　～考　～妣）	236
正（教～　教政　教削　诲～　诲政　诲削　训～　指～　酌～　斧～	
斧政　斧削　斤～　斤削　斤斧　郢～　郢政　郢裁　削～　削政	
质～　就～　雅～　厘～　阅～　赐～　笔削　绳削　酌削）	236
咳唾　謦咳　謦唾	238
哂（～纳　～存　～收　笑纳　笑领　笑留　莞存　欣存）	239
久（～仰　～慕　～闻　～耳　～闻大名，如雷灌（贯）耳）	240
烦（～劳　～累　～琐　相～　有～　累～　多～　央～　麻～）	
	241
劳（～动　～烦　～累　～扰　～驾　～尊　动～　有～）	241
费心　费神	242
打扰　打搅　相扰　搅扰	242
惊动	243
借光	243
借问	243
借重	243
海涵　海容　包涵	243
洗耳　洗耳恭听　洗耳拱听	244
趋谒　趋诣	244
趋叩	244
造谒　造诣　造府	245
过拜　过谒　过存　过问	245
抠衣　抠谒　抠趋　抠迎	245
卓裁　卓夺	246

| 璧还 还璧 璧返 返璧 璧赵 完璧 完赵 归赵 …… 246
| 璧谢 返锦 …… 247
| 关爱 关垂 顾爱 …… 247
| 珍贶 珍惠 …… 248
| 绮注 …… 248
| 绮廛 …… 248
| 迁步 …… 248
| 拖步 …… 248
| 讨教 …… 248
| 蓬荜生辉 …… 248
| 托福 …… 249
| 青春 …… 249
| 献茶 奉茶 待茶 让茶 …… 249
| 让烟 …… 249
| 让酒 …… 249
| 金诺 …… 249
| 扫榻 …… 250
| 问讯 …… 250
| 檀府 …… 250
| 法讳 …… 250
| 执事 …… 250
| 颜范 金颜 芝宇 芝辉 …… 251
| 泰山北斗 泰斗 山斗 斗山 …… 251
| 词丈 …… 252
| 词宗 …… 252
| 杖履 杖屦 …… 252

文从	252
履舄	253
崇重	253
夫子	253
夫人	253
仁兄	253
仁弟	254
堂尊　堂翁	254
客长	254
鼓老　鼓佬	254
寿世	254
伟论　巨论	254
珂里　珂乡	255
识荆	255
门仞	255
千金	255
位下	255

2. 书信敬词

（1）上款

座（钧～　台～　台坐　～右　坐右　～下　坐下　～前）	256
台（～台　恩～　～下）	257
席（台～　道～　函～　耆～　杖～　经～　礼～　苦～　苦次　讲～　著～　撰～　史～　文～　吟～）	257
尊（～前　～右　吟右）	259
侍（～前　～右　～下　～者　～史　～福书～）	259

鉴（钧~ 台~ 勋~ 尊~ 道~ 赐~ 赏~ 垂~ 雅~ 惠~ 大~ 喜~ 矜~ 均~ 同~ 公~）……………… 260

览（台~ 青~ 赐~ 赐揽 惠~ 惠揽 安~ 亲~ 同~）
………………………………………………………… 262

察（台~ 青~ 赐~ 尊~ 惠~ 均~ 同~ 青及）……… 263

有道 道右 道范 …………………………………… 263

执事 ………………………………………………… 264

函丈 ………………………………………………… 264

阁下 ………………………………………………… 264

麾下 ………………………………………………… 264

节下 ………………………………………………… 265

足下 ………………………………………………… 265

左右 ………………………………………………… 265

旅次 ………………………………………………… 265

礼次 ………………………………………………… 265

如晤 如见 如面 如手 如握 …………………… 265

握手 执手 …………………………………………… 266

手足 ………………………………………………… 266

至契 ………………………………………………… 266

(2) 来信

钧（~谕 ~札 ~函 ~复 ~答）………………… 266

尊（~谕 ~示 ~书 ~函 ~翰 ~缄 ~札）…… 267

台（~教 ~函 ~示）………………………………… 267

华（~教 ~函 ~翰）………………………………… 267

赐（~谕 ~书 ~函 ~札）………………………… 268

贶书　况毕 …………………………………………… 268
惠（~示　~教　~书　~函　~札　~笺　~缄　~简　~毕　~复
　~告） ……………………………………………… 268
教（函~　翰~　书~　笺~　~赐　~简　~答　~言）……… 269
大（~教　~函　~札）……………………………………… 270
谕（~示　~书　~函　寄~）……………………………… 270
示（~谕　~书）…………………………………………… 270
玉（~缄　~音）…………………………………………… 270
瑶（~章　~函　~笺　~缄　~华音　~复）……………… 271
琅（~函　~帙）…………………………………………… 271
琼（~翰　~音）…………………………………………… 271
兰讯 ………………………………………………………… 271
芳讯 ………………………………………………………… 271
还（~翰　~书　~牍　~诲　~云）……………………… 271
环（~谕　~章　~书　~示　~音）……………………… 272
复（~谕　~示　~书　~函　~缄　~柬）……………… 272
手（~谕　~诲　~教　~示　~书　~函　~翰　~札　~简　~笺
　~缄　~告　~诏　~尺　~毕　~答　~复）………… 273
来（~诲　~诰　~教　~谕　~示　~翰）……………… 274
回玉 ………………………………………………………… 275
亲翰 ………………………………………………………… 275
朵云 ………………………………………………………… 275
讣书　赴函 ………………………………………………… 275

(3) 知悉 …………………………………… 275

敬悉　敬聆　敬承　谨悉　谨聆　祗悉　祗聆　祗承　悚领　拜悉　领悉

聆悉　诵悉　读悉　欣悉　具悉　具谂　具知　藉悉　备悉　备聆　备承
俱聆　藉谂　均悉　得悉

(4) 达览 ……………………… 277

台鉴　钧鉴　慈鉴　慈电　青鉴　藻鉴　垂鉴　邀鉴　涵鉴　达鉴　入鉴
鉴存　台览　钧览　青览　清览　垂览　省览　赐览　察览　达览　登览
澈(彻)览　入览　收览　台察　青察　垂察　惠察　涵察　鉴察　入察
邀察　鉴及　察及　察收　察阅　察入　青及　青垂　青睐　青照

(5) 思慕 ……………………… 280

驰念　驰思　驰系　驰慕　驰仰　驰依　依驰　驰恋　驰溯　驰情　驰神
神驰　翘企　孺企　企仰　延跂　孺恋　孺慕　悬悬　悬系　系念　系恋
企念　萦念　结念　渴念　渴想　渴忆　渴思　想念　怀思　怀想　至
念至念　殊念殊念　甚念甚念　念极念极　瞻依　瞻恋　依恋　葭思　葭
心

(6) 问候

安 (钧~　台~　勋~　尊~　崇~　道~　升~　金~　慈~　懿~
颐~　礼~　侍~　万~　福~　德~　善~　大~　元~　戎~
文~　吟~　著~　撰~　砚~　编~　纂~　教~　铎~　研~
辩~　捷~　筹~　公~　财~　怡~　平~　潭~　邸~　寓~
俪~　双~　睡~　妆~　痊~　行~　旅~　游~　新~　年~
岁~　节~　春~　夏~　暑~　筸~　秋~　冬~　炉~　近~
日~　刻~　时~　早~　晨~　午~　晡~　晚~　总~　均~
同~) ……………………………………………… 283

绥 (台~　道~　尊~　升~　教~　撰~　文~　政~　戎~　公~

祺（台~ 勋~ 崇~ 慈~ 升~ 著~ 撰~ 纂~ 教~ 研~ 文~ 学~ 公~ 礼~ 曼~ 侍~ 潭~ 履~ 行~ 旅~ 痊~ 摄~ 新~ 年~ 岁~ 节~ 春~ 夏~ 暑~ 秋~ 冬~ 近~ 刻~ 双~）················· 292

祉（元~ 升~ 嘉~ 吉~ 礼~ 著~ 纂~ 文~ 侍~ 潭~ 俪~ 双~ 坤~ 聪~ 新~ 岁~ 年~ 节~ 春~ 秋~ 近~ 时~ 日~ 刻~ 均~）················· 295

福（著~ 撰~ 文~ 万~ 百~ 曼~ 侍~ 潭~ 阃~ 坤~ 双~ 幸~）···················· 297

禧（新~ 新喜 岁~ 年~ 年釐 节~ 节喜 春~ 秋~ 时~ 近~ 午~ 午喜 福~ 大喜 鸿喜 痊~）······ 298

嘉（撰~ 筹~ 俪~ 时~）···················· 299

进步 ··· 300
健康 ··· 300
康乐 ··· 300
敬礼 ··· 300

潭~ 旅~ 岁~ 时~ 日~ 双~）············ 290

(三) 婉词

1. 厕所便器婉称

东（~圊 ~厕 ~司 ~厮 ~净）············ 300
清（~溷 行~）···························· 301
圊（~厕 ~腧 ~溷 毛~）················· 301
偃（~溷 ~溲）···························· 301
更衣室 ··· 302

厕（~屋 ~溷 ~所 屏~ 坑~） ·· 302

圂 ·· 302

溷（~轩 ~圊 ~厕 ~藩） ·· 302

附:茅司 茅厕 毛厕 茅房 茅坑 毛坑 ······················ 303

圊桶 净桶 恭桶 便桶 窬桶 马桶 马子桶 马子 ········ 303

亵器 清器 虎子 ··· 304

便器 溲器 溺器 溷器 尿盆儿 ································· 304

便壶 夜壶 尿壶 溺壶 ·· 305

2. 排泄婉称

出恭 更衣 净手 解手 ·· 305

便 便利 方便 ··· 306

溲 遗 ·· 306

大恭 大解 大便 后溲 ·· 307

私 小恭 小遗 小便 小解 小水 小干 小溲 前溲 旋 便旋

房中弱水 ·· 307

登东 登东厕 ··· 309

附:屙 拉 撒 ··· 309

溺 尿 ·· 309

屎（矢、菌） 粪 ·· 310

3. 生殖器婉称

阴 阴器 阴阳 私 私处 ·· 310

男根 男阴 阴茎 玉茎 内具 ···································· 311

胲 ·· 311

赘子 ··· 311

小便	311
势	312
阳　阳具　阳物　阳道	312
阴户　阴门　女阴	312
廷孔	312

4. 月经婉称

月　月水　月事　月信　月客　月经　月数　入月	313
天癸　癸水	314
潮信　红潮　红铅	314
姅　姅变	314
例假	314

5. 性爱婉称

房（~事　~室　同~　入~　闭~）	315
同枕　同床共枕　枕席　枕席之事　枕席之欢　枕席之爱	315
衾枕之乐　衾枕之爱　衾裯　衾裯事	316
衽席　衽席之爱　衽席之好	316
床笫　上床	317
做爱	317
交（~合　~姤　~通　~接　~会　~感　~媾（构）　~精）	317
接	318
内	318
合	318
媾　媾合	318
御（驭）　御幸　幸　幸御	318

欢（求~ ~会 合~ 共~）……………………………… 319
行房 行云 行阴 行事 举事 ………………………… 319
云雨（朝云暮雨 巫山 巫山云雨 巫云楚雨 巫云 巫峡 尤云殢雨 云尤雨殢 殢雨尤云 殢云尤雨 殢雨 尤殢 尤云殢雪 尤花殢雪 雨爱云欢 雨魂云梦 云梦闲情 雨魄云魂 雨云 握雨携云 楚云湘雨 楚天云雨 楚雨巫云 楚梦 雨约云期 云情雨意 雨意云情 撩云拨雨 拨雨撩云 雨窟云巢 雨席云床 雨帐云屏 雨云乡 阳台 巫山 雨散云收 云收雨散 雨散 雨差云困）
 ……………………………………………………… 320
高唐 高唐梦 …………………………………………… 323
颠鸾倒凤 鸾颠凤倒 凤倒鸾颠 倒凤颠鸾 ………… 323
鸾颠燕狂 ………………………………………………… 324
蜂狂 蜂狂蝶乱 蜂游蝶舞 …………………………… 324
狎 狎昵（暱）………………………………………… 324
燕私 …………………………………………………… 324
春事 春风 ……………………………………………… 324
入港 …………………………………………………… 325
做光 做起光 …………………………………………… 325
阴阳 …………………………………………………… 325
不妥 …………………………………………………… 325
染 ……………………………………………………… 325

6. 妓女婉称

花 （~娘 ~姑娘 ~名）…………………………… 325
烟花 烟花女 胭（臙）花 胭花女 ………………… 326
莺花 莺燕 ……………………………………………… 326

墙花柳　墙花路柳　墙花路草 …………………………… 326

闲花野草 ……………………………………………………… 327

姐　姐姐　姐儿　大姐　小大姐　小姐　窑姐 ………… 327

私窠　私窠子　私窝子 ……………………………………… 328

谢娘　谢娥 …………………………………………………… 328

青楼 …………………………………………………………… 328

粉头　粉花　粉团儿 ………………………………………… 328

夜度娘 ………………………………………………………… 328

风尘　风月 …………………………………………………… 329

相好 …………………………………………………………… 329

生 ……………………………………………………………… 329

姊妹 …………………………………………………………… 329

弟子 …………………………………………………………… 329

行首　上厅行首　上行首 …………………………………… 329

鼓子花 ………………………………………………………… 330

陪花 …………………………………………………………… 330

金钗客 ………………………………………………………… 330

堂客 …………………………………………………………… 330

堂差 …………………………………………………………… 330

顶老 …………………………………………………………… 330

小先生 ………………………………………………………… 330

春妇 …………………………………………………………… 330

倚门妇　倚门者　门里人 …………………………………… 331

词史 …………………………………………………………… 331

长三　幺二　野鸡 …………………………………………… 331

咸水妹 ………………………………………………………… 331

黄鱼 ··· 332

条子 ··· 332

马班 ··· 332

都知 ··· 332

上头 ··· 332

附：倡（~女 ~伎 ~家 ~妇 ~姥 ~条冶叶 ~条）··· 332

娼（~女 ~妓 ~家 ~根 ~妇 ~优）············ 333

妓（~人 ~女 ~弟 ~妇）························ 334

表子 婊子 ··· 334

鸨（~母 ~妇 ~子 ~儿 ~妞 老~ 老~子 老~婆 花~）······································· 335

猱儿 ··· 336

虔婆 ··· 336

7. 妓院婉称

云雨乡 ··· 336

燕脂坡 ··· 336

风月场　风月所　风月馆　风尘 ··············· 336

莺花市　莺花阵　莺花寨　莺巢燕垒 ········· 337

烟花阵　烟花寨　烟花场　烟花行院　烟月作坊　胭花队 ··· 337

烟花市　烟花巷　烟花柳巷 ····················· 338

杨柳楼 ··· 338

翠红乡　翠馆 ··· 338

章台　走马章台 ····································· 339

青楼　秦楼　楚馆　秦楼楚馆　秦楼谢馆　谢馆秦楼　楚馆秦楼 ··· 339
花（~市　~门　~院　~馆　~丛　~台　~柳　~营　~柳场

~柳营　~柳丛　~门柳户　~柳人家　~街　~街柳市　~街柳
陌　~衢　~衢柳陌　~街柳巷　~胡同　~船　~国　~界) ⋯ 340

花烟间 ⋯⋯⋯⋯⋯⋯⋯⋯⋯⋯⋯⋯⋯⋯⋯⋯⋯⋯⋯⋯⋯ 341

柳　(~陌　~巷　~楼　~户花门　~市花街　~陌花街　~巷花街
~陌花丛　~陌花衢　~陌花巷　~营花市　~营花阵) ⋯⋯ 341

平康　平康里　平康巷　北里 ⋯⋯⋯⋯⋯⋯⋯⋯⋯⋯ 342

曲　(~中 ~院 ~巷) ⋯⋯⋯⋯⋯⋯⋯⋯⋯⋯⋯⋯⋯⋯ 343

旧院 ⋯⋯⋯⋯⋯⋯⋯⋯⋯⋯⋯⋯⋯⋯⋯⋯⋯⋯⋯⋯⋯ 343

教坊 ⋯⋯⋯⋯⋯⋯⋯⋯⋯⋯⋯⋯⋯⋯⋯⋯⋯⋯⋯⋯⋯ 343

门户　门户人家 ⋯⋯⋯⋯⋯⋯⋯⋯⋯⋯⋯⋯⋯⋯⋯⋯ 344

行院 ⋯⋯⋯⋯⋯⋯⋯⋯⋯⋯⋯⋯⋯⋯⋯⋯⋯⋯⋯⋯⋯ 344

行户 ⋯⋯⋯⋯⋯⋯⋯⋯⋯⋯⋯⋯⋯⋯⋯⋯⋯⋯⋯⋯⋯ 344

六院 ⋯⋯⋯⋯⋯⋯⋯⋯⋯⋯⋯⋯⋯⋯⋯⋯⋯⋯⋯⋯⋯ 344

班子 ⋯⋯⋯⋯⋯⋯⋯⋯⋯⋯⋯⋯⋯⋯⋯⋯⋯⋯⋯⋯⋯ 344

勾栏 ⋯⋯⋯⋯⋯⋯⋯⋯⋯⋯⋯⋯⋯⋯⋯⋯⋯⋯⋯⋯⋯ 344

粉房 ⋯⋯⋯⋯⋯⋯⋯⋯⋯⋯⋯⋯⋯⋯⋯⋯⋯⋯⋯⋯⋯ 345

台基 ⋯⋯⋯⋯⋯⋯⋯⋯⋯⋯⋯⋯⋯⋯⋯⋯⋯⋯⋯⋯⋯ 345

附:倡楼　倡馆 ⋯⋯⋯⋯⋯⋯⋯⋯⋯⋯⋯⋯⋯⋯⋯⋯ 345

娼楼　娼馆　娼寮　娼家 ⋯⋯⋯⋯⋯⋯⋯⋯⋯⋯⋯⋯ 345

妓家　妓院　妓楼　妓馆 ⋯⋯⋯⋯⋯⋯⋯⋯⋯⋯⋯⋯ 345

窑子 ⋯⋯⋯⋯⋯⋯⋯⋯⋯⋯⋯⋯⋯⋯⋯⋯⋯⋯⋯⋯⋯ 346

堂子 ⋯⋯⋯⋯⋯⋯⋯⋯⋯⋯⋯⋯⋯⋯⋯⋯⋯⋯⋯⋯⋯ 346

8. 狎妓婉称

花柳　(寻花　寻花觅柳　觅柳寻花　寻花问柳　攀花问柳　攀花折柳
问柳寻花　问柳评花　眠花宿柳　眠花卧柳　眠花醉柳　眠花藉柳

拈花弄柳　迷花恋柳）·············· 346
花花草草 ························· 347
拈花惹草　招花惹草　沾花惹草　惹草沾花　惹草拈花　迷花沾草　沾风
　　　惹草 ···························· 347
招蜂引蝶　招蜂惹蝶 ··············· 348
上花台 ····························· 348
寻芳　风月 ·························· 348
团香弄玉 ··························· 348
入马 ································ 349
入奸 ································ 349
偷（~香　~香窃玉　窃玉~香　窃玉~花　~情　~期　~光　~欢
　　　~鸡摸狗　~鸡盗狗　~鸡吊狗　~汉　~汉子）·········· 349
幽会　幽期 ························· 350
桑间濮上　桑间　濮上　桑中 ········ 350
买春 ································ 351
买笑　买笑寻欢　买笑追欢　买笑迎欢 ·· 351
卖笑　卖笑追欢 ····················· 352
卖风情　卖风流 ····················· 352
卖俏 ································ 352
卖俏行奸　卖俏迎奸 ················· 352
卖客 ································ 352
卖春 ································ 353
卖奸　卖淫 ························· 353
倚门　倚门卖笑　倚门卖俏　倚门献笑 ·· 353
抟弄　抟香弄粉 ····················· 353
倚玉偎香　倚翠偎红 ················· 353

弄燕调莺	354
结线头	354
叫局　叫条子	354

9. 去世婉称

走	354
去	354
离去	354
远行	355
亡（~没(殁)　~泯　~化　~故　~过　~逝）	355
徂　殂（徂没(殁)　徂背　徂逝　徂落　徂丧　徂迁　徂谢　徂颠　殂没(殁、殟)　殂夭　殂化　殂背　殂逝　殂落　殂丧　殂陨(殒)　殂谢　迁殂　告殂）	355
逝（~世　~没　~殂）	357
往（~化　~逝）	357
谢世　谢时　谢殁　谢事　谢尘缘　谢宾客　谢生	358
形谢	358
过　过世　过辈　过背　过去	358
离世　离尘	359
辞去　辞世	359
撒手　撒手尘寰　撒手人寰　撒手人间	359
归土　归山　归泉	360
归西　归天	360
归神	360
归道山	360
归全	361

归阴 ……………………………………………………	361
归去 ……………………………………………………	361
归世 ……………………………………………………	361
归尽 ……………………………………………………	361
仙化　仙去　仙升　仙逝　仙游　云驭 ……	361
升(昇)　升(昇)天　升(昇)仙　升(昇)遐 ……	362
登　登仙　登真　登遐　登假　登天　登陟 ……	363
遐登　遐举　遐升　遐弃 …………………………	364
上宾　上天　上西天　上仙　上路 ………………	364
迁化　迁逝 ……………………………………………	365
陟 ………………………………………………………	365
龙去鼎湖　龙升 ………………………………………	365
跨鹤仙去　跨鹤西归　鸾驭西归　鸾驭辞尘　游岱　鹤驾　鹤驭　鹤驭登仙　驾鹤西游　驾鹤西去　骑鹤西归　驾鹤成仙　乘鹤远去 ……	365
捐身　捐躯　捐骸　捐馆舍　捐馆　捐舍　捐宾客　捐宾　捐生　捐命　捐世　捐背　捐瘠　捐床帐 ……………………	367
撤席 ……………………………………………………	368
弃世　弃代　弃躯　弃身　弃骸　弃朝　弃天下　弃背天下　弃群臣　弃捐　弃逝　弃移　弃背　弃禄　弃养　弃堂帐　弃平居 ………	368
遗弃 ……………………………………………………	370
舍身　舍生取义　舍生取谊　舍生存义　舍生　舍命　舍字　舍寿 ……………………………………………………	370
违世　违代　违养 ……………………………………	371
背　见背　背世　背弃 ………………………………	372
委世　委离 ……………………………………………	372
没(殁)　(没化　没(殁)世　没地　没命　没陈　没寿) ……	372

沦没(殁)　沦逝　沦落　沦谢 ………………… 373
泯　泯没 ……………………………………………… 373
沉沦　沉眠　沉埋 …………………………………… 374
灭　灭化　灭没　灭抑　灭度　灭顶　灭陨 ……… 374
陨　殒（陨仆　陨世　陨身　陨没(殁)　陨命　陨背　陨缺　陨队(坠、
　　隧)　陨越　陨落　陨丧　陨零　陨谢　陨毙　陨踣　殒没(殁)　殒
　　命　殒逝　殒越　殒落　殒谢　殒毙　殒颠　颠陨　颠殒　惊殒）
　…………………………………………………………… 375
賮（~祚） …………………………………………… 377
星陨　星落　星亡 …………………………………… 377
零　零落　零坠　零谢 ……………………………… 377
落 ……………………………………………………… 378
凋（~零　~谢　彫谢　雕谢　~落　雕落　~落　~枯　~索　~沦
　　~替　~陨　~殒　~逝　~徂　~丧　彫丧） ………… 378
槁 ……………………………………………………… 379
倾（~世　~背　~逝） ……………………………… 380
溘然　溘死　溘至　溘逝　溘丧　溘尽　溘谢　溘毙 ……… 380
奄忽　奄然　奄沦　奄逝　奄弃　奄隔　奄化　奄谢 ……… 381
忽诸　忽然 …………………………………………… 381
长休　长眠　长寐　长辞　长违　长谢　长逝　长归　长终　长殇
　…………………………………………………………… 382
永辞　永别　永诀　永绝 …………………………… 383
永逝　永终　永蛰　永迁 …………………………… 383
夭（~亡　~死　~折　~殁　~阻　~殃　~枉　~促　~昏(昬)
　　~疫　~疠　~厉　~札　~疾　~瘥　~丧　~短　~绝　~逝
　　~寿　~殇　~遽　~阏(遏)　~谢） ……………… 383

殀　（~亡　~札　~殂　） ································· 385

殇　（~夭　~殀　~折） ································· 386

夭殇 ·· 386

不育 ·· 386

朝露　溘先朝露　溘露　身先朝露 ·············· 386

短　（~世　~祚　~历　~折） ····················· 387

尽　（~命　薪~火灭　薪~　薪火　限~　气~） ····· 387

崩　（~殂　~背　~逝　~薨　山陵~） ·········· 388

宾天　宾空 ··· 388

薨　（~夭　~奄　~殁　~殂　~背　~逝　~落　~陨（殒）　~谢）
　··· 388

驾崩　驾薨 ··· 390

尤讳 ·· 390

晏驾　晏归　晚驾　晚出 ····························· 390

百年　百岁　千秋　千秋万世　千秋万岁　万岁千秋　万岁　千古　万古
　··· 390

涅槃　示灭　入灭　示寂　入寂　归寂　圆寂　迁寂　寂灭　迁形　迁化
　　迁神　顺世　趺逝　坐化　托化 ············ 391

尸解　水解　兵解　木解　解形　解骨　托死　遁化　遗形　遗世　蜕
　　蜕化　蜕委　骑鹤化 ··························· 394

还真　返真 ··· 395

化　（~去　~形　~杖　~鹤） ····················· 395

冥寞　冥冥　冥昧 ···································· 396

瞑目　冥目 ··· 396

香消玉碎　玉碎香销　香消玉损　香消玉殒　玉殒 ······ 397

珠沉璧碎　珠沉玉陨　珠沉玉碎　玉碎珠沉 ··········· 397

蕙损兰摧　蕙折兰摧	397
瑶台倾	397
玉折　玉摧　玉碎　兰摧玉折	398
桂折　桂折兰摧	398
大讳　大忧　大归　大去　大还　大病	398
就木　就世　即世　即代　就化　就命	399
早世　去世　厌世　厌代　下世	399
启手启足　启手　启足　启手足	400
作古	400
小污(汗)	401
奠楹	401
休息	401
隐化　灵化　物化　蝶化	401
牺牲	401
阵亡　阵没(殁)	402
顶踵捐糜　顶踵尽捐	402
不在　不祥　不禄　不虞　不讳　不可讳　不幸　不没　不可言	402
有讳	403
填沟壑　填壑	403
卒(殚)	404
寿终　寿终正寝	404
正命	404
考终命　考终	404
终	405
终没(殁)	405
老　老去	405

故 （~世　物~）	405
绝 （~世　~命　~气）	406
魂断　魂销	406
影削	406
解驾	406
转身	406
回首	406
呜呼　呜呼哀哉	406
弥留　化期　临化　临终　临诀　临绝　临命　临没　临死	407
大期　大分　大限　大数	408
顾命　顾言	408
附：殊	409
殍 （~殍　~殣）	409
殣	409
殕	409
殚	409
翘辫子	409
死 （~亡　亡~　~终　~丧）	410
毙 （~命　~殍　倒~）	410
弊仆	411
踣　踣毙	411

10. 父母丧事或居丧的婉称

丁忧　丁艰　丁家艰　家艰　遭忧　遭艰	411
不造	412
私艰	412

遘闵	412
大故	412
丁父忧　丁外忧　丁父艰　丁外艰　父忧　父艰	412
丁母忧　丁内忧　丁内艰　丁母艰　内忧　母忧　母艰	413
奉讳	414
风树　风枝　风木	414
草土	414
寝苫枕块　寝苫枕土　寝苫	414
鼓盆　鼓盆之戚　鼓缶	415

11. 疾病婉称

不豫　不悆　弗豫　违豫　违裕	415
负子　负兹	416
负薪　采薪	416
违和　违忧	417
欠安　欠佳　欠爽	417
不安　不佳　不适　不快　不康　不和　不怿　不起　不自在　不好	417
大渐	418

12. 其他

寿木　寿材　寿具　寿器	418
材	419
寿穴　寿坎　寿圹　寿藏　寿堂　寿域　寿茔　寿冢　寿陵	419
寿衣	420
长短　短长　三长两短　三长四短　一长二短　一长半短　好歹	420

山高水低	421
不然	421
红	421
燕支	421
挂花　挂彩　带花	421
阿堵物　阿堵	422
孔方　孔方兄　孔兄　方兄	422
青蚨	423
青奴	423
赵公元帅　赵元帅	423
丙丁　回禄　祝融氏	423
敬谢不敏　谢不敏	424
谢拙	424
燕子窠	424
名落孙山	425

（一）谦词

家 jiā

谦词。用在称谓词前，对人谦称自己亲属中的长辈或年长于己的同辈。清梁绍壬《两般秋雨盦随笔·家弟家孙》："今人于尊者言家，于卑者不言家。晋戴逯呼戴逵曰家弟，班固书集称孙曰家孙，则知古人反不拘此。"

【家祖】【家公】 谦称自己的祖父。

〔家祖〕北齐颜之推《颜氏家训·风操》："潘尼称其祖曰家祖。"

〔家公〕北齐颜之推《颜氏家训·风操》："昔侯霸之子孙称其祖父曰家公。"

【家父】【家严】【家尊】【家公】【家君】【家府】【家大人】 谦称自己的父亲。

〔家父〕三国魏曹植《宝刀赋序》："建安中，家父魏王，乃命有司造宝刀五枚，三年乃就。"北齐颜之推《颜氏家训·风操》："陈思王称其父为家父，母为家母。"清孔尚任《桃花扇·听稗》："先祖太常，家父司徒，久树东林之帜。"

〔家严〕明王世贞《艺苑卮言》卷七："先生戏分韵教余诗，余得漠字，则成句云：'少年醉舞洛阳街，将军血战黄沙漠。'先生大奇之，曰：'子异日必以文鸣世。'是时畏家严未敢染指，然时欲

取司马、班史，李、杜诗窃读之。"清陈梦雷《绝交书》："先慈恐不孝激烈难堪，遣人呼入。家严出，以婉词相讽。"巴金《秋》二三："大表哥的意思很对。我原本也不大赞成家严的主张。"

〔家尊〕《水浒传》第二九回："施恩道：'兄长少坐。待家尊出来相见了，当行即行，未敢造次。'"《天雨花》第九回："我家尊舍弟都睡了，书房寂静悄无人。"

〔家公〕《后汉书·王丹传》："时大司徒侯霸欲与交友，及丹被征，遣子昱候于道。昱迎拜车下，丹下答之。昱曰：'家公欲与君结交，何为见拜？'"《晋书·山简传》："简字季伦，性温雅，有父风，年二十余，涛不知也。简叹曰：'吾年几三十，而不为家公所知。'"《南史·宋庐陵孝献王义真传》："至青泥，大败，义真独逃草中。中兵参军殷宏单骑追寻，义真识其声，曰：'君非段中兵邪？身在此。行矣，必不两全，可刎身头以南，使家公望绝。'"

〔家君〕《后汉书·列女传·袁隗妻》："孔子大圣，不免武叔之毁；子路至贤，犹有伯寮之诉。家君获此，固其

宜耳。"唐王勃《滕王阁序》:"家君作宰,路出名区。"明高濂《玉簪记·追别》:"我有白玉鸳鸯扇坠一枚,原是我家君所赐,今日赠君,期为鸳鸯之兆。"清李渔《蜃中楼·双订》:"家君杜门深居,不通宾客,就有冰人来到,也不能相见。"《清代名人书札·沈岐致徐宗幹》:"家君因年老思归,欲留不能,路经贵治,希照拂一切。"

"家君"也可用于称他人的父亲,但一般需在"家君"前加"贤""足下"等敬词。南朝宋刘义庆《世说新语·政事》:"袁公问曰:'贤家君在太丘,远近称之,何所履行?'元方曰:'老父在太丘,强者绥之以德,弱者辅之以仁。'"又《德行》:"客有问陈季方:'足下家君太丘,有何功德而荷天下重名?'季方曰:'吾家君譬如桂树生泰山之阿,上有万仞之高,下有不测之深。'"

〔家府〕《朱子语类》卷九十:"无爵曰'府君''夫人',汉人碑已有,只是尊神之辞。府君如官府之君,或谓之'明府',今人又谓父为家府。"

〔家大人〕清王引之《经传释词》卷一:"家大人曰:允,犹'用'也。"清阮葵生《茶余客话》卷二:"今年归里,质之家大人。云:于故籍亦无可征。"

【家王】对为王父亲的谦称。《昭明文选·谢灵运〈拟魏太子邺中集诗〉之一》:"天地中横溃,家王拯生民。"李善注:"家王,谓魏太祖也。"《南史·萧确传》:"确不惜死,欲手刃之。卿还启家王,愿勿以一子为念。"

【家母】【家慈】【家夫人】谦称自己的母亲。

〔家母〕三国魏曹植《〈叙愁赋〉序》:"家母见二弟愁思,故令予作赋。"北齐颜之推《颜氏家训·风操》:"陈思王称其父为家父,母为家母。"《二十年目睹之怪现状》第六回:"这个非但我一个人感激,就是先君、家母也是感激的了不得的。"钱钟书《围城》五:"苏老太太来看家母,说了许多好话。"

〔家慈〕清胡寿颐《小螺庵病榻忆语跋》:"女史亡矣!张姥犹时为予述往时携女史钗钿求家慈修饰,家慈恒乐为之劳。"《清代名人书札·李星沅致春如》:"所幸辖疆平静,家慈自初夏就养,体气康和,定省承颜,洵六年未有之乐。"《汪康年师友书札·李渊硕》:"家慈虽年过七十,体气尚强,闭户闲居,尚称安逸。"

〔家夫人〕《后汉书·应奉传》"公廉约己,明达政事"李贤注引《汝南记》:"(元义)谓人曰:'此我故妇,非有它过,家夫人遇之实酷,本自相贵。'"

【家父母】【家严、慈】【家二亲】谦称自己的父母。

〔家父母〕《红楼梦》第五回:"我因懒于读书,家父母尚每垂训饬。"

〔家严、慈〕《清代名人书札·龚易图致阎敬铭》:"家严、慈旧岁扶疾来东,近承福庇,均就霍除,差以自幸。"《汪康年师友书札·瞿宣治》:"舍间家严、慈并安顺。前寄家严书已收到,家严命笔致意。"

〔家二亲〕《汪康年师友书札·瞿宣治》："舍间自家二亲以下并安顺,堪以告慰。"

【家岳母】谦称自己的岳母。《红楼梦》第三回："天缘凑巧,因贱荆去世,都中家岳母念及小女无人依傍,前已遣了男女船只来接。"

【家叔】谦称自己的叔父。《三国志·吴书·诸葛恪传》："每览荆邯说公孙述以进取之图,近见家叔表陈与贼争竞之计,未尝不喟然叹息也。"晋陶潜《〈归去来兮辞〉序》："家叔以余贫苦,遂见用为小邑。"宋周必大《跋秦少游帖》："家叔已赴滨州渤海知县,祖父在彼幸安。"《二十年目睹之怪现状》第十七回："我接我家母出来的时候,写了信托我一位同族家叔,号叫伯衡的,代我经管着一切租米。"

【家姑】谦称自己的姑姑。北齐颜之推《颜氏家训·风操》："蔡邕书集,呼其姑、姊为家姑、家姊。"

【家舅】谦称自己的舅父。《晋书·习凿齿传》："(习凿齿)每定省家舅,从北门入,西望隆中,想卧龙之吟。"南朝宋刘义庆《世说新语·俭啬》："李弘范闻之曰:'家舅刻薄,乃复驱使草木。'"巴金《秋》二三:"家舅看过历书,说是下月初四日子正好。"

【家兄】谦称自己的兄长。《三国志·吴书·诸葛恪传》："文书繁猥,非其好也"裴松之注引晋虞溥《江表传》："诸葛亮闻恪代详,书与陆逊曰:'家兄年老,而恪性疏,今使典主粮谷,粮谷,军之要最,仆虽在远,窃用不安。'"明贾仲名《萧淑兰》第一折："你读书人不会谄,为非事无行止,见家兄有甚脸!"《三侠五义》第三十回："小弟叫来人带信回禀家兄,说与吾兄巧遇。"

【家从兄】谦称自己的堂兄。《汪康年师友书札·瞿宣治》："兹因家从兄星槎入都之便,匆草数语奉候兴居,未及多述,馀容续布。"

【家嫂】谦称自己的嫂子。《晋书·谢朗传》："安谓坐客曰:'家嫂辞情慷慨,恨不使朝士见之。'"《三国演义》第五二回："先兄弃世已三载,家嫂寡居,终非了局。"《官场现形记》第六十回："如说捐官,家嫂娘家有的是钱。"

【家姊】【家姐】谦称自己的姐姐。

〔家姊〕《北史·高道穆传》："帝曰:'一日家姊行路得犯,深以为愧。'"

〔家姐〕《水浒传》第十四回："晁盖道:'原来是我外甥王小三。这厮如何却在庙里歇?乃是家姐的孩儿,从小在这里过活。'"

【家姐夫】谦称自己的姐夫。《水浒传》第十四回："(王小三)四五岁时随家姐夫和家姐上南京去住,一去了十数年。"

【家小姐】谦称自家的小姐。《好逑传》第十二回："水用道:'铁相公举动光明,家小姐持身正大,况奉屈铁相公,止不定家二老爷相陪,有何嫌?'"

【家弟】谦称自己的弟弟。三国魏曹植《〈释思赋〉序》："家弟出养族父郎中,伊予以兄弟之爱,心有恋然,作此赋以赠。"南朝宋刘义庆《世说新语·栖逸》:"戴曰:'下官不堪其忧,家弟不改其乐。'"《旧唐书·温大雅传》:"大雅曰:'若得家弟永康,我将含笑入地。'"明王世贞《艺苑卮言》卷七:"吾偶遣信问于麟,漫之曰:'家弟轶尘而奔,咄咄来逼人。'于麟亦云:'敬美视助辅辈自先驱,视元美雁行也。'"(按:家,现只用于谦称亲属中的长者或同辈中的年长者。)

【家孙】谦称自己的孙子。北齐颜之推《颜氏家训·风操》:"班固书集亦曰家孙,今并不行。"

【家下】谦称自己的家庭或家。明冯梦龙《醒世恒言·钱秀才错占凤凰俦》:"颜俊道:'就是老兄昨日说的洞庭西山高家这头亲事,于家下甚是相宜。求老兄作成小子则个。'"明凌濛初《初刻拍案惊奇》卷二九:"小生与罗氏女同年月日所生,自幼罗家即送在家下读书,又系同窗,情孚意合,私立盟书,誓同偕老。"

【家师】谦称自己的师父。《西游记》第二四回:"三藏道:'令师何在?'童子道:'家师元始天尊降简请到上清天弥罗宫听讲混元道果去了,不在家。'"

舍 shè

谦词。用在方位词或称谓词前,谦称自己的家或亲属以及比自己年幼的同辈、晚辈。

【舍下】【舍间】谦称自己的家。〔舍下〕唐李邕《秦望山法华寺碑》:"师以缩屋未可,枕屦乃明,移出树间,延入舍下。"元乔吉《扬州梦》楔子:"今舍下有一女,年方一十三岁,名曰好好,善能歌舞。"《西游记》第十三回:"你休怕,跟我来。到我舍下歇马,明朝我送你上路。"明李昌祺《剪灯馀话·田洙过薛涛联句记》:"张大喜,开宴,待为上宾,且谓百禄曰:'令嗣晚间免回,可令就宿舍下。'百禄许之。"鲁迅《书信集·致许寿裳》:"舍下如常,可释远念。"

〔舍间〕清全祖望《鲒埼亭集·答史雪汀问〈十六国春秋〉书》:"来问崔鸿〈十六国春秋〉一书,此舍间所无者也。"《二十年目睹之怪现状》第十四回:"舍间的事,吴老爷尽知道的。"鲁迅《书信集·致宋琳》:"现已安静,舍间未动,均平安。"

【舍弟】谦称自己的弟弟。《昭明文选·曹丕〈与钟大理书〉》:"恐传言未审,是以舍弟子建因荀仲茂时从容喻鄙旨。"《天雨花》第九回:"我家尊舍弟都睡了,书房寂静悄无人。"《清代名人书札·刘恩溥致崧骏》:"再,弟已遵谕留字德恒,令其于初七八日赉呈左右,并有寄贵州遵远府舍弟信一函,敬祈俟接到时加封速递为幸。"

【舍弟妇】《二十年目睹之怪现状》第三三回:"舍弟没了才得几天,舍弟妇又逃走去了。"

【舍妹】谦称自己的妹妹。清蒲松龄《聊斋志异·狐妾》:"一日年长者来谓刘曰：'舍妹与君有缘，愿无弃菁菲。'"又《双灯》："书生笑曰：'君勿见猜，舍妹与君有前因，便合奉事。'"

【舍妹丈】谦称自己的妹夫。《红楼梦》第九二回："只因舍妹丈林如海林公在扬州巡盐的时候，请他在家做西席，外甥女儿是他的学生。"《官场现形记》第十一回："陶子尧陶老爷是舍妹丈，这回是送舍妹来的。"

【舍表弟】《官场现形记》第十七回："魏竹冈道：'再不要提起我们那位舍表弟。……'"

【舍表妹】谦称自己的表妹。《红楼梦》第六六回："薛蟠听了大喜，说：'早该如此。这都是舍表妹之过！'"

【舍侄】谦称自己的侄子。明凌濛初《二刻拍案惊奇》卷三："贤婿既非姓白，为何假称舍侄，光降寒门？"《清代名人书札·陈士杰致祁世长》："年来未敢无因冒渎，每于舍侄处敬询起居，方欣福体康吉。"又《张佩纶致吴大澂》："鄙状如昨，无可告慰。云楣到桂，舍侄已卸藩篆，永诗下第，尚未还京。"

【舍侄女】谦称自己的侄女。《好逑传》第十二回："昨日舍侄女感铁先生远来高谊，特托我学生具柬奉屈，少表微忱。"

【舍甥】谦称自己的外甥。《汪康年师友书札·魏丙尧》："兹有恳者，舍甥徐茂才维祖，人极沉静，弟延其课督豚儿，家境清寒，苦难进取，鄙意欲令兼习外洋文字，则将来较易为谋。"

【舍眷】谦称自己的家眷。《二十年目睹之怪现状》第三六回："后来另外自己谋事，就了几回小馆地，都不过仅可糊口，舍眷便到上海来，更加了一层累。"

【舍亲】谦称自己的亲戚。明冯梦龙《醒世恒言·钱秀才错占凤凰俦》："有几个老学，看了舍亲的文字，都许他解京之才。"《儒林外史》第十九回："今早是舍亲小生日，我在那里祝寿。"《红楼梦》第三回："若论舍亲，与尊兄犹系一家。"《清代名人书札·徐树钧致阎敬铭》："此次所拨舍亲二人捐训导千金，求中堂即向蔚泰厚取交家寿衡兄收清，赶紧为之上兑。"

愚 yú

谦词。愚，愚昧，愚笨。单用时：①谦称自己。《史记·平准书》："式曰：'天子诛匈奴，愚以为贤者宜死节于边，有财者宜输委，如此而匈奴可灭也。'"三国蜀·诸葛亮《前出师表》："愚以为营中之事，悉以咨之，必能使行陈和睦，优劣得所。"唐裴度《寄李翱书》："愚欲去彼取此，安步而不可及，平居而不可逾，何必远关经术，然后骋其材力哉！"清周中孚《郑堂札记》卷五："愚谓当项羽起事时，尚不肯依附殷通。"②谦称自己的所虑或意见。一般都用作宾语。《汉书·王褒传》："虽然，敢不略陈愚而抒情素！"唐韩愈《与祠部陆员外书》："念虑所及，辄欲不自疑外，竭其愚而道其志。"宋陈亮《上孝宗皇帝第一书》："臣不胜愤悱，是以忘其贱而献其愚。"

【愚老】老人谦称自己。《后汉书·申屠刚传》："是以忠言至谏,希得为用,诚愿反复愚老之言。"明汤显祖《牡丹亭·延师》："(末)愚老恭承捧珠之爱,谬加琢玉之功。"

【愚臣】臣下在君主前谦称自己。《韩非子·存韩》："愿陛下幸察愚臣之计,无忽。"三国魏曹植《上责躬应诏诗表》："是以愚臣徘徊于恩泽,而不敢自弃者也。"《魏书·刘文晔传》："愚臣所见,犹有未申。"唐崔融《西征军行遇风》诗："愚臣何以报,倚马申微力。"

【愚计】【愚筭】【愚议】【愚策】【愚虑】谦称自己的计策谋虑。

〔愚计〕《韩非子·存韩》："今贱臣之愚计,使人使荆,重币用事之臣。"《史记·苏秦列传》："故敝邑赵王使臣效愚计,奉明约,在大王之诏诏之。"《魏书·杨侃传》："愚计可录,请为明公前驱。"《说郛》卷六七引唐无名氏《国史异纂》："梁武帝被围台城,朝廷问均外御之计,怯怛不知所答,启云:'愚计速降为上计。'"《东周列国志》第九一回："以臣愚计,莫若发兵而缓其行。"

〔愚筭〕筭,计谋。《陈书·虞荔传》："寄虽疾侵耄及,言无足采,千虑一得,请陈愚筭。"

〔愚议〕《韩非子·存韩》："今以臣愚议:秦发兵而未名所伐,则韩之用事者以事秦为计矣。"

〔愚策〕《汉书·淮阳王刘钦传》："博幸得肺腑,数进愚策,未见审察。"

〔愚虑〕《史记·苏秦列传》："今奉阳君捐馆舍,君乃复与士民相亲也,臣故敢进其愚虑。"宋岳珂《桯史·正隆南寇》："臣有愚虑,请殚一得。"清吴敏树《与杨性农书》："前承委点校大文,负恃爱好,辄竭愚虑。"

【愚心】【愚意】【愚见】【愚怀】谦称自己的意见。

〔愚心〕《后汉书·虞诩传》："诩闻之,乃说李修曰:'窃闻公卿定策者当弃凉州,求之愚心,未见其便,……弃之非计。'"清方苞《与顾用方论治浑河事宜书》："仆之愚心,欲循三角淀之外,迤逦而南,别开一河。"

〔愚意〕《战国策·魏策二》："今臣愿为大王陈臣之愚意。"《史记·蒙恬列传》："以臣愚意,不若诛之。"明沈璟《义侠记·委嘱》："欲把微芹别时献,愿兄嫂鉴愚意。"《三国演义》第四六回："瑜曰:'先生之言,正合愚意。……此系公事,先生幸勿推却。'"《孽海花》第十八回："若论内政,愚意当以练兵为第一,练兵之中尤以练海军为最要。"

〔愚见〕《晋书·王浑传》："私慕鲁女存国之志,敢陈愚见,触犯天威。"《儒林外史》第十七回："匡超人道:'二者不可得兼。以小弟愚见,还是做赵先生的好!'"鲁迅《故事新编·理水》："卑职的愚见,窃以为大人是似乎应该收回成命的。"

〔愚怀〕《晋书·荀勖传》:"然施行历代,世之所习,是以久抱愚怀而不敢言。"

【愚情】【愚愫】【愚衷】谦称自己的心意或意愿。

〔愚情〕《后汉书·列女传·曹世叔妻》:"缘见逮及,故敢冒死竭其愚情。"

〔愚愫〕清曾朴《与沈北山书》:"敢贡迂言,申其愚愫,惟足下图之。"

〔愚衷〕北魏杨衒之《洛阳伽蓝记·平等寺》:"乞收成旨,以允愚衷。"唐刘禹锡《代让同平章事表》:"伏乞赐寝前命,俯亮愚衷。"五代王定保《唐摭言·主司失意》:"伏乞陛下特开睿鉴,俯察愚衷。"明梁辰鱼《浣纱记·谈义》:"今有愚衷,特求指教。"

【愚恳】【愚诚】【愚款】【愚悃】【愚忱】谦称自己的诚心或诚意。

〔愚恳〕唐康骈《剧谈录·王侍中题诗》:"今日陪奉英髦,不免亦陈愚恳。"

〔愚诚〕《汉书·刘向传》:"欲竭愚诚,又恐越职。"晋李密《陈情表》:"愿陛下矜愍愚诚,听臣微志。"宋苏轼《谢雨文》:"实神助之使然,岂愚诚之能致!"鲁迅《书信集·致许广平》:"俾罄愚诚,不胜厚幸!"

〔愚款〕晋庾亮《让中书令表》:"虽陛下二相,明其愚款,朝士百寮,颇识其情,天下之人,何门到户说,使皆坦然耶?"宋沈遘《陈乞札子第四》:"载矜愚款,终赐俞音。"《清代名人书札·严正基致阎敬铭》:"专此沥布愚款,祗颂勋安,惟察不宣。"《汪康年师友书札·蔡锡勇》:"十一日奉复一笺,略陈愚款,并附呈《传音快字》四十部,计当彻览。……敬请著安,并贺节喜。"

〔愚悃〕宋范成大《大通界首驿》诗:"愚悃无华敢自欺,寸诚珍重吏民知。"《明史·刘台传》:"愿陛下察臣愚悃,抑损相权,毋俾偾事误国,臣死且不朽。"《汪康年师友书札·陆懋勋》:"此则区区愚悃,所以切望诸君之端其始基,而后徐徐以务其他,先有以懘庸俗之心而塞其诽谤之口,幸甚幸甚。"

〔愚忱〕中国近代史资料丛刊《辛亥革命·山东起义清方档案》:"虽绵力不足匡时,而愚忱总期自效。"

【愚志】谦称自己的心志。《史记·田敬仲完世家》:"淳于髡见之曰:'善说哉!髡有愚志,愿陈诸前。'"汉刘向《新序·杂事四》:"故使使者陈愚志,君诚谕之。"

【愚管】谦称自己的见解浅陋。《三国志·吴书·是仪传》:"仪对曰:'圣主在上,臣下守职,惧于不称,实不敢以愚管之言,上干天听。'"南朝宋裴骃《〈史记集解〉序》:"聊以愚管,增演徐氏。"

【愚言】谦称自己的言论。宋曾巩《上欧阳学士第一书》:"伏惟不以己长退人,察愚言而矜怜之。"《三国演义》第八六回:"若大王以愚言为不然,愚将就死于大王之前,以绝说客之名也。"《水浒传》第六一回:"主人在上,须听小乙愚言:这一条路,是宋江一伙强人在那里打家劫舍,官兵捕盗,近他不得。"

【愚效】谦称自己的效劳。《南齐书·王融传》:"贪及明时,展悉愚效,以酬陛下不世之仁。"

【愚伯父】在子侄辈前谦称自己。《儿女英雄传》第十九回:"贤侄女,你道愚伯父猜得是也不是?"

【愚夫】①丈夫谦称自己。明凌濛初《初刻拍案惊奇》卷十一:"王生道:'愚夫不肖,误伤了人命,以致身陷缧绁,辱我贤妻。……'"②谦称自己。《三国演义》第三八回:"玄德下拜曰:'汉室末胄,涿郡愚夫,久闻先生大名,如雷贯耳。昨两次晋谒,不得一见,已书贱名于文几,未审得入览否?'"

【愚夫妇】夫妇谦称自己。《儿女英雄传》第三七回:"安老爷便让道:'大哥请坐,待愚夫妇教小儿当堂叩谢。'"

【愚兄】男性对同辈比自己年轻的人谦称自己。明冯梦龙《警世通言·俞伯牙摔琴谢知音》:"愚兄余情不尽,意欲曲延贤弟同行数日,未知可否?"《儿女英雄传》第十五回:"愚兄就喝口酒,他们大家伙子竟跟着嘈嘈。"郭澄清《大刀记》开篇二:"贤弟,你这'阴阳宅','风水'虽好,若依愚兄拙见,还有点美中不足啊!"

【愚嫂】女性对同辈比自己年轻的人谦称自己。《儿女英雄传》第四十回:"舅太太……也学安老爷那至诚的样子,还了他一躬,口里说道:'这个,愚嫂当得效力。'"

【愚姊妹】谦称自己的姊妹。《红楼梦》第十八回:"贾妃看毕,称赏一番,又笑道:'终是薛、林二妹之作与众不同,非愚姊妹可同列者。'"

【愚弟】对同辈比自己年长的人谦称自己。明孔尚任《桃花扇·余韵》:"[净]愚弟也有些许下酒之物。"《清代名人书札·李元度致少崖》:"少崖仁兄大人阁下:盱江一别,弹指十有五年。……愚弟李元度顿首。"又《沈岐致徐宗幹》:"树仁年二兄大人阁下:昨闻兄得保举之信,不胜钦服。……年愚弟沈岐顿首。"

【愚表弟】在表哥前谦称自己。《官场现形记》第四二回:"小兔子卑躬屈节,自己拿了'愚表弟萧慎'的名片,向那人低低说道:'我是大人的表弟,……'"

【愚妹丈】妹夫谦称自己。《官场现形记》第三六回:"老哥,这遭你可照应照应愚妹丈罢!愚妹丈钱虽化得起,也不是偷来的!"

【愚侄】在父辈前谦称自己。《清代名人书札·刘琨致全庆》:"小汀世叔大人阁下:近微有目疾,未获趋谒。……世愚侄琨顿首。"

【愚男】谦称自己的儿子。《三国演义》第二八回:"郭长唤曰:'吾儿来拜将军。'因谓关公曰:'此愚男也。'"《水浒传》第二九回:"老管营道:'义士休如此说,愚男万幸,得遇足下,何故谦让?'"

蒙 méng

谦词。蒙,蒙昧。用以谦称自己。《昭明文选·张衡〈西京赋〉》:"岂欲之而不能,将能之而不欲欤?蒙窃惑焉。"李善注:"蒙,谦称也。"又扬雄《长杨赋》:"今……数摇动以疲车甲,本非人主之急务,蒙窃惑焉。"吕延济注:"蒙,谦称也。客卿设疑惑而问也。"又刘孝标《绝交论》:"蒙有请焉,请辨其惑。"张铣注:"蒙,客自谓也。客疑此理,故请主人辨昏惑焉。"唐柳宗元《答元饶州论政理书》:"蒙之所见,及此而已。"宋王安石《送李著作之官高邮序》:"此蒙之所以高君也。"

拙 zhuó

谦词。拙,笨拙,拙劣。用在相关名词前,谦称自己或与自己有关的人或事。

【拙作】【拙著】【拙书】【拙撰】【拙笔】【拙恶】【拙稿】【拙诗】谦称自己的作品。

〔拙作〕明张居正《答石麓李相公书》:"承以老伯隧碑见委,弟虽不文,素辱同气之爱,敢不敬承,……拙作俟秋冬间呈上也。"《儒林外史》第二九回:"萧金铉道:'是小弟拙作,要求先生指教。'"《汪康年师友书札·姚锡光》:"去冬曾上一函,并缴上稿本两种,又另托翟声容寄上拙作《东方兵事纪略》一部,谅均邀台鉴。"鲁迅《书信集·致罗清桢》:"蒙允为拙作刻图,甚感。"

〔拙著〕《儒林外史》第三五回:"先生如回贵府,便道枉驾过舍,还有些拙著慢慢的请教。"清叶廷琯《〈吹网录〉自序》:"近世如纪文达之《如是我闻》,彭甘亭之《忏摩录》,亦皆以释家语命名,拙著盖窃援其例尔。"《汪康年师友书札·邵孝义》:"奉上拙著二篇,即呈大雅训正,可否为我登之《时务报》中?"孙犁《秀露集·关于〈铁木前传〉的通信》:"其详情,请参看拙著《耕堂书衣文录》此书条下。"

〔拙书〕《汪康年师友书札·江标》:"拙书呈政,并乞改,旧作也。"

〔拙撰〕梁启超《复刘古愚山长书》:"拙撰《西学书目表》,浅陋已极,既承相爱,亦以奉尘,尚乞教之。"

〔拙笔〕唐尹程《观秋水赋》:"遂有感于《庄》篇,托微言于拙笔。"元无名氏《碧桃花》第一折:"芜词拙笔,徒污仙眼耳。"《汪康年师友书札·薛裕昆》:"百忙拙笔作此,潦草不恭。"

〔拙恶〕唐韩偓《朝退书怀》诗:"粉壁不题新拙恶,小屏惟录古文章。"宋苏轼《与大觉禅师琏公》:"到此亦有拙恶百十首,闲暇当录寄也。"

〔拙稿〕明方孝孺《与陈敬斋书》:"某往岁曾获与进,遂以拙稿就正焉。"《清代名人书札·钱泰吉致张鸣珂》:"承惠佳篇,奖饰过甚,感愧,感愧!拙稿托实盦兄奉呈,乞教正之。"

〔拙诗〕苏曼殊《与刘之书》:"拙诗蒙斧政,不胜雀跃。"《汪康年师友书札·吴士鉴》:"拙诗再行录上,乞正和。"

【拙译】谦称自己的译作。《汪康年师友书札·许同蔺》:"贵报馆有兼登外来文字之例,拙译如合尊旨,可为附刻每期报中,以后即可将译出之稿陆续寄奉。"

【拙存】谦称自己的存稿。《汪康年师友书札·劳乃宣》:"前由拙存呈上《实进会公启》,蒙允斧削,计当改定,祈掷下为幸。"

【拙画】谦称自己的画作。《水浒传》第九十回:"这是小弟近来的几笔拙画,兄长到京师,细细的看,日后或者亦有用得着处。"《汪康年师友书札·陈其煐》:"社兄贻我图画,犀公允题,久未寄下,颇拳拳也。……犀公尚要拙画,必有以应之者。"

【拙刻】谦称自己的篆刻或出版物。《清代名人书札·林则徐致慕堂》:"赵松雪二印对过,皆不真,是以未便题咏,专此奉缴外,奉到山东武城县宋刻《庙堂碑》并曲阜拙刻补字三张。"《汪康年师友书札·谢希傅》:"拙刻丛书,尚存三百五十部,如未发售,拟请发回,由敝处自行销售。"

【拙集】谦称自己的书稿或文集。《汪康年师友书札·朱采》:"再光绪初年,日本犯台湾,弟有《海防议》之作,因拙集尚未誊清,致未付梓,兹将其稿寄上,就诸君子正之。"

【拙书】书,书法。谦称自己所写的字。《清代名人书札·时乃风致刘含芳》:"附致……屏幅各四纸,又徐幼翁及子梅各一书,乞分别寄交为荷。拙书恶劣,不足供大雅一噱,猥承谦饰,惭愧,惭愧!"《汪康年师友书札·陶濬宣》:"弟远隔岭海,无状足述,时念良友。承雅爱拙书,特书一联奉寄,如晤语也。"

【拙制】谦称自己的制作品。《汪康年师友书札·陶在宽》:"拙制均有套箱。美利坚友人利灵司君云,美国政府给牌在制造院仿造陶公匜,必不能如此精致华丽。"又:"本月初四接奉手书,迟迟未答,歉歉。属仿拙制各器,楠木太古,五月运到,锯开经风日月余,始就绳墨。"

【拙意】【拙见】谦称自己的意见或见解。

〔拙意〕《汪康年师友书札·唐受桐》:"然此似当专门讲求,……拙意以为不如将《时报》力求精简,使有识者得之,以为至宝。"

〔拙见〕京剧《法门寺》第六场:"依小人拙见,将一干人犯带到千岁台前审问,太爷不但无事,还要禄位高升哪!"郭澄清《大刀记》开篇二:"贤弟,你这'阴阳宅','风水'虽好,若依愚兄拙见,还有点美中不足啊!"

【拙计】谦称自己的计策谋虑。《汪康年师友书札·王蕴登》:"《昌言》改名,黄、吴同启,元黄扰攘,所贵以毅力持之,但弟蒙爱甚深,有不敢不以拙计献者。"

【拙言】谦称自己的话。《红楼梦》第一二○回:"士隐叹道:'老先生莫怪拙言,贵族之女,俱属从情天孽海而来。'"

【拙才】谦称自己的才能。《汪康年师友书札·郑鹏云》:"定于七月间旋台,即就台湾《日日新闻报》社采访时事之席。自顾拙才,恐难胜任。"

【拙手】谦称自己的手艺。《乐府诗集·清商曲辞六·安东平》:"微物虽轻,拙手所作。"

【拙技】谦称自己的技艺。清蒲松龄《聊斋志异·局诈》:"丞曰:'区区拙技,负此良琴。若得荆人一奏,当有一两声可听者。'"

【拙宦】【拙疾】自谦才拙,不善为官。

〔拙宦〕唐宋之问《酬李丹徒见赠之作》诗:"以予惭拙宦,期子遇良媒。"唐白居易《初罢中书舍人》诗:"自惭拙宦叨清贵,还有痴心怕素餐。"清吴伟业《再寄三弟》诗:"拙宦真无计,归谋数口资。"

〔拙疾〕用同"拙宦"。《昭明文选·谢灵运〈过始宁墅〉诗》:"拙疾相倚薄,还得静者便。"李善注:"拙,谓拙宦也。"唐高适《奉谢睢阳路太守见赠之作》诗:"拙疾徒为尔,穷愁欲问谁?"

【拙政】自谦拙于为政。唐白居易《卧小斋》诗:"拙政自多暇,幽情谁与同?"宋陆游《戊申严州劝农文》:"虽诚心未格于丰穰,然拙政每存于抚字。"清钱谦益《次韵答杨补见赠》之一:"休日谅未晚,拙政亦吾忧。"

【拙讷(呐)】自谦笨嘴拙舌,不善言辞。南朝宋谢灵运《初去郡》诗:"伊余秉微尚,拙讷谢浮名。"唐孟郊《上张徐州》诗:"顾已诚拙讷,干名已蹉跎。"宋苏轼《谢赐对衣金带马表》之一:"伏念臣少而拙讷,老益疏愚。""讷"也写作"呐"。明方孝孺《益斋记》:"余惊骇其为奇士,而惜余拙呐,与之不能往复诘难也。"

【拙夫】谦称自己的丈夫。《清平山堂话本·洛阳三怪记》:"拙夫今日清明节去门外会节园看花,却也去不多时。"《水浒传》第四五回:"这妇人便插口道:'这个叔叔,便是拙夫新认义的兄弟。'"《二十年目睹之怪现状》第三四回:"这件事还得与拙夫商量,妇道人家,不便十分作主。"

【拙荆】【拙室】【拙妻】【拙妇】谦称自己的妻子。

〔拙荆〕宋阳枋《字溪集·通夔守田都统札子》:"未审先可乞假一会涪上否?盖拙荆未祔先茔,欲议归藏,此愿才毕,当伏谒载辕,致九顿之谢。"《水浒传》第七回:"恰才与拙荆一同来间壁岳庙里还香愿。"清蒲松龄《聊斋志异·狐嫁女》:"遂有妇人出拜,年可四十余。翁曰:'此拙荆。'公揖之。"李劼人《天魔舞》第十四章:"拙荆的意思:今天是我们第一次开办的舞会,请帖上虽写的茶点招待,其实是预备了一点酒菜。"

〔拙室〕宋无名氏《异闻总录》卷三:"崔生大惊,谓青袍人曰:'不知拙室何得至此?'"

〔拙妻〕唐李白《题嵩山逸人元丹丘山居》诗:"拙妻好乘鸾,娇女爱飞鹤。"明凌濛初《初刻拍案惊奇》卷二七:

"那笔迹从来认得,且词中意思有在,真是拙妻所作无疑。"
〔拙妇〕《水浒传》第六五回:"只是拙妇亡过,家中别无亲人,离远不得。"

【拙女】谦称自己的女儿。《京本通俗小说·碾玉观音》:"待诏道:'正是拙女,止有三口。'"《水浒传》第四五回:"小弟相烦叔叔照管门前,老汉和拙女同去还些心愿便回。"

【拙汉】劳动者谦称自己。《西游记》第一回:"那樵汉慌忙丢了斧,转身答礼道:'不当人!不当人!我拙汉衣食不全,怎敢当神仙二字?'"

【拙号】谦称自己的字号。杨沫《青春之歌》第一部第三章:"拙号余敬唐,就是本村人。"

顽 wán

顽,愚顽,顽健。有时用在相关的词前,谦称自己愚顽或身体顽健。

【顽才】谦称自己是愚钝的人。《后汉书·应劭传》:"是用敢露顽才,厕于明哲之末。"《昭明文选·应璩〈与满公琰书〉》:"外嘉郎君谦下之德,内幸顽才见诚知己。"张铣注:"顽才,璩自谓也。"

【顽驽】谦称自己顽愚低能。《后汉书·黄琼传》:"臣至顽驽,世荷国恩,身轻位重,勤不补过。"又《方术传上·谢夷吾》:"臣以顽驽,器非其畴,尸禄负乘,夕惕日厉。"

【顽健】谦称自己身体还健康。宋孙光宪《北梦琐言》卷八引唐李德裕《遗段成式书》:"自到崖州,幸且顽健。"宋陆游《东窗小酌》诗之二:"徒行有客惊顽健,烂醉无人笑老狂。"鲁迅《书信集·致李秉中》:"由许多友人之助,始脱身至英租界,一无所携,只自身及妇竖共三人耳。幸俱顽健,可释远念也。"

【顽躯】谦称自己的身躯。宋苏轼《宝山昼睡》诗:"七尺顽躯走世尘,十围便腹贮天真。"《清代名人书札·王定安致阎敬铭》:"定安返晋后,时抱小恙,发寒热者数次,幸顽躯素强,屡投攻伐之剂,外感内郁旋即散解。"梁启超《新罗马传奇·铸党》:"任把七尺顽躯散作灰,也教一国同胞团成片。"

【顽儿】谦称自己的儿子。清蒲松龄《聊斋志异·娇娜》:"先生不弃顽儿,遂肯赐教。小子初学涂鸦,勿以友故,行辈视之也。"

浅 qiǎn

谦词。浅,肤浅,粗浅。用在"见""闻"一类的词前或与意义相近的词连用,谦称自己见闻狭隘,学识粗浅。

【浅见】【浅闻】【浅衷】【浅学】谦称自己学识肤浅,见闻不广。
〔浅见〕《晋书·忠义传·王豹》:"敢以浅见,陈写愚情。"鲁迅《华盖集续编·〈阿Q正传〉的成因》:"在这事实发生以前,以我的浅见寡识,是万万想不到的。"陈平原《建设者的姿态》:"不过,依我的浅见,除非你抱定'时日曷丧,予及汝偕亡',凭良心去救火(很可能不自量力),还是比'袖手旁观'背过身去假装看不见为好。"

〔浅闻〕宋孙奭《〈孟子正义〉序》:"今辄罄浅闻,随赵氏之说,仰效先儒释经,为之正义。"

〔浅衷〕明范濂《云间据目抄》卷四:"赋役之事,余特记四十年以来因革损益之大端,及余一人之浅衷薄识已耳。"

〔浅学〕《通典·礼三三》:"浅学所见,谓如上义。"明李贽《答周柳塘书》:"所云山农打滚事,则浅学未曾闻之。"

【浅拙】谦称自己的见解浅薄愚拙。唐康骈《剧谈录·广谪仙怨词》:"骈因更广其词,盖欲两全其事,虽才情浅拙,不逮二公,而理或可观,贻诸识者。"宋陆游《福建到任谢表》:"敷陈浅拙,应对参差。"

【浅狭】谦称自己见闻狭隘或心胸不广。《三国志·魏书·高贵乡公髦传》"沛王林薨"裴松之注引晋孙盛《魏氏春秋》:"吾学不博,所闻浅狭。"宋苏辙《三论分别邪正札子》:"臣以闻见浅狭,不能尽知当今得失。"《东周列国志》第九六回:"鄙人志量浅狭,不知相国能宽容至此,死不足赎罪矣!"

【浅谬】谦称自己见解肤浅而又谬误。清曾国藩《复吴南屏书》:"浅谬之见,惟希裁正。"

【浅瞽】谦称自己识见浅陋暗昧。清恽敬《前光禄寺卿伊公祠堂碑铭》:"诚信不欺,如右所记,敬虽浅瞽,谨于铭著古今。"

【浅陋】谦称自己学识浅薄狭隘。《汪康年师友书札·钱恂》:"然以弟之浅陋,专看俄罗斯一国,犹知其纰谬百出,不精亦可想见,况他门乎?"

薄 bó

谦词。薄,浅薄,微薄。用在相关的词前,谦称自己或与自己相关的事。

【薄躬】谦称自身。《梁书·徐勉传》:"吾家世清廉,故常居贫素,……薄躬遭逢,遂至今日,尊官厚禄,可谓备之。"唐杜甫《陪郑公秋晚北池临眺》诗:"严城殊未掩,清宴已知终。何补参军乏,欢娱到薄躬。"明陈宗之《汉道》诗:"乾坤虽浩广,无隙置薄躬。"

【薄身】【薄躯】犹"贱躯"。谦称自己的身躯。

〔薄身〕《昭明文选·王粲〈从军诗〉之四》:"我有素餐责,诚愧伐檀人。虽无铅刀用,庶几奋薄身。"李周翰注:"言我虽无铅刀一割之用,庶几奋微薄之身,愿以立功事。"

〔薄躯〕汉王粲《鹦赋》:"令薄躯以免害,从孔鹤于园湄。"明刘基《吊岳将军赋》:"捐薄躯以报主兮,乃忠臣之素心。"

【薄才(材)】【薄伎(技)】谦称自己才能或技能浅薄。

〔薄才(材)〕唐杜甫《奉赠鲜于京兆二十韵》诗:"献纳纡皇眷,中间谒紫宸。且随诸彦集,方觊薄才伸。"宋陆游《农家》诗之一:"薄才施畎亩,朴学教儿童。""才"也写作"材"。宋曾巩《移守江西先寄潘延之节推》诗:"薄材顽钝待磨琢,旧学抢攘期反覆。"

【薄伎(技)】汉司马迁《报任少卿书》:"主上幸以先人之故,使得奏薄伎,出入周卫之中。""伎"也写作"技"。南朝梁任昉《〈王文宪集〉序》:"昉尝以笔札见知,思以薄技效德。"宋苏轼《新滩》诗:"区区舟上人,薄技安敢呈?"明王祎《上平章札剌尔公书》:"诚以相国垂意于人才为足恃,而祎亦窃恃其谫能薄技,或足自效于下执事也。"

【薄识】谦称识见浅薄。《水浒传》第四四回:"小可一个薄识,因一口气去投奔了梁山泊宋公明入伙。"

【薄陋】谦称自己浅薄鄙陋。《汉书·邹阳传》:"王先生曰:'吾先日欲献愚计,以为众不可盖,窃自薄陋不敢道也。'"宋曾巩《皇妣仙源县太君周氏焚黄文》:"巩薄陋,获守绪业,常惧失坠,赖先君先夫人余泽,有列位于朝。"

【薄意】谦称自己微薄的心意。《水浒传》第三六回:"宋江叫道:'教头,我是个犯罪的人,没甚与你。这五两白银,权表薄意,休嫌轻微。'"《野叟曝言》第五八回:"水夫人带了素臣全家到了东方庄上,当有家人呈上礼单,说是家老爷一点薄意,求夫人哂纳。"

【薄言】谦称自己的言谈浅薄。五代王定保《唐摭言·酒失》:"鬓发斑白,幸逢推荐,恩命垂至,自贻颠危,昏昏薄言,罔知攸处。"宋梅尧臣《送王判官同提点坑冶》诗:"聊此陈薄言,切怛不能重。"

【薄晓】谦称自己略晓一二。宋罗大经《鹤林玉露》卷二:"(张循王问老卒)曰:'汝会做甚事?'对曰:'诸事薄晓,如回易之类,亦粗能之。'"

【薄面】谦称自己的情面微薄。元关汉卿《玉镜台》第二折:"因为老身薄面,误了学士公事,老身知感不尽。"明凌濛初《二刻拍案惊奇》卷十五:"(顾提控)一径到州前来见捕盗厅官人道:'顾某有个下处主人江溶,是个良善人户,今被海贼所扳,想必是仇家陷害,望乞爷台为顾某薄面周全则个。'"《水浒传》第四回:"万望长老收录,慈悲慈悲,看赵某薄面,披剃为僧。"京剧《白蛇传》第十场:"[许]娘子,今日佳节,看卑人薄面,饮干了吧。"

【薄情】谦称自己的情意。《水浒传》第四五回:"和尚笑道:'不成礼数,微表薄情而已。'"

【薄宦】谦称自己官职卑微。宋王安石《和昌叔怀灊楼读书之乐》:"聊为薄宦容身者,能免高人笑我不?"宋陆游《与本路郡守启》:"某潦倒寒生,沉迷薄宦。"清邵长蘅《沛县官舍留别杨简庵表兄》诗:"我昔弱龄今有须,君亦蹉跎四十余。薄宦千里不快意,一官仍拥青毡居。"

【薄游】谦称为微薄的俸禄而宦游在外。《昭明文选·谢朓〈休沐重还道中〉诗》:"薄游第从告,思闲愿罢归。"李周翰注:"薄游,薄宦也。"唐杜甫《夜雨》诗:"通籍恨多病,为郎忝薄游。"

明王世贞《秩满三载移牍有叹》诗之二:"厌说青、齐旧,依稀十二年。薄游鸡肋味,多难《马蹄》篇。"

【薄干】谦称有些小事。《清平山堂话本·简帖和尚》:"某偶以薄干,不及亲诣,聊有小词,名《诉衷情》,以代面禀。"明冯梦龙《警世通言·小夫人金钱赠年少》:"一日,员外对小夫人道:'出外薄干,夫人耐静。'"

【薄田】【薄业】【薄产】谦称自己的田地、产业。

〔薄田〕《三国志·蜀书·诸葛亮传》:"亮自表后主曰:'成都有桑八百株,薄田十五顷,子弟衣食,自有余饶。'"唐杜甫《重过何氏》诗之五:"何日霑微禄,归山买薄田。"宋苏轼《乞常州居住表》:"臣有薄田在常州宜兴县,粗给饘粥,欲望圣慈许于常州居住。"

〔薄业〕宋刘克庄《谢傅侍郎举著述启》:"杜曲桑麻,粗有先人之薄业。"

〔薄产〕唐沈佺期《答魑魅代书寄家人》诗:"上京无薄产,故里绝穷庄。"

【薄敬】谦称自己的敬意微薄。《歧路灯》第三三回:"久仰谭相公大名,今日听二位贤弟说尊驾到此,无物可敬,割了五斤牛肉——是教门的干净东西,略伸薄敬。"

【薄馔】【薄酒】【薄酌】【薄具】【薄设】谦称所备菜肴酒食不丰盛。

〔薄馔〕鲁迅《书信集·致许广平》:"吾生倘能赦兹愚劣,使师得备薄馔,……俾罄愚诚。"

〔薄酒〕《水浒传》第六二回:"宋江道:'非是不留员外,争奈急急要回。来日忠义堂上,安排薄酒送行。'"《东周列国志》第三回:"州吁躬身进酒曰:'兄侯远行,薄酒奉饯。'"《官场现形记》第一回:"因小孙秋闱侥幸,敬治薄酒,恭候台光。"

〔薄酌〕清蒲松龄《聊斋志异·桓侯》:"岁岁叨扰亲宾,聊设薄酌,尽此区区之意。"

〔薄具〕《昭明文选·司马相如〈长门赋〉》:"修薄具而自设兮,君曾不肯兮幸临。"李善注:"具,肴馔也。"宋司马光《明日雨止复招子骏尧夫游南园》诗:"更与二三头白友,试携薄具上高台。"宋陆游《拆号前一日作》诗:"隔日寄声为薄具,石榴应有未开花。"

〔薄设〕明凌濛初《初刻拍案惊奇》卷二七:"只是相与这几时,容老夫少尽薄设奉饯,然后启程。"明凌濛初《二刻拍案惊奇》卷四:"纪老三道:'多承两位不弃,足感盛情。待明日看了货,完了正事,另治个薄设,从容请教,就此结义何如?'"

【薄礼】【薄物】谦称自己的礼物微薄。

〔薄礼〕《水浒传》第二回:"三个头领再三拜覆,特地使小校进些薄礼,酬谢大郎不杀之恩,不要推却,望乞笑留。"又第九十回:"燕青取白金二十两,送与贯忠道:'些须薄礼,少尽鄙忱。'"

〔薄物〕明凌濛初《初刻拍案惊奇》卷十八:"些小薄物,奉为尊嫂拜见之仪,望勿嫌轻鲜。"又卷十六:"些小薄物,聊表寸心。事成之后,再容重谢。"

微 wēi

谦词。微,卑微,微薄。用在相关的名词前,谦称自己或与自己有关的事物。

【微臣】卑微之臣。常用作谦称自己。《宋书·彭城王义康传》:"臣草莽微臣,窃不自揆,敢抱葵藿倾肠之心,仰慕《周易》匪躬之志。"明高明《琵琶记·丹陛陈情》:"伏念微臣,初来有志。诵诗书,力学躬耕修已,不复贪荣利。"姚雪垠《燕辽纪事》:"微臣身为本兵,不能代陛下分忧,实在罪不容诛。"

【微贱】谦称自己。明凌濛初《初刻拍案惊奇》卷三二:"女子推逊道:'……君子自是青云之器,他日宁肯复顾微贱!妾不敢承,请自尊重。'"又卷二十:"既蒙不鄙微贱,认为亲女,焉敢有违?"《水浒传》第六四回:"宋江道:'倘蒙将军不弃微贱,就为山寨之主。'"

【微名】①犹"贱名"。谦称自己的名字。明王世贞《鸣凤记·忠佞异议》:"司马清曹,郎官节钺,微名已序鸳列,光岳攸钟,须知要守全节。"清李厚庵《赠陈梦雷百韵》:"昔我髫年日,落莫无与俦。……岁行在降娄,微名得滥收。"②谦称自己的功名或名声。明冯梦龙《喻世明言》卷七:"不肖弟此去,望兄阴力相助。倘得微名,必当厚葬。"《儿女英雄传》第十七回:"先生,你我虽是初交,你外面询一询,邓某也颇颇的有些微名。"

【微力】谦称自己能力微薄。唐崔融《西征军行遇风》诗:"愚臣何以报,倚马申微力。"鲁迅《书信集·致杨霁云》:"但自问数十年来,……也时时想到中国,想到将来,为大家出一点微力,却可以自白的。"《花城》1981年第4期:"默默无闻,专心积累着生活,准备拿起专业创作的笔,为人民尽微力。"

【微才】谦称自己才智微小。三国魏曹植《求自试表》:"如微才弗试,没世无闻,……禽息鸟视,终于白首,此徒圈牢之养物,非臣之所志也。"清纳兰性德《兴京陪祭福陵》诗:"豹尾叨陪须献颂,小臣惭愧展微才。"

【微身】【微躯】【微躬】【微质】谦称自己的身躯。

〔微身〕晋潘岳《寡妇赋》:"省微身兮孤弱,顾稚子兮未识。"南朝梁江淹《杂体诗·陆平原羁臣》:"储后降嘉命,恩纪被微身。"

〔微躯〕三国魏曹植《叙愁赋》:"委微躯于帝室,充末列于椒房。"晋干宝《搜神记》卷十四:"王者重言,伯者重信,不可以女子微躯而负明约于天下,国之祸也。"唐牟融《游报本寺》诗:"自笑微躯长碌碌,几时来此学无还。"清周亮工《西禅寺留别》诗:"微躯未敢压烽烟,祖帐群公尽大贤。"郭沫若《女神·棠棣之花》:"假使我们能救得他们,便牺牲却一己底微躯,也正是人生底无上幸福。"

〔微躬〕南朝梁沈约《郊居赋》:"绵四代于兹日,盈百祀于微躬。"唐许浑《泛溪》诗:"才应毕婚嫁,还此息微躬。"宋郭祥正《金山行》诗:"百年形影浪自苦,便欲此地安微躬。"

〔微质〕唐南卓《羯鼓录》:"今日出艰危,脱猜迫,外则不辱命于朝廷,内则免中祸于微质,皆诸贤之力也。"

【微姿】谦称自己的姿容。清王韬《淞滨漫录·李韵兰》:"妾勾栏贱质,曲院微姿。"

【微命】【微生】谦称自己的生命。

〔微命〕唐许棠《吴保安传》:"微命得全,公之赐也。"《水浒传》第五五回:"倘蒙存留微命,当以捐躯保奏。"涂宗涛《敬悼周恩来总理》诗:"人百其身如可赎,愿捐微命答穹苍。"

〔微生〕《水浒传》第八九回:"倘蒙圣上怜悯蕞尔之微生,不废祖宗之遗业,……子子孙孙,久远感戴。"

【微恙】【微疴】小病。常用以谦称自己患病。

〔微恙〕唐陆龟蒙《纪事》诗:"春归迫秋末,固自婴微恙。"宋秦观《次韵答张文潜病中见寄》:"君其专精神,微恙不足论。"宋楼钥《宜人杨氏挽词》诗:"一昨闻微恙,宁知竟大还。"

〔微疴〕宋陆游《病中绝句》:"造物今年悯我劳,微疴得遂闭门高。"

【微诚】【微衷】【微款】微小的诚意。可用于谦称自己的诚意。

〔微诚〕晋陆机《谢平原内史表》:"臣之微诚,不负天地。"晋庾亮《让中书令表》:"而微诚浅薄,未垂察谅,忧惶屏营,不知所厝。"唐骆宾王《为济州父老请陪封禅表》:"傥允微诚,许陪大礼。"王闿运《弥之领军罢归奉赠》诗之二:"园葵倾太阳,道远效微诚。"

〔微衷〕犹"微诚"。唐俞简《行不由径》诗:"一示遵途意,微衷益自精。"宋范仲淹《求追赠考妣状》:"右臣窃露微衷,仰干睿听。"《儿女英雄传》第十七回:"所喜你的音尘虽远,神灵尚在,待我默祝一遍,望察微衷。"

〔微款〕款,诚意。《宋书·南郡王义宣传》:"此则丹心微款,未亮于高鉴,虚感于平日。"

【微意】【微忱】微薄的心意。用以自谦。

〔微意〕三国魏曹操《与诸葛亮书》:"今奉鸡舌香五斤,以表微意。"宋王安石《精卫》诗:"帝子衔冤久未平,区区微意何欲哉!"明无名氏《精忠记·赴难》:"今日将这碗饭送去与他充饥,野老献芹,聊表微意。"鲁迅《书信集·致增田涉》:"非常感谢佐藤先生,你遇到他时,祈代转此微意。"

〔微忱〕明冯梦龙《喻世明言》卷二九:"些须小物,权表微忱,乞师父笑纳。"《红楼梦》第一一四回:"谨备瓣香至灵前拜奠,稍尽微忱。"清曾国藩《复胡润之书》:"即以九月中旬,权厝先慈于居室后山,尚思另寻善地,稍竭微忱。"《汪康年师友书札·王仁乾》:"(日)近卫公爵演说,云:'今日本爵等无佳肴奉献,聊表微忱,承诸君不弃惠临。……'"

【微志】微小的志愿或用意。可用作谦词。晋李密《陈情表》:"愿陛下矜愍愚诚,听臣微志。"鲁迅《集外集拾遗补编·〈文艺研究〉例言》:"《文艺研究》又甚漫文与艺相钩连,因此微志,所以在此亦试加插图,并且在可能范围内,多载塑绘及雕刻之作。"

【微敬】谦称自己的敬意。《水浒传》二六回:"那老儿道:'老子不曾有些礼数到都头家,却如何请老子吃酒?'武松道:'不成微敬,便请到家。'"清李渔《比目鱼》第一七出:"(净打恭介)多谢老父母!领状一张,少刻送进,上写着:谨具千金,奉申微敬。"《镜花缘》第六回:"区区微敬,略表离衷,亦望仙姑笑纳。"

【微素】卑微的情愫。用以自谦。唐姜公辅《对直言极谏策》:"欲申微素,进退忧惶。"唐刘禹锡《代裴相公让官第一表》:"自量气力,忽恐奄时,则有微素,无阶上达。"

【微节】谦称自己的节操。《后汉书·循吏传·孟尝》:"思立微节,不敢苟私乡曲。"唐王维《大唐故临汝郡太守赠秘书监京兆韦公神道碑铭》:"公哀予微节,私予以诚,推食饭我,致馆休我。"

【微功】谦称自己的功绩或功劳。《后汉书·班超传》:"超之始出,志捐躯命,冀立微功,以自陈效。"三国魏曹植《责躬诗》:"庶立毫厘,微功自赎。危躯授命,知足免戾。"《三国志·魏书·荀彧传》"太祖遂为魏公矣"裴松之注引《献帝春秋》:"吾以微功见录,位为宰相。"《水浒传》第一一九回:"虽则微功上达,奈缘良将下沉。"

【微劳】【微力】为他人效劳的谦称。

〔微劳〕《东周列国志》第九二回:"吾不能为君御难,此行当效微劳耳!"《水浒传》第一〇五回:"乔某感先锋厚恩,今日愿略效微劳。"

〔微力〕《东周列国志》第五五回:"老汉九泉之下,感子活女之命,特效微力,助将军成此军功。"

【微尚】【微情】【微趣】谦称自己的志趣、情意或意愿。

〔微尚〕唐白居易《闻崔十八宿予新昌弊宅》诗:"平生有微尚,彼此多幽独。"清陶窳《冬草》诗:"平生抱微尚,不与众芳齐。"

〔微情〕《西游记》第九十回:"那王子又大开筵宴,谢了师教,又取出一大盘金银,用答微情。"明冯梦龙《喻世明言》卷三:"白金五两,权表微情,伏乞收入。"

〔微趣〕《三国志·魏书·邴原传》"太祖征吴,原从行,卒"裴松之注引《原别传》:"先生之说,诚可谓苦药良针矣,然犹未达臣之微趣也。"

【微说】【微论】谦称自己的论说微不足道。

〔微说〕晋干宝《〈搜神记〉序》:"群言百家,不可胜览;耳目所受,不可胜载。今粗取足以演八略之旨,成其微说而已。"

〔微论〕汉王充《论衡·对作篇》:"况

《论衡》细说微论,解释世俗之疑,辩照是非之理,使后进晓见然否之分。恐其废失,著之简牍。"

【微管】管,管见。谦称自己见识浅陋。《宋书·彭城王义康传》:"臣以顽昧,独献微管,所以勤勤恳恳,必诉丹诚者,实恐义康年穷命尽,奄忽于南,遂令陛下有弃弟之责。"

【微末】卑微低贱。也用以自谦。《三国演义》第四三回:"昭乃江东微末之士。"清平步青《霞外捃屑·掌故·尹侍御奏折》:"小臣微末,何敢妄议?"

【微尘】谦称自己微不足道。南朝梁陶弘景《冥通记》卷二:"刘夫人曰:'周生,尔知积业树因从何而来,得如今日乎?'子良答曰:'微尘下俗,实所不究。'"康有为《苏村卧病写怀》诗:"纵横宙合一微尘,偶到人间阅廿春。"

【微仪】【微物】【微芹】谦称自己的礼物微薄。

〔微仪〕《清代名人书札·张裕钊致月槎》:"兹偕彭佩双刺史谨具微仪,附邮敬致。"

〔微物〕明杨珽《龙膏记·祸媒》:"这些微物,聊充途中之费。"《清代名人书札·王定安致阎敬铭》:"前蒙手谕,猥以寄呈微物,致劳齿及,惭悚无任。"鲁迅《书信集·致宋琳》:"极欲略备微物,聊申祝意,而南北道远,邮寄不便。"

〔微芹〕明沈璟《义侠记·委嘱》:"欲把微芹别时献,愿兄嫂鉴愚意。"典出《列子·杨朱篇》,参见"芹意""芹献"。

菲 fěi

菲,菲薄。有时用作谦词。用在相关的词前,谦称自己德才浅薄或所备不丰厚。

【菲才】【菲材】谦称自己才能浅薄。

〔菲才〕明王鏊《震泽长语·梦兆》:"余以菲才谬登政府,虽不久,秩一品。"《清代名人书札·龚易图致阎敬铭》:"易图猥荷知遇,培植无已,兹以菲才,忽承恩命。"

〔菲材〕《儒林外史》第二八回:"只恐小弟菲材,不堪胜任。"《红楼梦》第九三回:"弟因菲材获谴,自分万死难偿。"《清代名人书札·吉灿升致阎敬铭》:"自揣菲材,用违其可,凤蒙优睐,何敢讳言?"

【菲薄】【菲德】自谦德才鄙薄。

〔菲薄〕《史记·孝武本纪》:"朕以眇眇之身承至尊,维德菲薄,不明于礼乐。"唐王昌龄《咏史》诗:"自惭菲薄才,误蒙国士恩。"明徐渭《为请夏新建伯封爵疏》:"臣本菲薄,赖陛下圣仁,令臣提督浙江学校。"

〔菲德〕《梁书·武帝纪中》:"朕以菲德,君此兆民。"明陆采《怀香记·青琐相窥》:"深惭菲德,缪望长生。"

【菲诚】谦称自己的诚意微薄。五代前蜀杜光庭《王虔常侍北斗醮词》:"伏冀省临薄礼,采纳菲诚。"

【菲什】谦称自己的作品。唐皇甫枚《非

烟传》:"恍惚寸心,书岂能尽!兼持菲什,仰继华篇。"

【菲仪】【菲敬】 谦称自己的礼物或礼金菲薄。

〔菲仪〕宋杨万里《罗氏定亲启》:"十世可知,继好复从于今始;两端而竭,菲仪仍守于旧规。"明陶宗仪《辍耕录·醋钵儿》:"清梦断柳营风月,菲仪表梓里葭莩。"《清代名人书札·吉灿升致阎敬铭》:"成叔六世兄馆选大喜,灿升忝附桑恭,用敢略具菲仪,稍申贺臆,乃贺温谕下却,亮节清风,益令增惭抱愧。"闻一多《红豆》诗:"这些算了我赎罪的菲仪。"

〔菲敬〕《清代名人书札·朱家宝致某人》:"附呈菲敬百金,务祈赏收。专肃恭叩钧安,伏惟垂鉴。"鲁迅《书信集·致郁达夫王映霞》:"奉上粗品两种,算是补祝弥月的菲敬,务乞哂收为幸!"

【菲酌】 谦称自己的酒食菲薄。鲁迅《书信集·致姚克》:"拟略设菲酌,借作长谈。"罗广斌、杨益言《红岩》第十章:"刚才的意思是,今天长官公署特地为许先生备下一点菲酌。"

【菲葑】 同"葑菲"。谦称自己还有可取之处。唐白居易《得乙与丁俱应拔萃》:"若弃以菲葑,失则自求诸己;傥中其正鹄,得亦不愧于人。"梁启超《本馆第一百册祝辞并论报馆之责任及本馆之经历》:"菲葑不弃,敢寻自珍。"《汪康年师友书札·毛润身》:"今故于海河一事呈政旧交,务乞不弃菲葑,许加指示,鳞鸿有便,即乞速赐环音,以开茅塞,幸甚盼甚。"

葑菲 fēngfěi

谦词。谦称自己虽才陋或有可取之处。典出《诗经·邶风·谷风》:"采葑采菲,无以下体。"郑玄笺:"此二菜者,蔓菁与葍之类也,皆上下可食。然而其根有美时有恶时,采之者不可以根恶时并弃其叶。""葑菲",即芜菁,叶与根皆可食。但其根略带苦味,人常因其苦而弃之。后用为谦称虽才识浅陋犹或有可取之处。宋陈亮《又与勾熙载提举书》:"岂郎中欲纳一世之才,高高下下,不使丝发遗弃,亦欲忘其下体而采其葑菲乎?此意高矣厚矣。"清蒲松龄《聊斋志异·狐妾》:"一日,年长者来,谓刘曰:'舍妹与君有缘,愿无弃葑菲。'"《清代名人书札·吉灿升致阎敬铭》:"窃灿升去腊接奉钧复,备蒙奖勖,并谕令余公余读书治经,……深感甄陶不遗葑菲,自顾驽骀,敢懈策励?"清管同《与某君书》:"今日读复札,知已采取葑菲,曷胜欣幸!然鄙意犹有未尽者,不可不言。"

寸 cùn

谦词。寸,喻微小、微薄。多用在心意、书信等一类词前,表示自谦之词。

【寸心】【寸忱】【寸志】【寸意】【寸衷】 微小的心意。

〔寸心〕宋苏轼《教坊致语》:"虽白雪阳春,莫致天颜之一笑;而献芹暄日,各尽野人之寸心。"《水浒传》第八一回："宋江哥哥有些微物相送，聊表我哥哥寸心。"明凌濛初《初刻拍案惊奇》卷十八："些小薄物，聊表寸心。事成之后，再容重谢。"京剧《猎虎记》："乃是猎来的一些野味，聊表寸心而已。"

〔寸忱〕明汤显祖《上马映台先生》："寸忱未将，弟子何为？"

〔寸志〕南朝梁简文帝《奉请上开讲启》："偻偻寸志，重敢披祈：伏愿将降一音，曲矜三请。"

〔寸意〕南朝梁吴均《续齐谐记·会稽赵文韶》："丹心寸意，愁君未知。"《东周列国志》第三六回："白璧一双，聊表寸意。"

〔寸衷〕清薛福成《分别教案治本治标之计疏》："耿耿寸衷，略抒愚悃。"郭沫若《金环吟》："慰劳寄前线，欲以表寸衷。"

【寸诚】微诚。南朝梁萧统《锦带书十二月启·夹钟一月》："谨伸数字，用写寸诚。"宋范成大《大通界首驿》诗："愚悃无华敢自欺，寸诚珍重吏民知。"元无名氏《醉写赤壁赋》第一折："蔬食薄味，略表寸诚。"

【寸敬】微薄的敬意。明冯梦龙《警世通言·王娇鸾百年长恨》："这微物奉小娘子，权表寸敬，多多致意小姐。"《好逑传》第八回："既决意要行，料难强留，……欲申寸敬，又恐台兄以货财见斥，故逡巡不敢。"

【寸长】微小的长处。南朝梁沈约《与范述曾论齐竟陵王赋书》："仰酬睿旨，微表寸长。"宋苏轼《湖州谢上表》："凡人必有一得，而臣独无寸长。"清杨芳灿《沙碱田》诗："我来更吏考，治赋无寸长。"

【寸名】卑微的姓名，用以自谦。宋陈亮《戊申再上孝宗皇帝书》："陛下用其喜怒哀乐爱恶之权以鼓动天下，使如臣者得借方寸之地，以终前书之所言而附寸名于竹帛之间，不使邓禹笑人寂寞。"

【寸报】微小的报答。明沈鲸《双珠记·处分后事》："小生久负厚恩，愧无寸报，倘有天开眼之日，决不忘你。"清蒲松龄《聊斋志异·公孙九娘》："儿少受舅妗抚育，尚无寸报，不图先葬沟渎，殊为恨恨。"

【寸函】【寸禀】【寸笺】【寸缄】【寸简】【寸楮】原意是短信，也用来谦称自己的书信。

〔寸函〕《清代名人书札·徐銮致薛时雨》："敬禀者：銮前肃寸函，亮登签阁，只以道途修阻，不获笺启时陈，然引领师门，无日不钦钦在抱也。"鲁迅《书信集·致黎烈文》："晚间曾寄寸函，夜里又做一篇。"

〔寸禀〕《清代名人书札·龚易图致阎敬铭》："窃再禀者：易图前肃寸禀，亮经早尘钧鉴。"《歧路灯》第七二回："唯恐送役东旋，无以复命，恪具寸禀，令其赍回，仰慰眷注。"

〔寸笺〕明高明《琵琶记·拐儿绐误》："匆匆的聊附寸笺，草草伏乞尊照不宣。"《清代名人书札·袁昶致薛时雨》:"敬禀者:月初叩上寸笺,计日已呈慈电。"鲁迅《书信集·致高良富子》:"特上寸笺,以申谢悃。"

〔寸缄〕《清代名人书札·孙诒经致薛时雨》:"前由郁少彝同年带奉寸缄,并会墨名单,亮邀垂照。"

〔寸简〕夏曾佑《送汪毅白诗》:"千古心期凭寸简,九州容易入斜曛。"

〔寸楮〕楮,纸的代称。太平天国罗大纲《致英使书》:"今藉羽便,特修寸楮,伏维明鉴。"

谫 jiǎn

谦词。谫,浅薄。用作谦词时,谦称自己识浅才薄。蹇先艾《何士光和他的短篇小说》:"我在这里不顾自己能薄材谫,写此小文,介绍一下这位青年作家和他的一些主要作品。""谫",也可与相关的词搭配,表示自谦。

【谫才】【谫能】谦称自己才能浅薄。〔谫才〕宋曾巩《代曾侍中辞转官札子》:"臣以谫才,当陛下即政之初,励精思治,与在庙堂,首当大任。"明吾邱瑞《运甓记·弃官就辟》:"小弟谫才,乃蒙刘帅远觊,仁杖枉临,宠渥极矣。"〔谫能〕宋王珪《谢赐对衣金带鞍辔马奏状》:"伏念臣蚤以谫能,尘于畯极,绅文东观之秘,裁训右垣之清,曾微职劳,取称朝遇。"明王袆《上平章札刺尔公书》:"诚以相国垂意于人才为足恃,而袆亦窃恃其谫能薄技,或足自效于下执事也。"

【谫劣】自谦浅薄低劣。明张居正《考满谢恩命疏》:"窃念臣,学术迂疏,行能谫劣。"明何良俊《四友斋丛书摘抄·史四》:"某以谫劣叨坐介位,默自循省,不觉面赤发汗。"清赵翼《送刘石庵相公还朝》诗:"谫劣不自知,跳掷矜青蛙。"

【谫陋】谦称自己学识或见闻浅陋。《汪康年师友书札·朱祖荣》:"所列书目,祖荣所获见者,才十分之四耳。自惭谫陋,益深钦佩。"马南邨《燕山夜话·评〈三十三镇神头图〉》:"恕我见闻谫陋,不能确切地回答这个问题。"也可用于谦称自己。严复《译〈天演论〉例言》:"今遇原文所论,与他书有异同者,辄就谫陋所知,列入'后案',以资参考。"

【谫薄】浅薄。梁启超《吾今后所以报国者》:"吾问学既谫薄,不能发为有系统的理想,为国民学术辟一蹊径。"

【谫识】学识浅薄。梁启超《宪法之三大精神》:"启超末学谫识,何足以语于是!"

陋 lòu

谦词。陋,狭隘;浅陋。用在相关的词前,谦称自己或与自己有关的事。

【陋生】谦称自己是见识浅陋的人。《晋书·夏侯湛传》:"仆,东野之鄙人,顽直之陋生也。"

【陋才】谦称自己才浅。三国魏曹植《叙愁赋》:"荷印绂之令服,非陋才之所望。"

【陋目】谦称自己视野狭隘。明李东阳《和沈地官时旸〈游城西朝天宫〉韵》:

"壮怀益磊魄,陋目开昏蒙。"

【陋见】谦称自己见闻狭隘。《文摘报》1998年3月5日:"月票是打印的,却像模像样的贴照片加塑封,'(电)梯票'是油印的,据我之陋见,此可称得上'世界一绝'。"

【陋身】【陋躯】对自己的谦称。

〔陋身〕《昭明文选·潘岳〈闲居赋〉》:"奉周任之格言,敢陈力而就列,几陋身之不保,尚奚拟乎明哲。"刘良注:"陋身,岳自谓也。"

〔陋躯〕《旧唐书·元稹传》:"陛下察臣无罪,宠奖逾深,召臣面授舍人,遣充承旨翰林学士,金章紫服,光饰陋躯,人生之荣,臣亦至矣。"

【陋质】谦称身姿丑陋。明凌濛初《初刻拍案惊奇》卷三二:"胡生谦逊道:'拙妻陋质,怎能比得上尊嫂生得十全?'"

【陋拙】谦称自己丑陋笨拙。唐牛僧孺《玄怪录·杜子春》:"其妻哭号曰:'妇诚陋拙,有辱君子。……人谁无情,君乃忍惜一言!'"清蒲松龄《聊斋志异·金姑夫》:"上虞金生,赴试经此。入庙徘徊,颇涉冥想。至夜,梦青衣来,传梅姑之名招之,从去。入祠,梅姑立候檐下,笑曰:'蒙君宠顾,实切依恋,不嫌陋拙,愿以身为姬侍。'"

【陋忠】【陋诚】谦称自己的忠心。

〔陋忠〕《战国策·秦策三》:"今臣羁旅之臣也,交疏于王,而所愿陈者,皆匡君臣之事,处人骨肉之间,愿以臣之陋忠,而未知王心也。"

〔陋诚〕南朝江淹《让太傅扬州牧表》:"擢臣琐姿,鉴臣陋诚。"

【陋宗】【陋族】谦称自己的家族卑微。

〔陋宗〕《昭明文选·卢谌〈赠刘琨〉诗》:"伊谌陋宗,昔遘嘉惠。"吕向注:"陋宗,卑陋之姓也。"

〔陋族〕《魏书·刘文晔传》:"臣之陋族,出自平原。"

【陋制】谦称自己的作品。汉班婕妤《捣素赋》:"勋陋制之无韵,虑娥眉之为愧。"

卑 bēi

谦词。卑,卑下。用在名词前,谦称自己或与自己有关的人或事。

【卑人】【卑微】【卑末】谦称自己。

〔卑人〕犹"鄙人"。南朝梁陶弘景《周氏冥通记》卷二:"(周子良)曰:'敢不闻旨?但恐卑人居前,非礼耳。'"元本高明《琵琶记·旌表》:"人之孝者亦多,卑人何足称孝?"明屠隆《彩毫记·祖饯都门》:"念卑人已服霞衣,我荆妻亦顶星冠。"欧阳予倩《抢伞》:"既不是卑人亲妹子,缘何答应两三声?"京剧《白蛇传》第十场:"许娘子,今日佳节,看卑人薄面,饮干了吧。"

〔卑微〕《敦煌变文集·伍子胥变文》:"今乃不弃卑微,敢欲邀君一食。"清周友良《珠江梅柳记》:"倘蒙不弃卑微,一邀青盼足矣。"

〔卑末〕初义是低级的官吏或职位,也可用于谦称自己。宋王楙《野客丛书·

野老纪闻》:"子由代兄作《中书舍人启》,称'伏念某草茅下士,蓬荜书生'。子瞻以笔圈'伏念某',用'但卑末'三字。"《京本通俗小说·冯玉梅团圆》:"小娘子若不弃卑末,结为眷属,三生有幸!"元本高明《琵琶记·伯喈拒婚》:"满京都,豪家无数,岂必卑末?"

【卑吏】【卑职】【卑弁】【卑目】下级官吏对上级谦称自己。

〔卑吏〕五代王定保《唐摭言·恶得及第》:"(裴)思谦曰:'卑吏便是。'思谦词貌堂堂,(高)错见之改容,不得已遂礼之。"

〔卑职〕元袁桷《修辽金宋史搜访遗书条例事状》:"卑职生长南方,辽金旧事,鲜所知闻。"清李渔《奈何天·密筹》:"恩主既然信用,卑职怎敢推辞?依命前去便了。"《天雨花》第十回:"卑职多年看不出,大人真个是神明。"《官场现形记》第十二回:"便说:'蠢尔小丑,大兵一到,不难克日荡平,指日报到捷音,便是超升不次。所以卑职前来叩喜。'"《人民戏剧》1978年第4期:"对于陈将军所列三点,卑职原则上极表赞同。"

〔卑弁〕弁,武官。《负曝闲谈》第三回:"卑弁不敢作主,请大人示下。"

〔卑目〕《宦海》第七回:"卑目话还没有讲完,乌少爷赶上来就给卑目劈面一掌,叫家人们把卑目赶出去。"

【卑府】清代知府对上级官员谦称自己。《清代名人书札·龚易图致阎敬铭》:"卑府久侍仁风,知爱人以德,谨当播告同志,以副台谕。"又:"伯平老境尚健,卑府此去,相距较近,可以常致存问,以纾钧注。"又《王继庭致阎敬铭》:"卑府若得静养一二年后,身体可以耐劳,敢不复出,以效犬马之力?"

【卑意】谦称自己的意见。宋苏轼《与蒲传正书》:"千乘侄屡言大舅全不作活计,多买书画奇物,常典钱使,欲老弟苦劝公。卑意深以为然。"

鄙 bǐ

谦词。鄙,鄙贱。用在名词或形容词前,谦称自己或与自己有关的事。

【鄙人】【鄙夫】【鄙薄】【下鄙】谦称自己。

〔鄙人〕《战国策·燕策一》:"窃闻王义甚高甚顺,鄙人不敏,窃释锄耨而干大王。"《史记·张释之冯唐列传》:"唐谢曰:'鄙人不知忌讳。'"《老残游记》第二回:"目下鄙人要往济南府去看看大明湖的风景。"《汪康年师友书札·汪有龄》:"再如有与鄙人信到尊馆者,请收下转寄,并恳即谕知管门仆人为荷。"

〔鄙夫〕《昭明文选·张衡〈东京赋〉》:"鄙夫寡识,而今而后,乃知大汉之德馨,咸在于此。"唐李端《宿山寺雪夜寄吉中孚》诗:"鄙夫今夜兴,唯有子猷知。"明孙梅锡《琴心记·王孙作醵》:"顾鄙夫樗材迟暮,仰贵客山斗规模。"明冯梦龙《喻世明言》卷十四:"陈抟答道:'山野鄙夫,自比朽木,无用于世。……'"

〔鄙薄〕鄙陋浅薄。可用以谦称自己。《后汉书·列女传·袁隗妻》:"妾姊高行殊邈,未遭良匹,不似鄙薄,苟然而已。"三国魏曹丕《答辛毗等令》:"夫虚谈谬称,鄙薄所弗当也。"清俞樾《春在堂随笔》卷八:"湖上俞楼成,以楹联赠者极多。然推崇过甚,非鄙薄所克承担。"

〔下鄙〕《红楼梦》第一二四回:"后知火焚草亭,下鄙深为惶恐。"

【鄙老】【鄙耇】老年人谦称自己。

〔鄙老〕《晋书·王接传》:"伏惟明帝,……求贤与能,小无遗错,是以鄙老思献所知。"

〔鄙耇〕《汉书·韦贤传》:"我虽鄙耇,心其好而。"《后汉书·崔骃传》:"分画定而计决兮,岂云贲乎鄙耇!"

【鄙子】晚辈谦称自己。唐黄滔《祭先外舅文》:"孀妻捧奠,出女尸丧,嗣男而杳杳江岭,鄙子而明明肺肠。"

【鄙生】儒生或学生谦称自己。《昭明文选·张衡〈西京赋〉》:"鄙生生乎三百之外,传闻于未闻之者。"注:"公子自称,谦辞也。"明陈子龙《上石斋师》:"二者必有所审,无俟鄙生之忖度也。"

【鄙臣】臣下谦称自己。《晏子春秋·谏上十三》:"使君之嗣,寿皆若鄙臣之年。"《汉书·王莽传上》:"莽乃起视事,上书言:'……臣莽伏自惟,爵为新都侯,号为安汉公,官为宰衡、太傅、大司马,爵贵号尊官重,一身蒙大

宠者五,诚非鄙臣所能堪。'"

【鄙念】谦称自己的挂念。《清代名人书札·时乃风致刘含芳》:"伯相何时旋京?令棣与序翁此次想必随节,均深鄙念。"

【鄙名】谦称自己的名字。《汪康年师友书札·邵章》:"两者攻补兼施,医国者实洞见症结,开列鄙名,先行附及,明岁尚当各助棉薄也。"又《卜舫济》:"阅贵报于论学校项下,曾录及鄙名。"

【鄙言】谦称自己的话。《后汉书·马援传》:"援谓黄门郎梁松、窦固曰:'凡人为贵,当可使贱。如卿等欲不可复贱,居高坚自持,勉思鄙言。'"鲁迅《热风·儿歌的"反动"》:"胡先生夙擅改削,当不以鄙言为河汉也。"

【鄙谏】谦称自己所提意见。清管同《与某君书》:"足下前书所谓一言不智,旋纳鄙谏,未至如今所云。"

【鄙心】【鄙悰】【鄙悃】【鄙忱】【鄙衷】【鄙诚】谦称自己的心意或诚意。

〔鄙心〕《战国策·魏策三》:"臣愿以鄙心意公,公无以为罪。"宋曾巩《上欧阳舍人书》:"鄙心倦倦,……不宣。"

〔鄙悰〕《宣和遗事》前集:"已许为定,具形弊幅,冀谅鄙悰。"

〔鄙悃〕《三国演义》第三七回:"先此布达,再容斋戒薰沐,特拜尊颜,面倾鄙悃。"

〔鄙忱〕《水浒传》第九十回:"燕青取白金二十两,送与贯忠道:'些须薄礼,少尽鄙忱。'"《汪康年师友书札·曾

广铨》:"具见阁下不负初心,不忍坐视弟一人独肩重任,欲为援手,良慊鄙忱。"

〔鄙衷〕《汪康年师友书札·张鹤龄》:"前承委谋令亲吕孟祥差事,在沪时晤敝徒,已为切实说法,嘱其趋庭时转述鄙衷。"

〔鄙诚〕《红楼梦》第三回:"(弟)已修下荐书一封,转托内兄周全协佐,方可稍尽弟之鄙诚。"

【鄙意】【鄙旨】【鄙见】谦称自己的意见或见解。

〔鄙意〕南朝梁沈约《答陆厥问声韵书》:"自古辞人,岂不知宫羽之殊,商徵之别,虽知五音之异,而其中参差变动,所昧实多,故鄙意所谓此秘未睹者也。"宋朱熹《答陈可久》:"乾坤六爻图位,鄙意亦有未晓处,更乞诲示。"清管同《与某君书》:"今日读复札,知已采取葑菲,曷胜欣幸!然鄙意犹有未尽者,不可不言。"《汪康年师友书札·陶在宽》:"鄙意想同阁下吴蜀通气,劝刘、鹿二公出资译刻要书,此事非彼此面商不可,机会难遇,失此可惜。"

〔鄙旨〕《昭明文选·曹丕〈与钟大理书〉》:"恐传言未审,舍弟子建因荀仲茂时从容喻鄙旨。"刘良注:"旨犹意也。"

〔鄙见〕明王守仁《传习录》卷上:"鄙见如此,先生以为何如?"《汪康年师友书札·唐受桐》:"今以鄙见所及补陈之:窃以册书初开叶,《时务报》三字忽草、忽隶、忽以双钩,类于轻戏。"胡适《寄陈独秀》:"重读足下文学变迁之说,颇有鄙见,欲就大雅质正之。"

【鄙论】【鄙说】谦称自己的论说。

〔鄙论〕《汪康年师友书札·沈宗济》:"足下其以鄙论为然否耶?"

〔鄙说〕《清代名人书札·金安清致绥翁》:"鄙说能行,则干将之舞即在两阶,攻心之策不待七纵矣。"《中华读书报》1999年6月23日11版引俞平伯致周作人的信:"传说虽异,证据亦足为鄙说张目,闻之欣然。"

【鄙识】谦称自己的见识。清恽敬《文昌宫碑阴录》:"窃以私见鄙识,窥测万一如此。"

【鄙计】谦称自己的计策。《晋书·张光传》:"属雍州刺史刘沈被密诏讨河间王颙,光起兵助沈,及二州军溃,为颙所擒,颙谓光曰:'前起兵欲作何策?'光正色答曰:'但刘雍州不用鄙计,故令得大王得有今日也。'"

【鄙愿】【鄙怀】【鄙志】谦称自己的意愿或志愿。

〔鄙愿〕晋赵至《与嵇茂齐书》:"平涤九区,恢维宇宙,斯亦吾之鄙愿也。"清曾国藩《致刘孟容书》:"故凡仆之鄙愿,苟于道有所见,不特见之,必实体行之。"《汪康年师友书札·王楚乔》:"先生以利济为念,区区鄙愿,实自左右造端,今欲引申大教,溥惠无极,谅先生风流宏奖,当必乐闻之也。"

〔鄙怀〕宋苏舜钦《舟中感怀寄馆中诸君》诗:"作诗寄诸君,鄙怀实所望。"

清曾国藩《复胡润之书》:"闻台端划除暴强,不遗余力,鄙怀欲取为伐柯之则。"

〔鄙志〕《汪康年师友书札·梁启超》:"他日鄙志苟逐,则将哀然成巨帙,藏之名山,传之其人,缪氏抢地呼天,又奚益乎?"

【鄙概】谦称自己的度量气概。南朝梁江淹《后让太傅扬州牧表》:"况臣鄙概早盈,陋才久溢;第超庶后,礼绝群班。"

【鄙愚】【鄙迂】【鄙钝】谦称自己鄙陋愚昧、迂腐或不敏。

〔鄙愚〕宋无名氏《异闻总录》卷三:"某乃村野鄙愚,门人相竞,尚不能断,况冥晦间事乎?"

〔鄙迂〕清吴嘉宾《上林少穆先生》:"鄙迂之义,未审有当万一否?"

〔鄙钝〕钝,不敏。唐韩愈《上兵部李侍郎书》:"愈少鄙钝,学行固野,进无和俗崇誉之高,退无静默เข冲之操。"宋曾巩《回人贺授史馆修撰状》:"宜得异能,使之实录;岂伊鄙钝可尽形容?"

【鄙性】谦称自己的脾性。《东周列国志》第九六回:"廉颇曰:'鄙性粗暴,蒙君见容,惭愧无地!'"

【鄙处】谦称自己的处所。《水浒传》第九八回:"万望不弃鄙处,为山寨主,早晚恭听严命。"

【鄙制】【鄙作】【鄙文】谦称自己的作品。

〔鄙制〕《南齐书·王融传》:"宋弁于瑶池堂谓融曰:'昔观相如《封禅》,以知汉武之德;今览王生《诗序》,用见齐王之盛。'融曰:'皇家盛明,岂直比踪汉武;更惭鄙制,无以远匹相如。'"

〔鄙作〕《汪康年师友书札·林万里》:"近在《时报》《时事新报》卖文,《时报》中之'宣'字,《时事新报》中的'樊'字,皆系鄙作,想先生必已见过。"

〔鄙文〕章炳麟《与邓实书》:"谓宜砍削鄙文,无令狠赐大衍之数,虚一不用,亦何伤于菁卦哉!"

【鄙函】谦称自己的信函。《汪康年师友书札·张鹤龄》:"务祈吾哥竭力劝驾,代布愚忱,是所叩祷。或将鄙函相示何如?乞酌。"

【鄙术】谦称自己的医术。《水浒传》第九八回:"全灵拜谢道:'全某鄙术,何足道哉!'"

【鄙事】谦称自己的事情。《清代名人书札·时乃风致刘含芳》:"鄙事尚未揭晓,复蒙嘘拂,仰见关爱深情,有必玉我于成者,感佩何可言喻!"《汪康年师友书札·尹克昌》:"顷接十月廿一日书,荷承以鄙事到津商周绾之,又勉以勿沮丧志气一语,感佩何似。"又《潘清荫》:"嗣又得'倭模胜华代购速运'之电,鄙事猥劳清神部署,感佩何极!"

【鄙况】【鄙状】谦称自己的情况或状况。

〔鄙况〕唐白居易《答户部崔侍郎书》:"首垂问以鄙况。不足云,盖默默兀兀,委顺任化而已。"清宣鼎《夜雨秋灯录·龙梭三娘》:"徐询琼儿自悉。鄙况林泉闃寂,车马音稀,惟濡笔为贤契纪循良善绩也。"

〔鄙状〕《清代名人书札·张佩纶致吴大衡》:"鄙状如昨,无可告慰。"

【鄙躯】谦称自己的身躯。汉刘向《列女传·赵津女娟》:"妾愿以鄙躯易父之死。"

【鄙土】谦称自己所在乡土。《孔丛子·抗志》:"先生久降于鄙土。"

【鄙祝】谦称自己的祝愿。《汪康年师友书札·陈遹声》:"沪遇匆匆,不及久谭,想兴居多胜,如鄙祝也。"

孤耿 gūgěng

谦词。犹"鄙意"。谦称自己的心意。宋苏洵《与欧阳内翰书三》:"阁下当时赐音问,以慰孤耿。"宋苏辙《答王定国问疾》诗:"故人枉新诗,万里慰孤耿。"明张居正《答奉常陆五台论治体用刚》:"乃读前后手翰,所以教仆者,则亦未越于众人之见,而与仆之孤耿大谬矣。"

贱 jiàn

谦词。贱,卑贱。用在名词前,谦称自己或与自己有关的人或事。

【贱子】【贱夫】【贱迹】谦称自己或自身。

〔贱子〕唐杜甫《奉赠韦左丞丈二十二韵》:"丈人试静听,贱子请具陈。"《水浒传》第八一回:"高太尉与贱子一同被掳,陷于缧绁。"明冯梦龙《喻世明言》卷三二:"迪方悟醉中题诗之事,再拜谢罪道:'贱子酒酣,罔能持性,偶读忠奸之传,致吟忿憾之事。'"柳亚子《董必武先生六十寿辰诗》:"贱子倾心久,神交许我狂。"

〔贱夫〕唐杜甫《七月三日戏呈元二十一曹长》诗:"贱夫美一睡,烦促婴词笔。"宋李觏《上聂学士书》:"觏江南贱夫,行年二十八矣。"

〔贱迹〕谦称自身。宋朱熹《致孙敬甫书》:"祠官虽幸得请,然时论汹汹,未有宁息之期,贱迹盖未可保。"宋董弅《闲燕常谈》:"适来官人,口不称名,但称贱迹不已。"

【贱士】【贱生】读书人谦称自己。

〔贱士〕南朝梁江淹《思北归赋》:"况北州之贱士,为炎土之流人。"宋王明清《玉照新志》卷一:"臣布衣贱士,无官守言责。"清龚自珍《暮春以事趋圆明园》诗:"门閫瞩威武,贱士感蹉跎。"

〔贱生〕南朝宋鲍照《解褐谢侍郎表》:"臣孤门贱生,操无炯迹。"宋梅尧臣《听文都知吹箫》诗:"晏识文公始致来,劝接贱生宜强且。"

【贱臣】臣下对国君谦称自己。《韩非子·问田》:"然所以废先王之教而行贱臣之所取者,窃以为立法术,设度数,所以利民萌,便众庶之道也。"《战国策·赵策二》:"周绍曰:'王失论矣,非贱臣所敢任也。'"

【贱妾】【贱奴】【贱婢】【贱人】妇女谦称自己。

〔贱妾〕《后汉书·邓皇后传》:"后言于

贱 jiàn 29

帝曰：宫禁至重，而使外舍久在内省，上令陛下有幸私之议，下使贱妾获不知足之谤，上下交损，诚不愿也。"明凌濛初《初刻拍案惊奇》卷十八："那小娘子啭莺声，吐燕语道：'主翁先行，贱妾随后。'"清蒋士铨《香祖楼·筋芝》："贱妾蒙老爷夫人这般恩意呵！"

〔贱奴〕明徐霖《绣襦记·帮宫重媒》："蒙抬举贱奴，笑妆奁衣饰无。"

〔贱婢〕原为骂人的话，也用于妇女谦称自己。明凌濛初《初刻拍案惊奇》卷三："那妇人……指着死虎道：'贱婢今日山中遇此泼花团，争持多时，才得了当。归得迟些个，有失主人之礼，贵人勿罪。'"《东周列国志》第五二回："少顷，灵公睡醒，张目问：'是何人？'荷华跪而应曰：'贱婢乃荷华也，奉主母之命，伏侍于千岁爷爷。'"

〔贱人〕原为骂人的话，也用于妇女谦称自己。明冯梦龙《喻世明言》卷二九："府尹听罢大喜，问妓者何名？答言：'贱人姓吴，小字红莲，专一在上厅祗应。'"《水浒传》第一二〇回："李师师奏道：'深蒙陛下眷爱之心，贱人愧感莫尽！'"

【贱身】【贱躯】【贱躬】【贱体】谦称自己的身体或自己。

〔贱身〕唐孟郊《怨别》诗："君问去何之？贱身难自保。"宋王安石《知常州谢运使元学士启》："以无能之贱身，在有道之深庇。"

〔贱躯〕《昭明文选·李陵〈与苏武

诗〉》："欲因晨风发，送子以贱躯。"刘良注："言欲以贱身乘晨风以送子。"以"贱身"释"贱躯"。南朝梁何逊《敬酬王明府》诗："贱躯临不测，玉体畏垂堂。"清王景仁《新咏》诗："贱躯一何眇，前后各千载。"《汪康年师友书札·王秉恩》："初七日奉手书，承注微躯，至感至感。贱躯刻渐元复，并闻。"

〔贱躬〕南朝宋鲍照《与荀中书别》诗："连翩感孤志，契阔伤贱躬。"

〔贱体〕明刘兑《娇红记》："[孤云]侄儿身已较好么？[末云]贱体稍可。"清朱之瑜《与锅岛直能书》之二："奈此时贱体病剧，而诸务又芬集，必不能远道修候。"《汪康年师友书札·汪立元》："贱体入夏以来小愈，知注敬闻。"鲁迅《书信集·致沈雁冰》："说到贱体，真也麻烦，肺部大约告一段落了。"

【贱品】谦称自己出身寒微。南朝梁刘潜《为王仪同谢国姻启》："实臣素里庸族，蓬衡贱品。"唐袁郊《甘泽谣·红线》："红线曰：'某虽贱品，然亦有解主忧者。'"

【贱姿】【贱质】谦称自己的姿容身躯。

〔贱姿〕唐权德舆《与陆州杜给事书》："弩薄贱姿，诚不自意，拜赐之时，感入心腑。"

〔贱质〕北周昙积《谏周太祖沙汰僧表》："贫道徐年贱质，寄命关右，钦化承恩，得存道业。"明凌濛初《初刻拍案惊奇》卷二五："小娟道：'院判是贵人,又是恩人。只怕妾身风尘贱质,不敢仰攀。'"清余怀《板桥杂记·丽品》:"儿虽风尘贱质,然非好淫荡检者流。"

【贱姓】【贱名】【贱字】【贱表】【贱号】 谦称自己的姓名字号。

〔贱姓〕明凌濛初《初刻拍案惊奇》卷四十:"李君道:'见说贱姓,如此着惊,何故?'"《儒林外史》第十七回:"小弟贱姓匡,字超人。"《儿女英雄传》第七回:"我贱姓王。"

〔贱名〕《水浒传》第四四回:"壮士素不曾拜识,如何呼喊贱名?"《西游记》第二四回:"长老回礼道:'贫僧就是。仙童为何知我贱名?'"《三国演义》第三八回:"玄德下拜道:'汉室末胄,涿郡愚夫,久闻先生大名,如雷贯耳。昨两次晋谒,不得一见,已书贱名于文几,未审得入览否?'"清和邦额《夜谭随录·三李明》:"若夫贱名,则不妨相闻,我李明也。"鲁迅《华盖集·并非闲话(三)》:"而且贱名也忝列于作者之列。"

〔贱字〕明吴炳《绿牡丹·邀馆》:"小生谢英,贱字瑶草。"《儒林外史》第二八回:"季苇萧动问:'仙乡尊字?'那人道:'贱字穆庵,敝处湖广。'"

〔贱表〕明叶宪祖《碧莲绣符》第三折:"不如改易姓名,就用贱表,唤做孔兼。"

〔贱号〕明无名氏《四贤记·寓奸》:"霞杯乃贫道贱号。"《西游记》第六二回:"唐僧合掌道:'贫僧俗家姓陈,法名玄奘。蒙君赐姓唐,贱号三藏。'"《儒林外史》第十七回:"小弟贱号叫做景兰江。"

【贱内】【贱室】【贱房】【贱荆】 谦称自己的妻子。

〔贱内〕明孙柚《琴心记·誓志题桥》:"贱内有恙,敢烦一卜。"《儒林外史》第二八回:"这舍亲姓鲍,是我贱内的姑爷。"瞿秋白《文艺杂著续辑·内外》:"丈夫叫'外子',妻叫'贱内'。"

〔贱室〕明冯梦龙《警世通言·杜十娘怒沉百宝箱》:"贱室不足虑,所虑者老父性严,尚费踌躇耳。"明凌濛初《二刻拍案惊奇》卷十五:"侍郎道:'贱室既忝同乡,今日便同亲戚。'"

〔贱房〕明汤显祖《牡丹亭·淮警》:"打听大金家兵粮凑集,将次南征,教俺淮、扬开路,不免请出贱房计议。"

〔贱荆〕明屠隆《彩毫记·泛舟采石》:"卑人贱荆,与庐山女道士李腾空有方外之约。"《红楼梦》第三回:"天缘凑巧,因贱荆去世,都中家岳母念及小女无人依傍,前已遣了男女船只来接。"

【贱累】【贱眷】 谦称自己的妻子儿女或眷属。

〔贱累〕宋苏轼《与章子厚书》:"贱累皆在渠处,未知何日到此?"明李贽《答李见罗先生书》:"向时尚有贱累,今皆发回原籍。"《醒世姻缘传》第五四回:"狄员外笑道:'也止有一个贱累。'"

〔贱眷〕《红楼梦》第一一四回:"将来贱

眷到京，少不得要到尊府，定叫小犬叩见。"

【贱息】谦称自己的子女。《战国策·赵策四》："老臣贱息舒祺，最少，不肖。"宋叶适《祭林大卿淑人文》："辱以贤孙，嫔于贱息；恤娴两尽，意爱兼深。"

【贱庚】【贱降】【贱辰】【贱诞】【贱日】谦称自己的生日。

〔贱庚〕元王恽《诗梦》："又推予贱庚，曰：'谁谓中州无人乎？'"

〔贱降〕《三国演义》第四回："今日老夫贱降，晚间敢屈众位到舍小酌。"明屠隆《昙花记·群仙会真》："今日是下官贱降之辰，安排酒脯，奉约二仙清燕。"

〔贱辰〕清顾炎武《与友人辞祝书》："昨见子德云，明府将以贱辰光临赐祝。"《三侠五义》第四三回："今日乃因老夫贱辰，有劳众位台驾，理应老夫各敬一杯才是。"

〔贱诞〕元柯丹丘《荆钗记·庆诞》："今日是老夫贱诞，聊备蔬酒，少展良辰。"

〔贱日〕明李开先《贺总督蓟辽保定大司马兼大中丞东江杨公五十寿序》："每逢贱日，东江则以书礼相贺。"《金瓶梅词话》第九六回："春梅道：'奴贱日是四月二十五日。'"

【贱造】谦称自己的生辰八字。元马致远《陈抟高卧》第一折："有劳先生，将我两人贱造看一看。"明凌濛初《初刻拍案惊奇》卷十六："目下榜期在迩，幸将贱造推算，未知功名有分与否？"《水浒传》第六一回："卢俊义失惊问道：'贱造主何吉凶？'"明李开先《宝剑记》第一出："先将贱造看一看，然后圆梦。"

【贱疴】【贱恙】【贱疾】谦称自己的病。

〔贱疴〕清朱之瑜《与片山益庵书》："数日后稍暇，贱疴稍可，即当趋候。"

〔贱恙〕《禅真逸史》第六回："钟守敬道：'从正月里得了贱恙，床褥缠绵，直到如今不得脱体。'"清李渔《巧团圆·剖私》："不瞒老婆婆说，奴家这个贱恙是妆造出来的。"鲁迅《书信集·致宋琳》："贱恙渐向愈，可释远念耳。"

〔贱疾〕《汪康年师友书札·郭家骥》："贱疾已渐愈，惟饮食不多，精神极倦，殊令人焦急也。"

【贱状】谦称自己的状况。《汪康年师友书札·章钰》："贱状烦冗，无可言复。"

【贱眼】谦称自己的眼睛。《水浒传》第十八回："宋江道：'贱眼不识观察，少罪。小吏姓宋名江的便是。'"

【贱地】【贱迹】谦称自己的住地。

〔贱地〕元李寿卿《伍员吹箫》第一折："公子，远劳你贵脚来踏贱地。"《水浒传》第九回："柴进说道：'小可久闻教头大名，不期今日来踏贱地，足称平生渴仰之愿。'"《歧路灯》第三八回："惠养民开口道：'孔学兄贵足初踏贱地，失误迎迓，有罪！'"刘绍棠《渔火》第四章一："姚将军，您老人家金身玉体，光临贱地，小妇人真是三生有幸，光宗耀祖!"

〔贱迹〕宋文莹《湘山野录》卷下:"生拜叩曰:'尘贱之人,幸获陪侍,乞挂一名,以光贱迹。'"

【贱处】谦称自己的居处。《水浒传》第五一回:"久别尊颜,常切思想,今日缘何经过贱处?"

【贱事】谦称个人的事务。汉司马迁《报任安书》:"会东从上来,又迫贱事,相见日浅。"宋苏轼《与欧阳仲纯书》之一:"既别,日苦贱事,不克驰问。"明冯梦龙《醒世恒言·卖油郎独占花魁》:"秦重道:'有些贱事,改日特来称谢。'"清厉鹗《吴兴归舟作》诗:"自牵贱事匆匆去,不为苹花住一年。"

【贱术】谦称自己的策略。宋王安石《读诏书》诗:"贱术纵工难自献,心忧天下独君王。"

【贱性】谦称自己的性格。《清代名人书札·袁昶致薛时雨》:"奉到赐金,非敢故示狷介,实在贱性不甚计较节用。虽有千金,朝夕易罄,是以璧谢。"

【贱嗜】谦称自己的嗜好。唐韩愈《秋怀诗》之三:"陈迹竟谁寻? 贱嗜非贵献。"清查慎行《从院长乞园中新笋次昌黎和侯协律咏笋二十六韵》:"贱嗜终成癖,奇珍且勿论。"

【贱量】谦称自己的酒量。《好逑传》第十二回:"小弟坐久,叨饮过多,……贱量有限,实实不能再饮了。"

贫 pín

谦词。贫,贫贱。用在名词前,谦称自己或与自己有关的事。

【贫道】僧、道谦称自己。唐以前,为僧、道共用的谦称;唐以后,僧人谦称贫僧,道士谦称贫道。宋叶梦得《避暑录话》卷下:"晋宋间,佛学初行,其徒犹未有僧称,通曰道人。"《晋书·王坦之传》:"初,坦之与沙门竺法师甚厚,每共论幽明报应,便要先死者当报其事。后经年,师忽来云:'贫道已死,罪福皆不虚。惟当勤修道德,以升济神明耳。'言讫不见。"南朝宋刘义庆《世说新语·言语》:"支道林常养数匹马,或言'道人畜马不韵'。支曰:'贫道重其神骏。'"《法苑珠林》卷七五引南朝齐王琰《冥祥记·蒋小德》:"难云:'贫道自出家来,未尝饮酒。'"以上是唐以前作品中所引的例,"贫道"都是僧人谦称自己。但唐以后写反映唐时的作品,僧人在谦称自己时,则"贫道""贫僧"兼用。《西游记》第四四回:"行者道:'我贫道一则年幼,二则是远方乍来,实是不知。烦二位道长将这里地名、君王好道爱贤之事,细说一遍,足见同道之情。'"又第十四回:"三藏躬身作礼相谢道:'多有拖步,感激不胜。回府多多致意令堂老夫人、令荆夫人,贫僧在府多扰,容回时踵谢。'"元吴昌龄《张天师》第三折:"贫道姓张,双名道玄,祖传道法戒箓精严,三十七代辈辈留传。"明郎瑛《七修类稿·事物六·郑老遇仙》：" 顷间，见一黄冠丰体长髯者，飘飘然至神前而揖，徘徊乃出，郑曳其裾，恳以求度，黄冠曰：'贫道无能，偶遇神祠，特人瞻仰，何以度汝？'"以上是唐以后作品中所引的例，"贫道"是道士谦称自己。道士中的女性，也可谦称自己为贫道。《花月痕》第四八回："采秋便问道：'炼师何来？'道姑笑道：'贫道云游之人，脚跟无定，是从来处来。'"

【贫僧】【贫衲】【贫尼】【贫姑】僧、尼谦称自己。

〔贫僧〕和尚对自己的谦称。唐张鷟《朝野佥载》卷二："（北齐稠禅师）曰：'陛下将杀贫僧，恐山中血污伽蓝，故此谷口受戮。'"金董解元《西厢记诸宫调》卷一："法聪频劝，道：'先辈休胡想，一一话行藏，不是贫僧说谎。'"《西游记》第四八回："唐王御手擎酒奉钱，问道几时可回？贫僧不知有山水之险，顺口回奏，只消三年，可取经回国。"《儒林外史》第四回："滕和尚请屠夫坐下，言及：'前日新中的范老爷得病在小庵里，那日贫僧不在家，不曾候得。'"

〔贫衲〕和尚或尼姑谦称自己。《卫藏通志》引清世宗《御制语录后叙》："既见，问难甚久，其伎俩未能令朕发一疑情，迫窘诘屈，但云：'王爷解路过于大慧果，贫衲实无计奈何矣。'"例中"贫衲"是和尚谦称自己。龙禅居士《碧血碑》："贫衲名唤慧珠，本是蓬门弱质，曾充某邸小星，只因庚子国变，流离至此。"例中"贫衲"是尼姑谦称自己。

〔贫尼〕尼姑谦称自己。明周履靖《锦笺计·协计》："[老旦上]贫尼极乐庵庵主是也。"清蒋士铨《冬青树·画壁》："[老旦尼装上]贫尼天圣寺住持是也。"弹词《再生缘》第四六回："玄空请问小姐，哪一殿先进香？待贫尼吩咐徒弟装香点烛。"

〔贫姑〕尼姑或道姑谦称自己。元石子章《竹坞听琴》楔子："[道姑云]贫姑一径来与小姐上寿。"明凌濛初《初刻拍案惊奇》卷六："慧澄道：'夫人勿怪！这官人为夫人几死，贫姑慈悲为本，设法夫人救他一命，胜造七级浮屠。'"

【贫身】谦称自己。《史记·孟尝君列传》："孟尝君曰：'先生远辱，何以教文也？'冯骥曰：'闻君好士，以贫身归于君。'"《大方便佛报恩经·论议品》："尔时仙人报大王言：'贫身有此一女，稚小无知，未有所识，少小以来，住此深山，未闲人事，服草食果，王今云何，乃欲愿录？'"

【贫生】读书人谦称自己。金董解元《西厢记诸宫调》卷六："生取金以奉夫人曰：'贫生旅食，姑此为礼，无以微见却。'"

【贫妾】妇女谦称自己。汉刘向《列女传·齐女徐吾》："夫一室之中，益一人烛不为暗，损一人烛不为明，何爱东壁之余光，不使贫妾得蒙见哀之恩！"

【贫儿】儿子谦称自己。清孔尚任《癸未元日拜母时母寿八十一岁》诗:"能扶健体临明镜,肯恕贫儿着浣衣。"又《与王山又书》:"兹天寒岁暮,欲遣一介于故里,踌躇累日,苦无甘旨之献;适承大惠,得以展贫儿之孝思。"

【贫宅】【贫舍】【贫家】【贫栖】谦称自己的家宅。

〔贫宅〕《根本说一切有部毗奈耶杂事》卷二二:"后时增养敬白王曰:'我之贫宅,愿王暂过。'王曰:'汝不请我,缘何得去?'"

〔贫舍〕宋陆游《春日》诗之一:"贫舍春盘还草草,暮年心事转悠悠。"清方文《饮李三石兄弟宅留宿有赠》诗:"欲问孝陵先下泪,莫询贫舍最伤魂。"

〔贫家〕唐刘长卿《酬李穆见寄》诗:"欲扫柴门迎远客,青苔黄叶满贫家。"《水浒传》第七二回:"(虔婆)便道:'今日上元佳节,我子母们却待家筵数杯,若是员外不弃,肯到贫家少叙片时。'"

〔贫栖〕清方文《杨龙友招同邢孟贞戴敬夫饮》诗:"啸起弹龙剑,贫栖傍凤台。"

寒 hán

谦词。寒,贫寒。主要用在"舍""家"等一类词前,谦称自己的家宅,也可用于相关的词前谦称自己或与自己有关的事。

【寒舍】【寒家】【寒门】【寒厅】【寒邸】【寒斋】谦称自己的家宅。

〔寒舍〕明冯梦龙《醒世恒言·陈多寿生死夫妻》:"正有句话,要与三老讲。屈三老到寒舍一行。"《镜花缘》第十一回:"如蒙赏光,寒舍就在咫尺,敢劳玉趾一行。"清蒲松龄《聊斋志异·公孙九娘》:"朱坐门石上,起逆曰:'相待已久,寒舍即劳垂顾。'"《三侠五义》第七八回:"请老爷到寒舍待茶。"欧阳予倩《桃花扇》第一幕第一场:"倘若各位不嫌弃,请到寒舍奉茶,等我来唱给各位听一听,当面请教如何?"

〔寒家〕宋黄庭坚《戏答张秘监馈羊》诗:"细肋柔毛饱卧沙,烦公遣骑送寒家。"《京本通俗小说·错斩崔宁》:"今日相扰,明日就烦老兄过寒家计议生理。"明冯梦龙《警世通言·玉堂春落难逢夫》:"你今到寒家,清茶淡饭,暂住几日。"田汉《关汉卿》第三场:"除了天上的星星,龙宫的宝珠,只要人间的好东西寒家都还备办得出。"

〔寒门〕明凌濛初《二刻拍案惊奇》卷三:"贤婿既非姓白,为何假称舍侄,光降寒门。"《西游记》第二十回:"那老者一骨鲁跳将起来,忙敛衣襟,出门还礼道:'长老,失迎。你自那方来的?到我寒门何故?'"欧阳予倩《人面桃花》第三场:"博陵崔护是何人? 不该题句到寒门。"

〔寒厅〕宋陆游《送陈德邵宫教赴行在》诗:"败席留煮茗,寒厅无杂宾。"又《东斋偶书》诗:"寒厅静似阿兰若,佳客少于优钵昙。"

〔寒邸〕贵族或官员谦称自己的住宅。《红楼梦》第十五回:"若令郎在家难以用功,不妨常到寒邸,小王虽不才,却多蒙海内众名士凡至都者,未有不垂青目的。是以寒邸高人颇聚,令郎常去谈会谈会,则学问可以日进矣。"

〔寒斋〕吴小如《呼唤〈废名全集〉问世》:"几年前,承废名师哲嗣思纯先生因严家炎兄介绍,曾一访寒斋。"

【寒生】读书人谦称自己。宋陆游《与本路郡守启》:"某潦倒寒生,沉迷薄宦。"明冯梦龙《喻世明言》卷三四:"元再拜于地,曰:'布衣寒生,王上御前,安敢侍坐?'"清李渔《闲情偶寄·声容·选姿》:"予一介寒生,终身落魄。"

【寒贱】方言词。谦称自己。宋周去非《岭外代答·方言》:"方言,古人有之。乃若广西之萎语,如称官为沟主,……自称曰寒贱。"

【寒荆】谦称自己的妻子。明凌濛初《初刻拍案惊奇》卷一:"王老道:'老拙偶因寒荆小恙买卜,先生道移床即好。'"明王玉峰《焚香记·军情》:"学生寒荆为我受了无数凄楚,自中榜之后,还不曾见面。"《说岳全传》第一回:"岳和开言道:'师父,非是弟子推托,只因寒荆产了一子,恐不洁净触污了师父。'"

【寒族】谦称自己的家族。《红楼梦》第二回:"若论起来,寒族人丁却不少。"《儒林外史》第五回:"严致和道:'恐怕寒族多话。'"

敝 bì

谦词。敝,破旧,破败。用在相关的名词前,谦称自己或与自己有关的人或事。用法非常广泛,如谦称自己的姓为敝姓,谦称自己的学校为敝校等。

【敝人】谦称自己。鲁迅《华盖集·牺牲谟》:"敝人向来最赞成一切的牺牲,也最乐于'成人之美'。"霜子《散文的尴尬》:"千万不要以为我在大放厥词,也大可不必在敝人身上撒砂粒。"《中华读书报》2005年10月28日:"是日敝人恰巧在他家,李君言说此事,向其父索洋欲赔偿该军人。"

【敝房】谦称自己的妻子。明冯梦龙《醒世恒言·张廷秀逃生救父》:"员外,小子今晚要回去看看家里,相求员外借些工钱,买办柴米,安顿了敝房,明日蚤来。"

【敝眷】谦称自己的眷属。《汪康年师友书札·屠寄》:"弟以明日方作黑龙江之行,冰天雪窖,藉以磨练筋骨,归期迟速,无自主之权,鄂寓敝眷,拟以十月回里门矣。"

【敝戚】谦称自己的亲戚。《汪康年师友书札·刘学海》:"去年敝戚廷槐,拜求社哥写画数张,倘已写就,希并笔金纸费开列,统交敝号,俾照送上社哥处。"又《梁焕奎致汪康年》:"敝戚曹丈福田,惓惓末流,思为拯救,因念今日所急,莫如购求图书以应贫士。"

【敝婶母】谦称自己的婶母。《汪康年师友书札·罗振玉》:"乃自上月初得家信,敝婶母患臂痛,行止维艰。"

【敝本家】谦称父亲系统的家族。《汪康年师友书札·石德芬》:"再者,贵省书局所刻《小学考》可否代购一部?由杭过沪时交敝本家璞山叔寄返,书价即由璞山叔支取可也。"

【敝亲家】谦称自己的亲家(女婿的父母和媳妇的父母间相称为亲家)。《儒林外史》第一回:"这一回小婿再去,托敝亲家写一封字来,去晋谒晋危老先生。"《汪康年师友书札·罗振玉》:"今夏敝亲家刘云抟太守由鄂返淮,述阁下与同志创设报馆,出示章程,雒诵之余,莫名钦佩。"

【敝岳】谦称自己的岳父。《汪康年师友书札·邵孝义》:"强甫本欲在沪从关季长游,后因敝岳患恙返鄂,想不日仍当来沪也。"

【敝友】【敝乡友】谦称自己的朋友。

〔敝友〕清孔尚任《桃花扇·听稗》:"这是敝友河南侯朝宗,当今名士,久慕清谈,特来领教。"《清代名人书札·裕泰致李象鹍》:"比因敝友吴肩一旋里之便,曾附致一函,计尚未邀垂览。"《汪康年师友书札·陶葆廉》:"敬启者:敝友余君东屏名建侯,镇江人,曩充南洋公学教员,近数年入陶斋幕中,现为资政院秘书官。"

〔敝乡友〕《清代名人书札·徐树钧致阎敬铭》:"现查敝乡友有吴君欲赴部库报捐知府者,明年正二月需银上兑,可拨四千金,倘蒙允拨若干,俟奉复示。"

【敝同乡】谦称自己的同乡。《汪康年师友书札·赵完》:"贵馆舆地股票能为弟列入一份否?该价若干,即向敝同乡李衡宜兄处索取可也。"又《张罗澄》:"启者,敝同乡萧履安舍人开泰,素精算学,然才高数奇,所如辄泪。"

【敝同事】谦称自己的同事。《汪康年师友书札·周学熙》:"倘有应须知照烟台敝分局之处,即由敝同事李尧翁代为函达可也。"又《刘学海》:"前月廿三日寄呈一书,系禀知敝同事贞甫来函,云湘局迭催我公司开办,迫得聘日人在鄂设炉熔化。"

【敝账房】对自己账房的谦称。《汪康年师友书札·罗振玉》:"李道台照会,乃明日黄花,敝账房不知其实。"

【敝门下】【敝门人】【敝徒】谦称自己的门下、门生、弟子。

〔敝门下〕《汪康年师友书札·王舟瑶》:"敝门下牟良庭茂才,顷作沪游,凤慕盛名,特造尊门,修士相见礼。"

〔敝门人〕《汪康年师友书札·陶在宽》:"陶公床已创成敛之,高仅七寸,详见敝门人王慕陶茂才所著记中。"

〔敝徒〕《汪康年师友书札·张鹤龄》:"前承委谋令亲吕孟祥差事,在沪晤敝徒,已为切实说法,嘱其趋庭时转述鄙衷。"

【敝方】谦称自己所在的一方。《毛泽东书信选集·致阎锡山》:"先生如能与敝方联合一致,抗日反蒋,则敝方同

敝 bì 37

志其愿与晋军立于共同战线,除此中国人民之公敌。"又《致高桂滋》:"马志明同志回,述阁下赞同敝方国防政府抗日联军之提议,甚感甚感。"

【敝国】【敝邑】【敝邦】谦称自己的国家。

〔敝国〕《史记·吴王濞列传》:"敝国虽贫,寡人节衣食之用,积金钱,修兵革,聚谷食,夜以继日,三十余年矣。"《官场现形记》第五七回:"敝国同贵国的交谊,固然要顾,然而百姓起了公愤,就是敝国政府亦不能禁压他们。"《汪康年师友书札·王仁乾》:"(日)近卫公爵演说,云:'今日本爵等无佳肴奉献,聊表微忱,承诸君不弃惠临。今李星使与阁下为观大操演,驾来敝国,兼视察文武学校。……'"

〔敝邑〕《左传·僖公二十六年》:"寡君闻君亲举玉趾,将辱于敝邑。"《战国策·赵策一》:"赵胜至,曰:'敝邑之王,使使者臣胜……谓曰:请以三万户之都封太守,千户封县令,诸吏皆益爵三级,民能相集者,赐家六金。'""敝邑",《史记·赵世家》为"敝国"。《史记·苏秦列传》:"故敝邑赵王使臣效愚计,奉明约,在大王诏之。"《资治通鉴·周赧王四年》:"大王之威行于山东,敝邑恐惧。"胡三省注:"春秋以来,列国交聘,行人率自称其国曰敝邑。"(又,可谦称家乡所在的城邑。参看"敝乡"。)

〔敝邦〕《西游记》第七八回:"三藏道:'据尊言与敝邦无异。……'"

【敝省】谦称本籍或工作所在的省。《汪康年师友书札·石德芬》:"敝省书局自南皮行后,此事竟废,陶心云仍在书局,亦不过料简未清之首尾而已。"又《王孝绳》:"敝省逼近台澎,近德国又割福宁海岛,此乡尚可久居耶?朝不保夕,而合境酣嬉如故,可悯可笑。"

【敝县】谦称自己生活或工作所在的县。《湘绮楼笺启·致任知县》:"绩臣仁兄明府台席:重游东州,遂遭大水。闻敝县被浸尤久。"《汪康年师友书札·许同蔺》:"迩来敝县风气渐开,特与数同志为之提倡,设立学堂。"

【敝赋】【敝甲】【敝军】谦称自己国家的军队。

〔敝赋〕敝,指不精良。古以田赋出兵卒和车乘,故称军队为赋。《左传·昭公二十五年》:"寡人将帅敝赋以从执事,唯命是听。"《国语·鲁语下》:"我先君襄公不敢宁处,使叔孙豹悉帅敝赋,踦跂毕行,无有处人,以从军吏。"

〔敝甲〕甲,兵甲。《史记·楚世家》:"我有敝甲,欲以观中国之政。"

〔敝军〕谦称自己所在的军队。《毛泽东书信选集·致阎锡山》:"敝军西渡,表示停止内战,促致贵部及蒋氏的觉悟,达到共同抗日的目的。"又《致高桂滋》:"敝军间关南北,克抵三秦,所务者救中国,所求者抗日本。"

【敝衙】【敝署】谦称自己的官署。

〔敝衙〕衙,衙门。明凌濛初《初刻拍案

惊奇》卷二五:"府判道:'宗丈且到敝衙一坐,小可叫来问个明白,自有区处。'"

〔敝署〕《汪康年师友书札·汪荣宝》:"发掘古物一节,敝署屡有电致督抚设法禁止。"

【敝邑】【敝乡】【敝里】【敝村】【敝处】谦称自己的家乡或家乡所在的城邑、乡村。

〔敝邑〕《金瓶梅词话》第五一回:"西门庆道:'因承云峰尊命,又是敝邑公祖,敢不奉迎?'"明唐顺之《与田巨山提学书》:"约之过敝邑,寄到手书,……多谢雅意。"

〔敝乡〕《清代名人书札·陈嵩庆致承香》:"尊事渐有生色否?敝乡请借芦盐,于公口岸有益否?"

〔敝里〕《孔丛子·连丛子下》:"(陛下)亲屈万乘,辱临敝里。"

〔敝村〕杨沫《青春之歌》第一部第三章:"今晚权且在敝村住一晚,我们可以代张先生尽尽地主之谊。"

〔敝处〕①谦称自己的乡贯。《儒林外史》第二八回:"季苇萧动问:'仙乡尊字?'那人道:'贱字穆庵,敝处湖广。'"刘半农《实利主义与职业教育》:"那么,敝处有点小事,是个国民小学,不知肯屈就否?"②谦称自己所在的服务处所。《汪康年师友书札·夏曾佑》:"敝处收到尊处正月十三、十四、八各一纸,与报亦俱到。"又《汪钟霖》:"迳启者,敝处报务,刻承同人公议,归弟专办,惟力棉才短,一切仍

求公随时救正为幸。"

【敝庄】谦称自己的庄园。明冯梦龙《警世通言·黄衙内白鹞招妖》:"只见女娘道:'奴等衙内多时,果蒙宠访。请衙内且入敝庄。'"

【敝山】谦称自己的山寨。《水浒传》第五八回:"如今韩滔、彭玘、凌振已多在敝山入伙,倘将军不弃山寨微贱,宋江情愿让位与将军。"又十九回:"感蒙众豪杰到此聚义,只恨敝山小寨,是一洼之水,如何安得许多真龙?"

【敝境】谦称自己所在地区的境内。《汪康年师友书札·章邦直》:"前乞代聘龚子英先生,拟请其二月半后附轮至京口,换民舟之邮,水程百五十里,两日可抵敝境。"

【敝庐】【敝寓】【敝宅】【敝舍】【敝居】谦称自己的房宅或寓所。

〔敝庐〕《左传·襄公二十三年》:"若免于罪,犹有先人之敝庐在。"晋陶潜《移居》诗之一:"敝庐何必广,取足蔽床席。"《水浒传》第九十回:"贯忠道:'敝庐狭窄,兄长休要笑话。'"清王士禛《〈池北偶谈〉序》:"予所居先人之敝庐,西为小圃,有池焉。""敝"也可写作"弊"。《昭明文选·晋羊祜〈让开府表〉》:"愿复守先人之弊庐,岂可得哉!"

〔敝寓〕清李渔《风筝误·贺岁》:"二位相公不弃,几时到敝寓来,光顾一光顾如何?"鲁迅《书信集·致张廷谦》:"昨天午前十时如已赉临敝寓,则只见钦文或并钦文而并不见,不胜抱歉

之至。"

〖敝宅〗《三国志平话》第十二回:"二公不弃,就敝宅聊饮一杯。"

〖敝舍〗《清代名人书札·张度致殷如璋》:"焕亭兄司事暖厂,能暂寓敝舍书房尤妙。"《汪康年师友书札·夏曾佑》:"若果如此,请即转致任弟,嘱其即日寄交杭州敝舍为盼。"

〖敝居〗《清代名人书札·吴大澂致李鸿裔》:"上巳佳日,不可无雅集,敝居偏小无流水,欲借名园为流觞之会。"《汪康年师友书札·夏曾佑》:"兹由福和祥汇上洋八十元,祈即转寄杭州珠冠巷敝居为祷。"又《江标》:"拙卷拙刻呈鉴,赐书乞迳寄苏州城内临顿路悬桥巷敝居。"

【敝斋】谦称自己的书斋。《汪康年师友书札·喻长霖》:"《通考》,敝斋已有,但由别局再购《通志》一部(《通志》必要),……如尚有余款,暂存尊处可也。"

【敝学堂】堂,学堂,学校。谦称自己的学校。《汪康年师友书札·瞿宣治》:"今以第三学年,一切教科书均用部颁之本,而此间学务公所办事纡缓,……敝学堂需用甚急,势难久待。"又《陈锦涛》:"敝学堂僻处朔方,且津地无洋书肆,所用之书皆自由外洋购回,仅足自用,难以奉让。"

【敝报】谦称自己所为工作的报纸。《汪康年师友书札·夏曾佑》:"敝报先寄上二百份,仗鼎力代销为盼。"又:"敝报风波叠见,虽不足为害,而蜩螗耳,殊厌听闻。"

【敝社】谦称自己所在的报刊等组织。《汪康年师友书札·蒋智由》:"又贵报自中历七月一日始祈寄来敝社一份,其价后即奉上。"

【敝会】谦称自己所在的会社。《汪康年师友书札·罗振玉》:"以十余万亩之地,如能全行开辟,试种各种植物,将来成效既著,愈推愈广,利国利民,权舆于此,不仅尊乡获益,敝会有光也。"又《陈庆年》:"如有自镌书籍,能送敝会,尤感高义。"

【敝馆】谦称自己所在的报馆和会馆。《汪康年师友书札·夏曾佑》:"至于馆中外交政策,则俄人与敝馆最为不合协,而东邻则与敝馆最合。"又《邵章》:"《时务日报》已否印行?敝馆须看一份,先将初出数纸寄示尤感。"

【敝号】谦称自己的商号。《汪康年师友书札·刘学海》:"去年敝戚廷槐,拜求社哥写画数张,倘已写就,希并笔金纸费开列,统交敝号,俾照送上社哥处。"

【敝意】谦称自己的意见。《汪康年师友书札·沈艾孙》:"总之敝意谓先以是为根据地,随后以渐扩张,为势较易,尊意当亦谓然。"

【敝藏】谦称自己的藏品或藏书。《汪康年师友书札·罗振玉》:"敝藏雕骨一盒,求交来力,现须影照原样大者,送日本制版印刷,印成再奉呈也。"

【敝状】【敝况】谦称自己的状况。

〖敝状〗《清代名人书札·王拯致阎敬

铭》:"敝状如昨,罔可为告,前函略及之矣。"

〔敝况〕《汪康年师友书札·李渊硕》:"方縠二家兄赴试入都,……路出申江,趋谒函丈,乞教示一切,藉可垂询敝况也。"

弊 bì

谦词。用在相关的词前,谦称与自己有关的事物。

【弊邑】①谦称自己的国家。《战国策·秦策二》:"赵王喜,乃案兵告于秦曰:'齐以阳武赐弊邑而纳顺子,欲以解伐,敢告下吏。'"又《西周策》:"韩庆为西周谓薛公曰:'……君不如令弊邑阴合于秦而君无攻,又无藉兵乞食。'"《吴越春秋·夫差内传》:"弊邑虽小,请悉四方之内士卒三千人以从。"②谦称自己出仕之地方。宋欧阳修《与王郎中道损书》:"值某迁郡淮南,扶挈老幼,凡再登舟,再出陆,始至弊邑。"

【弊赋】谦称自己国家的军队。宋孙光宪《北梦琐言》卷十七:"梁祖曰:'王公朋附并汾,违盟爽信,弊赋已及于此,期于无舍。'"参见"敝赋"。

【弊止】【弊居】【弊宅】谦称自己的居所。

〔弊止〕唐段成式《酉阳杂俎·冥迹》:"日暮,举人指支径曰:'某弊止从此数里,能左顾乎?'"

〔弊居〕唐白居易《履道西门》诗之一:"履道西门有弊居,池塘竹树绕吾庐。"明瞿佑等《剪灯新语·牡丹灯记》:"弊居咫尺,佳人可能顾否?"

〔弊宅〕唐王维《戏题示萧氏外甥》诗:"老夫何足似,弊宅倘因之。"

【弊帚】谦称自己的作品。"弊"也写作"敝"。唐柳宗元《谢李吉甫相公手札启》:"激以死灰之气,陈其弊帚之辞。"梁启超《本馆第一百册祝辞并论报馆之责任及本馆之经历》:"菲葑不弃,敝帚自珍。"孔庆东《我不幽默》:"虽然说书中的许多文章引起过比较大的反响,我个人也颇有几分敝帚自珍,但我仍不过把它视为一种羞于出手的'非正品'。"

小 xiǎo

谦词。用于相关的名词前,谦称自己或与自己相关的人或事。

【小人】①在地位比自己高的人面前谦称自己。《左传·隐公元年》:"公问之。对曰:'小人有母,皆尝小人之食矣,未尝君之羹。'"《三国志·蜀书·霍峻传》:"张鲁遣将杨帛诱峻,求共守城。峻曰:'小人头可得,城不可得。'"元王实甫《西厢记》第四本第四折:"[仆云]小人也辛苦待歇息也。"明许时泉《写风情》:"小人是杜司空衙中差人。"②对平辈谦称自己。《三国志·魏书·陈登传》:"君(指许汜)求田问舍,言无可采,……如小人(刘备自称),欲卧百尺楼上,卧君于地,何但上下床之间邪?"《京本通俗小说·错斩崔宁》:"那后生道:'有何不可!既如此说,小人情愿伏侍小娘子前去。'"

【小子】①对神或先王谦称自己。《尚书·金縢》:"予小子新命于三王,惟永终是图。"又《顾命》:"(康王)再拜,兴,答曰:'眇眇予末小子,其能而乱四方,以敬忌天威。'"②对长辈谦称自己。《史记·太史公自序》:"太史公执迁手而泣曰:……迁俯首流涕曰:'小子不敏,请悉论先人所次旧闻,弗敢阙。'"③对平辈谦称自己。元马致远《青衫泪》第三折:"大姐好生看家,小子吃酒去来。"《水浒传》第十九回:"小子久闻大山招贤纳士,一迳地特来投托入伙。"

【小生】读书人谦称自己。《后汉书·文苑传上·黄香》:"臣江淮孤贱,愚曚小生,经学行能,无可箠录。"唐牛僧孺《玄怪录·张佐》:"小生寡昧,愿先生赐言以广阆见,他非敢所望也。"元王实甫《西厢记·惊艳》:"小生姓张名珙,字君瑞。"《水浒传》第六一回:"吴用道:'小生凭三寸不烂之舌,直往北京说卢俊义上山,如探囊取物,手到拈来。'"

【小可】男子谦称自己。始见于元、明戏曲小说中。元李文蔚《燕青博鱼》第一折:"小可汴梁人氏,唤做燕和,嫡亲的三口儿家属。"元杨显之《潇湘雨》第四折:"小可是临江驿的驿丞。"《水浒传》第十九回:"小可王伦,久闻晁天王大名,如雷灌耳。"

【小的(底)】平民、差役对官绅的谦称。元高文秀《遇上皇》第三折:"大人,小的是东京差来的。"《儒林外史》第六回:"那掌舵的道:'想是刚才船板上几片云片糕。那是老爷剩下不要的,小的大胆就吃了。'"洪深《赵阎王》第六幕:"老爷别把小的当做凶手,小的没有杀人呀!""的"也写作"底"。清倪鸿《桐阴清话》卷一:"梅花低首开言道:'小底梅花接老爷。'"

【小我】谦称自己。清姚鼐《祝芷塘同年惠书并以新刻诗集见寄复谢》诗:"岂徒小我吞如芥,更使前贤放一头。"

【小老(老儿)】老年人谦称自己。明冯梦龙《警世通言·旌阳宫铁树镇妖》:"吴君曰:'小老粗通道术,焉能为人之师?'"《儒林外史》第三回:"我小老这一双眼睛,却是认得人的!"清蒋士铨《临川梦·遣跛》:"小老儿昨日在城外军营卖油,那梅御史将我叫到帐中,悄悄吩咐道:'我有书一封,着你送与刘、许二将军。'小老说:'爷多少兵丁,为何叫我送去?'"《儿女英雄传》第八回:"张老实慌得抢过来跪下说:'公子,你折煞我小老了!'"

【小弟】对平辈谦称自己。唐王季友《观于舍人壁画山水》诗:"于公大笑向予说,小弟丹青能尔为。"《镜花缘》第七回:"舅兄既不知道,待小弟慢慢讲来。"陈登科《赤龙与丹凤》第一部十三:"饕兄有用小弟之处,尽管使唤。"

【小侄】在父辈前谦称自己。明冯梦龙《古今小说·陈御史巧勘金钗钿》:"老年伯请宽坐,容小侄出堂,问这起数与老年伯看。"《儒林外史》第四四回:"萧柏泉道:'世叔恭喜回府,小侄就该来请安。'"陈登科《赤龙与丹凤》第一部十三:"韦克略一思索,道:'伯父既然问小侄,小侄为了潘家三庄安危,不敢不率直陈言。'"

【小官】官吏谦称自己。元无名氏《陈州粜米》楔子:"学士今日请小官来,有何事商议?"明无名氏《女真观》第四折:"小官姓张,名孝祥,字安国,道号于湖居士。"

【小僧】【小行】僧人谦称自己。

〔小僧〕《太平广记》卷一六〇引唐无名氏《异闻录·秀师言记》:"小僧有情曲,欲陈露左右。"元张国宾《合汗衫》第三折:"小僧相国寺住持长老。"

〔小行〕行,行童,小和尚。《宣和遗事》前集:"徽宗出黄榜召人退水,见一行童将榜收了,有看榜大使即时问行童来城上见天子。天子见道:'尔小童!如何得治此水?'行童道:'小行不会,俺师父善能治水。'"元杨景贤《西游记》第十七出:"行者云:'小行与娘娘驱兵将作朝臣,你饶了俺师父者。'"

【小尼】尼姑谦称自己。明凌濛初《初刻拍案惊奇》卷三四:"尼姑道:'这多是命中带来的,请把姑娘八字与小尼推一推看。'"《镜花缘》第五五回:"诸位小姐如要拈香,不过一墙之隔,小尼奉陪过去。"

【小妇】【小妇人】妇女谦称自己。多见于戏曲小说的对白。

〔小妇〕《西游记》第二三回:"前年大不幸,丧了丈夫。小妇居孀,今岁满服。"

〔小妇人〕元关汉卿《窦娥冤》第二折:"[孤云]你招也不招?[正旦云]委的不是小妇人下毒药来。"明冯梦龙《醒世恒言·十五贯戏言成巧祸》:"才走得到半路,却见昨夜借宿的邻家赶来,捉住小妇人回来,却不知丈夫杀死的根由。"《儿女英雄传》第十四回:"老爷请坐,小妇人是个乡间女子,不会京城的规矩,行个怯礼儿罢。"

【小妹】妇女在平辈没有亲属关系的人面前谦称自己。《野叟曝言》第十五回:"依小妹看来,舍妹未必便死。"

【小妾】①谦称自己的妾。《水浒后传》第十三回:"只是有个小妾染病,久已不痊,专望二位来疗治。"《儒林外史》第二二回:"玉翁,本该奉陪。因第七个小妾有病,请医家宋仁老来看,弟要去同他斟酌,暂且告过。"②妇人谦称自己。《国语·晋语四》:"(姜氏曰)昔管敬仲有言,小妾闻之。"

【小儿】【小犬】【小顽】谦称自己的儿子。

〔小儿〕《汉书·翟方进传》:"方进曰:'小儿未知为吏也,其意以为入狱当辄死矣。'""小儿",是翟方进谦称自己的儿子翟义。《北史·元文遥传》:"文遥尝谓思道曰:'小儿比ога微有所知,是大弟之力。'"《西游记》第七三回:"行者道:'令郎是谁?'毗蓝道:'小儿乃昴日星官。'"《水浒传》第二回:"太公起身劝了一杯酒,说道:'师父如此高强,必是教头,小儿有眼不识泰山。'"

〔小犬〕《三国志·吴书·吴主传》"曹公望权军"裴松之注引《吴历》:"(曹操)喟然叹曰:'生子当如孙仲谋,刘景升儿子若豚犬耳!'"后世谦称己子为"小犬""犬子""豚儿"本此。明孙钟龄《东郭记》卷三四:"千里之行,我所不惮,只家下两个女子,尚未接来,近又添一小犬,好生记挂。"明冯梦龙《醒世恒言·刘小官雌雄兄弟》:"'这位是令郎么?'那老儿道:'正是小犬。'"《红楼梦》第一一四回:"(贾政)又指着宝玉道:'这是第二小犬,名叫宝玉。'"

〔小顽〕元白朴《东墙记》楔子:"老夫有一小顽,名曰山寿,就托足下教训攻书。"《水浒传》第二回:"太公道:'客官既是肯教小顽,使一棒何妨?'"《金瓶梅词话》第三九回:"正是小顽还小哩,房下怕他路远,唬着他,来不的。"

【小女】【小婢子】谦称自己的女儿。

〔小女〕清李渔《意中缘·赴任》:"老先生,晚生原为寻女而来,小女既不在,就该转去了。"《红楼梦》第三回:"如海乃说:'已择了出月初二日小女入都,尊兄即同路而往,岂不两便?'"

〔小婢子〕清蒲松龄《聊斋志异·翩翩》:"女迎笑曰:'……小哥子抱得未?'曰:'又一小婢子。'女笑曰:'花娘子瓦窑哉!弗用将来?'"

【小婿】谦称自己的女婿或女婿在岳父母前谦称自己。明冯梦龙《警世通言·宋小官团圆破毡笠》:"员外道:'令婿为何而死?'刘翁道:'小婿不幸得了痨病之疾。'"《红楼梦》第二回:"小人姓封,并不姓甄;只有当日小婿姓甄。"也用于女婿在岳父母前谦称自己。明冯梦龙《古今小说·蒋兴哥重会珍珠衫》:"蒋兴哥道:'小婿不好说得,但问令爱便知。'"《儿女英雄传》第十一回:"安公子笑道:'你老人家放心,莫打量小婿还是昨日的安骥。'"

【小客】谦称自己的客人。宋苏轼《与郑嘉惠书》:"小客王介石者,有士君子之趣。起屋一行,介石躬其劳辱,甚于家隶,然无丝发之求也。"

【小价(jiè)】也写作"小介"。谦称自己的仆人。明冯梦龙《警世通言·玉堂春落难逢夫》:"老鸨听说,问道:'这位何人?'公子说:'是小价。'"《儒林外史》第二回:"小价村野之人,不知礼体,老先生休要见笑。"《天雨花》第一回:"小介虽然会些武艺,若去与他相持,一则恐寡不敌众,二则恐坚守不战。"《西游记》第四八回:"就有六个小介跟随,一行人径往河边来着。"

【小筵】谦称自己的酒宴。明李蓘《晓梦陈晦伯十二韵》诗:"溪水鸣小筵,花林具薄馔。"

【小恙】【小疾】谦称自己的疾病。

〔小恙〕明凌濛初《二刻拍案惊奇》卷二:"而今小恙已好,不劳费心。"明无名氏《霞笺记·父子伤情》:"下官前日获一小恙,身体欠安。"

〔小疾〕元王实甫《西厢记》第二本第二折:"小弟欲来,奈小疾偶作,不能动止,所以失敬。"

【小文】谦称自己的作品。《梁书·文学传·伏挺》:"一日聊呈小文,不期过赏。"《汪康年师友书札·梁启超》:"此期文字刻《读日本书目志书后》一首,倡建女学堂启一首,皆启超作。……下期超亦有小文一首。"蹇先艾《何士光和他的短篇小说》:"我在这里不顾自己能薄材谫,写此小文,介绍一下这位青年作家和他的一些主要作品。"

【小词】谦称自己的词作。《清平山堂话本·简帖和尚》:"某偶以薄干,不及亲诣,聊作小词,名《诉衷情》,以代面禀。"清颜光敏《与曹禾书》:"小词成之数月,……幸斧正是荷。"

【小意思】谦称自己的礼物菲薄和自己微薄的心意。《官场现形记》第一回:"王乡绅就说:'我们带来的点小意思,交代了没有?'"《中国歌谣资料二集·我家哥哥上战场》:"布底鞋,壮又壮,送给哥哥上前方,虽然这是小意思,表表弟弟的热心肠。"鲁迅《且介亭杂文末编·〈译文〉复刊词》:"文字之外多加图画,也有和文字有关系的,意在助趣;也有和文字没关系的,那就算是我们贡献给读者的一点小意思。"

【小房】【小舍】谦称自己的住房。

〔小房〕明凌濛初《初刻拍案惊奇》卷二四:"客官何不搬了行李,到小房宿歇了?"明徐霖《绣襦记·逑叶良俦》:"但小房陋狭,不足以容公子所处。"

〔小舍〕宋赵师秀《卢申之载酒舟中》诗:"小舍宁容客,同舟却向城。"

【小号】谦称自己的店铺。《老残游记》第七回:"小号店在这里,后面还有栈房,还有作坊。"《孽海花》第二一回:"(郭掌柜)道:'闻太史,不是当今皇后的师傅吗……他可是小号的老主顾。'"

【小园】谦称自己的花园或庄园。明桑绍良《独乐园司马入桐》第一折:"四位老先生,今日光顾小园,老夫有何德能?"

【小酌】请人宴饮的谦称。《三国演义》第四回:"今日老夫贱降,晚间敢屈众位到舍小酌。"《汪康年师友书札·梁鼎芬》:"明日请君小酌,鼎二弟自京来,彼与李侍郎习熟,且知大燮近状也。"张天翼《新生》:"唷,哪一天要请李先生到舍下小酌一下。"

老 lǎo

谦词。用在相关的词前,表示老年人谦称自己或与自己有关的人。

【老朽】【老拙】【老鄙】【老仆】【老物】【老槽头】【老骨头】老年男人谦称自己。

〔老朽〕朽,腐烂。宋苏轼《与冯祖仁书》之三:"辱笺教累幅,文义粲然,礼意兼重,非老朽所敢当。"明李贽《答沈王书》:"老朽久处龙湖,旷焉索居,无

老 lǎo

由长进。"《二十年目睹之怪现状》第七三回:"我老朽走到这边,也是无可奈何的事,只求有吃残的饭,赐点充饥,就很感激了。"

〔老拙〕拙,愚拙。宋陶穀《清异录·居室》:"善谈者莫儒生若也。老拙幼学时,同舍生刘垂,尤有口才,曹号'虚空锦'。"宋苏轼《与孔毅父书》:"到扬吏事清暇,而人事十倍于杭,甚非老拙所堪也。"元刘唐卿《降桑椹》第五折:"辇穀之下,幸遇大人尊颜,实乃老拙万幸也。"《儒林外史》第三九回:"长兄年力鼎盛,万不可蹉跎自误。你须牢记老拙今日之言。"

〔老鄙〕《三国志·吴书·朱异传》"异字季文,以父任除郎"裴松之注引晋张隐《文士传》:"张惇子纯与张俨及异俱童少,往见骠骑将军朱据。据闻三人才名,欲试之,告曰:'老鄙相闻,饥渴甚矣!'"

〔老仆〕除用于老年仆人外,也可用于老年人谦称自己。《史记·魏其武安侯列传》:"魏其大望曰:'老仆虽弃,将军虽贵,宁可以势夺乎?'"明凌濛初《初刻拍案惊奇》卷二四:"老道道:'不是小儿。老仆晓得令爱不可作凡人之配,老仆自己要娶。'"

〔老物〕老人表示谦虚或感慨时的自称。唐韩愈《感春》诗之二:"岂如秋霜虽惨烈,摧落老物谁惜之?"清赵翼《七十自述》诗:"岂意壮怀三不朽,终成老物四宜休。"

〔老槽头〕元杨文奎《儿女团圆》第二折:"把这女孩儿抬举成人,长大招个女婿儿。久后也把老槽头送在土里。"

〔老骨头〕唐郫城令《示女》诗:"深宫富贵事风流,莫忘生身老骨头。"《儿女英雄传》第三回:"大爷不用着急,靠我一个人,挺着这把老骨头,也送你到淮安了。"李准《不能走那条路》:"张栓他爹临死时对张栓说:'早晚咱有地,再埋我这老骨头。'"

【老妾】【老身】【老媳妇】 老年妇女谦称自己。

〔老妾〕《史记·陈丞相世家》:"陵母既私送使者,泣曰:'为老妾语陵,谨事汉王。汉王,长者也,无以老妾故,持二心。'"《东周列国志》第二六回:"杜氏曰:'老妾自流移至此,未尝发声。愿言于相君,请得升堂而歌之。'"

〔老身〕初用于老人自称,后用于老妇自称。《新五代史·汉高祖皇后李氏传》:"太后诰曰:'……老身未终残年,属此多难,唯以衰朽,托于始终。'"元关汉卿《窦娥冤》楔子:"老身蔡婆婆是也,楚州人氏。"《儒林外史》第五三回:"虔婆道:'四老爷,想我老身在南京也活了五十多岁。'"

〔老媳妇〕《京本通俗小说·西山一窟鬼》:"教授问:'婆婆高寿?'婆子道:'老媳妇犬马之年,七十有五。'"明凌濛初《初刻拍案惊奇》卷二九:"杨老妈道:'这等,老媳妇且把这话回复张老孺人,教他小官人用心读书,巴出身则个。'"明冯梦龙《喻世明言》卷十五:

"王婆便道：'老媳妇不来讨酒吃。'"

【老僧】【老衲】老年僧人谦称自己。

〔老僧〕明冯梦龙《警世通言·宋小官团圆破毡笠》："老僧与檀越又有一段因缘，愿投宅上为儿，以报盖棺之德。"《儒林外史》第二十回："居士，你但放心，说凶得吉。你若果有些山高水低，这事都在我老僧身上。"

〔老衲〕老年僧人或道士谦称自己。明陈汝元《金莲记·郊遇》："长公绣口锦心，不日连枝奋北；老衲萍踪浪迹，来朝一苇度西。"清蒲松龄《聊斋志异·种梨》："道士曰：'一车数百颗，老衲止丐其一。'"

【老荆】老年人谦称自己的妻子。明冯梦龙《醒世恒言·乔太守乱点鸳鸯谱》："刘公道：'六嫂，你陪小娘子坐着，待我叫老荆出来。'"又《大树坡义虎送亲》："小女年长，令郎杳无归信。倘只是不归，作何区处？老荆日夜愁烦，特来与亲家商议。"清蒲松龄《聊斋志异·青凤》："叟指妇云：'此为老荆。'"

下 xià

谦词。下，表示自己处在下位。用在相关的名词前，谦称自己或与自己相关的事。

【下臣】臣子在国君面前谦称自己。《礼记·玉藻》："凡自称，……上大夫曰下臣。"孔颖达疏："上大夫，卿也。自于君之前，称曰下臣。"《仪礼·士相见礼》："凡自称于君，士大夫则曰下臣。"《左传·成公十二年》："宾曰：'君不忘先君之好，施及下臣，贶之以大礼，重之以备乐，如天之福。两君相见，何以代此？下臣不敢。'"

【下官】原为属吏对其长官或国主的自称。《宋书·刘穆之传》："先是郡县为封国者、内史，相并于国主称臣，去任便止。至世祖孝建中，始革此制为下官致敬。"南朝梁江淹《诣建平王上书》："下官每读其书，未尝不废卷流涕。"后为官吏对自己的谦称。唐陈子昂《薛大夫山亭宴序》："下官昔承颜色，早蒙车骑之知。"元张国宝《合汗衫》第三折："兀那老的，你那孩儿怎生与下官面貌相似？"《儒林外史》第一回："而今皇恩授他咨议参军之职，下官特地捧诏而来。"后又用于泛称自己。《太平广记》卷十八引唐李复言《续玄怪录·柳归舜》："下官禽鸟，不能致力生人，为足下转达桂家三十娘子。"《敦煌变文集·妙法莲华经讲经文》："要去任王归国去，下官决定不相留。"

【下愚】谦称自己。三国吴华覈《奉敕草对》："猥命草对，润被下愚。"《红楼梦》第一二〇回："下愚当时也曾与他往来过数次，再不想此人竟有如是之决绝。"

【下妾】女子谦称自己。《左传·襄公二十三年》："齐侯归，遇杞梁之妻于郊，使吊之。辞曰：'殖之有罪，何辱命焉？若免于罪，犹有先人之敝庐在，下妾不得与郊吊。'"孔颖达疏："下，犹贱，谦言贱妾也。"宋吴淑《江淮异人录·耿先生》:"陛下尝不信下妾之术,今日面观,可复不信耶?"

【下房】帝王对自己宫殿的谦称。《汉书·武帝纪》:"(元封二年)六月,诏曰:'甘泉宫内中产芝,九茎连叶。上帝博临,不异下房,赐朕弘休。'"颜师古注:"言天广临,不以下房为幽侧而隔异之。"

【下家】谦称自己的家。郭沫若《卓文君》第二景:"不瞒父台说,治下关于此道,本不擅长,这只是下家小女的用物。"

【下忱】【下悃】【下怀】谦称自己的诚意或心意。

〔下忱〕清纪昀《阅微草堂笔记·滦阳续录六》:"以君气类,故敢布下忱,明日,赐一野祭可乎?"《红楼梦》第一○七回:"贾政听了,感激涕零,叩首不绝;又叩求王爷代奏下忱。"鲁迅《书信集·致张廷谦》:"并蒙燕公不弃,赐以似爬似坐似蹲之玉照,不胜感谢,尚希转达,以馨下忱为荷。"

〔下悃〕《清代名人书札·吉灿升致阎敬铭》:"窃灿升于四月八日由凌令锡祺赍到成叔弟书,……嗣黄二世兄应试京兆,曾托代陈下悃。"

〔下怀〕宋苏轼《贺孙枢密启》:"欣忭之至,徒切下怀。"明邵璨《香囊记·投宿》:"[末]路途辛苦,诸公,寻宿歇如何?[净]正合下怀。"《汪康年师友书札·张鹤龄》:"行止若何?务恳飞示,以慰下怀,不胜叩祷之至。"

【下情】谦称自己的心情或情况。《晋书·陆纳传》:"纳后俟(桓)温闲,谓温曰:'外有微礼,方守远郡,欲与公一醉,以展下情。'"唐韩愈《答魏博田仆射书》:"比所与杨书记者,盖缘久阙附状,求因间粗述下情。"宋王安石《谢孙龙图启》:"瞻望门阑,下情无任。"《汪康年师友书札·梁启超》:"久不归,又无书,公等不知作何语以骂诅我矣!请暂勿骂,下情容禀。"

【下风】【下尘】谦喻自己处在下位或随从的地位。

〔下风〕《左传·僖公十五年》:"晋大夫三拜稽首曰:'君履后土而戴皇天,皇天后土,实闻君之言,群臣敢在下风。'"《南齐书·安陆昭王缅传》:"竟陵王子良与缅书曰:'窃承下风,数十年来未有此政。'"

〔下尘〕《战国策·楚策二》:"昭常应齐使曰:'我典主东地,且与死生,悉五尺至六十,三十余万弊甲钝兵,愿承下尘。'"宋鲍彪注:"凡人相趋则有尘,战亦有尘。不敢与齐抗,故言下。"《好逑传》第十三回:"晚生寒贱下士,实不识台鼎桃夭大义。但奉过老先生差委而来,不过聊充红叶青鸾之下尘,原不足为轻重。"王闿运《为罗运使勋上曾总督书》:"窃闻古之论知遇者,不必蒙便蕃之惠,受显擢之誉,然后受鸿恩,称私荣,以长托于下尘也。"

【下祝】谦称自己的祝愿。《汪康年师友书札·蒋智由》:"先生首创维新,犹梅花先春,为百花之领袖,敬想望重誉归,益健多祜,均如下祝。"

【在下】 谦称自己。因坐席时,尊者在上座,卑者在下座,所以自谦"在下"。元无名氏《神奴儿》第一折:"哥哥休怪,是在下不是了也。"明冯梦龙《警世通言·白娘子永镇雷峰塔》:"那妇人问道:'不敢动问官人高姓尊讳?'许宣答道:'在下姓许名宣,排行第一。'"《老残游记》第一回:"今日奇缘,在下到也懂得些个。"峻青《海啸》第三章十七:"在下哪里有疏忽之处,希望司令官多多指点指点。"

末 mò

谦词。末,末位,卑微。晋潘岳《马汧督诔》:"天子既已策而赠之,微臣托乎旧史之末,敢阙其文哉!"用在相关的词前,谦称自己或与自己有关的事。

【末臣】【末官】【末朝】【末僚】 官吏自称的谦词。

〔末臣〕汉蔡邕《胡公碑》:"唯我末臣,顽蔽无闻,仰慕群贤,恶乎不及?"《昭明文选·颜延之〈赭白马赋〉序》:"乃诏陪侍,奉述中旨,末臣庸蔽,敢同献赋!"吕延济注:"末臣,延之自谦也。"

〔末官〕南朝梁江淹《从建平王游纪南城》诗:"恭承此嘉德,末官至南荆。"

〔末朝〕意谓处于朝廷的末席。《晏子春秋·问下十》:"婴,北方之贱臣也,得奉君命,以趋于末朝,恐辞令不审,讥于下吏,惧不知所以对者。"张纯一校注引黄以周曰:"末朝,谦词,犹下文云'下吏'。"

〔末僚〕南朝梁鲍至《奉和往虎窟山寺》:"复兹承乏者,颂名厕末僚。"北齐朱玚《与徐陵请王琳首书》:"场早簉末僚,预参下席。降薛公之吐握,荷魏公之知遇。"

【末学】【末进】 犹"晚学""后进"。用以自谦或谦称自己。

〔末学〕汉蔡邕《答诏问灾异八事》:"臣伏惟陛下圣德允明,深悼变异,德音恳诚,褒臣末学,特垂访及,非臣蝼蚁所能堪副。"宋苏轼《与封守朱朝请》:"前日蒙示所藏诸书,使末学稍窥家传之秘,幸甚,幸甚!"明杨慎《孔明渊明》:"朱子谓孔明之学本申、韩,渊明之学本老、庄。此语末学不敢议,亦不敢从。"梁启超《宪法之三大精神》:"启超末学谫识,何足以语于是!"

〔末进〕明何景明《上李西涯书》:"明公之识,非末进可窥。"又《进舟赋》:"繄余之末进兮,匪取教于一方。"

【末席】【末列】【末路】 谦称自己处于末位。

〔末席〕唐李商隐《寄太原卢司空三十韵》诗:"何由叨末席,还得叩玄扃。"

〔末列〕三国魏曹丕《答司马懿等再陈符命令》:"夫石可破而不可夺坚,丹可磨而不可夺赤。丹石微物,尚保斯质,况吾托士人之末列,曾受教于君子哉!"三国魏曹植《叙愁赋》:"委微躯于帝室,充末列于椒房。"

〔末路〕《昭明文选·汉王褒〈四子讲德论〉》:"曩从末路,望听玉音,窃动心焉。"唐高适《酬秘书弟兼寄幕下诸公》诗:"侍御执邦宪,清词焕春丛。末路望绣衣,他时常发蒙。"

【末见】【末议】谦称自己的见解或议论。

〔末见〕《魏书·李彪传》:"然恩发至衷,未著永制,此愚臣所以敢陈末见。"《北齐书·杜弼传》:"盖辨之者未精,思之者不笃,窃有末见,可以核诸?"

〔末议〕《汉书·司马迁传》:"乡者,仆亦尝厕下大夫之列,陪外臣末议。"宋苏洵《上韩枢密书》:"昨因请见,求进末议。"《官场现形记》第三二回:"余荩道:'这是尧翁的格外成全,兄弟何敢妄参末议!……'"鲁迅《集外集拾遗补编·关于"粗人"》:"关于大报第一本上的'粗人'的讨论,鄙人不才,也想妄参一点末议。"

【末志】谦称自己的志向。南朝宋鲍照《野鹅赋》:"空秽君之园池,徒惭君之稻粱,愿引身而蔑迹,抱末志而幽藏。"

【末契】与他人友谊的谦称。①长者对晚辈友谊的谦称。《昭明文选·陆机〈叹逝赋〉》:"托末契与后生,余将老而为客。"李周翰注:"末契,下交也。"唐杜甫《赠秘书监江夏李公邕》诗:"伊昔临淄亭,酒酣托末契。"仇兆鳌注:"公(指李公邕)为后辈,故云'末契'。"宋沈辽《送夏八赴南陵》诗:"高堂老人八十一,不问衰微论末契。"②同辈间友谊的谦称。宋陆游《答交代杨通判启》:"某猥以陈人,偶叨末契。"清钱谦益《锡山赵太史六十序》:"余幸得托末契,有朱、陈之好。"

窃 qiè

谦词。私自,私下。清刘淇《助字辨略》卷五:"凡云窃者,谦词,不敢径直以为如何,故云窃也。"《论语·述而》:"述而不作,信而好古,窃比于我老彭。"刘宝楠正义:"窃者,《广雅·释诂》云:'私也。'夫子谦言,不敢显比老彭,故言私比也。"《战国策·魏策一》:"今窃闻大王之卒,武力二十余万,苍头二千万,奋击二千万,……此其过越王勾践、武王远矣。"秦李斯《谏逐客书》:"臣闻吏议逐客,窃以为过矣。"宋宋敏求《春明退朝录》卷中:"今请易名,窃恐非礼。"清蒲松龄《聊斋志异·刘海石》:"久失闻问,窃疑近况未必佳也。"

忝 tiǎn

谦词。忝,辱。用在动词前,有时也用在名词前,谦称自己有辱于对方或有辱于所获得的职位名分。

【忝辱】有辱于……。《清代名人书札·饶应祺致阎敬铭》:"应祺蒙委署理臬篆,虽为时甚暂,而忝辱高位,悚惕益深,惟有矢慎矢勤,以期仰答教训裁成之意于万一耳。"

【忝高位】谦称有辱于所居的高位。《三国演义》第七三回:"臣伏自三省:受国厚恩,荷任一方,陈力未效,所获已过,不宜复忝高位,以重罪谤。"

【忝任】【忝膺】【忝官】【忝职】谦称有

〔忝任〕《后汉书·杨赐传》:"臣受恩偏特,忝任师傅,不敢自同凡臣,括囊避咎。"

〔忝膺〕明冯梦龙《喻世明言》卷八:"夫人休忧,下官忝任姚州都督,一到彼都,即差人寻访尊夫。"《汪康年师友书札·刘崇惠》:"惟弟忝膺俄文教习,馆课羁身,势难多译。"又《卜舫济》:"弟忝膺监院,因本书院学子共有百五、六十名之多,虽各有分班中西教习,但弟亦须每日进馆论讲,似无少暇。"

〔忝官〕南朝梁殷芸《小说》卷二:"张子良与四皓书云:'……良以顽薄,承乏忝官。'"

〔忝职〕唐元稹《诲侄等书》:"盖以往岁忝职谏官,不忍小见,妄干朝听。"

【忝窃】谦称有辱于所居名位。晋羊祜《让开府表》:"且臣忝窃虽久,未若今日兼文武之极宠,等宰辅之高位也。"唐杜甫《送长沙李十一》诗:"李杜齐名真忝窃,朔云寒菊倍离忧。"

【忝越】【忝逾】谦称有辱于超越自己德才的职位。

〔忝越〕《旧唐书·裴度传》:"伏以公台崇礼,典册盛仪,庸臣当之,实谓忝越。"

〔忝逾〕宋曾巩《洪州到任谢两府启》:"望故乡而接壤,与仲弟以连城。及是忝逾,出于假借。"

【忝累】谦称自己不称职。《初学记》卷十二:"晋傅咸《御史中丞箴》:'余承先君之踪,窃位宪台,惧有忝累垂翼之责,且造斯箴,以自勖励。'"

【忝守】谦称有辱于所守卫的职责。《三国演义》第九七回:"罪将姜维百拜,书呈大都督曹麾下:维念世食魏禄,忝守边城,叨窃厚恩,无门补报。"

【忝为】"为"的含义很广,常见的用法有:①谦称有辱于所任的职位。《东周列国志》第六回:"君方膺王宠,寡人亦忝为王臣,理宜相好,共效屏藩。"又第四八回:"韩厥曰:'厥忝为司马,但知有军法,不知有相国也。'"②谦称有愧于相同的地位或爱好。明凌濛初《初刻拍案惊奇》卷三九:"我忝为你邻人,与你商量个计较,帮衬着你,等别人惊骇方妙。"又卷二一:"指挥道:忝为同好,一发妙了。"《好逑传》第十二回:"小弟虽不才,也忝为宦家子弟,台兄不要看得十分轻了。"

【忝在】谦称有辱于所处的关系相同。《红楼梦》第七六回:"就如咱们两个,虽父母不在,却也忝在富贵之乡,只你我竟有许多不遂心之事。"《好逑传》第十六回:"水侍郎道:'我学生虽与过老先生忝在同乡,因各有官守,相接转甚疏阔。"《二十年目睹之怪现状》第三二回:"我们忝在世交,所以特地来奉求借几块洋钱,料理后事。"

【忝居】谦称有辱于所居身份。明凌濛初《初刻拍案惊奇》卷三九:"我忝居人上,今为巫者所辱,岂可复言官耶?明日我若有所指挥,你等须要一一依我而行。"《好逑传》第五回:"治晚生虽不才,家父也忝居学士,与他也不相上下。"又第十四回:"铁公子道:'晚生忝居子侄,老先生有言进而明教之,甚盛心也。'"

【忝参】谦称有辱于所参任的职位。明汤显祖《紫钗记·春日言怀》:"先君忝参前朝相国,先母累封大郡夫人。"

【忝中】谦称有辱于考中科举的名次。《西游记》第九回:"孩儿叨赖母亲福庇,忝中状元。"

【忝附】谦称有辱于所附的名分。《红楼梦》第一一五回:"忝附同名,殊觉玷辱了这两个字。"《清代名人书札·汪承元致徐宗幹》:"一俟道路肃清,仍迁葬旋里,忝附谱末,用敢缕陈。"

【忝列】谦称有辱于所处行列(同乡、同学等)。《清代名人书札·吉灿升致阎敬铭》:"仰见大人德泽绵祥,诗书启后,将来扬历清要,嗣武弓裘,正未可量。忝列桑恭,……倍增怵跃。"

【忝近】谦称有辱于挨近对方。清蒲松龄《聊斋志异·莲花公主》:"王曰:'忝近芳邻,缘即至深。便当畅怀,勿致疑畏。'"

【忝幸】谦称有辱于幸遇。《资治通鉴·晋穆帝升平元年》:"璋不治节俭,专为奢纵,而更居清显,此岂惟璋之忝幸,实时世之陵夷也。"《续资治通鉴·宋真宗咸平三年》:"臣月俸百千,所用不及半,忝幸多矣。"

【忝出】谦称有辱于超出对方。清蒲松龄《聊斋志异·辛十四娘》:"小生所以忝出君上者,以起处数语略高一等

耳。"

【忝私】谦称对方惠私情于己有辱对方。《昭明文选·潘正叔〈赠陆机出为吴王郎中令〉》:"昔子忝私,贻我蕙兰,今子东徂,何以赠旃?"张铣注:"陆先赠潘诗,故云忝私情于我而贻我蕙兰。"

【忝厚眷】谦称有辱于对方厚爱。宋苏轼《与鲜于子骏》:"某到郡正一年,诸况粗遣,岁凶民贫,……然在己者,未尝敢行所愧也,如此而已,忝厚眷故及。"又:"忝厚眷,不敢用启状,必不深讶。"

【忝眷】主婚人谦称。意谓忝为眷属。明叶盛《水东日记·郑氏先世回定仪状》:"主婚从叔祖竦,见任朝奉大夫,……景定元年二月初三日,元德具状,忝眷朝散大夫新知韶州军州事兼管内劝农事提点银铜坑冶事郑竦谨专送上充侄孙女庆一娘回定之仪。"清俞樾《茶香室续钞·主婚人称忝眷》:"国朝钱大昕《恒言录》云:'《水东日记》载,南宋景定中,郑氏婚书,主婚人称忝眷,下署衔名。'"

叨 tāo

谦词。叨,忝。《一切经音义》卷二一:"叨,忝。"用在相关的词前,表示有辱于或有愧于自己所获得的名位或恩遇。

【叨受】【叨承】【叨膺】【叨领】【叨辱】辱蒙,愧受。

〔叨受〕明叶盛《水东日记·胡安忠自述

三事》:"又某为都给事中,已叨受上知。每缺给事中,辄命举监生等堪任者。"《西游记》第九七回:"孝侄姜坤三蒙祖上德荫,忝中甲科,今叨受铜台府刺史。"

〔叨承〕承,受。唐李白《下途归石门旧居》诗:"此心郁怅谁能论,有愧叨承国士恩。"明无名氏《玉环记·祝香保父》:"爹爹休嗔休怪,孩儿叨承钟爱。"

〔叨膺〕膺,受。宋范仲淹《举欧阳修充经略掌书记状》:"右臣叨膺圣寄,充前件职任,即日沿边巡按。"宋王明清《挥麈后录馀话》卷一:"窃伏惟念一介微臣,粤自布衣,叨膺识擢,凡所蒙被,度越伦辈。"

〔叨领〕领,领受。明凌濛初《二刻拍案惊奇》卷十五:"提控留江老转去茶饭,江老也再三辞谢,不敢叨领。"清袁枚《续新齐谐·露水姻缘之神》:"旧岁路中把晤,叨领盛情,曾几何时而遽忘耶?"

〔叨辱〕清纳兰性德《渌水亭杂识》卷四:"典坟未博,谬膺良史之官,词翰不工,叨辱侍臣之列。""叨辱"与"谬膺"互文。

【叨忝】【叨光】谦称有辱于对方的荣光。

〔叨忝〕《北齐书·陈元康传》:"元康叨忝或得黄门郎,但时事未可耳。"《北史·辛琛传》:"若万一叨忝,得一方正长史,朝夕闻过,是所愿也。"明凌濛初《二刻拍案惊奇》卷十一:"小生在饭店中,总是叨忝老丈的,就来潭府,也是一般。"

〔叨光〕明陈汝元《金莲记·觐圣》:"叨光遇主,金莲虽宠微躬;借照成仇,玉烛实招谗口。"清李渔《慎鸾交·悲控》:"郎争气,妾叨光。"现表示得到好处的客套话。

【叨位】【叨据】【叨践】【叨尘】【叨滥】谦称有愧于所得到的职位名分。

〔叨位〕《明史·徐汧传》:"福王召汧为少詹事。汧以国破君亡,臣子不当叨位。"

〔叨据〕唐刘肃《大唐新语·识量》:"吾少无才,位居宰相,汝今又得州牧,叨据过分,人所嫉也。"五代王定保《唐摭言·主司失意》:"臣性禀朴愚,材昧机变,皆为叨据;果窃显荣,一心唯知效忠,万虑未尝念失。"

〔叨践〕践,践居。唐李峤《让地官尚书表》:"秦冠汉绶,叨践名级。"

〔叨尘〕尘,污垢,也可用作谦词。谦称有污于所任职位。宋欧阳修《续思颍诗序》:"叨尘二府,遂历三朝。"明叶盛《水东日记·圭斋题彭氏程文》:"玄叨尘从臣,初议阙下,力赞其成。"

〔叨滥〕滥,滥竽充数。唐张九龄《谢赐衣服状》:"臣有何力,可以叨滥?"《旧唐书·窦威传》:"臣又阶缘戚里,位忝凤池,自惟叨滥,晓夕兢惧。"

【叨窃】谦称自己无才而愧居其位。三国诸葛亮《街亭之败戮马谡上疏》:"臣以弱才,叨窃非据,亲秉旄钺以厉三军,不能训章明法,临事而惧,至有街亭违命之阙。"五代前蜀杜光庭《孙途司马本命醮词》:"臣自惟幽陋,仰荷裁成,获备冠裳,每忧叨窃。"

【叨第】谦称自己愧于及第。《古今事类》卷七引宋钱易《洞微志·钱公自述》:"咸平二年方叨第,时已三十二矣。"明叶盛《水东日记·圭斋题彭氏程文》:"此外惟论十数通,表二十余道耳,乙丑叨第后即为人持去,无一存者。"

【叨厕】【叨篸】谦称有辱于厕身其间。
〔叨厕〕南朝梁王僧儒《除吏部郎启》:"清途华辙,叨厕累仍;显职名阶,俄来倏至。"
〔叨篸〕篸,厕身。南朝陈徐陵《答李颙之书》:"孤子皆缘素乏,叨篸皇华。""叨篸皇华",有辱于置身使者行列。

【叨陪】谦称有辱于相陪或随同。唐王勃《滕王阁序》:"他日趋庭,叨陪鲤对。"清纳兰性德《兴京陪祭福陵》诗:"豹尾叨陪须献颂,小臣惭愧展微才。"

【叨长】谦称自己年愧长或辈愧高。明冯梦龙《醒世恒言·施润泽滩阙遇友》:"施复道:'今年贵庚多少?'答道:'二十八岁。'施复道:'怎样,小子叨长老哥八岁。'"《镜花缘》第十五回:"就只事成后,世妹、世弟做了晚亲,门生未免叨长,这却于理不顺。"

【叨冒】谦称愧受赏赐。宋叶梦得《避暑录话》卷上:"今叨冒已过多,乃得复行延祖之志,自安一壑,其愧之深矣。"宋范公偁《过庭录》:"以先祖才业,只终皇城史,某何人,叨冒乃尔!"

明屠隆《昙花记·夫人得信》:"夫人与老爷大德,小老怎么又可叨冒?不是报信,只来求金了。"

【叨教】领教。《镜花缘》第五四回:"姐姐既有观光美举,妹子得能附骥同行,诸事正要叨教。"《二十年目睹之怪现状》第七二回:"将来叨教的地方还多呢。"

【叨荣】愧受恩荣。唐张九龄《贺麦登状》:"臣等叨荣近侍,倍百恒情,无任感戴忭跃之至。"又《谢加章绂状》:"臣虽叨荣,伏用战惧,不任悚跃之至。"《旧唐书·贾耽传》:"自揣孱愚,叨荣非据。"

【叨赖】叨光,依赖。《西游记》第九回:"光蕊道:'孩儿叨赖母亲福庇,忝中状元。'"

【叨扰】烦扰,打扰。《镜花缘》第二四回:"虽承雅爱,但初次见面,如何就要叨扰?"洪深《香稻米》第二幕:"那是我不好叨扰你们的。"

辱 rǔ

谦词。用在动词前,表示对方加惠于己是使对方受到了屈辱。唐韩愈《答陈商书》:"辱惠书,语高而旨深,三四读尚不能通晓,茫然增愧赧。"唐柳宗元《答韦中立论师道书》:"辱书云欲相师。仆道不笃,业甚浅近,环顾其中,未见可师者。"宋苏轼《答王定国》:"辱惠书并新诗妙曲,大慰所怀。""辱书""辱惠书",辱赐书或辱蒙惠书。

【辱贶】【辱见贶】【辱赐】 谦称蒙受对方的馈赐。

〔辱贶〕贶,赐。《左传·文公四年》:"今陪臣来继旧好,君辱贶之,其敢干大礼以自取戾?"又《隐公十一年》:"君若辱贶寡人,则以滕君为请。"

〔辱见贶〕义同"辱贶"。"见",指代性助动词,相当于"我","见贶",贶我。"见贶"后不能再带宾语。宋苏轼《答毛滂书》:"敬佩厚赐,不敢独飨,当出之知者。……辱见贶之重,不敢不尽承。"

〔辱赐〕唐韩愈《答殷侍御书》:"辱赐书周览累日,竦然增敬,竦然汗出以惭。"

【辱赐观】 谦称他人观览自己的作品。唐韩愈《上宰相书》:"小子不敢自幸,其尝所著文,辄采其可者若干首,录在异卷,冀辱赐观焉!"

【辱示】 谦称他人示以信函、作品或学说。唐柳宗元《谢吉甫相公示手札启》:"六月二十九日,衡州刺史吕温,道过永州,辱示相公手札,……感深益惧,喜极增悲,五情交战,不知所措!"又《答元饶州论政理书》:"辱示以政理之说与刘梦得书,往复甚善。"宋欧阳修《答吴充秀才书》:"前辱示书及文三篇,发而读之,浩乎若千万之多,及少停而视焉,才数百言尔。"

【辱收】 谦称他人收纳录用自己。宋苏洵《上韩昭文论山陵书》:"洵本布衣书生,才无所长,相公不察而辱收之,使与百执事之末。"《东周列国志》第四十八回:"寡人朔……愿终依宇下,以求荫庇,惟君王辱收之。"

【辱临】【辱临访】【辱临顾】【辱到】【过辱】 谦称他人屈尊光临。

〔辱临〕《左传·昭公七年》:"嘉惠未至,唯襄公之辱临我丧。"《晏子春秋·问下》:"晏子聘于鲁,鲁昭公问曰:子大夫俨然辱临敝邑,窃甚嘉之。"《后汉书·儒林传上·孔僖》:"今陛下亲屈万乘,辱临敝里,此乃崇礼先师,增辉圣德。"

〔辱临访〕宋苏轼《与承天明老》:"近辱临访,纷冗不遂款接,愧企无量。"

〔辱临顾〕宋苏轼《与江惇礼秀才》:"叠辱临顾,感怍无量。录示神告,得闻前人伟迹,固后生之幸。"

〔辱到〕《公羊传·宣公十二年》:"寡人无良,边垂之臣,以干天祸,是以使君王沛焉,辱到敝邑。"

〔过辱〕辱,犹"辱临"。谦称他人错误来访。明李贽《答骆副使》:"乃过辱不忘,自天及之,何太幸!何太幸!寂寞枯槁,居然有春色矣。"又《焚书·答邓明府》:"兹承过辱,勤恳慰谕,虽真骨肉不啻矣。"

【辱知】 谦称得到他人的知遇或理解。唐韩愈《上留守郑相公启》:"愈为相公官属五年,辱知辱爱。"唐李汉《〈昌黎先生集〉序》:"门人陇西李汉,辱知最厚且亲。"

【辱存问】【辱在】 谦称他人屈尊慰问。

〔辱存问〕宋苏轼《答晁叔美》:"自别两辱存问,荷眷契之厚,无以为喻,日欲裁谢,而拙钝懒放,因循至今。"
〔辱在〕"在",存问,慰问。《左传·隐公十一年》:"君与滕君辱在寡人。"

【辱爱】谦称他人对自己的爱护。唐韩愈《上留守郑相公启》:"愈为相公官属五年,辱知辱爱。"

猥 wěi

谦词。猥,辱。《正字通·犬部》:"猥,凡自称猥者,卑辞也。"用在动词或其他相关的词前表示自己的行为使对方受到屈辱。

【猥厕】【猥托】谦称自己有辱于所居行列或地位。
〔猥厕〕晋潘岳《〈秋兴赋〉序》:"摄官承乏,猥厕朝列,夙兴晏寝,匪遑底宁。"南唐徐铉《答李正字书》:"铉也不才,猥厕先达。"章炳麟《与邓实书》:"谓宜刊削鄙文,无令猥厕大衍之数,虚一不用,亦何伤于蓍卦哉!"
〔猥托〕《后汉书·隗嚣传》:"今俊乂并会,羽翮并肩,望无耆耇之德,而猥托宾客之上,诚自愧也。"

【猥赐】辱赐,辱承。唐韩愈《上郑尚书相公启》:"愈启:伏蒙仁恩,猥赐示问,感戴战悚,若无所容措。"

【猥受】辱受,犹辱蒙。汉杨修《答临淄侯笺》:"猥受顾赐,教使刊定,《春秋》之成,莫能损益。"

【猥垂】垂,垂临。晋干宝《搜神记》卷五:"家子女并丑陋,而猥垂荣顾。"

【猥临】辱临。唐李商隐《上尚书范阳公启》之三:"嘉命猥临,厚赍仍及。"

【猥劳】辱劳,烦劳。元关汉卿《单刀会》第四折:"猥劳君侯屈高就下,降尊临卑,实乃鲁肃万幸也。"

【猥辱】【猥叨】辱蒙,有辱。
〔猥辱〕唐韩愈《答魏博田仆射书》:"愈未获拜识,尝承仆射眷私,猥辱荐闻,待之上介,事虽不允,受赐实多。"唐邵说《上中书张舍人书》:"一昨猥辱面奉征及玫瑰,敝庐所有,敢不供上?""猥辱"后如果是名词,表示有辱对方。明张居正《答少司马杨二山书》:"仆不揣浅陋,妄有所陈,猥辱高明,特垂鉴奖,感谢!感谢!"
〔猥叨〕叨,辱。《清代名人书札·徐树铭致阎敬铭》:"树铭久困泥涂,猥叨盼睐,愧楚材之屡劣,欣秦相之休容。"

【猥承】【猥蒙】【猥荷】辱承,辱蒙。
〔猥承〕《清代名人书札·姚济勋致阎敬铭》:"上岁薛季怀司马回京,接奉复谕,猥承训诲周详,正殷感篆。"《汪康年师友书札·陈三立》:"穰卿仁弟世大人礼次:前以先公大故,猥承唁赙奔走余生,未遑答谢。岁终毕葬还金陵,乃稚年伯母亦竟弃养,何彼苍厄我两人之酷邪!"
〔猥蒙〕《后汉书·张奋传》:"司空无功于时,猥蒙爵土,身死之后,勿议传国。"清方文《刘舆父挽歌》:"先生长我十五岁,猥蒙折节称弟兄。"
〔猥荷〕《清代名人书札·龚易图致阎敬铭》:"易图猥荷知遇,培植无已,兹以菲才,忽承恩命。"《汪康年师友书札·刘锦藻》:"顷间猥荷朵云,循诵至再。"

敢 gǎn

谦词。表示不敢;冒昧。《左传·昭公二年》:"寡君命下臣来继旧好,好合使成,臣之禄也。敢辱大馆?"杜预注:"敢,不敢。"又《庄公二十二年》:"敢辱高位,以速官谤?"注:"敢,不敢也。"又《襄公三年》:"臣之罪重,敢有不从?"注:"言不敢不从戮。"以上是"不敢"义。

《仪礼·士虞礼》:"敢用絜牲刚鬣。"郑玄注:"敢,冒昧之辞。"贾公彦疏:"敢,冒昧之辞者,皆是以卑触尊不自明之意。"南朝梁刘勰《文心雕龙·时序》:"鸿风懿采,短笔敢陈。"唐李白《为宋中丞自荐表》:"不胜悚悚之至,敢陈荐以闻。"《水浒传》第六十回:"敢问军师用甚计策,赚得本人上山?"以上是"冒昧"义。

"敢"可与否定副词"不"、反诘副词"岂""何"等搭配,用在相关动词前,谦称自己在尊上面前不敢进行这种行为。

【敢不】犹"不敢不""岂敢不"。《左传·哀公十一年》:"上不能谋,下不能死,何以治民?吾既言之矣,敢不勉乎?"杜预注:"既言人不能死,己不敢不死。"又《昭公十三年》:"对曰:小国言之,大国制之,敢不听从?"《礼记·杂记下》:"主人对曰:'寡君固前辞不教矣,寡君敢不敬须以俟命?'"孔颖达疏:"寡君岂敢不恭敬须待君命?"

【不敢】①谦言自己在尊者前怀有敬畏心理。《左传·桓公十八年》:"鲁人告于齐曰:寡君畏君之威,不敢宁居,来修旧好。"《孟子·公孙丑下》:"王就见孟子,曰:'前日愿见而不可得,得侍同朝甚喜,今又弃寡人而归,不识可以继此而得见乎?'对曰:'不敢请耳,固所愿也。'"《礼记·少仪》:"尊长於己逾等,不敢问其年。"郑玄注:"问年则已恭孙(逊)之心不全。"②犹"不敢当"。清孔尚任《桃花扇·听稗》:"这是敝友河南侯朝宗,当今名士,久慕清谈,特来领教。[丑]不敢,不敢!请坐献茶。"周立波《山乡巨变》上一:"贵姓?不敢,姓盛。"

【不敢当】谦称对于他人对自己的赞誉、恩待担当不起。《史记·孝文本纪》:"寡人不佞,不足以称宗庙。愿请楚王计宜者,寡人不敢当。"宋司马光《答武功石令书》:"足下语及不肖,动辄以仲尼况之,此虽甚愚不辨菽麦之人,亦不敢当。"清恽敬《答陈云渠书》:"得手书,推许过甚,不敢当,不敢当!"

【岂敢】犹"哪里敢"。《红楼梦》第一回:"雨村忙笑道:'岂敢,不过偶吟前人之句。'"《老残游记续集遗稿》第五回:"靓云说:'师兄偏劳了。'逸云说:'岂敢,岂敢!'"许地山《空山灵雨·处女底恐怖》:"岂敢,岂敢。请原谅我底莽撞。"

【何敢】犹"哪里敢"。《论语·公冶长》:"子谓子贡曰:'女与回也孰愈?'对曰:'赐也何敢望回?回也闻一以知十,赐也闻一以知二。'"《史记·孔子世家》:"孔子状类阳虎,拘焉五日。颜渊后,子曰:'吾以汝为死矣。'颜渊曰:'子在,回何敢死?'"《红楼梦》第一回:"雨村听了,并不推辞,便笑道:'既蒙谬爱,何敢拂此盛情?'"

哪(那)里 nǎlǐ

谦词。用疑问的语气婉转地表示不能担当他人对自己的肯定。丁玲《奔》:"哪里的话,咱们一块儿出来,当然有饭大家吃。我要先上工,我就借一点给你,你莫急。"杜鹏程《在和平的日子里》第五章:"哪里!哪里!你只管放心。""哪"也写作"那"。鲁迅《热风·无题》:"他说:'那里那里,……'赶紧掣回手去,于是惭愧了。"

尘 chén

谦词。尘,玷污。用在相关的词前,表示玷污或冒犯对方。

【尘渎】【尘黩】【尘秽】谦称玷污对方。

〔尘渎〕宋岳飞《奏审已条具曲折未准指挥札子》:"臣自去冬闻金人废刘豫,有可乘之机,是以屡贯管见,尘渎天听。"《明史·广西土司传三·泗城》:"今九仙安援汉岑彭世次,尘渎圣听,请治其罪。"

〔尘黩〕《晋书·孝友传·何琦》:"一旦荧然,无复恃怙,岂可复以朽钝之质尘黩清朝哉!"唐元稹《论谏职表》:"如或言不诣理,尘黩圣聪,则臣自实刑书以谢谬官之罪。"

〔尘秽〕唐元稹《上令狐相公诗启》:"自以为废滞潦倒,不复以文字有闻于人矣;曾不知好事者,抉摘乌芜,尘秽尊重。"

【尘触】【尘冒】谦称冒犯对方。

〔尘触〕南朝梁江淹《建平王让镇南徐州刺史启》:"陛下覆被仁明,品物无漏,岂于微臣,独不蠲览?燋鲵在躬,辄复尘触。"《陈书·沈炯传》:"兼臣私心煎切,弥迫近时。偻偻之祈,转忘尘触。"

〔尘冒〕唐陈子昂《上大周受命颂表》:"尘冒旒冕,伏表惭惶。"

【尘览】意思是,请对方阅览,有污尊目。宋苏轼《答王仲敏》之四:"两蒙赐教,感慰深至,曾因周循州行,奉状想已尘览。"梁启超《致伍秩庸星使书》:"区区之情具详前覆,想已尘览。"

【尘渴】谦称自己的渴望。明李东阳《与姜贞庵书》:"欲以登澄心楼,清谈对坐,以浣三十年尘渴而不可得。"

【尘浊】谦称自己凡俗。清蒲松龄《聊斋志异·胡氏》:"如不以尘浊见弃,在门墙之幼子,年十五矣,愿得坦腹床下。"

【尘忝】谦称玷污或有辱于自己所任职位。南朝梁任昉《到大司马记室笺》:"顾己循涯,寔知尘忝。"唐李白《与贾少公书》:"方之二子,实有惭德!徒尘忝幕府,终无能为,唯当报国荐贤,持以自免。"唐刘禹锡《代让同平章事表》:"初受恩荣,若登霄汉;退思尘忝,如履春冰。"宋周密《癸辛杂识后集·先君出宰》:"此妓,某未尘忝时,已见其在籍中矣。"

【尘声音】谦称自己的词作。词可吟唱,所以说"尘声音",意思是,污染你的声音。明徐渭《与朱翰林》:"入上谷得樵歌十首,敬以尘声音之陋如此,颜色可从知矣!"

【尘教】谦称对方对自己的教诲,玷污了对方。《汪康年师友书札·刘鹗》:"去岁秋间,一聆尘教,忽已半载,每读大著,向往久之。"又《刘善涵致汪康年》:"受业自违尘教,笺候阙如,律以惰劣之愆,自应负荆请罪。"又《卢靖》:"顷敝友柳泽农过沪寄函,据言得晤诸君子,备闻尘教,……又传钧谕,以助宏图,闻之欣慰曷胜。"

【奉尘】送人著作的谦词。意思是,奉上的著作有污尊眼。梁启超《复刘古愚山长书》:"拙撰《西学书目表》,浅陋已极,既承相爱,亦以奉尘,尚乞教之。"

渎 dú

渎,冒渎,冒犯。用在相关动词前后,谦称自己的行为对他人是一种冒犯。

【渎告】【渎陈】告知对方的谦称。

〔渎告〕清蒲松龄《聊斋志异·西湖主》:"生哀求缓颊,女曰:'公主不言杀,亦不言放,我辈下人,何敢屑屑渎告?'"

〔渎陈〕陈,陈述。《汪康年师友书札·汪钟霖》:"渠亦感激,愿效驰驱,……用敢渎陈,肃此上布,顺请节禧不另。"

【琐渎】【赘渎】谦称以琐事冒犯对方。

〔琐渎〕《汪康年师友书札·江标》:"顷奉到之书内,缺《修箫谱》一种,大约遗检在内,望再付下至感。余件能否函信寄来至妙。琐渎容面谢。"又《何蔽章》:"只求悉照小田初议,并不格外多生枝节,实深企祷。琐渎清神,铭诸肺腑而已。"又《钱保和》:"临书匆匆,恕不琐渎。草此,示奉骧卿仁丈大人台电。"

〔赘渎〕《好逑传》第十七回:"至所以表彰臣女,疏中已悉,臣不敢复赘渎圣聪。"

【渎商】与对方商量的谦称。《汪康年师友书札·沈善蒸》:"私心妄计,如蒙转托贵友,请毅帅函达刘公,以调往为名,至为圆惬。用敢渎商,是否可行,还祈尊裁。"

【劳渎】【烦渎】谦称烦劳并冒渎他人。

〔劳渎〕明凌濛初《初刻拍案惊奇》卷三九:"但特地劳渎天师到此一番,明日须要治酒奉钱,所以屈留一宿。"

〔烦渎〕《好逑传》第十六回:"若是我学生之事,也不敢来烦渎铁先生,这是皇爷吩咐,恐怕铁先生推辞不得。"《汪康年师友书札·陈庆年》:"特作一函,请登在外埠新闻中,……烦渎不安之至,然必望做到,容面谢也。"

芜 wú

芜,芜杂。用在相关的词前,谦称自己的作品或信函。

【芜词】【芜音】谦称自己的作品。

〔芜词〕元无名氏《碧桃花》第一折:"芜词拙笔,徒污仙眼耳。"

〔芜音〕唐王勃《上武侍极启》:"是用谬凭高奖,曲撰芜音。"

【芜笺】【芜柬】【芜函】【芜禀】【芜牍】谦称自己的信函。

〔芜笺〕《汪康年师友书札·刘锦藻》:"兹乘恂如兄到申之便,专肃芜笺。敬颂台祺。"

〔芜柬〕《汪康年师友书札·卜舫济》:"他日当亲来就正,想大君子乐育为怀,当不以弟为门外汉而屏弃之也。肃修芜柬,恭叩著安。"

〔芜函〕《汪康年师友书札·王仁乾》:"前奉芜函二次,未蒙钧答,深系远怀。"又《刘光蕡》:"前肃芜函,想达左右。"又《莫礼智》:"前六月间寄上拙著英语书二十本,并芜函千余言,想尘钧鉴。"

〔芜禀〕《清代名人书札·王继庭致阎敬铭》:"去腊芜禀上呈,惴惴未已。"又《普承尧致罗泽南》:"生以暌违日久,时切隐念,容日面晤,长叙离情,并聆清诲,专肃芜禀,敬请福安,伏祈台鉴。"又《李宗岱致阎敬铭》:"兹因穆芸阁兄西行之便,谨肃芜禀,恭叩兴居,并附上西洞青花端砚一方、旧鼻烟二瓶,聊伸芹曝之意,敢乞叱存。"

〔芜牍〕《清代名人书札·许振袆致阎敬铭》:"窃署司于春初祗奉钧谕,渥承恩训,理应早为禀谢……诚不敢以寻常芜牍上渎钧聪。"

草 cǎo

草,有时用在相关的词前,可谦称自己或与自己相关的事。

【草莽】谦称自己平庸鄙贱。明宋濂《故资善大夫方公神道碑铭》:"臣一介草莽,亦安敢自绝于天地?"清蒲松龄《聊斋志异·花神》:"余惶悚无以为地,因启曰:'草莽微贱,得辱宠召,已有余荣,况敢分庭抗礼,益臣之罪,折臣之福!'"

【草鄙】谦称自己草野鄙陋。《国语·吴语》:"今句践申祸无良,草鄙之人,敢忘天王之大德,而思边垂之小怨,以重得罪于下执事?"《战国策·赵策三》:"郑同曰:'臣南方草鄙之人也,何足问?'"宋王安石《上田正言书》之二:"草鄙之人,不达大谊,辱奖训之厚,敢不尽愚?"

【草字】谦称自己的表字。《儒林外史》第十回:"三公子道:'先生贵姓,台甫?'那人道:'晚生姓陈,草字和甫。'"鲁迅《且介亭杂文二集·论讽刺》:"'哦,久仰久仰!还没有请教台甫……''草字阔亭。'"李劼人《天魔舞》第一章:"原来你问'尊号',……我名字叫长兴,草字洪发。"

【草命】谦称自己的性命。《敦煌变文集·伍子胥变文》:"臣闻将军雠怨得达,意贺快哉!臣今死罪有余,乞存草命。"《旧唐书·姚令言传》:"吾辈弃父母妻子,将死于难,而食不得饱,安能以草命捍白刃耶!"明冯梦龙《警世通言·白娘子永镇雷峰塔》:"许宣回身看着和尚便拜:'告尊师,救弟子一条草命。'"

【草庐】【草房】【草舍】 谦称自己的住所。

〔草庐〕明刘基《次韵和王文明绝句》之十七:"草庐不枉过官车,长日惟消满架书。"

〔草房〕《京本通俗小说·拗相公》:"老妪指中一间屋道:'此处空在,但宿何妨。只是草房狭窄,放不下轿马。'"

〔草舍〕《三国演义》第八回:"(王允)伏地拜请曰:'允欲屈太师车骑,到草舍赴宴,未审钧意若何?'"

【草榻】 留人住宿的谦词,谦言自己住所床席简陋。明冯梦龙《古今小说·陈御史巧勘金钗钿》:"凭着愚见,还屈贤弟在此草榻,明日只可早往,不可晚行。"《镜花缘》第八三回:"那老者耘田起来,对着子路说:'客官,你看天色晚下来了,舍间离此不远,何不草榻一宵?'"

荒 huāng

荒,荒芜,荒僻。有时用在相关的词前,可谦称自己或与自己有关的事。

【荒斋】【荒居】 谦称自己的家宅。

〔荒斋〕《儒林外史》第三二回:"杜少卿道:'老父台,些小之事,不足介意。荒斋原是空闲,竟请搬过来便了。'"清蒲松龄《聊斋志异·荷花三娘子》:"宗言:'荒斋不远,请过留连。'"

〔荒居〕《西游记》第二六回:"那帝君慌忙回礼道:'大圣,失迎。请荒居奉茶。'"《东周列国志》第七三回:"专诸道:'君言是也。今日下顾荒居,有何见谕?'"清李渔《比目鱼·贻册》:"溪边路湿,不好行礼,请到荒居相见。"

【荒村】【荒庄】 谦称自己家庭所在的村庄。

〔荒村〕《水浒传》第二二回:"柴进道:'不敢动问,闻知兄长在郓城县勾当,如何得暇来到荒村僻处?'"

〔荒庄〕《西游记》第七二回:"那些女子听见,……都笑吟吟的接出门来道:'长老,失迎了。今到荒庄,决不敢拦路斋僧,请里面坐。'"

【荒署】 谦称所在的衙署。清孔尚任《桃花扇·草檄》:"就请下榻荒署,共议军情。"清恽敬《与李守斋书》:"得闲可来荒署,作十日游,敬亦将示以所得也。"

【荒函】 谦称自己的信函。《清代名人书札·林则徐致李彦章》:"兹因便足附奉……蜜饯四罐,聊伴荒函,务乞哂纳,幸勿以戋戋见责。专此,祇颂年厘潭祉。"又《阎敬铭致昆池》:"初七日草布荒函,详陈各事,想登签阁。"

【荒陋】【荒唐】 谦称自己才识荒疏浅薄。

〔荒陋〕明刘基《游云门记》:"惜余之荒陋,不足以发扬之也。"清陈康祺《郎潜纪闻》卷三:"文勤叩首曰:'臣学问荒陋,亦不知诗题何出。'"

〔荒唐〕在表示荒陋义时,也可用以自谦。宋苏轼《辞免翰林学士第二状》:

"(臣)学问荒唐,文词鄙浅。"又《到惠州谢表》:"臣性资褊浅,学术荒唐,但信不移之愚,遂成难赦之咎。"

蓬庐 pénglú 茅舍 máoshè
茅茨 máocí 斗舍 dòushè

谦词。谦称自己的居室简陋或狭小。

【蓬庐】泛指简陋的房屋。也可用于谦称自己所居的房屋。明张居正《答守备太监王函斋书》:"即是惠及蓬庐,不烦惠礼,致累清德也。"《清代名人书札·王继庭致阎敬铭》:"去年初冬,蒿人观察枉道至蓬庐,得悉公居中条,萧然如布衣。"

【茅舍】明凌濛初《初刻拍案惊奇》卷十七:"若得法师降临茅舍,此乃万千之幸。"

【茅茨】清蒲松龄《聊斋志异·三仙》:"未修地主之仪,忽叨盛馔,于理不当。茅茨不远,可便下榻。"茅,也写作"茆"。宋王安石《寄阙下诸父兄兼示平甫兄弟》诗:"但愿一门皆贵仕,时将车马过茆茨。"

【斗舍】斗,喻居室狭小。清蒲松龄《聊斋志异·素秋》:"吾弟流寓千里,曾无应门之童。……计不如从我去,有斗舍可供栖止,如何?"

蓬心 péngxīn

谦词。谦称自己学识浅陋。南朝宋颜延之《北使洛》诗:"蓬心既已矣,飞薄殊亦然。"唐独孤授《运斤赋》:"蒿目犹视,蓬心自师。"清李渔《风筝误·贺岁》:"倘若是蓬心不称如花

貌,也教我金屋难藏没字碑。"

斗筲 dǒushāo

谦词。谦称自己才短识浅。斗、筲,都是比较小的容器。《汉书·谷永传》:"永斗筲之才,质薄学朽,无一日之雅。"《后汉书·循吏传·孟尝》:"臣以斗筲之姿,趋走日月之侧。"宋孔平仲《孔氏谈苑·南朝蛸汉》:"弼曰:'臣斗筲之器,不足道。'"

斗胆 dǒudǎn

谦词。斗,喻胆大。谦称自己的行为需鼓起勇气才敢进行。元张国宾《合汗衫》第一折:"小人斗胆,敢问老爹奶奶一个名姓也。"《再生缘》第四三回:"晚生父子忧心极,斗胆而来叩府前。"

管 guǎn

管,竹管。中空,其孔较小,从管中窥天视物,视野狭小。与相关的词组合,谦称自己如管中窥物,见识或见闻狭窄。

【管窥】谦称自己视野狭窄。《后汉书·章帝纪》:"朕在弱冠,未知稼穑之艰难,区区管窥,岂能照一隅哉!"《清代名人书札·焦循致阮亨》:"前赠诸书,循读之尚未终篇,今又获三种,管窥更扩,足见寿世著作与年俱增,等身之誉不让古人矣。"

【管窥之见】【管见】谦称自己见识狭陋。

〔管窥之见〕《魏书·恩倖传·王叡》:"仰恃皇造宿眷之隆,敢陈愚昧管窥

之见。"《镜花缘》第五二回:"《春秋》褒贬之义,前人议论纷纭,据妹子细绎经旨,以管窥之见,择其要旨而论其义似乎有三:第一,明分义;其次,正名实;第三,著几微。"

〔管见〕晋陆云《国起西园第表启》:"伏见西园大营第室,虽未审节度丰俭之制,然用工甚严,窃惧事不得济,愚臣管见,辄敢瞽言。"唐杜牧《上李太尉论北边事启》:"敢以管见,上干尊重。"宋岳飞《奏审已条具曲折未准指挥札子》:"臣自去冬闻金人废刘豫,有可乘之机,是以屡贡管见,尘渎天听。"清纳兰性德《〈渌水亭杂识〉序》:"癸丑,病起披读经史,偶有管见,书之别简。"

【管窥之说】【管说】谦称自己的言论狭隘短浅。

〔管窥之说〕鲁迅《集外集·〈穷人〉小引》:"陀思妥夫斯基的人和他的作品,本是一时研究不尽的,统论全般,决非我的能力所及,所以这只好算作管窥之说。"

〔管说〕《魏书·刘芳传》:"臣学谢全经,业乖通古,岂可轻荐瞽言,妄陈管说。"

【管窥蛙见】谦称自己的见识,其狭隘如从管中所见的视野,如蛙在井底所望的天空。清李渔《闲情偶寄·词曲上·音律》:"(予)衹以管窥蛙见之识,谬语同心;虚赤帜于词坛,以待将来作者。"

【管窥蠡测】喻人眼界狭小,见识短浅。也可用于自谦。郑观应《〈盛世危言〉初刊自序》:"自知愤激之词,不免狂戆僭越之罪,且管窥蠡测,亦难免举长略短,蹈舍己芸人之讥。"

瞽 gǔ

瞽,盲人。可引申为没有根据的瞎说。《荀子·劝学》:"不观气色而言谓之瞽。"用在相关的词前后,可谦称自己的言论或见解。

【瞽言】《汉书·谷永传》:"臣幸得备边部之吏,不知本朝失得,瞽言触忌讳,罪当万死。"晋陆云《国起西园第表启》:"伏见西园大营第室,虽未审节度丰俭之制,然用功甚严,窃惧事不得济,愚臣管见,辄敢瞽言。"《魏书·刘芳传》:"臣学谢全经,业乖通古,岂可轻荐瞽言,妄陈管说。"唐元稹《贺圣体平复御紫宸殿受朝贺表》:"非臣臆度,敢进瞽言。"宋苏轼《徐州谢上表》:"向者屡献瞽言,仰尘圣鉴,岂有意于为异,盖笃信其所闻。"

【瞽说】清赵翼《廿二史札记·答谢蕴山潘伯书》:"承谕著书必资友朋订正,此大人先生虚怀集益之雅量,故仆敢再进瞽说,以就正有道焉。"

【瞽论】清冯桂芬《复庄卫生书》:"瞽论如是,藉求是正。如有以发我矇,固所愿闻耳。"

【瞽议】《旧唐书·突厥传上》:"臣少慕文儒,不习军旅,奇正之术,多愧前良,献替是司,轻陈瞽议。"

【瞽辞】《旧唐书·崔融传》:"时政得失,

小子何知？率陈瞽辞，伏纸惶惧。"

【瞽语】明张居正《恭记圣德中兴十事诗·隆礼师臣》："瞽语每劳倾耳听，腐儒何有格心猷。"

【瞽见】明张居正《启聂司马双江》："瞽见如此，惟高明指示焉。"《汪康年师友书札·周自齐》："此举似非道谋可成，足下与卓如宜以全力图之，诸公辅之，有司持之而已，瞽见当否？"

【狂瞽】唐魏征《十渐不克终疏》："伏愿陛下采臣狂瞽之言，参以刍荛之议，冀千虑一得。"《清代名人书札·李鹤年致阎敬铭》："辱承俯询，用敢以狂瞽之说，上尘清听，是否，伏希裁酌。"清薛福成《答友人论禁洋烟书》："姑就来书之旨，一抒狂瞽之论，幸垂谅焉。"

晚 wǎn

谦词。晚辈对前辈的自谦之词。清唐甄《潜书·名称》："通谒于长者，……则于名之上称曰'晚'。"可用在"学""生""学生"等词的前面表示自谦。

【晚学】宋卫泾《与陆待制游札子》："且时事如此，自揆晚学荒拙，亡毫发裨补，日夕惴惧，未知免戾之所。"清叶廷琯《鸥陂渔话·葛仓公传》："卷首别列金振华一传，署名称'同邑晚学'。"

【晚学生】明冯梦龙《警世通言》第三卷："东坡道：'晚学生自知才力不及，岂敢怨老太师！'"《儒林外史》第八回："晚学生此番却是奉家祖之命，在杭州舍亲处讨取一桩银子，现在舟中。"清朝时礼部司官投刺内院大学士、吏部都察院正堂官，也谦称晚学生。参看清钱大昕《恒言录卷三·友生晚生》、清梁章钜《称谓录卷三二·同官谦称》。

【晚生】旧时官场后辈对前辈的自谦之称。宋代士大夫对位高年长者自称晚生；明、清翰林入馆，投刺于先登甲第者，书晚生。《红楼梦》第八四回："晚生还有一句话，不揣冒昧，合老世翁商议。"清李渔《意中缘·赴任》："老先生，晚生原为寻女而来，小女既不在，就该转去了。"《儒林外史》第十回："三公子道：'先生贵姓，台甫？'那人道：'晚生姓陈，草字和甫。'"《儿女英雄传》第十五回："晚生久闻大名，如雷贯耳，要想拜见拜见。"参阅宋邵伯温《河南邵氏闻见前录》卷八、明王世贞《觚不觚录》、清阮葵生《茶余客话》卷二。

【治晚生】【治晚】治，治下。对有统辖关系的长辈谦称自己。

〔治晚生〕《好逑传》第五回："治晚生虽不才，家父也忝居学士，与他也不相上下。"

〔治晚〕《儒林外史》第三四回："治晚不幸大病，生死难保。"《官场现形记》第四五回："治晚马上就去同前途接头，尽两个钟头赶来回复老父台。"

【晚进】晚辈自谦。《清平山堂话本·夔关姚卞吊诸葛》："姚卞答曰：'江南晚进,得造贵地,幸蒙见召,敢不奉命!'"

后学 hòuxué

谦词。在前辈学者面前谦称自己。清王昶《金石萃编·唐元结〈朝阳岩铭〉后题》:"时甲寅中秋,零邑后学田山玉书石。"王昶按:"甲寅为大历九年,盖次山题铭后九年矣。下题'零邑后学田山玉书石',后学之称,始见于此。"宋叶適《〈沈子寿文集〉序》:"余后学也,不足以识子寿之文。"清宋翔凤《〈尔雅义疏〉序》:"咸丰六年八月,后学长洲宋翔凤谨记。"

犹子 yóuzǐ

有侄子、侄女义,也可用于晚辈谦称自己。宋王谠《唐语林·补遗二》:"何(文哲),武臣也,以(赵)需进士称犹子谒之。"清陈密山《与尹健余书》:"八月初旬抵任,忽闻贤母考终,犹子情殷,深为悲悼。"

荆 jīng

谦词。谦称自己的妻子。出自"荆钗布裙"的典故,意为荆条为钗,粗布为裙。《太平御览》卷七一八引《列女传》:"梁鸿妻孟光,荆钗布裙。""荆钗",即以荆枝为钗,是贫寒女子的头饰。与相关的词搭配,谦称自己的妻子。除"拙荆""贱荆""老荆"等外,还有:

【荆人】清蒲松龄《聊斋志异·局诈》:"区区拙技,负此良琴,若得荆人一奏,当有一两声可听者。"《颜氏家藏尺牍》卷二引清王士祜书:"弟去岁以荆人抱病,屏迹半载。"

【荆布】明陈汝元《金莲记·量移》:"只是目断彤管,心怀荆布。"清毛师柱《舟中两梦亡妇诗以志感》:"廿年旧事从头记,荆布相依最苦辛。"

【荆妻】明无名氏《寻亲记·托梦》:"周羽屈受这灾危,拼残躯便做他乡之鬼,可怜贤达我荆妻,便做有男儿也难存济。"明凌濛初《初刻拍案惊奇》卷十六:"那道人分明说,待我荆妻亡故,功名方始称心。"清李渔《怜相伴·僦居》:"只是荆妻早逝,后嗣杳然。"

【荆室】明陈汝元《金莲记·外谪》:"经年远别,千里相逢,常思故国萱堂,难消岁月。料应客途荆室,备经风霜。"

【荆妇】宋陈亮《乙巳春与朱元晦秘书》:"男子不敢犯分以求,而荆妇心欲其夫转以为请,此于礼宜可许也,愿便得之为祷。"元王祯《蚕连》诗:"丁宁语荆妇,依时勤洒沐。"《水浒传》第七回:"原来是本官高太尉的衙内,不认得荆妇,时间无礼。"清赵翼《移寓椿树衚衕》诗:"赁春尚未偕荆妇,祭灶仍先请比邻。"

【山荆】清蒲松龄《聊斋志异·凤仙》:"太过奖矣!此即山荆也。"清洪楝园《后南柯·伐檀》:"昨夜山荆自隔江檀萝国回来,探知邻国狡谋,十分利害。"《汪康年师友书札·夏曾佑》:"因家中老母不怡,山荆善病,而小儿女辈又荒嬉不学也。"

山妻 shānqī

谦称自己的妻子。原指隐士的妻子，后引申为谦称。元无名氏《合同文字》第一折："现如今山妻染病，更被他幼子牵缠。"《西游记》第六一回："牛王道：'扇子在我山妻处收着哩。'"清林则徐《赴戍登程口占示家人》之一："戏与山妻谈故事，试吟断送老头皮。"

犬子 quǎnzǐ 豚儿 tún'ér 豚犬 túnquǎn

谦词。谦称自己的儿子。

【犬子】宋张孝祥《鹧鸪天·为老母寿》词："同犬子，祝龟龄，天教二老鬓长青。"《三国演义》第二八回："郭常夫妇出拜于堂前，谢曰：'犬子冒渎虎威，深感将军恩恕。'"清李渔《蜃中楼·婚诺》："只得一个犬子，如今十六岁了。"

【豚儿】清蒲松龄《聊斋志异·青凤》："俄少年自外入。叟曰：'此豚儿也。'揖而坐，略审门阀。"《汪康年师友书札·魏丙尧》："兹有恳者，舍甥徐茂才维祖，人极沉静，弟延其课督豚儿，家境清寒，苦难进取，鄙意欲令兼习外洋文字，则将来较易为谋。"

【豚犬】《旧五代史·唐书·庄宗纪一》："梁祖闻其败也，既惧而叹曰：'生子当如是，李氏不亡矣！吾家诸子乃豚犬尔。'"清蒲松龄《代王次公与颜山赵启》："令嫒绮罗之质，自宜字夫崔、卢；小儿豚犬之才，敢云娶于高国？"《儿女英雄传》第十八回："只是我第二个豚犬，虽然天资尚可造就，其顽劣殆不可以言语形容。"

孤 gū

谦词。孤，少德之人。古代君王诸侯用以谦称自己。《老子》第三十九章："故贵以贱为本，高以下为基，是以侯王自谓孤、寡、不穀。"《集韵·模韵》："孤，侯王谦称。"《左传·庄公十一年》："且列国有凶，称孤，礼也。"杜预注："列国，诸侯。无凶则常称寡人。"《战国策·燕策一》："燕昭王……往见郭隗先生曰：'齐因孤国之乱而袭破燕。孤极知燕小力少，不足以报。然得贤士与共国，以雪先王之耻，孤之愿也。敢问以国报雠者，奈何？'"《史记·楚世家》："昭王病甚，乃召诸公子大夫曰：'孤不佞，再辱楚国之师，今乃得以天寿终，孤之幸也。'"

寡 guǎ

谦词。寡，少。这里指寡德之人，王侯用以谦称自己。《战国策·齐策四》："故舜起农亩，出于野鄙而为天子；及汤之时，诸侯三千；当今之世，南面称寡者，乃二十四。"

【寡人】王侯谦称自己。《左传·宣公十一年》："王使让之曰：'夏征舒为不道，杀其君。寡人以诸侯讨而戮之，诸侯县公皆庆寡人，女独不庆寡人，何故？'"《战国策·齐策四》："宣王因趋而迎之于门，与人，曰：'寡人奉先君之宗庙，守社稷，闻先生直言正谏不讳。'"《史记·乐毅列传》："今寡人虽愚，不若纣之暴也。"

【寡君】对他国谦称自己国家的国君。《礼记·孔子闲居》："子云：'君子贵人而贱己，先人而后己，则民作让。'故称人之君曰君，自称其君曰寡君。"《左传·襄公七年》："叔孙穆子相，趋进，曰：'诸侯之会，寡君未尝后卫君。今吾子不后寡君，寡君未知所过。吾子其少安。'"《国语·越语上》："（大夫种）曰：寡君勾践乏无所使，使其下臣种，不敢彻声闻于天王，私于下执事曰：寡君之师徒，不足以辱君矣。"

【寡小君】国君夫人对他国诸侯自称的谦词。《礼记·曲礼下》："夫人自称于天子曰老妇，自称于诸侯曰寡小君。"孔颖达疏："此'诸侯'谓他国君也。……君之妻曰小君，而云'寡'者，亦从君为谦也。"又臣民也对他国称本国国君的夫人为寡小君。《论语·季氏》："邦君之妻，君称之曰夫人，夫人自称曰小童，邦称之曰君夫人，称诸异邦曰寡小君。"孔安国曰："小君，君夫人之称。对异邦谦，故曰寡小君。"《仪礼·聘礼》："君以社稷故，在寡小君，拜。"

不穀 bùgǔ 不德 bùdé

谦词。不穀，不善；不德，无德。古王侯用以谦称自己。

【不穀】《左传·襄公十八年》："不穀即位于今五年，师徒不出，人其以不穀为自逸而忘先君之业矣。"《国语·楚语下》："王使谓之曰：'成曰之役，而弃不穀，今而敢来，何也？'"《韩非子·十过》："共王驾而自往，入其幄中，闻酒臭而还，曰：'今日之战，不穀亲伤。所恃者，司马也，而司马又醉如此，是亡楚国之社稷而不恤吾众也。不穀无复战矣。'"

【不德】《太平广记》卷一一八引南朝宋刘义庆《幽明录·东方朔》："帝欢悦举觞并劝曰：'不德不足当雅贶。'老翁等并起拜受爵。"宋苏轼《赐宰相吕公著乞退不许批答》："水旱之灾，不德所召，卿当助我，求所以消复之道，不当求去我也。"

不 bù

不，否定词。用在"才"一类表示才能的词前，可用以自谦或谦称自己。

【不才】①谦称自己无才。充当谓语。《红楼梦》第十五回："若令郎在家难以用功，不妨常到寒邸，小王虽不才，却多蒙海内众名士凡至都者，未有不垂青目的。是以寒邸高人颇聚，令郎常去谈会谈会，则学问可以日进矣。"《好逑传》第五回："治晚生虽不才，家父也忝居学士，与他也不相上下。"鲁迅《集外集拾遗补编·关于"粗人"》："关于大报第一本上的'粗人'的讨论，鄙人不才，也想妄参一点末议。"②对自己的谦称，相当于我。充当主语。《水浒传》第六七回："不才愿施犬马之力，同共替天行道。"明宗臣《宗子相集·报刘一丈书》："何至更辱馈遗，则不才将何以报焉？"《老残游记》第十回："不才往常见人读佛经,什么'色即是空,空即是色',这种无理之口头禅,常觉得头昏脑闷。"

【不材】同"不才"。多用于表示自谦。①表示自谦。《史记·吴太伯世家》:"季札谢曰:'曹宣公之卒也,诸侯与曹人不义曹君,将立子臧,子臧去之,……札虽不材,愿附于子臧之义。'"清侯方域《与吴骏公书》:"域凡驽不材,年垂四十,无所表现。"②谦称自己。清龚自珍《秋心》诗之二:"息筮一官来阙下,众中俯仰不材身。"

【不佞】佞,有辩才。①表示自谦。《史记·孝文本纪》:"寡人不佞,不足以称宗庙。愿请楚王计宜者,寡人不敢当。"又《楚世家》:"昭王病甚,乃召诸公子大夫曰:'孤不佞,再辱楚国之师,今乃得以天寿终,孤之幸也。'"②谦称自己。明高攀龙《讲义·小引》:"不佞幸从诸先生后,不能无请益之言。"鲁迅《书信集·致章廷谦》:"该堂将我住址写下,而至今不将书目寄来,可见嘴之不实,因此不佞对之颇有恶感。"

【不肖】肖,似。不肖,有不成材之义。《汉书·武帝纪》:"代郡将军敖、雁门将军广,所任不肖,校尉又背义妄行,弃军而北。"颜师古注:"肖,似也。不肖者,言无所象类,谓不材之人也。"可用作谦词。①表示自谦。《战国策·燕策二》:"臣不佞,不能奉承先王之教,……而又害于足下之义。故遁逃奔赵,自负以不肖之罪,故不敢为辞说。"唐韩愈《上考功崔虞部书》:

"愈不肖,行能诚无可取。"明凌濛初《初刻拍案惊奇》卷十一:"王生道:'愚夫不肖,误伤人命,以致身陷缧绁,辱我贤妻。……'"②谦称自己。《史记·扁鹊仓公列传》:"齐王侍医遂病,自炼五石服之。臣意往过之,遂谓意曰:'不肖有病,幸诊遂也。'"《辽史·耶律阿息保传》:"不肖适异国,必无生还,愿公善辅国家。"宋陈渊《与廖用中中丞书》:"碑字如苦要不肖写,急遣人来谕,亦不争三四十日。"阿英《关于瞿秋白的文学遗著》:"不肖罪孽深重,祸延笔名陈笑峰。"

【不敏】义近"不才"。一般用于自谦。《论语·颜渊》:"子曰:'非礼勿视,非礼勿听,非礼勿言,非礼勿动。'颜渊曰:'回虽不敏,请事斯语矣。'"《战国策·齐策一》:"齐王曰:'寡人不敏,今主君以赵王之教诏之,敬奉社稷以从。'"《史记·孝文本纪》:"朕既不敏,不能识。"又《太史公自序》:"迁俯首流涕曰:'小子不敏,请悉论先人所次旧闻,弗敢阙。'"《汪康年师友书札·尹克昌》:"奉八月十九日复书,如获至宝,一再浣诵,何公爱我之深而知我之切也!下走不敏,愿奉教于君子矣。"

【不腆】腆,丰厚。①谦称所备有的不丰厚。《左传·僖公三十三年》:"寡君闻吾子将步师出于敝邑,敢犒从者。不腆敝邑,为从者之淹,居则聚一日之积,行则备一夕之卫。"杨伯峻注:"腆,厚也。不腆云云,当时客套惯语……不但田赋及他物可谦言不腆，人也可谦言不腆，昭三年传：'不腆先君之适以备内官'是也。"宋苏轼《谢求婚启》："恭驰不腆之币，永结无穷之欢。"《好逑传》第十三回："今过老先生万不得已，只得亲修尺楮，具不腆之仪，以代斧柯。"②谦称才识浅薄。唐柳宗元《送萧炼登第后南归序》："仆不腆，见邀为序。狂夫之言非所以志君子也，自达而已。"宋秦观《上吕晦叔书》："某丘墓之邑实隶麾下，是以辄忘贱陋，取其不腆之文，录在异卷，赘诸下执事。"

【不庄】用于信末，谦称不恭。明张煌言《答唐枚臣书》："不备不庄，统希鉴正。"清熊文举《与纪伯紫书》："谢教不庄，仰惟原宥。"《清代名人书札·李元度致少崖》："手肃，布请台安。附呈名条，诸维蔼鉴不庄。"

樗材 chūcái 樗散 chūsǎn 樗朽 chūxiǔ 樗栎 chūlì 樗枥 chūlì

谦词。樗，即臭椿，是一种不能成材的树木。《庄子·逍遥游》："吾有大树，人谓之樗。其大本臃肿，而不中绳墨；其小枝卷曲，不中规矩；立之涂，匠人不顾。"后用以喻无用之才，多用作自谦。

【樗材】元王逢《得尚书汪公凶问》诗："樗材荷推奖，思报辑遗编。"明孙梅锡《琴心记·王孙作醵》："顾鄙夫樗材迟暮，仰贵客山斗规模。"清纪昀《阅微草堂笔记·姑妄听之三》："且云或香闺姣女，并已乘龙，或鄙弃樗材，不堪倚玉，则乞赐一艳婢。"孙犁《文集自序》："今幸遇清明之世，国家不弃樗材，念及老朽，得使文章结集出版，心情十分感激。"

【樗散】宋司马光《为庞相公谢官表》："何意天恩横被，宸睠曲成，猥抡樗散之才，专委栋隆之任。"明许潮《龙山宴》："鹤发经秋，樗散堪乘莲叶舟。皂帽非吾偶，白接非吾首。"

【樗朽】明张四维《双烈记·策封》："不意朝廷垂念老臣，复有封爵，樗朽何当，不免再整冠裳。"明陆采《明珠记·访侠》："本是山林鄙性，麋鹿间人，樗朽无能，何劳君子访柴扃！"

【樗栎】宋苏轼《和穆父新凉》诗："常恐樗栎身，坐缠冠盖蔓。"明朱鼎《玉镜台记·闻鸡起舞》："下官樗栎之才，岂足为元帅副！"清宣鼎《夜雨秋灯录·麻风女邱丽玉》："自惭樗栎，仰托葛萝，良所深愿。"

【樗枥】《陈书·蔡景历传》："《云咸》斯奏，自辍《巴渝》；杞梓方雕，岂盼樗枥！"

栎材 lìcái 栎散 lìsǎn 栎樗 lìchū

谦词。栎，质虽坚实，但木理斜曲，古代多用作炭薪。喻无用之材，常用以自谦。

【栎材】宋岳珂《桯史·周益公降官》："臣有愧积中，无阶报上。省愆田里，视桑荫之几何；托命乾坤,比栎材而知免。"

【栎散】《艺文类聚》卷三六引晋戴逵《闲游赞》："栎散之质,不以斧斤致用。"《魏书·宗钦传》："伊余栎散,才至庸微。遭缘幸会,忝与枢机。"

【栎樗】清徐宗麟《辞征》诗："天纵深林老栎樗,惊看云壑驻安车。"

散木 sǎnmù 散才（材）sǎncái 散樗 sǎnchū 散栎 sǎnlì

谦词。散木,因无用而享尽天年的树木。

【散木】《庄子·人间世》："匠石之齐,至乎曲辕,见栎社树,其大蔽数千牛。……弟子厌观之,走及匠石曰:'……,何邪?'曰:'已矣,勿言之矣!散木也。以为舟则沉,以为棺椁则速腐,以为器则速毁,以为门户则液樠,以为柱则蠹,是不材之木也。无所可用,故能若是之寿。'"后以之喻无用之材,也用以自谦。北周庾信《奉和法筵应诏》："羁臣从散木,何以预中天?"

【散才（材）】唐杜甫《回棹》诗："散才婴薄俗,有迹负前贤。"唐钱起《长安落第作》诗："散才非所用,回音谢云萝。"《清代名人书札·王拯致阎敬铭》："弟行屡蹉跎,……到粤将冬春间矣。散材多朽,前书略述微忱,当蒙远察。"

【散樗】唐骆宾王《上吏部侍郎〈帝京篇〉》："宾王散樗易朽,蟠木难容。"明屠隆《彩毫记·归隐林泉》："下官出山潦草,隐志不坚,立朝散樗,勋名未立,负愧良多。"

【散栎】明唐顺之《天宁寺尘外楼》诗之三："已甘散栎终年计,耻逐冥鸿万里腾。"

仆 pú

谦词。谦称自己。《史记·商君列传》："仆闻之曰:'非其位而居之曰贪位,非其名而有之曰贪名。'"《汉书·司马迁传》："仆少负不羁之才,长无乡曲之誉。"唐元稹《叙诗寄乐天书》："仆闻上士立德,其次立事,不遇立言。"清彭翊《与友人论文书》："承询作文,仆非能者,乌足以知之?虽然,刍荛之得,不敢私也。"鲁迅《书信集·致黎烈文》："仆倘有言谈,仍当写寄,决不以偶一不登而放笔也。"

走 zǒu

谦词。谦称自己,相当于"仆"。《玉篇·走部》："走,仆也。"《字汇·走部》："走,仆也。今人自谦曰走,犹言隶仆驰走之人。"《左传·襄公三十年》："吏走问诸朝。"杜预注："吏走,一本作'使走',……一曰走使之人也。"《经典释文·春秋左氏音义》同此。《昭明文选·司马迁〈报任少卿书〉》："太史公牛马走司马迁再拜言。"李善注："走,犹仆也。言己为太史公掌牛马之仆,自谦之辞也。"又班固《答宾戏》："走亦不任厕技于彼列,故密尔自娱于斯文。"刘良注:"走,主人自称也,犹今之言'下走'然也。"唐白居易《因继集重序》:"微之,微之,走与足下和答之多,从古未有。"《汪康年师友书札·梁启超》:"嗟夫!走非木石,能不神驰哉?"

【下走】与"走"同义,也是谦称自己,义犹同"仆"。《汉书·萧望之传》:"若管晏而休,则下走将归延陵之皋,修农圃之畴,……没齿而已矣。"颜师古注:"应劭曰:'下走,仆也。'师古曰:'下走者,自谦言趋走之役也。'"《昭明文选·阮籍〈诣蒋公〉》:"开府之日,人人自以为椽属,辟书始下,下走为首。"李善注:"司马迁书曰:'太史公牛马走。'应劭注《汉书》曰:'走,仆也。'"唐柳宗元《答元饶州论政理书》:"祁大夫不见叔向,今而预知斯举,下走之大过也。"徐特立《国文教授之研究》:"下走滥竽教育事业,常病教授无方。"

【牛马走】同"走"。宋梅尧臣《八日就湖上会饮呈晏相公》诗:"红颊谁使歌,公怜牛马走。"宋蔡襄《和答孙推官久病新起见过》诗:"去年大暑过京口,唯子见过牛马走。"清钱大昕《十驾斋养新录·下走》:"应劭曰:'下走,仆也。'……司马迁与任安书称'太史公牛马走',牛马走即下走也,上称官名,下则自谦之词。或解为太史公之牛马走,则迂而凿矣。"

【马走】"牛马走"的省称。清曾国藩《五箴·有恒箴》:"天君司命,敢告马走。"

走。"

奴 nú 奴奴 núnú 奴家 nújiā

谦词。妇女谦称自己。

【奴】起初为男女通称,相当于第一人称"我"。蒋礼鸿《敦煌变文字义通释·释称谓》:"奴,第一人称代词,和'我'相同,男女尊卑都可通用。"女子自称为"奴",大约始于宋。开始是女子美称。清钱大昕《十驾斋养新录》卷十九:"妇人自称奴,盖始于宋时。……贵近之家,其女其妇,则又自称曰奴。是宋时妇女,以奴为美称。"大约从明代起,演变为妇女的自谦之称。明孔尚任《桃花扇·拒媒》:"奴是薄福人,不愿入朱门。"《西游记》第二七回:"只得将奴招了一个女婿,养老送终。"《金瓶梅词话》第九六回:"春梅道:'奴贱日是四月二十五日。'"

【奴奴】《西游记》第二七回:"生了奴奴,欲扳门第,配嫁他人,又恐老来无依。"明冯梦龙《喻世明言》卷二四:"刘氏见说,哭谢法官:'奴奴且退。'"

【奴家】《京本通俗小说·错斩崔宁》:"小娘子还了万福道:'是奴家要往爹娘家去。因走不上,权歇在此。'"明叶宪祖《鸾鎞记·闺咏》:"只有东邻鱼家惠兰义妹,清才掇露,藻思霞蒸,每有所作,不在奴家之下。"清孔尚任《桃花扇·拒媒》:"奴家已嫁侯郎,岂肯改嫁?"

妾 qiè **妾身** qièshēn **妾人** qièrén **婢子** bìzǐ

谦词。妇女谦称自己。

【妾】战国楚宋玉《高唐赋》:"妾,巫山之女也。"《战国策·韩策二》:"政姊闻之,曰:'弟至贤,不可爱妾之躯,灭吾弟之名,非弟意也。'乃之韩。"《史记·晋世家》:"妾愿子母辟之他国,若早自杀,毋徒使母子为太子所鱼肉也。"唐韩愈《唐河中府法曹张君墓碣铭》:"有女奴抱婴儿来致其主夫人之语曰:'妾,张圆之妻刘氏也。'"明冯梦龙《警世通言·赵太祖千里送京娘》:"倘若贼人相犯,妾宁受刀斧,有死不从。"

【妾身】三国魏曹植《杂诗》之三:"妾身守空闺,良人行从军。"南朝梁江淹《古离别》诗:"君在天一涯,妾身长别离。"元关汉卿《绯衣梦》第一折:"妾身王闰香,时遇秋天气候,嗏去后花园中闲散心咱。"明凌濛初《初刻拍案惊奇》卷二七:"师父若肯收留做弟子,便是妾身的有结果了。"

【妾人】《管子·戒》:"妾人闻之,君外舍而不鼎馈,非有内忧,必有外患。"汉司马相如《长门赋》:"妾人窃自悲兮,究年岁而不敢忘。"

【婢子】《礼记·曲礼下》:"自世妇以下,自称曰婢子。"《左传·僖公二十二年》:"寡君之使婢子侍执巾栉,以固子也。"杜预注:"婢子,妇人之卑称也。"汉刘向《列女传·阿谷处女》:"欲饮则饮,何问乎婢子?"

犬马 quǎnmǎ **狗马** gǒumǎ

谦词。臣下对君上或地位低的对尊上谦称自己。

【犬马】①臣下对君上谦称自己。三国魏曹操《上书让增封武平侯及费亭侯》:"虽有犬马微劳,非独臣力,皆由部曲将校之助。"宋司马光《请建储副或进用宗室第三状》:"臣独不爱犬马之躯,为陛下言之。"②对尊长谦称自己。唐牛僧孺《玄怪录·岑顺》:"将军天质英明,师真以律;猥烦德音,屈顾疵贱。然犬马之志,惟欲用之。"《京本通俗小说·西山一窟鬼》:"教授问:'婆婆高寿?'婆子道:'老媳妇犬马之年,七十有五。'"

【狗马】三国魏曹植《求自试表》之一:"今臣志狗马之微功,窃自惟度,终无伯乐韩国之举。"

马齿 mǎchǐ **犬马齿** quǎnmǎchǐ **犬马之年** quǎnmǎzhīnián

谦词。谦称自己的年龄。

【马齿】北周庾信《谨赠司寇淮南公诗》:"犹怜马齿进,应念节旄稀。"清姚鼐《毛俟园用仆〈看桂〉前字韵作诗见贻因复答之》诗:"君辈论文推马齿,世间相士贵鸢肩。"

【犬马齿】【犬马之年】犹"马齿"。

〔犬马齿〕汉董仲舒《春秋繁露·郊事》

对》：" 臣犬马齿衰,赐骸骨,伏陋巷。"清蒲松龄《聊斋志异·薛慰娘》："（丰玉桂）拜曰：'犬马齿二十有二,尚少良配。'"清钮琇《觚賸·巡检附魂》："（刘肇琨）戏语之曰：'贵司行年几何？'则拱而对曰：'卑职犬马齿五十七矣。'"

〔犬马之年〕三国魏曹植《黄初六年令》："将以全陛下厚德,究孤犬马之年,此难能也。"《京本通俗小说·西山一窟鬼》："老媳妇犬马之年七十有五。"

犬马之劳 quǎnmǎzhīláo
犬马之力 quǎnmǎzhīlì

谦词。愿为他人尽力效劳的谦称。

【犬马之劳】《水浒传》第五八回："厅上厅下一齐都道：'愿效犬马之劳,跟随同去。'"《三国演义》第三八回："孔明见其意甚诚,乃曰：'将军既不相弃,愿效犬马之劳。'"

【犬马之力】《水浒传》第六七回："不才愿施犬马之力,同共替天行道。"《三国演义》第二九回："敢不效犬马之力,继之以死！"《说岳全传》第十三回："我岳飞等今生不能补报,待转来效犬马之力罢！"

犬马 quǎnmǎ 犬马之疾 quǎnmǎzhījí 犬马病 quǎnmǎbìng 狗马病 gǒumǎbìng 狗马之疾 gǒumǎzhījí

谦词。谦称自己的疾病。

【犬马】《白虎通·杂录（阙文）》："大夫（病）,称负薪,士称犬马。……负薪、犬马,皆谦也。"《公羊传·桓公十六年》："属负兹舍,不即罪尔。"何休注："天子有疾称'不豫',诸侯称负兹,大夫称犬马,士称负薪。"徐彦疏："大夫言犬马者,代人劳苦,行役远方,故致疾。"按："犬马""负薪",后为谦称自己疾病的通称。

【犬马之疾】汉张衡《东京赋》："东京之懿未罄,值余有犬马之疾,不能究其精详。"宋苏轼《谢除龙图阁学士表》："属圣神之履运,荷识拔之非常,犹冀桑榆之收,遽迫犬马之疾,力求闲散,庶免颠跻。"清姚鼐《复汪进士辉祖书》："足下书来久矣,有犬马之疾,今始闲,辄作记一首,寄请观之。"

【犬马病】南朝宋鲍照《与伍侍郎别》："子无金石质,吾有犬马病。"清蒲松龄《聊斋志异·叶生》："以犬马病,劳夫子久待,万虑不宁。"

【狗马病】《史记·汲郑列传》："臣常有狗马病,力不能任郡事。"

【狗马之疾】明唐顺之《告病疏》："不幸臣有狗马之疾,往年秋冬之交触冒霜露……痰火、怔忡、眴瞀诸证,时时有之。"

犬马之报 quǎnmǎzhībào
狗马心 gǒumǎxīn

谦词。表示感恩而图赤诚相报的谦称。

结草 jiécǎo

【犬马之报】《水浒传》第十一回:"异日不死,当效犬马之报。"

【狗马心】《汉书·汲黯传》:"臣常有狗马之心,今病,力不能任郡事。"颜师古注:"思报效。"宋陆游《老去》诗:"倦客风埃眼,孤臣狗马心。"明冯梦龙《醒世恒言·杜子春三入长安》:"这等大恩,还有甚报得?只狗马之心,一毫难尽。"

结草 jiécǎo　衔(啣)环 xiánhuán　结草衔(啣)环 jiécǎoxiánhuán　衔(啣)环结草 xiánhuánjiécǎo　衔(啣)结 xiánjié　环草 huáncǎo　寸草衔结 cùncǎoxiánjié　吐珠 tǔzhū

谦词。表示感恩而赤诚相报的谦称。

【结草】表示受人厚恩,虽死犹报的谦称。《三国志·魏书·高堂隆传》:"魂而有知,结草以报。"宋苏轼《到惠州谢表》:"精诚未泯,空余结草之忠。"明张景《飞丸记·怜儒脱难》:"愿他早配公侯,簪缨奕世。我生当啣环,死当结草。"典出《左传·宣公十五年》。春秋时魏颗没有从父命以父亲的嬖妾殉葬,而把她改嫁。在一次战役中,嬖妾死去的父亲结草使敌方主帅绊倒而被俘获,获得了这次战役的胜利。

【衔(啣)环】感恩报德的谦称。唐王缙《青雀歌》:"莫言不解衔环报,但问君恩今若为。"宋欧阳修《〈归田录〉序》:"曾不闻吐珠衔环,效蛇雀之报。"《水浒传》第十二回:"杨志若得寸进,当效衔环背鞍之报。"明王世贞《鸣凤记·邹慰夏孤》:"啣环犬马,常存寐梦。"《封神演义》第三二回:"他日啣环,决不有负。"清陈梦雷《西曹坐系书怀兼寄两弟》诗之二:"兔脱已非伤离罥,射乌偏误指啣环。"此典出自《后汉书·杨震传》李贤注引南朝梁吴均《续齐谐记·华阳黄雀》:"(杨)宝年九岁时,至华阴山北,见一黄雀为鸱枭所搏,坠于树下,为蚁蝼所困。宝取之以归,置巾箱中,唯食黄花,百余日毛羽成,乃飞去。其夜有黄衣童子向宝再拜曰:'我西王母使者,君仁爱救拯,实感成济。'以白环四枚与宝:'令君子孙洁白,位登三事,当如此环矣。'"三事,三公。

【结草衔(啣)环】【衔(啣)环结草】"结草""衔环"两典故的合用,有加强感恩图报语义的作用。

〔结草衔(啣)环〕元李行道《灰阑记》第一折:"多谢大娘子,小人结草衔环,此恩必当重报。"明范受益《寻亲记·遇恩》:"此身生还,没齿怎忘恩义?便待要结草啣环,更未卜何时重会。"

〔衔(啣)环结草〕明冯梦龙《醒世恒言·白玉娘忍苦成夫》:"大恩未报,刻刻于怀。衔环结草,生死不负。"明凌濛初《初刻拍案惊奇》卷八:"既蒙壮士不弃,……誓当衔环结草。"《镜花缘》第三六回:"倘脱虎穴,自当衔环结草。"元秦简夫《东堂老》楔子："老夫啣环结草之报,断不敢忘。"明冯梦龙《警世通言·赵太祖千里送京娘》："妾今生不能补报大德,死当啣环结草。"《再生缘》第二二回："小儿性命皆君救,我只愿,世世啣环结草偿。"

【衔(啣)结】【环草】"衔(啣)环结草"的省写。

〔衔(啣)结〕清和邦额《夜谭随录·梨花》："祈全蝼蚁之命,当图衔结之报耳。"明王铼《春芜记·诉怨》："更为我报仇雪耻,效啣结,敢忘伊?"清蒲松龄《聊斋志异·花姑子》："蒙恩啣结,至于没齿,则人有惭于禽兽者矣。"《再生缘》第二一回："荷蒙雨露皇恩重,臣敢不,啣结生生世世间。"

〔环草〕清褚人获《坚瓠首集·代少年书》："使此人不出帷,当效环草之报。"

【寸草衔结】谦称虽力薄也当感恩图报。明周楫《西湖二集·救金鲤鱼龙王报德》："幸有好生君子,不忍高人杨维桢,解钱而赎命,释死而就生,虽虮虱微忱,不敢上尘天听,而寸草衔结,思报洪恩。""寸草",参看"结草"。

【吐珠】表示感恩图报。宋欧阳修《〈归田录〉序》："曾不闻吐珠衔环,效蛇雀之报。"此典出自《淮南子·览冥训》高诱注："隋侯,汉东之国,姬姓诸侯也。隋侯见大蛇伤断,以药傅之。后蛇于江中啣大珠以报之,因曰隋侯之珠。"

展草 zhǎncǎo

谦称知恩图报。语出晋陶潜《搜神后记》卷九："广陵人杨生,养一狗,甚爱怜之,行止与俱。后生饮酒醉,行大泽草中,眠不能动。时方冬月,燎原,风势极盛。狗乃周章号唤,生醉不觉。前有一坑水,狗便走往水中,还以身洒生左右草上,如此数次,周旋跬步,草皆沾湿,火至免焚,生醒方见之。"后用来表示知恩图报。元孟汉卿《魔合罗》第四折："想当日狗有展草之恩,马有垂缰之报。"

滥 làn

谦词。"滥竽充数"的略称。原意是没有真才实学,混迹于好手之中。典出《韩非子·内储说上》："齐宣王使人吹竽,必三百人……宣王死,湣王立,好一一听之,处士逃。"也用以谦称自己才疏学浅,不能称职。北周庾信《哀江南赋》："谬掌卫于中军,滥尸丞于御史。"唐元稹《酬翰林白学士代书一百韵》："昔岁俱充赋,同年遇有司。八人称迥拔,两郡滥相知。"

【滥竽】明张景《飞丸记·权门狼狈》："我是曳白菲才,滥竽入金街。"《清代名人书札·姚济勋致阎敬铭》："卑职才识迂疎,滥竽自愧,凤蒙恩眯,惟有矢诚矢慎,勉竭驽骀,以冀毋负大人拊擢教诲之至意。"《汪康年师友书札·孙宝琦》："惠示读悉,弟滥竽编制,谫陋何补?惟日亲炙诸名贤,得聆绪论,未始非幸。"徐特立《国文教授之研究》："下走滥竽教育事业,常病教授无方。"

【滥厕】谦称混迹其间。《清代名人书

札·时乃风致刘含芳》："弟凤荷宪恩，断不敢援例望蜀，只求滥厕其间，藉资学习，稍作犬马之效。"

【滥尘】谦称滥竽充数，有污其职。《太平广记》卷一七二引五代范资《玉堂闲话》："从事疑而不断，谓使君曰：'某滥尘幕席，诚宜竭节。'"宋叶适《除秘书阁修撰谢表》："伏思臣者，素谓畸人，虽早污于清班，亦滥尘于烦使。"

狗尾续貂 gǒuwěixùdiāo
续貂 xùdiāo

谦词。谦称自己的续作是狗尾，他人的作品是貂，不相配。

【狗尾续貂】明无名氏《霞笺记·得笺窥认》："年兄所作甚佳，小弟勉吟在上，只是狗尾续貂，未免蝇污白璧。"按：也可用作讥讽语，以喻坏的作品续好的作品。

【续貂】"狗尾续貂"的省略语。宋曾巩《寄留友代元子发》诗："倚玉讵应公论许，续貂还恐邑人非。"清珠泉居士《〈续板桥杂记〉缘起》："至于闻见无多，记叙谫陋，续貂之病，阅者原之。"瞿秋白《文艺杂著·荒漠里》："我实在熬不住，不免续貂。"蒋礼鸿的《义府续貂》，也是喻《义府》为貂，谦称自己的作品为狗尾。按：也用作以坏续好的讥讽语。

附骥尾 fùjìwěi 附骥 fùjì
托骥 tuōjì

谦词。原意是蚊蝇附在马的尾巴上，能远行千里，可以用来谦称自己依附先辈或名人而有所成就。后常用作自谦之词。

【附骥尾】《史记·伯夷列传》："颜渊虽笃学，附骥尾而行益显。"司马贞索隐："按，苍蝇附骥尾而致千里，以譬颜回因孔子而名彰也。"明冯梦龙《喻世明言》卷八："俟破贼立功，庶可附骥尾以成名耳。"清蒲松龄《聊斋志异·苗生》："苗忽至，左携巨尊，右提豚肘，掷地曰：'闻诸君登临，敬附骥尾。'"《汪康年师友书札·沈克诚》："此间有岚舟司马捐银百元，……诚力薄，勉凑四十元，藉附骥尾。"

【附骥】明何景明《送崔氏》诗之三："结发与君友，附骥思以鸣。"《红楼梦》第三七回："若不依我，我也不敢附骥了。"《儿女英雄传》第十八回："倘大人看我可为公子之师，情愿附骥，自问也还不至于尸位素餐，误人子弟。"

【托骥】宋杨亿《〈西昆酬唱集〉序》："虽荣于托骥，亦愧于续貂。"

芹献 qínxiàn 芹曝 qínpù
献芹 xiànqín 芹敬 qínjìng
献曝 xiànpù

谦称自己的礼品菲薄或所献微不足道。

【芹献】典出《列子·杨朱》："昔者宋国有田夫，常衣缊黂仅以过冬。暨春东作，自曝于日，不知天下之有广厦隩室，绵纩狐貉。顾谓其妻曰：'负日之暄，人莫知之者，以献吾君，将有重赏。'里之富室告之曰：'昔人有美戎菽、甘枲茎芹萍子者，对乡豪称之。乡豪取而尝之，蜇于口，惨于腹。众哂而怨之，其人大惭。'"后演化为谦词，谦称自己所献菲薄。《西游记》第二七回："如不弃嫌，愿表芹献。"清黄遵宪《度辽将军歌》："愿以区区当芹献，藉充岁币少补偿。"郭沫若《苏联纪行·前记》："我现在索性把我这几十天的日记倾箱倒箧地整理出来，作为芹献。"

芹献，也可写作"野芹之献"。《汪康年师友书札·吕海寰》："兹送上英洋伍拾元，即希查收。聊助刊资，野芹之献，不值为方家一哂也。"

【芹曝】宋刘克庄《居厚弟和七十四吟再赋》诗之二："批涂曾举词臣职，芹曝终怀野老心。"明张居正《请敷陈谟烈以裨圣学疏》："则圣德愈进于高明，圣治益跻于光大，而臣等区区芹曝之忠，亦庶几少效万分之一矣。"《清代名人书札·李宗岱致阎敬铭》："兹因穆芸阁兄西行之便，谨肃芜禀，恭叩兴居，并附上西洞青花端砚一方、旧鼻烟二瓶，聊伸芹曝之意，敢乞叱存。"

【献芹】同"芹献"。唐高适《自淇涉黄河途中》诗之九："尚有献芹心，无因见明主。"宋苏轼《教坊致语》："虽白雪阳春，莫致天颜之一笑；而献芹暄日，各尽野人之寸心。"明无名氏《精忠记·赴难》："今日将这碗饭送与他充饥，野老献芹，聊表微意。"

【芹敬】明王錂《春芜记·忤奸》："吾曹交谊金石盟，只是愧药饵未将芹敬。"

【献曝】清赵翼《直州萧娘制糕饼最有名》诗："馈节聊同献曝情，竟邀椽笔赐褒荣。"清冯桂芬《与许抚部书》："阁下洞晓机宜，自必早为计及，而某等献曝之诚，知无不能，亦有不能自已者。"季羡林《自传》："我想到这样平凡的真理，不敢自秘，便写了出来，其意不过如野叟献曝而已。"

芹意 qínyì 芹诚 qínchéng

谦词。芹，草果，比喻微薄。谦称自己微薄的情意。

【芹意】元秦简夫《剪发待宾》第二折："蔬食薄味，箪食壶浆，不堪管待，聊表芹意，望学士休笑咱。"明凌濛初《初刻拍案惊奇》卷十八："也知吾丈不稀罕此些微之物，只是尊嫂面上，略表芹意，望吾丈鉴其诚心，乞赐笑留。"《红楼梦》第一回："邀兄到敝斋一饮，不知可纳芹意否？"

【芹诚】明邵璨《香囊记·问卜》："紫火金丹何处有，仙方米授神楼，且尽芹诚，躬调药饵，愿母病康宁如旧。"

绵(緜)力 miánlì 棉力 miánlì 绵力薄才 miánlìbócái 绵薄 miánbó 棉薄 miánbó

谦词。绵，软弱，薄弱。绵、棉，古今字。谦称自己能力薄弱。《汪康年师友书札·汪钟霖》："迳启者，敝处报务,刻承同人公议,归弟专办,惟力棉才短,一切仍求公随时救正为幸。"

【绵(緜)力】宋苏轼《答李方叔书》:"至于富贵,则有命矣,非绵力所能必致。"鲁迅《书信集·致徐寿裳》:"以微事相委,本亦当效绵力,顾境遇所迫,尚有不能已于言者。""绵"也写作"緜"。隋江总《辞行李赋》:"进学惭于枝叶,緜力谢于康衢。"

【棉力】"棉","绵"的今字。同"绵力"。《官场现形记》第三三回:"跟手宋子仁说了声:'兄弟只好勉竭棉力,捐一百银子,附附骥的了。'"中国近代史资料丛刊《辛亥革命·山东起义清方档案》:"虽棉力不足匡时,而愚忱总期自效。"

【绵力薄才】谦称自己才薄力弱。明李东阳《奏为自陈休致事》:"臣绵力薄才,屡躯弱质。"

【绵薄】"绵力薄才"的省写。宋岳飞《辞太尉第四札子》:"正恐绵薄,不堪禄赐之厚。"清蒲松龄《聊斋志异·瑞云》:"一丝之赞,已竭绵薄。"陈登科《赤龙与丹凤》:"我不过是尽点绵薄之力罢了。"

【棉薄】同"绵薄"。邹韬奋《经历》五一:"根据这个观点,我……愿竭尽我的棉薄,追随许多救国的同志们。"夏衍《关于关山月画展特辑》:"只要对于抗战救亡多少有点裨益的文化工作,我们都不惜替他尽一点棉薄。"

刍荛 chúráo 刍言 chúyán 刍议 chúyì 刍论 chúlùn 刍说 chúshuō

谦称自己的见解、论说浅陋。

【刍荛】刍,割草;荛,打柴。引申为谦称自己的见解浅陋。清古吴墨浪子《西湖佳话·葛岭仙迹》:"葛洪因辞谢道:'刍荛上献,不过备大人之一采。'"清宣鼎《夜雨秋灯录·东邻墓》:"郎若听妾刍荛,准于闱后获一县令。"清彭翙《与友人论文书》:"承询作文,仆非能者,乌足以知之?虽然,刍荛之得,不敢私也。"郭沫若《赞天地之化育》:"兹际协会成立一周年纪念,谨以一个未成器的医科学生的资格,献刍荛如上。"

【刍言】南朝宋谢庄《上搜才表》:"臣生属亨路,身渐鸿猷,遂得奉诏左右,陈愚于侧,敢露刍言,惧氛恒典。"《新唐书·王珪传》:"今陛下开圣德,收采刍言,臣愿竭狂瞽,佐万分一。"《清代名人书札·吉灿升致阎敬铭》:"因复直陈当事,略谓:怨劳力任,灿升义无反顾,……又未蒙容纳刍言,仍饬令专司会计。"清雪中人《〈中西纪事〉后序》:"间陈管见,偶赘刍言。"

【刍议】《南齐书·刘善明传》:"謦言刍议,伏待斧钺。"

【刍论】清曾国藩《孙芝房侍讲〈刍论〉序》:"善化孙芝房侍讲鼎成,以书抵余建昌军中,寄所为《刍论》,属为裁定。"《四库全书总目提要·两河清汇八卷》:"八卷则凤祚所自著也,曰《刍论》,曰《修守事》……"

【刍说】清冯桂芬《公启曾协揆》:"敬陈刍说,愿执事采择焉。"

千虑一得 qiānlǜyīdé 千一虑 qiānyīlǜ 一得 yīdé 一得之见 yīdézhījiàn 一得之愚 yīdézhīyú

谦词。谦称自己愚笨,千虑始有一得之见。典出《晏子春秋·杂下十八》:"愚人千虑,必有一得。"

【千虑一得】《陈书·虞荔传》:"寄虽疾侵耄及,言无足采,千虑一得,请陈愚筭。"唐陆贽《论叙迁幸之由状》:"千虑一得,或有取焉。"清俞樾《茶香室三钞·人通物语》:"程涓字巨源,明万历间人,《千一疏》其所著书名,取千虑一得之义。""千虑一得",也可说"千虑之一得"。《汪康年师友书札·姚大荣》:"惟近作有《跋〈朔方备乘〉》《跋〈汉书·匈奴列传〉》二篇,专考中西史迹,似尚不无千虑之一得。邮呈诲政,付诸剞氏,俾得附贵馆文编之末,以就正中西史学家,有厚幸也。"

【千一虑】宋陆游《送曾处士赴行在》诗:"敬输千一虑,或取二三策。"

【一得】宋苏轼《湖州谢上表》:"凡人必有一得,而臣独无寸长。"明陈邦瞻《宋史纪事本末·金亮南侵》:"臣有愚虑,请殚一得。"夏丏尊、叶圣陶《文心》二七:"我愿意把'愚者'的'一得'贡献给诸位同学。"

【一得之见】臧克家《京华练笔三十年》:"我希望自己的一得之见,不致贻误读者。"秦牧《〈艺海拾贝〉新版前记》:"本书所谈的,不过是自己在学习和写作过程中的一得之见,不一定很正确。"

【一得之愚】宋岳珂《桯史·吴畏斋谢贽启》:"喜拜重来之命,试伸一得之愚。"明郎瑛《七修类稿·天地·潮汐》:"余复推其所以,故今先录燕宣二论于前,仍列史论并予一得之愚于底,以俟博识。"鲁迅《集外集拾遗·〈越铎〉出世辞》:"吾侪庶士,坐观其成,觉不尽一得之愚,殆自放于国民之外。"

不揣 bùchuǎi 不自揣 bùzìchuǎi 不揣冒昧 bùchuǎimàomèi 不揣梼昧 bùchuǎitáomèi 不揣鄙陋 bùchuǎibǐlòu 不揣固陋 bùchuǎigùlòu 不揣寒陋 bùchuǎihánlòu

谦词。不揣,谦称自己不自量。与相关的词连用,谦称自己冒昧或鄙陋而不自量。

【不揣】元王实甫《西厢记》第一本第二折:"小生不揣有恳,因恶旅邸冗杂,早晚难以温习经史,欲假一室,晨昏听讲。"明冯梦龙《醒世恒言·张廷秀逃生救父》:"老夫不揣,止有一女,年十九岁了,……情愿侍奉箕帚。"

【不自揣】《汪康年师友书札·陈寿彭》:"爱不自揣,拟仍马氏初稿,为之润色,其未全者,为之补译,书成之日,仍署马氏之名。"

【不揣冒昧】谦言自己不自量,且行为莽撞。《红楼梦》第八四回:"晚生还有一句话,不揣冒昧,合老世翁商议。"清龚自珍《在礼曹日与堂上官论事书》:"受事以来,于今一年,拙者之效,无所表见,而胸臆间有所欲言,不揣冒昧,欲以上裨高深于百一。"艾芜《〈夜归〉前言》:"一九七二年,我不揣冒昧,又大胆写了一篇《高高的山上》,这不消说,又是黑线回潮了。"

【不揣梼昧】梼昧,愚昧无知。《汪康年师友书札·陈焯》:"近日按语,微觉有未合元代事迹者,不揣梼昧,另纸条贡所疑。"又《莫礼智致汪康年》:"顾窃闻仁者赠人以言,不揣梼昧,辄用陈词,请备药笼之末可乎?"

【不揣鄙陋】鄙陋,见识浅薄。《清代名人书札·王拯致阎敬铭》:"识者以为比军务为尤难,不知明者有何成算?不揣鄙陋,属有所构,倘能成文以献,再当录副奉求指正。"

【不揣固陋】固陋,同"鄙陋"。《清代名人书札·王拯致阎敬铭》:"国史自有一大传,特恐限于例式,不能尽其生平。不揣固陋,谬欲从事铭诔之文,故欲得其状甚切。"《汪康年师友书札·赵完》:"弟不揣固陋,禀请设立,已蒙上游首肯,原稿附呈,尚祈指正。"

【不揣寒陋】清蒲松龄《聊斋志异·宦娘》:"又问:'女郎何人?'曰:'此宦娘,老身之犹子也。'温曰:'不揣寒陋,欲求援系,如何?'"

不揆 bùkuí 不揆梼昧 bùkuítáomèi 不逊 bùxùn

不揆、不逊,犹"不揣"。谦称自己不自量力。

【不揆】宋岳飞《御书屯田三事跋》:"用屯田以足兵食,诚不为难。臣不揆愿迟之岁月,敢以奉诏。"元白朴《满庭芳》词序:"臣不揆狂斐,合三家奇句,试为一首,必有能辨之者。"

【不揆梼昧】谦言自己不自量。梼昧,愚昧无知。晋郭璞《〈尔雅〉序》:"英儒瞻闻之士,洪笔丽藻之客,靡不钦玩耽昧,为之义训。璞不揆梼昧,少而习焉。"邢疏:"此自谦也。揆,度也。梼谓梼杌无知之貌;昧,闇也。郭氏言己不度其无知闇昧,自少小而习此书焉。"

【不逊】《汉书·司马迁传》:"仆窃不逊,近自托于无能之辞,网罗天下放失旧闻,考之行事,稽其成败兴坏之理,凡百三十篇。"《后汉书·郅恽传》:"恽窃不逊,敢希伊尹之踪,应天人之变,明府傥不疑逆,俾成天德。"

谬 miù

谬,错误。用在相关的词前,谦称自

己错蒙爱护、恩遇或错任其职等。

【谬爱】明凌濛初《二刻拍案惊奇》卷三一:"王世名道:'诸兄皆是谬爱小弟肝鬲之言。'"清朱之瑜《答陈元赟书》:"如何村翁之贤,亦未尝识荆,乃叨谬爱,涓日宠招?"《红楼梦》第一回:"雨村听了,并不推辞,便笑道:'既蒙谬爱,何敢拂此盛情?'"

【谬顾】犹"谬爱"。晋庾亮《上疏乞骸骨》:"且先帝谬顾,情同布衣,今既恩重命轻,遂感遇忘身。"

【谬膺】膺,担任。谦称谬任与自己才德不相称的官职。清纳兰性德《渌水亭杂识》卷四:"典坟(典籍)未博,谬膺良史之官;词翰不工,叨辱侍臣之列。"

【谬职】谦称自己无才无德,谬任其职位。唐张说《为清边道大总管建安王奏失利表》:"臣以弩怯,谬职戎麾,衔戴恩荣,统率将士。"唐柳宗元《御史台贺嘉禾表》:"臣某谬职宪司,获睹休瑞,无任忭跃之至。"

【谬举】谦称错蒙他人举用。《三国演义》第三八回:"亮乃一耕夫耳,安敢谈天下事?二公谬举矣。"

【谬厕】谦称错蒙置身于与自己德才不符的行列。《清代名人书札·吉灿升致阎敬铭》:"灿升河防于役,……乃蒙中丞因在姚家口大工出力保奖,请俟归道员班离知府任后加二品顶戴。狠以逐队,谬厕剡章(奏章),实深愧恧。"

【谬容】谦称错蒙容纳。唐元稹《〈献荥阳公诗五十韵〉序》:"启:今月十七日,公会儒于便庑,稹亦谬容末席。"

【谬会】谦称自己的意见正与人合。晋陶潜《感士不遇赋》:"诚谬会以取拙,且欣然而归止。"王瑶注:"谬会,谬合。"《资治通鉴·宋文帝元嘉八年》:"述谓其子综曰:'主上矜邵凤诚,特加曲恕,吾所言谬会,故特见酬纳耳。'"

【谬(缪)恩】谦称自己无才德,错蒙恩遇。《昭明文选·阮籍〈奏记诣蒋公〉》:"乞迴谬恩,以光清举。"李周翰注:"称己无德,则辟命为谬恩;迴以聘贤,则庶光于所举矣。"宋王安石《除知制诰谢表》:"比更烦使,稍窃谬恩;内怀尸禄之惭,仰负食功之意。"
"谬"也写作"缪"。宋王安石《上富相公书》:"平居不敢具书,以勤左右之观省,幸缘缪恩所及,敢布其私心。"又《次韵张唐公马上》诗:"竭节初悲力不任,赐身终愧缪恩临。"

过 guò

过,错误;过分。用在相关的词前,谦称自己得到对方错误或过分的爱护或奖励。

【过蒙】错蒙,错承。宋苏轼《答曾舍人启》:"过蒙宠顾,辱示华笺,恨无酬德之言,徒有得贤之庆。"《汪康年师友书札·陈瀚》:"瀚狠以菲才,过蒙青及,敢不努力,以稍尽国民一分子之义务。"姚雪垠《李自成》第二卷第四三章:"今日来投闯王帐下,过蒙垂青,只恨才疏学浅,无以为报。"

【过爱】犹"错爱"。明凌濛初《初刻拍案

惊奇》卷一："今蒙我翁过爱,抬举成人,不烦役使,珍重多年,冥数将满。"《红楼梦》第八四回："贾政笑道:'这也是诸位过爱的意思。'"

【过称】谦称自己受到过分的称誉。明汪廷讷《广陵月》第四出："[生]永新,你果然歌得好。[旦]奴婢何当陛下过称!"《醒世姻缘传》第十四回："晁源道:'承老父母过称,明早当专奉,老父母当自己开尝,不要托下人开坏了酒。'"老父母,敬称本地的地方官。

【过誉】明冯梦龙《万事足·衫襟重会》："陈婶婶,休得过誉。"《红楼梦》第一回："雨村忙笑道:'不敢,不过偶吟前人之句,何期过誉如此!'"

【过奖】宋强至《代谢进和御诗奖谕表》："既黩邃旒,若临深谷,敢谓兼容之度,例形过奖之辞。"明冯梦龙《酒家佣·恩诏录孤》："公子过奖了。"《老残游记》第三回："阁下以'高尚'二字许我,实过奖了。"

错爱 cuò'ài

谦称自己错蒙爱护。《京本通俗小说·菩萨蛮》："但求恩王念平日错爱之情,可以饶恕一二。"明李日华《南西厢记·东阁邀宾》："谢芳卿,谢红娘姐姐错爱,成就了这姻亲。"《儒林外史》第十一回："既是两公错爱,我便该先到城里去会他,何以又劳他来?"

失迎 shīyíng 失迓 shīyà 失候 shīhòu

谦词。客人来时,自己没有亲自迎接或恰好自己不在而后向对方致歉。

【失迎】《西游记》第七三回："大圣,失迎了。你从那里来的?"清孔尚任《桃花扇·听稗》："原来是陈、吴二位相公,老汉失迎了。"《儿女英雄传》第十七回："邓九公道:'原来先生已经到了我两家舍下,着实的失迎!'"缪荃孙《艺风堂友朋书札·李慈铭三十一》："昨承枉顾,弟入夏久病,力支吏事,七月四日遂中危疾,至今不能出户,失迎歉甚。"巴金《神》："早接到某君的信了,正挂念着什么时候来呢!凑巧是星期日,所以在家里。真是失迎了,对不起,请进来坐。"

【失迓】同"失迎"。《清代名人书札·徐宗瀛致薛时雨》："昨承枉顾,失迓为歉。"又《勒方锜致少厓》："日昨白门系揽,辱承枉驾光临,抱愧失迓。……专此道歉,诸望鉴涵。"《汪康年师友书札·陈炽》："日昨失迓,甚歉。"

【失候】《儿女英雄传》第十五回："邓九公道:'原来老弟倒枉驾先到舍下,只是我多多失候,越发不安了。'""失候"也用于表示失于问候。明梁辰鱼《浣纱记·谈义》："哥哥,只因多事,失候起居。"

失敬 shījìng

谦词。谦称自己礼貌不周。元王实甫《西厢记》第二本第二折："小弟欲来,奈小疾偶作,不能动止,所以失敬。"《二十年目睹之怪现状》第九八回："老夫子到这边来,又不提起,一向失敬。"峻青《海啸》第四章六:

"'哦,原来是彭连长,'老宫哈哈地笑着说,'失敬,失敬。'"

失陪 shīpéi

谦词。谦称因故不能陪伴对方。《儿女英雄传》第八回:"你我'将军不下马,各自奔前程',恕我失陪。"《花月痕》第十回:"我娘吕仙阁还愿去了,失陪两位老爷,休怪!"曹禺《雷雨》第三幕:"您同四凤在屋里坐一坐,我失陪了。"

高奖 gāojiǎng

谦词。谦称自己得到过高的奖励。唐王勃《上武侍极启》:"是用谬凭高奖,曲撰芜音。"

叱名 chìmíng

谦词。请人转达自己姓名的谦称。明张居正《答藩伯杨魏村》:"仍希叱名于诸年丈,统容来岁南归一一踵谢。"《清代名人书札·张裕钊致月槎》:"太伯母太夫人尊前,祈叱名请安。"清俞万春《荡寇志》第七六回:"希真欠身道:'祈转致叱名。'"鲁迅《书信集·致江绍原》:"太太前乞叱名请安。"

叱谢 chìxiè

谦词。请人转达自己谢意的谦称。清陆陇其《答曹微之进士书》:"容徐徐亲尘,乞为叱谢高情,缕缕感愧,率复不尽。"

眼拙 yǎnzhuō

谦词。谦称自己目光迟钝,眼力不济。《水浒传》第七二回:"在下眼拙,失忘了足下,适蒙呼唤,愿求大名。"《儿女英雄传》第十五回:"足下恕我眼拙,一时想不起那里会过。"老舍《茶馆》第一幕:"喝!马五爷,您在这儿哪?我可眼拙,没看见您!"

领教 lǐngjiào

谦词。①谦称接受他人教益。明屠隆《彩毫记·乘醉骑驴》:"原来就是任君,向年领教长歌,词采流溢,小生气索,未有报章,幸会幸会。"《儒林外史》第三五回:"况太保公屡主礼闱,翰苑门生不知多少,何取晚生这一个野人?这就不敢领教了。"周而复《上海的早晨》第三部四九:"懋廉兄说还有其他原因,我倒愿意领教领教。"②谦称向人请教。《红楼梦》第一一五回:"今日弟幸会芝范,想欲领教一番超凡入圣的道理,从此可以净洗俗肠,重开界限。"《老残游记》第三回:"你叫他们赶紧把那南书房三间收拾,即请铁先生就搬到衙门里来住,以便随时领教。"

何足挂齿 hézúguàchǐ

谦词。谦称不值得一提。明凌濛初《二刻拍案惊奇》卷三:"桂娘道:'哥哥与母亲姑侄至亲,自然割不断的;小妹薄命之人,何足挂齿?'"《儒林外史》第二九回:"这是一时应酬之作,何足挂齿?"《老残游记》第三回:"不过先人留下来的几本破书,当小说书看罢了,何足挂齿?"

佛头着粪 fótóuzhuófèn

谦词。谦称他人美好的作品或笔墨被自己所亵渎。《二十年目睹之怪现状》第四十回:"香奁体我作不来;并且有他的珠玉在前,我何敢去佛头着粪?"苏曼殊《与高天梅论文学书》:"拙诗亦见录存,不亦佛头着粪耶?"也可用于泛指亵渎美好的事物。鲁迅《且介亭杂文·病后杂谈之余二》:"今人标点古书而古书亡,因为他们乱点一通,佛头着粪。""粪"也写作"秽"。《清代名人书札·慎毓林致阎敬铭》:"《遗教经帖》藉使呈上,未敢加墨,恐佛头着秽也。"

鸠拙 jiūzhuō

谦词。谦称自己生性笨拙。典出《禽经》:"鸠拙而安。"张华注:"鸠,鸤鸠也。《方言》云:'蜀谓之拙鸟,不善营巢,取鸟巢居之,虽拙而安处也。'"后用作谦称自己生性笨拙。明陈汝元《金莲记·慈训》:"孩儿自惭鸠拙,怎绳七叶之貂?"清李渔《怜香伴·僦居》:"妇安鸠拙终无损,又何须笔如簧,舌如埙?"《清代名人书札·陈士杰致李云麟》:"但使地方清谧,苟且补苴,亦可藉藏鸠拙耳。"又《饶应祺致阎敬铭》:"应祺仍回本任,道署事简,庶几借藏鸠拙,冀幸实深。"

掷还 zhìhuán 掷下 zhìxià

谦词。用于请对方把原物归还自己。

【掷还】《汪康年师友书札·谢希傅》:"弟去年录上陶哲存公子一书,颇为酣畅,迟久未登,不免遗珠之憾。倘不见收,即请将原稿掷还,是所渴盼。"又《罗振玉》:"兹将第一册校完奉寄,并刻入尊刻,何如?若不刻,即祈掷还,弟即刻之也。"鲁迅《书信集·致林语堂》:"以是希于便中掷还所留之三纸为幸。"

【掷下】《汪康年师友书札·劳乃宣》:"前由拙存呈上《实进会公启》,蒙允斧削,计当改定,祈掷下为幸。"又《周学熙》:"日前送上旅顺友人信,祈掷下为荷。"

掷送 zhìsòng

谦词。请对方把原物送交某处。《汪康年师友书札·梁鼎芬》:"程君稿底弟漏未与返。今专人到索,请即掷送三弟处为盼。"

蒹葭玉树 jiānjiāyùshù 蒹葭倚玉 jiānjiāyǐyù

地位悬殊,表示高攀对方的谦称。

【蒹葭玉树】典出南朝宋刘义庆《世说新语·容止》:"魏明帝使后弟毛曾与夏侯玄共坐,时人谓'蒹葭依玉树'。"按:"蒹葭",指毛曾;"玉树",指夏侯玄。两人品貌极不相称而坐在一起。后用"蒹葭玉树"谦称自己地位低下而攀附他人。明陈汝元《金莲记·小星》:"云屏初列,彩丝新恋,袖映屏山云艳,蒹葭玉树,低回笑揽芳年。"

【蒹葭倚玉】明凌濛初《二刻拍案惊奇》卷十七:"小女娇痴慕学,得承高贤不弃,今幸结此良缘,蒹葭倚玉,惶恐惶恐！"《孽海花》第十二回："太太如此见爱，妾非木石，那有不感激的理，只是同太太并肩拍照，兼葭倚玉，恐折薄福，意欲告辞，改日再遵命吧！"

恶札 èzhá

谦词。谦称自己的书法或文笔拙劣。"札"，也写作"劄"。明凌濛初《初刻拍案惊奇》卷二七："无计可奈，只得写两幅字卖来度日，乃是不得已之计，非敢自道善书。不意恶札，上达钧览。"清包世臣《与杨季子论文书》："退之诸文，序为至劣，本供酬酢，……偶著新奇，旋成恶札。"宋孙光宪《北梦琐言》卷十二："恶劄固无所怍，若以润笔先赐，即不敢闻命。"

涂鸦 túyā 涂雅 túyǎ 涂 tú

谦称自己的书画或文字幼稚拙劣。典出唐卢仝《示添丁》诗："忽来案上翻墨汁，涂抹诗书如老鸦。"后多用作谦词。

【涂鸦】清蒲松龄《聊斋志异·娇娜》："先生不弃顽儿，遂肯赐教。小子初学涂鸦，勿以友故，行辈视之也。"《孽海花》第十四回："这是小女涂鸦之作，贤弟休要见笑。"

【涂雅】"雅"是"鸦"的古字，涂鸦的"鸦"，也写作"雅"。《清代名人书札·冯桂芬致张鸣珂》："手示拜悉。尊卷涂雅塞责，乃承齿谢，益之惭恧。"

【涂】"涂"单用时，也可表示自谦。《清代名人书札·沈景修致张鸣珂》："德斋书件均已涂就，乞教之。"又《慎毓林致阎敬铭》："委书两件，容日涂就奉上。"

覆酱瓿 fùjiàngbù 覆酱 fùjiàng 覆瓿 fùbù

谦词。喻著作毫无价值，也可用于谦称自己的作品。

【覆酱瓿】语出《汉书·扬雄传下》："巨鹿侯芭常从雄居，受其《太玄》、《法言》焉，刘歆亦尝观之，谓雄曰：'空自苦！今学者有禄利，然尚不能明《易》，又如《玄》何？吾恐后人用覆酱瓿也。'雄笑而不应。"清恽敬《答伊扬州书》："知在粤东见敬文稿，过蒙奖借，……恐文质无所底，愧见诸君子，则今日之诗痴符，亦终归于覆酱瓿，贮敝筐而已。"也省写作"覆酱""覆瓿"。

【覆酱】北周庾信《谢滕王集序启》："至于凋零之后，残缺所余，又已杂用补袍，随时覆酱。"

【覆瓿】宋陆游《秋晚寓叹》诗之四："著书终覆瓿，得句漫投囊。"《清代名人书札·金安清致绂翁》："弟年逾六十，衰迈日增，唯眼力尚可，观书日尽数册，近来料简平生覆瓿之作，以付枣梨。"又《沈景修致张鸣珂》："题图作首句虽改过，仍不惬意，此诗万万做不好矣，姑奉去作糊窗覆瓿之用可耳。"

茅塞 máosè

谦称自己思想闭塞。语出《孟子·尽

心下》：" 山径之蹊间，介然用之而成路；为闲不用，则茅塞之矣。今茅塞子之心矣。" 原意是用茅草堵塞蹊径，比喻堵塞为善之心。后用以比喻思想闭塞，也常用于自谦。《三国演义》第三八回："玄德闻言，避席拱手谢曰：'先生之言，顿开茅塞，使备如拨云雾而睹青天。'"《清代名人书札·吴家榜致崇如》："弟身厕戎行，惭无知识，尚祈指示，以开茅塞为叩。"清李渔《蜃中楼·述异》："吾兄真解人也，小弟胸中茅塞，不觉顿开。"《汪康年师友书札·蔡乃煌》："近闻新出奇书有所谓前八月涛、后八月涛及南北曲、《庀书》等目，伏求迅代购各一部，以开茅塞，快睹为盼。"

榛芜 zhēnwú 榛荟 zhēnhuì

谦称自己。榛芜、榛荟，用以比喻自己寒微低贱。

【榛芜】唐杜甫《赠韦左丞丈济》诗："君能微感激，亦足慰榛芜。"元柳贯《三月十日观南安赵使君所藏书画古器物》诗："南唐常侍六书学，凌轹斯、邈开榛芜。"

【榛荟】《魏书·宗钦传》："若能纡凤彩以耀榛荟，回连城以映瓦砾者，是所望也。"

杯水之敬 bēishuǐzhījìng
杯水之酬 bēishuǐzhīchóu
杯水候 bēishuǐhòu 杯茗之敬 bēimíngzhījìng

谦词。杯水，喻微薄。用在相关的词前，谦称自己的心意微薄，如同杯水。

【杯水之敬】谦称敬意微薄。《歧路灯》第三八回："孔耘轩道：'小婿业师惠人老，原是弟说成的，今上学已经两月，弟尚无杯水之敬，所以（备筵）并请三位陪光。'"

【杯水之酬】谦称酬谢微薄。清蒲松龄《聊斋志异·道士》："道士曰：'虽然，道人怀诚久矣，会当竭力作杯水之酬。'"

【杯水候】用于旧时请柬，谦称自己所备微薄，敬候光临赴宴。《歧路灯》第八四回："及至次日，绍闻具'十五日杯水候'全帖，请这一切债主。"

【杯茗之敬】杯茗，也喻微薄。请人宴饮的谦词。《镜花缘》第十一回："吴之和道：'二位大贤由天朝至此，小子谊属地主，意欲略展杯茗之敬，少叙片时，不知可肯枉驾？'"

免贵 miǎnguì

谦词。犹"贱"。回答对方问"贵姓"时的谦称。熊召政《张居正》："'老人家贵姓？''免贵，贱姓常。'"萧潜《飘逸之旅》第一集第四章："'这位大哥贵姓？'领头兵丁慌忙回答：'小人不敢，免贵，小人姓华。'"

（二）敬词

1. 通用敬词

令 lìng

敬词。令，善；美。用在有关称谓的词前敬称他人的亲属。

【令尊】【令严】敬称他人的父亲。

〔令尊〕唐李公佐《南柯记》："王曰：'前奉令尊命，不弃小国，许令次女瑶芳奉事君子。'生但俯伏而已，不敢致词。"宋陈叔方《颍川语小》卷上："世俗称谓，多失其义。惟以令尊呼父，以内称妻，尚可通。"《说唐》第八回："贤侄，老夫想你令尊，为国忘身，归天太早。"

〔令严〕严，严父的省称。令严，与谦称"家严"相对，敬称他人的父亲。

【令先君】敬称他人已去世的父亲。明凌濛初《初刻拍案惊奇》卷二十："今日喜得贤侄功成名遂，耀祖荣宗，老夫若再不言，是埋没令先君一段苦心也。"又："老夫有一衷肠之话，含藏十余年矣，今日不敢不说。令先君与老夫，生平实无一面之交，当贤母子来投，老夫茫然不知就里。"

"令先君"也用于敬称对方已世的丈夫。明凌濛初《初刻拍案惊奇》卷二十："刘元普便对张氏说道：'旧岁老夫梦中得见令先君，说令爱与小儿有婚姻之分。前日小儿未生，不敢启齿。如今，倘蒙不鄙，愿结葭莩。'张氏欠身答道：'先夫梦中曾言，又蒙伯伯不弃，大恩未报，敢惜一女？'"

【令先翁】敬称他人已去世的父亲或祖父。明凌濛初《初刻拍案惊奇》卷四十："主僧不觉垂泪不已，说道：'老僧与令先翁长官久托故旧，往还不薄。……'"《二十年目睹之怪现状》第四六回："他到了晚上，和我说穷的了不得，你令先翁遗下的钱，他又不敢乱用，要和我借这一百两银子。"

【令伯】敬称他人的伯父。《二十年目睹之怪现状》第四六回："那年在上海长发栈，令伯当着大众说谢我一百两银子的，我为人爽直，便没有推托。"

【令堂】【令慈】【令萱】敬称他人母亲。

〔令堂〕元郑光祖《㑇梅香》第三折："这声音九分是你令堂。"明吾邱瑞《运

令 lìng　87

甓记·剪发延宾》:"方才小价说,你北堂截发供榛脯。世上有此贤德之母,小弟既忝与仁兄倾盖交欢,敢请令堂一见。"洪深《少奶奶的扇子》第四幕:"尊大人在日,也曾说起令堂么?"

〔令慈〕慈,慈母的省称。令慈,与谦称"家慈"相对,敬称他人母亲。清陈确《祭祝开美文》:"闰月初二,实葬令慈,初五役竣,诸作允厘。"

〔令萱〕萱堂,指母亲的居室,后用作母亲的代称,敬称他人母亲为令堂、令萱。

【令妻】【令阁】【令阃】【令正】【令政】【阃正】【令荆】敬称他人的妻子。

〔令妻〕初义是德行美善的妻子,后用以敬称他人的妻子。唐刘禹锡《为鄂州李大夫祭柳员外文》:"令妻早谢,稚子四岁。"明李昌祺《剪灯馀话·鸾鸾传》:"将军夫人妒忌,所房妇女,皆处于别室,除浣洗衣裳、炊造饮食之外,不容辄出,近亦有给还其亲属者。令妻若在,吾当为玉成。"

〔令阁〕初义是贤惠的妻子,后用以敬称他人的妻子。宋赵令畤《侯鲭录》卷三:"(苏)东坡再谪惠州日,一老举人年六十九,为邻。其妻三十诞子,为具邀公,公欣然而往。酒酣乞诗,公戏一联云:'令阁方当立岁,贤夫已近古稀年。'"宋惠洪《冷斋夜话·刘野夫免德庄火灾》:"刘野夫上元夕以书约德庄曰:'今夜欲与君语,令阁必尽室出观灯,当清净身心相候。'德庄雅敬其为人,危坐三鼓矣,家人辈未还,野夫亦竟不至。俄火自门而烧,德庄窘,持诰牒犯烈焰而出。顷刻,数百舍为瓦砾之场。明日,野夫来吊且欣曰:'令阁已不出是吾忧,幸出可贺也。'"

〔令阃〕阃,内室,妇女所居。也敬称他人妻子为令阃或尊阃。鲁迅《准风月谈·登龙术拾遗》:"试看王尔德遗照,盘花钮扣,镶牙手杖,何等漂亮!人且见怜,而况令阃。"

〔令正〕旧时以嫡妻为正室,因此敬称他人嫡妻为令正。宋陈叔方《颍川语小》卷上:"若谓阁正为令正,令嗣为令似,……传习已深,不觉其谬,亦不可得而革矣。"明冯梦龙《万事足·访友托妻》:"娘子,高本崇携令正来到,与你同去迎接。"《西游记》第五九回:"尊府牛魔王,当初曾与老孙结义,乃七兄弟之亲。今闻公主是牛大哥令正,安得不以嫂嫂称之!"《说唐》第十回:"只今月内第十三封书,不是令堂写的,是令正写的,书中说令堂有恙,不能修书。"

〔令政〕同"令正"。明汪廷讷《种玉记·拂券》:"老旦:'家中有令政么?'生:'红鸾信尚遥。'老旦:'既然未娶,倘若有人家招赘,官人不知肯俯从么?'生:'凭将快婿招。'"

〔阃正〕同"令正"。宋朱熹《与柯国材书》:"阃正孺人、令郎各安佳。""阃正",一本作"阁正"。

〔令荆〕《西游记》第十四回:"三藏躬身

作礼相谢道：'多有拖步，感激不胜。回府多多致意令堂老夫人、令荆夫人，贫僧在府多扰，容回时踵谢。'"

【令子】【令郎】【令嗣】【令似】 敬称他人的儿子。

〔令子〕《南史·任昉传》："（任昉）四岁诵诗数十篇，八岁能属文，自制《月仪》，辞义甚美。褚彦回尝谓遥曰：'闻卿有令子，相为喜之。所谓百不为多，一不为少。'"唐李商隐《五言述德献上杜七兄仆射》诗："过庭多令子，乞墅有名甥。"清俞正燮《癸巳类稿·澳门纪略跋》："征君为同知张君令子，论世知大体，因书其大要而归之。"

〔令郎〕令郎君的省称，敬称他人儿子。《玉台新咏·古诗为焦仲卿妻作》："贫贱有此女，始适还家门。不堪吏人妇，岂合令郎君！"宋朱熹《答徐彦章书》之三："两日偶看经书，有疑义数条，别纸奉扣，并前书送令郎处，寻便附致。"《红楼梦》第三三回："这一城内，十停人倒有八停人都说：他近日和衔玉的那位令郎相处甚厚。"茅盾《秋收》一："通宝兄，尊驾贵恙刚好，令郎的事，你只当不晓得罢了。哈哈，是我多嘴！"

〔令嗣〕才德美好的儿子。①敬称他人的儿子。宋王安石《答郏大夫书》："承教，并致令嗣埋铭祭文，发挥德美，足以传后信今，感恻岂可胜言！"元郑光祖《㑇梅香》楔子："后来白参军金疮举发。俺亲身探病，说是将军果如辞世，愿将小女小蛮，与令嗣为妻。"明李昌祺《剪灯馀话·田洙遇薛涛联句记》："张大喜，开宴，待为上宾，且谓百禄曰：'令嗣晚间免回，可令就宿舍下。'百禄许之。"②敬称他人的子孙。《西游记》第二十回："三藏方问道：'老施主高姓？'老者道：'在下姓王。''有几位令嗣？'道：'有两个小儿，三个小孙。'"

〔令似〕"似"通"嗣"。宋王铚《默记》卷中："（刘立之）谓守曰：'吾且止此楼，以候殿榜，儿子决须魁天下。'守心不平，且曰：'四海多士，虽令似才俊，岂可预料？'"宋杨万里《代庆长叔回郭氏亲启》："伏承某人令似，少而汗简，已翻夜诵之波澜；而某第几女子，教以条桑，粗知春服之刀尺。"

【令爱】【令嫒】【令媛】【令女】 敬称他人的女儿。

〔令爱〕宋陈叔方《颍川语小》卷上："世俗称谓，多失其义，……若谓阁正为令政，令嗣为令似，令女为令爱。"《京本通俗小说·碾玉观音》："虞候道：'无甚事，闲问则个。适来叫出来看郡王轿子的人，是令爱么？'待诏道：'正是拙女，止有三口。'"《西游记》第二三回："八戒道：'娘，你上复令爱，不要这等拣汉。想我那唐僧，人才虽俊，其实不中用。'"茅盾《林家铺子》五："镇上的卜局长不知在哪儿见过令爱来，极为中意。"

〔令嫒〕同"令爱"。曹禺《北京人》第一幕："我这小孙儿年幼无知，说是在令媛头上泼了一桶水。'"

〔令媛〕媛,美女。同"令爱"。清蒲松龄《聊斋志异·胡氏》:"客曰:'确知令媛待聘,何拒之深?'再三言之而主人不可。客有惭色曰:'胡亦世族,何遽不如先生?'"

〔令女〕宋林逋《聘人妹书》:"令女有林下风,德容兼备。"《翰墨全书·婚礼门·宗女王亲》:"令女姿亚嫦娥,况有乘鸾之标格。"

【令婿】【令坦】敬称他人的女婿。

〔令婿〕明冯梦龙《警世通言·宋小官团圆破毡笠》:"员外道:'令婿为何而死?'刘翁道:'小婿不幸得了痨病之疾。'"明凌濛初《初刻拍案惊奇》卷十二:"阮太始道:'令婿也是旧家子弟,不辱没了令爱的。老丈既不嗔责,就请老丈同到令婿家里去一见便是。'"又卷二九:"观察道:'恭喜!恭喜!适才京中探马来报,令婿已及第了。'"

〔令坦〕南朝宋刘义庆《世说新语·雅量》:"郗太傅在京口,遣门生与王丞相书,求女婿,……门生归白郗曰:'王家诸郎亦皆可嘉,闻来觅婿,咸自矜持,唯有一郎在东床上坦腹卧,如不闻。'郗公云:'正此好!'访之,乃是逸少,因嫁女与焉。"后敬称他人女婿为令坦或东床,本此。《再生缘》第四三回:"下官曾见令坦书室中挂的真容,就是贵千金的小像了。"

【令岳】敬称他人的岳父。宋陈叔方《颍川语小》卷上:"妻之父曰外舅,妻之母曰外姑,此见于《尔雅》,……俗呼丈人、丈母,意亦近之。然称他人妻之父曰丈人,则未稳,惟曰令外舅可也。若云令岳,鄙谬甚矣。"据此,称他人岳父为令岳,宋时已相当通行。明凌濛初《初刻拍案惊奇》卷二四:"便问道:'秀才官人,令岳是那家?'"《官场现形记》第五三回:"况且里头有了令岳大人的照应,谅来子翁虽然暂时受点委曲,不久就可明白的。"

【令岳母】敬称他人的岳母。明凌濛初《初刻拍案惊奇》卷八:"褚敬桥道:'令亲外太妈陆氏身体违和,特地叫我寄信,请你令岳母相伴几时。'"

【令亲】敬称他人的亲属。明李昌祺《剪灯馀话·田洙遇薛涛联句记》:"洙弗能讳,乃具道本末,且愧谢曰:'此令亲见留,非贱子辄敢无礼。'张曰:'吾家何尝有亲戚在此?兼诸房姊妹亦无事平姓者,必祟也。'"明凌濛初《初刻拍案惊奇》卷八:"褚敬桥道:'令亲外太妈陆氏身体违和,特地叫我寄信,请你令岳母相伴几时。'"

【令兄】敬称他人的兄长。明凌濛初《初刻拍案惊奇》卷二五:"小娟垂泪道:'可惜令兄这样好人,与妾亡姊真个如胶似漆,生生的阻隔两处,俱谢世去了。'"《三国演义》第六四回:"玄德问孔明道:'令兄此来为何?'"《官场现形记》第三三回:"藩台道:

'原来老兄是子翁的令弟!兄弟同令兄很要好。……'"

【令嫂】敬称他人的嫂子。《水浒传》第二六回:"小人买了一陌纸,去山头假做人情,使转了王婆与令嫂,暗拾了这两块骨头,包在家里。"

【令姐】【令姊】敬称他人的姐姐。

〔令姐〕吴小如《呼唤〈废名全集〉问世》:"思纯的令姐是南开大学西语系毕业的,现居国外,手头似无多少先师遗稿。"

〔令姊〕明凌濛初《初刻拍案惊奇》卷二三:"崔生道:'若非令姊多情,今日如何能勾与你成亲?此恩不可忘了。'"《东周列国志》第一百回:"令姊忧城破,日夜悲泣。公子纵不念胜,独不念姊耶?"《二十年目睹之怪现状》第六四回:"我知道你于此等事是不在心上的,所以托你令姊抄了那卯数、号数出来,托述农和你办去。"

【令姊丈】敬称他人的姐夫。《官场现形记》第九回:"老兄在这里办的事,兄弟统通知道。不过因与令姊丈是同官同寅,处处顾全面子。"又第十回:"又说:'既然是他令姊丈的电报,应得去通知他一声。'"

【令甥】敬称他人的外甥。《水浒传》第十四回:"雷横道:'保正休怪,早知是令甥,不致如此,甚是得罪,小人们回去。'"《西游记》第六回:"玉帝道:'所举者何神?'菩萨道:'乃陛下令甥显圣二郎真君,见居灌洲灌江口,

享受下方烟火。……'"

【令侄】敬称他人的侄儿。《西游记》第五三回:"如今令侄得了好处,现随着观音菩萨,做了善财童子。"

【令侄女】敬称他人的侄女。《好逑传》第四回:"府尊一一听了,转欢喜起来道:'怎令侄女小小年纪,有如许聪慧,真可敬也,真可爱也!……'"

【令弟】敬称他人的弟弟。唐权德舆《唐故扬州兵曹参军萧府君墓志铭序》:"初,君与令弟故司封郎中惟则,同以儒服游京师,贤士大夫缔交慕义如响。"宋王安石《答俞秀老书》:"令弟见访,阙于从容,及闲邀之,已过江矣。"《汪康年师友书札·陶在宽》:"令弟社者入蜀,何日言旋?亦烦问候。"

【令妹】敬称他人妹妹。《水浒传》第五十回:"只是令妹引人捉了我王矮虎,因此还礼,拿了令妹。把王矮虎放回还我,我便把令妹还你。"

【令表妹】敬称他人的表妹。明凌濛初《初刻拍案惊奇》卷十六:"灿若道:'令表妹要嫁何等样人?肯嫁在外方去否?'"

【令师】敬称他人的老师或师父。明李贽《与友山书》:"令师想必因其弟高迁抵家,又因克念自省回去,大有醒悟,不复与我计较矣。"《西游记》第二一回:"当时被我拿住,饶了他性命,……不知他今日欲害令师,有违教令,我之罪也。"

【令友】敬称他人的朋友。《汪康年师友

书札·章梫》:"自沪揖别,月之十五日抵衷浦,承令友程君楚侯垂照,一切妥善,明晨即可上道。"

尊 zūn

敬词。尊,尊贵,高贵。用在相关的名词前,敬称他人或与他人有关的人或事。

【尊姓】【尊名】【尊字】【尊讳】【尊号】【尊篆】 敬称或敬问对方的姓名字号。

〔尊姓〕也说"高姓"。《水浒后传》第十四回:"所以金兄叫出尊姓,小弟摇头接叫张员外。"清孔尚任《桃花扇·闲话》:"方才都是路遇,不曾请教尊姓大号,要到南京有何贵干?"

〔尊名〕也说"大名""贵名"。明周楫《西湖二集·救金鲤龙王报德》:"敢问秀才高姓尊名?"《醒世姻缘传》第三三回:"怕的是那弹章里面带上一个尊名,总然不做钦犯干连,这个麟阁标名,御览相批,传闻天下,妙不可言。"

〔尊字〕《儒林外史》第二八回:"季苇萧动问:'仙乡尊字?'那人道:'贱字穆庵,敝处湖广。'"

〔尊讳〕同"尊名"。讳,回避称呼他人的名字。明冯梦龙《警世通言·白娘子永镇雷峰塔》:"那妇人问道:'不敢动问官人高姓尊讳?'"《西游记》第九六回:"今日可可的天降老师四位,完足万僧之数,请留尊讳。好歹宽住月余,待做了圆满,弟子着轿马送老师上山。"

〔尊号〕也说"大号""贵号"。《西游记》第六二回:"国王请唐僧四众上麒麟殿叙坐,问道:'圣僧尊号?'唐僧合掌道:'贫僧俗家姓陈,法名玄奘。'"李劼人《天魔舞》第一章:"原来你问'尊号',……我名字叫长兴,草字洪发。""尊号"也可用于敬称对方商号。

〔尊篆〕同"雅篆"。①敬称他人的字号。《二十年目睹之怪现状》第三四回:"我指着墙上的招贴道:'侣笙就是尊篆?'他道:'正是。'"②也可用于敬称对方。《二十年目睹之怪现状》第三六回:"我对姓梅的道:'照了尊篆的意思,倒可以加一个字,赠给花多福。'姓梅的道:'怎么讲?'"

【尊公】【尊甫】【尊父】【尊府】【尊君】【尊侯】【尊翁】【尊大君】 敬称对方的父亲。

〔尊公〕《三国志·魏书·袁尚传》"十月至黎阳"裴松之注引《魏氏春秋》:"刘表遗(袁)谭书曰:'天笃降害,祸难殷流,尊公殂殒,四海悼心。'"《晋书·简文帝纪》:"及(郗)超请急省其父,帝谓之曰:'致意尊公,家国之事,遂至于此!'"清顾炎武《与周籀书书》:"昔年过访尊公于江村寓舍中。""尊公"也用于敬称尊长。

〔尊甫〕也写作"尊父""尊府"。甫,对男子的美称。宋张方平《祭女夫故河北路转运判官殿中丞蔡天申文》:"此时尊甫,密勿近辅,棣萼联华,刺车接部。"清俞樾《茶香室三钞·尊府》："国朝王应奎《柳南随笔》云：称人父曰尊甫，亦可作'府'，亦可作'父'。"

〔尊父〕《三国演义》第十回："今闻明公以大兵临徐州，报尊父之仇，所到欲尽杀百姓，某因此特来进言。"又第十五回："忽见一人自外而入，大笑道：'伯符何故如此？尊父在日，多曾用我。君今有不决之事，何不问我，乃自哭耶！'"也可用于尊称自己的父亲。《西游记》第八三回："沙僧上前看时，上面写着'尊父李天王之位'、'尊兄哪吒太子之位'。沙僧道：'此是何意也？'行者道：'……想是李天王之女，三太子之妹，思凡下界，假扮妖邪，将我师父摄去。'"

〔尊府〕唐韩愈《送湖南李正字序》："李生之尊府，以侍御史管汴之盐铁。"清刘大櫆《送姚姬传南归序》："忆少时与南青游，南青年才二十，姬传之尊府方垂髫，未娶。"《汪康年师友书札·夏曾佑》："去冬连接手函，备聆一切，近维撰著日繁为祝。五十二元已于去冬交与府中，想已有竹报言及矣。""尊府"也用于敬称他人之家。

〔尊君〕《晋书·王述传》："坦之为桓温长史，温欲为子求婚于坦之。……坦之乃辞以他故，温曰：'此尊君不肯耳。'"南朝宋刘义庆《世说新语·方正》："陈太丘与友期行，期日中。过中不至，太丘舍去，去后乃至。元方（太丘之子）时年七岁，门外戏。客问元方：'尊君在不？'答曰：'待君久

不至，已去。'"《资治通鉴·晋海西公太和四年》："大司马（桓）温见之，怒，谓（孙）盛曰：'枋头诚为失利，何至乃如尊君所言？'"胡三省注："晋人于人子之前称其父为尊君、尊公。"

〔尊侯〕晋干宝《搜神记》卷十八："后有一法师过其家，语二儿云：'尊侯大有邪气。'儿以白父，父大怒。"北齐颜之推《颜氏家训·风操》："尝有甲设宴席，请乙为宾，而旦于公庭见乙之子，问之曰：'尊侯早晚顾宅？'"《南史·孝义传下·吉翂》："主上知尊侯无罪，行当释亮。"

〔尊翁〕《歧路灯》第二一回："大家说起来，方知他的尊翁，就是那保举贤良方正的谭孝移。"《荡寇志》第九五回："尊翁归天，我还不曾来吊唁。"

〔尊大君〕《晋书·谢鲲传》："温峤尝谓鲲子尚曰：'尊大君岂惟识量淹远，至于神鉴沈深，虽诸葛瑾之喻孙权不过也。'"

【尊堂】【尊萱】【尊慈】【尊夫人】敬称他人或自己的母亲。

〔尊堂〕同"令堂"。晋陆云《答车茂安书》："尊堂忧灼，贤姊涕泣，上下愁劳，举家惨戚。"清蒲松龄《聊斋志异·婴宁》："媪惊曰：'是吾甥也，尊堂，我妹子。'"《儒林外史》第一回："你尊堂家下大小事故，一切都在我老汉身上，替你扶持便了。"

〔尊萱〕"萱堂"，母亲的代称。"尊萱"，敬称他人的母亲。也可用于敬称自

己的母亲。《目连救母出离地狱升天宝卷》:"幽冥游遍不见娘,思想尊萱哭断肠,泪两行。"

〔尊慈〕敬称自己的母亲。南朝梁沈约《为柳世隆让封公表》:"及顾温清之馆,惧结尊慈之怀。"元无名氏《隔江斗智》第一折:"敢是那一个泼无知恼犯俺尊慈。""尊慈"也可用于敬称他人的母亲。

〔尊夫人〕最初用于敬称他人的母亲。唐韩愈《贞曜先生墓志铭》:"年几五十,始以尊夫人之命来集京师,从进士试。"《旧唐书·郑善果传》:"建德将王琮获善果,诮之曰:'公隋室大臣也,自尊夫人亡后清称益衰。'"后用以敬称他人的妻子。

【尊大人】【尊上】【尊人】【尊亲】

敬称他人的父母。

〔尊大人〕晋陆云《答车茂安书》:"尊大人贤姊上下当为喜庆,歌舞相送,勿为虑也。"例中"尊大人"为敬称他人之母。明冯梦龙《警世通言·杜十娘怒沉百宝箱》:"父子天性,岂能终绝,……郎君先回,求亲友于尊大人面前劝解和顺,然后携妾于归,彼此安妥。"例中的"尊大人"为敬称他人的父亲。后专用于敬称他人的父亲。清梁章钜《称谓录·称人之父》:"案王应麟《困学纪闻》载陆士龙《答车茂安书》,称其母曰'尊大人',而今皆以此称人之父,不得以此称人之母矣。然不可谓非古称也。古称其父曰'大人',《说苑》载曾子事已有此

称,于大人上加一'尊'字,即颜之推云称人父母宜加'尊'字之意。"

〔尊上〕《宋书·孝义传·何子平》:"(何子平)母本侧庶,籍注失实,……时镇军将军顾觊之为州上纲,谓曰:'尊上年实未八十,亲故所知,州中差有微禄,当启相留。'"

〔尊人〕《旧唐书·王重荣传》:"雁门李仆射,与佗家世事旧,其尊人与仆父兄同患难。"《汪康年师友书札·姚鹏图》:"蜀人曾孝谷延年,其尊人亦官于此,湛于旧学,而颇识新理。"又《周善培》:"徐研甫之器,顷在何所?其尊人在何所?求速侦示。""尊人",也可敬称自己的父母。清周亮工《与高康生书》:"子然一书生,念两尊人远在数千里以外,妻孥复旅食榕城。"

〔尊亲〕《后汉书·独行传·范式》:"式谓元伯曰:'后二年当还,将过拜尊亲,见孺子焉。'""尊亲"也用于敬称自己的父母。《后汉书·梁统传》:"初以位次,咸共推统。统固辞曰:'昔陈婴不受王者,以有老母也。今统内有尊亲,又德薄能寡,诚不足以当之。'"

【尊章】【尊嫜】

对丈夫父母或他人公婆的敬称。

〔尊章〕《汉书·广川惠王刘越传》:"背尊章,嫖以忽,谋屈奇,起自绝。"颜师古注:"尊章犹舅姑也。今关中俗妇呼舅为钟。钟者,章声之转也。"唐韩愈《扶风郡夫人墓志铭》:"协于

尊章,畏我侍侧。"

〔尊嫜〕明瞿佑等《剪灯新话·爱卿传》:"记尊嫜抱病,亲供药饵;高茔埋葬,亲曳麻衣。"清刘大櫆《吴荛千墓志铭》:"逮事尊嫜,而值其终窭之时,常出奁资以甘旨。"

【尊婶】对婶婶的敬称。《水浒传》第五二回:"柴进答道:'尊婶放心,只顾请好医士调治叔叔。……'"

【尊夫】敬称他人的丈夫。明冯梦龙《喻世明言》卷八:"(杨安居)乃谓张氏曰:'夫人休忧,下官忝任姚州都督,一到彼都,即差人寻找尊夫。'"

【尊阁】【尊阃】【尊壸】【尊正】【尊夫人】【尊嫂】【尊嫂夫人】敬称对方的妻子。

〔尊阁〕阁,内室,妇人所居。宋何薳《春渚纪闻·谢石拆字》:"石曰:'谓语助者焉哉乎也,固知是公内助所书。尊阁盛年三十一否?'曰:'是也。''以也字上为三十,下为一字也。'"

〔尊阃〕阃,妇女所居住的内室。明凌濛初《初刻拍案惊奇》卷二七:"县宰道:'尊阃夫人,几时亡故?'"清蒲松龄《聊斋志异·柳生》:"尊阃薄相,恐不能佐君成业。"《汪康年师友书札·王仁乾》:"奉到初六日华教,一一领悉。惊知尊阃仙逝,有失吊奠,歉仄歉仄。"

〔尊壸〕壸kǔn,宫中道路,引申为内官。也泛指妇女所住的内室。《儒林外史》第三五回:"你看这些湖光山色,都是我们的了!我们日日可以游玩,不像杜少卿要把尊壸带了清凉山去看花。"

〔尊正〕明单本《蕉帕记·赠帕》:"可知道既是在下的母亲,却是你的尊正,终不然教那医人捏手捏脚,摸上摸下,成什么规矩!"

〔尊夫人〕初用于敬称他人的母亲,后用以敬称他人的妻子。清俞樾《茶香室丛钞·尊夫人》:"按尊夫人之称,今人以称其妻,不知古人以称其母也。"《汪康年师友书札·汪有龄》:"昨晚接十月廿九日惠书,始悉尊夫人遽尔去世,惊怅者久之。"又《王蕴登》:"尊夫人清恙,谅可获痊,天气新凉,诸宜珍卫为幸。"鲁迅《书信集·致张廷谦》:"尊夫人、令郎、令爱,均此致候。"

〔尊嫂〕明凌濛初《初刻拍案惊奇》卷十八:"些小薄物,奉为尊嫂拜见之仪,望勿嫌轻鲜。"又卷三二:"胡生谦逊道:'拙妻陋质,怎能比得尊嫂生得十全?'"《水浒传》第五二回:"宋江大笑道:'我教兄长放心,尊嫂并令郎已取到这里多日了。'"清郑燮《题画兰》:"乾隆辛巳,为两峰罗四兄尊嫂方夫人三十初度。"

〔尊嫂夫人〕《汪康年师友书札·沈宗济》:"太夫人前贺喜请安并谢,室人同此致意,尊嫂夫人同贺,令弟均新祉。"又《陈其锟》:"尊嫂夫人之病,甚属危险,不可大意。"

【尊眷】【尊累】敬称他人的眷属。

〔尊眷〕明凌濛初《初刻拍案惊奇》卷十八:"离此一里之地,便是学生庄园,就请尊眷同老丈到彼安顿。"又:"家下虽是看待不周,决不至有慢尊客,使尊眷有不安之理。"

〔尊累〕《南史·沈炯传》:"文帝嗣位,又表求去,诏答曰:'当敕所由,相迎尊累,使卿公私无废也。'"《北史·解法选传》:"叔德意欲留尊累在京,令法选占。"

【尊师】对师长的敬称。元杨暹《西游记》第一本第四折:"久不见尊师颜范,今日从何而至?"明冯梦龙《警世通言·白娘子永镇雷峰塔》:"许宣回身看着和尚便拜:'告尊师,救弟子一条草命。'"

【尊友】敬称他人的朋友。《汪康年师友书札·罗振玉》:"石室影片有一全分,但《金刚经》为大字者,故须价八十元,兹奉上,若尊友愿得,即请留下,否则,请迅还,尚有他友欲得也。"

【尊庚】【尊寿】【尊齿】敬问对方的年龄。

〔尊庚〕明凌濛初《初刻拍案惊奇》卷十七:"娘子今年尊庚?"明冯梦龙《喻世明言》卷十九:"薛宣尉再三不忍抛别,问杨公道:'足下尊庚?'"《儒林外史》第二二回:"这一位令侄孙一向没有会过,多少尊庚了?"

〔尊寿〕《西游记》第九三回:"因问:'老师高寿?'三藏道:'虚度四十五年矣。敢问老院主尊寿?'"

〔尊齿〕《三侠五义》第三五回:"颜生道:'冯兄尊齿二十了么?'"

【尊行】敬问对方的行辈。清蒲松龄《聊斋志异·天宫》:"郭研诘仙人姓氏及其清贯、尊行。婢曰:'勿问。'"

【尊长】【尊宿】敬称长者、有地位或有声望者。

〔尊长〕晋葛洪《抱朴子·自叙》:"或为尊长所逼问,辞不获已,其论人也则独举彼体中之胜事而已,其论文也则撮其所得之佳者,而不指摘其病累。"唐李复言《续玄怪录·张老》:"略叙寒暄,问尊长而已,意甚卤莽。"巴金《秋》三十:"大嫂,我问你,到底责罚不责罚那两个目无尊长的东西?"

〔尊宿〕宋苏轼《与杨君素书》之二:"某去乡二十一年,里中尊宿零落殆尽,惟公龟鹤不老,松柏益茂,此大庆也。"

【尊兄】对同辈年长者的敬称。《三国志·蜀书·马良传》:"(马)良留荆州,与(诸葛)亮书曰:'闻雒城已拔,此天祚也。尊兄应期赞世,配业光国,魄兆见矣。'"裴松之注:"亮年长,良故呼亮为尊兄耳。"《红楼梦》第一回:"士隐笑道:'今夜中秋,俗谓团圆之节,想尊兄旅寄僧房,不无寂寥之感,故特具小酌,邀兄到敝斋一饮,不知可纳芹意否?'""尊兄"也用于敬称他人的兄长。《资治通鉴·唐玄宗天宝元年》:"林甫退,召挺之弟损之,谕以'上待尊兄意甚厚,盍为见上之策,奏称风疾,求还京师就医?'"

【尊驾】【尊台】【尊重】【尊官】敬称对方。

〔尊驾〕驾,车驾。不敢直称其人,因以"尊驾"敬称对方。《晋书·王鉴传》:"愚谓尊驾宜亲幸江州,然后方召之臣,其力可得而宣。"这是敬称琅琊王司马睿。当时他尚未即皇帝位,还是以常礼尊称他。明冯梦龙《警世通言·俞伯牙摔琴谢知音》:"仁兄明岁何时到此?小弟好伺候尊驾。"《歧路灯》第三三回:"久仰谭相公大名,今日听二位贤弟说尊驾到此,无物可敬,割了五斤牛肉——是教门的干净东西,略伸薄敬。"

〔尊台〕台,单用时也可敬称对方。郭沫若《高渐离》第一幕:"我们要点好的酒,下酒的菜倒可满不在乎。尊台,你觉得怎样?"

〔尊重〕唐杜牧《上李太尉论北边事启》:"敢以管见,上干尊重。"《三国志平话》卷中:"诸葛问曰:'尊重何人也?'玄德曰:'念刘备是汉朝十七代玄孙、中山靖王刘胜之后,见新野太守。'"明凌濛初《初刻拍案惊奇》卷二八:"路径不平,恐劳尊重,请登羊车,缓游园圃。"

〔尊官〕明冯梦龙《喻世明言》卷二二:"那妇人答道:'奴家职在中馈,炊爨当然;况是尊官荣顾,敢不遵命!但丈夫不在,休嫌怠慢。'"明凌濛初《初刻拍案惊奇》卷十九:"李公佐道:'杀汝父者是申兰,杀汝夫者是申春。'小娥道:'尊官何以解之?'"《水浒传》第八回:"二人道:'小人素不认得尊官,何故与我金子?'"

【尊介】【尊价】【尊纪】【尊使】敬称他人的仆从。

〔尊介〕《天雨花》第二回:"小弟之事真无法,请教吾兄是怎生?可能有个商量处,许多尊介此间存,尽皆武勇娴弓马,可便今朝用一行。"

〔尊价〕《清代名人书札·焦循致阮亨》:"昨日尊价送来《珠湖渔隐图》册页,索题。本当题成带回,见该册名作颇多,一时不敢动笔。"《孽海花》第十九回:"呀!可了不得。早知是金老伯,就是尊价逼人太甚,也不该给他争执了!"

〔尊纪〕纪,纪纲之仆。典出《左传·僖公二十四年》:"秦伯送卫于晋三千人,实纪纲之仆。"《荡寇志》第七六回:"看那云威背后,只一个小厮,便道:'小侄有句话要禀叔父,叫尊纪回避了。'"李劼人《死水微澜》第五部十二:"我正来找你,在街口就碰见你的尊纪,你晓得不?大事坏了!"

〔尊使〕明徐霖《绣襦记·却婚受仆》:"状元,这小厮原来是尊使。"《汪康年师友书札·宋恕》:"顷尊使来,弟不在内,回读手示,敬悉。"

【尊婢】敬称他人的婢女。明凌濛初《初刻拍案惊奇》卷十八:"富翁听得,急整衣巾,忙趋到房前来请道:'适才尊婢传命,小子在此候尊步同往。'"《二十年目睹之怪现状》第三四回:"我道:'可是有个尊婢嫁在黎家。'他道:'是。'"

【尊门】【尊阀】敬称对方的家族、门第。

〔尊门〕三国魏曹操《与太尉杨彪书》:"谓其能改,遂转宽舒,复即宥贷,将延足下尊门大累,便令刑之。"

〔尊阀〕清蒲松龄《聊斋志异·阿纤》:"山有少弟未婚,窃属意焉。因询叟清贯尊阀。"

【尊府】【尊寓】【尊居】【尊门】敬称对方的家或住所。

〔尊府〕《西游记》第五十回:"适路过宝方,我师父腹中饥馁,特造尊府募化一斋。"清孔尚任《桃花扇·侦戏》:"就送三百金到尊府,凭君区处便了。"《汪康年师友书札·胡镠》:"承示振绮堂藏版书目,……家严曾经购得,每一披读,犹想见尊府收藏之富,校雠之精,一时罕有伦比。"

〔尊寓〕《儒林外史》第二二回:"奉访尊寓不值,不胜怅怅。"《儿女英雄传》第十八回:"请问尊寓在那里?待弟明日竭诚拜过,再订吉期,送关奉请。"《汪康年师友书札·陶在宽》:"弟即肃诣函,趁同乡丁君赴扬州之便,托其转寄泥城桥外尊寓查收。"

〔尊居〕《京本通俗小说·拗相公》:"江居道:'某等游客,欲暂宿尊居一宵,房钱依例奉纳。'"

〔尊门〕《晋书·傅咸传》:"比四造诣,及经过尊门,冠盖车马,填塞街衢。"

《汪康年师友书札·王舟瑶》:"敝门下牟良庭茂才,顷作沪游,凤慕盛名,特造尊门,修士相见礼。"

【尊乡】对他人乡里的敬称。《汪康年师友书札·罗振玉》:"以十余万亩之地,如能全行开辟,试种各种植物,将来成效既著,愈推愈广,利国利民,权舆于此,不仅尊乡获益,敝会有光也。"

【尊命】敬称他人的嘱托。《水浒传》第四二回:"宋江道:'既然如此,专听尊命。'"《金瓶梅词话》第五一回:"西门庆道:'因承云峰尊命,又是敝邑公祖,敢不奉迎!'"清李渔《慎鸾交·修好》:"谨依尊命就是,告别了。"

【尊意】【尊见】敬称他人的意见或见解。

〔尊意〕清蒲松龄《聊斋志异·周三》:"适胡二弟致尊意,事已尽悉。"《清代名人书札·徐树钧致阎敬铭》:"树钧详述尊意,托先写书样二叶,寄呈台览,如能合式,再行写刻。"《汪康年师友书札·姚文倬》:"龚因家中多病未晤,以上各节,均往来函商,嘱渠稍暇先为动手,如尊意谓然,可即邮寄股单一分至龚处为信。"

〔尊见〕《汪康年师友书札·汪荣宝》:"此外如有尊见,有关社会风俗者,务恳时时赐教,凡弟之所力及,无不黾勉为之,以副盛意。"又《王舟瑶》:"前印《一统志》字稍小,宜略拓。尊见以为然否?"

【尊旨】【尊恉】敬称他人的旨意。

〔尊旨〕《清代名人书札·郭嵩焘致张自牧》:"台示领悉一切,谨以尊旨办理。"《汪康年师友书札·沈兆祎》:"严范孙侍郎近有书来,与弟论初等小学男女合校之说不甚洽。未知尊旨以为如何?"

〔尊恉〕恉,旨意。《汪康年师友书札·吴士鉴》:"后汉地理之考证,亦一时兴到语,继思之,诚如尊恉。"

【尊酌】【尊裁】请他人斟酌或裁夺的敬称。

〔尊酌〕《清代名人书札·张度致殷如璋》:"汤凤翁人极好,当于米厂、暖厂位置一席,似于暖厂相宜,为在京也。俟查户口毕,由尊酌之。"《汪康年师友书札·罗振玉》:"兹先拟复李君信稿一纸录呈,务乞尊酌,如可如此,即祈遣胥写复为感。"又《毛润身》:"行止均听尊酌如何,幸勿于弟多赐品题,以免各大宪介意是祷。"

〔尊裁〕明凌濛初《初刻拍案惊奇》卷三十:"且其人善能诙谐谈笑,广晓技艺,或者可以赐他侍坐,以助副大使雅兴万一。不知可否?未敢自专,仰祈尊裁。"《汪康年师友书札·沈善蒸》:"因在知己,用敢渎商,是否可行,还祈尊裁。"

【尊怀】敬称他人的关怀。《清代名人书札·徐树钧致阎敬铭》:"传忠书局在湘省城内,俟数日到局一次,稽察督催,尚无怠惰潦草之弊,可以告慰尊怀。"

【尊听】【尊闻】敬称他人的听闻。

〔尊听〕《汪康年师友书札·邵章》:"海上人会者,未识多否?屡渎尊听,不安之至。"又《夏循垣》:"此意闻已达之中丞,中丞甚首肯,第未知尊意如何?因嘱侄转达尊听,是否,尚望酌定示复。"

〔尊闻〕《汪康年师友书札·罗正钧》:"然有与尊闻吻合者,亦有歧异者,亦有于所闻有待引申者,报纸效力甚微,望公抽暇过我一谈,无任盼祷,统容面罄。"

【尊览】对他人阅览的敬称。《汪康年师友书札·王彦威》:"前月初贡一缄,想达尊览。"

【尊临】犹"光临"。《宋史·乐志七》:"泰元尊临。"

【尊造】敬称他人的出生时辰。造,旧时的生辰八字。《醒世姻缘传》第六一回:"算相公的尊造有几日的牢狱之灾,我心里也不信,这等一位青年富贵的人,怎会到得牢狱里边?"

【尊体】敬称对方的身体。宋欧阳修《与梅圣俞书》:"久不承问,不审尊体何似?"《汪康年师友书札·姚锡光》:"多日未接函教,尊体如常否?念念。"又《姚文倬》:"尊体虽素非强硕,然加意餐卫,似亦足葆天和。"

【尊腹】敬称他人的腹腔。《西游记》第五九回:"行者道:'老孙一生不会弄术,都是些真手段,实本事,已在尊嫂尊腹内耍子,已见其肝肺矣。'"

【尊足】敬称他人的脚。《西游记》第三

三回:"三藏惊问道:'先生啊,你从那里来?因甚伤了尊足?'"《汪康年师友书札·陆懋勋》:"前日接手书,敬悉一切。尊足谅已痊可,念念。"

【尊步】敬称他人的脚步。《水浒传》第二六回:"武松道:'昨日方回到这里,有句话闲说则个,请挪尊步同往。'"又第五一回:"到此多日了,不敢相见,今夜伺候得着,请仁兄便挪尊步,同赴山寨,以满晁、宋二公之意。"

【尊拳】敬称他人的拳头。《晋书·刘伶传》:"尝醉与俗人相忤,其人攘袂奋拳而往。伶徐曰:'鸡肋不足以安尊拳。'其人笑而止。"宋陆游《自规》诗:"世路方未夷,机阱宁有极!但能常闭门,尊拳贷鸡肋。"

【尊恙】敬称他人的疾病。《清代名人书札·李鹤年致阎敬铭》:"久未接手示,尊恙想已大愈,殊深驰系。"又《张度致殷如璋》:"闻尊恙已全愈,忻慰之至。"《汪康年师友书札·汪有龄》:"近来极盼阁下东游,一图良晤,惟不知尊恙已大愈否?"

【尊仪】【尊颜】敬称对方的仪容。

〔尊仪〕《西游记》第三六回:"今到荒山,奈何俗眼不识尊仪,与老爷邂逅相逢。"

〔尊颜〕元吴昌龄《东坡梦》第一折:"久闻老师父大名,今日得睹尊颜,三生有幸。"清蒲松龄《聊斋志异·八大王》:"有犯尊颜,实切愧悚。"《汪康年师友书札·周杰臣》:"前数天在中华会馆拜见尊颜,荷蒙不弃,委弟采访时事,以后但有闻,当遵命寄上就是。"

【尊面】【尊貌】敬称他人的面貌。

〔尊面〕《西游记》第十五回:"(三藏)望空礼拜道:'弟子肉眼凡胎,不识尊神尊面,望乞恕罪。'"又第四四回:"扯住道士滴泪道:'我说我无缘,真个无缘,不得见老师父尊面。'"

〔尊貌〕《西游记》第七十回:"国王道:'神僧,你不要怪我说。你这尊貌,却像猿猴一般,怎生有这等法力会走路也?'"

【尊性】敬称他人性格。《西游记》第三九回:"父王尊性威烈,若将这和尚拿去斩首,只恐大唐得此消息,必生嗔怒。"又第二三回:"我晓得你的尊性高傲,你是定不肯挑。"

【尊威】对他人威严的敬称。《三国演义》第四七回:"操闻言,改容下席而谢曰:'某见事不明,误犯尊威,幸勿挂怀。'"《儿女英雄传》第十六回:"这事本是我家头领不知进退,冒犯尊威,还求高抬贵手,给他留些面子,我等恩当重报。"

【尊候】【尊履】信中问候对方起居的敬词。

〔尊候〕宋欧阳修《与苏编礼书》:"数日来尊候必更痊安。单药得效,应且专服。"宋苏轼《与王定国书》:"入秋来,倏然清远,计尊候安胜。"宋陆游《老学庵笔记》卷五:"前辈尺牍有云尊候胜常者。"

〔尊履〕宋苏轼《与朱康叔书》之四:"比日伏想尊履佳胜。"

【尊召】敬称他人的邀请。《汪康年师友书札·赵炳麟》:"日昨晤谈,快快。晚间自友人家归,已逾八钟,未赴尊召为歉。"

【尊报】对他人所办或所在报章的敬称。《汪康年师友书札·夏佑曾》:"尊报又有《满妇上太后书》一篇,此非古文否? 然当考其何人所作,何其大似对山党中人口吻耶?"又《姚文倬》:"今日晤严伯玉谈及,亦深以尊报为善,可见心理之同。"

【尊刻】刻,刻印。敬称他人所印行的出版物。《汪康年师友书札·纪钜维》:"湖南考官蒋君衣璞已到,⋯⋯尊刻各书,弟向道及,颇欲购数种,但须先看样本,再定取舍。"又《姚文倬》:"尊刻《振绮堂丛书》初集五部,当为代销,惟附来之《新刑律修正案汇录》两部是否售品? 来示未经提及,乞便中示悉。"

【尊藏】敬称他人的藏书或珍藏品。《汪康年师友书札·罗振玉》:"尊藏政法书计有若干部,抑系少数? 弟所识为'保古'(即'论古'之分铺),而'论古'亦公之熟人,何不迳交'论古'耶?"又《梁鼎芬》:"尊藏《年齿录》及各家朱卷,三弟欲得阅,请点明交下,容迟日全覆。"又《张謇》:"尊藏《法国律例》,乞暂惠借一观。"

【尊作】【尊纂】【尊撰】【尊辑】敬称他人的著作、编著或所编辑的书刊。

〔尊作〕《徐霞客游记·粤西游日记三》:"适南宁生文,不成文理,以尊作示之,当骇而走耳。"《老残游记》第九回:"黄龙子又大笑道:'何以知之?'答:'尊作明说:回首沧桑五百年。可知断不止五六百岁了。'"

〔尊纂〕纂,编撰。《汪康年师友书札·王舟瑶》:"时局日非,读尊纂《论将来必至之势篇》,为之慨然。"

〔尊撰〕《汪康年师友书札·陶葆庆》:"日昨饫盛馔,感谢。尊撰《刍言报》,精当之至。"又《张鹏》:"每读尊撰,五体投地。"

〔尊辑〕《汪康年师友书札·陶葆廉》:"尊辑《刍言报》持论平正通达,足砭流俗,钦佩之至。"

【尊稿】对他人稿件的敬称。《汪康年师友书札·罗振玉》:"今晚登舟北渡,不及临歧一别,怅惘无似。尊稿完缴检收为幸。"《胡适来往书信选·沈兼士致胡适》:"适之吾兄著席:尊稿拜读,佩佩,敬送还。"

【尊纸】敬称他人嘱己书写的纸张。《汪康年师友书札·罗振玉》:"清漪兄及命书之联写奉。尊纸遗失,撰联亦失之,故以他纸塞责,祈原宥。"

【尊馆】对报馆或图书馆等的敬称。《汪康年师友书札·汪有龄》:"再如有与鄙人信寄到尊馆者,请收下转寄,并恳即谕知管门仆人为荷。"

【尊处】敬称他人所在的地方或处所。《汪康年师友书札·姚锡光》:"兹有友人之子,拟托锡送至沪上,入尊处东文学堂,缘是为之探听。"又《姚文倬》:"所有弟一股,其资无从寄上,拟请尊处将第一次股银代付并示知。"

【尊论】敬称他人的论说。《汪康年师友书札·汪大燮》:"尊论用明用察二语,精极精极!"又《钱恂》:"承赗泣谢,来日大难,不睹为幸,诚如尊论,恂所窃祷者八月以后之恶氛不久当扫,以后重睹天日,痛先严之不及见矣。"又《陈延益》:"昨读第九册报,尊论参用民权,极为透彻,其如聋瞶成风何?"

【尊言】敬称他人的言语。《西游记》第七八回:"三藏道:'据尊言与敝邦无异。……'"

【尊赐】敬称对方的赠赐。明冯梦龙《醒世恒言·卖油郎独占花魁》:"前日的尊赐,分毫不动,要便奉还。"

【尊事】敬称对方的事务。《清代名人书札·王榕吉致秋垣》:"去岁在畿南营中,曾晤常玉成之子,询及所管尊事,嘱其早为归楚。"《汪康年师友书札·邵章》:"两江依旧留任,海上风波略定,尊事明岁有就绪否?"

【尊况】《清代名人书札·李鹏翔致燮丞》:"承示尊况如常,及中外启衅,京城戒严,人心惶恐,种种情形,不禁心悸。"《汪康年师友书札·吴以棨》:"本月恺君来,知尊况更详。"

【尊嘱】对他人嘱托的敬称。《汪康年师友书札·沈毓桂》:"如有可以招呼之处,再当说项,以副遵嘱。"又《王孝绳》:"专有恳者,前日遵嘱,钞银元局章程一节,彼局颇肯付钞。"又《沈毓桂》:"如有可以招呼之处,再当说项,以副遵嘱。"

【尊款】敬称对方的款项。《清代名人书札·徐树钧致阎敬铭》:"尊款在晋,其余可由晋拨。"又《萧德树致性泉》:"尊款即在扬州汇归可也。"

【尊乘】敬称他人的车乘。清蒲松龄《聊斋志异·阿纤》:"北去四五里,村中第一门有谈二泉者,是吾售主,君勿惮劳,先以尊乘运一囊去。"又《桓侯》:"彭起问:'何物?'曰:'尊乘已有仙骨,非尘世所能驱策。欲市马相易如何?'"

【尊照】【尊相】敬称他人的照片。犹"玉照"。

〔尊照〕《汪康年师友书札·赵启霖》:"正月廿六日奉去年十月十日赐书,并承惠寄尊照,觉无穷之怅触,无端之感喟,攒怀填臆,如不自胜。"

〔尊相〕敬称他人的相片。《汪康年师友书札·蒋智由》:"承赐尊相一纸,虽苍老而精神坚固,如古松寒梅,乃内寿考之征,不胜欣喜。"

【尊函】【尊札】敬称他人的信函。

〔尊函〕《汪康年师友书札·陶濬宣》:"因尊函云七八月间须返杭,故其信寄经心书院,托复老代收转交。"又《张缉光致汪康年》:"初八抵京,晋见尚书,……当将尊函递呈。"

〔尊札〕《清代名人书札·陆润庠致荣

铨》:"承嘱一节,……诚恐言之不尽,特将尊札内另笺附入信内,谅不至有所隔阂也。"

【尊件】敬称他人物件。《汪康年师友书札·陈庆年》:"《春秋地理图》,石荃久经收到,渠书尚未卒业,尊件仍拟少留也。"

【尊便】请人方便行事的敬词。《京本通俗小说·拗相公》:"江居道:'某等游客,欲暂宿尊居一宵,房钱依例奉纳。'老叟道:'但随官人们尊便。'"《水浒传》第十一回:"大官人是识法度的,不到得肯夹带了出去。请尊便上马。"

贵 guì

敬词。贵,尊贵。用在相关的词前,敬称他人或与他人有关的事。

【贵姓】【贵名】【贵表】【贵号】敬问他人的姓名字号。

〔贵姓〕明冯梦龙《警世通言·玉堂春落难逢夫》:"茶罢,老鸨便问:'客官贵姓?'公子道:'学生姓王,家父礼部正堂。'"柯岩《奇异的书简·追赶太阳的人》:"谢谢你了,同志,你贵姓?"

〔贵名〕明冯梦龙《警世通言·旌阳公铁树镇妖》:"茶毕,便问:'仙翁高姓贵名?'"

〔贵表〕敬问他人的表字。明高明《琵琶记·才俊登程》:"[净]动问老兄尊姓?[生]学生姓蔡。[净]贵表?[生]伯喈。"明冯梦龙《醒世恒言·钱秀才错占凤凰俦》:"接口就问说:

'此位就是令亲颜大官人?前日不曾问得贵表?'钱青道:'年幼无表。'"

〔贵号〕敬问他人字号或敬称他人的店号。明沈鲸《双珠记·风鉴通神》:"动问高姓贵号?"号,名字的字号。《歧路灯》第二三回:"绍闻面有难色,道:'委实我没了银子,余下九十多两,上在贵号账上,等茅兄回来,我管保齐完,一分不欠。'"

【贵人】对男士的敬称。明凌濛初《初刻拍案惊奇》卷三:"那妇人……指着死虎道:'贱婢今日山中遇此泼花团,争持多时,才得了当。归得迟些个,有失主人之礼,贵人勿罪。'"《西游记》第九二回:"那楼绣女宫娥并大小太监,都来对唐僧下拜道:'贵人!贵人!请入朝堂贺喜。'"《水浒传》第七五回:"宋江道:'文面小吏,罪恶迷天,屈辱贵人到此,接待不及,望乞恕罪。'"

【贵意】敬称他人的意见或看法。《水浒传》第七九回:"自古道:'蛇无头而不行,鸟无翅而不飞。'但没了宋江,其余的做得甚用?此论不知恩相贵意若何?"

【贵庚】敬问中、青年人的年龄。《京本通俗小说·碾玉观音》:"虞候又问:'小娘子贵庚?'待诏应道:'一十八岁。'"明无名氏《鸣凤记·邹林游学》:"[小生]请问邹兄贵庚?[生]学生二十有三。"柔石《二月》:"萧先生今年的贵庚呢?"

【贵寿】敬问老年人的年龄。明冯梦龙《喻世明言》卷三三:"酒至三杯,恭人问张公道:'公公贵寿?'大伯言:'老拙年已八十。'"

【贵诞】【贵降】敬称他人的生日。

〔贵诞〕《三国演义》第四回:"众官惊问道:'司徒贵诞,何故发悲?'"明孙仁孺《东郭记·由君子观之》:"大兄贵诞,请受小弟一拜。"

〔贵降〕降,降生。元杨文奎《儿女团圆》第一折:"[搽旦云]今日是你贵降之日,故请你来吃杯寿酒。"《金瓶梅词话》第十四回:"大娘贵降在几时?"《歧路灯》第三七回:"我听说老伯贵降就在这几日,我一定来磕个头儿。"

【贵造】造,指八字。敬称他人的生辰八字。《水浒传》第六一:"吴用道:'员外贵造,一向都行好运,但今年时犯岁君,正交恶限。'"明凌濛初《初刻拍案惊奇》卷三四:"除非这个着落,方合姑娘贵造,自然寿命延长,身体旺相。"《歧路灯》第六一回:"又接看绍闻八字,喜道:'谭兄,你这贵造好的很呀!是个拱贵格。'"

【贵体】敬称他人的身体。元施惠《幽闺记·抱恙离鸾》:"[末]秀才官人,休要短见,且自安息,保重贵体。"清朱之瑜《答野节书》之十:"要之,长短当量贵体肥瘠而为之。"古华《土地爷》:"你老人家不要生气,要为百姓保重贵体。"

【贵恙】【贵疾】敬称他人的疾病。

〔贵恙〕宋洪迈《容斋五笔·何恙不已》:"而世俗相承,至问人为贵恙,谓轻者微恙。"明单本《蕉帕记·赠帕》:"[生]小侄闻知老母贵恙,进来问安,在此等候。"茅盾《秋收》一:"通宝兄,尊驾贵恙刚好,令郎的事,你只当不晓得罢了。哈哈,是我多嘴!"

〔贵疾〕《水浒传》第六六回:"话说吴用对宋江说:'今日幸喜得兄长无事,又得安太医在寨中看视贵疾。此是梁山泊万千之幸。……'"

【贵手】敬称对方的手。明冯惟敏《仙子步蟾宫·八美·耳簪》曲:"抬贵手轻轻摘取,转秋波低低窥视,启朱唇款款斜吹。"《水浒传》第二四回:"若得娘子贵手做时,老身便死来也得好处去。"清蒋士铨《空谷香·利迁》:"一旦的贵手为伊抬,青眸向他睐,你反希图撒开,满口胡柴,将我兴儿轻败。"

【贵足】【贵步】【贵脚】【贵趾】敬称他人的脚或脚步。

〔贵足〕明叶宪祖《夭桃纨扇》第七折:"登金榜,闻已步瀛州,贵足还来游贱地。"明凌濛初《二刻拍案惊奇》卷四:"问道:'老先生定是贵足,如何蹋此贱地?'"《歧路灯》第三八回:"惠养民开口道:'孔学兄贵足初踏贱地,失误迎迓,有罪!'"

〔贵步〕元柯丹丘《荆钗记·议亲》:"许大人请。重蒙贵步到寒家,有何见谕?"明冯梦龙《警世通言·唐解元一笑姻缘》:"解元道:'请老先生暂挪贵步,当决所疑。'"《儒林外史》第一回:"王冕道:'乡民肉眼不识,原来就是王爷!但乡民一介愚人,怎敢劳王爷贵步?'"

〔贵脚〕元李寿卿《伍员吹箫》第一折:"公子,远劳你贵脚踏贱地。"

〔贵趾〕清蒲松龄《聊斋志异·翩翩》:"女迎笑曰:'花城娘子,贵趾久弗涉。今日西南风紧,吹送来也。'"

【贵亲】敬称他人的父母。夏衍《秋瑾传》序幕:"那真是太辛苦了!唔,子芳兄这番是外调,还是回南边来望望贵亲?"

【贵室】【贵眷】敬称他人的妻子。

〔贵室〕室,妻室。三国魏曹操《与太尉杨彪书》:"并遗足下贵室错彩罗縠裘一领,织成靴一量,有心青衣二人,长奉左右。"

〔贵眷〕宋苏轼《与郑清老书》之一:"近舶人回,奉状必达。比日起居佳胜,贵眷令子各安。"宋张师正《括异志·陈省副》:"明日,钱诣陈谢曰:'昨日以菲薄奉邀贵眷者,聊示区区之意,以托后事尔。'"

【贵兄】犹"尊兄"。敬称同辈年长者或朋友。《水浒传》第二二回:"柴进扶起宋江来,口里说道:'昨夜灯花报,今早喜鹊噪,不想却是贵兄来。'"

【贵弟】敬称他人的弟弟。汉王粲《为刘荆州与袁尚书》:"又得贤兄贵弟显雍及审别驾书,陈叙事变本末之理。"

【贵子】【贵男】敬称他人的儿女成年后当会大贵。

〔贵子〕《旧唐书·后妃传上·中宗上官昭容》:"初,婉儿在孕时,其母梦人遗己大秤,占者曰:'当生贵子,而秉国权衡。'既生女,闻者嗤其无效。及婉儿专秉内政,果如占者之言。"明陈继儒《虎荟》卷一:"晋孝武帝母李太后,简文时执役宫中;简文无子,令善相者相诸宫人,相者指后当生贵子,而有虎厄。"

〔贵男〕敬称他人的儿子成年后当会大贵。《晋书·后妃传下·孝武文李太后》:"帝令卜者扈谦筮之,曰:'后房中有一女,当育二贵男,其一终盛晋室。'"

【贵婿】敬称他人夫婿。《红楼梦》第六三回:"诗云:'日边红杏倚云栽。'注云:'得此签者,必得贵婿。大家恭贺一杯,再同饮一杯。'"

【贵戚】敬称他人亲戚。明张居正《答山西抚院郑范溪书》:"前有贵戚自晋中来,言矿贼事。"清蒲松龄《聊斋志异·婴宁》:"生急起揶之,答云:'将以盼亲。'媪聋聩不闻。又大言之,乃问:'贵戚何姓?'生不能答。"

【贵友】敬称他人的朋友。明冯梦龙《警世通言·杜十娘怒沉百宝箱》:"况且贤亲贵友,谁不迎合尊大人之意者?兄枉去求他,必然相拒。"《儒林外史》第二三回:"董知县只说得一句:'贵友牛布衣在芜湖甘露庵里。'"清秋瑾《致〈女子世界〉记者书》之九："虽学问可分高下,而同志不能歧视,请告贵友他就为要。"

【贵相知】对他人知心朋友的敬称。明凌濛初《初刻拍案惊奇》卷十："后来到贵府,正值点绣女事急,只为远水不救近火,急切里将来许了贵相知,原是二公为媒说合的。"《东周列国志》第九七回："众客齐起身道:'丞相既有贵相知,某等礼合伺候。'"《官场现形记》第三二回："朋友说的话,不及贵相知说的灵。"

【贵客】对客人的敬称。明冯梦龙《喻世明言》卷一："晴云已自报知主母,三巧儿把婆子当个贵客一般,直到楼梯口边迎他上去。"《东周列国志》第九四回："是日,魏宗室将相诸贵客毕集堂中,坐定,独虚左第一席。"《红楼梦》第五回："又听警幻笑道:'你们快出来迎贵客!'"《孽海花》第十一回："到得潘府门前,见已有好几辆大鞍车停着,……知有贵客到了。"

【贵居停】敬称他人所寄居之处的房主。《老残游记》第二回："老残向管事的道:'现在天气渐寒,贵居停的病也不会再发,明年如有委用之处,再来效劳。……'"《官场现形记》第五一回："贵居停这一分家当一齐都在我一人身上。我如今是要出洋的人了,说不定十年、八年方得回来,正要找个人交卸了好走。"

【贵伙】敬称他人共事的伙伴。《痛史》第二五回："世英道:'狄定伯前者说是在仙霞岭,方才贵伙又说仙霞没有道士,这是何意?'"

【贵本家】敬称与对方同宗同姓的人。《红楼梦》第九二回："冯紫英道:'……雨村老先生是贵本家不是?'贾政道:'正是。'"《近十年之怪现状》第五回："忽然回头问伯藜道:'我托伯翁代邀贵本家袁聚鸥,怎不见到?'"

【贵宗】【贵族】敬称他人的宗族。

〔贵宗〕清顾炎武《答人书》："贵宗为周康叔之后,令曾祖念劬先生分符济北,去后歌思循吏之声,自足传于百代。"

〔贵族〕唐李商隐《祭徐姊夫文》："始者仲姊有行,获托贵族。"明冯梦龙《警世通言·宿香亭张浩遇莺莺》："浩启女子曰:'贵族谁家?何因至此?'"《红楼梦》第一二〇回："士隐叹道:'老先生莫怪拙言,贵族之女,俱属从情天孽海而来。'"

【贵相好】对他人过从较密的妓女的敬称。《二十年目睹之怪现状》第三五回："他便对玉生道:'啸庐居士,你的贵相好一定可以成个名妓了,我们送他一个别号,有了别号,不就成了名妓了么?'"《官场现形记》第三二回："你应该立刻委他一个上等的厘差:一来顾全贵相好的面子,二来也可以愧励愧励那般不顾乡情的士大夫。"

【贵国】【贵邦】对他国的敬称。

〔贵国〕《孽海花》第六七回："外国人

道：'原来贵国的法律是这般重的？'"《汪康年师友书札·王仁乾》："（日近卫公爵演说）贵国能释甲午之嫌隙，结同文唇齿之邦交，两国臣民皆有荣益耳。"

【贵邦】清朱之瑜《安南供役纪事》："因中国折柱缺维，天倾日丧，不甘剃发从虏，逃避贵邦。"《镜花缘》第十一回："吴之祥躬身道：'原来贵邦天朝！'"黄兴《复宫崎寅藏函》："且此次对于贵邦诸多疑惑，表面是似无所可否，而黄祸之论，政客、学者中已成为流行名词。"

【贵政府】敬称他国的政府。《官场现形记》第五八回："以后贵政府都要用这种人，国家才会兴旺。"

【贵主】敬称他国君主。《晋书·张骏传》："（李兄）谓淳曰：'贵主英名盖世，土险兵盛，何不称帝，自娱一方？'"《北史·胡叟传》："叟曰：'贵主奉正朔而弗淳，慕仁义而未允。吾之择木，夙在大魏，与子暂违，非久阔也。'"

【贵亲王】他国外交人员对我国王爷的敬称。《官场现形记》第五八回："公使又问道：'前两天有两件照会过来，贵亲王、贵大臣想都已见过了，为什么没有回复？'王爷道：'就是湖南的事吗？'"

【贵大臣】他国外交人员对我国大臣的敬称。《官场现形记》第五八回："公使道：'……现在据我们的意思：贵亲王、贵大臣就奏明贵国皇上，竟把赖某人补授湖南巡抚，……诸公以为如何？'"

【贵总督】对总督的敬称。《官场现形记》第五五回："我们来此非有他意，上次即已言明，虽承贵总督美意，敝提督实实不愿相扰。"又第五六回："至于何等官职，谅贵总督自有权衡，未便干预。"

【贵公使】对公使的敬称。《官场现形记》第五八回："四位大人亦都说：'须得查明白了，再回复贵公使。'公使问：'几天方能查清？'"又："李大人道：'多时不见，我们记挂贵公使的很。'"

【贵省】对他省的敬称。《红楼梦》第五回："宝玉问道：'何为"金陵十二钗"正册？'警幻道：'即贵省中十二冠首女子之册，故为"正册"。'"《官场现形记》第三四回："现在除非有上谕留我在贵省帮忙，那是无可如何之事。"《汪康年师友书札·石德芬》："再者，贵省书局所刻《小学考》可否代购一部？由杭过沪时交敝本家璞山叔寄返，书价即由璞山叔支取可也。"

【贵治】敬称官员所辖治的地区。明汤显祖《与吴葵台书》："贵治文学晏有声，能以谏议自通；孝廉王德新，能以文章自见。"《儒林外史》第二三回："董知县道：'倒没什么事。只有个做诗的朋友住在贵治，叫做牛布衣，老寅台青目一二，足感盛情。'"蔡锷《致河内法国总督书》："前年卸职入都,取道贵治,馆驿延接,待以殊礼,私衷铭感,常不去心。"

【贵圉】圉,通"御",防御、守御。敬称边疆官员的辖区。唐崔致远《别纸·魏博韩简侍中》:"诸葛爽卒,豕食难饱,豺声亦骄,却躁迷途,敢凌贵圉?"

【贵营】敬称他人所辖的军营。《官场现形记》第十四回:"今天晚上,就请贵营把人马调齐,驻扎城外,兄弟自有办法。"

【贵部】敬称他人所在的部门或以"部"命名的机构。明凌濛初《初刻拍案惊奇》卷十一:"昨见解到贵部海盗二十余人,内二人苏州人也。"他如敬称他人所工作的宣传部、组织部、公关部、信贷部等,均可用"贵部"。

【贵官】对官员的敬称。《红楼梦》第一〇三回:"那道士双眼略启,微微的笑道:'贵官何事?'"

【贵县】对县官的敬称。《儒林外史》第十六回:"(知县)在学道前下了一跪,说:'卑职这取的案首匡迥,是孤寒之士,且是孝子。'就把他行孝的事细细说了。学道道:'……贵县请回,领教便了。'"《三侠五义》第十回:"(包公)便对县官道:'贵县,你带人役到韩瑞龙家相验板箱,务要搜查明白。'"

【贵职】敬问对方的官职。明郑若庸《玉玦记·接望》:"[生云]大人贵职?[末]天平节度监军。"

【贵属】敬称对方的下属。明张居正《答两广督抚计剿海贼书》:"贵属司道有司贤否?访据的实者,幸另开手书密示。"明张煌言《贻赵廷臣书》:"绝餐三日,迫于贵属劝勉,稍稍复食。"

【贵同事】对他人同事的敬称。《汪康年师友书札·王仁乾》:"经诒仁兄处不另札,均此问好。诸贵同事均祈代为问好。"

【贵同年】敬称与对方同龄或科举考试同榜考中的人。《官场现形记》第十八回:"第一老兄见了贵同年,先把原折抄个底子看看,也好有个把握。"《汪康年师友书札·王彦威》:"昨诣师门候起居,未晤为歉。贵同年王星恒孝廉舟瑶,人品学问为阁下所素知。"

【贵账房】旧时敬称对方管钱财的部门。《汪康年师友书札·潘清荫》:"昨得贵账房信,言《时务报》前发第一至三十之参差各册,系赖耘芝观察所配补者,嘱仍转寄赖公查收。"

【贵行】行 háng,行业。敬称他人从事的职业。《儒林外史》第五五回:"你既要做雅人,为甚么还要做你这贵行?"

【贵价】【贵纪】敬称对方的仆从或来使。

〔贵价〕《歧路灯》第四八回:"因向王经千道:'王二爷账底,想不曾带来,就差贵价到宝号里,问伙计们,把谭爷这宗账抄的来,或把原约捎来。'"《黄绣球》第二五回:"不想带着的那位贵价,走上去就打人。"

〔贵纪〕典出《左传·僖公二十四年》："秦伯送卫于晋三千人,实纪纲之仆。"《汪康年师友书札·王孝绳》："海上奉教日浅,弗克尽欢,匆匆旋里,未及候贵纪。"

【贵获】获,奴婢。敬称对方官府中的差役。宋吕陶《申府帅并二司状》："累据九陇县茶户等各陈文状申说,彼官场减价买茶,却将余上价钱,令各人充息请买,及不分早嫩粗细色额,只作一般取买,委有侵损,乞指挥贵获存济。"

【贵上】对仆从敬称他的主人。《老残游记》第六回："老残道:'正是。你何以知道?你贵上姓什么?'家人道:'小的主人姓申。'"清李伯元《南亭笔记》卷十："钱乃束装就道。既至省,着便衣往,谓司阍者曰:'烦传语贵上大人,欲见请以今日见吾,我明日即归日本。'"

【贵事】【贵干】敬问对方有什么事。

〔贵事〕《痛史》第二回："内中两个太监,看见巫忠到来,连忙让坐让茶,便问:'巫公公到此有何贵事?'"

〔贵干〕《水浒传》第十五回："阮小五动问道:'教授到此贵干?'"清孔尚任《桃花扇·闲话》："方才都是路遇,不曾请教尊姓大号,要到南京有何贵干?"周立波《暴风骤雨》第二部十七:"一个名叫李毛驴的二流子站起来,歪歪脖子问郭全海道:'郭主任,请咱们来贵干?'"

【贵忙】【贵冗】敬称他人事务繁忙。

〔贵忙〕茅盾《追求》二："昨天下午我们都在同学会里等你,直到天黑也不见你的影子;你真的贵忙哩!"

〔贵冗〕《禅真逸史》第六回："钟守净笑道:'……妈妈,你是个贵冗的人,我怎的怪你?'"清朱之瑜《与野传书》之三:"连朝贵冗,今日稍暇否?"清李渔《慎鸾交·债饵》:"也知道:财主家,多贵冗,望扶持,觅些空。"

【贵府】【贵宅】【贵邸】【贵居】【贵寓】敬称他人的家宅或住所。

〔贵府〕明高明《琵琶记·两贤相遘》:"人人道我丈夫在贵府廊下住。"《平妖传》第二二回:"贫道受贵府之恩,无可报答,到明日还要请普贤祖师降临道场,与老檀越夫妇祈福。"《歧路灯》第六一回:"胡其所道:'弟久客京师,旋里日浅,未得识荆,尚未曾投刺贵府,怎敢当谭兄先施。'"

〔贵宅〕《水浒传》第四五回:"海阇黎道:'妹子休笑话,怎生比得贵宅上?'"明徐渭《雌木兰》第二出:"花大爷,且喜到贵宅了,俺二人就告辞家去。"明吴炳《绿牡丹·访俊》:"相公家世,老身尽知,但不知相公贵宅还有何人?可曾娶过夫人了?"

〔贵邸〕邸,府第。敬称他人的府第。清朱之瑜《与锅岛直能书》之二:"且仲春比屋之灾,回禄及于贵邸,亦当为之慰藉。"孙中山《复犬养毅函》:"谨拟于廿日午间到贵邸面谈各节。"

〔贵居〕《平妖传》第十回:"蛋子和尚

道:'如今我说了,你也不信。贵居去此不远,列位休散了,大家去做个证见。'众人道:'邢大哥莫慌,既然同到宅上,自然有个分晓。'"

〔贵寓〕明冯梦龙《喻世明言》卷一:"兄长此去,小弟有封书信,奉烦一寄,明日侵早送到贵寓。"《官场现形记》第二六回:"又问:'贵寓在那里?宝眷在京不在京?可以搬在兄弟这儿一块住。'"

【贵门】敬称他人的家。《玉台新咏·古诗〈为焦仲卿妻作〉》:"往昔初阳岁,谢家来贵门。"明陆采《明珠记·赘苹》:"没亲人,只采苹,要见娇姿造贵门。"

【贵土】【贵地】【贵壤】【贵里】【贵乡】【贵邦】【贵处】【贵府】敬称他人乡里或居住所在地。

〔贵土〕《三国志·蜀书·张裔传》:"裔临发,权乃引见,问裔曰:'蜀卓氏寡女,亡奔司马相如,贵土风俗何以乃尔乎?'"明袁宏道《寄陶孝若书》:"三弟来,极道贵土山川胜绝,人士都雅,弟倾想之至,形于梦寐。"

〔贵地〕《清平山堂话本·夔关姚卞吊诸葛》:"姚卞答曰:'江南晚进,得造贵地,幸蒙见召,敢不奉命!'"清顾炎武《与人书》之七:"今将暂别贵地,民生利病,望悉以见教。"《镜花缘》第十二回:"吴之祥道:'小子向闻贵地世俗最尚奢华。'"

〔贵壤〕壤,地。南朝梁王僧孺《与陈居士书》:"幸因劣薄,怀章贵壤,依然

谷口,觉子真之咫尺;静睇严滩,信子陵之非远。"

〔贵里〕里,乡里。明汤显祖《南柯记·情著》:"敢问小娘子尊姓?贵里?"清陈维崧《与周子俶书》:"贵里毛生,居近藋芜之巷;西陵卜女,家邻豆蔻之街。"清曹大观《寇汀纪略》:"知府延英亦在座,询庞古:'贵里乡勇来齐否?'"

〔贵乡〕南朝陈虞寄《谏陈宝应书》:"寄流离世故,漂寓贵乡。"《水浒传》第六一回:"卢俊义欠身答礼问道:'先生贵乡何处?尊姓高名?'"清王世禛《池北偶谈·谈异五·银杏》:"乡大夫有好为雅谈者,问邻县一友人云:'闻贵乡多银杏,然否?'"

〔贵邦〕"贵邦"除用于敬称他国外,还可用于敬称他人所居乡里。晋孙楚《答弘农故吏民诗》:"每历贵邦,仰瞻泰华,追慕先轨,感想哀嗟。"

〔贵处〕处,居处,籍贯。明周履靖《锦笺记·草奏》:"[末]这等贵处?[丑]杭州。"《儒林外史》第十二回:"因开口问道:'客人,贵处是萧山?'"鲁迅《且介亭杂文二集·论讽刺》:"'哦,久仰久仰!还没有请教台甫……''草字阔亭。''高雅高雅。贵处是……''就是上海。'"

〔贵府〕"贵府"除用于敬称他人府第外,还可用于敬称他人乡里所在州府。《文明小史》第四回:"矿师道:'柳大人,你们贵府的民风实在不好!昨日考先生闹事,我们几乎没有

性命。'"

【贵庄】敬称他人的村庄或庄园。明凌濛初《初刻拍案惊奇》卷十八:"况又小妾在身畔,一发宜远外人,若得在贵庄住止,行事最便了。"《水浒传》第三三回:"小弟闻得,如坐针毡,连连写了十数封书去贵庄问信,不知曾到也不?"又第三七回:"宋江陪着小心答道:'小人是个犯罪配送到江州的人,今日错过了宿头,无处安歇,欲求贵庄借宿一宵,来早依例拜纳房金。'"

【贵山】敬称对方所拥有的山。《西游记》第二八回:"三藏道:'我本是唐朝僧人,奉大唐皇帝敕命,前往西方访求经偈,经过贵山,特来塔下谒圣。'"

【贵寨】敬称他人的山寨。《水浒传》第六十回:"宋江便道:'壮士,不必留一人在此为当,便请二位同回贵寨。宋江来日专候佳音。'"

【贵院】敬称他人所在的寺院或以"院"命名的机构。明凌濛初《初刻拍案惊奇》卷二七:"闻知贵院中小师慧圆了悟,愿礼请拜为师父,供养在府中。"他如敬称对方所工作的医院、研究院、学院等,均可用"贵院"。

【贵刊】敬称对方出版的刊物。1998年4月23日《文摘报·人间万象版》:"更令人气愤的是,在拜读贵刊那篇报道前,我从来没有见过杜愚其人。"

【贵报】对他人所办或所在的报纸的敬

称。《汪康年师友书札·杨模》:"贵报已另易主人,仍荷源源赐寄,足慰饥渴。"又《蒋智由》:"尤愿与贵报联络,互相提携,以收将伯之助,……尚望有以垂教,幸甚。"又《卜舫济》:"阅贵报于论学校项下,曾录及鄙名。"

【贵社】敬称他人所办或所在的报社、杂志社、出版社或以社命名的机构。

【贵馆】对他人所在的报馆或图书馆等的敬称。《汪康年师友书札·沈敦元》:"昨诣贵馆奉访,知足疾,未晤为怅。"又《朱正元》:"如贵馆有什登著作之例,敢烦附之篇末,就正通人,并请大雅先为指正,以免贻讥海内,幸甚。"

贤 xián

敬词。贤,多才,贤能。用法有二:一是敬称对方,相当于"您"或"君";一是用于称谓词前敬称他人亲友,有时也用于对自己亲属的敬称。

敬称对方。唐玄应《一切经音义》卷二二:"贤,士之美称也。"宋苏轼《李行中秀才醉眠亭》诗:"醉中对客眠何害,须信陶潜未若贤。"又《减字木兰花·赠胜之》词:"天然宅院,赛了千千并万万。说与贤知,表德元来是胜之。"宋孙光宪《北梦琐言》卷七:"顾曰:'何不道风来屎气多?'秀才云:'贤莫无礼。'"宋周煇《清波别志》卷上:"贯复呼之曰:'更烦贤问太师在杭州静坐,今日至此,谁之力?童贯所以报太师亦尽矣。'"金董解

贤 xián

元《西厢记诸宫调》卷二："又不待夺贤寺宇，又不待要贤金宝。"

【贤每】【贤门】【贤瞒】【贤家】"贤"后面加"每""门""瞒""家"等，相当于"贤们"，为表敬的第二人称复数。

〔贤每〕宋无名氏《错立身》第一出："为路岐，恋佳人，金珠使尽没分文。贤每雅静看敷演：《宦门子弟错立身》。"金董解元《西厢记诸宫调》卷二："朝廷咫尺不晓？定知道。多应遭军，定把贤每征讨。"

〔贤门〕宋无名氏《张协状元》第一出："厮罗响，贤门雅静，仔细说教听。"钱南扬校注："贤，第二人称之敬辞，犹云君；门，同们或每。"

〔贤瞒〕宋刘焘《花心动》词："低傍小桥，斜出疏篱，似向陇头曾识。暗香孤韵冰霜里，初不怕，春寒要勒。问桃杏贤瞒，怎生向前争得？"

〔贤家〕金董解元《西厢记诸宫调》卷一："不问贤家别事故，闻说贵州天下没，有甚希奇景物？你须知处？"

"贤"加称谓词或相当于称谓的词，敬称他人的亲友。北齐颜之推《颜氏家训·风操》："凡与人言称彼祖父母、世父母、父母及长姑皆加'尊'字，自叔父母已下则加'贤'字，尊卑之差也。"

【贤尊】敬称他人父亲。隋侯白《启颜录·遭见贤尊》："旦来遭见贤尊，愿郎君且避道。"唐李公佐《南柯太守传》："王曰：'前奉贤尊命，不弃小国，许令次女瑶芳，奉事君子。'"宋马令《南唐书·谈谐传彭利用》："客吊之曰：'贤尊奄歾，不胜哀悼。'"

【贤夫】敬称他人丈夫。宋赵令畤《侯鲭录》卷三："东坡再谪惠州日，一老举人年六十九为邻，其妻三十岁诞子。为具邀公，公欣然而往。酒酣乞诗。公戏一联云：'令阃方当而立岁，贤夫已近古稀年。'"

【贤室】【贤阁（阖）】【贤闱】【贤配】【贤妇】【贤内助】【贤内】【贤助】

【贤夫人】敬称他人的妻子。

〔贤室〕唐张鹭《朝野佥载》卷六："选者曰：'耻见妻子。'安期曰：'贤室本自相谙，亦不笑。'"《旧唐书·李迥秀传》："其妻崔氏尝叱其媵婢，母闻之不悦。迥秀即时出之。或止云：'贤室虽不避嫌疑，然过非出状，何遽如此？'"明凌濛初《初刻拍案惊奇》卷十四："久劳贤室，无可为报。"

〔贤阁（阖）〕阁，闺阁，妇女所居。宋何薳《春渚纪闻·马武复得妻》："贤阁县君于暌索中，适某过澶州得之逆旅间，了不言其所自也。""阁"也写作"阖"。唐牛僧孺《玄怪录·齐饶州》："贤阖只在门前，便可同去。"

〔贤闱〕闱，闺门，妇女居处。明徐𤱵《杀狗记·孝女褒封》："世间难得惟兄弟，贤闱调和更罕稀。"明凌濛初《初刻拍案惊奇》卷三二："拙夫因贪贤闱，故有此话。"

〔贤配〕配，妻子。明冯梦龙《情史·情鬼·南楼美人》："美人潸然泣曰：'风情有限，世事难遗。闻君新婚在迹,今将永别。不然,不直分爱于贤配,抑将不利于吾君。'""贤配"也用于泛称贤慧的妻子。

〔贤妇〕宋苏轼《答李邦直》诗:"闻子有贤妇,华堂咏《螽斯》。"清汪琬《敕赠乔母潘孺人墓志铭》:"孰如孺人,彤管有炜,贤妇贤母,隃古列女。"

〔贤内助〕《儿女英雄传》第一回:"孺人佟氏也是汉军世家的一位闺秀,性情贤慧,相貌端庄,针黹女工不用讲,就那操持家务,支应门庭,真算得起安老爷的一位贤内助。"茅盾《尚未成功》:"然而他幸有贤内助,一句话又提起了他的'壮志'。"

〔贤内〕"贤内助"的省称。明李开先《贺双溪杨公孺人时氏同封谐寿序》:"贤内时氏,封为孺人。"

〔贤助〕"贤内助"的省称。明朱鼎《玉镜台记·成婚》:"下嫁屈王姬,贤助真堪主中馈。"

〔贤夫人〕《汪康年师友书札·陈三立》:"贤夫人病未能悬拟,其膏丸方,无论合否,俱嫌配制太多。"

【贤妻】对自己妻子的敬称。《水浒传》第八回:"今已写下几字在此,万望娘子休等小人,有好头脑,自行招嫁,莫为林冲误了贤妻。"《封神演义》第五六回:"土行孙曰:'既然如此,贤妻请起。'土行孙一手搂抱其颈,轻轻扶起。"明冯梦龙《醒世恒言》卷十九:"程万里听说,泪如雨下,道:'贤妻良言指迷,自恨一时错见,……不想反累贤妻。'"

【贤伉俪】敬称他人夫妇。《汪康年师友书札·瞿宣治》:"前托世嫂在沪购物,亦尚有价未缴,当一并归赵也。屡渎贤伉俪清神,惭感无量。"《汪有龄》:"每念贤伉俪病况,辄深惆怅,惟以'速愈速愈'四字向申江遥祝而已。"

【贤卿】古代夫妇间的敬称。明汤显祖《牡丹亭·幽媾》:"贤卿有心恋于小生,小生岂敢忘于贤卿乎!"

【贤姊】敬称他人姐姐。晋陆云《答车茂安书》:"尊堂忧灼,贤姊涕泣。"又:"尊大夫贤姊上下,当为喜庆,歌舞相送,勿为虑也。"

【贤仲】敬称他人的兄弟。清蒲松龄《聊斋志异·阿英》:"女曰:'狼疾之人不能操箕帚矣。当别为贤仲图之。'"

【贤弟】①敬称自己的弟弟。《史记·刺客列传》:"妾其奈何畏殁身之诛,终灭贤弟之名!"②敬称他人的弟弟。《北史·王晞传》:"(王晞)小名沙弥,……与邢子良游处。子良爱其清悟,与其在洛两见书曰:'贤弟弥郎,意识深远。'"③敬称位卑或比自己年轻的朋友。明冯梦龙《警世通言·俞伯牙摔琴谢知音》:"伯兄道:'愚兄余情不尽,意欲曲延贤弟同行数日,未知可否?'"《新编五代史平话·汉史上》:"敬塘听得知远这说,心下欣然,应道:'贤弟说的话,使我心下豁然。'"

【贤从】对他人堂兄弟的敬称。南朝宋

何承天《与宗居士论释慧琳〈论黑白〉书》:"近得贤从中郎书,说足下勤西方法事。"《梁书·刘遵传》:"大同元年,卒官。皇太子深悼惜之,与遵从兄阳羡令李仪令曰:贤从中庶,奄至殒逝,痛可言乎!"

【贤妹】①敬称他人妹妹。明冯梦龙《情史·情疑·张果老》:"兄久客寄,何以自娱? 贤妹略梳头,即当奉见。"②也用于对自己妹妹的美称。《西游记》第四八回:"妖邪道:'贤妹何出此言? 一言既出,驷马难追。'"明吴炳《绿牡丹·情笔》:"没法了,只得奉央贤妹,代倩这遭。"

【贤子】【贤郎】敬称他人的儿子。

〔贤子〕三国魏曹操《与太尉杨彪书》:"操白:与足下同海内大义,足下不遗,以贤子见辅。"唐张鷟《朝野佥载》卷三:"仁杰曰:'陛下内有贤子,外有贤侄,取舍详择,断在圣衷。'"袁昌英《成都灌县青城山纪游》:"他自己的一生不够完成这伟大的工程,幸有贤子继承父志,如愚翁移山般,竟将这惊人的事业成就了"。

〔贤郎〕宋欧阳修《与王懿恪公书》:"渐暖为时自重,因贤郎行,谨布区区。"《太平广记》卷一一八引唐李亢《独异志·严泰》:"其夕,有乌衣五十人,扣泰门,谓其父母曰:'贤郎附钱五千,可领之。'"元黄溍《次韵题庐陵解君行卷》诗:"贤郎亦复事舒阔,吐辞历落正不苟。"《儿女英雄传》第十六回:"见他那上司平日如此如此,更兼他那位贤郎又是如此如此,任他那上司百般的牢笼,这事他绝不吐口应许。"

【贤女】敬称他人的女儿。南朝宋刘义庆《世说新语·伤逝》:"诸葛道明女为庾(亮)儿妇,既寡,将改适,与亮书及之。亮答曰:'贤女尚少,故其宜也。'"明李昌祺《剪灯馀话·贾云华还魂记》:"今者,幼儿已冠,贤女谅已及笄。苟未订盟,愿如凤誓。"

【贤孙】敬称他人的孙子。明李开先《题思斋霍中丞祖母贞节褒扬卷》诗:"贤孙虽佐郎,拜相俟宣麻。"

【贤息】敬称他人子嗣。宋王安石《枢密使张昇嫡母追封德国太夫人刘氏可追封许国太夫人制》:"以有贤息,掌予机密。"宋洪适《同寮祭吕母文》:"某等定交,贤息并游莲府,登堂之拜未遂,就木之计已闻。"

【贤甥】①敬称他人的外甥。晋陆云《答车茂安书》:"云白:前书未报,重得来况,知贤甥石季甫当屈鄮令。"唐王维《送严秀才还蜀》诗:"宁亲为令子,似舅即贤甥。"②也用于对自己外甥的美称。明冯梦龙《警世通言·王娇鸾百年长恨》:"曹姨道:'二位贤甥,既要我为媒,可写合同婚书四纸。'"清王闿运《湘绮楼笺启·与曾甥》:"竹林贤甥侍福:朱洲小泊,适得顺风,因遂扬帆,乃闻见访,惜不少句留也。"

【贤亲】敬称亲戚。《新编五代史平话·汉史上》:"咱哥哥夫妻两个,自有眼孔识得好人，招贤亲入赘。"《水浒传》第四九回："乐和听罢，吩咐说：'贤亲，你两个且宽心着。'"

【贤妣】敬称他人已去世的母亲。三国魏曹丕《周成汉昭论》："余以为周成王体上圣之休气，禀贤妣之胎诲。"

【贤叔】敬称他人叔父。《晋书·郑袤传》："宣帝谓袤曰：'贤叔大匠垂称于阳平魏郡，百姓蒙惠化。'"又《刘弘传》："弘遗之曰：'贤叔征行，君祖母年高，便可归也。'"

【贤辈】敬称晚辈。《旧唐书·元行冲传》："顷者修撰，殆淹年月，赖诸贤辈能左右之，免致愆尤。"宋陆游《老学庵笔记》卷二："荆公厉声曰：'祖宗亲尽，亦须祧迁，何况贤辈？'"明李昌祺《剪灯馀话·何思明游酆都录》："贤辈虽曰读书，而烛理未彻，鬼神岂可以酒肉私？人命岂可以纸钱买？"

【贤侄】对侄辈年轻人的美称。明冯梦龙《警世通言·乔彦杰一妾破家》："王将仕邀乔俊到家中坐定，道：'贤侄，听老身说，你去后家中如此如此。'把从头之事，一一说了。"《三侠五义》第三十回："见展爷一表人材，不觉满心欢喜，开口便以贤侄相称。"《镜花缘》第十回："老夫意欲拜恳贤侄，俯念当日结义之情，将红蕖作为己女，带回故乡。"清杨潮观《荀灌娘围城救父》："贤侄如此幼龄，因何远涉到此？"

【贤契】长辈对子侄辈或先生对门生弟子的爱称。明凌濛初《初刻拍案惊奇》卷二四："本县权做个主婚，贤契万不可推托！"《镜花缘》第十五回："此间说话不便，寒舍离此不远，贤契如不弃嫌，就请过去略略一叙。"

【贤侯】敬称有德位者。三国魏邯郸淳《赠吴处玄诗》："见养贤侯，于今四祀。"唐权德舆《武公神道碑铭》："中朝名卿大夫，四方贤侯通人，多与公为道义之友。"明无名氏《鸣凤记·驿里相逢》："盛德感贤侯，相逢信非偶。"清全祖望《新会张明府惕庵以予将去粤有诸生无福之叹》诗："孤负贤侯属望奢，几时带草尽开花。"

【贤府】敬称地方长官。明冯梦龙《警世通言·玉堂春落难逢夫》："今日烦贤府密地差人送至北京王银匠处暂居，足感足感。"

【贤藩】对藩镇或藩国首领的敬称。元王恽《真常观记》："继奉旭烈贤藩教旨，提点彰德路道教事。"清谈迁《国榷·崇祯十七年》："其有不忘明室，辅立贤藩，戮力同心，共保江左者，理亦宜然，予不汝禁，但当通和讲好，不负本朝。"

【贤东】敬称他人的主人。明李昌祺《剪灯馀话·田洙遇薛涛联句记》："今夕且宿寒舍。若贤东知君至此，而妾不能为一款曲，惶愧殊甚。"明李开先《忆游南内记》："茶罢，将入席，张、葛二子目予曰：'何不请之贤东，先游而后觞乎？'"

【贤友】敬称他人的朋友。明徐渭《女状

元》第四出:"这几件可都要借光于贤友。"

【贤度】敬称对方的气度、胸襟。宋晁补之《答滑守李孝纯启》:"久托姻盟,未亲贤度,一麾假守,释负檐之云。"

【贤灵】敬称死者灵魂。《三国志·魏书·中山恭王衮传》:"昔卫大夫蘧瑗葬濮阳,吾望其墓,常想其遗风,愿托贤灵以弊发齿,营吾兆域,必往从之。"

【贤歌】对歌伎的敬称。清孔尚任《桃花扇·眠香》:"不知请那几位贤歌来陪俺哩。"

高 gāo

敬词。高,尊贵;高明。用在相关的词前,敬称他人或与他人有关的事。

【高明】【高驾】【高贤】敬称对方。

〔高明〕《汉书·萧望之传》:"是以天下之士延颈企踵,争愿自效,以辅高明。"唐韩愈《答渝州李使君书》:"今既无缘由进言,言之恐益累高明。"宋王安石《谢许发运启》:"近持悃愊,进叩高明,荷温教之见存,假善舟而使济。"《老残游记》第一回:"我们三个人要去杀他,恐怕只会送死,不会成事吧。高明以为如何?"

〔高驾〕唐沈佺期《拟古别离》诗:"离居久迟暮,高驾何淹留?"唐赵冬曦《奉答燕公诗》:"主人情未尽,高驾少淹留。"唐岑参《送许拾遗归江宁》诗:"早来丹墀下,高驾无淹留。"

〔高贤〕明凌濛初《二刻拍案惊奇》卷十七:"小女娇痴慕学,得承高贤不弃,今幸结此良缘,兼葭倚玉,惶恐惶恐!"明冯梦龙《喻世明言》卷三九:"席上汪世雄说道:'重承二位高贤屈留赐教,本当厚赠,……改日两位若便道光顾,当容补谢。'"清蒲松龄《聊斋志异·神女》:"两少年致词曰:'家君衰迈,起拜良难,予兄弟代谢高贤之枉驾也。'"

【高风】【高风亮节】【高风峻节】【高风劲节】敬称他人的风范节操。

〔高风〕晋夏侯湛《东方朔画赞序》:"睹先生之县邑,想先生之高风。"《北史·王罴王思政等传论》:"运穷事蹙,城陷身囚,壮志高风,亦足奋于百世矣。"

〔高风亮节〕明茅僧昙《苏园翁》:"亲奉了张丞相钧旨,说先生是当今一人,管、乐流亚,又道先生高风亮节,非折简所能招。"《清代名人书札·龚易图致阎敬铭》:"前阅邸钞,欣悉特简司空之命,不胜欣慰。惟念宪台山东颐养,……未敢率尔上贺,嗣读辞爵疏钞,已奉恩俞,仰见高风亮节,……既感且恋。"又:"宪台高风亮节,举世同庆。"梁启超《意大利建国三杰传·结论》:"其高风亮节,为史家所津津乐道。"

〔高风峻节〕宋胡仔《苕溪渔隐丛话后集·楚汉魏六朝上》:"余谓渊明高风峻节,固已无愧于'四皓',然犹仰慕之,尤见其好贤尚友之心也。"

〔高风劲节〕明邵璨《香囊记·潜回》:

"那饮药谯玄,纳肝弘演,高风劲节真堪羡,沧溟波浪能几枯,岁寒松柏何曾变!"明归有光《曹节妇碑阴》:"五十年高风劲节,可以想见。"

【高姓】【高名】敬问对方的姓氏名号。
〔高姓〕《西游记》第二十回:"三藏方问道:'老施主高姓?'老者道:'在下姓王。''有几位令嗣?'道:'有两个小儿,三个小孙。'"又第二三回:"你二位夫妻,高姓大名,如何知我姓名?"明周楫《西湖二集·救金鲤龙王报德》:"敢闻秀才高姓尊名?"
〔高名〕《水浒传》第六一回:"卢俊义欠身答礼道:'先生贵乡何处?尊姓高名?'"

【高见】敬称对方或他人的见解。元郑光祖《伊尹耕莘》第二折:"似这等不肯进身,哥哥高见为何?"清王士禛《池北偶谈·谈献一·司徒公历仕录》:"前辈涉历事久,多有高见,有疑难事不能自决,不可不以咨问。"周而复《上海的早晨》第三部二七:"闲话少叙,言归正传。还是听慕韩兄的高见吧!"

【高意】敬称他人的心意。唐裴铏《传奇·昆仑奴》:"所愿既伸,虽死不悔。请为仆隶,愿侍光容。又不知郎君高意如何?"宋严羽《沧浪诗话》附《答吴景仙书》:"高意又使回护,毋直致褒贬。"又《答出继叔临安吴景仙书》:"高意又使回护毋直致褒贬,仆意谓辩白是非,定其宗旨,正当明目张胆而言,使其词说沉着痛快,深

切著明,显然易见。"《红楼梦》第七七回:"如今这两三个姑娘既然无父无母,家乡又远,……出家修修来世,也是他们的高意。太太倒不要阻了善念。"

【高论】敬称对方的言论。晋葛洪《抱朴子·嘉遁》:"圣化之盛,诚如高论。"唐李白《大鹏赋》:"吐峥嵘之高论,开浩荡之奇言。"田北湖《与某生论韩文书》:"承示高论,实获我心。"

【高旨】敬称对方的意旨。晋卢湛《赠刘琨》诗:"慷慨遐踪,有愧高旨。"《晋书·温峤传》:"恐惑者不达高旨,将谓仁公缓于讨贼,此声难追。"《隋书·杨素传》:"高旨峻笔,有若天临;洪恩大泽,便同海运。"

【高发】敬称他人中举。明凌濛初《二刻拍案惊奇》卷十七:"后闻两兄高发,为此不辞跋涉,特来相托。"《儒林外史》第七回:"周司业然后与范举人话旧道:'学生前科看广东榜,知道贤契高发,满望来京相晤,不想何以迟至今科?'"《红楼梦》第八四回:"不但王大兄这般说,就是我们看,宝二爷必定要高发的。"也用于敬称他人名分、地位及其他方面的提高。《儿女英雄传》第三五回:"吾兄将来高发了,升到祭酒事业,却要懂的。"《孽海花》第五回:"雯青回到家里,那报喜的早挤满一门房,'大人升官'、'大人高发'的乱喊。"

【高升】【高迁】【高就】敬称他人升任或就任更高或更好的职位。

〔高升〕清李渔《意中缘·赴任》:"一来报老爷高升,二来迎接老爷上任。"《儒林外史》第二五回:"太老爷高升,小的多不知道,不曾叩得大喜。"茅盾《子夜》十三:"可是自从屠维岳高升为账房间权力最大者以后,她就觉得彼此中间隔了一重山。"

〔高迁〕迁,升迁。元关汉卿《谢天香》第一折:"小弟游学到此,不意正值高迁。"明李贽《与友山书》:"令师想必因其弟高迁抵家,又因克念自省回去,大有醒悟,不复与我计较矣。"《清代名人书札·沈岐致徐宗幹》:"昨闻兄得保举之信,不胜钦服。即贺高迁,未审何时来京引见,再图良晤也。"

〔高就〕叶圣陶《城中·搭班子》:"戏班子非整齐不可,老实不客气,只有对他说请另觅高就吧。"杨沫《青春之歌》第一部第三章:"真不巧得很,前两天他们夫妇才辞职另有高就,听说去了东北。"

【高谕】敬称他人的教诲。《孽海花》第十八回:"小弟只记得那年畅闻高谕,所谈西国政治艺术,天惊石破,推崇备至,私心窃以为过当。"谕,也写作"喻"。《晋书·束皙传》:"吾窃缀处者之末行,未敢闻子之高喻。"

【高情】【高谊】【高义】敬称对方的情意或情谊。

〔高情〕明凌濛初《二刻拍案惊奇》卷十七:"既承老丈与令甥如此高情,小生岂敢不受人提掣!"清陆陇其《答曹微之进士书》:"容徐徐亲尘,乞为叱谢高情,缕缕感愧,率复不尽。"

〔高谊〕宋王安石《谢徐秘校启》:"忽承高谊,特损谦辞,顾奖引之过中,非孤蒙之敢望。"清黄景仁《荻港舟次遇徐逊斋太守罢官归滇南》诗:"仆也骑驴看山至,一榻陈蕃荷高谊。"许地山《缀网劳蛛》:"我很感谢你们二位底高谊。"

〔高义〕清蒲松龄《聊斋志异·丐仙》:"谢曰:'蒙君高义,生死人而肉白骨,惠深覆载。但新瘥未健,妄思馋嚼耳。'"又《陆判》:"判启浓髯微笑曰:'非也。昨蒙高义相订,夜偶暇,敬践达人之约。'"《孽海花》第二八回:"六之介一壁招呼坐地,一壁道:'早想到府,谢先生带信的高义,苦在不知住址,倒耽误了。今天反蒙枉顾,又惭愧,又欢喜。'"《汪康年师友书札·陈庆年》:"如有自镌书籍,能送敝会,尤感高义。"

【高闻】【高听】敬称对方的听闻。

〔高闻〕唐王勃《与契苾将军书》:"但恐位卑先达,才非拔萃,虚承厚眷,不副高闻。"

〔高听〕《宋书·颜延之传》:"适值尊朋临座,稠览博论,而言不入于高听,人见弃于众视。"《汪康年师友书札·汪立元》:"仲秋回江,屡欲上书,辄以学植荒落,未敢以谫陋之词,轻枉高听,故仅属漱卿代达鄙意。"

【高问】敬称他人对自己的问候。《魏书·宗钦传》:"允答书曰:'顷因行李,承足下高问,延伫之劳,为日久矣。'"

【高鉴】敬称他人对事物的明察。《宋书·南郡王义宣传》:"此则丹心微款,未亮于高鉴,赤诚幽志,虚感于平日。"南朝齐张融《答周颙书》:"未知高鉴,缘何识本?"

【高会】敬称他人与己会面。宋范仲淹《答赵元昊书》:"某与大王虽未尝高会,向者同事朝廷。"

【高制】【高文】【高篇】敬称他人作品。
〔高制〕南朝陈徐陵《与李那书》:"争造篷门,请观高制。"
〔高文〕宋曾巩《回傅侍讲启》:"高文大策,久耸动于朝端。"
〔高篇〕宋韩维《览梅圣俞诗编》诗:"高篇屡云阕,远思殊未终。"

【高龄】敬问或敬称老人的年龄。清李渔《巧团圆·剖私》:"[旦]请问老婆婆高龄多少?"《光明日报》1990年3月12日:"一位百岁高龄的老人,在走过了整整一个世纪的漫长路程后,在这里度过人生的最后时光。"

【高寿】敬问老人的年龄。老舍《茶馆》第一幕:"老大爷您高寿啦?"

【高足】【高弟】敬称他人的弟子或学生。
〔高足〕唐张彦远《法书要录》卷一引南朝宋羊欣《采古来能书人名》:"高阳许静民,镇军参军,善隶、草,羲之高足。"明朱元弼《犹及篇》:"仇凤云者,某父之高足也。"邹韬奋《萍踪寄语》一一四:"(他)比第一幕的那个孩子长得结实些,是该校著名教授詹尼斯基最得意的一位高足。"
〔高弟〕《东周列国志》第八七回:"邹人孟轲,字子舆,乃子思门下高弟。"《儿女英雄传·缘起首回》:"适逢一日先生不在馆里,他读到'宰予昼寝'一章,偶然有些困倦,便把书丢过一边,也学那圣门高弟隐几而卧。"《孽海花》第三四回:"前一个说姓徐,名勉;后一个说姓麦,名化蒙。这两个都是唐门高弟,胜佛本来知道的。"又:"两人就在那里上天下地的纵谈起来,徐、麦两高弟也出入轮替来照顾。"

【高徒】敬称他人的门徒。《西游记》第六九回:"快具简帖,帖上写'朕再拜顿首'字样,差官奉请法师高徒三位。"

【高手】诗文写作或技艺高超的人。也可用于敬称这方面的人。晋陆云《与兄平原书》之十七:"近日视子安赋,亦对之叹息绝工矣。兄诲又尔,故自是高手。"宋罗大经《鹤林玉露》卷十三:"陆象山少年时,常坐临安市肆观棋,如是者累日。棋工曰:'官人日日来看,必是高手。'"

【高邻】敬称邻居。《儒林外史》第三回:"范进道:'高邻,你晓得我今日没有米,要卖这鸡去救命,为什么拿这话来混我?'"

【高斋】【高居】敬称他人的房舍。
〔高斋〕唐孟浩然《宴张别驾新斋》诗:

"高斋征学问,虚薄滥先登。"唐韦应物《寄黄刘二尊师》诗:"道尊不可屈,符守岂暇余。高斋遥致敬,愿示一编书。"明徐桢卿《在武昌作》诗:"高斋今夜雨,独卧武昌城。"苏曼殊《与高天梅论文学书》:"天梅居士侍者:昨岁自江户归国,拟于桂花香里,趋叩高斋,而竟不果。"

〔高居〕明凌濛初《初刻拍案惊奇》卷十八:"客人道:'我术不易传人,亦不轻与人烧炼。今观吾丈虔心,……但见教高居何处,异日好来相访。'"明冯梦龙《喻世明言》卷二八:"李英问道:'兄弟高居何处?做哥的好来拜望。'"

【高盖】敬称他人的车驾。明徐渭《与许口北书》:"昨漫往观煅,因伫柳下,思叔夜好此,久之不得其故。遂失候二公高盖,悚惶悚惶!"

【高抬贵手】敬请对方原谅或饶恕。元范康《竹叶舟》第四折:"弟子愚眉肉眼,怎知道真仙下降?只望高抬贵手,与我拂除尘俗者。"《水浒传》第三回:"不想误触犯了官人,望乞恕罪,高抬贵手。"《镜花缘》第三七回:"众宫娥听了,因想起当日启奏打肉各事,惟恐记恨,一齐叩头,只求王妃高抬贵手,莫记前仇。"郭澄清《大刀记》第七章:"梁队长,请你高抬贵手,饶恕我这一回吧!"

宝 bǎo

敬词。敬称帝王、佛教、道教以及与他人有关的事物。如称帝位为"宝位"或"宝座",称皇帝的诏谕为"宝训",称帝王的年寿为"宝算",称帝王所乘的车为"宝辇""宝舆"或"宝驾"等;如称道教的经文为"宝章",称道教修炼的秘诀为"宝诀",称道教的符箓为"宝箓"等。敬称佛教或与他人有关的事物,常见用语如下:

【宝宇】【宝坊】【宝刹】【宝台】【宝殿】【宝楼】【宝阁】【宝地】敬称佛教寺院、殿堂、楼阁。

〔宝宇〕宇,屋宇;庙宇。唐王勃《德阳县善寂寺碑》:"晨光转卉,翻宝宇之龙花;溽露低枝,荡真文于贝叶。"

〔宝坊〕《大集经·璎珞品》:"尔时世尊,至宝坊中升狮子座。"南朝梁简文帝《答湘东王书》:"鸣银鼓于宝坊,转金轮于香池。"唐李峤《为魏国北寺西寺请迎寺额表》:"襜帷辙迹之所,尽建宝坊。"

〔宝刹〕刹,佛寺。唐白居易《菩提寺上方晚望香山寺》诗:"晚登西宝刹,晴望东精舍。"《痛史》第二三回:"自家疯道人是也。历尽名山宝刹,采尽异卉奇葩,修合成药,普济世人。"

〔宝台〕佛寺敬称。《观佛三昧海经·观四威仪品》:"身如宝台,足步虚空。"唐岑羲《奉和九月九日登慈恩寺浮图应制》诗:"宝台耸天外,玉辇步云端。"

〔宝殿〕佛殿敬称。南朝梁简文帝《〈大法颂〉序》:"高门洞启,不因铜马之饰;宝殿霞开,无假凤凰之瑞。"《儿女英雄传·缘起首回》:"天宫现彩,宝殿生云；仙乐悠扬，香烟缭绕。"

〔宝楼〕佛寺楼阁的敬称。《华严经·十回向品》："阿僧祇宝楼，广博崇丽，延袤远近。"唐罗隐《代文宣王答》诗："释氏宝楼侵碧汉，道家宫殿拂青云。"

〔宝阁〕同"宝楼"。唐章孝标《题东林寺寄江州李员外》诗："日映砌阴移宝阁，风吹天乐动金铃。"《敦煌变文集·降魔变文》："琼楼宝阁，菀似皇宫。"

〔宝地〕敬称佛寺。南朝梁沈约《内典序》："皆足以迁光净域，登仪宝地。"

【宝相】【宝像】佛像的敬称。

〔宝相〕清陆以湉《冷庐杂识·大佛寺联》："沁雪贮寒泉，一片清虚，照彻大千世界；开山成宝相，十分圆满，想见丈六金身。"

〔宝像〕《法华经·方便品》："若人于塔庙，宝像及画像，以华香幡盖，敬心而供养。"宋苏舜钦《金山寺》诗："宝像浮海来，珠缨冷光滴。"

【宝塔】初为佛塔的敬称。《法华经·宝塔品》："尔时多宝佛于宝塔中分半座与释迦牟尼佛。"唐王维《为舜阇黎谢御题大通大照和尚塔额表》："降出天门，升于宝塔。"后为塔的泛称。

【宝钵】敬称僧人的钵盂。唐道世《法苑珠林》卷五十一："男女擎持宝钵，满中七宝，取无穷尽。"《敦煌变文集·维摩诘经讲经文》："六和持宝钵，八敬捧金台。"

【宝灯】初义是佛灯的敬称。《华严经·世主妙严品》："宝灯无量从空雨。"隋江总《灯赞》："宝灯夜开，光遍花台。"后也指华灯。

【宝偈】对佛教偈颂的敬称。《新泽大方广佛华严经序》："一窥宝偈，庆溢心灵，三复幽宗，喜盈身意。"唐道世《法苑珠林》卷一〇七："晨朝宣宝偈，夕夜虔恭诚。近求出苦海，远念法身踪。"

【宝谕】敬称位高者的指示。太平天国汪吉人等《〈军次实录〉序》："荷蒙我干王宝谕，命作序文，以志巅末。"

【宝方】【宝地】敬称对方的乡土。

〔宝方〕《西游记》第三六回："弟子乃东土大唐驾下差来，上西天拜活佛求经。经过宝方，天晚，求借一宿。"又第五十回："适路过宝方，我师父腹中饥馁，特造尊府募化一斋。"

〔宝地〕也可用来敬称对方乡土。如：借贵方一块宝地，落脚谋生。

【宝店】【宝号】敬称对方的店铺商号。

〔宝店〕《儒林外史》第十七回："匡超人道：'老客既开宝店，却看这书做什么？'"

〔宝号〕《二十年目睹之怪现状》第二九回："当日曾经劝过东家，说宝号的招牌是冒不得的。他一定不信，今日果然宝号出来告了。"

【宝札】同"大札"。敬称对方的信件。明梅鼎祚《玉合记·嗣因》："他金囊赠，宝札修，转星乌，会女牛。"清厉荃《事物异名录·书籍·书柬》：

"《山堂肆考》：'芳讯、兰讯、宝札、琼音，皆书柬名。'"

【宝眷】敬称对方的眷属。宋卫枋《与赵侍讲札子》："宝眷想随轩在京，或只在於潜耶？"《水浒传》第二十回："贤弟既有宝眷在京，如何不去取来完聚？"清和邦额《夜谭随录·秀姑》："公子追问宝眷何时移来？"

【宝邻】对邻邦或邻居的敬称。宋苏轼《坤成节集英殿宴教坊词》："三宫交庆，群后骏奔。宝邻通《四牡》之欢，航海致重译之贶。"

老 lǎo

敬词。有两种用法：一种是敬称他人，但一般不是老年人，多与实际年龄无关。《红楼梦》第六回："你老拔一根寒毛，比我们的腰还壮哩！""你"，指才十八九岁的凤姐。郭沫若《北伐途次》十一："南军的官长，你老不要着急，队伍是一定进了城的。"一种是出于尊老，对老年人的敬称。

【老佛爷】清代对太上皇或皇太后的敬称。《儿女英雄传》第一回："论他的祖上，也曾跟着太汗老佛爷征过高丽，平过察哈尔。"后专指慈禧太后。《二十年目睹之怪现状》第九二回："他别装糊涂，仗着老佛爷腰把子硬，叫他看！"鲁迅《花边文学·略论梅兰芳及其他（上）》："先只有谭叫天在剧坛上称雄，都说他技艺好，但恐怕也还夹着一点势利，因为他是'老佛爷'——慈禧太后赏识过的。"

【老父母】【老父台】【老公祖】旧时对地方官的敬称。

〔老父母〕明冯梦龙《醒世恒言·卢太学诗酒傲王侯》："老父母，但有死罪的卢楠，没有傍坐的卢楠。"明凌濛初《二刻拍案惊奇》卷四："今日年夜，老父母何事直入内室？"清黄宗羲《与康明府书》："老父母固二公之流亚也，宁肯坐视宇下之小民肝脑涂地，而不为之动心乎？"

〔老父台〕《儒林外史》第三二回："杜少卿道：'老父台，些小之事，不足介意。荒斋原是空闲，竟请搬过来便了。'"

〔老公祖〕清孔尚任《桃花扇·辞院》："老公祖不知，他与左良玉相交甚密，常有私书往来。"《儒林外史》第二六回："季守备道：'老公祖这一番考试，至公至明，合府无人不服。'"夏衍《秋瑾传》序幕："这案情关系太大，还请老公祖带去讯办，兄弟不敢。"

【老堂台】旧时对上级官吏的敬称。《官场现形记》第十八回："单太爷接着寒暄之后，便问：'老堂台同统领几时动身？晚生明日还要请老堂台叙叙，一定要赏光的。'"

【老道长】长 zhǎng。明清时高级官员对各道御史的尊称。《土风录·老道长》引明陆容《菽园杂记》："中堂尚书称各道御史曰'老道长'。今督抚称道宪亦曰'老道长'，盖道不称卑，俨然有方面大员体统，故以此目之。"明沈德符《野获编·吏部一·四衙门迁客》："戊戌年许星石侍御论列诸大臣,谪山西岢岚州判官,谒抚台魏见泉。魏前亦台臣,曾以言事外谪,许疏中所劾大僚,魏亦一人也。相晤时,魏留款欢然,称老道长,慰劳有加。"

【老祖宗】封建家庭对长辈的敬称。《红楼梦》第十一回:"老太太原是个老祖宗。"又第五二回:"世人都说:'太伶俐聪明活不长。'世人都说,世人都信,独老祖宗不当说,不当信:老祖宗只有伶俐聪明过我十倍的,怎么如今这么福寿双全的?"

【老相公】对上层社会年老男子的敬称。元白朴《墙头马上》第三折:"院公善意照顾,怕老相公撞见。"元无名氏《冻苏秦》第四折:"道有元帅的老相公同母亲、哥哥、嫂嫂、夫人都在于门首。"

【老前辈】对同行前辈的敬称。清龚自珍《〈礼部题名记〉序》:"诸老前辈为《国朝礼部题名记》成,呼吏补自珍名。"《儿女英雄传》第三五回:"三位老前辈今日取了这个门生,才叫作名下无虚,主司有眼。"周立波《参军这一天》:"有一回,我问一位老前辈,'我们自己的兵船到那里去了?'"

【老先生】【老先儿】【老先】对年高望重者的敬称。
〔老先生〕《史记·屈原贾生列传》:"是时谊年二十余,最为少。每诏令议下,诸老先生不能言,贾生尽为之对,人人各如其意所欲出。"清孔尚任《桃花扇·哄丁》:"我说的是那没体面的相公们,老先生是正人君子,岂有偷嘴之理!"邹韬奋《患难余生记》第一章:"老先生宁愿和其他救国同志共甘苦,不愿独坐,始终未曾应允。"
〔老先儿〕元无名氏《小尉迟》第二折:"二位老先儿在此,小子特来议事。"《金瓶梅词话》第六七回:"(西门庆)又拈了一个递与温秀才,说道:'老先儿,你也尝尝,吃了牙老重生,抽胎换骨。'"
〔老先〕"老先生"的省写。清孔尚任《桃花扇·听稗》:"大撒脚步只往东北走,合够了个敬仲老先才显俺的名。"

【老爷】①对官绅的敬称。清李慈铭《越缦堂日记·光绪庚辰六月二十四日》:"老爷之名,实起南宋,而《元史》始见之。爷者,父也。"清王应奎《柳南随笔》卷五:"前明时缙绅惟九卿称老爷,词林称老爷,外任司道以上称老爷,余止称爷。"清蒲松龄《聊斋志异·夏雪》:"即康熙四十余年中,称谓之不古,甚可笑也。举人称爷,二十年始;进士称老爷,三十年始;……称爷者必进而老,称老者必进而大,但大上不知造何尊称。"②对有身份男子的敬称。《水浒传》第十七回:"老爷,今日事已做出来了,且通个商量。"《红楼梦》第五一回:"老爷且别去,我们小爷罗嗦,恐怕还有话问。"鲁迅《呐喊·故乡》："他的态度终于恭敬起来了，分明的叫道：'老爷！'"③仆人、门客对主人的敬称。《儒林外史》第三一回："鲍廷玺道：'我在老爷门下，蒙老爷问到这一句话，真乃天高地厚之恩。'"《红楼梦》第三四回："袭人道：'论理宝二爷也得老爷教训教训才好呢！要老爷再不管，不知将来还要做出什么事来呢！'"

【老公公】【老太爷】【老大爷】【老爷子】【老人家】【老丈】【老伯伯】【老大伯】【老老】【老爹】【老父】对老年男性的敬称。

〔老公公〕《西游记》第十三回："三藏问老叟曰：'老公公，此处是甚所在？公公何由至此？'"明清时也敬称太监为老公公。

〔老太爷〕①对老年男性的敬称。《儒林外史》第三一回："老太爷上姓是韦，不敢拜问贵处是那里？"巴金《家》三一："老太爷，你何苦这样动气。"②也用于对自己或他人父亲的敬称。《红楼梦》第一〇九回："这块玉还是祖爷爷给我们老太爷，老太爷疼我，临出嫁的时候叫了我去，亲手递给我的。"茅盾《子夜》五："也许三先生还记得，当初我是拿了府上老太爷的一封信来的。"

〔老大爷〕李劼人《大波》第四部第三章："万一出了事呢？老大爷，岂不连你也有未便了？"骆宾基《山区收购站》："王子修老大爷一看，就认出来这是芦苇河公社的猎户胡喜春所养的围狗。"峻青《傲霜篇》："伤员看到敌人的炮火实在太凶了，就劝他说：'老大爷，你赶快放下我，到一边去躲一躲吧。'"

〔老爷子〕《儿女英雄传》第十五回："姨奶奶便笑嘻嘻的走到九公跟前，从袖子里掏出一个红灯花纸包囊儿来，说：'老爷子，你瞧瞧这个。'"崔璇《在区委会里》："我进套间一瞧，火炉烧的旺旺的，几个老爷子坐在长板凳上，地下放着个大簸箩，摘棉花桃呢。"

〔老人家〕①对老年男子的敬称。《京本通俗小说·错斩崔宁》："一头撞去，被他闪过空；老人家用力猛了，扑地便倒。"明凌濛初《二刻拍案惊奇》卷十一："一个七十多岁的老人家，笑嘻嘻进来堂中，望见了闻俊卿，先自欢喜。"《儒林外史》第二一回："凡事勤慎些，休惹老人家着急。"②敬称自己或他人的父母。《清平山堂话本·快嘴李翠莲记》："后生家熬夜有精神，老人家熬了打盹睡。"《儒林外史》第十六回："就算父亲是长病，不得就好，我们也说不得料理寻房子搬去。只管占着阿叔的，不但阿叔要催，就是我父母两个老人家，住的也不安。"蒋光慈《弟兄夜话》："我的母亲呵！我岂是不愿意来家看看你老人家？"③对位尊者的敬称。《金瓶梅词话》第七回："薛嫂道：'我来有一件亲事，来对大官人说，管情中得你老人家意。'"叶紫《丰收》四:"天老爷呵,请你老人家可怜我们,降一点儿雨沫吧!"

〔老丈〕明凌濛初《初刻拍案惊奇》卷二十:"阮太始道:'令婿也是旧家子弟,不辱没了令爱的。老丈既不嗔怪,就请老丈同到令婿家里去一见便是。'"《三国演义》第三一回:"操笑曰:'何敢当老丈所言?'遂取酒食绢帛赐老人而遣之。"鲁迅《野草·过客》:"老丈,你晚上好?"

〔老伯伯〕对年长者的敬称。明凌濛初《二刻拍案惊奇》卷二六:"一日高愚溪正在侄儿家闲坐,忽然一个人公差打扮,走到面前拱一拱手道:'老伯伯,借问一声,此间有个高愚溪老爷否?'"

〔老大伯〕金董解元《西厢记诸宫调》卷六:"瞥见个孤林端入画,篱落萧疏带浅沙,一个老大伯捕鱼虾。"杨沫《青春之歌》第一部第十章:"'老大伯,等一等!'老头走到大门口,道静把他叫住了。"

〔老老〕唐游方《任城县桥亭记》:"请为亭馆,以壮桥池,故乡老老白于吏,邑吏谋于府。"抗日歌谣《八路好》:"八路对人实在好,态度温和脸带笑,见老妇,叫奶奶;见老头,称老老。"

〔老爷〕①对老年男子的敬称。《儒林外史》第一回:"我如今辞别老爷,收拾行李,到别处去躲避几时。"高缨《达吉和他的父亲》:"马赫老爷,每天都是你给女儿烧饭吗?"②仆人对主人或衙役对长官的敬称。元张国宾《罗李郎》楔子:"老爹,门外二位叔父来了。"元乔吉《扬州梦》第二折:"小人是太守府内亲随,奉老爹钧语,着我打扫这翠云楼。"明阮大铖《燕子笺·谋缉》:"听得老爹叫,慌忙就来到,老爹叫小人们有何吩咐?"清洪亮吉《泾县志·风俗》:"称县令、丞簿、尉官曰老爹,而冠以大、二、三、四字。"

〔老父〕旧时对年长男子的敬称。《史记·高祖本纪》:"吕后与两子居田中耨,有一老父过请饮,吕后因餔之。"《汉书·张良传》:"良尝闲从容步游下邳圯上,有一老父,衣褐,至良所。"晋干宝《搜神记》卷十六:"复行二十里许,又见一老父。自云姓王名戒。"

【老伯】对父辈的敬称。清梁绍壬《两般秋雨盦随笔·老伯》:"今人于父执率称老伯。舅氏华春涛先生岑松则必比较年齿:长于父者曰'老伯',少于父者曰'老叔',截然不可紊也。"《儒林外史》第四八回:"老伯如何今日才来?我父亲那日不想你!直到临回首的时候,还念着老伯不曾得见一面。"《镜花缘》第十回:"老伯说那里话来,……今蒙慈命带回家乡,自应好好代他择配。"《二十年目睹之怪现状》第一○六回:"龙光一听见说是父亲的同门相好,便改称老伯。"

【老家公】仆人对老主人的敬称。元尚

仲贤《柳毅传书》第二折:"叵耐那业龙说与俺老家公,则为这龙女三娘惹下祸丛。"

【老叔】对叔父或父辈中年少于父亲者的敬称。《儒林外史》第三五回:"内中几位本家,也有称叔公的,有称尊兄的,有称老叔的,作揖奉坐。"又第四六回:"老叔已去,小侄从今无所归依矣!"

【老爷爷】小孩或用小孩的口气敬称年老的男子。孔厥《新儿女英雄传》第七章:"'老爷爷',小水恳切地叫道,'我们向你保证,我们决不是作坏事。'"贺敬之《放歌集·回延安》:"老爷爷进门气喘得紧:'我梦见羊吃青草——可真见亲人。'"

【老太太】【老太】【老大娘】对老年妇女的敬称。

〔老太太〕①对老年妇女的敬称。《儒林外史》第二五回:"我记得你家老太太该在这年把正七十岁,想是过来定戏的?"田汉《梅雨》:"哎,真是对不起,老太太,等我的老婆领了这一个月的工钱,我想至少付你老人家一个月。"高兰《我的家在黑龙江》诗:"腊月里冷得没有风没有霜,老太太们从此便高卧在热炕头上。"②也用于敬称自己的母亲。《红楼梦》第三三回:"贾政上前躬身陪笑道:'大暑热的天,老太太有什么吩咐,何必自己走来,只叫儿子进去吩咐便了。'"余上沅《兵变》:"这都是我们老太太亲口讲给我听的。"也用于敬称他人

的母亲。《二十年目睹之怪现状》第八回:"老太太到了,在船上还没有起岸。"丁西林《一只马蜂》:"吉小姐会到北京来么?我很想认识她,我想她一定是同老太太一样的和气,可爱。"

〔老太〕《儒林外史》第二五回:"好久不曾来看老太,老太在家享福。"又第五四回:"董老太拄着拐杖出来问道:'你们寻那个的?'"

〔老大娘〕孙犁《白洋淀纪事·山地回忆》:"在大娘背后还有一位雪白头发的老大娘。"杜鹏程《延安人》:"老大娘!听口音,你像延安人。说不定咱们还是乡亲哩!"峻青《张玉生》:"老头子把热炕头让给了我,自己坐在我的对面。老大娘忙着烧水沏茶。"

【老师父】【老师】对僧侣的敬称。

〔老师父〕《西游记》第四四回:"扯住道士滴泪道:'我说我无缘,真个无缘,不得见老师父尊面。'"《儒林外史》第二八回:"牛布衣请老和尚进房来坐在床沿上,说道:'我离家一千余里,客居在此,多蒙老师父照顾。'"

〔老师〕①对僧侣的敬称。唐王建《寻李山人不遇》诗:"从头石上留名去,独向南峰问老师。"唐姚合《赠卢沙弥小师》诗:"年小未受戒,会解如老师。"《金瓶梅词话》第一百回:"那普静老师跏趺在禅床上敲木鱼,口中念经。"《西游记》第八七回:"万望老师开天地之心,普运慈舟,传度小儿,必

以倾城之资奉谢。"②敬称同行中较自己年长者。如电台、医院等行业常称比自己年长者为老师。这是近十几年才时行的(取代此前颇为时行的师傅)。

【老仙长】对道士的敬称。清孔尚任《桃花扇·栖真》:"老仙长,我们上山来做好事的,要借道院暂安行李,敢求方便一二。"

【老师傅】对同行有技艺且年纪较大的人的敬称。周而复《上海的早晨》第一部七:"比他技术稍为高明一点的人,他叫人家老师傅;比他本事差的,他也乐意帮别人的忙。"今也用于对年长男性的敬称(年轻一些的则敬称师傅)。

【老郎】元明时说话艺人对本行前辈的敬称。元赵明道《斗鹌鹑·名姬》套曲:"乐府梨园,先贤老郎,承应俳优,后进教坊。"《古今小说·陈御史巧勘金钗钿》:"闻得老郎们相传的说话,不记得何州甚县,单说有一人,姓金名孝,年长未娶。"

【老大哥】①敬称所尊敬者。街头剧《放下你的鞭子》:"凭我这几根老骨头,玩几套玩意儿向各位献献丑,算是报答诸位老大哥的好意!"刘仁松《记红军三大主力会师》:"我们今天要拿出爬雪山过草地的劲头,冲破敌人的包围,去和一方面军老大哥会师。"②敬称同辈年长的男子。《二十年目睹之怪现状》第九九回:"老大哥,是什么风吹你到这里的?"老舍《骆驼祥子》十六:"老大哥,你拉去吧!"

【老哥】成年男性间的敬称。《儒林外史》第三四回:"怪道前日老哥同老嫂在桃园大乐!"《二十年目睹之怪现状》第八回:"但是兄弟想来,除了老哥,没有第二个肯做的。"《廿载繁华梦》第十回:"待小弟今晚作个东道,并请老哥与山农两位赴席,看他如何,再行卓夺。"沙汀《航线》:"'你像也赞成呀,老哥?'兵士打偏了颈子问。

【老兄】①男性相互间的敬称。《晋书·刘毅传》:"裕恶之,因授五木久之,曰:'老兄试为卿答。'"杜甫《寄刘峡州伯华使君》:"老兄真不坠,小子独无承。"艾芜《人生哲学第一课》:"你老兄可也是来省城找事的么?"②对兄长的敬称。唐白居易《题旧写真图》诗:"形影默相顾,如弟对老兄。"《二十年目睹之怪现状》第六四回:"他的老兄是个实缺道台。"

【老年兄】①科举时代敬称与自己同年考中举人、进士者。清李渔《怜香伴·斋访》:"自前科京邸一别又是三年,老年兄愈加矍铄了。"②对平辈男性年长者的敬称。《儿女英雄传》第二四回:"这老年兄去年临别之前,曾说等姑娘满孝,他一定进京来看姑娘。"

【老大姐】敬称同辈年长的女性。秦牧《红旗初卷英雄城》:"这位饱经沧桑的老大姐,满怀激情地叙述广州起义总指挥部许多领导同志的生动事迹。"张天翼《宝葫芦的秘密》十一:"不瞒你们说,我这时候可真有点儿害怕这位'老大姐'——这是我们给她取的外号。"

【老弟】①敬称同辈中比自己年轻的男性,且含有亲昵义。清孔尚任《桃花扇·骂筵》:"两位老弟,大家商量,我们一班清客,感动皇爷,召去教歌,也是不容易的。"《儒林外史》第十七回:"那赵先生回过头来,叫一声:'哎呀!原来是老弟!几时来的?'"《儿女英雄传》第十五回:"又望着老爷说:'老弟,你好造化,看这样子,将来准是个八抬八座罢咧!'"②对晚辈表示尊重的称呼。《孽海花》第二一回:"唐卿远远望见龚尚书便衣朱履,缓步而来,连忙抢出门来,叫声'老师',作下揖去。龚尚书还礼不迭,招着手道:'呵呀,老弟!'"杨沫《东方欲晓》第一部三十:"慕杰老弟只是出钱作东呢?还是同时也参与经营药房的日常事物?"

【老客】【老客长】对商人的敬称。

〔老客〕《儒林外史》第十七回:"匡超人道:'老客既开宝店,却看这书做什么?'"梁斌《红旗谱》二四:"掌柜的说:'……老客,贵府什么地方,做什么生意?'"

〔老客长〕明凌濛初《初刻拍案惊奇》卷一:"有烦老客长做主,写个合同文契,好成交易。"

大 dà

敬词。用在称谓词或相关的词前,敬称他人或与他人有关的事。"大"用作敬词,在清代时表敬色彩要尊于"老"。清蒲松龄《聊斋志异·夏雪》:"大王忽附人而言曰:'如今称老爷者,皆增一大字。其以我神为小,消不得一大字耶。'众悚然,齐呼大老爷。雪立止。"又:"窃意数年以后,称'爷'者必进而'老',称'老'者必进而'大'。但不知'大'上造何尊称。"

【大名】【大号】敬称他人的名字。

〔大名〕《三国演义》第三八回:"玄德下拜曰:'汉室末冑,涿郡愚夫,久闻先生大名,如雷贯耳。昨两次晋谒,不得一见,已书贱名于文几,未审得入览否?'"《水浒传》第二七回:"你夫妻二位,高姓大名,如何知我姓名?"《儒林外史》第二八回:"先生大名,如雷灌耳。"巴金《沉落集·沉落》:"我并不崇拜名流,为什么一定要人知道他的大名呢?"

〔大号〕清孔尚任《桃花扇·闲话》:"方才都是路遇,不曾请教尊姓大号,要到南京有何贵干?"

【大驾】对他人的敬称。《二十年目睹之怪现状》第一〇八回:"久违了。大驾几时到的?"鲁迅《华盖集·"碰壁"之后》:"务恳大驾莅临,无任盼祷。"《胡适来往书信选·过养默致胡适》:"适之先生有道:自大驾北旋,想道履康强为慰。"

【大雅】对学识渊博者的敬称。《清代名人书札·时乃风致刘含芳》:"附致……屏幅各四纸,又徐幼翁及子梅各一书,乞分别寄交为荷。拙书恶劣,不足供大雅一噱,猥承谦饰,惭愧,惭愧!"《汪康年师友书札·邵孝义》:"奉上拙著二篇,即呈大雅训正,可否为我登之《时务报》中?"又《朱正元》:"如贵馆有什登著作之例,敢烦附之篇末,就正通人,并请大雅先为指正,以免贻讥海内,幸甚。"

【大师】【大匠】【大家】敬称在某方面卓有成就并众望所归的专家、学者。
〔大师〕《史记·儒林列传》:"学者由是颇能言《尚书》,诸山东大师无不涉《尚书》以教矣。"《百喻经·治秃喻》:"时彼秃人往至其所,语其医言:'唯愿大师为我治之。'"胡适《〈国学季刊〉发刊宣言》:"近年来,古学的大师渐渐死完了,新起的学者还不曾有什么大成绩表现出来。"
〔大匠〕唐封演《封氏闻见记·矜尚》:"有右军真迹,宝之已久,欲呈大匠。"唐贾岛《即事》诗:"心被通人见,文叨大匠称。"清纳兰性德《与韩元少书》:"今幸出大匠之门,且与足下为同年友。"
〔大家〕宋叶适《答刘子至书》:"盖自风雅骚人之后,占得大家数者不过六七。"《明史·唐顺之传》:"为古文,洸洋纡折有大家风。"清叶廷琯《鸥陂渔话·董思翁画册题记》:"此可见公少时即能画,涉历至老,既成大家,犹不自满。"

【大人】①敬称长者或老者。《后汉书·苏章传》:"祖父纯,字桓公,……三辅号为'大人'。"李贤注:"大人,长老之称,言尊事之也。"又《李固传》:"一日朝会,见诸侍中并皆年少,无一宿儒大人可顾问者,诚可叹息。"②敬称父母叔伯等长辈。《史记·高祖本纪》:"高祖奉玉卮,起为太上皇寿,曰:'始大人常以臣无赖,不治理产业,不如仲力。'"这是敬称父亲为大人;《汉书·淮阳宪王刘钦传》:"博辞去,令弟光恐云王遇大人益解,博欲上书为大人乞骸骨去。"颜师古注:"大人,博自称其母也。"《玉台新咏·古诗〈为焦仲卿妻作〉》:"三日断五匹,大人故嫌迟。"这是敬称婆婆为大人;《金瓶梅词话》第七回:"这里是姑奶奶大人,有话不来和姑奶奶说,再和谁说。"③约在清代始,书信来往中,同辈或朋辈也相互称大人。《清代名人书札·高翔麟致裕泰》:"余山三兄大人阁下:握别以来,旷如隔岁,古人'一日三秋'之语,良非虚也。"鲁迅《书信集·致蒋抑卮》:"此颂抑卮长兄大人进步。"

【大爷】【大伯】除用于称父亲的长兄外,也用于敬称男性长者。
〔大爷〕周立波《扫盲志异》:"有么子贵干呀,何大爷,这样着急?"
〔大伯〕《清平山堂话本·杨温拦路虎传》:"那大伯在草厅上坐,道:'交他来见我。'"

【大叔】①敬称与父亲同辈而年轻的人。《儿女英雄传》第三八回:"程相公还在那里打听,说:'甚么叫做热闹眼睛?'华忠拉了他一把说:'走吧,我的大叔。'"老舍《骆驼祥子》十:"快着点吧,我一个人的大叔,别把点儿热气儿给放了。"②敬称豪门仆役或太监。明凌濛初《初刻拍案惊奇》卷二二:"做使令的少不得官不威,牙爪威。做都管,做大叔,走头帖,打驿吏,欺估客,诈乡民,总是这一干人了。"清孔尚任《桃花扇·阻奸》:"门上大叔在那里?"《二十年目睹之怪现状》第七五回:"去年,里头大叔做生日,闽浙萧判军送的礼,还要别致呢!"

【大舅爷】敬称他人的妻兄。《二十年目睹之怪现状》第九十回:"大舅爷本来挈眷同行的,伯芬是郎舅至亲,与别的官员不同,上房咧,签押房咧,他都可以任意穿插。"

【大妈】【大娘】敬称年长的妇女。
〔大妈〕茹志鹃《关大妈》:"关大妈把眼一闭,心想:'大不了是个死吧!'"
〔大娘〕唐杜甫《〈观公孙大娘弟子舞剑器行〉序》:"问其所师,曰:'余公孙大娘弟子也。'"《红楼梦》第五六回:"有吴大娘单大娘,他两个在西南角上聚锦门等着呢。"陈其通《万水千山》第二幕:"大娘,你回去睡吧!"

【大兄】【大哥】敬称朋辈或年龄相仿的人。

〔大兄〕《三国志·蜀书·关羽传》"曹公遣徐晃救曹仁"裴松之注引晋王隐《蜀记》:"晃下马宣令:'得关云长头,赏金千斤。'羽惊怖,谓晃曰:'大兄,是何言邪?'"又《吴书·吕蒙传》"遂拜蒙母,结友而别"裴松之注引晋虞溥《江表传》:"士别三日,即更刮目相待。大兄今论,何一称穰侯乎!"明孙仁孺《东郭记·由君子观之》:"大兄贵诞,请受小弟一拜。"

〔大哥〕《水浒传》第四四回:"那大汉叉手道:'感蒙二位大哥救了小人之祸。'"《二十年目睹之怪现状》第四回:"家伯到通州去的话,可是大哥打听来的,还是别人传说的呢?"欧阳山《苦斗》五四:"论人材,论阅历,……都只有咱陶大哥才当得这队长!"

【大嫂】【大嫂子】敬称已婚或与自己年龄相仿的妇女。
〔大嫂〕《儿女英雄传》第七回:"那老婆儿哭眼抹泪的说道:'阿弥陀佛,说也不当家花拉的!这位大嫂一拉就把我们拉在那地窖子里。'"陈其通《万水千山》第二幕:"[众]大嫂坐啊!大娘你也坐呀!"
〔大嫂子〕《施公案》第一二〇回:"说:'大嫂子,快开门来。'朱氏赶紧出来开门一看,认得是公差。"

【大娘子】敬称已婚的中青年妇女。《水浒传》第四九回:"乐大娘子惊得半响做声不得。"《儿女英雄传》第十四回:"那褚家娘子那里肯坐。安老爷让再让三,说:'大娘子,你不肯坐,我也只得陪谈了。'"

【大姐】【大姐姐】对同辈女性的敬称。〔大姐〕《汉语大词典》:"大姐 ②对女性的尊称。如:李大姐,刘大姐。"〔大姐姐〕《儿女英雄传》第十五回:"安老爷先道:'很好,你就跟了大姐姐去。'"

【大老爷】清代对州县以上官员的敬称。《红楼梦》第四回:"望大老爷拘拿凶犯,剪恶除凶,以救孤寡,死者感戴天恩不尽。"夏衍《秋瑾传》序幕:"站开,站开,知县大老爷来了。"参阅清李慈铭《越缦堂读书记·香祖笔记》。

【大令】对县官的敬称。因古时县官多称令,后遂以"大令"敬称县官。清沈涛《瑟榭丛谈》卷下:"钱塘蔡莘腴大令任由庶常改官畿辅,三黜屡空,困踬不偶。"《二十年目睹之怪现状》第四六回:"前任的本县姓伍,……那位伍大令初到任时,便发誓每事必躬必亲,绝不假手书吏家丁。"

【大公祖】明清时士绅对府以上的官员的敬称。清王闿运《上巡抚恽侍郎书》:"治士闿运,谨奉记次山大公祖节下。"参阅清王士禛《池北偶谈·谈异七·曾祖父母》。

【大官人】敬称有权势有地位的男子或富家子弟。《水浒传》第十一回:"林冲看时,不是别人,却是小旋风柴进,连忙叫道:'大官人救我。'"明陈汝元《金莲记·捷报》:"特差小人来接大夫人并大官人进京。"

【大翁】同"太翁"。对海船上舵手的敬称。明陶宗仪《辍耕录·长年》:"吾乡称舟人之老者曰长老,……《古今诗话》谓川、陕篙手为三老,乃推一船之最尊者言之耳。因思海舶中以司舵曰大翁,是亦长老、三老之意。"

【大德】①佛门对年长德高的僧人或佛、菩萨的敬称。为梵语 bhadanta(婆檀陀)的意译。北魏杨衒之《洛阳伽蓝记·秦太上君寺》:"常有大德名僧讲一切经。受业沙门,亦有千数。"《翻译名义集·释氏众名》:"婆檀陀《大论》:'秦言大德';《毘奈耶律》云:'佛言今日后,小下苾蒭(和尚),于长宿(年长德高者)处,应唤大德。'"汤用彤《汉魏两晋南北朝佛教史》第二分第十四章:"(隋文)帝深崇佛法,天下大德,群集关中。"②也用于敬称道士。唐赵璘《因话录》卷四:"元和以来,京城诸僧及道士,尤多大德之号。"

【大作】【大著】【大篇】【大笔】【大文】敬称他人的作品著述。〔大作〕《儒林外史》第二二回:"小弟董瑛在东京会试,于冯琢庵年兄处得读大作。"毛泽东《给陈毅同志谈诗的一封信》:"你的大作,大气磅礴。"〔大著〕苏曼殊《与高天梅论文学书》:"大著精妙无伦,佩服佩服。"鲁迅《书信集·致陈光尧》:"蒙惠书并际大著,浩如河汉,拜服之至。"〔大篇〕清周亮工《尺牍新钞·张九征与王阮亭》:"三日夕读大篇,几不成寐。"

【大笔】敬称他人的文章或书画。明冯梦龙《警世通言·王安石三难苏学士》:"太守道:'这道表章,只得借重学士大笔。'"《儒林外史》第一回:"今日有缘,遇着王相公,是必费心大笔画一画。"

〔大文〕清吴敏树《与杨性农书》:"前承委点校大文,负恃爱好,辄竭愚虑。"

【大稿】敬称他人的稿件。清梁绍壬《两般秋雨盦随笔·长生殿》:"黄云鸿者,康熙中,由知县行取给事中入京,以土物并诗稿遍送名士。至宫赞赵秋谷执信,答以柬云:'土物拜登,大稿璧谢。'黄遂衔之刺骨。"

【大刻】敬称他人所印行的出版物。《汪康年师友书札·罗振玉》:"大刻拜收,谢谢。定为设法谋售。"

【大旨】敬称他人的旨意。《后汉书·隗嚣传》:"以望异域之人,疵瑕未露,欲先崇郭隗,想望乐毅,故钦承大旨,顺风不让。"

【大教】敬称他人的教言。明凌濛初《初刻拍案惊奇》卷十八:"若肯不吝大教,拜迎到家下,点化一点化,便是平生愿足。"《儒林外史》第三五回:"一路问来,果然问着,今幸得接大教。"《汪康年师友书札·蔡乃煌》:"弟奏派赴外务部禀商矿务,先赴金陵谒督宪,日内必到沪面聆大教也。"

【大函】【大札】敬称他人来信。参见"书信敬词"。

【大庆】敬称老人寿辰,一般用于逢十的寿辰。《儿女英雄传》第三二回:"况且转眼就是你九十大庆。"又第三八回:"自己又极清闲,算了算邓九公的九旬大庆将近。"

【大馆】敬称他国宾馆。《左传·昭公二年》:"寡君命下臣来继旧好,好合使成,臣之禄也。敢辱大馆?"

太 tài

敬词。用在称谓词前,主要表示对他人亲属中的长辈或地方官员的敬称。

【太公】【太翁】【太老爷】【太爷】敬称他人父亲。

〔太公〕①敬称他人的父亲。初用于尊称自己的父亲。《史记·高祖本纪》:"高祖五日一朝太公,如家人父子礼。"后也用于敬称他人的父亲。《后汉书·袁谭传》:"然孤与太公,志同愿等。"李贤注:"言太公者尊之,谓(袁)绍也。"《儒林外史》第十六回:"他儿子匡太公在房里已听见儿子回来了。"②对年老男性的敬称。明高明《琵琶记·蔡公逼试》:"来的却是张太公呵!"《水浒传》第三七回:"你且在这里少待,等我入去报知庄主太公。"

〔太翁〕原用于尊称曾祖父或祖父。清代也用以尊称他人的父亲。《儿女英雄传》第十八回:"他的太翁纪延寿同他长兄纪望唐革职免罪。"

〔太老爷〕①敬称他人父亲。《儒林外史》第二七回:"你们太老爷在家好么?"②旧时对县官的敬称。《儒林外史》第五回:"这样含冤负屈的事,求太老爷作主。"《儿女英雄传》第十一回:"前面不远有所古庙,就请太老爷的驾到那里将就座落罢。"③旧时家仆敬称主人的父亲。清李渔《奈何天·调美》:"看那姓袁的乡宦,是那一科举人,那一科进士?谁想不前不后,刚刚是太老爷同年。我家相公竟是他的年侄。"

〔太爷〕《儿女英雄传》第九回:"据我们听你讲起你家太爷的光景来,一定是一位品学兼优、阅历通达的老辈,断不像你这样古执不通。"

【太夫人】敬称他人的母亲。汉制,列侯的母亲方得称太夫人。《汉书·文帝纪》:"令列侯太夫人、夫人、诸侯王子及吏二千石无得擅征捕。"颜师古注引如淳曰:"列侯之妻称夫人。列侯死,子复为列侯,乃得称太夫人。子不为列侯,不得称也。"后来,凡官僚豪绅的母亲,不论存亡,均尊称为太夫人。宋徽宗政和年间,曾以"太"字为对生者的尊称,令凡追赠者皆去"太"字。《儿女英雄传》第十八回:"更兼那纪太傅每日上朝进署,不得在家。他家太夫人又身在内堂,照应不到外面的事。"参阅徐度《却扫篇》卷上。

【太太】①对长辈女性的敬称。明史可法家书,称母亲及其他女性长辈为太太或某太太。见《史忠正公集》卷三。《红楼梦》第四六回:"凤姐儿笑道:'到底是太太有智谋,这是千妥万妥。'"②对官吏妻子的尊称。《儿女英雄传》第一回:"虽然安老爷不善经理家计,仗着这位太太的操持,也还可以勉强安稳度日。"③旧时女仆对女主人的尊称。《二十年目睹之怪现状》第二回:"太太又向来没有见过少爷的面。"④对已婚女性的尊称,多带丈夫的姓。如张太太、李太太。

【太婆】对老年女性的敬称。《征四寇传》第六八回:"李逵当夜听得太公太婆里面啼哭。"

【太弟】皇帝对其弟的敬称。《晋书·刘聪载记》:"僭即皇帝位,……尊元海妻单氏曰皇太后,其母张氏为帝太后,乂为皇太弟,领大单于大司徒。"《新五代史·南唐世家·李景》:"五年,以景遂为太弟;景达为元帅,封齐王。"

【太爷】【太尊】明清时对知府、知县的敬称。

〔太爷〕①对知府、知县的敬称。《水浒传》第一〇二回:"太爷今早点名,因都排不到,大怒起来。"《红楼梦》第一回:"众人都说:'新太爷到任了!'"②对祖父或祖辈的敬称。张天翼《脊背与奶子》:"长太爷不晓得要怎样发脾气哩!"③家仆对男主人的敬称。许地山《处女底恐怖》:"四爷,四爷,我们太爷请你进来坐。"

〔太尊〕《儒林外史》第一回:"前月初十搬家,太尊、县父母都亲自到门来贺。"《二十年目睹之怪现状》第四二回:"现在新任的江宁府何太尊,他是翰林出身。"

【太医】初义为官中掌管医药的官员,也用以称御医。宋元以后又用以对医生的敬称。元王实甫《西厢记》第三本第二折:"请个好太医,看他证候咱。"明冯梦龙《警世通言·金明池吴清逢爱爱》:"许多太医下药,病只有增无减。"曹禺《北京人》第一幕:"曾皓(启目,摇头):'不,罗太医好用唐朝古方,那种金石虎狼之药,我的年纪、体质——'(不愿说下去,叹口气,闭眼轻咳。)"

【太仆】旧时对绿林好汉的敬称。元秦简夫《赵礼让肥》第二折:"这的是小生的违拗,告太仆且耽饶。"元康进之《李逵负荆》第一折:"你山上头领,都是替天行道的好汉,并没有这事。只是老汉不认的太仆,休怪,休怪!"

鸿 hóng

鸿,大。后面加"制""篇""著""文"等词,敬称他人的作品。

【鸿制】犹"大作"。《汪康年师友书札·岑春煊》:"执事高识雅才,慨然负当世之志,每览鸿制,实寓深衷,以弟顽陋,往往读未终卷,喜继以悲。"

【鸿篇巨制】《汪康年师友书札·王秉恩》:"今得执事与卓如二公,鸿篇巨制,大声疾呼,亦足以张我一帜,厥功甚伟,钦佩无似。"又《姚大荣》:"次第读至五十册,鸿篇巨制,足以感发

志意者固多,而尤以大著之知耻知惧,以爱力转国运诸篇,为最难得。"

【鸿著】《汪康年师友书札·潘清荫》:"鄂渚薄游,频亲雅诲,睽违数稔,积想弥襟,祇于邮报中藉披鸿著,具见诸君子之同志匡时,甚有纫佩。"

【鸿文】《汪康年师友书札·周学熙》:"倘蒙惠以鸿文,并附登贵报,使海内宏达有一言之赠,则下邑山林为之生色,不胜盼祷之至。"

上 shàng

敬词。上,尊贵。用在某些相关的词前,敬称他人或与他人有关的事物。

【上人】自南朝宋以后,用作于僧人的敬称。《南史·宋纪上》:"尝游京口竹林寺,独卧讲堂前,上有五色龙章,众僧见之,惊以白帝,帝独喜曰:'上人无妄言。'"宋苏轼《吉祥寺僧求阁名》诗:"上人宴坐观空阁,观色观空色即空。"

【上老】古代对致仕大夫的敬称。《尚书大传》卷三:"大夫七十而致仕,老于乡里。大夫为父师,士为少师,……上老平明坐于右塾,庶老坐于左塾。"郑玄注:"上老,父师也;庶老,少师也。"

【上下】①六朝和隋唐时期对父母的敬称。《宋书·孝义传·郭原平》:"今岁过寒,而建安绵好,以此奉尊上下耳。"《南史·刘瓛传》:"又上下年尊,益不愿居官次,废晨昏也。"唐颜师古《匡谬正俗·上下》:"凡言上下

者,犹称尊卑,总论也,……而江南士俗近相承,与人言议及书翰往复者,皆指父母为上下,深不达其意耳。"②宋元以后对公差的敬称。《水浒传》第三九回:"戴宗坐下,只见个酒保来问道:'上下打几角酒?要什么肉食下酒?'"《古今小说·宋四公大闹禁魂张》:"只见点茶的老子,手把粥碗出来道:'众上下少坐,宋四公教我买粥,吃了便来。'"明凌濛初《二刻拍案惊奇》卷一:"众僧见住持被缚,大家走将拢来,说道:'上下不必粗鲁,本寺是山塘王相府门徒,等闲也不受人欺侮。'"③也用于敬问尊长的名字。意即上一字,下一字。田汉京剧《白蛇传》第九场:"许:'请问老师父上下?'法:'老僧法海。'"

【上足】犹"高足"。对他人门徒的尊称。唐王勃《彭州九陇县龙怀寺碑》:"孝恭法师、智开法师、宏向法师、宝积阇黎四上人者,并禅师之上足,而法门之领袖也。"宋张瑞义《贵耳集》卷上:"陆放翁,茶山(茶山居士曾几)上足。"元杨讷《西游记》第六本第二一出:"我是唐三藏上足徒弟。"

【上舍】对读书人的敬称。明冯梦龙《警世通言·玉堂春落难逢夫》:"王定即时去请刘斋长、何上舍到来。"清昭梿《啸亭续录·史书氏族》:"邑令亦素有嫌隙,因诬君通海上,置诸狱中。君素勇健,夜毁梏,逾垣出,匿某上舍家。久之,亡走滇南。"

【上姓】犹"贵姓"。敬称或敬问他人姓氏。《儒林外史》第三一回:"老太爷上姓是韦,不敢拜问贵处是那里?"《儿女英雄传》第五回:"请问:尊客上姓,仙乡那里?"

【上院】【上刹】对寺院的敬称。
〔上院〕明冯梦龙《醒世恒言·赫大卿遗恨鸳鸯绦》:"(静真)问了缘道:'此间师兄上院何处?怎么不曾相会?'"
〔上刹〕元王实甫《西厢记》第一本第二折:"小生西洛至此,闻上刹幽雅清爽,一来瞻仰佛像,二来拜谒长老。"《西游记》第九一回:"唐僧言:'我奉唐王圣旨,向灵山拜佛求经。适过宝方,特奔上刹。'"

【上裁】敬称对方的裁决。多用于下对上。《儒林外史》第九回:"况且娄府说,这项银子,非赃非帑,何以便行监禁?此事乞老爷上裁。"

【上尘】对尊上视听的敬称。多用于书信奏表中。尘,玷污。意谓有污尊上的视听。晋庾亮《让中书监表》:"止足之分,臣所宜守,而偷荣昧进,日尔一日,谤讟既集,上尘圣朝。"宋宋祁《上李相为撰燕子楼记书》:"辄撰定记草,上尘台览。审若疏谬芜累,恐辱琬琰,伏望掇去,别咨名才。"清张鹿徵《与董樵书》:"形迹阻隔,悃款莫通,辄录数诗,上尘洞瞩。"

【上覆】向上禀告的敬词。《三国演义》第六七回:"松大喜,看了密书中言语,谓细作曰:'上覆魏公,但请放心,某自有良策奉报。'"《三侠五义》

第四七回：" 主簿回去，多多上覆阁台，就说我这里即刻具本奏覆，并将包兴带回，且听纶音便了。"

下 xià

敬词。义同"俯""垂"。表示对方处在上位，"下"后面的动词，是对方施加于自己的行为。

【下顾】【下降】敬称对方光临。

〔下顾〕《京本通俗小说·错斩崔宁》："里面有人应诺，出来相谒，便问：'老兄下顾，有何见教？'"明张四维《双烈记·访道》："今日下顾，良慰鄙怀。"《儿女英雄传》第十五回："今日既承下顾，掀过这篇子去，现成儿的酒席，咱们喝酒。"

〔下降〕《金瓶梅词话》第七回："老身不知官人下降，匆忙不曾预备。"明凌濛初《初刻拍案惊奇》卷十七："意要设建七日道场，须得明日起头，恰好至期为满，得法师侵早下降便好。"《儿女英雄传》第十九回："只是既蒙官长下降，怎的不光明正大而来？"

【下访】敬称他人来访。元曾瑞《哨遍·村居》套曲："樵夫叉了柴，渔翁扳了罾，故来下访相钦敬。"

【下爱】敬称他人对自己的关怀和爱护。《西游记》第六四回："长老还礼道：'弟子有何德行，敢劳列位仙翁下爱。'"

【下问】【下询】敬称他人有问于己。

〔下问〕鲁迅《书信集·致林语堂》："惟既屡承下问，慨然知感，遂辄略布鄙怀，万乞曲予谅察为幸。"胡适《这一周》："况宥电既有不吝教诲之语，足见钧座有虚怀下问之心。"

〔下询〕《汪康年师友书札·陈锦涛》："惟因时势变换，风云不测，悲我同种，……今适下询，正合剖陈之会矣。"

降 jiàng

降，敬称对方降低身份，屈尊就己。"降"后一般用动词，表示对方施加于己的行为。单用时，义同降临、莅临。《昭明文选·潘岳〈藉田赋〉》："于是皇乃降灵坛，抚御耦。"李善注："降，谓临幸也。"唐李公佐《南柯太守传》："王以驸马远降，令且息东华馆。"

【降止】【降光】【降格】【降冕】【降临】【降驾】敬称他人光临。

〔降止〕唐韩愈《祭虞部张员外文》："酒食备设，灵其降止。论德叙情，以视诸谏。"明唐顺之《常州新建关侯祠记》："若侯降止，郡人来观，莫不喜跃。"

〔降光〕同"光降"。京剧《白蛇传》第三场："我家就在红楼上，还望君子早降光。青儿扶我把湖岸上，君子，明天一定要来啊！"

〔降格〕格，至。宋苏轼《景灵宫宣光殿奉安神宗皇帝御寒日开启道场青词》："方宝构之肇新，宜神游之降格。"《宋史·乐志十一》："神肯降格，嘉神之休。"

〔降冕〕南朝齐王俭《侍皇太子释奠宴

诗》："降冕上庠，升宴东序。"按，《南齐书·礼志上》曰："永明三年……皇太子讲《孝经》，亲临释奠，车驾幸听。"

〖降临〗南朝梁任昉《上萧太傅固辞夺礼启》："明公功格区宇，感通有涂，若霈然降临，赐寝严命。"明凌濛初《初刻拍案惊奇》卷十七："若得法师降临茅舍，此乃万千之幸。"

〖降驾〗敬称帝王降临。《南史·袁盎传》："初，昂为洗马，明帝为领军，钦昂风素，频降临焉。"《西游记》第四五回："今蒙降驾，……望赐些金丹圣水，进与朝廷。"

【降喻】犹"赐教"。多用于书信。唐韩愈《与大颠师书》："倪惠能降喻，非所敢望也。"

【降问】犹"下问"。敬称他人降低身份，下问于己。宋曾巩《熙宁转对疏》："臣幸蒙降问，言天下之细务，而无益于得失之数者，非臣所以事陛下区区之志也。"

【降眷】犹"垂爱"。对他人眷顾自己的敬称。南朝梁江淹《知己赋》："吐情志而深赏，忘年齿而降眷。"《宋史·乐志八》："祀事孔寅，明灵降眷。"

【降鉴】犹"俯察"。南朝梁任昉《为齐明帝让宣城郡公第一表》："陨越为期，不敢闻命。亦愿曲留降鉴，即垂顺许。"《宋史·乐志十一》："神灵降鉴，天地回旋。"

【降尊临卑】敬称他人屈尊就下。元关汉卿《单刀会》第四折："猥劳君侯屈高就下，降尊临卑。"元石子章《竹坞听琴》第二折："多谢也降尊临卑，屈高就下。"

临 lín

敬词。临，从上往下看。可引申为以尊临卑，敬称对方来到。《孔丛子·连丛子下》："(陛下)亲屈万乘，辱临敝里。"《晋书·郭翻传》："使君不以鄙贱而辱临之，此固野人之舟也。"唐韩愈《皇太后挽歌》："无复临长乐，空闻报晓钟。""临"还可与相关的词搭配，敬称他人来到或来访。

【临贲】【贲临】

〖临贲〗贲bì，华饰，光彩。典出《诗经·小雅·白驹》："皎皎白驹，贲然来思。"毛传："贲，饰也。"郑玄笺："愿其来而得见之。"孔颖达疏："此'来思'、'遁思'，皆语助，不为义也。……此贲必为贤者之貌。"宋苏辙《元祐七年生日谢表》之一："使华临贲，亲族增荣。"宋李纲《谢赐御马表》："颁天厩之权奇，风云随于绝足；迁星使以临贲，光宠动于私廷。"清周亮工《书影》卷三："臣比年生辰，每得诸公卿贺，如国子李先生，不过一幅帖子，然辱此君子临贲为荣。"

〖贲临〗同"临贲"。唐封演《封氏闻见记·烧尾》："尚书省诸司各具采舟游胜，飞楼结舰，光夺霞日。上与侍臣亲贲临焉。"明李昌祺《剪灯馀话·洞天花烛记》："今文士贲临，群仙光降。"《汪康年师友书札·周学基》:"前者因公进省,适高轩贲临,邂逅相左,诸多简亵,抱歉之至。"鲁迅《书信集·致张廷谦》:"昨天午前十时已贲临敝寓,则只见钦文或并钦文而并不见,不胜抱歉之至。"

【临顾】【顾临】敬称他人来访。

〔临顾〕清蒲松龄《聊斋志异·王成》:"王亦曾闻祖有狐妻,信其言,便邀临顾,妪从之。"

〔顾临〕《孔丛子·陈士义》:"幸见顾临,愿图国政。"清蒲松龄《聊斋志异·刘姓》:"异日他适,见杖而来者,俨然刘也。比至,殷殷问讯,且请顾临。"

【临降】同"降临"。清蒲松龄《聊斋志异·驱怪》:"徐问召某何意?仆辞以不知,但嘱小人屈临降耳。"

【临莅】旧多指皇帝即位理政。后用于敬称他人光临。宋叶適《平江县王文正公祠堂记》:"不然,则彼尝所临莅非不多,而获祠于民何其少也。"

【莅临】莅,来到,也可用于敬称,如鲁迅《书信集·致李小峰》:"如有(暇),则希于任何日之下午,直接莅寓为幸。""莅寓",光临敝寓。莅临,同"光临"。清黄轩祖《游梁琐记·王天冲》:"某早闻之,不敢莅临,遣其弟代祭。"鲁迅《华盖集·"碰壁"之后》:"务恳大驾莅临,无任盼祷。"他如敬请领导莅临指导、欢迎上级莅临我单位视察等。

【临幸】敬称帝王降临。明冯梦龙《醒世恒言·佛印师四调琴娘》:"只消扮作侍者模样,在斋堂上承直。圣驾临幸时,便得饱看。"清洪昇《长生殿·窥浴》:"昨日銮舆临幸,同杨娘娘在华清驻跸,传旨要来共浴汤池。"

驾 jià

原指代皇帝。《字汇·马部》:"唐制,天子居曰衙,行曰驾。"明张凤翼《虎符记》第二折:"滁州护驾,采石先登。"鲁迅《故事新编·采薇》:"路旁的民众,驾前的武将,都吓得呆了。"后移用为敬称对方。清洪棅园《后南柯·檀谋》:"此地为敝国界内,是为地主,理应作东,在此候驾。"《汪康年师友书札·邵孝义》:"春之间闻从者来杭一行,待弟知之,急欲走访,而驾已行,又不值晤。"

【驾临】【驾到】敬称对方来到。

〔驾临〕明郑之珍《目连救母·县官起马》:"不知老爹驾临荒野,有失候迓。"清林则徐《批澳门同知为喊嗦哆呈明实无鸦片情愿具结禀》:"再阅该夷原禀,有预设公馆,虔洁铺陈,恭迓大宪驾临之语。"鲁迅《书信集·致姚克》:"先生有要面问的事,亦请于本月七日午后二时,驾临内山书店。"

〔驾到〕同"驾临"。《镜花缘》第十一回:"吴之祥躬身道:'原来贵邦天朝……今得幸遇,尤其难得,第不知驾到,有失迎迓,尚求海涵。'"王西彦《夜宴》四:"他沙哑着喉咙,一本正经地向大家报告道:'校长先生驾到。'"刘连枢《光棍堂守岁》:"突然,咣当一声,风门开了。'大栓哥驾到!'小安子跳下炕去迎接。"

【师驾】对师辈的敬称。《清代名人书札·饶应祺致阎敬铭》:"昨得都门友人书,师驾果于四月廿一日出京,计五月初已安抵珂乡。"

【星驾】犹"大驾"。敬称对方。明何景明《怀望之姐夫》诗:"乡园莫久滞,星驾及春回。"

钧 jūn

敬词。初用以敬称内阁级官员。约在北宋时,开始用于敬称尊上或尊上的行为。北宋黄庭坚《与王元直书》:"每承诸贤,见目以'钧''台',甚不安也。凡名皆须宜称耳。若常行,唯执政可呼'钧候''钧旨'。"

【钧批】敬称上级的批示。《水浒传》第十七回:"我自从领了这道钧批,到今未曾得获。"

【钧命】【钧令】【钧谕】敬称上级的命令、指示。

〔钧命〕《三国演义》第二七回:"韩福曰:'吾奉丞相钧命,镇守此地,专一盘诘往来奸细。若无文凭,即系逃窜。'"又第五六回:"茶罢,肃曰:'今奉吴侯钧命,专为荆州一事而来。皇叔已借住多时,未蒙见还。……'"《水浒传》第六四回:"宣某在太师面前一力保举兄长,……特奉朝廷敕旨,太师钧命,彩币鞍马,礼请起行。兄长勿得推却。"

〔钧令〕《西游记》第二十回:"大王,小将不才,蒙钧令差往山上巡逻,忽遇一和尚,……被我擒来奉上,聊具一馔。"清洪昇《长生殿·合围》:"请问王爷,传集某等,不知有何钧令?"京剧《取南郡》第六场:"奉丞相钧令,随同曹仁将军镇守南郡。"

〔钧谕〕敬称上级指示。清李汝珍《镜花缘》第三三回:"拜烦姐姐先去替我转奏,看国主钧谕如何,再作道理。"泣红《胭脂血弹词·誓师》:"尔等众军,禁止喧哗,听元帅钧谕。"欧阳予倩《忠王李秀成》第一幕:"现在奉了王爷钧谕,说是浙江一带虽然得胜,安庆、丹阳、江西各处沦陷以后,还没有克复。"

【钧旨】敬称君王、尊上或主人的命令。《京本通俗小说·菩萨蛮》:"当下郡王钧旨,分付都管,明日要去灵隐寺斋僧,可打点供食齐备。"《三国演义》第八五回:"门吏道:'不知在何处。只有丞相钧旨,教挡住百官,勿得辄入。'"《水浒传》第一〇二回:"两个公人带王庆上前禀道:'奉老爷钧旨,王庆拿到。'"明冯梦龙《喻世明言》卷四十:"张千、李万道:'莫说总督老爷钧旨,就是老爷分付,小人怎敢有违!'"

【钧教】①敬称尊上的教谕。《三国演义》第九四回:"书曰:'适承钧教,安敢少怠?……司马懿即来,达何惧哉?丞相宽怀,惟听捷报。'"②请人指正的敬称。《汪康年师友书札·

喻长霖》:"先友黄君著稿,不知藏在何箱,一时检不起,现祗检得已梓《火器新术》及诗稿两种,先呈钧教,余容他日续寄可也。"

【钧诲】敬称他人的诲谕。《清代名人书札·倪文蔚致阎敬铭》:"中堂阁下:昨聆钧诲,饱伛堂餐,谢谢。"又《王定安致阎敬铭》:"附呈近作三首,于赈事略有记叙,伏乞钧诲是幸。"《汪康年师友书札·李渊硕》:"忆昔沪上拜聆钧诲,一别十年,怀系之私,无日不神驰座右。"又《喻长霖》:"捧读惠缄,并代购书,感甚。……兄教以移购他书,既蒙钧诲,可否先另开一清单见寄?"

【钧意】敬称尊上的意见或心意。《三国演义》第八八回:"谡曰:'不敢明言。容某暗写纸上,呈与丞相,看合钧意否?'"《水浒传》第八六回:"待父亲来时,瓮中捉鳖,一鼓扫清宋兵。不知父亲钧意如何?"《清代名人书札·王定安致阎敬铭》:"目前急务,只有吁请展捐半年,或不至尽绝生路,未识钧意以为然否?"

【钧语】敬称尊上的话。元乔吉《扬州梦》第二折:"小人是太守府内亲随,奉老爹钧语,着我打扫的这翠云楼。"明凌濛初《初刻拍案惊奇》卷三一:"守门军领知府钧语,径来开门,说道:'太爷只叫放徐老爷进城,其余且不要人去。'"

【钧录】敬称上级录用自己。宋范仲淹《贺胡侍郎致政状》:"某久荷钧录,

卑情无任荣观。"

【钧览】敬称尊上观览。明李昌祺《剪灯馀话·芙蓉屏记》:"惟卖字以度日,非敢谓善书也,不意恶札,上彻钧览。"

【钧赏】对他人欣赏的敬称。《清代名人书札·王荫昌致阎敬铭》:"儿子所画,甚不堪入钧赏,而昌以病愈,勉使代作,尚乞哂谅。"

【钧听】【钧聪】敬称尊上的听闻。

〔钧听〕宋陆游《上二府论都邑札子》:"干冒钧听,下情恐惧之至。"《三国演义》第六十回:"今张鲁在北,旦夕兴兵,侵犯疆界,甚不自安。专人谨奉尺书,上乞钧听。"《水浒传》第八五回:"欧阳侍郎道:'有件小事,上达钧听,乞屏左右。'"

〔钧聪〕《清代名人书札·许振祎致阎敬铭》:"渥承恩训,理应早为禀谢,……诚不敢以寻常芜牍上渎钧聪。"

【钧牌】敬称上级的令牌。明唐顺之《三沙贼遁疏》:"奉提督李军门钧牌,……各兵船损坏,撤回营前沙停泊修理。"明沈鲸《双珠记·刑逼成招》:"左右那里?快唤钧牌。"

【钧慈】敬称帝王或高级官员,意谓其仁厚慈爱。宋陆游《上二府乞勿受庆云图札子》:"欲望钧慈以太上皇帝却芝草故事,委曲奏陈。"

【钧范】敬称他人的仪容风范。《清代名人书札·龚易图致阎敬铭》:"睽违钧范,倏将三载,依恋莫可名言。"又《吉灿升致阎敬铭》:"窃灿升溯违钧

范,寒暑屡更,孺慕之忱,与日俱积。"

【钧威】【钧严】 敬称尊上的威严。〔钧威〕《三国演义》第二七回:"丞相待关某甚厚,今彼不辞而去,乱言片楮,冒渎钧威,其罪大矣。"〔钧严〕宋陆游《上二府乞勿受庆云图札子》:"干冒钧严,不胜恐怖之至。"

【钧颜】 敬称尊上的容颜。《水浒传》第七八回:"鄞美拜罢,叙说宋江但是活捉上山去的,尽数放回,不肯杀害,……因此小将得见钧颜。"明冯梦龙《喻世明言》卷十五:"李霸遇要郭威钱,不令郭威参见令公钧颜,担阁在旅店两月有余。"《清代名人书札·龚易图致阎敬铭》:"兹已具疏陈谢,倘能入都,得觐钧颜,俾申十余年积慕之忱。"

【钧眷】 敬称尊上的眷属。《京本通俗小说·碾玉观音》:"钧眷轿子过了,后面是郡王轿子到来。"明李昌祺《剪灯馀话·贾云华还魂记》:"到彼读书之暇,当往访故贾平章钧眷邢国夫人。"明朱鼎《玉镜台记·议婚》:"使吾女获配英贤,庶不负侯门钧眷。"

【钧注】 敬称上级的关注。《清代名人书札·龚易图致阎敬铭》:"伯平老境尚健,卑府此去,相距较近,可以常致存问,以纾钧注。"

【钧问】 敬称尊上的询问。《京本通俗小说·冯玉梅团圆》:"十年来未曾泄之他人。今既承钧问,不敢隐讳。"

【钧座】 对尊上或长官的敬称。廖仲恺《辞财政部长职通电》:"案奉钧座令,委仲恺为财政部长。"徐特立《致张敬尧的公开信》:"钧座为地方长官,似应一查真象。"胡适《这一周》:"况宥电既有不吝教诲之语,足见钧座有虚怀下问之心。"

【钧裁】 敬称上级的裁决。清赵翼《漳川木绵庵怀古》诗:"五日都堂班绝席,百僚文案禀钧裁。"

【钧帖】 敬称有身份的人所发的柬帖。《水浒传》第三十回:"那军汉说道:'奉都监相公钧旨:闻知武都头是个好男子,特差我们将马来取他。相公有钧帖在此。'"明冯梦龙《古今小说·葛令公生遣弄珠儿》:"库吏奉了钧帖,将六十万钱资妆,都搬来旧衙门内。"明冯梦龙《喻世明言》卷四十:"我奉军门钧帖,不是私事,便闯进去怕怎的?"

台 tái

敬词。一般用在名词或动词前,有时也用在官职或称谓词后,敬称对方或与对方有关的人或事。清黄生《字诂》:"今书启中所用'台'字,如'台候'、'台照'、'台禧'之类,盖相尊之称。尊莫过于宰相,故取三台之义。又曰'台下''阁下''臺下'。'阁'与'台'同意,臺则执宪之官所居,尊稍次于阁者也。"按,古代"臺"跟"台"不是一个字,今简化作"台"。

【台下】【台屏】【台座】【台从】【台

驾】【台驭】【台端】【台严】【台旌】【台旆】敬称对方。

〔台下〕《水浒后传》第七回："郭京鞠躬答道：'台（臺）下世胄英才，神仙骨相，趋谒旌旄，足慰平生。'"明冯梦龙《智囊补·明智·严辛》："辛曰：'他日望台下垂目。'刘公曰：'汝主正当隆赫，我何能为？'"清洪昇《长生殿·进果》："望台（臺）下轻轻放手。"

〔台屏〕士大夫家多有屏风，因用以敬称对方。宋苏辙《贺文太师致仕启》："仰答恩遇，瞻望台屏，不胜区区，谨奉启陈贺。"宋刘昌诗《芦浦笔记·屏著》："今人称士大夫之家必曰门墙、曰屏著是也。然多曰台屏，则乃指屏风而言。"

〔台座〕敬称对方，一般用在官衔后面。宋王安石《与王宣徽书》："某顿首再拜留守宣徽太尉台座。"宋赵彦卫《云麓漫钞》卷九："（章子厚）以书抵先生，某惶恐再拜端明尚书台座。"

〔台从〕从，仆从。敬称对方，表示不敢直接冒犯对方，只能指称对方的仆从。清黄轩祖《游梁琐记·裕州刀匪》："下走犯渎台从，容请降舍负荆。"《汪康年师友书札·江标》："伯斧来，知台从不克来苏，探梅之约似尚不迟，今年花较迟也。"又《王孝绳》："杭游回沪，闻台从已行，途中相左，不晤为怅。"又《吴士鉴》："台从闻已入督幕，年内必回鄂中，转瞬又将奉手，足音跫然，敬俟之矣。"

〔台驾〕同"尊驾"。驾，车驾。表示不敢直称对方，因以"台驾"敬称对方。元高文秀《谇范叔》第二折："今日雪中，荷蒙台驾降临，须贾不胜荣感。"《说唐》第十九回："伍天锡问道：'雄大王久不相会了，今日台驾前来，有何话说？'"《清代名人书札·徐树钧致阎敬铭》："莫春晋谒，未罄所怀。方拟赠行申意，及晤成叔，知台驾先期出郊。"《三侠五义》第四三回："今日乃因老夫贱辰，有劳众位台驾，理应老夫各敬一杯才是。"

〔台驭〕同"台驾""尊驾"。宋苏舜钦《启事上奉宁军陈侍郎》："伏自台驭东上，颇失依庇，倾想恩德，一食三起。"

〔台端〕敬称对方。宋欧阳修《与程文简公书》："屡烦台端，悚仄可知。"清曾国藩《复胡润之书》："闻台端划除强暴，不遗余力，鄙怀欲取为伐柯之则。"

〔台严〕严，威严。敬称对方。宋范仲淹《上张右丞书》："干犯台严，无任狂越战兢之至。"宋欧阳修《与韩忠献王书》："少荐樽俎，轻渎台严，惶恐惶恐。"

〔台旌〕《汪康年师友书札·罗珍林》："前次台旌道鄂，往返均未奉晤，为歉良深。"

〔台旆〕《清代名人书札·陈士杰致李云麟》："数月不奉手教，想台旆奉委查蒙古部落险要，当非讹传，刻下已抵何处？"

【台眷】对对方眷属的敬称。宋康与之《昨梦录》:"一日,告仕宦者曰:'闻金人且至,台眷盍早图避耶?'"

【台甫】【台讳】敬问或敬称对方的名字。

〔台甫〕《儒林外史》第十回:"三公子道:'先生贵姓,台甫?'"《官场现形记》第七回:"请教尊姓、台甫?"鲁迅《且介亭杂文二集·论讽刺》:"哦,久仰久仰!还没有请教台甫。"

〔台讳〕敬称他人名字。《儒林外史》第八回:"当日在南昌相会的少爷,台讳是景玉,想是令叔?"

【台衔】敬称他人的姓名与官衔。宋何薳《春渚纪闻六·赝换真书》:"(吴)味道遂伪假先生(苏轼)台衔,缄封而来。"有时也指自己姓名与官衔。沙汀《祖父的故事·龚老法团》:"于是他极仔细地在自己的台衔下盖上一枚印章。"

【台安】【台候】用于向对方问候的敬词。

〔台安〕用于书信的结尾,以表示对收信人的问候。《红楼梦》第三七回:"谨奉书恭启,并叩台安。"

〔台候〕用于问候对方寒暖起居。宋欧阳修《与韩忠献王书》:"冬序始寒,不审台候动止何似?"宋苏轼《与杨元素书》:"比日履兹微凉,台候何似?"又《贺韩丞相启》:"边徼苦寒,台候何似?"

【台照】【台鉴】【台电】请对方鉴察的敬词。

〔台照〕明唐顺之《与严介谿相公书》:"途次草率奉候,伏惟台照不宣。"茅盾《子夜》五:"信笺上是这样几个字:'屠维岳君从本月份起,加薪五十元正。此致莫干翁台照。'"

〔台鉴〕元关汉卿《单刀会》第四折:"鲁肃不敢自专,君候台鉴不错。"明凌濛初《初刻拍案惊奇》卷二九:"有此两难,乞相公台鉴。"

〔台电〕电,明察。《汪康年师友书札·王仁乾》:"前月廿五日奉上一信,谅已台电。"又《钱保和》:"临书匆匆,恕不琐渎。草此,示奉骧卿仁丈大人台电。"

【台诲】【台训】【台谕】敬称对方对自己的教诲或训谕。

〔台诲〕宋欧阳修《与程文简公书》:"某顿首,伏承台诲,欲使撰述先公神道碑,岂胜愧恐!"

〔台训〕明冯梦龙《醒世恒言·张廷秀逃生救父》:"邵兄何以不往曲中行走?莫非尊大人台训严切?"

〔台谕〕《清代名人书札·龚易图致阎敬铭》:"卑府久侍仁风,知爱人以德,谨当播告同志,以副台谕。"

【台爱】敬称对方对自己的爱护。《儒林外史》第三四回:"杜少卿道:'极蒙台爱,恕治晚不能躬送了。'"《清代名人书札·严正基致阎敬铭》:"顷接表弟向先薰来信,又叙台爱再三存问。虽由先子爱屋及乌,雅意殷拳,纫感无似。"

【台廑】敬称他人的关注。廑,挂念。

《清代名人书札·吉灿升致阎敬铭》:"马伯凯观察之子仁卿世兄来东投效,人极稳练,已蒙中丞札委河工差使,照章起支薪水矣。知关台廑,顺以附陈。"

【台慈】对母亲的敬称。明冯梦龙《喻世明言》卷三七:"伏望母亲大人大发慈悲,优容苦志,……干冒台慈,幸惟怜鉴。"

【台命】【台属】敬称对方的嘱托。〔台命〕《镜花缘》第七回:"请问老丈尊姓,不知见召有何台命?"《玉娇梨》第九回:"老先生台命焉敢有违?"〔台属〕属,同"嘱"。《汪康年师友书札·陶濬宣》:"钟英之事,前承台属,弟竭力为其设法,颇有眉目。"

【台听】敬称他人的听闻。《清代名人书札·吉灿升致阎敬铭》:"至宫令所办丁府之礼,曾经询达台听。"

【台阅】请对方阅览的敬称。《汪康年师友书札·余联沅》:"旋奉督宪回电:出洋免税既无明文,望酌收等因。兹将原电照抄一纸,送请台阅。"又《王仁乾》:"但弟有上陆天池之书,有关事务,奉呈台阅,……势不能登。倘其中有可采纳者,摘一二条斧政才(裁)酌之。"

【台旨】宋代以后敬称太守以下官员的旨意。宋葛文叟《瓮牖闲评》:"本朝君相曰圣旨,钧旨;太守而下曰台旨,又其次曰裁旨。"明凌濛初《初刻拍案惊奇》卷三一:"吕山领了相公台旨,出得县门时,已是一更时分。"《水浒传》第二二回:"我两个奉着知县台旨,叫拿你父子二人。"

【台意】敬称他人的心意。宋洪巽《旸谷漫录》:"此日试厨幸中台意,照例支犒。"明冯梦龙《喻世明言》卷三五:"山前行听得,道:'殿直,如今台意要如何?'"

【台光】敬称他人光临。《官场现形记》第一回:"敬治薄酒,恭候台光。"

【台席】敬称宰相。《资治通鉴·唐敬宗宝历元年》:"奇章公甫离台席,方镇重宰相,所以尊朝廷也。"胡三省注:"宰相之位,取象三台,故曰台席。"

【台臺】旧时敬称官员。明无名氏《四贤记·迁擢》:"关山险阻,道路迢迢,深欲附骥同行,未审台臺允否?"清黄六鸿《福惠全书·筮仕·四六启式》:"恭维老大人台臺,元精间气,大雅希音。"

【台颜】同"尊颜"。敬称对方仪容。明冯梦龙《醒世恒言·郑节使立功神臂弓》:"员外见了,却待要走,被王倩一把扯住道:'员外,久别台颜,一向疏失。'"《西游记》第六四回:"我等幸接台颜,敢求大教。"

【台翰】敬称对方的来信。宋欧阳修《与韩忠献王书》:"获捧台翰,伏承经寒:动止万福,下情欣慰。"宋陈亮《与章德茂侍郎书》:"方图拜书,乃辱八月一日所赐台翰。"

【抚台】明清时对巡抚的敬称。明王世贞《觚不觚录》:"戊辰,起兵备大名,抚台为温公如璋。"《恨海》第六回:

"此刻各省督抚都兴兵勤王,这岸上是山东抚台袁大人的勤王兵。"《宦海》第一回:"制台和抚台听了,也不说好,也不说不好。"制台:对总督的敬称。

【藩台】明清时对布政使的敬称。清蒋士铨《第三碑·上冢》:"新藩台季公传见,则索趋赴左右。"《二十年目睹之怪现状》第三回:"只要在藩台衙门里一问就知道的。"

【河台】清代对河道总督的敬称。《儿女英雄传》第二回:"却说河台一日接得邳州禀报,禀称邳州管河州判病故出缺。"

【制台】明清时对总督的敬称。《文明小史》第五七回:"这位制台素讲黄老之学,是以清静无为为宗旨的。"《冷眼观》第六回:"我候制台出来,就上去拦舆喊控。"

【提台】对提督的敬称。清洪楝园《悬嶴猿·岛别》:"吾非和尚,乃是浙江提台差我去取张阁部的。"《冷眼观》第十二回:"暗中嘱咐长江水师提台黄芍岩宫保,托他相机剿抚。"

【寅台】旧时对同僚的敬称。《儒林外史》第二三回:"向知县问董知县可有什么事托他,董知县道:'倒没什么事,只有个做诗的朋友住在贵治,叫做牛布衣,老寅台青目一二,足感盛情。'"

【父台】【爷台】旧时对州、县长官的敬称。

〔父台〕郭沫若《卓文君》第二景:"不瞒父台说,治下关于此道,本不擅长,这只是下家小女的用物。"

〔爷台〕明凌濛初《初刻拍案惊奇》卷十四:"于得水哭禀知府道:'……望乞爷台做主,救命超生!'"明凌濛初《二刻拍案惊奇》卷十五:"(顾提控)一径到州前来见捕盗厅官人道:'顾某有个下处主人江溶,是个良善人户,今被海贼所扳,想必是仇家陷害,望乞爷台为顾某薄面周全则个。'"

【师台】门生对师长的敬称。《清代名人书札·普承尧致罗泽南》:"门生普承尧谨禀罗山老师大人左右:……似此丧心负恩之徒,碍难留营,今承师台手谕,请毋庸道及矣。"又:"门生普承尧谨禀罗山老师大人左右:敬禀者,窃自师台由九江拔营下赴湖口,……其心无时不飞驰左右也。"

【台兄】【兄台】对朋辈的敬称。

〔台兄〕清孔尚任《桃花扇·题画》:"[小生问介]台兄尊号?[生]小生河南侯朝宗,亦是龙友旧交。"《好逑传》第十二回:"铁公子接了,也斟了一觞回敬道:'小弟粗豪何足道,台兄如金如玉,方得文品之正。'"

〔兄台〕《清代名人书札·贺寿慈致张鸣珂》:"公束兄台吟右:久不晤,想著祉增绥为颂。"《好逑传》第十二回:"过公子道:'知己相逢,当忘你我,兄台快士,何故作此套言?'"2005年8月17日《中华读书报》第11版转引《陈华致杨慎之》信:"我打算自己去校大样,乘机看望兄台。"

【表台】对表亲的敬称。欧阳山《苦斗》四七:"不过,我看表台你恐怕一时还不见得有这样的力量。"

宪 xiàn

敬词。旧时对上级官员的敬称。清黄六鸿《福惠全书·莅任·禀帖赘说》:"近阅邸报,黄、运二河一时并急,所费金钱动以百万,上廑九重之宵旰,下烦各宪之驰驱。"《二十年目睹之怪现状》第五二回:"(司事)拿了手本,来船还隔着一尺多远,便一跃而过,直到大餐间禀见请安,恭迎宪太太、宪姨太太。"

"宪"还可用在相关的词前,表示敬称。

【宪台】【宪驾】【宪车】敬词。旧时对上级官员的敬称。

〔宪台〕清袁枚《随园随笔·称谓》:"鄂西林相公云:'唐龙朔二年改御史台为宪台,是宪台之称,内惟都御史,外惟总督、巡抚当之耳。今通称司、道、府为宪台,误矣。'余按……唐虽改御史为宪台,而亦改中书为西台,秘书为堃台,不专以御史所属为台,则以宪台称上官,似可通融。"《清代名人书札·龚易图致阎敬铭》:"宪台高风亮节,举世同庆。"又《王定安致阎敬铭》:"既有传旨会商要件,想我宪台自不俟驾而行。"《老残游记》第十五回:"县官见黄人瑞立在东墙下,步上前来,请了一个安,说道:'老宪台,受惊不小!'"

〔宪驾〕清蒋士铨《第二碑·题坊》:"今日宪驾亲临祭奠。"《清代名人书札·王定安致阎敬铭》:"今委马守赴解,敦请宪驾临省,面商一切,以便复奏。"《官场现形记》第四回:"嘱请宪驾即速到院,肃此谨禀。恭叩大人福安。"《儿女英雄传》第十三回:"小的主人不敢当大人的宪驾。"

〔宪车〕宋郭彖《睽车志》卷四:"蜀道多山鬼。有小吏远迓宪车,同徒数人,日将暮,见道旁一妇人,携汲器立溪侧。"

【宪恩】敬称他人对自己的恩德。《清代名人书札·时乃风致刘含芳》:"弟凤荷宪恩,断不敢援例望蜀,只求滥厕其间,藉资学习,稍作犬马之效。"又《龚易图致阎敬铭》:"凡此戚族拯施,皆出宪恩所赐。"《官场现形记》第三二回:"只见上面写的是'知府用,试用同知黄在新,叩求宪恩赏委厘捐差事'两行小字。"

【宪听】对尊上听闻的敬称。清黄六鸿《福惠全书·莅任·详文赘说》:"卑职实从驿递重务万分苦难起见,非敢私于成法之外,妄行干请,以渎宪听也。"

【宪行】对上级所委派之事的敬称。清黄六鸿《福惠全书·莅任·禀帖赘说》:"卑职为朝廷守大法,为老大人奉宪行,诚不意鼠辈陆梁一至于此。"

【宪断】对上级审断的敬称。清黄六鸿《福惠全书·莅任·禀帖赘说》:"卑职于廷琬、曰尘原无成心,但实从地方起见,不得不仰祈宪断,理合禀明。"

【宪批】对上级所批复公文的敬称。《儿女英雄传》第十一回:"据地保那张报单,五路通详上去,奉到宪批,批了'如详办理'四个大字。"

【宪檄】对上级所发檄文的敬称。清黄六鸿《福惠全书·莅任·禀帖赘说》:"顷奉宪檄,安插垦荒官兵屯种,敢不凛遵?"又《详文赘说》:"然犹恐以额外沙滩指为承粮熟地,……诚有如宪檄之所驳者。"

【宪眷】【宪廑】对上级关爱的敬称。

〔宪眷〕眷,眷顾,眷爱。清袁枚《随园诗话》卷六:"子现提升高邮州,宪眷如此,年方三十,忽有世外之志,甚非所望于贤者也。"《二十年目睹之怪现状》第一〇七回:"原来蔡侣笙自弄了个知县到山东之后,宪眷极隆,历署了几任繁缺。"

〔宪廑〕廑,挂念。清史致谔《同治元年闰八月廿二日禀曾国藩等》:"合将中外兵勇民团克复奉化县城,……各缘由,先行驰报,仰慰宪廑。"

【宪注】敬称上级的关注。《清代名人书札·龚易图致阎敬铭》:"教匪郜四一犯,……现经购线穷搜,马伯凯带队捕获解省,讯实正法。巨憝授首,颇快人心。知关宪注,谨并附呈。"

【宪意】对上级心意的敬称。《二十年目睹之怪现状》第七二回:"承大帅栽培,深恐驽骀,不足以副宪意。"

【宪考】即显考、先考。对去世父亲的敬

称。唐韩愈《郓州溪堂》诗:"及我宪考,一牧正之。"唐元稹《萧俛等加勋制》:"惟朕宪考集大命于朕躬,宅忧昏逾,罔克攸济。"又《崔俊授尚书户部侍郎制》:"惟朕宪考,亟征不庭,薰剔幽妖,擒灭罪厌,用力滋广,理财是切。"

【宪躬】敬称尊上的身体。《清代名人书札·王定安致阎敬铭》:"宪躬想已健康如常,至为系恋。"又:"前此宪躬违和,想已调摄就痊。"

道 dào

道,有道(有德有才),僧道,开导。可用为敬词,用在相关的词前,表示敬称。

【道范】敬称他人的容颜、风范。明无名氏《鸣凤记·献首祭告》:"自违道范信音稀,为旌旌久淹蛮地。"清陈确《哭徐敬舆孝子文》:"得益亲其道范焉,聆其微言焉,且数晨夕而未已焉。"《清代名人书札·王定安致阎敬铭》:"定安违侍倏已五年,就此重亲道范,曷胜瞻依。"《歧路灯》第三八回:"孔耘轩道:'久疏道范,特来晋谒。'"《汪康年师友书札·何藜章》:"久仰道范,未遂识荆,深以为歉,又引以为愧焉。"

【道驾】原指仙人的车驾,也可用于敬称他人。清陈确《答吴裒仲书》:"读教,知道驾有意过访,不胜欣慰。"

【道体】【道躬】敬称他人的身体。

〔道体〕犹"玉体""贵体"。《北史·隐

逸传·徐则》:"霜风已冷,海气将寒,偃息茂林,道体休念。"唐欧阳询《题诸家书帖》:"五月中得足下书,知道体平安。"清陈确《与吴裒仲书》:"东瞻澉岭,眊眼欲穿。暑气大盛,不审道体清适何似?"《清代名人书札·翁同龢致陈湜》:"手教久未答,歉悚!歉悚!即日道体如何?"

〖道躬〗《清代名人书札·王定安致阎敬铭》:"前阅邸报,敬悉道躬尚未适,续请展假。"又《饶应祺致阎敬铭》:"得奉三月二十日赐书,备蒙慈海,感佩莫名。恭审道躬禔福,为国宣勤,昕夕靡暇,良用慰念。"

【道爱】犹"厚爱"。清陈确《与戴一瞻书》:"极荷道爱,流连浃夕,感铭良深。"又《与张考夫书》:"去冬附韫兄一书,真是躁人之词,不审吾兄能容之否?亦恃道爱有素,不敢匿情,辄自披露耳。"

【道师】敬称道行高深者。唐薛用弱《集异记·蔡少霞》:"仙翁鹄驾,道师冰洁。"宋苏轼《题文与可墨竹》诗序:"故人文与可,为道师王执中作墨竹。"清赵执信《自题》诗之一:"落絮沾泥会有时,鬓丝禅塌最堪思。阿难一笑花偏著,合向《楞严》觅道师。"

【道宪】对道台的敬称。《玉佛缘》第二回:"道宪这样一个聪明人,怎么会相信那而面的?"清柯悟迟《漏网喁鱼集·咸丰三年》:"建、广匪勾引土匪马步三军,直入上海,知县袁祖德打骂碎尸,道宪英人救。"

【道尊】【道长】【道丈】【道官】【道兄】对僧、道的敬称。

〖道尊〗对道士的敬称。唐韦应物《寄黄刘二尊师》诗:"道尊不可屈,符守岂暇余。高斋遥致敬,愿示一编书。"也用于对道一级行政长官的敬称。《梼杌闲评》第三五回:"知府道:'岂可暴露多日?'不一时,道尊也来拜了。"《快心编三集》第八回:"昨闻道尊将到回署,故差小介往候。"

〖道长〗对道士的敬称。清孔尚任《桃花扇·入道》:"众位道长,我们社友俱已齐集了,就请法师老爷出来巡堂罢。"《西游记》第四四回:"行者道:'我贫道一则年幼,二则远方乍来,实是不知。烦二位道长将这里地名、君王好道爱贤之事,细说一遍,足见同道之情。'"清蒲松龄《聊斋志异·道士》:"自是每宴会,道士辄至,遇食则食,遇饮则饮,韩亦稍厌其频。饮次,徐嘲之曰:'道长日为客,宁不一作主?'"曲波《林海雪原》十:"'道长!'杨子荣努力抑制着急躁,用十分温和的语气说道:'劳驾,我问你一件事。'"

〖道丈〗对老年道士的敬称。明冯梦龙《邯郸梦·入梦成亲》:"[丑]道丈何来?[外]我乃回道人,借坐一会。"清梁章钜《退庵随笔·官常一》:"道丈识力坚定,宜静重养望,勿逐时好。"

〖道官〗对僧、道的敬称。元武汉臣《生

金阁》第三折："我白日里就与那道官说来，教他把庙门则半掩着。"《西游记》第十七回："黑汉道：'我夜来得了一件宝贝，名唤锦襕佛衣，诚然是件玩好之物。我明日就以他为寿，大开筵宴，邀请各山道官，庆贺佛衣，就称为佛衣会如何？'"《金瓶梅词话》第三九回："玉皇庙吴道官，使徒弟送了四盒礼物。"

〔道兄〕明冯梦龙《女丈夫·洪客祈雨》："请问道兄，今日可吃斋么？"《儒林外史》第七回："荀员外道：'向日道兄在敝乡观音庵时，弟却无缘，不曾会见。'"

【道终】婉称隐者或修道者死亡。《宋书·孝义传·郭原平》："山阴朱百年道终物表，妻孔鹭齿孀居，窭迫残日。"

【道诲】道 dǎo。敬称他人对自己的开导教诲。清陈确《与吴裒仲书》："初寄还时尚未见，后月余展见之，深感道诲之切。"

【道扰】犹"打扰"。用于受人招待或请人帮助时。《孽海花》第三回："匆匆吃毕，复用咖啡。侍者送上签字单，淑云签毕，众人起身道扰各散。"

府 fǔ

敬词。敬称他人住所。《镜花缘》第十三回："唐敖道：'请问小姐，贵府离此多远？'"《说岳全传》第十四回："相公们是客边，也要收拾收拾，早些回府的妙。"府还可表示官署的通称。可与相关的词搭配，敬称他人住所或官员。

【府上】对他人住所或老家的敬称。《儒林外史》第十回："鲁老先生有个令爱，年方及笄，晚生在他府上，是知道的。"《老残游记续集遗稿》第二回："佇二位府上都是扬州吗？"巴金《寒夜》十三："我内人活着的时候，说过要到府上拜望大嫂。"

【潭府】敬称他人的住宅。潭，深。典出自韩愈《伏读书城南》诗："一为公与相，潭潭府中居。"潭潭，形容深宅大院。《西游记》第四八回："今日有缘得寓潭府。"《金瓶梅词话》第三六回："学生们初会，不当深扰潭府。"《红楼梦》第三三回："下官此来，并非擅造潭府。"

【府报】对他人家书的敬称。《儒林外史》第十二回："魏厅官道：'不敢。晚生是前月初三日在京领凭，当面叩见大老爷，带有府报在此，敬来请三老爷、四老爷台安。'便将家书双手呈送过来。"

【府主】魏晋南北朝时幕僚称其长官的敬词。《晋书·孙楚传》："楚后迁佐著作郎，复参石苞骠骑将军，……初，参军不敬府主，楚既轻苞，遂制施敬，自楚始也。"《北齐书·王昕传》："怀其才而忽府主，可谓仁乎？"

【府君】①汉代对郡相、太守的敬称。《后汉书·方术传下·华佗》："广陵太守陈登忽患匈中烦懑，面赤，不食。佗脉之，曰：'府君胃中有虫。'"《玉台新咏·古诗〈为焦仲卿妻作〉》：

"府君得闻之,心中大欢喜。"南朝宋刘义庆《世说新语·德行》:"(陈仲举)为豫章太守,至,便问徐孺子所在,欲先看之。主簿曰:'群情欲府君先入廨。'"②古时对已故者的敬称。多用于碑铭、哀辞。唐柳宗元《唐故朝散大夫永州刺史崔公墓志铭》:"以某年某月日,归葬于某县某原,祔于皇考吏部侍郎赠户部尚书府君之墓。"宋欧阳修《泷冈阡表》:"皇曾祖府君累赠金紫光禄大夫、太师中书令……皇祖府君累赠金紫光禄大夫太师中书令兼尚书令。"宋司马光《司马氏书仪·慰人父母亡疏状》:"先某位奄弃荣养。"自注:"无官有素契,改先某位为先丈,无素契,为先府君。"明方孝孺《郑郧君哀辞》:"洪武丁巳秋九月十日,浦阳义门八世之长郑府君年七十有二,卒于家。"③古时对神的敬称。唐王度《古镜记》:"某是华山府君庙前长松下千年老狸。"

【府尊】明清时对知府的敬称。《好逑传》第三回:"精精致致做成一个庚帖,亲送与府尊看道:'蒙太公祖吩咐,不敢抗违,谨送上庚帖。'"《儒林外史》第六回:"严贡生看了这批,……随即写呈到府里去告。府尊也是有妾的,看着觉得多事。"

恩 ēn

敬词。恩,恩惠,恩泽。用在相关的词前,敬称对自己有恩的人或行为。

【恩人】【恩家】【恩主】【恩星】【恩公】【恩官】敬称对自己有恩的人。

〔恩人〕《水浒传》第四回:"若非恩人垂救,怎么能够有今日?"《儒林外史》第十三回:"娄府两公子将五两银子送了侠客,与他报谢恩人。"

〔恩家〕宋周密《齐东野语·曹泳》:"(秦桧)召见之。熟视曰:'公,桧恩家也。'泳恍然不知所答,……盖(桧)微时索游富人家,得钱五千,求益不可。泳时为馆客,探囊中得二缣,曰:'此吾束修之余也,今举以遗子。'"

〔恩主〕明王世贞《觚不觚录》:"一大臣于正德中上书太监刘瑾云:'门下小厮某上恩主老公公。'"《水浒传》第四一回:"你正是山寨之恩主,你不坐,谁坐?"清李渔《连城璧》卷十一:"(小人)在此成家立业,这是恩主爱惜之心,诸公怜悯之意。"

〔恩星〕星,这里指救星。清阮大铖《燕子笺·伪缉》:"若非凑着恩星,一例儿吃摧花刑杖。"《儒林外史》第二五回:"若得如此,就是我的小儿子恩星照命,我有甚么不肯?"

〔恩公〕"公"也是敬称。《三侠五义》第一○四回:"我等因恩公竟奔逆水泉而来,甚不放心,故此悄悄跟随。"

〔恩官〕"官"也可表示敬称,参看"官""客官"等条目。元曾瑞《留鞋记》第四折:"谢恩官肯见怜,休拗折并头莲,莫搯杀双飞燕。"《儿女英雄传》第十一回:"如今难道遇见我恩官的少爷?""恩官"也指卖艺者对看客的敬称。《水浒传》第三六回:"那教头放下了手中的枪棒,又使了一回拳,……却拿起一个盘子来,口里开呵道:'小人远方来的人,投贵地特来就事,虽无惊人的本事,全靠恩官作成。'"

【恩地】【恩府】【恩门】对师门的敬称。

〔恩地〕唐李商隐《为举人上翰林萧侍郎启》:"倘蒙犹枉铅华,更施丹臒,俾其恩地不在他门。"冯浩笺注:"唐人称师门为恩地。"宋孙光宪《北梦琐言》卷三:"初除京兆府参军,恩地即杜相审权也。"明沈德符《野获编·兵部·武弁报恩》:"钱宁罪恶,死不足赎,亦能不没恩地,曲报知己。"

〔恩府〕南唐刘崇远《金华子杂编》卷下:"以恩地为恩府,始于唐马戴。戴大中初为掌书记于太原李司空幕,以正言被斥,贬朗州龙阳尉。戴著书,自痛'不得尽忠于恩府,而动天下之浮议'。"宋周密《齐东野语·谢惠国坐亡》:"荆阃吕武忠文德,平时事公谨,书缄往来,必称恩府,而自书为门下使臣。"

〔恩门〕唐赵嘏《送同年郑祥先辈归汉南》诗:"家去恩门四千里,只应从此梦旌旗。"明袁宏道《京洛篇》:"怀刺谒恩门,门卒相轻眇。"

【恩师】门生对座主或对老师的敬称。《儒林外史》第七回:"周司业知道是广东拔取的,如今中了,来京会试,便叫快请进来。范进进来,口称'恩师',叩谢不已。"《三侠五义》第六回:"包公在马上自己叹息,暗里思量道:'我包某命运如此淹蹇,自幼受了多少的颠险,好容易蒙兄嫂怜爱,聘请恩师,教诲我一举成名。'"

【恩东】奴仆对主人的敬称。元柯丹丘《荆钗记·遣仆》:"[外]不忍他家受惨凄。[末]恩东惜树更连枝。"

【恩相】【恩台】宋元时下属对官长的敬称。

〔恩相〕相,相公的省略。《水浒传》第十六回:"梁中书出厅来问道:'杨志,你几时起身?'杨志禀道:'告复恩相,只在明早准行,就委领状。'"

〔恩台〕明陈汝元《金莲记·诗案》:"属草虽由不肖,设谋实出恩台。"明冯梦龙《古今小说·滕大尹鬼断家私》:"善继叩头道:'但凭恩台明断。'"

【恩临】【恩顾】敬称尊上对自己的关心照顾。

〔恩临〕宋王安石《次韵张唐公马上》诗:"揭节初悲力不任,赐身终愧谬恩临。"元李文蔚《燕青博鱼》第一折:"你将我这蝼蚁残生厮救拔,我把哥哥那山海也似恩临厮报答。"

〔恩顾〕《京本通俗小说·错斩崔宁》:"感蒙泰山恩顾,可知是好!"郭沫若《高渐离》第二幕:"嚇嚇嚇,所以还要请十八皇子恩顾恩顾啦。"

【恩力】敬称他人对自己的支持或帮助。《太平广记》卷一九二引《耳目记·

墨君和》:"赖大王武力,累挫戎锋,获保宗祧,实资恩力。"宋曾巩《上欧阳学士第二书》:"想惟循诱之方,无所不至;曲借恩力,使终成人材。"

【恩引】敬称他人接待自己。北周庾信《又谢赵王赉丝布启》:"某息苟娘昨蒙恩引,曲赐丝布等五段。"

【恩睐】睐,青睐。敬称他人对自己的重视。《清代名人书札·姚济勋致阎敬铭》:"卑职才识迂疏,滥竽自愧,夙蒙恩睐,惟有矢诚矢慎,勉竭驽骀,以冀毋负大人拂擢教诲之至意。"

【恩允】【恩准】【恩俞】敬称皇帝或位尊者的准许或应允。

〔恩允〕敬称皇帝的准许。唐李商隐《为荥阳公论安南行营将士月粮表》:"倘未蒙恩允,特赐抽还,则……经略使王承业请一二年内劝课输填。"清龚自珍《送钦差大臣侯官林公序》:"行将关税定额,陆续请减,未必不蒙恩允,国家断断不恃榷关所入,剜所损细所益大。"

〔恩准〕《施公案》第一七四回:"后来旨意要民父进京,民公自行投首,封官不做,情愿归籍务农,蒙皇爷恩准,放回原籍。"《歧路灯》第七十回:"我只相央,求县公开个活路,恩准免讯。"

〔恩俞〕俞,应允。《清代名人书札·龚易图致阎敬铭》:"前阅邸钞,欣悉特简司空之命,不胜欣慰。惟念宪台山东颐养,……未敢率尔上贺,嗣读辞爵疏钞,已奉恩俞,仰见高风亮节,……既感且恋。"

宠 chǒng

宠,恩宠。用在动词前,敬称对方的行为对自己是一种恩宠。

【宠临】【宠降】【宠访】敬称他人来访。

〔宠临〕明凌濛初《初刻拍案惊奇》卷十五:"李生出来道:'贾兄有何见教,俯赐宠临?'"

〔宠降〕清蒲松龄《聊斋志异·辛十四娘》:"翁曰:'老夫流寓无所,暂借此安顿细小。既承宠降,有山茶可以当酒。'乃肃宾入。"

〔宠访〕宋苏轼《与黄敷言书》:"某启:叠辱宠访,感慰兼集。"明冯梦龙《警世通言·黄衙内白鹞招妖》:"只见女娘道:'奴等衙内多时,果蒙宠访。请衙内且入敝庄。'"

【宠诲】【宠谕】敬称他人对自己的诲谕。

〔宠诲〕唐黄滔《代郑郎中上令狐相启》:"某今月四日,转授刑部郎中,伏蒙相公仁恩,特赐宠诲,事从非次,言异常伦,感激兢惶,进退失措。"

〔宠谕〕宋苏轼《与王敬仲书》之二:"方欲奉启告别,遽辱惠问,且审起居佳胜,宠谕过实,深荷奖借。"

【宠顾】敬称他人对自己的眷顾。宋苏轼《答曾舍人启》:"过蒙宠顾,辱示华笺,愧无酬德之言,徒有得贤之庆。"清蒲松龄《聊斋志异·金姑夫》:"上虞金生,赴试经此。入庙徘徊,颇涉冥想。至夜,梦青衣来,传梅姑之名招之,从去。入祠,梅姑立候檐下,笑曰:'蒙君宠顾,实切依恋,不嫌陋拙,愿以身为姬仆。'"

【宠携】敬称他人对自己的提携。清吴定《答曹尚书书》:"学之而成,而勤明公之宠携,俾得陪辅末僚,薄著劳勋,明公与有光焉。"

【宠召】【宠招】敬称他人对自己的邀请。

〔宠召〕明凌濛初《初刻拍案惊奇》卷二:"(郑月娥)开口问道:'奴自不曾与客官相会,……今承宠召过来,却又屡屡相觑,却像有些委决不下的事,是什么缘故?'"《汪康年师友书札·汪立元》:"月前两过申江,钦闻绪论,并荷华筵宠召,把酒言欢,赏我狂谈,感君嘉惠。"田汉《关汉卿》第七场:"您知道歌台舞榭我是不大来的。昨天我就没有来奉陪。今天阿大人再三宠召,不能不来。"

〔宠招〕元柯丹丘《荆钗记·团圆》:"老夫感蒙过爱,特辱宠招,不胜愧感之至。"清朱之瑜《答陈元赟书》:"如何村翁之贤,亦未尝识荆,乃叨谬爱,涓日宠招?"

慈 cí

上爱下,父母爱子女,可引申为尊上。用在相关的名词或动词前,表示对尊上的敬称。

【慈闱】对母亲的敬称。宋张孝祥《减字木兰花·黄坚叟母夫人》词:"慈闱生日,见说今年年九十。"明陆采《明珠记·别母》:"承凤诏须当远出,别慈闱怎敢从容!"《清代名人书札·吉灿升致阎敬铭》:"告养既格成例,称疾似觉近欺,窃拟以进为退之计,藉可归侍慈闱。""闱",也写作"帏""帷"。清李渔《怜香伴·香咏》:"念茕茕久矣失瞻依,也自小将严父当慈帏。"陈家英《秋夜次秀元三妹韵兼呈伯兄》诗:"眉山兄弟天涯别,应念慈帷老病侵。"

【慈颜】【慈容】【慈色】【慈景】敬称母亲或尊上的容颜。

〔慈颜〕唐独孤及《代于京兆请停官侍亲表》:"专力养则有妨吏职,徇公事则阙奉慈颜。"《清代名人书札·朱家宝致某人》:"久违慈颜,倏经半载,私衷孺慕,楮墨难宣。"又《龚易图致阎敬铭》:"惟念自中堂登朝,所冀者得一谒慈颜,以遂廿年依侍之私。"冰心《南归》:"此外每天早晨合家都到殡仪馆,围立在棺外,隔着玻璃盖子,瞻仰母亲如睡的慈颜。"

〔慈容〕清龚自珍《烬余破簏中获书数十册皆慈泽也书其尾》诗:"乍读慈容在,长吟故我非。"冰心《晚晴集·记一件最难忘的事》:"过了今天就再也看不见周总理的慈容了。"

〔慈色〕元王实甫《西厢记》第五本第四折:"我谨躬身问起居,夫人这慈色为谁怒?"

〔慈景〕景,yǐng。晋陆机《思亲赋》:"感瑰姿之晚就,痛慈景之先违。"

【慈躬】对父母或尊上身体的敬称。《痛史》第七回:"(文天祥)奏道:'不知皇太后慈躬如何了?'太后道:'今日受这一惊,益发沉重了。'"

【慈恩】敬称尊上的恩惠。《三国志·蜀志·刘琰传》:"闲者迷醉,言有违错,慈恩含忍,不致之于理。"唐宋之问《上阳宫侍宴应制得林字》诗:"旧渥骖宸御,慈恩忝翰林。"

【慈纶】皇帝对母亲旨意的敬称。《清史稿·世祖纪二》:"端敬皇后于皇太后克尽孝道,辅佐朕躬,内政聿修。朕仰奉慈纶,追念贤淑,丧祭典礼,过从优厚。"

【慈壶】对太后的敬称。宋范成大《丙午东宫寿诗》:"晨昏两慈壶,诗礼一贤王。"

【慈庇】【慈荫】敬称受到尊上的荫庇、庇护。

〔慈庇〕《清代名人书札·龚易图致阎敬铭》:"而今年常税更逊于前,倘蒙慈庇,能使及额,则幸甚耳。"

〔慈荫〕《清代名人书札·龚易图致阎敬铭》:"易图仰赖慈荫,得以舍难就易,感激之私,益深感幸。"《冷眼观》第一回:"我此时终觉英雄气短,儿女情长,想起他离慈荫太早,失人教育,以致做女孩儿家的义务多有缺憾,反动了个矜怜他的念头。"

【慈命】对尊上命令的敬称。《镜花缘》第十回:"老伯说那里话来,⋯⋯今蒙慈命带回家乡,自应好好代他择配。"《清史稿·礼志八》:"高宗内禅,称太上皇帝。具贺表式云:'⋯⋯子臣某敬承慈命,谨率同王公文武大臣等奉表贺者。'"又《醇亲王奕譞传》:"仰恳皇太后将臣此摺,留之宫中,⋯⋯果蒙慈命严切,皇帝敢不钦遵!"

【慈训】【慈教】敬称母亲或父亲的训诲。

〔慈训〕《昭明文选·谢朓〈齐敬皇后哀策文〉》:"闵予不祐,慈训早违。"李善注引《晋中兴书》:"肃祖太妃荀氏薨,显宗诏曰:'朕少遭闵凶,慈训无禀。'"《清代名人书札·张裕钊致张沆》:"儿半载以来,稍历艰辛,看得世味甚淡,渐觉无所怨尤,亦无所明羡,惟有事事敬谨,以期勉遵慈训而已。"

〔慈教〕明袁宏道《孟生为尊慈索诗信笔题四韵》:"十年奉慈教,督子若先生。"

【慈诲】敬称尊上对自己的教诲。《景德传灯录·杭州鸟窠道林禅师》:"有侍者会通,忽一日欲辞去,师问曰:'汝今何往?'对曰:'会通为法出家,以和尚不垂慈诲,今往诸方学佛法去。'"《清代名人书札·李宗岱致阎敬铭》:"肃禀者:职道叩违慈诲,五载于兹,依恋之忱,无时或释。"又《饶应祺致阎敬铭》:"得奉三月二十日赐书,备蒙慈诲,感佩莫名。"

【慈注】敬称尊上对自己的关怀和爱护。《清代名人书札·普承尧致罗泽南》:"生以南康启程,将及旬日尚未抵营,心甚焦灼⋯⋯知关慈注,敢以附闻。"又《龚易图致阎敬铭》:"单伯平先生于三月间到烟获晤,精神矍铄,足慰慈注。"又《袁昶致薛时雨》:"寓中侄女及外孙女、四外孙男俱蒙福庇平安,差纾慈注。"

赐 cì

敬词。赐,赏赐,恩赐。表示对方所加于自己的是一种恩赐。

【赐示】【赐札】【赐书】【赐函】敬称对方的来信。

〔赐示〕《艺风堂友朋书札·王懿荣二五》:"赐示领悉,稍迟当向索取来呈阅。"鲁迅《书信集·致姚克》:"所以此后赐示,可寄'北四川路底、内山书店转、周豫才收',较妥。""赐示"也用于敬称他人的告知。

〔赐札〕清顾炎武《覆陈霭公书》:"山史西来,得接赐札。"

〔赐书〕汉司马迁《报任少卿书》:"曩者辱赐书,教以顺于接物,推贤进士为务。"宋王安石《答马太傅启》之二:"未皇修好,先辱赐书。"鲁迅《华盖集·忽然想到(九)》:"记得一年或两年之前,蒙你赐书,指摘我在《阿Q正传》中写捉拿一个无聊的阿Q而用机关枪,是太远于事理。"

〔赐函〕《清代名人书札·姚济勋职阍敬铭》:"肃禀者,客夏接奉赐函,知前呈书籍二部,辱荷鉴存,曷胜欣幸。"

【赐临】【赐顾】敬称对方来临。

〔赐临〕宋王安石《与参政王禹玉书》之二:"继蒙赐临,传喻圣训。"清蒲松龄《聊斋志异·大力将军》:"十年之别,颇复忆念。烦致先生一赐临也。"

〔赐顾〕明孙仁孺《东郭记·其妻妾不羞也》:"俺家列位老爷说,若后日有人相请,便迟一日,望齐人老爷赐顾。"《儒林外史》第十三回:"公孙迎接进来,说道:'我两人神交已久,不比泛常。今蒙赐顾,宽坐一坐。'""赐顾"也用于敬称顾客前来购物。《说岳全传》第十回:"众位相公请坐,敢是要赐顾些什么东西?"

【赐光】犹"赏光"。《红楼梦》第十六回:"今日大驾归府,略预备一杯水酒掸尘,不知可赐光谬领否?"

【赐见】敬称尊长接见。《仪礼·士相见礼》:"宾对曰:'某不足以辱命,请终赐见。'"清蒲松龄《聊斋志异·狐谐》:"孙曰:'既不赐见,我辈留勿去。'"

【赐听】请人听取自己意见的敬称。《宋书·夷蛮传·阇婆婆达国》:"今遣使主佛大陁婆、副使葛抵奉宣微诚,稽首敬礼大吉天子足下,陁婆所启,愿见信受,诸有所请,唯愿赐听。"

【赐命】敬称天子或上级官员下达命令。《左传·成公十三年》:"白狄及君同州,君之仇雠,而我之昏姻也。君来赐命曰:'吾与女伐狄。'寡君不敢顾昏姻,畏君之威,而受命于吏。"《宋史·钱彦远传》:"往时,元昊内寇,出入五载,天下骚然。及纳款赐命,则被边长吏,不复铨择,高冠大裾,耻言军旅。"

【赐祝】敬称对方前来祝贺。清顾炎武

《与友人辞祝书》:"昨见子德云,明府将以贱辰,光临赐祝。"

【赐教】敬称对方教诲。宋王安石《答陈推官启》:"高明赐教,褒谕过情。"清蒲松龄《聊斋志异·娇娜》:"一叟入,鬓发皤然,向生殷谢曰:'先生不弃顽儿,遂肯赐教。小子初学涂鸦,勿以友故,行辈视之也。'"

【赐正】赐予指正。《汪康年师友书札·罗振玉》:"兹奉拙著一册,乃销夏中所撰,自谓于小学经史发明甚多,但疏误尚恐不免,祈赐正为荷。"

【赐许】【赐允】对人允许的敬称。

〔赐许〕唐无名氏《玉泉子》:"庶锡复再拜曰:'尚书适已赐许,皇天后土,实闻斯言。'"《敦煌变文集·秋胡变文》:"今蒙孃教,听从游学,未季(知)娘子赐许已不?"

〔赐允〕《汪康年师友书札·陈锦涛》:"阁下与弟皆公直相交,总求赐允,使弟得以干干净净,不为此书多累,成一末了事也。"

【赐复】称人复信的敬词。《艺风堂友朋书札·吴士鉴三六》:"前奉赐复,并承示康熙朝传目,拜悉一切。"金天翮《致江苏省政府主席王》:"请主席严密调查,宣布事实,以释群疑,以维民治,并盼赐复。"

【赐问】敬称对方来信问问题。宋王安石《答孙少述书》:"兄赐问者八九,奉答卒不过一再而已。""赐问"还用于请师长教诲的敬称。明夏完淳《招魂》:"张西铭先生,家大人金石交也。予小子获乌爱焉,五龄侍函丈,摘疑赐问,音徽宛存。"

赏 shǎng

敬词。敬称他人加惠于己。《儿女英雄传》第三六回:"奶奶赏奴才个脸,饶他这次。"

【赏光】敬称他人接受自己的邀请或意见。《官场现形记》第一回:"另外又烦王孝廉写了一封四六信,无非是仰慕他,记挂他,届时务必求他赏光的一派话。"茅盾《子夜》九:"今晚我做东,就约苏甫、竹斋两位,再请你伯翁赏光。"

【赏脸】敬称他人接受自己的要求或礼物。《红楼梦》第四五回:"赖大家的笑道:'不是接他老人家来的,倒是打听打听奶奶姑娘们赏脸不赏脸?'"《官场现形记》第二回:"刘大侉子见署院如此赏脸,便趁势又替署院磕了三个头,然后起立归坐。"老舍《四世同堂》四八:"'是的,老先生,你要是不赏脸,我的太太必定大哭一场!'晓荷在一旁帮腔。"

【赏收】敬称他人接受自己的礼物。《儿女英雄传》第三三回:"说着,便跪了一跪,说:'务必请父母赏收。'"《二十年目睹之怪现状》第四一回:"侣笙叫小厮端上食盒道:'区区几色敝省土仪,权当赆见,请老伯母赏收。'"

敬 jìng

敬词。用在相关的动词前,表示对他

人的敬意。

【敬诺】应答的敬词。《战国策·燕策三》:"太子曰:'愿因先生得愿交于荆轲,可乎?'田光曰:'敬诺。'即起,趋出。"《史记·扁鹊仓公列传》:"(长桑君)乃呼扁鹊私坐,闲与语曰:'我有禁方,年老,欲传于公,公毋泄。'扁鹊曰:'敬诺。'"

【敬恳】向他人求助的敬称。《汪康年师友书札·陈汉第》:"家严……欲制一墨车,另纸画呈,敬恳台驾便至洋行一问,如有此器,即求代购一架。"

【敬受命】【敬闻命】【敬从命】接受命令或教言的敬词。

〔敬受命〕《史记·陈涉世家》:"(吴广、陈胜)召令徒属曰:'公等遇雨,……且壮士不死即已,死即举大名耳。王侯将相宁有种乎!'徒属皆曰:'敬受命。'"又《范雎蔡泽列传》:"先生幸教,雎敬受命。"

〔敬闻命〕闻,有理解并接受的意思。《史记·郦生陆贾列传》:"郦生曰:'夫足下欲成大功,不如止陈留,……招天下之从兵;从兵已成,足下横行天下,莫能有害足下者矣。'沛公曰:'敬闻命矣。'"

〔敬从命〕从,听从。《史记·孟尝君列传》:"孟尝君再拜曰:'敬从命矣。闻先生之言,敢不奉教焉!'"

【敬奉教】接受他人教言的敬词。《战国策·燕策三》:"鞠武曰:'敬诺。'出见田光,道太子曰:'愿图国事于先生。'田光曰:'敬奉教。'"

【敬闻】让对方知悉的敬词。《汪康年师友书札·汪立元》:"贱体入夏以来小愈,知注敬闻。"

【敬劳】进行慰劳的敬词。《史记·绛侯周勃世家》:"天子为动,改容式车,使人称谢:'皇帝敬劳将军。'"

【敬问】进行慰问的敬词。《史记·匈奴列传》:"皇帝敬问匈奴大单于无恙。"

【敬谢】表示歉意的敬词。《韩诗外传》卷九:"此亦吾过矣,愿夫子为寡人敬谢焉。"《史记·郦生陆贾列传》:"沛公曰:'为我谢之,言我方以天下为事,未暇见儒人也。'使者出谢曰:'沛公敬谢先生,方以天下为事,未暇见儒人也。'"

【敬空】信尾留出空白,以待长者批复的敬称。宋沈括《梦溪笔谈·杂志》:"前世风俗,卑者致书于所尊,尊者但批纸尾答之,曰'反',故人谓之'批反'。如官司批状,诏书批答之类。故纸尾多作'敬空'字,自谓不敢抗敌,但空纸尾以待批反耳。"(参见"谨空")

谨 jǐn

敬词。《玉篇·言部》:"谨,敬也。"用在相关的动词前,表示对他人的敬意。《史记·淮南衡山列传》:"臣谨为天下诛贼臣辟阳侯,报母之仇,谨伏阙下请罪。"又《司马相如列传》:"于是二子愀然改容,超若自失,逡巡避席曰:'鄙人固陋,不知忌讳,乃今日见教,谨闻命矣。'"

【谨上】犹"敬上"。已情上达的敬词。晋刘琨《劝进表》:"踊跃之怀,南望罔极。谨上。"宋陆佃《昭穆仪》:"谨上八庙昭穆异同,兼条次尝所答述者,乞赐折诸圣学,垂法万世。"

【谨白】【谨启】【谨禀】【谨告】表示把己意告知他人的敬词。多用于书信中,且多见于文末。

〔谨白〕南朝宋道高《答李交州书》:"贫道言浅辞拙,语不宣心,冀奉见之日,当申之于论难耳。谨白。"宋释道原《景德传灯录·南岳石头和尚〈参同契〉》:"谨白参玄人,光阴莫虚度。"宋王珪《皇帝贺契丹皇后正旦书》:"专奉书陈贺,不宣。谨白。"

〔谨启〕启,告启。晋何充等《沙门不应尽敬表》:"是以复陈愚诚,允垂省察。谨启。"南朝梁刘勰《文心雕龙·奏启》:"孝景讳启,故两汉无称。至魏国笺记,始云启闻,奏事之末,或云谨启。"唐崔致远《贺高司马除官状》:"下情无任忭跃之至,谨奉启陈贺。谨启。"清焦循《与刘端临教谕书》:"循顿首谨启端临先生足下。"

〔谨禀〕禀,启禀,禀告。《官场现形记》第四回:"只见上面写的是:……肃此谨禀,恭叩大人福安。"

〔谨告〕犹"敬告"。唐崔致远《告报诸道徵促纲运书》:"谨告某州节度使,……凡承宠寄,共察忠诚。谨告。"元黄溍《先大夫封赠祝文》:"而溍系

于职守,不得躬展彝仪,谨遣弟溥淇诣墓次以告。谨告。"清焦循《告先圣先师文》:"谨告先圣先师,伏惟鉴之。"

【谨呈】【谨献】表示呈献的敬词。

〔谨呈〕南朝宋李森《与道高法师书》:"深愿大和尚垂纳亮款,弟子李森谨呈。"明金铉《上高砥斋先生书》:"谨呈《四子》二部,小疏二册,以为羔雁资。"

〔谨献〕犹"敬献"。唐道宣《续高僧传·明律下·玄琬》:"谨献秘要之经,请详金口之教。"宋曾巩《上欧阳学士第一书》:"谨献杂文时务策两编,其传缮不谨,其简秩大小不均齐,巩贫故也。"明鹿善继《柬魏廓园书》:"即无奇味供养,而泉冽酒香,脱粟可饱,仁兄岂厌之耶?区区数种谨献,非报也,永以为好也。"

【谨记】【谨志】表示记叙某事的敬词。

〔谨记〕宋韩元吉《大理寺奖谕敕书记》:"钦诵训奖,有荣耀焉,敢不昭示万世而列诸石,谨记。"清冯景《庚辰殿试纪事》:"臣故谨记之,以志盛事云。"

〔谨志〕敬述其事。一般用于碑文末尾。明章懋《松坡府君圹志》:"号慕陨绝,昊天罔极,呜呼痛哉!懋泣血谨志。"

【谨书】【谨勒(泐)】犹"敬书"。表示书写的敬词。

〔谨书〕唐权德舆《再从叔故京兆府咸阳县丞府君墓志铭并序》:"谨书官

次,以纳幽夐。"宋韩元吉《书〈许昌唱和集〉后》:"淳熙二年九月,具位韩某谨书。"清焦循《书谢少宰遗事》:"其遗事仅著于扬州者,或未遍知,谨书以附诸后。"

【谨勒(泐)】勒,可用于书写义。唐颜真卿《与李太保帖》:"未遂驰谒,谨勒参候,不次。谨状。""勒"也写作"泐"。清陈仪《与顾漕台书》:"谨泐数行,尚力代送。"

【谨诺】犹"敬诺"。答应的敬词。《史记·项羽本纪》:"(沛公)曰:'我持白璧一双,欲献项王;玉斗一双,欲献亚父;会其怒,不敢献。公为我献之。'张良曰:'谨诺。'"宋范浚《安人胡氏墓志铭》:"铭安人莫如浚宜。谨诺。"

【谨对】对答策问的敬词,古代试策常用语。唐白居易《策林一·策尾》:"尘黩圣鉴,俯伏待罪。谨对。"宋汪应辰《廷试策》:"臣不胜惓惓,惟陛下留神省察,实万世无疆之休,臣谨对。"

【谨空】唐宋时期,在书简末尾留出空白,以待批复的敬词。唐颜真卿《与李太保帖》:"二十九日,刑部尚书颜真卿状上李太保大夫公阁下。谨空。"宋王安石《与王宣徽书》之一:"某惶恐再拜留守宣徽太尉台座。谨空。"清胡鸣玉《订讹杂录·谨空》:"黄鲁直云:太祝辨九拜。擞即拜也。三曰空首,拜头至手。所谓拜手,唐人书末云'谨空',谓空首也。

……后见《梦溪笔谈》云:前世风俗,卑者致书于所尊,尊者但批纸尾答之,曰'反',故人谓之批反,如官司批状,诏书批答之类。故尾纸多作'敬空'字,自谓不敢抗敌,但空纸尾以待批反耳。尊者亦自处不疑,不务过敬也。"

【谨状】表示陈述的敬词。多用于行状、书状的结尾。南朝梁任昉《齐竟陵文宣王行状》:"易名之典,请遵前烈。谨状。"唐李德裕《与桂州郑中丞书》:"伏恐制序之时,要知此意,伏推详悉。谨状。"宋汪应辰《柴君墓志铭》:"谨状叔父行实,授诸执事者,惟先生幸而铭之。"清焦循《拣选知县李君滨石事状》:"今适当修府县志,奈何不编次其本末,以乞于大人先生,或赖以不朽。循不敢辞,谨状。"

【谨题】题记或题写的敬词。多用于诗文、书画或跋文。宋楼钥《清芬堂记》:"子觉之长子伯禽秘藏于家,亦谨题于卷尾。"元戴良《题叶丞相遗墨》:"良既得以快睹前修之真迹,而又有以窃窥先达之为人,抑何幸欤!后学浦江戴良谨题。""谨题"也是明清大臣上题本或奏本时表示敬意的用语。明赵南星《复京察拾遗书》:"俱奉钦依吏部知道事理,谨题请旨。"明范景文《饬属疏》:"南京兵部尚书臣范景文谨题:为敬陈饬属之要,以肃邦政之规事。"

【谨谢】谢,辞谢。表示辞谢的敬词。

《昭明文选·枚乘〈七发〉》："楚太子有疾，而吴客往问之，曰：'伏闻太子玉体不安，亦少间乎？'太子曰：'惫，谨谢客。'"李善注引《说文》："谢，辞也。"宋楼钥《〈范忠宣公文集〉序》："比因宋使君圻赴郡，以家藏本属之，既已刊就，而旧无序引，径以见委，钥谨谢之。"鲁迅《华盖集·忽然想到（九）》："然而阎罗大王的请帖，大概是终于没法'谨谢'的，无论你怎样摆架子。""谨谢"的"谢"，也可表示感谢义。"谨谢"也是表示谢意的敬词。唐段成式《酉阳杂俎·礼异》："西汉，帝见丞相，谒者赞曰：'皇帝为丞相起。'御史大夫见，皇帝称谨谢。"明袁宏道《答蹇督抚书》："一叩无从，再拜肃矣；远思县旆，徒有摇旌而已。谨谢。"

【谨听】犹"敬听"。表示听取的敬词。《管子·山权数》："谨听其言而藏之官。"宋楼钥《高端叔墓志铭》："君下意执疑，谨听强记，执礼愈恭，人亦乐告之。"

【谨悉】犹"敬悉"。悉，知悉。表示知悉的敬词。书信往来中的常用语。鲁迅《书信集·致郑振铎》："顷得惠书，谨悉一切。"

恭 gōng

敬词。恭，恭敬。用在动词前，表示对他人的敬意。

【恭候】表示等候的敬词。清黄轩祖《游梁琐记·裕州刀匪》："家君恭候久矣。下走犯渎台从，容请降舍负荆。"《二十年目睹之怪现状》第七六回："既如此，就请便罢，咱两个就在这里恭候。"《儿女英雄传》第十回："十三妹道：'已经在此恭候多时。你不用忙，大家且在这树底下坐了，歇歇儿再说。'"《官场现形记》第一回："因小孙秋闱侥幸，敬治薄酒，恭候台光。"

【恭迎】【恭迓】迎接他人的敬称。

〔恭迎〕清孔尚任《桃花扇·闲话》："孤臣张薇恭迎圣驾。"《二十年目睹之怪现状》第九一回："又听得一声'门生叶某，恭迎师母大驾'。"

〔恭迓〕清林则徐《批澳门同知为唛嗦哆呈明实无鸦片情愿具结禀》："再阅该夷原禀，有预设公馆，虔洁铺陈，恭迓大宪驾临之语。"《二十年目睹之怪现状》第一百回："等到那位大员驾到之日，自然阖城印委各员，都到码头恭迓。"又第九三回："自常镇道、镇江府以下文武印委各员，都到江边恭迓宪节。"

【恭贺】向人致贺的敬词。《清会典事例·礼部·接受大典归政事宜》："其恭贺太上皇帝传位表文，嗣皇帝登极表文，内阁另行恭进呈。"明汤显祖《牡丹亭·榜下》："掌管天下兵马知枢密院事臣谨奏：恭贺吾主，圣德天威，寇准来降，金兵不动。"《红楼梦》第六三回："诗云：'日边红杏倚云栽。'注云：'得此签者，必得贵婿。大家恭贺一杯，再同饮一杯。'"

【恭喜】向人道喜的敬词。《京本通俗小

说·碾玉观者》:"崔大夫恭喜了,你却在这里住?"明凌濛初《初刻拍案惊奇》卷二九:"观察道:'恭喜!恭喜!适才京中探马来报,令婿已及第了。'"《儒林外史》第四四回:"萧伯泉道:'世叔恭喜回府,小侄就该来请安。'"《儿女英雄传》第二一回:"九筹好汉听了,笑逐颜开,都道:'恭喜,买卖到了。'"

【恭叩】【恭请】向他人问安的敬词。

〔恭叩〕叩,叩头。《清代名人书札·朱家宝致某人》:"附呈菲敬百金,务祈赏收。专肃恭叩钧安,伏惟垂鉴。"《官场现形记》第四回:"嘱请宪驾即速到院,肃此谨禀。恭叩大人福安。"《汪康年师友书札·卜舫济》:"他日当亲来就正,想大君子乐育为怀,当不以弟为门外汉而屏弃之也。肃修芜柬,恭叩著安。"

〔恭请〕《官场现形记》第十八回:"文自巡抚以下,武自将军以下,一齐到接官厅,预备恭请圣安。"

【恭谢】表示谢意的敬称。《汪康年师友书札·陈豪致汪康年》:"顷以内子之丧,宠承厚赙,……手此恭谢。"

【恭诣】趋见他人的敬词。《清代名人书札·张裕钊致月槎》:"俟它日灵辅言返,道过白门,尚当恭诣舟中,一助执绋耳。"

【恭送】表示送行的敬词。《官场现形记》第十一回:"次日又到东洋码头上恭送,回来自往制造局投信不题。"又第十九回:"文武官员,出境恭送。"《汪康年师友书札·吴以榮》:"如不能来,何日至申,亦请电示,榮当到申恭送,并可代陈家君近况也。"

【恭求】向人请求的敬词。《官场现形记》第五九回:"前面写着'恭求太老夫子中堂训正',下面注着'小门生甄学忠、甄学孝谨呈'字样。"

【恭听】表示聆听的敬词。《二十年目睹之怪现状》第十二回:"苟才拿过去一看道:'好呀!请你出令呢。快出罢,我们恭听号令呢。'"

玉 yù

敬词。玉,喻美洁。一般用在名词前,敬称对方的身体、仪容、言行或其他。

【玉色】【玉面】【玉容】【玉颜】【玉貌】敬称对方的容颜、容貌。

〔玉色〕唐李昼《喜陈懿老示新制》诗:"一别一千日,一日十二忆。苦心无闲时,今夕见玉色。"明刘基《郁离子·九难》:"窃闻先生久矣,今幸得觏玉色。"

〔玉面〕同"玉色"。《公羊传·宣公十二年》:"庄王曰:'君之不令臣,交易为言,是以使寡人得见君之玉面,而微至乎此。'"

〔玉容〕晋陆云《大将军谦会被命作此诗》:"俯觏嘉宾,仰瞻玉容。"唐杜牧《寄沈褒秀才》诗:"仙桂花时金镜晓,落波飞处玉容高。"

〔玉颜〕同"尊颜"。《燕丹子》卷中:

"丹得侍左右,觌见玉颜,斯乃上世神灵保佑燕国,令先生设降辱焉。"

【玉貌】同"玉颜"。《战国策·赵策三》:"辛垣衍曰:'今吾视先生之玉貌,非有求于平原君者。'"汉刘向《说苑·修文》:"故君子衣服中而容貌得,接其服而象其德,故望玉貌而行能有所定矣。"清姚鼐《遇刘朴夫》诗:"新诗别更奇,玉貌看犹昨。"

【玉体】敬称对方的身体。《战国策·赵策四》:"老臣病足,……窃自恕,而恐太后玉体之有所郄也,故愿望见太后。"《三国演义》第七八回:"大王善保玉体,不日定当霍然。"《汪康年师友书札·陈宝琛》:"玉体仍以静养为宜,勿拘俗套。"

【玉女】尊称他人的女儿。《礼记·祭统》:"故国君取夫人之辞曰:'请君之玉女,与寡人共有敝邑。'"郑玄注:"言玉女者,美言之也。"《史记·秦本纪》:"帝舜曰:'咨尔费,赞禹功,其赐尔皂游。尔后嗣将大出。'乃妻之姚姓之玉女。"宋黄庭坚《谢张仲谋端午送巧作》诗:"君家玉女从小见,闻道如今画不成。"

【玉度】尊称他人的仪态风度。《昭明文选·谢庄〈宋孝武宣贵妃诔〉》:"诞发兰仪,光启玉度。"南朝梁简文帝《九日侍皇太子乐游苑》诗:"副极仪天,金锵玉度。"

【玉照】敬称他人的照片。苏曼殊《西班牙雪鸿女诗人过存病榻诗题》:"亲持玉照一幅,拜伦遗集一卷,曼陀罗花共含羞草一束见贻,且殷勤勖以归计。"鲁迅《书信集·致增田涉》:"木实君的玉照看见了。"《汪康年师友书札·赵启霖》:"三载之别,思君郁陶,介在边僻,离群索居,忽奉惠书并玉照,洒洒数千言,藉以开蒙瞽而纾渴念,其为欣感,岂可言状!"

【玉音】【玉声】对对方言辞的敬称。

〔玉音〕三国魏曹植《七启》:"将敬涤耳,以听玉音。"唐元稹《酬孝甫见赠》诗之十:"开坼新诗展大璆,明珠炫转玉音浮。"宋杨亿《送刘秀州》诗:"骑置迢迢阻玉音,左鱼江海遂初心。"

〔玉声〕《战国策·楚策二》:"王不可不与也。王身出玉声,许强万乘之齐而不与,则不信。"汉袁康《越绝书·内传陈成恒》:"今大夫不辱而身见之,又出玉声以教孤,孤赖先人之赐,敢不奉教乎?""玉声"也用于敬称他人的诗文。唐令狐楚《奉和仆射相公酬忠武李相公见寄之作》诗:"初瞻绮色连霞色,又听金声继玉声。"

【玉言】【玉音】对帝王言辞的敬称。

〔玉言〕常和"金口"连用。明冯梦龙《古今小说·明悟禅师赶五戒》:"仁宗金口玉言,问道:'这汉子何人?'"明冯梦龙《醒世恒言·三孝廉让产立高名》:"拜舞已毕,天子金口玉言,问道:'卿是许武之弟乎?'"

〔玉音〕除用于敬称对方的言辞外,也用于敬称帝王的言辞。汉司马相如《长门赋》:"愿赐问而自进兮,得尚君之玉音。"宋苏森《〈栾城集〉后序》："孝宗皇帝玉音问曰：'子由之文平淡而深造于理，《栾城集》天下无善本，朕欲刊之。'"清陈康祺《郎潜纪闻》卷三："癸未，(上)临雍讲学，玉音朗朗。"

【玉札】敬称对方的书信。唐皮日休《怀华阳润卿博士》诗之三："数行玉札存心久，一掬云浆漱齿空。"

【玉趾】【玉步】敬称他人脚步。

〔玉趾〕《左传·僖公二十六年》："齐侯未入境，展喜从之，曰：'寡君闻君亲举玉趾，将辱于敝邑，使下臣犒执事。'"《国语·吴语》："昔者越国见祸，得罪于天王。天王亲趋玉趾，以心孤勾践，而又宥赦。君王之于越也，繄起死人而肉白骨也。"三国魏应璩《与侍郎曹长思书》："幸有袁生，时步玉趾。樵苏不爨，清淡而已。"清蒲松龄《聊斋志异·二班》："先生，余亦避难石室，幸可栖宿，敢屈玉趾，且有所求。"

〔玉步〕一般用于美称女人的行步。南朝梁简文帝《咏人弃妾》诗："昔时娇玉步，含羞花烛边。"南朝梁费昶《华光省中夜闻城外捣衣》诗："金波正容与，玉步依砧杵。"唐钱起《豹鸟赋》："花映香尘，光生玉步。"

华 huá

敬词。用在名词前面，敬称与对方有关的事物。

【华翰】【华缄（椷）】【华笺（牋）】【华教】敬称对方的来信。

〔华翰〕南朝陈徐陵《答周处士书》："仰披华翰，甚慰翘结。"唐刘禹锡《谢窦相公启》："每奉华翰，赐之衷言。"《西游记》第十七回："行者道：'正来进拜，不期路遇华翰，见有"佛衣雅会"，故此急急奔来，愿求见见。'"

〔华缄（椷）〕缄，书缄，书函。唐崔致远《桂苑笔耕录·龙州裴岘尚书》："远劳专介，特枉华缄，发函睹不灭之踪，满幅示相忧之旨。""缄"也写作"椷"。唐皇甫枚《三水小牍·步非烟》："岂期公子，忽贻好音，发华椷而思飞，讽丽句而目断。"

〔华笺（牋）〕笺，书札。宋王安石《谢夏噩察推启》："敢图高明，不自重贵，亲存弊馆，申贶华笺，窥观以思，惧恐且愧。"宋陆游《畲勾简州启》："忽奉华笺之贶，岂胜末路之荣。""笺"也写作"牋"。清钮琇《〈觚賸〉自序》："縩花宾至，快雄辩之当筵；话雨人归，喜华牋之在箧。"

〔华教〕敬称对方来信。《汪康年师友书札·王仁乾》："奉到初六日华教，一一领悉。惊知尊阃仙逝，有失吊奠，歉仄歉仄。"

【华篇】【华章】【华编】敬称他人作品。

〔华篇〕《南齐书·文学传论》："桂林、湘水，平子之华篇；飞馆玉池，魏文之丽篆。七言之作，非此谁先？"南朝陈徐陵《和简文帝赛汉高帝庙》诗："何殊后庙里，子建作华篇。"唐卢照邻《乐府杂诗序》："云飞绮札，代郡接于苍梧；泉涌华篇，岷波连于碣石。"

【华章】章，篇章。晋葛洪《抱朴子·擢才》："华章藻蔚，非矇瞍所玩；英逸之才，非浅短所识。"宋秦观《李端叔见寄次韵》诗："华章藻句饶风力，顷刻朱红迭畛域。"毛泽东《和柳亚子先生》诗："三十一年还旧国，落花时节读华章。"

【华编】编，编连竹简，因以编称书或书的一部分。唐钱起《和刘七读书》诗："云阴留墨沼，萤影傍华编。"清曹寅《病中冲谷四兄寄诗相慰》诗之三："华编喜挹松窗绿，情思遥分蕉绪黄。"

【华诞】敬称他人生日。明史谨《寿达夫次韵》诗："螺杯献酒逢华诞，鹤发同筵叙旧情。"《二十年目睹之怪现状》第四一回："前月老伯母华诞，本当就来叩祝。"1998年5月6日《中华读书报》第一版："自24岁起就做编辑的著名编辑家、作家叶至善先生偏偏为他80华诞的纪念性出版物取名为《我是编辑》。"

【华问】问，通"闻"，声誉。敬称他人的声誉。唐韩愈《唐故秘书少监赠独孤府君墓志铭》："朋游益附，华问弥大。"宋曾巩《中大夫尚书左丞蒲宗孟追封三代妻陈氏封河东郡夫人制》："具官某妻某氏言容功德，柔闲懿恭，嫔于令人，休有华问。"

【华筵】敬称对方所设筵席。《汪康年师友书札·汪立元》："月前两过申江，饫闻绪论，并荷华筵宠召，把酒言欢，

赏我狂谈，感君嘉惠。"

芳 fāng

敬词。芳，香美芳洁。用在名词前面，敬称与他人或女性有关的事物。

【芳札】【芳信】【芳翰】【芳缄】【芳词】【芳讯】敬称他人的信函。

〔芳札〕南朝梁元帝《与刘孝绰书》："数路计行，迟还芳札。"唐韦应物《寄子西》诗："伤离枉芳札，忻遂见心曲。"

〔芳信〕敬称对方或闺中来信。唐白居易《只役骆口驿喜萧侍御书至》诗："忽惊芳信至，复与新诗并。"宋史达祖《双双燕·咏燕》词："应自栖香正稳，便忘了天涯芳信。"

〔芳翰〕翰，书信，翰墨。唐玄宗《登蒲州逍遥楼》诗："一览遗芳翰，千载肃如神。"元陈樵《长安有狭斜行》："班姬辍芳翰，纨扇从风扬。"

〔芳缄〕缄，书函。唐刘禹锡《和令狐相公谢太原李侍中寄蒲桃》诗："上相芳缄至，行台绮席张。"

〔芳词〕美称闺中书信。明杨珽《龙膏记·传情》："拂花笺青闺写怨，寄芳词黄雀传言。"

〔芳讯〕讯，音讯，也指书信。南朝宋何承天《答颜光禄》："敬览芳讯，研复渊旨。"清纳兰性德《满宫花》词："盼天涯，芳讯绝，莫是故情全歇？"

【芳名】敬称女士的名字。明陈汝元《金莲记·湖赏》："绿窗西，青鸾一缕递支机，芳名已注姻缘簿。"《红楼梦》第五四回："这小姐芳名叫雏鸾。"巴金《家》六："选择的结果，只有两家

姑娘的芳名不曾被淘汰。"

【芳颜】【芳容】【芳辉】敬称他人的容颜。

〔芳颜〕晋陶潜《诸人共游周家墓柏下》诗:"清歌散新声,绿酒开芳颜。"宋柳永《小镇西》词:"意中有个人,芳颜二八天然俏。"清刘大櫆《祭张闲中文》:"既謦欬之不闻,亦芳颜之莫觌。"

〔芳容〕明凌濛初《二刻拍案惊奇》卷二一:"小生客边得遇芳容,三生有幸。"清李渔《比目鱼·定优》:"若要睹芳容,领君看。"

〔芳辉〕《清代名人书札·庄缙度致徐宗幹》:"久仰芳辉,时深景慕,未遂瞻荆之愿,弥殷向藿之忱。"

【芳龄】【芳年】敬称女子年龄。

〔芳龄〕清蒋士铨《桂林霜·家祭》:"原配张氏,……芳龄早逝,吉梦未符。"清梁绍壬《两般秋雨盦随笔·燕台小乐府》:"京师女儿美如玉,最妙芳龄十五六。"

〔芳年〕《水浒传》第七二回:"有诗为证:芳年声价冠青楼,玉貌花颜实罕俦。"《好逑传》第七回:"小姐深闺丽质,二八芳年,胸中怎有如此大学问?"

【芳邻】对女邻居的敬称。《孽海花》第三二回:"我只问你,把你的美人,我的芳邻藏到那里去了?"

【芳驾】对女子的敬称。《老残游记》第十回:"申公要听箜篌,所以有劳两位芳驾。"

清 qīng

敬词。清,高洁,高雅。用在相关的名词前,表示对他人的敬意。

【清士】【清才】敬称品行高洁的人士。

〔清士〕《史记·伯夷列传》:"举世混浊,清士乃见。"清刘大櫆《祭顺天府余公文》:"世称清士,箪豆区区。"

〔清才〕①敬称品行高洁的人。南朝宋刘义庆《世说新语·赏誉》:"太傅府有三才:刘庆孙有长才,潘阳仲有大才,裴景声有清才。"②敬称他人的才能。明叶宪祖《鸾鎞记·闺咏》:"只有东邻鱼家惠兰义妹,清才掇露,藻思霞蒸,每有所作,不在奴家之下。"《清代名人书札·饶应祺致阎敬铭》:"以叔兄之清才,博学文字兼长,固应翱翔玉署,直步花砖。"欧阳予倩《孔雀东南飞》第四场:"你敦厚温柔多文采,诗书织锦显清才。"

【清风】【清格】敬称他人品格高洁。

〔清风〕南朝梁刘勰《文心雕龙·诔碑》:"标序盛德,必见清风之华。"明李贽《豫约·感慨平生》:"夫陶公清风千古,余又何人,敢称几庶!"

〔清格〕南朝宋刘义庆《世说新语·赏誉》"谢子微见许子将"南朝梁刘孝标注:"许子将秉持清格,岂可以吾舆服见之邪?"

【清范】【清辉】敬称他人高洁的风范。

〔清范〕唐王维《为王常侍祭沙陀鄯国夫人文》:"懿此清范,夫人之则。"旧题宋尤袤《全唐诗话·张建封妓》:"自公薨背,妾非不能死,恐百载之后,以我公重色,有从死之妾,是玷我公清范也。"明李东阳《困暑次韵白洲》诗:"周扇怀仁风,陶窗仰清范。"

〔清辉〕《汪康年师友书札·章邦直》:"延企清辉,每劳虚眷,江淮缅邈,良用依依。"

【清颜】敬称他人的容颜。多用于男性朋辈间。南朝谢朓《答王世子》诗:"有酒招亲朋,思与清颜会。"《南史·孔休源传》:"不期忽觏清颜,顿祛鄙吝。"宋苏轼《答参寥书》:"见寄数诗及近编,得一详味,洒然如接清颜听软语也。"清恽敬《上陈笠帆按察书》:"曩者敬居京师,曾于鹿园检讨处一识清颜。"

【清神】对他人心神的敬称。《汪康年师友书札·陶镛》:"承示印书云云,琐事重劳清神,不安之至。"又《江瀚》:"下欠实洋若干,俟字模到时,即行措缴不误。又……琐费清神,心感无既。"又《瞿宣治》:"前托世嫂在沪购物,亦尚有价未缴,当一并归赵也。屡渎贤伉俪清神,惭感无量。"

【清徽】对他人音容的敬称。徽,优雅的谈吐和神态。《汪康年师友书札·罗振玉》:"戊子秋试,在杭垣文龙巷邵氏履素堂吴君经才坐上得接清徽,匆匆八年矣。"

【清言】【清论】【清议】【清谈】对他人言论的敬称。

〔清言〕晋陶潜《咏二疏》诗:"问金终寄心,清言晓未悟。"唐章八元《酬刘员外月下见寄》诗:"独谣闻丽曲,缓步接清言。"

〔清论〕南朝宋谢灵运《拟魏太子"邺中集"诗·徐幹》:"清论事究万,美话信非一。"唐牛僧孺《玄怪录·张佐》:"(二童)谓君胄曰:'吾自兜玄国来,向闻长啸月下,韵甚清激,私心奉慕,愿接清论。'"明方孝孺《奉俞大有先生》:"仲冬后上金陵,明年回,必得往听清论,尽所欲言。"《汪康年师友书札·张缉光》:"自过申江,得接清论,伟怀宏识,钦服莫名。"

〔清议〕清尹会一《答程邑侯书》:"珂里衣冠,定多清议。倘有所闻,即望示知为祷!"《汪康年师友书札·陈遹声》:"贵馆主持清议,大振聋聩,甚佩甚佩。"

〔清谈〕唐杜甫《送高司直寻封阆州》诗:"清谈慰老夫,开卷得佳句。"清孔尚任《桃花扇·听稗》:"这是敝友河南侯朝宗,当今名士,久慕清谈,特来领教。"清昭梿《啸亭杂录·尹文端公》:"公清谈干云,而尤长奏对。"

【清兴】犹"雅兴"。敬称他人的兴趣。《老残游记》第一回:"老兄有此清兴,弟等一定奉陪。"

【清教】【清诲】敬称他人的教诲。

〔清教〕清陆以湉《冷庐杂识·拂珊图》:"题奉秋畦老先生清教。"瞿秋白《饿乡纪程》十一:"然而我们同领事同行,同住在一车上,谈及中俄外交,所聆诸位领事的清教,又是'纯粹的中国式答案'。"

〔清诲〕《后汉书·赵壹传》:"冀承清诲,以释遥悚。"晋陶潜《感士不遇赋》:"承前王之清诲,曰天道之无亲。"《三国演义》第三七回:"操曰:'公今至此,正可晨昏侍奉令堂,吾亦得听清诲矣。'"清林则徐《致龚定盦书》:"月前述职在都,碌碌软尘,刻无暇晷,仅得一聆清诲,未罄积怀。"

【清听】【清聪】敬称他人听闻。

〔清听〕晋陆机《吴趋行》:"四座并清听,听我歌《吴趋》。"《清代名人书札·李鹤年致阎敬铭》:"辱承俯询,用敢以狂瞽之说,上尘清听。是否,伏希酌裁。"邹韬奋《萍踪寄语二集·弁言》:"倘有所得,当再就'萍踪'所到,写些'寄语'出来,以扰好友们的清听。"

〔清聪〕《清代名人书札·龚易图致阎敬铭》:"易图连年奉职,毫无善政足报钧前。海氛日恶,逼廹要挟,百变日生,更不欲以时事之纷纭,渎林泉之清聪。"《汪康年师友书札·陈其煋》:"唯在闽埔得骏弟信,谓已赴汴,想亦达清聪矣。"

【清誉】【清名】敬称他人的声誉或名声。

〔清誉〕南朝宋刘义庆《世说新语·黜免》:"诸葛宏在西朝,少有清誉,为王夷甫所重。"元王实甫《西厢记》第一本第二折:"小生久闻老和尚清誉,欲来座下听讲。"《二十年目睹之怪现状》第三三回:"倘是出去好好

的嫁一个人呢,倒还罢了,只不要葬送到那不相干的地方去,那就有碍府上的清誉了。"

〔清名〕明冯梦龙《喻世明言》卷三六:"赵正道:'小的便是姑苏平江府赵正。'王秀道:'如此,久闻清名。'"《水浒传》第八五回:"罗真人乃曰:'将军上应星魁,外合列曜,一同替天行道,今则归顺宋朝,此清名万载不磨矣。"《三国演义》第六三回:"后人有诗赞严颜曰:'白发居西蜀,清名震大邦。……'"

【清鉴】敬称对方察看。《汪康年师友书札·梁焕奎》:"新正奉寄一书,想澈清鉴。"

【清德】敬称他人的品德。《清代名人书札·饶应祺致阎敬铭》:"兹当破腊,岁序将新,素稔清德,屏绝馈送,不敢以一尘相浼。谨具寸禀,叩贺年禧。"

【清箴】敬称他人的规箴。《清代名人书札·潘霨致阎敬铭》:"回忆慈帏,依依如昨。幸此心未改,不敢有负清箴,以冀仰副长者夙昔裁成之至意。"

【清赏】敬称他人的欣赏。《清代名人书札·徐树铭致阎敬铭》:"新得龙井,殊可可。奉二罂,长者清赏。"

【清贯】敬称他人的籍贯。《梁书·文学传上·钟嵘》:"臣愚谓军官是素族士人,自有清贯,而因斯受爵,一宜削除,以惩侥竞。"清蒲松龄《聊斋志异·天宫》:"郭研诘仙人姓氏及其

清贯、尊行。婢曰：'勿问。'"

【清斋】敬称他人的寓所。《清代名人书札·勒方锜致少崖》："日昨白门系缆，辱承柱驾先临，抱愆失迓。嗣以送迎纷沓，未克即诣清斋。"

【清恙】敬称他人的疾病。清蒲松龄《聊斋志异·娇娜》："公子曰：'儿前夜思先生清恙，娇娜妹子能疗之。遣人于外祖处呼令归，何久不至？'"梁启超《新中国未来记》第五回："伯才也谦逊一句，又问道：'听说毅翁尊大人琼山先生有点清恙，……总望着吉人天相，快些平复。'"《汪康年师友书札·王蕴登》："尊夫人清恙，谅可获痊，天气新凉，诸宜珍卫为幸。"

【清况】对他人状况的敬称。《汪康年师友书札·汪立元》："元以潄兄才学过人，不谐时俗，上无奥援，下乏知己，虽屡经推毂，而倒屣无人，且年逾三十，中馈上虚，如斯清况，古人所希。"又《王存善》："执事旅居，清况可想，今年有可生法否？……世界如此，官尚可威耶？"

雅 yǎ

敬词。雅，高雅。用在相关的动词或名词前，敬称对方的行为或情意高雅。如在书画的题款上，写"某某先生雅正"，意谓对方高雅，敬请指正。

【雅贶（况）】【雅惠】敬称对方的赠与。

〔雅贶（况）〕《三国志·魏书·臧洪传》："前日不遗，比辱雅贶，述叙祸福，公私切至。"唐李商隐《重祭外舅司徒公文》："纻衣缟带，雅贶或比于侨吴；荆钗布裙，高义有符于梁孟。"明叶宪祖《鸾鎞记·春赏》："天将暮，别去忙，谢不尽椷前雅贶。"清曾国藩《复贺耦唐中丞书》："二月接奉手示，兼辱雅贶，感谢感谢。""贶"也写作"况"。《三国志·魏书·臧洪传》"比辱雅贶"，《后汉书·臧洪传》为"比辱雅况"。

〔雅惠〕犹"雅贶"。清李渔《慎鸾交·品花》："桩桩雅惠俱领，只有嫖金未赠。"

【雅望】犹"厚望"。清钱谦益《南京工部都水清吏司主事潘守正授承德郎制》："勉副雅望，服此训辞。"《汪康年师友书札·梁鼎芬》："书票二十：潮州五，宁波五，蓉生十，均讫，谨塞雅望。"郭沫若《我的童年》第三篇七："鄙人难负监督秦公之雅望及桑梓之重托，勉力来就斯职。"

【雅教】【雅诲】敬称他人对自己的教诲。

〔雅教〕《清代名人书札·阎敬铭致昆池》："弟早欲趋谒，苦患痢泻。稍见平复，节后晋趋台端，亲聆雅教。"《汪康年师友书札·王承淮》："穰卿先生大人函丈：前赴申浦，晋谒台阶，面聆雅教，快何如之。"又《钱振常》："穰卿仁兄世大人尊鉴：顷聆雅教，感佩。恳伤购鄂垣局刻二种，便寄苏州大石头巷西口敝寓。"

〔雅诲〕《汪康年师友书札·潘清荫》："鄂渚薄游，频亲雅诲，睽违数稔，积想弥襟。"

【雅爱】犹"厚爱"。明冯梦龙《醒世恒言·吴衙内邻舟赴约》:"诗后边也有一行小字道:'承芳卿雅爱,敢不如命!'看罢,纳诸袖中。"清李渔《慎鸾交·目许》:"既蒙雅爱,小弟不敢固辞。"《荡寇志》第七六回:"世兄这般雅爱,怎当得起?"

【雅奏】称人演奏的敬词。清蒲松龄《聊斋志异·宦娘》:"得聆雅奏,倾心向往。"

【雅论】犹"高论"。称人论说的敬词。晋葛洪《抱朴子·对俗》:"若如雅论,宜不验也。今试其小者,莫不效焉。"南朝宋何承天《答宗居士书》:"此乃形神俱尽之证,恐非雅论所应明言也。"北齐颜之推《颜氏家训·勉学》:"直取其清淡雅论,剖玄析微。"唐杜甫《奉送王信州崟北归》诗:"故人持雅论,绝塞豁穷愁。"

【雅属】称人嘱咐的敬词。清李鸿章《复思露圃书》:"兹蒙雅属,具见荩虑周详,当再申明要约,并属振轩严饬防范,庶免疏虞。""属"也可写作"嘱"。如某某先生雅嘱。

【雅鉴】称人明鉴的敬词。宋苏舜钦《上杜侍郎启》:"盖俗浮易扇,染而难回,非惟损明府之雅鉴,实亦隳风化之一节也。"清曾国藩《与朱仲我书》:"因来函陈义颇坚,辄复贡其肤末,以相质证,惟希雅鉴。"

【雅度】【雅量】称人度量的敬词。

〔雅度〕晋孙绰《颍州府君碑》:"君天纵杰迈,奇逸卓荦,茂才亮拔,雅度恢廓。"唐王勃《三国论》:"然备数困而意不折,终能大启西土者,其惟雅度最优乎?"宋苏轼《与人书》之四:"恃公雅度阔略细谨耳,然亦皇恐不可言也。"《儿女英雄传》第十三回:"谁知他竟无一字怨尤,益加佩服老师的学识雅度。"

〔雅量〕唐杜甫《移居公安赠卫大郎钧》诗:"雅量涵高远,清襟照等夷。"清蒲松龄《聊斋志异·骂鸭》:"而邻翁素雅量,生平失物,未尝征于声色。"

【雅号】【雅篆】称人名号的敬词。

〔雅号〕鲁迅《呐喊·端午节》:"他们是没有受过新教育的,太太并无学名或雅号。"

〔雅篆〕因印章中的名字多用篆字,所以也用"雅篆"敬称他人名字。《文明小史》第二三回:"见面之后,才问起定辉的雅篆。定辉道:'我名便是号。'"

【雅意】犹"美意"。常用作称人好意的敬词。明佚名《张于湖误宿女真观》第二折:"多蒙姑娘雅意。"明唐顺之《与田巨山提学书》:"约之过敝邑,寄到手书,……多谢雅意。"《汪康年师友书札·陶葆廉致汪康年》:"春间舍弟来书,具道雅意垂询,并惠《顺德遗书》,感谢感谢。"

【雅思】称人才思的敬词。汉应璩《与广川长岑瑜文书》:"想雅思所未及,谨书起予。应璩白。"三国吴韦昭《〈国语解〉叙》:"其明识高远,雅思未尽。"《新唐书·王涯传》："涯文有雅思,永贞、元和间,训诰温丽,多所稿定。"

【雅怀】敬称他人的心意。《清代名人书札·李桂林致讷钦》："袁子才劝人作八股,以为攻之正所以为弃之也。弟亦须以进为退,以副雅怀,但恨身子不作主耳。"

【雅体】犹"玉体"。对他人身体的敬称。南朝梁陆倕《以诗代书别后寄赠京邑僚友》："率更爱雅体,体弱思自强。"

嘉 jiā

敬词。嘉,善,美。用在相关的名词或动词前敬称他人的事物或行为。

【嘉什】【嘉藻】敬称他人的作品。

〔嘉什〕《太平广记》卷四九〇引《东阳夜怪录》："时(成)自虚方聆诸客嘉什,不暇自念已文。"宋欧阳修《谢石秀才启》："累日前,伏承惠然见过,仍以嘉什一筒宠示者,猎缨拜赐,刮目披文,纸弊墨渝,不能舍手。"

〔嘉藻〕三国魏曹植《冬至献袜颂表》："伏见旧仪:国家冬至献履贡袜,所以迎福践长,先臣或为之颂。臣既玩其嘉藻,愿述朝庆。"唐孟浩然《与张折冲游耆阇寺》诗："因君振嘉藻,江楚气雄哉!"清金农《蔡七舍人削牍寄予因答来贶》诗："临风答嘉藻,何日诵琼琚?"

【嘉命】【嘉谕】敬称他人的告语。

〔嘉命〕《仪礼·士昏礼》："吾子有嘉命。"《左传·哀公十六年》："胐以嘉命来告余一人。"清吴定《答任幼直先生书》："此由先生孜孜进贤,故不量定之庸驽而惠恤之,执书感唏,敢违嘉命!"

〔嘉谕〕明徐霖《绣襦记·面讽背诵》："[末]公子,乐相公是好言劝你。[生]承嘉谕,只是我愚而不悟,望恕昏迷。"

【嘉诲】敬称他人对自己的教诲。晋潘岳《答挚虞新婚箴》："敬纳嘉诲,敢酬德音。"晋陆云《与陆典书书》之四："勋美之隆,实如嘉诲。"南朝宋何承天《答颜光禄》："退寻嘉诲之来,将欲令参观斗极,复迷返迳。"

【嘉贶(况)】敬称他人的赐予。三国魏曹丕《与钟大理书》："嘉贶益腆,敢不钦承!"唐王勃《为人与蜀城父老第二书》："希照穷途,远流嘉贶。"清恽敬《答邓鹿耕书》："方惧不称所使,何敢滥叨嘉贶!"《汪康年师友书札·吴士鉴》："迭承嘉贶,胜于奇珍瓌宝,书未能即阅,大约在日记中为出类拔群之作。""贶"也写作"况"。《汉书·石奋传》："乃者封泰山,皇天嘉况,神物并见。"颜师古注:"况,赐也。"

【嘉惠】敬称他人给予自己的恩惠。《左传·昭公七年》："今君若步玉趾,辱见寡君,宠灵楚国,以信蜀之役,致君之嘉惠。是寡君既受贶矣,何蜀之敢望?"唐李益《从军有苦乐行》诗："一旦承嘉惠,轻命重恩光。"清恽敬《答伊扬州书》之三："前月得舍弟书,知过岭修谒,重蒙嘉惠,感谢感谢。"

【嘉诏】敬称朝廷的诏书。三国魏曹植《应诏》诗:"嘉诏未赐,朝觐莫从。"《晋书·王敦传》:"近有嘉诏,崇兄八命,望兄奖群贤忠义之心,抑奸细不逞之计。"

【嘉宾】【嘉客】对宾客的敬称。

〔嘉宾〕《诗经·小雅·鹿鸣》:"我有嘉宾,鼓瑟鼓琴。……我有旨酒,以燕乐嘉宾之心。"清蒲松龄《聊斋志异·八大王》:"有一物焉,陶情适口;饮之则醺醺腾腾,厥名为'酒';其名最多,为功已久;以宴嘉宾,以速父舅;以促膝而为欢,以合卺而成偶。"又《公孙九娘》:"既而曰:'家有浊醪,但幽室之物,不足款嘉宾,奈何!'"《老残游记》第九回:"即如今日,嘉宾惠临,我不能不喜,发乎情也。"

〔嘉客〕《诗经·小雅·白驹》:"所谓伊人,于焉嘉客?"唐韩愈《玩月喜张十八员外以王六秘书至》诗:"况当今夕圆,又以嘉客随。""嘉",一本作"佳"。清蒲松龄《聊斋志异·彭海秋》:"彭大喜道:'我是宗人,今夕何夕,遘此嘉客!'即命酌,款若凤好。"《老残游记》第九回:"玙姑,我多日不听你弹琴了,今日难得有嘉客在此,何妨取来弹一曲。"

佳 jiā

佳,美。与相关的词连用,敬称他人或与他人有关的人和事。

【佳宾】【佳客】对宾客的敬称。

〔佳宾〕宋沈辽《甲辰年五月十五日夜洋阳观月》诗:"佳宾适所好,欢计成金罍。"明凌濛初《初刻拍案惊奇》卷三十:"昨日副大使酒间,命某召他客助饮,某属郡僻小,实无佳宾可以奉欢宴者。"

〔佳客〕南朝梁沈约《华阳先生登楼不复下赠呈诗》:"衔书必青鸟,佳客信龙镳。"唐杜甫《宾至》诗:"竟日淹留佳客坐,百年粗粝腐儒餐。"宋王安石《石竹花》诗之一:"已向美人衣上绣,更留佳客赋婵娟。"《汪康年师友书札·梁鼎芬》:"前数日,与二沈请海内种种佳客,直至四鼓乃散,忙碌之至。"

【佳篇】【佳什】【佳作】敬称他人的作品。

〔佳篇〕明叶宪祖《鸾鎞记·品诗》:"佳篇见投,他怎敢糊涂了应酬!"清李渔《风筝误·惊丑》:"这等小姐的佳篇,请念一念。"《清代名人书札·钱泰吉致张鸣珂》:"承惠佳篇,奖饰过甚,感愧,感愧!拙稿托实盦兄奉呈,乞教正之。"

〔佳什〕什,篇什。早期诗篇以十篇为一卷,名之为什,后为作品的泛称。唐许浑《酬钱汝州》诗序:"汝州钱中丞以浑赴郢城,见寄佳什。"《清代名人书札·贺寿慈致张鸣珂》:"昨承手毕,兼惠佳什,感愧交集。"严复《以〈渔洋精华录〉寄赠唐山春榆侍郎有诗见述率赋奉答》:"忽蒙佳什誉过庭,语重情深谁敢荷?"

〔佳作〕南朝梁萧统《答湘东王求文集及诗苑英华书》:"虽事涉乌有,义异拟伦,而清新卓尔,殊为佳作。"《儒林外史》第三四回:"承惠佳作,尚不曾捧读。"

【佳惠】【佳贶】敬称他人的恩惠或赠予。

〔佳惠〕南朝齐谢朓《永明乐》诗之九:"身蒙荜萝性,身与佳惠隆。"宋沈辽《德相惠新茶复次前韵奉谢》:"佳惠致新茗,远来自闽笈。"

〔佳贶〕贶,赠、赐。明何景明《夜集勤甫宅时秉衡至》诗:"从此冀佳贶,无忘瑶草青。"明沈鲸《双珠记·二友推恩》:"重劳佳贶,受之不当。"

笔 bǐ

笔,文笔,手笔。泛指写作能力。与相关的词搭配,敬称文章高手或杰出书画。

【大手笔】唐白居易《冯宿除兵部郎中知制诰制》:"吾闻武德暨开元中,颜师古、陈叔达、苏颋称大手笔。"宋何薳《春渚纪闻·作文不惮屡改》:"虽大手笔,不以一时笔快为定而惮于屡改也。"陈毅《湖海诗社开征引》:"若无大手笔,谁堪创世纪?""大手笔",也用于敬称杰出的文辞或画作。《陈书·徐陵传》:"世祖、高宗之世,国家有大手笔,皆陵草之。"清宣鼎《夜雨秋灯录·迦陵配》:"(李太守)闲步殿上,现西天像,突见墨荷,惊为八大再来人,问谁之大手笔?"

【椽笔】典出自《晋书·王珣传》:"珣梦人以大笔如椽与之。既觉,语人云:'此当有大手笔事。'俄而帝崩,哀册谥议,皆珣所草。"后用以敬称他人文笔出众或书画高手。金刘迎《代王薄上梁孟容副公》诗之一:"妙年椽笔赋《长杨》,一日声名满四方。"清蒲松龄《聊斋志异·罗刹海市》:"先生文学士,必能衙官屈宋,欲烦椽笔赋'海市',幸无吝珠玉。"叶楚伧《和仓海秋怀》诗之七:"尽有金瓯毁一角,可堪椽笔扫三军。"

【如椽笔】同"椽笔"。宋杨万里《送罗永年归永丰》诗:"所喜如椽笔,能挥却日戈。老夫留病眼,看子中文科。"明郭贞顺《上俞将军》诗:"欲为将军纪勋绩,天家自有如椽笔。"陈毅《题〈长征会师图〉》诗:"感谢母子如椽笔,写来悬挂人民之心间。"

【大笔如椽】清陈恭尹《观唐僧贯休画罗汉歌》:"大笔如椽指端揽,贝叶行间才数点。"

哲 zhé

敬词。哲,贤智。用在称谓词前,敬称他人或自己的亲属。

【哲兄】【哲昆】原敬称自己的兄长,后多用以敬称他人的兄长。

〔哲兄〕晋陆机《汉高祖功臣颂》:"曲周之进,于其哲兄,俾率尔徒,从王于征。"《昭明文选·谢惠连〈西陵遇风献康乐〉诗》:"哲兄感仳别,相送越坰林。"李善注:"兄谓灵运也。"清龚自珍《己亥杂诗》之二八八:"倘作家书寄哲兄,淮阴重话七年情。"

〖哲昆〗同"哲兄"。只用于敬称他人兄长。清唐孙华《哭从外祖孝廉蔗庵孙公》诗之一:"才笔承先世,科名让哲昆。"

〖哲嗣〗敬词。敬称他人之子。明张居正《答司城姜凤阿》:"儿曹寡学,幸与哲嗣同登,奕世之交,殆亦非偶。"清赵翼《六哀诗·汪文端公》:"尚喜哲嗣贤,曳履云霄上。"吴小如《呼唤〈废名全集〉问世》:"几年前,承废名师哲嗣思纯先生因严家炎兄介绍,曾一访寒斋。"

〖哲舅〗敬称自己的舅父。唐萧颖士《登临河城赋》:"惟佩觿之弱岁,荷哲舅之矜怜。"

圣 shèng

敬词。对技艺超群或某个门类造诣极深的人的尊称。也敬称帝王为圣。有两种表示法:一种称为"某圣",一种称为"圣某"。前者如:《梁书·王志传》:"志善草隶,当时以为楷法。齐游击将军徐希秀亦号能书,常谓志为书圣。"宋王观国《学林·圣》:"古之人精通一事者,亦或谓之圣。汉张芝精草书,谓之草圣;宋傅琰仕武康、山阴令,咸著能名,谓之傅圣;梁王志善书,卫协、张墨皆善史书,谓之书圣;隋刘臻精两《汉书》,谓之《汉》圣;唐卫大经邃于《易》,谓之《易》圣;严子卿、马绥明皆善围棋,谓之棋圣;张衡、马忠皆善刻削,谓之木圣。盖言精通其事,而他人莫能及也。"明谢肇淛《五杂俎·人部一》:"大约百工技艺,俱有至极,造其极者谓之圣。"他如善饮酒者,谓之酒圣;善为诗者,谓之诗圣。后者如:《水浒传》第三九回:"那人姓萧名让,因他会写诸家字体,人都唤他做圣手书生。"况周颐《蕙风词话》卷三:"(李钦叔《江梅引·赋青梅》词)'断魂'二句拍合,略不吃力,允推赋物圣手。"明高启《吴越纪游·闻长枪兵至出越城夜投氆山》:"圣尼畏于匡,嗟我敢有尤。""圣尼",对孔子(字仲尼)的尊称。孔子也称为圣师。《三国志·蜀书·秦宓传》:"如扬子云潜心著述,有补于世,泥蟠不滓,行参圣师,于今海内,谈咏厥辞。"齐颜之推《颜氏家训·风操》:"昔者王侯自称孤、寡、不穀。自兹以降,虽孔子圣师与门人言,皆称名也。"他如敬称帝王为"圣主""圣君""圣宸""圣国""圣上";敬称封建时代本朝为"圣朝""圣代""圣世"等。

御 yù

敬词。对皇帝的行为和所用之物的敬称。如称皇帝的批示为御批,称皇帝的命令为御旨,称皇帝过目或观览为御省、御览,称皇帝所书所画为御书、御笔、御题、御墨,称皇帝的制作为御作,称皇帝的注释为御注,称皇帝临朝为御朝,称为皇帝看病的医生为御医、御师、御诊,称皇帝的膳食为御膳、御食,称皇家的花园为御苑、御园,称皇帝的印信为御玺、御宝,称皇帝所乘坐的舟、车为御舟、御驾等等。

公 gōng

敬词。敬称对方,无论尊卑,都可称公。《史记·刘敬叔孙通列传》:"高帝至广武,赦敬,曰:'吾不用公言,以困平城。吾皆已斩前使十辈言可击者矣。'"《汉书·韩信传》:"上曰:'所追者谁也?'曰:'韩信。'上复骂曰:'诸将亡者已数十,公无所追。追信,诈也。'"以上两例是上对下称"公"。《史记·张耳陈馀列传》:"张耳、陈馀患之。有厮养卒谢其舍中曰:'吾为公说燕,与赵王载归。'"这是下对上称"公"。没有上下尊卑关系,对年长者或所尊敬的人也可尊称为"公"。《方言》卷六:"叟、艾,长老也。东齐、鲁、卫之间,凡尊老谓之叟,或谓之艾;周、晋、秦、陇谓之公。"《汉书·沟洫志》:"太始二年,赵中大夫白公复奏穿渠。"颜师古注:"郑氏曰:'时人多相谓公。'此时无公爵也,盖相呼尊老之称耳。""公"表示敬称时,前面可著姓氏或封地。《汉书·艺文志》:"汉兴,鲁申公为《诗》训诂,而齐辕固、燕韩生皆为之传。……又有毛公之学,自谓子夏所传,而河间献王好之,未得立。""申公",名培;"韩生",名婴;"毛公",名苌。同是为《诗经》训诂,《汉书》作者对辕固径称其名,对韩婴称生,而对申培、毛苌,作者为了表示对他们的尊敬,敬称为申公、毛公。《战国策·魏策二》:"田需死,昭鱼谓苏代曰:'吾恐张仪、薛公、犀首之有一人相魏者。'""薛公",即田文,因封于薛,敬称之为薛公。

子 zǐ

敬词。单用或用在姓氏前后,表示敬称老师或男子。《正字通·子部》:"子,门人称师亦曰子。"《论语·学而》:"子曰:'学而时习之,不亦说乎?'"邢昺疏:"子者,古人称师曰子。"《公羊传·隐公十一年》:"子沈子曰:'君弑,臣不讨贼,非臣也。'"何休注:"沈子称子,冠氏上者,著其为师也。"《荀子·非相》:"仲尼长,子弓短。"杨倞注:"子弓,盖仲弓也。言子者,著其为师也。"《论语·学而》"子曰:学而时习之"邢昺疏:"经传凡敌者,相谓皆言吾子或直言子,称师亦曰子,是子者,男子有德之通称也。"《穀梁传·宣公十年》:"秋,天王使王季子来聘。其曰王季,王子也;其曰子,尊之也。"范宁注:"子者,人之贵称也。"先秦诸子,如孔子、孟子、墨子、庄子、荀子等,"子"前著姓氏,都是表示对他们的敬称。"子"也用于敬称对方,相当于"您"。《韩非子·难势》:"以子之矛陷子之楯,何如?"《史记·张仪列传》:"子亦知子之贱于王乎?"

君 jūn

敬词。敬称对方。相当于现代汉语的"您"。一般单用,有时后面有"家"。《战国策·齐策四》:"狡兔有三窟,仅得免其死耳。今君有一窟,未得高枕而卧也。"《史记·孝文本纪》:"人或说右丞相曰:'君本诛诸吕,迎代王,今又矜其功,受上赏,处尊位,祸且及身。'"以上两例是下对上称君。上对下也称君,以表示敬意。《史记·张丞相列传》:"上曰:'君勿言,吾私之。'"又《范雎蔡泽列传》:"(秦昭王)乃详为好书遗平原君曰:'寡人闻君之高义,愿与君为布衣之友,君幸过寡人,寡人愿与君为十日之饮。'""君家"相当于君,也表示对对方的敬称。《续资治通鉴·宋宁宗嘉泰三年》:"我与君家是白翎雀,他人鸿雁耳。"明高明《琵琶记·官媒议婚》:"秦楼此日招凤侣,遣妾每特来执伐,望君家殷勤首肯,早谐结为。"清吴骞《扶风传信录》:"都道君家一可人,亦随俦侣来问因。""君"前如有姓氏或官职名,也表示对人的敬称。《史记·张仪列传》:"舍人曰:'臣非知君,知君乃苏君。'"又《范雎蔡泽列传》:"须贾因问曰:'秦相张君,公知之乎?吾闻幸于王,天下事皆决于相君。今吾事之去留在张君。孺子岂有客习于相君者哉?'"

卿 qīng

敬词。古代对男子的敬称。《史记·孟子荀卿列传》:"荀卿,赵人。"司马贞索隐:"名况。卿者,时人相尊而号为'卿'也。"又《刺客列传》:"荆轲者,卫人也。其先乃齐人,徙于卫,卫人谓之庆卿。"司马贞索隐:

"卿者,时人尊重之号,犹如相尊美亦称'子'然也。"《汉书·儒林传·孟喜》:"父号孟卿,善为《礼》、《春秋》。授后苍、疏广。"颜师古注:"时人以卿呼之,若言'公'矣。"

您 nín

敬词。对第二人称的敬称。约产生于金元时期。当时,人称代词或某些名词后面开始出现相当于现代汉语"们"的复数形式"门""每""瞒"等。如"我门""你门""他门"等。你门、你每压缩为一个单词,就是〔nim〕,后来变为〔nin〕,汉语拼音写作 nín,汉字写作"您"。起初,只是单纯表示复数,有时也用于单数,但并不表示敬称。后来在北京话里逐渐发展为第二人称的敬称。约由"您老人家"缩略为"您老",再由"您老"缩略为"您"。《胡适来往书信选·田姜莹致胡适》:"胡校长钧鉴:为了田庚善的事情,一次一次地麻烦了您,……然而事又不得已,想您一定会原谅的。"老舍《骆驼祥子》十四:"哎!您是贵客呀,怎和我们坐在一处?"曹禺《雷雨》第三幕:"您同四凤在屋里坐一坐,我失陪了。"刘绍棠《渔火》第四章一:"姚将军,您老人家金身玉体,光临贱地,小妇人真是三生有幸,光宗耀祖!"

下 xià

下,方位词,表示处所。用在相关的词后,敬称对方。是古时以卑达尊的表敬方式,意思是不敢直接指称对方。

【陛下】敬词。对帝王的敬称。"陛",帝王宫殿的台阶。臣下不敢直接指称帝王,故以"陛下"尊称帝王。汉蔡邕《独断》卷上:"汉天子正号曰皇帝,自称曰朕,臣民称之曰陛下。……陛下者,陛,阶也,所由升堂也。天子必有近臣执兵陈于陛侧,以戒不虞。谓之'陛下'者,群臣与天子言,不敢指斥天子,故呼在陛下者而告之,因卑达尊之意也。上书亦如之。""陛下"作为敬词,约始于战国末期。《韩非子·存韩》:"荆人不动,魏不足患也,则诸侯可蚕食而尽,赵氏可得与敌矣。愿陛下幸察愚臣之计,无忽。"《史记·秦始皇本纪》:"今陛下兴义兵,诛残贼,平定天下,海内为郡县,法令由一统,自上古以来未尝有,五帝所不及。"按:"陛下"作为敬词,首见于《韩非子·存韩》,共10见,均为韩非、李斯向秦王的奏语,其中韩非用2次,李斯用8次。《史记》中"陛下"共277见。除见于《秦始皇本纪》、《李斯列传》、《蒙恬列传》等秦人传记外,主要见于汉人的本纪、世家、列传以及封禅书等。据此,可以推见,"陛下"作为帝王的尊称,始用于秦,大行于汉,流及后世。

【阁(閤)下】敬词。初用于对显贵者的敬称。后泛用于朋友间的敬称。汉蔡邕《独断》卷上:"(天子)谓之陛下者,群臣与天子言,不敢指斥天子,故呼在陛下者而告之,因卑达尊之意也。上书亦如之。及群臣士庶相与言,曰殿下、阁下、足下、侍者、执事之属,皆此类也。"唐赵璘《因话录·徵》:"古者三公开阁,郡守比古之侯伯,亦有阁,所以世之书题有阁下之称,……今又布衣相呼,尽曰阁下。"唐欧阳詹《送张尚书书》:"前乡贡进士欧阳詹于洛阳旅舍再拜授仆人书,献尚书阁下:某同众君子伏在尚书下风久矣。"明冯梦龙《古今小说·李秀卿义结黄贞女》:"秀卿开言道:'小生是李英,特到此访张胜兄弟,不知阁下是他何人?'""阁下"的"阁",也写作"閤"。唐韩愈《与于襄阳书》:"七月三日,将仕郎守国子四门博士韩愈,谨奉书尚书閤下。"宋欧阳修《与杜正献公书》:"某顿首启,仲夏毒热,伏惟相公閤下,尊候动止万福。"

【殿下】敬称。①汉魏以来对诸侯王、太子等的敬称。宋高承《事物纪原·公式姓讳·殿下》:"汉以来,皇太子、诸王称殿下。汉之前未闻。唐初,百官于皇太后亦称之,百官泊东宫官对皇太子亦呼之。"宋叶梦得《石林燕语》卷二:"至唐初制令,惟皇太后、皇后,百官上疏称殿下,至今循用之。"《三国志·魏书·邢颙传》:"初,太子未定,而临菑侯植有宠,丁仪等并赞翼其美。太祖问颙,颙对曰:'以庶代宗,先世之戒也。

愿殿下(指魏王曹操)深重察之。'"晋王羲之《与会稽王笺》:"殿下德冠宇内,以公室辅朝,最可直道行之。"南朝宋谢庄《太子元服上至尊表》:"伏惟皇太子殿下,明两承乾,元良作贰。"魏对皇太后,唐以后对皇太后、皇后也称"殿下"。②太平天国时,对诸王及王子的尊称。《太平礼制》:"第三子,臣下呼称王三殿下千岁。"太平天国洪仁玕《英杰归真》:"殿下所谕官衔、名爵并蒙钦定士子各衔,固是名正义彰。"③现在的君主国,对王储、亲王、皇太后、皇后、公主等均尊称殿下。

【门下】犹"阁下"。对他人的尊称。宋朱熹《与江东陈帅书》:"不审高明何以处此?熹则窃为门下忧之,而未敢以为贺也。"《新编五代史平话·梁史上》:"倘得门下做个盟主,可择日便离此间,沿途杀掠回去。"明陈士元《俚语解》卷一:"致书称门下,犹言阁下、殿下、麾下、节下、座下、足下之类。古之贵人殿阁门下有谒者,……不敢斥言尊贵,故呼其门下、足下诸人。"

【第下】第,府第。犹"门下"。多用于敬称长官。《晋书·会稽文孝王道子传》:"张法顺谓之曰:'……桓氏世在西藩,人或为用,而第下之所控引,止三吴耳。'"《资治通鉴·晋安帝隆安五年》转录此文,胡三省注:"第,府第也;下,犹言门下、阁下之类。"《隋书·百官志上》:"诸王言令曰,境内称之曰殿下。公侯封郡县者,言曰教,境内称之曰第下。"宋孔平仲《孔氏杂说》:"(谓人为明公阁下之类)亦可谓之第下。张浩谓元显为第下。"明王志坚《表异录·职官》:"唐称太守曰节下,又云铃下,又云第下。"

【麾下】【节下】对将领、将帅的尊称。麾,古代用以指挥军队的旗帜;节,古代授节给将帅以为统率军队或加重兵权的符信。故尊称将帅为麾下、节下。

〔麾下〕《三国志·吴书·张纮传》:"愿麾下重天授之姿,副四海之望,毋令国内上下危惧。"《水浒传》第九一回:"耿恭叩领谢道:'既蒙不杀之恩,愿为麾下小卒。'"《三国演义》第八四回:"军中耳目,难保不泄,愿留麾下三日,以待遵命。"

〔节下〕《晋书·殷仲堪传》:"愿节下弘之以道德,运之以神明,隐心以及物,垂理以禁暴。"《陈书·高祖纪上》:"节下奉辞伐罪,故当生死以之,岂可畏惮宗室,轻于国宪?"参看唐段成式《酉阳杂俎·礼异》、清顾炎武《日知录·阁下》。

【座下】对他人的敬称。宋王观国《学林·朕》:"今自高而侮人则曰足下,而称尊者为座下、几下、席下、阁下。"清颜光敏《颜氏家藏尺牍·致桂学博馥》:"足下、坐下、几下、席下、阁下,……其义本同,而世有尊卑吉凶之别,然则拘俗不蹈,在昔然也。"

【几下】同"座下"。

【席下】同"座下"。

【铃下】旧时对太守的敬称。明王志坚《表异录·职官》:"唐称太守曰节下,又云铃下,又云第下。"

【足下】约始于战国末期。初多用于敬称诸侯国国君,但也用于国君敬称臣下或臣下间互相敬称。《战国策·赵策一》:"苏秦为齐上书说赵王曰:……今足下功力,非数痛加于秦国,而怨毒积恶,非曾深凌于韩也。"《史记·高祖本纪》:"沛公方踞床,使两女子洗足。郦生不拜,长揖曰:'足下必欲诛无道秦,不宜踞见长者。'""足下"还可与"王"互用。《战国策·燕策二》:"今王使使者数之以罪。"这句话《史记·乐毅列传》转录时为"今足下使人数之以罪",改"王"为"足下"。"足下"也用于上对下。《战国策·燕策三》:"太子丹恐惧,乃请荆卿曰:'秦兵旦暮渡易水,则虽欲长侍足下,岂可得哉!'"《史记·苏秦列传》:"齐王曰:'寡人不敏,僻远守海,穷道东境之国也,未尝得闻馀教。今足下以赵王诏诏之,敬以国从。'"汉以后,更多用于同辈或朋友间的敬称。晋嵇康《与山巨源绝交书》:"足下傍通,多可而少怪。吾直性狭中,多所不堪,偶与足下相知耳。"唐韩愈《与孟东野书》:"与足下别久矣。以吾心之思足下,知足下悬悬于吾也。"唐宋时期曾一度"自高而侮人曰足下"(宋王观国《学林·朕》),但总的用法,还是同辈或朋友间的敬称。

【膝下】①对父母的敬称。晋刘柔妻王氏《怀思赋》:"忆昔日之欢恃,奉膝下而怡裕。"北周宇文护《报母书》:"区宇分崩,遭遇灾祸,违离膝下,三十五年。"京剧《孔雀东南飞》第一场:"母亲请上受我一拜。儿久离膝下,少奉甘旨,恕孩儿不孝之罪。"②给父母或祖父母写信时,用于信的开头的称谓词下,以表示敬意。如"母亲大人膝下"。

甫 fǔ

①对男子的美称,多附在表字的后面。《仪礼·士冠礼》:"曰伯某甫,仲叔季,唯其所当。"郑玄注:"甫是丈夫之美称。孔子为尼甫,周大夫有嘉甫,宋大夫有孔甫,是其类。'甫'字或作'父'。"《礼记·曲礼下》:"临诸侯,畛于鬼神,曰:有天王某甫。"孔颖达疏:"某是天子之字,甫是男子美称也。"北齐颜之推《颜氏家训·音辞》:"甫者,男子之美称。"后用"台(敬词)甫"敬问或敬称他人的名字,本此。②对老年人的敬称,义同"父老"。宋朱熹《秀野以喜无多屋宇幸不碍云山为韵赋诗熹伏读佳作率尔攀和》:"超摇谢众甫,哗沓从诸孙。何以自怡悦?窗中见秋云。"宋叶適《余顷为中塘梅林诗他日来游复作》:"吟悲炙留嗛,句喜珠离渊。忽兹遇众甫,欲毂羞断弦。"

父 fǔ

敬词。父,对男子的美称。也用于老年男子的敬称。①对男子的美称。也写作"甫"。《广韵·麌韵》:"父,尼(孔子的字)父、尚(吕望的字)父,皆男子之美称。"《诗经·大雅·奕》:"显父饯之,清酒百壶。"陆德明释文:"父,本也作甫。"《春秋·隐公元年》:"三月,公及邾仪父盟于眛。"《穀梁传》:"仪,字也。父,犹甫也,男子之美称也。"《战国策·秦策三》:"昔者,齐公得管仲,时以为仲父。今吾得子,亦以为父。"②对老年男子的敬称。《左传·哀公十三年》:"旨酒一盛兮,余与褐之父睨之。"杨伯峻注:"褐之父,着褐之老翁。"《史记·张释之冯唐列传》:"文帝曰:'吾居代时,吾尚食监高祛数为我言赵将李齐之贤,……父知之乎?'"《汉书·冯唐传》作"父老知之乎"。又《伍子胥列传》:"此剑直百金,以与父。"宋苏辙《酿重阳酒诗》:"谁来共佳节,但约邻人父。"

【父老】对老年人的敬称。《史记·张释之冯唐列传》:"文帝辇过,问唐曰:'父老何自为郎?家安在?'"司马贞索隐引颜师古曰:"年老矣,乃自为郎,怪之也。"晋陶潜《饮酒》诗之九:"深感父老言,禀气寡所谐。"金元好问《春日书怀呈刘济川》诗:"父老只供留我醉,儿童也喜从君行。"周立波《山那面人家》:"各位同志,各位父老,今天晚上,我快活极了,高兴极了。"

【父兄】犹"父老"。《国语·晋语五》:"大夫非不能也,让父兄也。"韦昭注:"父兄,长老也。"《史记·项羽本纪》:"纵江东父兄怜而王我,我何面目见之?"

爹 diē

敬词。对老年男子的敬称。

【爹】明王锜《寓圃杂记》卷上:"某乡有老御史者,……归隐深山中,精修炼之术。国初有某平章,自元来降,过兰途中,遇之,下马再拜,呼曰:'爹,尚在无恙!'"爹,也用于仆人对主人的敬称。元刘君锡《来生债》第一折:"爹,你道我为什么眼上支着这两根棒儿?我白日里做了一日生活,到晚来恐怕打盹睡着了,误了你家生活,因此上支着这两根棒儿。"

【爹爹】元郑廷玉《看钱奴》第三折:"长街市上可有那等舍贫的爹爹奶奶呵!"周立波《山乡巨变》下:"陈妈感到自己跟亭面糊是亲家了,就客气一点,尊一声'爹爹'。"

爷 yé

敬词。对男性尊长的敬称。

【爷】《旧唐书·宦官传·高力士》:"肃宗在春宫,呼为二兄;诸王、公主皆呼阿翁;驸马辈呼为爷。"《红楼梦》第五三回:"乌进孝道:'回爷的话,今年雪大,……路上竟难走的很,耽搁了几日。'"

【爷爷】宋陆游《老学庵笔记》卷一:"建炎初,宗汝霖留守东京,群盗降附者百餘万,皆谓汝霖为宗爷爷。"明凌濛初《初刻拍案惊奇》卷十三:"小的至死,心里不安。望爷爷台鉴。"老舍《龙须沟》第三幕:"赵队长爷爷到!摆队相迎。"

官 guān

敬词。①魏晋以下对君王的敬称或君王自称。《晋书·石季龙载记下》:"卿是功臣,好为官陈力,朕从台观卿,勿虑无报也。"《资治通鉴·晋穆帝永和五年》转录此文,胡三省注:"魏晋以下率谓天子为官,天子亦时自言之。"《南史·恩幸传·戴法兴》:"外间云宫中有两天子,官是一人,戴法兴是一人。"《南齐书·荀伯玉传》:"太子所为官终不知,岂得顾死蔽官耳目。我不启闻,谁敢启者?"又,古代南方少数民族的首领也自称为官。宋洪迈《容斋四笔·渠阳蛮俗》:"蛮酋自称曰官,调其所部之长曰都幪,邦人称之曰土官。"②对尊上的敬称。《南史·袁君正传》:"年数岁,父疾,昼夜不眠,专侍左右。家人劝令暂卧,答曰:'官既未差,眠亦不安。'"清宋俦《铜熨斗斋随笔·官》:"梁武陵王纪、河东王誉皆呼元帝为七官,纪为元帝弟,誉为元帝侄,乃尊之之词。"清梁章钜《称谓录·夫之父》:"马令《南唐书》:'翁媪怒曰,自家官自家家,何用多拜耶?'原注:'江浙谓舅为官,姑为家。'"宋王楙《野客丛书》:"吴人称翁曰官,姑曰家。"

【官人】对男子的敬称。据清赵翼的《陔餘丛考》谈及,唐以前只有担任官职的才能称官人,到宋代时已为时俗对男子的敬称,延及明代,成为对男子的通称,奴仆称主或尊上呼幼,都可称官人。宋何薳《春渚纪闻·祝不疑奕胜刘仲甫》:"仲甫曰:'吾观官人之棋,若初分布,仲甫不能加也,但未尽著耳。'"元王实甫《西厢记》第一本第一折:"官人要下呵,俺这里有干净店房。"

【客官】店主对客人的敬称。《京本通俗小说·拗相公》:"主人迎接上坐,问道:'客官要往那里去?'"元王实甫《西厢记》第一本第一折:"[聪问云]客官从何来?[末云]小生西洛至此,闻上刹幽雅清爽,一来瞻仰佛像,二来拜谒长老。"《儿女英雄传》第五回:"店主人说:'既如此,我可有句老实话说给你。客官,你要知我们开了这座店,将本图利,也不是容易。'"

【看官】话本和小说中对看众读者的敬称。宋罗烨《醉翁谈录·小说开辟》:"举断模按师表规模,靠敷衍令看官清耳。"明凌濛初《初刻拍案惊奇》卷一:"看官有所不知,假如人家出了懒惰之人,也就是命中该贱。"鲁迅《南腔北调集·〈竖琴〉前记》:"小说,是供'看官'们茶余酒后的消遣之用的。"官,也写作"倌"。清李渔《意中缘·大意》:"作者明言虚幻,看倌可免拘牵。"

端 duān

敬词。六朝时对府署幕僚的敬称。明王志坚《表异录·职官》："六朝称府幕曰府端，州幕曰州端，节度幕曰节端，宪司幕曰宪端。"唐李隆基《授卢象先益州大都督府长史制》："故端僚载举，重臣攸属。"

明 míng

敬词。明，圣明，清明。用在某些相关的名词前，表示对帝王或官员的敬称。

【明上】对君王的敬称。《晏子春秋·问下二十》："不以上为本，不以民为忧……命之曰狂僻之民，明上之所禁也。"吴则虞集释引钱熙祚云："《荀子注》作'明主'。"《三国志·魏书·张邈传》"还保城，不敢出"裴松之注引王粲《英雄记》："布遣许汜、王楷告急于术，……汜、楷曰：'明上今不救布，为自败耳！布破，明上亦破也。'术时僭号，故呼为明上。"清赵翼《陔馀丛考·至尊》："又有称君为明上者。"

【明公】对有名位的人的敬称。《东观汉记·邓禹传》："明公虽建藩辅之功，犹恐无所成立。"唐元稹《酬李十六》诗："明公将有问，林下是灵龟。"明凌濛初《初刻拍案惊奇》卷二七："得明公提携，万千之幸。"

【明府】汉魏以来对郡守牧尹的敬称。又称明府君。《后汉书·韩延寿传》："今旦明府早驾，久驻未出，骑吏父来至府门，不敢入。"《后汉书·张湛传》："明府位尊德重，不宜自轻。"李贤注："郡守所居曰府。明者，尊高之称。《前书》韩延寿为东郡太守，门卒谓之明府，亦其义也。"南朝宋刘义庆《世说新语·巧艺》："顾长康好写起人形，欲图殷荆州。殷曰：'我形恶，不烦耳。'顾曰：'明府正为眼尔。'"唐以后多用以称县令。

【明府】【明廷】对县令的敬称。

〔明府〕汉魏一般用于对郡守牧尹的敬称，唐以后多用于对县令的敬称。《后汉书·吴祐传》："国家制法，囚身犯之。明府虽加哀怜，恩无所施。"王先谦集解引沈钦韩曰："县令为明府，始见于此。"唐杜甫《北邻》诗："明府岂辞满，藏身方告劳。"金元好问《薛明府去思口号》之一："只从明府到，人信有清官。"《儒林外史》第二一回："其余某太守、某司马、某明府、某少尹，不一而足。"

〔明廷〕汉代对县令的敬称。《后汉书·党锢传·张俭》："笃曰：'笃虽好义，明廷今日载其半矣。'"李贤注："明廷犹明府。"例中的"明廷"，指外黄县令毛钦。明王志坚《表异录·职官》："唐人称县曰明府，汉人谓之明廷。"

【明侯】对王侯或地方官员的敬称。《后汉书·方术传下·公沙穆》："时缯侯刘敞，东海恭王之后也。所为多不法，废嫡立庶，傲很放恣。穆到官，谒曰：'臣始除之日，京师咸谓臣曰：缯有恶侯，以吊小相。明侯何因得此丑声之甚也。'"《魏书·张普惠传》："时中山庄弼遗书普惠曰：'明侯渊儒硕学，身负大才。'"

【明台】对高级官吏的敬称。明无名氏《赠书记·侠妓极刑》："匪欺，望明台鉴察真虚。"

青 qīng

敬词。青，指青眼，与白眼相对。《晋书·阮籍传》："阮又能为青白眼。见礼俗之士，以白眼对之。及嵇喜来吊，籍作白眼。喜不怿而退。喜弟康闻之，乃赍酒挟琴造焉。籍大悦，乃见青眼。"又见《世说新语·简傲》。后常用于对人尊敬或得到他人的重视。如"青鉴""青览""青察"，一般用于书信中，表示敬请他人看信或阅览。参见"书信敬词"部分。

【青眼】【青目】【青睐】【青眸】【青盼】敬称受到他人重视。

〔青眼〕宋胡继宗《书言故事·会遇类》："荷人爱厚，云'极辱青眼'。"明李昌祺《剪灯馀话·青城舞剑录》："自辞黄鹤，即入黄牛；久隐青城，忽逢青眼。"冰心《我们太太的客厅》："近来她渐渐感到青春之消逝而陶先生之忠诚如昨，在众人未到之先，我们的太太对于陶先生也另加青眼了。"

〔青目〕唐杨迥《祭汾阴公文》："参两宫而承顾盼兮，历二纪而洽恩荣。郭有道之青目兮，蔡中郎之下迎。"《红楼梦》第十五回："若令郎在家难以用功，不妨常到寒邸，小弟虽不才，却多蒙海内众名士凡至都者，未有不垂青目的。"《儒林外史》第十三回："小弟补廪二十四年，蒙历任宗师的青目，共考过六七个案首。"清秋瑾《致秋誉章书》："陶君杏南只可如此写，吾哥见面时当道及妹在京蒙其夫妇青目。"

〔青睐〕宋王明清《春娘传》："居二年，会新守至，守与司理有旧，司户又蒙青睐。"清黄景仁《喜郑诚斋先生归新安之信》诗："几多青睐独垂怜，无那操铅癖未捐。"

〔青眸〕宋黄裳《与南京留守》诗："泽国旌麾十几秋，一封曾去辱青眸。"题下自注："裳昔年见公于雪上，已辱奖借。"

〔青盼〕明冯梦龙《醒世恒言·小水湾天狐诒书》："更喜得遇故知胡八判官，引至元丞相门下，颇蒙青盼扶持，一官幽蓟。"清袁枚《随园诗话》卷十："余试鸿词报罢，归安吴小眉少司马，最为青盼。"《儿女英雄传》第十八回："如今既承大人青盼，多也不过三五年，晚生定要把这位公子送入清祕堂中，成就他一番事业。"

【青及】青眼相待，即承蒙您的重视。《汪康年师友书札·陈翰》："翰猥以菲材，过蒙青及，敢不努力，以稍尽国民一分子之义务。"

枉 wǎng

敬词。枉,枉屈。敬称枉屈对方,意思是,对方加于自己的行为是枉屈了对方。《史记·魏公子列传》:"侯生又谓公子曰:'臣有客在市屠中,愿枉车骑过之。'"唐柳宗元《答贡士元公瑾论仕进书》:"前时所枉文章,讽读累日。""枉",辱赐。宋曾巩《襄州回相州韩侍中状》:"敢期赐教,出自过恩。形意爱之拊循,枉题评之奖引。"

【枉临】犹"辱临"。临,莅临。明杨珽《龙膏记·传情》:"你小姐青琐仙姝,过蒙盼睐;小娘子兰裾瞥顾,玉趾枉临。"明凌濛初《初刻拍案惊奇》卷三十:"某本不才,幸得备员,叨守一郡,副大使车驾枉临,下察弊政,宽不加罪,恩同天地了。"《三国演义》第三八回:"孔明曰:'南阳野人,疏懒性成,屡蒙将军枉临,不胜愧赧!'"

【枉驾】【枉骑】【枉辙】敬称他人乘车骑屈尊来访;也用于敬称一般来访。

〔枉驾〕宋王安石《回谢官职启》:"未获造门,先承枉驾。"《儒林外史》第三五回:"先生如回贵府,便道枉驾过舍,还有些拙著慢慢的请教。"《二十年目睹之怪现状》第四一回:"我还没有拜望,怎敢枉驾?"《汪康年师友书札·吴以荣》:"缘署内下榻处甚多,且湖上亦可暂住,家君亦欲一晤,故请枉驾也。"

〔枉骑〕唐严识玄《潭州都督杨志本碑》:"耿纯自结,早申献帛之诚;吴质旧游,时蒙枉骑之眷。"

〔枉辙〕辙,指车骑。唐戴叔伦《张评事涉秦居士系见访郡斋即同赋中字》诗:"轺车忽枉辙,郡府自生风。"

【枉棹】犹"枉驾"。棹,船。敬称他人乘船来访。唐刘长卿《将赴江南湖上别皇甫曾》诗:"浔阳如枉棹,千里有归潮。"明高启《期袁卿见过因出失值寄诗谢之》诗:"非关远出负幽期,自是江边枉棹迟。"

【枉步】犹"劳步"。称人走访的敬词。宋欧阳修《与焦殿丞》:"来日见过家飡,幸早枉步,乘午前稍凉,庶几可坐也。"清蒲松龄《聊斋志异·公孙九娘》:"笑曰:'君嘉礼既成,庆在旦夕,便烦枉步。'"

【枉访】【枉顾】【枉刺】【枉从】【枉过】敬称他人屈尊来访,不论乘车骑还是步行。

〔枉访〕宋苏轼《与李廷评》:"某启:经由特辱枉访,适以卧病数日,及连日会集,殊无少暇。"

〔枉顾〕唐王昌龄《灞上闲居》诗:"轩冕无枉顾,清川照我门。"清蒲松龄《聊斋志异·画皮》:"敝庐不远,即烦枉顾。"《清代名人书札·徐宗瀛致薛时雨》:"昨承枉顾,失迓为歉。"缪荃孙《艺风堂友朋书札·李慈铭三十一》:"昨承枉顾,弟入夏久病,力支事务,七月四日遂中危疾,至今不能出户,失迎歉甚。"《鲁迅书信集·致孙伏园》:"倘蒙枉顾,自然决不能稍说鬼话。"

〔枉刺〕刺，如现在的名片。客人初访要先投刺。宋赵师秀《赠汤巾》诗："黄金榜内人，枉刺忽相亲。"

〔枉从〕《汪康年师友书札·陶濬宣》："盼企文从甚久，承枉从失迎，歉歉。"

〔枉过〕《汪康年师友书札·罗振玉》："连日因移家人避疫，……舍下但留仆辈守门而已。请明日勿枉过为荷（约两星期方能回寓）。"

【枉送】敬称他人屈尊送行。《汪康年师友书札·王存善》："道出申江，诸承雅谊，濒行复荷枉送，千尺桃潭，其情不及。"

【枉语】敬称对方屈尊告诉自己。唐韩愈《和裴仆射相公假山十一韵》诗："枉语山中人，勾我涧侧石。"

【枉屈】敬称对方屈尊临卑。三国蜀诸葛亮《出师表》："先帝不以臣卑鄙，猥自枉屈，三顾臣于草庐之中。"

【枉存】敬称他人屈尊存问。存，存问，慰问。《汪康年师友书札·罗振玉》："前在谒舍（客舍），承力疾枉存，感荷无似。"又《汤寿潜》："沪寓刺促（忙累），两荷枉存，未尽十一，殊嗛然也。"

【枉问】敬称对方屈尊问候。唐韩愈《与崔群书》："自足下离东都，凡两度枉问，寻承已达。"《汪康年师友书札·梁鼎芬》："龙驹昨大险，服潘君药少愈，承枉问，至感谢。"

【枉教】敬称他人屈尊赐教。宋王安石《与李修撰书》："乃烦枉教，慰感何可复言！尤喜动止多福。"

屈 qū

敬词。敬称对方屈尊就己。单用时，可理解为"请"。唐韦瓘《周秦行纪》："（太后）呼左右：'屈两个娘子出见秀才。'"宋王谠《唐语林·补遗三》："卫公不悦，遣马屈白员外至。"明冯梦龙《醒世恒言·陈多寿生死夫妻》："正有句话，要与三老讲，屈三老到寒舍一行。"

【屈尊】【屈威】敬词。委屈对方，屈尊就己。

〔屈尊〕《金瓶梅词话》第三六回："学生蜗居屈尊，多有亵慢，幸惟情恕。"《红楼梦》第十三回："要屈尊大妹妹一个月，在这里料理料理。"

〔屈威〕《三国志·蜀书·先主传》"权遣周瑜、程普等水军数万，与先主并力"裴松之注引晋虞溥《江表传》："备遣人慰劳之。瑜曰：'有军任，不可得委署，倘能屈威，城副其所望。'"

【屈驾】【屈临】委屈尊驾光临。

〔屈驾〕《三国志·蜀书·蒋琬传》："亡考昔遭疾疢，亡于涪县，卜云其吉，遂安厝之。知君西迈，乃欲屈驾修敬坟墓。"《老残游记》第三回："请房里坐。只是地方卑污，屈驾的很。"《汪康年师友书札·陈德音》："鄙人现寓新马路修德里第三巷林公馆楼上，公能屈驾来一谈？"

〔屈临〕屈尊光临。《晋书·贺循传》："谨遣参军沈祯衔命奉授，望必屈临，以副倾迟。"宋苏轼《与范梦得》：

"郊外路远,不当更烦屈临。"

【屈就】犹"俯就"。委屈对方屈尊下就。原指自己降低身份迁就任职,现演变为俯就义。刘半农《实利主义与职业教育》:"那么,敝处有点小事,是个国民小学,不知肯屈就否?"

【屈高就下】敬称对方屈尊下就。元无名氏《来生债》第一折:"量老夫不才,有劳先生屈高就下。"元武汉臣《玉壶春》第一折:"秀才若肯屈高就下,妾身愿与秀才做一程儿伴。"

【屈留】请屈尊留下的敬称。明凌濛初《初刻拍案惊奇》卷三九:"但特地劳渫天师到此一番,明日须要治酒奉饯,所以屈留一宿。"明冯梦龙《喻世明言》卷三九:"席上汪世雄说道:'重承二位高贤屈留赐教,本当厚赠,……改日两位若便道光顾,尚容补谢。'"

曲 qū

敬词。曲,弯曲。用在相关的动词前,表示对方降低身份,俯就自己。宋王禹偁《和国子柳博士喜晴见赠》:"劳寄新诗曲相贺,由来灾异系三公。""曲相贺",降低身份前来相贺。明冯梦龙《警世通言·俞伯牙摔琴谢知音》:"伯牙道:'愚兄馀情不尽,意欲曲延贤弟同行数日,未知可否?'"

【曲允】犹"俯允"。北周庾信《为杞公让宗师表》:"伏愿览清蒲之奏,曲允微诚。"明冯梦龙《醒世恒言·乔太守乱点鸳鸯谱》:"就是妆奁厚薄,但凭亲家,并不计论。万望亲家曲允则个。"

【曲垂】屈尊俯赐。北周庾信《谢赵王赉丝布启》:"远降圣慈,曲垂矜贶。"唐张九龄《贺御注〈金刚经〉状》:"陛下曲垂圣意,敷演微言,幽关妙键,豁然洞达。"

【曲降】屈尊俯降。南朝梁元帝《谢东宫赉赐白牙镂管笔启》:"春坊漆管,曲降深恩。"宋岳飞《奏辞检校少保第二札子》:"伏蒙圣恩曲降诏谕。"

【曲赐】辱蒙赐予。北周庾信《又谢赵王赉息丝布启》:"昨蒙恩引曲赐丝布等五段。"《玉娇梨》第十九回:"久闻老先生令爱贤淑,有《关雎》之美,故托晚生敬执斧柯,欲求老先生曲赐朱陈之好。"

【曲锡】锡,通"赐"。晋张华《祖道赵王应诏诗》:"休宠曲锡,备物焕彰。"

【曲临】屈尊光临。南朝梁萧统《谢敕参解讲启》:"中使曲临,弥光函席。"

【曲屈】屈就,俯就。唐李公佐《南柯太守传》:"吾南柯政事不理,太守黜废,欲藉卿才,可曲屈之。"

【曲荷】辱荷,辱蒙。《周书·艺术传·姚僧垣》:"臣曲荷殊私,实如圣旨。"明徐渭《代贺严公生日启》:"自叨节镇,几动浮言;曲荷保全,尚充任使。"

左顾 zuǒgù

敬词。敬称他人来访。左,下。古人

以右为上,左为下。《汉书·淮阳宪王刘钦传》:"子高乃左顾存恤。"颜师古注:"左顾,犹言枉顾也。"唐段成式《酉阳杂俎·冥迹》:"日暮,举人指支径曰:'某弊止从此数里,能左顾乎?'"明凌濛初《二刻拍案惊奇》卷四十:"今辱左顾,绮阁生光。"清和邦额《夜谭随录·刘锻工》:"幸左顾,勿见拒。"

拜 bài

敬词。用在相关的动词前表示对对方的敬意。拜,犹恭敬,只起表敬作用。如:拜贺,即敬贺;拜答,即敬答。

【拜贺】向人祝贺的敬称。《东周列国志》第十八回:"周釐王元年春正月,齐桓公设朝,群臣拜贺已毕,问管仲曰……"《西游记》第三回:"美猴王言毕前事,四健将报知各洞妖王都来贺喜。不几日,六个义兄弟又来拜贺。"

【拜见】【拜谒】谒见尊长或会见的敬词。

〔拜见〕北齐颜之推《颜氏家训·后娶》:"基每拜见后母,感慕呜咽,不能自持,家人莫忍仰视。"明冯梦龙《醒世恒言·蔡瑞虹忍辱报仇》:"那船头的婆娘进舱来拜见奶奶。"《儒林外史》第十回:"这是晚生无缘,迟这几日,才得拜见。"又:"让进舱内,彼此拜见过了坐下。"《儿女英雄传》第十五回:"晚生久闻大名,如雷贯耳,要想拜见拜见。"

〔拜谒〕谒,谒见。《史记·袁盎晁错列传》:"盎告归,道逢丞相申屠嘉,下车拜谒,丞相从车上谢袁盎。"宋何薳《春渚纪闻·熙陵奖拔郭贽》:"太宗命召至,郭不敢隐,即前拜谒。"《三国演义》第三八回:"兄弟两次前往拜谒,其礼太过矣。"昆剧《墙头马上》第八场:"启禀老爷,众位门生老爷,前来拜谒座师。"

【拜访】【拜望】【拜会】【拜客】访问他人的敬词。

〔拜访〕明冯梦龙《醒世恒言·蔡瑞虹忍辱报仇》:"偶然这一日,朱源的座师船到,过船去拜访。"周恩来《关于和平谈判问题的报告》:"我们虽然来了二十多天,但因为忙,未及分头拜访和请教,很感不安。"

〔拜望〕望,看望。《宣和遗事》前集:"臣曰:'今葭莩已得拜望,故敢以诗请。'上大笑。"明冯梦龙《警世通言·白娘子永镇雷峰塔》:"小事何消挂怀。天色晚了,改日拜望。"《红楼梦》第一○五回:"有锦衣府堂官赵老爷,带领好几位司官,前来拜望。"张洁《谁生活得更美好》:"他让我给你捎个信,过些日子想来拜望您。"

〔拜会〕会,会晤。唐元稹《莺莺传》:"心迩身遐,拜会无期。"《三国演义》第三七回:"备久慕先生,无缘拜会。"《水浒传》第四九回:"数年不曾拜会,尊颜和姆姆一般模样。"《人民日报》1987年11月27日:"(韩菁清)昨天下午和今天下午分别拜会了梁先生的好友冰心和老舍夫人胡絜青女士。"

【拜客】犹"拜访"。巴金《家》十五:"觉新和他的三个叔父都坐轿子出去拜客'辞岁'。"姜妙香《追忆往事》:"因兰芳到那里后,拜客不周,得罪了一些当时有势力的人。"

【拜府】到他人府上拜谒的敬词。田汉《咖啡店之一夜》:"谢谢老伯伯,一定要去拜府。"

【拜茶】请人喝茶的敬词。元王实甫《西厢记》第一本第一折:"请先生方丈拜茶。"《水浒传》第三回:"官人请坐拜茶。"《征四寇》第一回:"请过寒舍拜茶。"

【拜识】表示结识他人的敬词。唐韩愈《答魏博田仆射书》:"愈虽未获拜识,尝承仆射眷私,猥辱荐闻,待之上介,事虽不允,受赐实多。"《水浒传》第九四回:"只因无个门路,不获拜识尊颜。"欧阳予倩《桃花扇》第一场:"想不到江湖上有这样磊落光明的豪杰,那一定要去拜识。"

【拜辱】辱,辱临。拜谢对方光临的敬词。《周礼·秋官·司仪》:"主君郊劳,交摈三辞,车逆拜辱。"郑玄注:"'车逆拜辱'者,宾以主君亲来,乘车出舍门而迎之,若欲远就之然,见之则下拜,谢其自屈辱来也。"《仪礼·乡饮酒礼》:"主人拜宾,宾拜辱,主人答拜。"郑玄注:"拜辱,出拜其自屈辱至己门也。"拜辱,开始是一种礼仪,后演变为敬词。

【拜伏】【拜服】表示佩服的敬词。

〔拜伏〕范文澜、蔡美彪等《中国通史》第三编第三章第一节:"石敬瑭拜见契丹主,请问战胜的缘故。契丹主说了一套以后,石敬瑭表示拜伏,实际是藉此献媚,装出像个孝顺儿子的样。"

〔拜服〕《儿女英雄传》第十回:"只这书法也写得这等凤舞龙飞,真令人拜服。"《汪康年师友书札·罗振玉》:"比报张出,得读伟论,暨梁卓如先生诸议,辞理并优,三长兼擅,沉痛深挚,语语中肯,奇才奇才,能毋拜服?"《大马扁》第十三回:"自此林旭也拜服谭嗣同不已。"

【拜教】表示接受教诲的敬词。《国语·鲁语下》:"《皇皇者华》,君教使臣曰'每怀靡及',诹、谋、度、询,必咨于周。敢不拜教?"明冯梦龙《喻世明言》卷十一:"赵旭谢恩,叩首拜教。"

【拜意】表示致意的敬词。《水浒传》第八八回:"俺的宋先锋拜意统军麾下。"《三国演义》第五九回:"(曹)洪马上欠身言曰:'夜来丞相拜意将军之言,切莫有误。'"

【拜上】代人传语致意或托人传语致意的敬词。《水浒传》第二十回:"晁头领哥哥再三拜上大恩人:得蒙救了性命,见今做了梁山泊主都头领。"《儒林外史》第二八回:"你拜上你家老爷,说金老爷的字是在京师王爷府里品过价钱的:小字是一两一个,大字是十两一个。"

【拜托】表示托人办事的敬词。丁玲《法网》二:"阿翠又拜托了小玉子的妈,请他转上海去了在同乡里边留心打听一下她妈和她妹子的消息。"沙汀《困兽记》十一:"一有机会,他就拜托朋友替他留心房子。"

【拜告】向人告请的敬词。《西游记》第九五回:"那后妃等闻得此言,都解了恐惧,一个个上前拜告道:'望圣僧救得我真公主出来,分了明暗,必当重谢。'"又第一百回:"因展看,皆是无字空本,臣等着惊,复去拜告恳求,佛祖道……"

【拜内】【拜纳】表示献纳、交纳的敬词。
〔拜内〕内 nà,奉纳,"纳"的古字。《战国策·赵策一》:"今有城市之邑七十,愿拜内之于王,唯王才之。"
〔拜纳〕金董解元《西厢记诸宫调》卷六:"聪曰:'常住钱不敢私贷。贫僧积下几文起坐,尽数分付足下,勿以寡见阻。'取下五十索。聪曰:'几日见还?'生指期拜纳。"《三国演义》第四六回:"孔明曰:'只消三日,便可拜纳十万枝箭。'"《儒林外史》第三五回:"我是行路的,错过了宿头,要借老爹这里住一夜,明早拜纳房金。"

【拜接】【拜受】【拜收】【拜登】【拜纳】表示接受的敬词。
〔拜接〕《西游记》第十回:"判官谢恩,问书在何处? 太宗即向袖中取出递与崔珏,珏拜接了,拆封而看。"
〔拜受〕《水浒传》第八五回:"今蒙郎主赐我以厚爵,赠之以重赏,然虽如此,未敢拜受。"《绿野仙踪》第十三回:"于冰一一传授口诀,并以手书符指法,不邪顿首拜受。"又第三八回:"(仙客)说罢,将一包袱递与于冰,于冰道:'云中不能拜受,奈何?'"
〔拜收〕《汪康年师友书札·罗振玉》:"大刻拜收,谢谢。定为设法谋售。"
〔拜登〕登,指接受。语出《左传·僖公九年》:"对曰:'天威不违颜咫尺,小白,余敢贪天子之命,无下拜? 恐陨越于下,以遗天子羞。敢不下拜?'下,拜;登,受。"按:原意是,登堂,然后接受赏赐。清王夫之《六十初度答徐蔚子启》:"拜登不言颜甲,念雏坛之存者几人;晋祝将俟先庚,记鹤羽之归来隔岁。"清梁绍壬《两般秋雨盦随笔·长生殿》:"黄六鸿者,康熙中,由知县行取给事中入京,以土物并诗稿遍送名士。至宫赞赵秋谷执信,答以柬云:'土物拜登,大稿璧谢。'黄遂衔之刺骨。"
〔拜纳〕纳,受纳。郭沫若《集外·批评——欣赏——检察》:"'盛气的指摘'只要指摘得在理,在宽容为怀的作家,我认为是应当拜纳的。"

【拜赐】【拜惠】【拜贶】【拜领】【拜嘉】表示接受赠赐的敬词。
〔拜赐〕《礼记·玉藻》:"大夫拜赐而退,士待诺而退。"孔颖达疏:"此一节尊卑受赐拜谢之礼。"《史记·大宛列传》:"(骞)乃曰:'天子致赐,王不拜则还赐。'昆莫起拜赐,其他如故。"宋宋祁《九日侍宴太清楼》诗："省收行步玉,拜赐俨华裾。"

〔拜惠〕惠,惠赠。清恽敬《与赵石农书》："敬久官南中,腰脚疲软,又笨车日行百里,单骑随车,不必善马,是以不敢拜惠,能于马庑择一中者见赐,最得力也。"

〔拜贶〕贶,赐与,赠与。《国语·鲁语下》："今伶箫咏歌及《鹿鸣》之三,君之所以贶使臣也,敢不拜贶!"韦昭注："贶,赐也。"《礼记·聘义》："北面拜贶。"孔颖达疏："贶,谓惠赐也。"宋王明清《挥麈三录》卷二："取七宝杯,令乔手擎满酌,并以杯赐之。外祖拜贶而出。"

〔拜领〕①《中文大辞典》："受人赠物之敬词。《类书纂要》:'拜领人礼曰拜领。'"《西游记》第八回："这菩萨叛依拜领。"《清代名人书札·庄缙度致徐宗幹》："昨于栗堂明府处奉到惠赐赙分五十金,谨已拜领。"《汪康年师友书札·吴士鉴》："江叔海北来,交到惠函,并赐常州骈文拜领,敬谢敬谢。"②拜悉。《汪康年师友书札·李渊硕》："八月二十三日拜领手谕,并递到侍郎夫子赐给纹银二百两,为读英文之用。"

〔拜嘉〕嘉,嘉惠,惠赠。宋王安石《谢葛源郎中启》："拜嘉已厚,论愧则多。"清赵翼《钱充斋远饷永昌面作饼大嚼诗以志惠》："何当更拜嘉,庖人日继肉。"

【拜还】犹"奉还"。《东周列国志》第五回："臣实不才,有忝职位,愿拜还卿士之爵,退就藩封,以守臣节。"

【拜请】【拜央】【拜求】【拜恳】表示请求、恳求的敬词。

〔拜请〕《水浒传》第六五回："为哥哥的事,只得星夜前去,拜请他来。"又第六七回："宋江再三拜请,卢俊义那里肯坐。"《西游记》第八七回："下官乃凤仙郡郡侯上官氏,熏沐拜请老师祈雨救民。"

〔拜央〕央,央求。《西游记》第十三回："早供给了素斋,又具白银一两为谢。一家儿又恳恳拜央,三藏毕竟分文未受。"

〔拜求〕旧题唐柳宗元《龙城录·韩仲卿梦曹子建求疗》："韩仲卿一日梦一乌帻少年,风姿磊落,神仙人也,拜求仲卿。"《西游记》第九八回："弟子玄奘,奉东土大唐皇帝旨意,遥诣宝山,拜求真经,以济众生。"《汪康年师友书札·刘学海》："去年敝戚廷槐,拜求社哥写画数张,倘已写就,希并笔金纸费开列,统交敝号,俾照送上社哥处。"鲁迅《彷徨·祝福》："这是鲁镇年终的大典,致敬尽礼,拜求来年一年中的好运气的。"

〔拜恳〕明凌濛初《初刻拍案惊奇》卷二十："(先君)临终时念我母子无依,……特命亡后赍了手书,自任所前来拜恳。故母子造宅,多有惊动。"《镜花缘》第十回："老夫意欲拜恳贤侄,俯念当日结义之情,将红蕖作为己女,带回故乡。"《汪康年师友书札·

罗振玉》:"索得乞寄准,或交敝馆转寄亦可。拜恳拜恳。"

【拜荷】【拜谢】【拜酬】表示感谢或酬谢的敬词。

〔拜荷〕荷 hè,受惠感谢。唐裴铏《传奇·陶尹二君》:"古丈夫曰:'……吾有万岁松脂、千秋柏子少许,汝可各分饵之,亦应出世。'二公拜荷,以酒吞之。"

〔拜谢〕《韩非子·外储说左下》:"解狐荐其雠于简主以为相,其雠以为且幸释己也,乃因往拜谢。"唐韩愈《贺张十八秘书得裴司空马》诗:"旦日公归伸拜谢,免劳骑去逐双旌。"《东周列国志》第七回:"齐、鲁二侯不知是计,以为处置妥当,称善不已,百里同许叔拜谢了三君。"《西游记》第八三回:"行者道:'多谢了!多谢了!'就引三藏拜谢天王,次及太子。"

〔拜酬〕《水浒传》第二回:"王进告道:'小人母亲骑的头口,相烦寄养,草料望乞应付,一并拜酬。'"

【拜门】登门拜谢。《孟子·滕文公下》:"大夫有赐于士,不得受于其家,则往拜其门。"《元史·赵孟𫖯传》:"初,孟𫖯以程钜夫荐,起家为郎,及钜夫为翰林学士承旨,求致仕去,孟𫖯代之,先往拜其门,而后入院,时人以为衣冠盛事。"

【拜迎】【拜接】表示迎接的敬词。

〔拜迎〕明凌濛初《初刻拍案惊奇》卷二五:"行修依言,趋至其处,果见十数年前一个死过的丫头,出来拜迎,请行修坐下。"《三国演义》第四五回:"蒋干引一青衣小童,昂然而来。瑜拜迎之。"清蒲松龄《聊斋志异·贾儿》:"陈氏拜迎于门,哭求回生之法。"

〔拜接〕《西游记》第十九回:"早知师父住在我丈人家,我就来拜接,怎么又受到许多波折?"又第九十回:"却说孙大圣出了那九曲盘桓洞,跨祥云径转玉华州,但见那城头上各厢的土地神祇与城隍之神迎空拜接。"

【拜送】①表示送行的敬词。《三国演义》第九回:"董卓即日下令还郿坞,百官俱拜送。"《水浒传》第八二回:"今日尽此一醉,来早拜送恩相下山。"②表示送物与人的敬词。《史记·廉颇蔺相如列传》:"于是赵王乃斋戒八日,使臣奉璧,拜送于庭。何者?严大国之威以修敬也。"《西游记》第八一回:"今俺哥哥无可拜送,只有些微物在此,万望笑留。"《三国演义》第二七回:"廖化又拜送金帛,关公亦不受。"

【拜辞】【拜别】【拜违】向人告别的敬词。

〔拜辞〕唐元稹《莺莺传》:"一昨拜辞,倏逾旧岁。"《水浒传》第二二回:"(宋江、宋清)都出草厅前,拜辞了父亲宋太公。"

〔拜别〕唐项斯《留别张水部》诗:"省中重拜别,兼领寄人书。"《西游记》第十三回:"正在叮咛拜别之际,只听得山脚下叫喊如雷道:'我师父来也！我师父来也！'"《儒林外史》第十回："京师拜别，不觉又是半载。"

〔拜违〕《中文大辞典》："犹拜别。"《西厢记》第五本第一折："张珙百拜奉启芳卿可人妆次：自暮秋拜违，倏尔半载。"又第二本第二折："珙顿首再拜大元帅将军契兄麾下：伏自洛中，拜违犀表，寒暄屡隔，积有岁月，仰德之私，铭刻如也。"

【拜候】【拜覆】向人问候的敬词。

〔拜候〕唐孟郊《立德新居》诗之九："拂拭贫士席，拜候丞相辕。"明凌濛初《二刻拍案惊奇》卷十五："（顾主事）因往江家拜候，就传女儿消息，江家喜从天降。"《廿载繁华梦》第七回："过了几天，只见关里册房潘子庆拜候，周庸佑接连坐下。"京剧《白蛇传》第三场："原来小娘子住在曹祠附近，小生改日定当登府拜候。"

〔拜覆〕元王实甫《西厢记》第五本第四折："妾前来拜覆，省可里心头怒！"《水浒传》第八二回："却请太尉居中而坐，众头领拜覆起居。""拜覆"也表示复信的敬词。

【拜书】给人写信的敬词。唐韩愈《上贾滑州书》："且有负薪之疾，不得稽首轩阶，遂拜书家仆，待命于郑之逆旅。"五代前蜀韦庄《送崔郎中往使西川行在》诗："拜书辞玉帐，万里剑关长。"宋陈亮《与章德茂侍郎书》："方图拜书，乃辱八月一日所赐台翰，捧读再四，惶恐无地。"

【拜聆】表示聆听的敬词。《汪康年师友书札·李渊硕》："忆昔沪上拜聆钧诲，一别十年，怀系之私，无日不神驰座右。"郭沫若《卓文君》第二景："父台和司马先生，才是当今的子期、伯牙，我们今天是定要拜聆几曲《高山》《流水》的。"

【拜省】表示问候的敬词。省 xǐng，问候，问安。清蒲松龄《聊斋志异·辛十四娘》："生曰：'儿少失怙，与我祖父处者，十不识一焉。素未拜省，乞便指示。'"

【拜慰】表示慰问的敬词。唐韩愈《宪宗崩慰诸道疏》："某承诏不任号绝，限以官守，拜慰末由，伏增惶恋。"

【拜问】向人询问的敬词。《水浒传》第四四回："石秀道：'小人不敢拜问二位官人贵姓？'"《西游记》第八五回："那国王看见是四个和尚，忙下龙床，宣召三宫妃后，下金銮宝殿，同群臣拜问道：'长老何来？'"《儒林外史》第一回："王冕道：'不敢拜问尊官尊姓大名？'"

【拜撰】【拜具】表示撰写的敬词。一般用在所写作品或书信的后面。

〔拜撰〕清费锡璜《〈友鸥堂集〉序》："同学弟成都费锡璜拜撰。"

〔拜具〕具，撰写。书信或柬帖结尾的敬词。一般用在署名的后面。《红楼梦》第七四回："上面写道：……特寄香珠一串，略表我心，千万收好。表弟潘又安拜具。"《施公案》第七三回："上写……微礼一盒笑纳，纹银千两，聊表寸诚。数字不恭，顿首拜具。"

【拜启】【拜禀】【拜告】向人禀告、告知的敬称。

〔拜启〕①《三国演义》第十四回:"忽见一骑飞来,……至车前拜启曰:'曹将军尽起山东之兵,应诏前来……'"②也用于信的开头或结尾的敬词。鲁迅《书信集·致蒋抑卮》:"拜启者:前尝由江户奉一书,想经察入。"在信尾,如:某某拜启。

〔拜禀〕《水浒传》第四九回:"伯伯在上,今日事急,只得直言拜禀。"

〔拜告〕《西游记》第九五回:"一个个上前拜告道:'望圣僧救得我真公主来,分了明暗,必当重谢。'"又第一百回:"臣等着惊,复去拜告恳求。"

【拜读】【拜诵】【拜览】阅读他人作品或书信的敬词。

〔拜读〕《老残游记》第十二回:"佇也该做首诗,我们拜读拜读。"鲁迅《书信集·致增田涉(一九三五年八月一日)》:"七月二十二日惠函早已拜读。"郭沫若《落叶·第五信》:"昨天接到你很亲切的信,我欢喜地拜读了。"冰心《晚晴集·悼郭老》:"我在二十年代,就拜读过郭老的新诗。"

〔拜诵〕《清代名人书札·汪鸣銮致张鸣珂》:"大作五律四章,声情绵邈,寄托遥深,拜诵倾倒。"《汪康年师友书札·陶在铭致汪康年》:"八月初接叶临恭同年、黄爱堂世兄公函,并附《时务报》两册。时正患疟,拜诵一过,顿起沉疴。"

〔拜览〕《中文大辞典》:"阅览之敬语。"

【拜烦】【拜扰】烦扰他人的敬词。

〔拜烦〕《西游记》第十七回:"老孙忍不得头疼,故此来拜烦菩萨。"

〔拜扰〕《水浒传》第四九回:"伯伯,多时不见,今日特地来拜扰。"

【拜悉】犹"敬悉"。《清代名人书札·冯桂芬致张鸣珂》:"手示拜悉。尊卷涂雅塞责,乃承齿谢,益之惭恧。"

【拜捧】表示捧持的敬词。宋曾巩《北归诗》:"拜捧恩书喜满颜,马蹄遥望斗杓还。"

【拜降】表示投降的敬词。《水浒传》第七十回:"宋江叫放出龚旺、丁得孙来,亦用好言抚慰,二人叩头拜降。"

叩 kòu

敬词。叩,叩拜。用在相关的动词前,向对方表示尊敬。

【叩祝】【叩贺】向人祝贺的敬词。

〔叩祝〕《官场现形记》第四回:"独有钱典史,……头戴五品奖札,走到居中,跪下磕了三个头,起来请过安,又要找太太当面叩见、叩祝。"

〔叩贺〕《官场现形记》第十九回:"有了电报,得信最早,合省官员齐赴行辕,禀安叩贺。"又第五回:"拜印之后,升座公案,便是典史参堂,书差叩贺,照例公事,话休絮烦。"

【叩喜】向人道喜的敬词。《官场现形记》第十二回:"便说:'蠢尔小丑,大兵一到,不难克日荡平,指日报到捷音,便是超升不次。所以卑职前来叩喜。'"又第三回："便是戴升领头，约齐一班家人，戴着红帽子，上去给老爷叩喜。"

【叩请】【叩求】 向人请求的敬词。

〔叩请〕明冯梦龙《喻世明言》卷三四："李元见朱秀才坚意叩请，乃随秀才出垂虹亭。"清蒲松龄《聊斋志异·杨大洪》："明日途次，果见道士坐柳树下，因便叩请。道士笑道：'子误矣，我何能疗病？请为三弄可也。'"

〔叩求〕《官场现形记》第十五回："刚才进得大门，便有无数乡民跪在轿旁，叩求伸冤。"又第三一回："只见上面写的是'知府用、试用同知黄在新，叩求宪恩赏委厘捐差事'两行小字。"

【叩别】【叩辞】 犹"拜别"。敬称向对方告别。

〔叩别〕清沈复《浮生六记·坎坷记愁》："吾即叩别吾母于九妹倩陆尚吾家，盖先君故居已属他人矣。"《二十年目睹之怪现状》第一○八回："我便坐了原车……带了两个兄弟，去叩别了，然后长行。"

〔叩辞〕《儒林外史》第二六回："鲍文卿向太守道：'……小的而今叩辞了老太爷回南京去，丢下儿子跟着老太爷伏侍罢。'"清沈复《浮生六记·坎坷记愁》："叩辞吾母，走告青君，行将出走深山，求赤松子于世外矣。"《二十年目睹之怪现状》第一百回："这一天长行，少大人到李大人处叩辞。"

【叩违】 违，违离，离开。没有见到对方面容或听到教诲的敬称。《清代名人书札·李宗岱致阎敬铭》："肃禀者：职道叩违慈诲，五载于兹，依恋之忱，无时或释。"

【叩谢】 拜谢。明冯梦龙《醒世恒言·灌园叟晚逢仙女》："秋公即焚起一炉好香，对天叩谢。"清昭梿《啸亭杂录·盛司寇》："上大怒，命侍卫反接公赴市曹，与金文淳同置于法，……后上悔悟，命近臣驰骑并金赦之，公施然叩谢如常。"《太平天国故事歌谣选·翼王做寿》："话刚讲完，老爹和所有贫苦百姓都一齐上前向翼王叩谢。"

【叩谒】 拜见。《镜花缘》第十五回："唐敖道：'门生多年未见老师，无日不思，今日得瞻慈颜，不胜欣慰，自应登堂叩谒。'"《玉娇梨》第十八回："苏友白道：'晚生在此也无甚事，老先生行后也就要动身了。大都违颜半月，即当至贵村叩谒矣。'"

【叩询】【叩咨】 向人询问、请教的敬词。

〔叩询〕茅盾《色盲》："他正想再用别的话来叩询赵女士的心曲，可是李蕙芳跳跃着来了。"谷志标《洪家关聚义》："（我们）又向贺龙同志叩询了国共分裂和南昌起义的一些问题。"

〔叩咨〕《新唐书·蔡廷玉传》："廷玉有沈略，善与人交，内外爱附。（朱）泚多所叩咨，数遣至京师。"

【叩问】 向人询问、打听的敬词。明冯梦龙《警世通言·金令史美婢酬秀童》:"金令史只得又同阴捕转来,亲去叩问秀童。"《说唐》第一回:"走到一条僻静小巷,已是黄昏时候,家家闭户,听得一家有小儿啼哭,遂连忙叩问。"郭沫若《洪波曲》第十章四:"途中见一衣履整饬的老人,叩问之,颇能详道往事。"

【叩庐】登门求见。明叶宪祖《鸾鎞记·合鎞》:"道姑,我问你观中有仙姝,西房姓鱼,须传说我专来叩庐。"

【叩见】谒见尊上或会见他人的敬词。明凌濛初《初刻拍案惊奇》卷二一:"因不忘昔日看待之恩,敢来叩见。"《官场现形记》第二四回:"兄弟那年朝考下来,三次到中堂老师那里去叩见,回回都坐在厚翁屋子里,怎么就忘记了?"又第二五回:"只见八哥躬身回道:'贾某人在这里叩见大叔。'"

【叩迎】【叩接】迎接对方的敬词。
〔叩迎〕《西游记》第五回:"大圣得胜,收了毫毛,急转身回洞,早又见铁板桥头,两个健将,领众叩迎那大圣。"
〔叩接〕《西游记》第九十回:"今知大王遇怪,大圣降魔,特来叩接。"《官场现形记》第六回:"瞧着大人的轿子老远的来了。……双手高捧手本,口报'某官某人,叩接大人'。"

【叩送】表示送行的敬词。《西游记》第九五回:"及至前途,又见众僧叩送,俱不忍相别。"《官场现形记》第十八回:"再说府、县各官听说统领要开船,一齐踱出官厅,上船叩送。"

请 qǐng

敬词。含义十分广泛。《汉语大词典》:①表示自己愿意做某件事而请求对方允许。《论语·颜渊》:"颜渊曰:'回虽不敏,请事斯语矣。'"《史记·吕不韦列传》:"不韦虽贫,请以千金为子西游,事安国君及华阳夫人,立子为适嗣。"②希望对方做某件事。元关汉卿《谢天香》第三折:"[正旦云]二位姐姐请坐。"《红楼梦》第一回:"正是无聊的很,贾兄来得正好,请入小斋,彼此俱可消此永昼。"③用以代替某些动词。表示恭敬、慎重,或使语气委婉。《红楼梦》第十四回:"只听一棒锣鸣,诸乐齐奏,早有人请过一张大圈椅来,放在灵前,凤姐坐下放声大哭。"《三侠五义》第五回:"包公一时动怒,请了大刑,用夹棍套了两腿,问时仍然不招。"④特指买佛龛神像、佛道经典、礼神用品等。《宋书·隐逸传·沈道虔》:"至四月八日,每请像。请像之日,辄举家感恸焉。"明凌濛初《初刻拍案惊奇》卷三七:"先请几部经来,焚香持诵。"清洪昇《长生殿·私祭》:"此间观主,昨自西京购请道藏回来。"⑤向尊者报告情况或提出某种建议,然后请求指示。宋陆游《老学庵笔记》卷四:"赵相初除都督中外军事,孙叔诣参政时为学士,当制,请曰:'是虽王导故事,然若兼中外,则虽陛下警卫三衙皆统之,恐权太重,非防微杜渐之意。'"

【请正】【请政】求对方指正的敬词。
〔请正〕明王守仁《传习录》卷三:"是夕,侍坐天泉桥,各举请正。"明李贽《答邓石阳书》:"昨者覆书'真空'十六字,已说得无渗漏矣,今复为注解以请正,何如?"
〔请政〕政,通"正"。求对方指正或斧正。清袁枚《随园诗话》卷十三:"宅有古桑,绿荫轸轸,映一亩许,视其影将逾屋,则公必退朝,各呈诗请政。"

【请便】请对方自便。《红楼梦》第九九回:"要来也是你们,要去也是你们。既嫌这里不好,就都请便。"《二十年目睹之怪现状》第十四回:"陈太太有事请便,这知启等我抄一份之后,就叫人送来罢。"

【请酒】请对方饮酒。元施惠《幽闺记·虎头遇旧》:"酒浮嫩醅,酒浮嫩醅,压惊解烦休要推。嫂嫂请酒。"明无名氏《鸣凤记·花楼春宴》:"老爷请酒,待我舞一回。""请酒"还可表示备酒请客。《儒林外史》第二十回:"就是那年我做了家去与娘的那件补服,若本家亲戚们家请酒,叫娘也穿起来,显得与众人不同。"《儿女英雄传》第二三回:"公子也有一班世交相好少年请酒接风,接连不止忙了一日,才得消停。"

【请教】请求指教。宋周煇《清波杂志》卷六:"范忠宣公亲族间,子弟有请教于公者,公曰:'惟俭可以助廉,惟恕可以成德,是为修身之要。'"明冯梦龙《醒世恒言·马当神风送滕王阁》:"王勃辞道:'待俚语成篇,然后请教。'须臾文成,呈上阎公。""请教"也用于请求告诉义。欧阳予倩《买卖》:"唷,闹了半天我还没有请教你贵姓。"

【请问】请求对方解答的敬词。《论语·颜渊》:"颜渊曰:'请问其目。'子曰:'非礼勿视,非礼勿听,非礼勿言,非礼勿动。'"《水浒传》第二七回:"张青道:'请问都头,今得何罪?配到何处去?'"

【请示】请求指示的敬词。清东轩主人《述异记·周土地》:"周昼寝,梦车马舆从吏兵来谒,称本境土地祠迎候新官,并请示到任日期。"陈登科《风雷》第一部第四章:"这件事情,我自己暂不能定,还待回省,请示组织上以后才能决定。"浩然《艳阳天》第五六章:"没经请示,要闯出错来怎么办?"

【请行】请动身的敬词。明汤显祖《牡丹亭·惊梦》:"早茶时了,请行。"

【请脉】请医生诊脉的敬词。《痛史》第二回:"一时间只见六位太医鱼贯而入,一一向谢太后、全皇后等先后行过了礼,太后即叫内监引入后宫请脉。"

【请发】请剃头的敬词。明刘若愚《酌中志·内臣职掌纪略》:"凡诞生皇子女,弥月剪胎发,百日命名后,按期请发者,即如外之每次剃头然,一茎不留,如佛子焉。"

【有请】主人请客人相见。《水浒传》第

四二回:"外面童子又道:'娘娘有请,星主可行。'"《西游记》第六三回:"孙悟空哥哥,大哥有请。"

呈 chéng

敬词。呈上,呈请。用于下对上或把对方看作处在上位,以表敬意。

【呈教】【呈政】呈上请指教或教正。

〔呈教〕清袁枚《随园诗话》卷三:"苦吟半生,无一知己。今所望者惟先生,故以呈教。"《汪康年师友书札·屠寄》:"奉上新刻诗文六册,其一呈教,其五乞分呈节盦、于宾、香聪、君立、苏卿诸君。"又《赵启霖》:"弟在蜀时,曾为宋儒四先生立祠,……有碑记拓本,兹附一纸呈教。"鲁迅《书信集·致施蛰存》:"笔债又积欠不少,因此本月内恐不能投稿,下月稍凉,当呈教也。"

〔呈政〕政,同"正"。呈上请教正。清青城子《志异续编·仙弈》:"因设乩,请仙吕祖下降,布局呈政。吕祖云:'输一子半矣。'"《汪康年师友书札·江标》:"拙书呈政,并乞改,旧作也。"鲁迅《两地书·致许广平二二》:"本想做一篇详明的'朱老夫子论'呈政,而心绪太乱,又没有工夫。"

【呈禀】向上禀报。宋岳珂《桯史·朝士留刺》:"昔有一朝士,出谒未归,有客投刺于门,阍者告之以某官不在,留门状,俟归呈禀。"清黄六鸿《福惠全书·编审·立局亲审》:"所有生员,非本身之事,不得代人呈禀。"

【呈阅】【呈览】送上请审阅或阅览的敬称。

〔呈阅〕清黄六鸿《福惠全书·莅任·堂规式》:"禀事人等,俱要写明禀折呈阅。"《汪康年师友书札·陈光第》:"穰兄前不另作函,请以此数纸呈阅。"

〔呈览〕章炳麟《致陶、柳二子书》:"今将是书呈览。"鲁迅《书信集·致杜衡》:"顷译成一短文,即以呈览。"

【呈献】犹"敬献"。唐元稹《叙诗寄乐天书》:"故郑京兆于仆为外诸翁,深赐怜奖,因以所赋呈献。"宋朱辅《溪蛮丛笑》:"祭祀必先以生物呈献。"闻捷《海燕》:"现在,我就把这篇文章原样捧出,呈献给亲爱的读者们。"

启 qǐ

启,开启,启始。用在相关的词前,可表示敬称。

【启请】敬词。有多种用法:①犹"请教"。唐薛用弱《集异记·萧颖士》:"二子曰:'吾识尔祖久矣。'颖士以广众中,未敢询访。俟及岸,方将启请,而二子忽遽负担而去。"②犹"敦请"。《水浒传》第八二回:"天子御笔亲书丹诏,特差宿某,亲到大寨,启请众头领。烦望义士早早收拾朝京,体负圣天子宣召抚安之意。"③犹"劳驾"。《京本通俗小说·碾玉观音》:"虞候道:'启请婆婆,过对门褾褙铺里,请璩大夫来说话。'"

【启烦】敬词。烦劳,劳驾。《水浒传》第

五十回:"当时军师吴用启烦戴宗道:'贤弟可与我回山寨去取铁面孔目裴宣、圣手书生萧让、通臂猿侯健、玉臂匠金大坚。'"

【启陈】【启禀】【启白】【启知】向上告知的敬称。

〔启陈〕清陈梦雷《绝交书》:"亲王入境,不孝曾启陈:'诸逆帅观望可疑,宜加防备;逆贼水师战船,宜早收罗。'"

〔启禀〕《续资治通鉴·宋度宗咸淳九年》:"敕两府大臣:'凡有启禀,必令恂与闻。'"许地山《凶手》第二幕:"启禀相公大人;学生在那天清明晚间,确在孙荣家后门看见尸体一具。"

〔启白〕《释名·释书契》:"笏,忽也。君有教命及所启白,则书其上,备忽忘也。"唐薛用弱《集异记·丁岩》:"尔若不从吾,当启白太守,舍尔之命。"

〔启知〕《三国演义》第一○六回:"爽事懿甚谨,一应大事,必先启知。"

【启问】犹"请问"。《水浒传》第五三回:"戴宗道:'只今便去启问本帅。'"

奉 fèng

敬词。奉,双手相捧,一种表示敬意的姿势。唐颜师古《匡谬正俗》卷三:"奉者,谓恭而持之。"用在相关动词前,表示对他人的敬意。

【奉央】【奉求】【奉恳】【奉干】向对方恳求的敬词。

〔奉央〕《醒世姻缘传》第三四回:"还有一事奉央,再有什么人说闲话,可要仗赖二位的力量压伏哩。"

〔奉求〕唐谷神子《博异志·崔玄微》:"醋醋怒曰:'诸人即奉求,余不奉求。'拂衣而起。"《儒林外史》第三二回:"(臧蓼斋)把酒递与杜少卿,便跪了下去,说道:'老哥,我有一句话奉求。'"《二十年目睹之怪现状》第八回:"所以奉求老哥,代兄弟在方伯跟前,申诉申诉。"

〔奉恳〕《清代名人书札·张佩纶致吴大衡》:"俾陆氏延书香一脉,而佩纶藉以塞责于师门。感同身受,专肃奉恳,琐琐为罪。"《汪康年师友书札·姚锡光》:"又,弟自序一篇,亦乞为即上贵报。琐屑奉恳,容面谢。"

〔奉干〕干,干求。苏曼殊《断鸿零雁记》第十二章:"心念良久,蕴泪于眶,微微言曰:'儿今有言奉干慈母听纳,盖儿已决心……'"

【奉白】【奉告】【奉布】【奉达】【奉报】向人告语的敬词。

〔奉白〕宋苏轼《与人书》:"知公疾苦,故详以奉白。"清纪昀《阅微草堂笔记·槐西杂志四》:"(先生)闻窗外语曰:'有事奉白,虑君恐怖,奈何?'"苏曼殊《断鸿零雁记》第十五章:"余曰:'何哉?姊胡为客气乃尔?阿姊愿有下回,稚弟固无不愿奉白者也。'"

〔奉告〕《儿女英雄传》第二六回:"姐姐,且莫伤心,妹子还有一言奉告,这话并且要背褚大姐姐。"《汪康年师友书札·陈寿彭》:"江海图书事,弟非有意讦评他人者,祇以阁下见爱,故不得不以区区奉告也。"

〔奉布〕《汪康年师友书札·汪钟霖》:"所携还二十三册,刻已谨藏,来申时当即奉缴。专此奉布,顺颂秋安不另。"

〔奉达〕《红楼梦》第九三回:"倘使得备奔走,糊口有资,屋乌之爱,感佩无涯矣。专此奉达,余容再叙。"《汪康年师友书札·毛润身》:"前日阅《时务报》内尚有《图报》一馆,弟有数友欲入此股,应如何集入,祈示悉,以便转告敝友,再行奉达一切也。"

〔奉报〕①犹"奉告"。宋郭彖《睽车志》卷二:"忽复闻鬼语,士人方怒斥之,乃云非敢为厉,有少事奉报耳。"鲁迅《书信集·致姚克》:"插画家正在物色,稍迟仍当奉报也。"②给人回信的敬称。《汪康年师友书札·陈宝琛》:"两辱惠书,以多病懒漫,延未奉报,死罪死罪。"

【奉申】向人说明的敬称。《汪康年师友书札·罗振玉》:"蒋君,当今志士,与弟凤好,每次尊报出,辄读之击节,赞叹不已,倾倒有素,敢为作缘,专此奉申,一切详细,由蒋君缕陈。"

【奉商】与他人商量的敬词。《二十年目睹之怪现状》第八五回:"大家闲谈了一会,没到五点钟,稚农的催请条子已经来了,并注了两句:'有事奉商,务请即临。'"《汪康年师友书札·梁焕奎》:"现在湘绅,微有愿出任此者,俟议有眉目,当以奉商。"郭沫若《洪波曲》第一章六:"有要事奉商,望即命驾。"

【奉邀】【奉请】【奉屈】邀请他人的敬词。

〔奉邀〕唐李公佐《南柯太守传》:"(淳于棼)见二紫衣使者,跪拜生曰:'槐安国王遣小臣致命奉邀。'"明瞿佑《剪灯新话·龙堂灵会录》:"忽有鱼头鬼身者,自庙而来,施礼于前曰:'龙王奉邀。'"《儒林外史》第三四回:"今日奉邀诸位先生小坐。"

〔奉请〕《儒林外史》第三十回:"杜慎卿道:'昨晚我也不曾备席,不曾奉请。'"《儿女英雄传》第三五回:"安老爷因他也须到家歇息歇息,便说:'过日再备酌奉请。'"

〔奉屈〕①请屈尊驾临。邀请他人的敬词。唐牛僧孺《玄怪录·崔书生》:"崔郎遣行,太夫人疑阻,事宜便绝,不合相见。然小妹曾奉周旋,亦当奉屈。"明冯梦龙《喻世明言》卷二:"御史笑道:'今日奉屈老年伯到此,正为这场公案,要剖个明白。'"《清代名人书札·焦循致阮亨》:"明日申刻便饭,奉屈一谈,惠临为幸。"清蒲松龄《聊斋志异·莲花公主》:"方昼寝,见一褐衣人立榻前,逡巡惶顾,似欲有言。生问之,答云:'相公奉屈。'"②委屈他人的敬词。《二十年目睹之怪现状》第九七回:"阁下来了最好,就奉屈在这边多坐半天,吃过便饭去,代招呼几个客。"

【奉迎】【奉迓】迎接他人的敬词。

〔奉迎〕《东观汉记·耿纯传》:"纯与从昆弟䜣、宿、植共率宗族宾客二千余人,皆衣缣襜褕绛巾奉迎。"唐谷神子《博异志补编·李黄》:"郎君且此回翔,某即出奉迎耳。"《金瓶梅词话》第五一回:"西门庆道:'因承云峰尊命,又是敝邑公祖,敢不奉迎!'"

〔奉迓〕迓,迎迓。唐段成式《剑侠传·车中女子》:"今日方欲奉迓,邂逅相遇,实获我心。"

【奉别】【奉辞】【奉违】告别他人的敬词。

〔奉别〕元关汉卿《金线池》楔子:"争奈试期将近,不能久留,酒散之后,便当奉别。"明屠隆《彩毫记·祖饯都门》:"我二人只得奉别了,太白前途保重。"清李渔《怜香伴·议迁》:"明早启行,不及奉别了。"

〔奉辞〕行告别之礼。《续资治通鉴·宋高宗绍兴三十二年》:"丙子,帝亲行卒哭之祭于几筵殿。戊寅,帝送钦宗虞主于和宁门外,奉辞,遂祔神主于大庙第十一室。"

〔奉违〕《汪康年师友书札·周善培》:"奉违忽忽十月,到川以一电闻。仆奉电复,又辱笺教,……所以开陈应付外人之议,……至为叹服。"

【奉饯】设宴饯别的敬词。《西游记》第四八回:"唐王御手擎酒奉饯,问道几时可回?贫僧不知有山水之险,顺口回奏,只消三年,可取经回国。"明凌濛初《初刻拍案惊奇》卷二七:"只是相与这几时,容老夫少尽薄设奉饯,然后启程。"《东周列国志》第三回:"州吁躬身进酒曰:'兄侯远行,薄酒奉饯。'"

【奉留】请人留下的敬称。多与"不敢"连用。明凌濛初《初刻拍案惊奇》卷二七:"既遭盗劫,理合告官,恐怕连累,不敢奉留。"《西游记》第三六回:"那僧官战索索的高叫道:'那借宿的长老,我这小荒山不方便,不敢奉留,往别处去宿罢。'"

【奉祝】【奉贺】表示祝贺的敬词。

〔奉祝〕《儒林外史》第十八回:"弟因前日进城,会见雪兄,说道三哥今日寿日,所以来奉祝,叙叙阔怀。"《儿女英雄传》第三二回:"况且转眼就是你九十大庆,小弟定要亲到府上登堂奉祝。"

〔奉贺〕《后汉书·桓荣传》:"永平十五年,入授皇太子经,迁越骑校尉,诏敕太子、诸王各奉贺致礼。"唐元稹《故中书令赠太尉沂国公墓志铭》:"魏之人,老者闻见平时多出涕,少者不知所以然,百辟、四方皆奉贺。"《儒林外史》第二八回:"三位道:'我们一定奉贺。'"

【奉觞】捧杯敬酒祝贺。《汉书·兒宽传》:"臣宽奉觞再拜,上千万岁寿。"唐李绅《却渡西陵别越中父老》诗:"倾手奉觞看故老,拥流争拜见孩提。"

【奉访】【奉谒】【奉诣】【奉拜】【奉叩】犹"拜访"。访问他人的敬词。

〔奉访〕《儒林外史》第二二回:"奉访尊寓不值,不胜怅怅。"《花月痕》第十回:"你娘回来就说我姓韩字荷生,已经同欧老爷奉访两次了。"《清代名人书札·吴大澂致李鸿裔》:"今日正拟奉访,适诵手简,当于午初诣园看花读画。"

〔奉谒〕《后汉书·文苑传下·赵壹》:"陟明旦大从车骑奉谒选壹。"《二十年目睹之怪现状》第八回:"今午到关奉谒,乞稍候。"苏曼殊《天涯红泪记》第一章:"生以母氏同来,因约老人以明日再行奉谒。"

〔奉诣〕《清代名人书札·郭嵩焘致张自牧》:"拟今日奉诣,以午后香荪处可以一会,遂懒不出门耳。"《汪康年师友书札·沈曾同》:"春秋战国地舆均有书无图,明后日得暇,必奉诣也。"又《罗振玉》:"寒甚,请公不必出,弟今日薄暮当奉诣也。"

〔奉拜〕明凌濛初《二刻拍案惊奇》卷十八:"老翁道:'这等,必定要奉拜则个。'"《儿女英雄传》第十三回:"这船上实在褰浅,下船就奉拜,再长谈罢。"

〔奉叩〕《徐霞客游记·粤西游记四》:"适他出,抵暮归,曰:'当即奉叩,以晚,须凌晨至也。'"

【奉烦】【奉扰】烦劳、烦扰他人的敬词。

〔奉烦〕唐白居易《〈和微之诗二十三首〉序》:"又题云:'奉烦只此一度,乞不见辞。'"唐李复言《续玄怪录·李卫公靖》:"计两处云程,合逾万里,报之不及,求代又难,辄欲奉烦顷刻间,如何?"

〔奉扰〕犹"打扰"。《儿女英雄传》第十七回:"邓九公便过来陪坐。安老爷也道了昨日的奉扰。"《二十年目睹之怪现状》第十二回:"昨儿劳了驾,今儿又来奉扰,不安得很!"《汪康年师友书札·陈其煌》:"哑弟奉扰多日,容再图报。"

【奉劝】劝勉、劝告他人的敬词。《南史·袁觊传》:"便建牙驰檄,奉劝建安王子勋即大位。"明袁宏道《答友人书》:"奉劝吾兄,不如且拨置此事,作些有用生涯。"

【奉慰】表示慰问、问候的敬词。明沈德符《野获编·禁卫·驾帖之伪》:"高独呼校面诘,索驾帖观之,诸校词窘,谓厂卫遣来奉慰耳。"

【奉陪】【陪奉】表示陪伴的敬词。

〔奉陪〕唐杜牧《早春寄岳州李使君》诗:"此兴予菲薄,何时得奉陪?"明凌濛初《二刻拍案惊奇》卷十四:"拙夫不在,没个主人作主,诚恐有慢贵客,奴家只得冒耻奉陪。"《老残游记》第一回:"二人说道:'老兄有此清兴,弟等定奉陪。'"

〔陪奉〕南朝梁沈约《齐故安陆昭王碑文》:"公陪奉朝夕,从容左右。"《太平广记》卷二百引唐康骈《剧谈录·王智兴》:"王曰:'某搨铃发迹,未尝留心章句,今日陪奉英髦,不免亦陈恳恳。'"清李渔《奈何天·计左》："空劳去蝶返花丛，纵有旧情，不敢陪奉。"

【奉赠】【奉送】【奉纳】【赠奉】向人赠送的敬称。

〔奉赠〕明冯梦龙《喻世明言》卷二二："奶奶看得如意，但凭选择，即当奉赠。"清蒲松龄《聊斋志异·青娥》："生大异之，把玩不释于手。道士笑道：'公子爱之，即以奉赠。'"苏曼殊《断鸿零雁记》第十六章："此中有绣角梨花笺，吾婴年随阿母挑绣而成，谨以奉赠，聊报今晨杰作。君其纳之。"《汪康年师友书札·罗振玉》："《沙州志》及各书现排印，弟略加考证，印成定奉赠。"

〔奉送〕《后汉书·朱穆传》："宜时易宰守非其人者，减省第宅园池之费，拒绝郡国诸所奉送。"《儿女英雄传》第八回："不但不领他的情，还不愁他不双手奉送！"

〔奉纳〕清陈天华《猛回头》："我想这政府是送土地送熟了的，不久就是拱手奉纳。"按："奉送"还有护送、送行义；"奉纳"还有敬还、敬献义。

〔赠奉〕《汪康年师友书札·陈庆年》："谨附上《长江炮台刍议》一册，赠奉镜鉴晒存为荷。"

【奉托】犹"拜托"。求托他人的敬词。唐锺辂《前定录·裴谞》："少间有以奉托，幸一至逆旅。"《儿女英雄传》第三四回："奉托你罢，把我这学生送过栅栏去。"

【奉询】【奉扣】犹"敬问"。询问他人的敬词。

〔奉询〕《京本通俗小说·冯玉梅团圆》："那汉拱手谢罪道：'尊兄休怒，某有一事奉询。'"《汪康年师友书札·吴士鉴》："翼堂旋里奉致一函，内有奉询之事，不知竹报中曾寄上否？"又《陈汉第》："夔仲兄处前购股票，现拟取书，属弟奉询也。"

〔奉扣〕扣，扣问。宋朱熹《答徐彦章书》之三："两日偶看经书，有疑义数条，别纸奉扣，并前书送令郎处，寻便附致。"

【奉仰】【奉慕】表示仰慕的敬词。

〔奉仰〕宋范仲淹《与李泰伯书》："苏州掌学胡瑗秘校，见《明堂图》，亦甚奉仰。"

〔奉慕〕唐牛僧孺《玄怪录·张佐》："（二童）而谓君胄曰：'吾自兜玄国来，向闻长啸月下，韵甚清激，私心奉慕，愿接清论。'"

【奉候】①表示问候的敬词。《清代名人书札·林则徐致李彦章》："兹寄上行卷两本，乞诲政为感。专此奉候，袛请台安。"又《端方致陆宝忠》："久不奉候，快读惠书，甚慰所念。"《汪康年师友书札·任元德》："家兄九月初二日十二点钟始进吴淞口，初二日沪上雨甚，初三日即北行，未得登馆奉候，嘱函叱名致谢。"又《吴士鉴》："家严开春回里一行，再图北返，属笔奉候。"②犹"恭候"。表示等候的敬词。《周书·儒林传·卢诞》:"诞与文武二千余人奉候大军。"《儒林外史》第二二回:"只怕弟一出去,船就要开,不得奉候。"

【奉读】捧读。阅读他人信函、作品的敬词。三国魏吴质《答魏太子笺》:"二月八日庚寅,臣质言:奉读手命,追亡虑存,恩哀之隆,形于文墨。"《汪康年师友书札·罗正钧》:"二十九日回保,奉读十六日惠书及各纸,展阅为之怃然。"《郭沫若书信集·致蓟伯赞》:"奉读大札,不啻获得十万雄师,感激感激。"

【奉览】阅览他人作品的敬词。《汪康年师友书札·梁鼎芬》:"三弟收藏白摺一册,奉览。明年得朝元,再行报谢。"

【奉教】表示接受教诲的敬词。《战国策·燕策三》:"(田光)偻行见荆轲,曰:'光与子相善,……光窃不自外,言足下于太子,愿足下过太子于宫。'荆轲曰:'谨奉教。'"《史记·淮阴侯列传》:"陈豨知其能也,信之,曰:'谨奉教。'"宋吕祖谦《答陈同甫书》:"委曲之教,极见诚意,自此谨当奉教。"

【奉复】【奉答】【奉报】表示答复、回复的敬词。

〔奉复〕《清代名人书札·王拯致阎敬铭》:"直余拉杂奉复,多不足为人道,明公以为如何?"《二十年目睹之怪现状》第十九回:"且等我同家母商量定了,再来奉复罢。"《孽海花》第九回:"不过,这姑娘脾气古怪,只

好待小可探探口气,明日再行奉复吧。"

〔奉答〕宋王安石《答孙少述书》:"兄赐问者八九,奉答卒不过一再而已。"鲁迅《华盖集续编·海上通信》:"前几天得到来信,因为忙于结束我所担任的事,所以不能即刻奉答。"

〔奉报〕《汪康年师友书札·陶在宽》:"两辱惠书,以多病懒漫,延未奉报,死罪死罪。"

【奉酬】【奉答】【奉报】【奉谢】表示答谢的敬词。

〔奉酬〕唐裴铏《传奇·崔炜》:"僧感之甚,谓炜曰:'贫道无以奉酬,但转经以资郎君之福祐耳。'"鲁迅《书信集·致张冰醒》:"对于先生的希望,真是无法奉酬,尚希察谅为幸。"

〔奉答〕《西游记》第八七回:"下官这里差人办备小宴,奉答厚恩。"

〔奉报〕报答他人的敬词。明凌濛初《初刻拍案惊奇》卷八:"承兄盛德,必当奉报,不敢有忘!"

〔奉谢〕《西游记》第八七回:"万望老师开天地之心,普运慈舟,传度小儿,必以倾城之资奉谢。"又第九五回:"国王见他们拜佛心重,苦留不住,遂取金银二百锭,宝贝各一盘奉谢。师徒们一毫不受。""奉谢"也用作表示感谢的敬词。《清代名人书札·伊秉绶致茶山》:"弟得官江南,诚出望外,而何以酬报,遥希教督。……草草奉谢。"《汪康年师友书札·傅增湘》:"奉复笺及《藏书题识》一册,已

详阅一过。其中考订之处,颇多创获,……手此奉谢,即候台安。"

【奉闻】请对方闻知的敬词。《清代名人书札·袁世凯致端绪》:"日前承属一节,当经函托邮部梁副大臣转饬办理邮政之洋员探询……除已另托英使馆尚未得复外,特此奉闻。"《汪康年师友书札·陶葆廉》:"现正拟租屋组织事务,所俟基础立定,即行奉闻。"

【奉呈】把作品、公文或信件交给他人的敬词。宋苏轼《与赵德麟书》之二:"三日臂痛,今日幸减,录旧诗一首奉呈。"《清代名人书札·钱吉泰致张鸣珂》:"拙稿托实盦兄奉呈,乞教正之。"《汪康年师友书札·章梫》:"摄政睿亲王与唐、马两将军书、相片,遵即奉呈。"

【奉渎】敬称自己的行为冒犯对方。渎,亵渎,冒犯。《汪康年师友书札·洪文治》:"鄙意欲遣一二人前往学习,或延请工师来湘教授,未识可否?久欲肃笺奉渎,只以未亲桀度,不敢冒昧上陈。"又《沈艾孙致汪康年》:"倘趁明春在南之便就近派充调查员,尤为一举两得。用特奉渎,敬请钧安,顺贺年喜。"

【奉纳】【奉缴】【奉交】【奉完】把财物交给他人的敬词。

〔奉纳〕《古今小说·蒋兴哥重会珍珠衫》:"今日既承大官人吩咐,老身权且留下,若是不能效劳,依旧奉纳。"

〔奉缴〕《清代名人书札·林则徐致慕堂》:"赵松雪二印对过,皆不真,是以未便题咏,专此奉缴外,奉到山东城武县宋刻《庙堂碑》并曲阜拙刻补字三张。"《汪康年师友书札·沈曾同》:"书大小十九册奉缴,抄文并缴,望察入。"又《瞿宣颖》:"闻尊处有《日本明治政党史》一书,拟借一阅,即日奉缴,祈掷交来手为盼。"

〔奉交〕《清代名人书札·曾国潢》:"霞兄明朝归里,老兄致其令弟薪水,霞兄欲检存于弟处,嘱俟驲从到衡转以奉交也。"

〔奉完〕《汪康年师友书札·罗振玉》:"兹有恳者,淮地同人须看《时事日报》,信局尚无售者,谨求代订三分,自第一张起,报价若干,示知奉完。"又:"原本及来书奉完,祈检入。"

【奉璧】【奉赵】【奉还】【还奉】【奉返】敬称归还原物或偿还钱财。

〔奉璧〕明凌濛初《初刻拍案惊奇》卷二一:"兴儿道:'老兄不必着慌!银子是小弟拾得在此,自当奉璧。'"《儿女英雄传》第三九回:"那谈尔音看了看就嚷起道:'这还了得!这个大柬断不敢当,奉璧!奉璧!'"鲁迅《书信集·致李秉中》:"友人之代为清理废纸者,不遑细察,竟与他种信札,同遭毁弃,以致无从奉璧,实不胜歉仄。"

〔奉赵〕《汪康年师友书札·江瀚》:"有新译泰西之书,亦望惠寄,需价若干,当如数奉赵也。"又《毛慈望》:"兹恳者,……《中东战纪本末续编》之刻,曾否出书？都中尚无售本，千祈费神代购一部，同前书一并赐下，祷切盼切。该价若干？示知即肃奉赵，断不稍迟。"

〔奉还〕明冯梦龙《醒世恒言·卖油郎独占花魁》："前日的尊赐，分毫不动，要便奉还。"《清代名人书札·贺寿慈致张鸣珂》："大著诗词二本，割爱奉还，窃赘数语，不过自摅钦仰，有当万一则未敢耳。"

〔还奉〕《西游记》第五十回："这斋饭连钵盂，小神收下，让大圣身轻好施法力。待救唐僧出难，将此斋还奉唐僧。"

〔奉返〕《汪康年师友书札·梁鼎芬》："《梅溪书院章程》阅毕奉返。此真上海书院也。"

【奉偿】表示偿还或偿付的敬称。明凌濛初《初刻拍案惊奇》卷十八："足下前日之银，吾辈得来，随手费尽，无可奉偿。"《东周列国志》第八一回："愿从大王乞太仓之谷万石，以救目前之馁。明年谷熟，当即奉偿。"《西游记》第十二回："朕照你原价奉偿，却不可推避。"

【奉到】敬称收到对方的物品、信件或文书。《清代名人书札·林则徐致慕堂》："赵松雪二印对过，皆不真，是以未便题咏，专此奉缴外，奉到山东城武县宋刻《庙堂碑》并曲阜拙刻补字三张。"《清会典·稽查钦奉上谕事件处》："八旗事件，每十日将奉到上谕，汇送一次。"《汪康年师友书札·江标》："示悉。杨星翁回信未奉到，大约遗忘矣，然亟欲一看也。"

【奉寄】【寄奉】向他人寄发信函或物品的敬称。

〔奉寄〕《汪康年师友书札·罗振玉》："兹将第一册校完奉寄，并刻入尊刻，何如？若不刻，即祈掷还，弟即刻之也。"又《陶濬宣》："弟远隔岭海，无状足述，时念良友。承雅爱拙书，特书一联奉寄，如晤语也。"又《刘怡》："所谭黄子穆《海道图说》，回寓日当奉寄，以备地理公会校勘。"

〔寄奉〕《清代名人书札·林则徐致李彦章》："客冬寄奉寸缄，谅邀惠察。"《汪康年师友书札·陈藻第》："如价值或有不敷，每石略加一二角未为不可，请兄酌定示之，以便将价洋寄奉。"

【奉让】把物品借让给别人的敬词。《汪康年师友书札·陈锦涛》："《几何快读》一书，美国温窝文所著，……仅足自用，难以奉让。"

【奉敬】【奉献】犹"敬献"。

〔奉敬〕清孔尚任《桃花扇·访翠》："待小生奉敬。"茅盾《子夜》十七："我们大家干一杯，再各人奉敬寿母一杯，好么？"京剧《将相和》第十一场："和氏璧当奉敬，快快交出十五城。"

〔奉献〕明冯梦龙《警世通言·乐小舍拚生觅偶》："小圣龙宫海藏，应有奇珍异宝，夜光珠，盈尺璧，任从大王所欲，即当奉献。"《汪康年师友书札·王仁乾》："（日）近卫公爵演说，云：

'今日本爵等无佳肴奉献,聊表微忱,承诸君不弃惠临。今李星使与阁下为观大操演,驾来敝国,兼视察文武学校。……'"郭沫若《南冠草》第一幕:"多尔衮接茶一盏奉献于洪承畴,置于炕几之右侧。"

【奉上】送致物品或书函的敬词。《清代名人书札·黄燮清致张鸣珂》:"兹乘舍侄梅汝岁试之便,令其赍送尊斋,面致一切。前岁扇面,一并奉上,祈拨冗濡颖,于试毕时带转,甚感,甚感!"《汪康年师友书札·梁启超》:"今日信始发,旋接念劬来一电,译出照奉上。"

【奉介】向人介绍的敬称。《汪康年师友书札·梁启超》:"康君幼博,长素先生之弟也,为贫仕于浙(居两广馆),能读西书,练于事务,欲见浙中长者,今谨奉介门下。"

【奉国】献身为国。《北史·裴佗传》:"裴矩凡所陈奏,皆朕之成算,朕未发,矩则以闻。自非奉国,孰能若是?"

【奉祭】祭祀的敬称。《西游记》第七九回:"若得病愈,与长老修建祠堂,四时奉祭,永为传国之香火。"碧野《没有花的春天》第二章:"我们村子里世世代代的子孙都会每年春秋两次奉祭你的呢?"

【告奉】奉上,敬奉。明凌濛初《二刻拍案惊奇》卷三八:"郁盛瞧见,忙至莫大姐轿前施礼道:'此是小人家下,大姐途中口渴了,可进里面告奉一茶。'"

盥 guàn

盥,洗手。用在"诵""读"等词的前面,表示洗净双手再诵读对方的来信或作品,以示敬意。"浣诵"同"盥诵"。

【盥诵】《清代名人书札·李元度致某人》:"抵康后接展手谕,仰荷挥丹宠饰,推赤奖垂,盥诵之余,莫名愧感。"《汪康年师友书札·周学基》:"回署后捧读闳艺,殊觉珠琳琅玕,无美不备,……盥诵再三,欢欣曷既。"

【盥读】《清代名人书札·伊秉绶致茶山》:"韬华请假,庐山大作未获盥读。"

【浣诵】《汪康年师友书札·尹克昌》:"奉八月十九日复书,如获至宝,一再浣诵,何公爱我之深而知我之切也!"

彻 chè

彻,通达,上达。可用在"电""听"等词的前面,敬称自己的函件或奏闻已上达对方并蒙察听。

【彻电】电,明察。《清代名人书札·袁昶致薛时雨》:"前奉六月廿七日手谕,读之悚领一切。月初笺报,想已彻电。"

【彻听】犹上达尊听。明李东阳《再与方石先生书》:"尝寄诸公贺章,计已彻听。"

洛 luò

洛,通"络"。这里指连续反复。敬

称对他人的作品或书信反复诵读,不忍释手。

【洛诵】语出《庄子·大宗师》:"副墨之子,闻诸洛诵之孙。"成玄英疏:"临本谓之副墨,背文谓之洛诵。初既依文生解,所以执持披读;次则渐悟其理,是故罗洛(反复不断)诵之。"清李调元《卍斋琐录·己录》:"今人书札多用'洛诵'字,本《庄子》:'洛诵之子,闻之瞻明。'洛、络通。吕注:'谓绵络贯穿而诵之。'又《春秋说·题辞》云:'洛之为言绎也,言水绎绎有光辉也,故字又从水,作洛亦通。'"洛,也作"雒",且更常用。

【雒诵】清戴名世《〈方百川稿〉序》:"得尽读两人之文,往往循环雒诵,不忍释去。"清李慈铭《越缦堂读书记·援鹑堂笔记》:"回翔雒诵,不能舍去。"《汪康年师友书札·罗振玉》:"今夏敝亲家刘云抟太守由鄂返淮,述阁下与同志创设报馆,出示章程,雒诵之余,莫名钦佩。"鲁迅《三闲集·怎么写》:"那不能直吞下去的模样,就和雒诵教训文学的时候相同。"

环诵 huánsòng

敬称对他人的书信或作品来回阅读。《汪康年师友书札·邵章致汪康年》:"客冬接奉复书并承赐《四上书记》一册,展缄环诵,指示良多。"

庄诵 zhuāngsòng

对诵读他人来信的敬称。庄,庄重。《清代名人书札·施典章致阎敬铭》:"孟冬之月奉到九月初三日手示,……远隔二千里外,慰问如家人之亲,庄诵之余,曷胜钦感。"《汪康年师友书札·韩昙首》:"穰卿仁兄足下:元月中旬,获睹瑶章,如绚云一朵从天飞下,回环庄诵,齿颊生香。"

展 zhǎn

敬词。展,省视,存问。用在相关的动词前,表示探望或拜访他人的敬称。

【展奉】《资治通鉴·晋穆帝永和七年》:"与君累世同乡,情相爱重,诚欲君享祚无穷;今既获展奉,不可不尽所怀。"胡三省注:"展,省视也。"宋苏轼《与朱康叔书》:"末由展奉,尚冀以时自重。"

【展谒】宋苏轼《贺正启》:"某官守所系,展谒无阶。"清方文《荆溪道中偕周颖侯》诗:"到城先展谒,贤祖孝侯祠。"清曾国藩《祭韩公祠文》:"国藩履任之日,敬谨展谒。"

【展诣】《太平御览》卷六九八引南朝梁沈约《俗说》:"老母朝来未得食,至市货履,不得展诣。"

见 jiàn

见,副词性代词,相当于第一人称"我"。用于相关的动词前,敬称对方对自己的教谕、宽恕或来访等。

【见教】【见谕】敬称对方对自己的教谕。

〔见教〕汉司马相如《上林赋》:"鄙人固

陋,不知忌讳,乃今日见教,谨受命矣。"宋王安石《答李深父书》之三:"承以《论语义》见教,言微旨奥,直造孔庭,非极高明,孰能为之?仰羡仰羡!"《水浒传》第一〇二回:"二位光降,有何见教?"张天翼《畸人集·畸人手记》:"你们不是打发四妹喊我来的么——有什么见教啊?"

〔见谕〕宋曾巩《与王介甫第三书》:"《孟子》之书,韩愈以谓非轲自作,理恐当然。则所云'幸能著书者',亦惟更详之矣。如何? 幸复见谕。"《封神演义》第六三回:"将军自何处而来? 有何见谕?"

【见谅】【见亮】【见恕】请人原谅或宽恕的敬称。

〔见谅〕清李渔《慎鸾交·久要》:"这种苦情,是蒙你见谅的了。"《二十年目睹之怪现状》第十四回:"本来在这热丧里面,不应该到人家家里来乱闯;但是出于无奈,求吴老爷见谅。"

〔见亮〕同"见谅"。南朝宋谢灵运《诣阙上表》:"虽曰见亮,而装防如此。"宋王安石《与孟逸秘校手书》:"人求还急,修答不谨,幸见亮。"《封神演义》第三二回:"将军雅爱,念吾俱是武臣,被屈脱难,贤明自是见亮。"

〔见恕〕鲁迅《且介亭杂文末编·〈苏联版画集〉序》:"要请读者见恕的是我竟偏在这时候生病,不能写出一点新的东西来。"

【见顾】【见临】【见过】【见访】敬称他人来到或来访。

〔见顾〕《南史·柳惔传》:"贤子俱有盛才,一日见顾,今故报礼。"唐李华《咏史诗》之五:"帝言翁甚善,见顾何不早。"清黄六鸿《福惠全书·莅任·驭衙役》:"适来见顾,亦金刚之流亚。""见顾"也用于受人赏识。《三国志·蜀书·黄权传》:"大将军司马宣王深器之,问权曰:'蜀中有卿辈几人?'权笑而答曰:'不图明公见顾之重也。'"

〔见临〕犹"光临"。唐韩愈《答杨子书》:"学问有暇,幸时见临。"宋苏轼《答赵德麟书》:"无事见临,幸甚!"

〔见过〕犹来访。宋欧阳修《与苏丞相书》:"清明之约,幸率唐公见过,吃一碗不托尔,余无可以为礼也。"宋文莹《玉壶清话》卷七:"紫垣甚近,黄阁非遥,僚友见过,幸低声笑语。"

〔见访〕来访。《新五代史·杂传七·刘玘》:"不早相闻,今日见访,不其晚邪?"宋王安石《答俞秀老书》:"令弟见访,阙于从容,及间邀之,已过江矣。"《鲁迅书信集·致宫竹心》:"此后如见访,先行以信告知为要。"

【见惠】【见赐】【见诒】【见赠】敬称他人的赠与。

〔见惠〕《儒林外史》第二八回:"三人请问房钱。僧官说:'这个何必计较,……随便见惠些须香资,僧人那里好争论?'"鲁迅《书信集·致邵文熔》:"顷奉到二十日函,知特以干菜、笋干见惠,甚感甚感。"

〔见赐〕《镜花缘》第六十回:"莫非此处

另有甘泉,何不见赐一盏?"

〔见诒〕鲁迅《书信集·致许寿裳》:"《新青年》第二期已出,别封寄上。今年群益社见诒甚多,不取值,故亦不必以值见返耳。"

〔见赠〕清孔尚任《桃花扇·骂筵》:"这是画友蓝瑛新来见赠的。"

【见委】【见托】敬称他人的委托。

〔见委〕《镜花缘》第八二回:"若花道:'既承大家见委,妹子斗胆,就烦春辉、题花二位姐姐监令,宝云、兰芝二位姐姐监酒。'"《二十年目睹之怪现状》第三六回:"倘有别样事见委,再当效劳。"

〔见托〕明凌濛初《初刻拍案惊奇》卷十四:"感蒙不弃,若有见托,必当尽心。"

【见告】敬称他人的告知。宋王安石《答王该秘校书》:"唯其所闻,数以见告,幸甚。"鲁迅《书信集·致李霁野》:"如有,希即寄一本往法国,地址录下。已寄与否,并希便中见告。"

仰 yǎng

敬词。仰,脸向上。表示对方处在上位,自己处在下位。"仰"后的动词,是用敬词的人自己的行为。

【仰攀】【仰扳】【仰高】高攀。与比自己地位高的人结交或联姻的敬词。

〔仰攀〕明凌濛初《初刻拍案惊奇》卷二十:"只是母子孤寒如故,未敢仰攀。"《东周列国志》第五回:"妻者,齐也,故曰配偶。今郑小齐大,大小不伦,孩儿不敢仰攀。"

〔仰扳〕明冯梦龙《警世通言·俞伯牙摔琴谢知音》:"大人乃上国名公,钟徽乃穷乡贱子,怎敢仰扳?"

〔仰高〕《西游记》第六四回:"杏仙尽有仰高之情,圣僧岂可无俯就之急?如不见怜,是不知趣了也。"

【仰酬】【仰答】表示酬答、报答的敬词。

〔仰酬〕《南史·循吏传·甄法崇附甄彬》:"檀越乃能见还,辄以金半仰酬。"南朝梁沈约《与范述曾论齐竟陵王赋书》:"虽复吟咀回环,编离字灭,终无所辨,仰酬睿旨,微表寸长。"

〔仰答〕明张居正《答奉常陆五台论治体用刚》:"仆所以恳恳救之者,盖以仰答圣恩,下明臣节耳。"《太平天国史料·史致谔档案》:"惟有殚精竭虑,整顿维持,以期保地方,仰答宪台于万一。"

【仰羡】【仰慕】【仰企】【仰止】对人景仰的敬词。

〔仰羡〕宋王安石《答李深父书》之三:"承以《论语义》见教,言微旨奥,直造孔庭,非极高明,孰能为之?仰羡仰羡!"

〔仰慕〕明凌濛初《二刻拍案惊奇》卷十一:"妾见父亲敬重君子,一时仰慕,不以自献为羞。"

〔仰企〕清王先谦《续古文辞类纂序》:"愚柔者仰企而不及,贤智者则务为浩侈,不肯自抑其才。"清秋瑾《赠蒋鹿珊先生言志》诗:"久闻吾浙有蒋子,未见音容徒仰企。"

〔仰止〕止,语气词。典出《诗经·小雅·车舝》:"高山仰止,景行行止。"孔颖达疏:"有高显之德如山者,则慕而仰之;有远大之行者则法而行之。"孙中山《革命原起》:"二人死节之烈,浩气英风,实足为后死者之模范。每一念及,仰止无穷。"

【仰屈】邀请他人的敬称。《太平御览》卷七二三引《周书》曰:"其子殷勤拜请,曰:'多时仰屈,今日始来,竟不下治,意实未尽。'"明徐渭《四声猿·渔阳三弄》:"下官自有一小小果酒,也要仰屈三杯,表一向侍教的薄意。"

【仰承】【仰荷】承、荷,都有承受的意思。表示承受眷顾或领受意图的敬词。

〔仰承〕宋王栐《燕翼诒谋录》卷五:"自后军帅亦仰承朝廷优恤之意,待遇之礼与统领官等。"明李东阳《送南京国子祭酒谢公诗序》:"然则仰承休命,远驾前哲。"《文明小史》第四五回:"监督仰承意旨,常常把他考在高等。"

〔仰荷〕宋苏轼《和王巩并次韵》诗之一:"吉人终不死,仰荷天地德。"《清史稿·刑法志一》:"朕仰荷天休,抚临中夏,人民既众,情伪多端。"

【仰祈】表示祈求的敬词。宋曾巩《诸庙谢雨文》:"比吁众情,仰祈灵施。果蒙薄雨,小润焦原。"明凌濛初《初刻拍案惊奇》卷三十:"且其人善能诙谐笑谈,广晓技艺,或者可以赐他侍坐,以助副大使雅兴万一。不知可否?未敢自专,仰祈尊裁。"《花月痕》第四六回:"臣梅山奏,为应诏直陈,仰祈圣鉴事。"

【仰烦】烦劳对方的敬词。明徐渭《四声猿·渔阳三弄》:"小生叨向天廷,要赆物何用?仰烦带回,多多拜上殿柱。"《文献通考》卷二五:"自其法废,河道日益浅涩,……仰烦圣训,丁宁训饬。"

【仰服】表示钦佩的敬词。唐韩愈《与崔群书》:"至于心所仰服,考之言行而无瑕尤,窥之阃奥而不见畛域,……惟吾崔君一人。"清吴敏树《上曾侍郎书》:"而前日立朝之风,天下所仰服而欣喜者,固足以树立千秋矣!"

【仰渎】敬称冒渎尊上。《好逑传》第十七回:"国法廷争,恩威上出,臣妾何敢仰渎?蒙恩诏奏,谨据实以闻,不胜待命之至。"

伏 fú

敬词。伏,俯伏;用于下对上。《助字辨略》卷五:"伏者,以卑承尊之词也。"用在相关的动词前,以示自己处在下位,对方处在上位。"伏"后面的动词,是用敬词的人自己的行为,多用于奏疏或书信。

【伏惟】【伏念】【伏计】【伏想】表示自己想到或虑及的敬词。

〔伏惟〕惟,想到,虑及。汉扬雄《剧秦美新》:"臣伏惟陛下以至圣之道,龙兴登庸,……为天下主。"晋李密《陈情事表》:"伏惟圣朝以孝治天下,凡在故老,犹蒙矜育,况臣孤苦,特为尤甚。"宋王安石《上曾参政书》:"伏惟阁下由君子之道以相天下,故某得布其私焉。"

〔伏念〕念,念虑,念及。唐韩愈《上宰相书》:"伏念今有仁人在上位,若不往告之而遂行,是果于自弃,而不以古之君子之道待吾相也,其可乎?"唐柳宗元《寄许京兆孟容书》:"伏念得罪来五年未尝有故旧大臣肯以书见及者,何则?罪谤交积,群疑当道,诚可怪而畏也。"宋曾巩《谢杜相公书》:"伏念昔方巩之得祸,罚于河滨,去其家四千里之远。"

〔伏计〕计,谋虑。《汉书·文帝纪》:"臣伏计之,大王奉高祖宗庙最宜称。"

〔伏想〕宋黄庭坚《与分宁萧宰》:"伏想政成民信,邑廷事益清闲,时有文酒之乐,以谢江山。"

【伏望】【伏惟(维)】【伏冀】表示希望的敬词。

〔伏望〕宋王禹偁《滁州谢上表》:"伏望陛下思直木先伐之义,考众恶必察之言。"明凌濛初《初刻拍案惊奇》卷八:"弟子虔诚拜祷,伏望菩萨大慈大悲救苦救难。"《桃花扇·选优》:"伏望明白宣示,以便分忧。"

〔伏惟〕唐柳宗元《上桂州李中丞荐卢遵启》:"伏惟阁下留意裁择,幸甚幸甚!""惟"也写作"维"。宋王安石《上仁宗皇帝言事书》:"伏维陛下详思而择其中,幸甚!"《花月痕》第十四回:"万里长途,伏维自爱!"

〔伏冀〕五代前蜀杜光庭《果州宗寿司空因斋修醮词》:"伏冀玄慈俯烛,洪泽濡临,赐臣灾运销平,凶衰超度。"清刘献廷《广阳杂记》卷五:"收人仪物,谦曰'拜领'。然不独我受,望人受亦曰'领'。赵松雪与人柬云:'辄有素绸一匹,以表微意,伏冀笑领。'又云:'拜手持纳,祈笑领之。'"《陈垣来往书信集·尹炎武致陈垣》:"援公礼席:从江北回,接奉赴书,惊悉太夫人仙逝,哀悼惊悼,云胡能已。……伏冀勉抑哀衷,倍加保啬,以慰吾党见附者之望也。"

【伏祈】【伏乞】表示恳求的敬词。

〔伏祈〕《清史稿·简纯亲王传》:"伏祈效法太祖、太宗,时与大臣详究政事得失,必商榷尽善。"

〔伏乞〕《京本通俗小说·错斩崔宁》:"奸夫淫妇,赃证见在,伏乞相公明断。"《秦并六国平话》卷上:"臣若不奏,致生灵受苦,诚惶诚恐,顿首顿首,伏乞圣鉴不错。"明凌濛初《二刻拍案惊奇》卷二一:"昨夜被统领官盛彦劫去银四百锭,且被绑缚,伏乞追还究治。"

【伏承】【伏蒙】表示受到对方眷顾的敬词。

〔伏承〕唐韩愈《与少室李拾遗书》:"十二月某日,愈顿首,伏承天恩诏河南,敦谕拾遗公。"

〔伏蒙〕蒙,承蒙。唐韩愈《上襄阳于相

公书》：“伏蒙示《文武顺圣乐辞》《天宝乐诗》《读蔡琰胡笳辞诗》《移族从》并《与京兆书》，……手批目视，口咏其言，心惟其义，且恐且惧，忽若有无，不知鞍马之勤，道途之远也。”唐柳宗元《寄许京兆孟容书》：“伏蒙赐书诲谕，微悉重厚，欣跃恍惚，疑若梦寐，捧书叩头，悸不自定。”

【伏知】表示知悉的敬词。三国魏曹植《献璧表》：“臣闻玉不掩瑕，臣不隐情。伏知所进非和氏之璧。”

【伏见】表示闻见的敬词。三国魏曹植《求自试表》：“臣昔从先武皇帝南极赤岸，东临沧海，西望玉门，北出玄塞，伏见所以行军用兵之势，可谓神妙矣。”宋欧阳修《论选皇子疏》：“今者伏见兖国公主，近已出降。臣因窃思，人之常道，莫亲于父子之亲。”

【伏闻】表示闻知的敬词。《史记·三王世家》：“臣青翟、臣汤、博士臣将行等，伏闻康叔亲属有十，武王继体，周公辅成王，其八人皆以祖考之尊建为大国。”汉枚乘《七发》：“伏闻太子玉体不安，亦所间乎？”

【伏听】表示听从的敬词。清蒲松龄《聊斋志异·钟生》：“二人拜前起，狼狈而行，既归，如命，不解其意，但伏听之。过数日，相传罪人已得，伏诛讫，夫妻相庆。”

【伏读】拜读。《孔丛子·杂训》：“子思在鲁，使以书问卫问子，子上北面再拜，受书伏读。”清俞正燮《〈澳门纪略〉跋》：“昔尝伏读圣祖仁皇帝康熙五十五年圣训。”

【伏候】表示等候的敬词。《秦并六国平话》卷上：“有韩国使命见在朝门下，愿见吾王，未敢擅便，伏候圣旨。”

【伏奉】表示接奉的敬词。唐独孤及《谢濠州刺史表》：“臣伏奉今年五月一日敕，授臣使持节濠州诸军事、濠州刺史。”

【伏奏】表示上奏的敬词。《南齐书·倖臣传论》：“伏奏之务既寝，趋走之劳亦息。”唐李嘉祐《元日无衣冠入朝》诗：“伏奏随廉吏，周行外冗员。”

【伏谒】谒见尊上的敬词。《史记·佞幸列传》：“江都王望见，以为天子，辟从者，伏谒道傍。嫣驱不见。”唐韦瓘《周秦行记》：“太后曰：‘此是唐朝太真妃子。’予即伏谒，拜如臣礼。”明唐顺之《陈封君六十寿序》：“闾巷之人曩与等夷者，莫不奔走伏谒，喘汗不暇。”

俯 fǔ

敬词。俯，俯身。用在相关的动词前面，表示对方处在上位，自己处在下位。"俯"后面的动词，是对方施加于己的行为。

【俯爱】敬称对方的关爱。明凌濛初《初刻拍案惊奇》卷三二：“事毕，女子起身来，……说道：‘辱君俯爱，冒耻仰承。……他日勿使剩蕊残葩，空随流水。’”

【俯察】【俯稽】【俯烛】【俯鉴】下察。敬称对方的审察。

〔俯察〕五代王定保《唐摭言·主司失意》：" 伏乞陛下特开睿鉴，俯察愚衷。"清陈康祺《郎潜纪闻》卷三："圣祖仁皇帝西巡，俯察迩言，采及清望，温旨褒奖。"

〔俯稽〕唐陆贽《重论尊号状》："必也俯稽术数，须有变更，与其增美称而失人心，不若黜旧号以祗天戒。"

〔俯烛〕烛，明察。五代前蜀杜光庭《果州宗寿司空因斋修醮词》："伏冀玄慈俯烛，洪泽濡临，赐臣灾运销平，凶衰超度。"清宋铣《敝车行》诗："村民有苦情，长官当俯烛。"

〔俯鉴〕鉴，鉴察。多用于书信或公文中。唐杜牧《上盐铁裴侍郎书》："伏惟俯鉴微衷，不赐罪责。"

【俯念】【俯思】下念，垂思。敬称对方的念虑。

〔俯念〕唐崔融《皇太子请起居表》："特乞暂流恩召，俯念单诚，遂以起居，假以时日，得晨拜膳飧，遂臣私情。"《镜花缘》第十回："老夫意欲拜恳贤侄，俯念当日结义之情，将红蕖作为己女，带回故乡。"

〔俯思〕晋陆机《汉高祖功臣颂》："俯思旧恩，仰察五纬。"

【俯注】敬称对方的关注。《清代名人书札·李德立致徐宗幹》："日昨远承俯注，特寄齐纨，每一卷扬，仁风载被，恨不获躬亲左右，重赋合欢也。"

【俯就】【俯拾】敬称对方屈尊下就。

〔俯就〕汉应劭《风俗通·愆礼》："夫圣人之制礼也，事有其制，曲有其防……贤者俯就，不肖跂及。"唐薛用弱《集异记·王涣之》："诸伶竞拜曰：'俗眼不识神仙，乞降清重，俯就筵席。'"《儒林外史》第三回："只不知周相公可肯俯就？"鲁迅《且介亭杂文·连环图画琐谈》："懂的标准，当然不能附就低能儿或白痴，但应该着眼于一般的大众。""俯就"也指屈己就人，讨好对方。《封神演义》第三八回："姜尚那日见势不好，将言俯就。"《红楼梦》第五回："宝玉也自悔言语莽撞，前去俯就。"

〔俯拾〕拾，拾取。屈尊下取，比喻俯就。清蒲松龄《聊斋志异·胭脂》："（胭脂）心疑王氏未暇即往，又疑宿斋不肯俯拾。"

【俯允】【俯从】敬称对方屈尊同意。

〔俯允〕允，应允。苏曼殊《惨世界》第二回："请你给点饭菜吃，还求将花园拐角下的小房子，给我歇宿一夜，……不晓得可能俯允么？"刘半农《徐志摩先生的耳朵》："我想他当然一定可以俯允我的要求。"

〔俯从〕从，听从。明沈德符《野获编·捐俸助工》："各衙门公疏或各官私疏以捐俸为请，主上亦欣然俯从。"明冯梦龙《醒世恒言·陈多寿生死夫妻》："（陈青）便道：'望亲家委曲劝谕令爱俯从则个。'"

【俯纳】【俯采】敬称对方采纳。

〔俯纳〕《花月痕》第四六回："伏维圣鉴，俯纳刍荛，特伸乾断。"龚振黄《青岛潮》第十三章："应请俯纳危言,审慎主持。"……

〔俯采〕《汪康年师友书札·卜舫济》:"《启悟问答》,此系弟为敝院中便初学之作,文理粗浅,乃荷俯采刍荛,令人惶汗。"

【俯亮】亮,鉴谅,谅解。敬称对方谅解。明张居正《答宣大郑范溪言省扈跸惠程》:"顷告之司礼诸君,诸君亦以为然,望公俯亮,概行停办。"

【俯询】敬称对方询问。《清代名人书札·李鹤年致阎敬铭》:"辱承俯询,用敢以狂瞽之说,上尘清听。是否,伏希酌裁。"

垂 chuí

敬词。垂,俯垂。用在相关的动词前,表示对方处在上位,自己处在下位。"垂"后面的动词,是对方的行为。

【垂察】【垂鉴】犹"俯察"。敬称对方的审察。

〔垂察〕唐韩愈《上书后廿九日复上宰相书》:"书亟上,足数及门,而不知止焉!……惴惴焉惟不得出大贤之门下是惧,亦惟少垂察焉。"宋曾巩《谢章学士书》:"抑巩闻之,广听博观,不遗污贱厄辱之士者,此所以无弃士也。……敢献其情而以为进谢之资,惟明公之垂察焉!"张謇《热河都统溥颋等会同奏请改组内阁宣布立宪疏》:"如尚不蒙圣明垂察,则负戾滋重,惟有恳恩立予罢斥,敬避贤路,免误国家。"

〔垂鉴〕鉴,鉴察。清颜光敏《颜氏家藏尺牍·叶尚书方蔼》:"伏维垂鉴不宣。蔼再顿首。"孙中山《临时大总统宣告各友邦书》:"犹恐世界各邦,或昧于吾民睦邻之真旨,故将下列各条,披沥陈于各邦之前,我各邦尚垂鉴之。"

【垂爱】【垂眷】【垂念】【垂注】【垂廑】敬称对方的爱护或关怀。

〔垂爱〕俯爱。《后汉书·列女传·袁隗妻》:"慈亲垂爱,不敢逆命。"《玉娇梨》第八回:"晚生蒙老先生垂爱,得赐登龙,已出望外,何敢更叨盛款!"清白云词人《潘烈士投海》第一本:"明公垂爱过深,但恐不才难副期望。"

〔垂眷〕眷,眷爱,眷顾。三国魏曹植《朔风》诗:"君不垂眷,岂云其诚!"唐尹懋《奉陪张燕公登南楼》诗:"君子每垂眷,江山共流眄。"清吕璜《与吴仲伦先生书》:"春木出示手书,又感先生不鄙璜而垂眷之者,甚厚且殷。"

〔垂念〕俯念,关怀。明凌濛初《初刻拍案惊奇》卷九:"重蒙垂念,足见厚情。"清恽敬《答俪笙尚书书》:"先生当代大君子,乃肯垂念愚鄙之夫所不足者而教正之。"苏曼殊《断鸿零雁记》第二五章:"敬谢丈人,垂念小子,小子何日忘之?"

〔垂注〕注,关注,关爱。《清代名人书札·李宗岱致阎敬铭》:"秋间奉到钧谕,仰承垂注,尤为感篆五中。"

〔垂廑〕廑,关怀,挂念。《清代名人书

札‧龚易图致阎敬铭》》："又不得时修禀牍，倩人书之，既不能达所欲陈，且无以仰副垂廑之厚。"

【垂顾】【垂照】敬称他人对自己的关怀或照顾。

〔垂顾〕顾，关怀。南朝梁陶弘景《周氏冥通记》卷二："蒙徐君垂顾，欢仰无已，复蒙今降，庆莫过此。"唐元稹《沂国公魏博德政碑》："所细所忽，忽焉而瞿。四后垂顾，山东不夷。"宋苏轼《与李方叔书》之四："最荷夫人垂顾，故详及之。""顾"有光顾义，"垂顾"又可敬称对方光临。《太平广记》卷一九四引宋王谠《唐语林‧僧侠》："僧指歧路曰：'此数里是贫道兰若，郎君能垂顾乎？'"清蒲松龄《聊斋志异‧公孙九娘》："朱坐门石上，起逆曰：'相待已久，寒舍即劳垂顾。'"

〔垂照〕《汪康年师友书札‧章梫》："自沪揖别，月之十五日抵衰浦，承令友程君楚侯垂照，一切妥善，明晨即可上道。"

【垂哀】【垂悯】【垂怜】【垂矜】敬称他人赐予哀怜、怜悯。

〔垂哀〕哀，哀怜。《晋书‧滕修传》："年衰疾笃，屡乞骸骨，未蒙垂哀，奄至毙殒。"

〔垂悯〕悯，怜悯。《西游记》第二回："万望老爷垂悯，传与躲避三灾之法，到底不敢忘恩！"明沈鲸《双珠记‧真武灵应》："况我夫妻危迫存亡之际，皇天岂不垂悯？"

〔垂怜〕怜，怜悯。唐韩愈《复上宰相书》："情隘辞感，不知所裁，亦惟少垂怜焉。"明冯梦龙《醒世恒言‧刘小官雌雄兄弟》："万望先生垂怜我异乡之人，怎生用贴药救得生命，决不忘恩！"叶蔚林《蓝蓝的木兰溪》："幸好上天垂怜他，赵双环到省里开会去了。"

〔垂矜〕矜，怜悯，同情。晋潘岳《哀永逝文》："嫂侄兮悼惶，慈姑兮垂矜。"

【垂盼】【垂怜】敬称他人对自己的眷爱。

〔垂盼〕盼，盼顾，眷顾。清蒲松龄《聊斋志异‧葛巾》："幸蒙垂盼，缘在三生。"清李渔《意中缘‧卷帘》："他方才不住把眼睛瞧我，又先替我画画，分明是垂盼之意。"

〔垂怜〕怜，爱怜。清李渔《蜃中楼‧双订》："小生柳毅拜揖，多谢二位小姐垂怜。"

【垂意】【垂情】敬称他人的关怀或关心。

〔垂意〕《后汉书‧和帝纪》："孝章皇帝崇弘鸿业，德化普洽，垂意黎民，留念稼穑。"宋曾巩《再与欧阳舍人书》："复思若巩之浅狭滞拙，而先生遇甚厚，惧己之不称，……伏惟垂意而察之。"

〔垂情〕明冯梦龙《古今小说‧吴保安弃家赎友》："吾向者偶寄尺书，即蒙郭君垂情荐拔。"明凌濛初《二刻拍案惊奇》卷二六："御史恻然不忍道：'容门生到了地方，与老师设处便了。'愚溪道:'若得垂情,老朽至死不忘。'"

【垂青】敬称他人的重视。青,青眼,受到重视。元谷子敬《城南柳》第一折:"为什么桃脸破红颜,柳眼垂青顾,认得俺东君是主?"清李渔《玉搔头·缔盟》:"多蒙令爱垂青,已把终身许。下官具有些许聘礼,求妈妈笑纳。"姚雪垠《李自成》第二卷第四三章:"今日来投闯王帐下,过蒙垂青,只恨才疏学浅,无以为报。"参看"青目"。

【垂目】敬称他人的照顾。明冯梦龙《智囊补·明智·严辛》:"辛曰:'他日望台下垂目。'刘公曰:'汝主正当隆赫,我何能为?'"

【垂问】【垂询】敬称上对下询问。
〔垂问〕清江藩《汉学师承记·王兰泉》:"刑部侍郎袁守侗,按事入川,……回京具奏,上嘉之。有旨垂问,文成复奏。"明凌濛初《初刻拍案惊奇》卷十五:"小弟有些心事,别个面前也不好说,我兄垂问,敢不实言?"清龙启瑞《致冯展云侍读书》:"因阁下殷殷垂问,故不秘其愚,而思有所赞于左右焉。"
〔垂询〕清江藩《汉学师承记·钱大昕》:"嘉庆四年,今上亲政,垂询大昕家世状。"清王端履《重论文斋笔录》卷四:"辱承垂询,用敢附闻。"鲁迅《二心集·知难行难》:"(十一月十四日《申报》)南京专电:丁文江、胡适,来京谒蒋,此来系奉蒋召,对大局有所垂询。"

【垂教】犹"赐教"。《清代名人书札·张佩纶致吴大衡》:"承中堂垂教,即如命延订。"《汪康年师友书札·蒋智由》:"尤愿与贵报联络,互相提携,以收将伯之助,……尚望有以垂教,幸甚。"孙犁《澹定集·〈文艺增刊〉致读者、作者》:"海内同行,新旧知好,幸垂教焉!"

【垂示】犹"赐示"。唐王勃《上从舅侍郎启》:"昨弟勋至,奉命以宪台诗十首垂示。"清管同《与友人论文书》:"垂示古文三篇,比前稍进,然终屡弱无劲气,未得为佳。"《汪康年师友书札·梁焕奎》:"或有新近译出未经登报者,但属史志一类,即乞垂示,以便购取,至盼至盼。"

【垂听】犹"俯听"。敬称听取意见。《尉缭子·原官》:"明举上达,在王垂听也。"《三国演义》第二回:"朝廷大事,任大臣元老自行商议,此国家之幸也。愿垂听焉。"巴金《能言树》二:"万能的天上的大神啊,请您垂听我这个小女孩的哀告罢。"

【垂恩】敬称施予恩泽。《三国志·蜀书·先主甘后传》:"大行皇帝存时,笃义垂恩,念皇思夫人神柩在远飘飘,特遣使者奉迎。"《敦煌变文集·伍子胥变文》:"臣是小人,虚沾大造,蒙王收录,早是分外垂恩。"

【垂范】【垂法】【垂宪】敬称垂示范式或楷模。
〔垂范〕南朝梁刘勰《文心雕龙·诏

策》:"(汉武帝)《策封三王》,文同训典,劝戒渊雅,垂范后代;及制诰严助,即云厌承明庐,盖宠才之恩也。"唐韩愈《寄卢仝》诗:"假如不在陈力列,立言垂范亦足恃。"清平步青《霞外捃屑·论文·陆渭南集》:"丁宁训诫之语,皆足垂范百世。"

〔垂法〕《史记·秦本纪》:"且先王崩,尚有遗德垂法,况夺之善人良臣百姓所哀者乎!"

〔垂宪〕宪,法则。《晋书·后妃传序》:"是以哲王垂宪,尤重造舟之礼。"明宋濂《使南稿序》:"固当著之史牒,垂宪百世。"

【垂恕】【垂谅】请他人宽恕、原谅或谅解的敬称。

〔垂恕〕《清代名人书札·王继庭致阎敬铭》:"今冬寒甚于往年,肃此,笔冻不能端楷,伏乞垂恕。"

〔垂谅〕明张居正《答凌洋山辞馈助书》:"辱在心知,故直吐其愚,万惟垂谅。"清蒲松龄《聊斋志异·丁前溪》:"主人好交游,适他出,家惟娘子在,贫不能厚客给,幸能垂谅。"清薛福成《答友人论禁洋烟书》:"姑就来书之旨,一抒狂瞽之论,幸垂谅焉。"

【垂戒】【垂诰】敬称垂示告诫或警戒。

〔垂戒〕戒,也写作"诫"。唐司空图《疑经》:"纵天王制用失节,多取于诸侯。如欲垂戒,即书于周史可也。"明王鏊《震泽长语·经传》:"若夫子意在垂诫,一二篇足矣,何敢于多为

〔垂诰〕晋葛洪《抱朴子·行品》:"恶者之事,可以戒俗者,愿闻垂诰焉。"南朝梁刘勰《文心雕龙·才略》:"商周之世,则仲虺垂诰,伊尹敷训。"《北史·李彪传》:"祭无主则宗庙无所飨,家嫡废则神器无所传。圣贤知其如此,故垂诰以为长世之法。"

【垂救】敬称他人的救助。《水浒传》第四回:"若非恩人垂救,怎能够有今日?"明冯梦龙《警世通言·假神仙大闹华光庙》:"魏公听说,慌忙下拜,说道:'万望师父慈悲,垂救犬子则个! 永不敢忘。'"

【垂阅】敬称他人阅览。《汪康年师友书札·陈寿彭》:"拙稿在尊处,请抽闲垂阅,并宠以弁首序言,译例请改正为荷。"

【垂佑】赐予保佑的敬称。《宋史·乐志九》:"皇灵垂佑,洪福弥隆。"《明史·聂豹传》:"寇虽有所掠,而我师获斩过当,实上玄垂佑,陛下威灵所致。"

【垂接】敬称赐予接待。《后汉书·文苑传下·赵壹》:"以贵下贱,握发垂接。"

惠 huì

敬词。惠,恩惠。主要用于动词前,表示对方的行为是加惠于己。

【惠赐】【惠贶】【惠赠】敬称他人的赠赐。

〔惠赐〕《仪礼·聘礼》"公当楣再拜"郑

玄注:"拜,贶也。贶,惠赐也。"清吴敏树《与梅伯言先生书》:"伏维矜怜,而终惠赐之,其为感戴,岂可涯量!"《第八路军武汉办事处鸣谢启事》:"特将惠赐者之姓名及钱数物数,公诸报端,以伸谢悃。"

〔惠贶〕三国魏吴质《答东阿王书》:"信到奉所惠贶,发函伸纸,是何文采之巨丽而慰喻之绸缪乎!"

〔惠赠〕鲁迅《书信集·致郑振铎》:"昨乔峰交到惠赠之《中国文学史》三本,谢谢。"

【惠临】【惠顾】敬称他人光临。

〔惠临〕清黄六鸿《福惠全书·莅任·禁私谒》:"因公事而惠临,则宾馆相迎。"《汪康年师友书札·陈季同》:"今晚晤恪士,……合邀台从,并恳代订卓如、徐博二君惠临一叙,万乞勿却勿迟,至以为祷。"鲁迅《书信集·致姚克》:"届时务希与令弟一同惠临为幸。"

〔惠顾〕《三国志·吴书·鲁肃传》:"今汉室倾危,四方云扰,孤承父兄余业,思有桓、文之功。君既惠顾,何以佐之?"元关汉卿《金线池》楔子:"不意今日惠顾,殊慰鄙怀。"清蒲松龄《聊斋志异·宦娘》:"惠顾时,得聆雅奏,倾心向往。"茅盾《子夜》八:"冯云卿虽尚未蒙惠顾,却也久闻大名。"

【惠允】同"俯允"。对他人应允或同意的敬称。《胡适来往书信选·朱家骅致胡适》:"中美教育基金协定,……拟借重清望,敦聘台端为顾问,并请主持其事,至祈惠允是幸。"

【惠存】请惠予保存。多用于送人相片、书籍或纪念品时所题的上款。如:某某惠存。

【惠借】敬称他人借物给自己。《汪康年师友书札·张謇》:"尊藏《法国律例》,乞暂惠借一观。"吴小如《呼唤〈废名全集〉问世》:"我……向先生借阅他的《诗经》讲稿。承先生厚爱,全部惠借给我过录,我用完随即归还了。"

【惠邮】【惠音】【惠书】【惠函】敬称他人的邮件或来信。

〔惠邮〕清魏源《〈皇朝经世文编〉五例》:"故有录必披,无简可略,匪但专集宜寻,亦作他书别见,则网罗之宜广也。见闻或限于方隅,惠邮尚资夫益友。"

〔惠音〕晋陆机《赠冯文罴》诗:"夫子茂远猷,款诚寄惠音。"宋苏轼《贺列郡知通贺冬启》:"未遑驰问,先辱惠音。"

〔惠书〕鲁迅《书信集·致郑振铎》:"顷得惠书,谨悉一切。"徐特立《致黎锦熙信》:"弟于去年初离德留法三月余,今春由德赴比,居无定所,以致惠书展转邮寄多费时日。"

〔惠函〕鲁迅《书信集·致许寿裳》:"顷奉到十二月五日惠函,备悉种种。"

【惠寄】敬称他人寄发信函或物品。《汪康年师友书札·江瀚》:"有新译泰西之书,亦望惠寄,需价若干,当如数奉赵也。"又《赵启霖》："正月廿六日奉去年十月十日赐书,并承惠寄尊照,觉无穷之怅触,无端之感喟,攒怀填臆,如不自胜。"

【惠教】犹"赐教"。敬称对方的教诲。《战国策·赵策四》："赵王曰:'卿不远赵,而惠教以国事。'""惠教"也用于敬称他人来信。《清代名人书札·张佩纶致吴大衡》："入都一行。往返不及半月,缁尘方洗,惠教适来。"请参看"书信敬词"。

【惠问】对他人问候自己的敬称。宋苏轼《与王敬仲书》之二:"方欲奉启告别,遽辱惠问,且审起居佳胜,宠谕过实,深荷奖借。"

【惠告】敬称他人的告知。《清代名人书札·端方致陆宝忠》:"时局多艰,隐忧倍切,……公有所闻见,幸时时惠告。"

【惠招】敬称他人的招请。《汪康年师友书札·陈豪》:"惟此番迎侍,不得过于将就,弟到后一看再搬进。承惠招,尤感。"

葵 kuí

葵,敬称向往或思慕对方,犹如葵之向日。

【葵向】《清代名人书札·何桂清致徐宗幹》:"两浙得大贤而佐治,四境庆福曜之光临,民望攸归,……葵向弥殷。"

【葵悃】【葵私】【葵心】【葵倾】喻思慕对方的心情。

〔葵悃〕《清代名人书札·蒋益澧致薛时雨》:"骊歌唱别,正切渴思,忽展朵云,积抒葵悃。"

〔葵私〕《汪康年师友书札·伍元芝》:"忆阔清晖,瞬经岁琯,顷奉华翰,藉慰葵私。"

〔葵心〕宋苏轼《奉和陈贤良》诗:"望穷海表天还远,倾尽葵心日愈高。"

〔葵倾〕姚雪垠《李自成》第二卷第四三章:"信与红娘子、舍弟李侔,引领西望,不胜葵倾之情。"

鹄 hú

敬词。鹄,天鹅,颈长。用在"候""俟""盼""望"等词前面,表示引颈翘首,伫立等候,以喻等候或盼望之殷切。

【鹄候】《水浒传》第一〇七回:"李助又等了一回,有内侍出来说道:'大王有旨,问军师还在此么?'李助道:'在此鹄候。'"《老残游记续集遗稿》第二回:"请缓封一日,俟弟与阁下面谈后,再封如何?鹄候玉音。"《汪康年师友书札·沈敦和》:"前接熊太史函,属交由尊处附寄,如蒙慨诺,应否即将此书送上,鹄候示行。"又《汪立元》:"此上,敬请注安,鹄候回玉。"

【鹄恭】清蒲松龄《代孙树百贺钞关周礼部郎庄启》:"禀启何胜鹄恭雀跃之至。"

【鹄俟】俟,也写作"竢"。清陈确《大学辨二·与吴裒仲书》:"知我哀仲必有超然玄览者,故复不辞觊缕,鹄俟明教。"清蒲松龄《聊斋志异·辛十四娘》:"内有问者曰:'何处郎君,半夜来此?'生以失路告。问者曰:'待达主人。'生累足鹄竢。"

【鹄盼】《汪康年师友书札·梁齐》:"弟与翼仲至感忧灼万分,苦于无人呼吁,迫切上陈。敬请台安,鹄盼回玉。"

【鹄望】晋成公绥《螳螂赋》:"戢翼鹰峙,延颈鹄望。"《晋书·乞伏乾归载记》:"陛下应运再兴,四海鹄望,岂宜固守谦冲,不以社稷为本!"

伫 zhù

伫,肃立。用在"候""闻"等词前,表示敬称。

【伫候】恭候。《旧唐书·陈少游传》:"濠寿、舒庐,寻令罢垒,韬戈卷甲,伫候指挥。"廖仲恺《致蒋介石函电四通》之二:"馀不一一,伫候相见。"

【伫闻】恭听。南朝梁任昉《天监三年策秀才文》:"斯理何从?伫闻良说。"李善注引颜延之《策秀才文》曰:"废兴之要,敬俟良说。"《清史稿·睿宗亲王多尔衮传》:"敬布腹心,伫闻明教。"

光 guāng

敬词。光,光荣。用在动词前,敬称对方的行为使自己增添光荣;用于名词前,敬称他人的仪容风采。

【光临】【光顾】【光驾】【光降】【光贲】敬称对方到来。

〔光临〕三国魏曹植《七启》:"不远遐路,幸见光临。"清李渔《慎鸾交·拒托》:"二位姐姐,一向不见,今日为何事光临?"萧红《马伯乐》:"她看到某商店的广告,说是新从上海来了一批时装,仕女们请早光临。"黄永玉《北向之痛》:"钱先生和季康夫人光临舍下那是无边地欢迎的,因为起码确信我没有打扰他们。"

〔光顾〕唐薛能《郊居答客》诗:"远劳才子骑,光顾野人门。"明桑绍良《独乐园司马入相》第一折:"四位老先生,今日光顾小园,老夫有何德能?"清李渔《风筝误·贺岁》:"二位相公不弃,几时到敝寓来,光顾一光顾何如?"周立波《山乡巨变》上十五:"天天发狠做,一心想发财,财神老爷总不肯光顾。"

〔光驾〕明何景明《中秋十七夜留康德涵饮》诗之一:"君子枉光驾,嫌婉情未央。"

〔光降〕《水浒传》第一〇二回:"二位光降,有何见教?"清孔尚任《桃花扇·听稗》:"既蒙光降,老汉也不敢推辞。"茅盾《水藻行》:"这位'大人物'的光降,便是人们烦恼的原因。""光降"也可敬称他人的惠赐。

〔光贲〕唐刘禹锡《谢兵马使朱郑等官表》:"荣分右职,光贲遐藩。"明孙梅锡《琴心记·挑动春心》:"无能山野,久慕高风,已幸识荆,又承光贲。"

【光伴】【光陪】请他人陪伴的敬称。

〔光伴〕《百丈清规·告香》:"请首座光

伴,斋退鸣鼓,众归位立。"

〔光陪〕《清代名人书札·彭祖贤致张鸣珂》:"今日上灯前订学使晚饭,祈光陪。并祈代邀挚叔、菊轩两兄,均惠然,尤以为幸。"

【光尘】【光霁】敬称对方的风采。

〔光尘〕《昭明文选·繁钦〈与魏文帝笺〉》:"冀事速讫,旋侍光尘,寓目阶庭,与听斯调。"张铣注:"光尘,美言之。"《三国志·吴书·陆逊传》:"逊至陆口,书与羽曰:……近以不敏,受任东西,延慕光尘,思禀良规。"唐白居易《祭李司徒文》:"至于豆笾之会,轩盖之游,多奉光尘,最承欢惠。"

〔光霁〕为"光风霁月"的省称,也可表示敬称他人的风采。明章懋《与陈提学书》:"未获一瞻光霁。"清蒲松龄《聊斋志异·胡四相公》:"揖而祝曰:'小生斋宿而来,仙人既不以门外见斥,何不竟赐光霁?'"《汪康年师友书札·陈应忠》:"小住申江,获睹光霁,备聆尘教。"

【光仪】【光容】【光貌】【光颜】【光耀】【光范】【光景】对人仪容、容颜的敬称。

〔光仪〕唐张鷟《游仙窟》:"敢陈心素,幸愿照知! 若得见其光仪,岂敢论其万一!"清刘大櫆《与某翰林书》:"櫆明年将至京师,使得立于堂阶之下,而望先生之光仪,幸甚。"《汪康年师友书札·张广楠》:"兹的家元、邠兄安书之便,匆上数行,此间事定,当敬

谒光仪,叩谢一是也。"

〔光容〕犹"光仪"。唐裴铏《传奇·昆仑奴》:"所愿既申,虽死不悔,请为仆隶,愿侍光容。"宋陈师道《钦慈皇后挽词》之一:"未有如椽笔,光容可得陈。"明袁宏道《途中怀大兄诗》:"光容若平昔,天服粲游戏。"

〔光貌〕犹"光仪"。《后汉书·逸民传·梁鸿》:"虽不察兮光貌,幸神灵兮与休。"李贤注:"光貌,光仪也。"

〔光颜〕对颜容的敬称。《无量寿经》卷上:"今日世尊诸根悦豫,姿色清净,光颜巍巍如明净镜。"

〔光耀〕耀,光耀。对人仪容的敬称。宋苏辙《上枢密韩太尉书》:"愿得观贤人之光耀,闻一言以自壮。"

〔光范〕范,风范。对人仪容的敬称。宋周密《齐东野语·熊子复》:"及改秩作邑满,造朝谒光范。"明李昌祺《剪灯馀话·江庙泥神记》:"偶得接见于光范,陡然忽动其柔情,莫或自持。"

〔光景〕南朝宋鲍照《送从弟道秀别》诗:"悲思恋光景,密念盈岁时。"《宋书·符瑞志上》:"吕尚钓于涯,王下趋拜曰:'望公七年,乃今见光景于斯。'"

【光灵】对先灵、神灵的敬称。《昭明文选·颜延之〈拜灵庙作〉》:"周德恭明祀,汉道尊光灵。"吕延济注:"光灵,祖宗之灵。"五代前蜀杜光庭《宣再往青城安复真灵醮词》:"光灵如在,翘属常深,遂命图绘神姿,铺舒内

殿。"

【光像】【光相】对佛像的敬称。
〔光像〕唐义净《南海寄归内法传》卷四:"大竿可为瞻部光像处悬幡之竿。"
〔光相〕南朝梁慧皎《高僧传·义解·释道安》:"众共抽舍,助成佛像,光相丈六,神好明者。"

【光降】犹"惠赐"。宋苏轼《谢吕龙图书》之三:"光降书辞,曲加劳问。"又,犹"光临"。

【光爱】犹"厚爱"。晋陆云《吴故丞相陆公诔》:"攀慕未及,永恋光爱。"

【光诵】犹"华篇"。敬称他人作品。《昭明文选·江淹〈从冠军建平王登庐山香炉峰〉》诗:"幸承光诵末,伏思托后旌。"李善注:"光诵,犹华篇也。后旌,犹后乘也。"吕延济注:"光诵,谓建平王首篇也。言称此之末,伏思托于后车。"明杨慎《风赋》:"敕尔瞽,帅尔众工,奏尔光诵,肃肃邕邕。"

【光翰】对他人信函的敬称。《汪康年师友书札·汪立元》:"不期辱蒙厚爱,光翰先施,词挚谊笃,感浃腑焦。"

幸 xìng

敬词。幸,荣幸,有幸。用在相关动词前,敬称对方的行为对于自己是一种荣幸。

【幸蒙】【幸辱】【幸承】犹"承蒙"。敬称受到对方的眷顾。
〔幸蒙〕晋陆机《园葵诗》:"幸蒙高埠德,玄景荫素蕤。"唐韩愈《贺雨表》:"微臣幸蒙宠任,获睹殊祥。"宋曾巩《熙宁转对疏》:"臣幸蒙降问,言天下之细务,而无益于得失之数者,非臣所以事陛下区区之志也。"《清平山堂话本·夔关姚卞吊诸葛》:"姚卞答曰:'江南晚进,得造贵地,幸蒙见召,敢不奉命!'"
〔幸辱〕唐李翱《感知己赋》序:"翱虽不肖,幸辱梁君所知。君为之言于人,岂非誉欤?谓其有古人之遗风,岂非深欤?"唐任华《与庾中丞书》:"华自去冬拜谒,偏承眷顾,幸辱以文章见许,以补衮相期,众君子闻之当仁矣。"
〔幸承〕南朝宋鲍照《秋夜》诗之一:"幸承天光转,曲影入幽堂。"唐李乂《奉和春日游苑喜雨应诏》诗:"幸承天泽豫,无使日光催。"

【幸临】犹"光临"。汉司马相如《长门赋》:"修薄具而自设兮,君曾不肯乎幸临。"汉刘向《列女传·楚老莱妻》:"寡人愚陋,独守宗庙,愿先生幸临之。"

【幸察】敬称对方明察。《史记·三王世家》:"臣窃不胜犬马心,昧死愿陛下诏有司,因盛夏吉时定皇子位。唯陛下幸察。"唐皇甫湜《答李生第一书》:"粗书其愚,为足下答,幸察。"宋朱熹《答刘平甫书》:"若徒暴露于外,而无见听之实,但使众怨见归,为仆作祸耳。千万,幸察。"

【幸教】犹"赐教"。《战国策·秦策三》:

"秦王屏左右,宫中虚无人,秦王跪而请曰:'先生何以幸教寡人?'范雎曰:'唯唯。'"宋朱熹《策问》:"二三子总其所论,而折中之必有得矣,其有以幸教。"

【幸会】敬称有幸会见。唐李商隐《可叹》诗:"幸会东城宴未回,年华忧共水相催。"明陈汝元《金莲记·湖赏》:"[坡]此是琴操,如今就要为尼了。[佛]久闻久闻,幸会幸会!"《红楼梦》第一〇九回:"近来因为园内人少,一个人轻易难出来,况且咱们这里的腰门常关着,所以这些日子不得见你。今儿幸会。"京剧《猎虎记》:"久仰二位英名,今日幸会了!"

【幸甚】敬称受人恩遇或关注,并含殷切希望的意思。《昭明文选·李陵〈答苏武书〉》:"子卿足下:勤宣令德,策名清时,荣问休畅,幸甚幸甚!"张铣注:"(幸甚)遇之盛也。再言之者,美之甚也。幸,遇也。"唐韩愈《与李秘书论小功不税书》:"不惜示及,幸甚幸甚。"鲁迅《书信集·致蒋抑卮》:"秋气萧萧,至祈摄卫,倘有馀晷,乞时赐教言,幸甚,幸甚!"

【有幸】【三生有幸】敬称能与对方接触或受对方眷顾是自己的荣幸。

〔有幸〕秦牧《长河浪花集·献上一个花环》:"在一个特殊的接待外宾的场合,有幸和朱德委员长同坐在一张餐桌旁。"

〔三生有幸〕三生,佛教语。指前生、今生、来生。极言能与对方接触是自己莫大的荣幸。元王实甫《西厢记》第一本第二折:"小生久闻老和尚清誉,……今能一见,是小生三生有幸矣。"明凌濛初《二刻拍案惊奇》卷二一:"小生客边得遇芳容,三生有幸。"明冯梦龙《醒世恒言·勘皮靴单证二郎神》:"若得再见尊神一面,便是三生有幸。"魏巍《东方》第一部第十二章:"你住在敝舍,就够我三生有幸了。"

荣 róng

敬词。荣,光荣,荣幸。多用在动词前敬称他人光荣地升任某个职位或获得某种荣誉,或他人施加于己的行为对自己是一种荣幸。

【荣任】【荣膺】敬称他人光荣地出任某个职位。

〔荣任〕《红楼梦》第四回:"老爷既荣任到这一省,难道就没抄一张本省'护官符'来不成?"

〔荣膺〕《三元里人民抗英斗争史料·粤省将军参赞报两江总督裕札》:"欣悉二兄大人荣膺简命,总制两江,想见圣主之善任知人。"郭沫若《洪波曲》第十章一:"假如要设立一个自我宣传部,这位乡村教师有充分的资格荣膺部长。"

【荣升】【荣擢】敬称他人光荣地升任某职。

〔荣升〕京剧《智取威虎山》第六场:"匪参谋长:大家干一杯,祝贺老九荣升。"

〔荣擢〕唐李峤《为王方庆让凤阁侍郎

表》:"骤荷私遇,频阶荣擢。"明王世贞《鸣凤记·雪里归舟》:"董先生别来丰采倍常,即日谅有荣擢。"

【荣行】敬称他人光荣出行。《儒林外史》第四六回:"老先生此来,恰好虞老先生尚未荣行,又重九相近,我们何不相约,作一个登高会?"鲁迅《书信集·致张廷谦》:"此总而言之,所望令夫人可以荣行之时,即行荣行者也。"

【荣归】【荣还】敬称光荣地归来。

〔荣归〕元本高明《琵琶记·风木馀恨》:"你今日荣归故里,光宗耀祖。"明冯梦龙《醒世恒言·张淑儿巧智脱杨生》:"杨小峰就接淑儿母子到扬州地方,赁房居住,等了元礼荣归,随即结姻。"清华广生辑《白雪遗音·马头调·饯别》:"满腹锦绣,胸藏经纬,求取功名,一定身荣贵,衣锦荣归。"

〔荣还〕《清代名人书札·李桂林致讷钦》:"初十日接五月廿七日手示,敬悉荣还京国,刻计早已安抵都门。"

【荣顾】犹"光临"。唐李亢《独异志·陈子昂》:"并具有酒,明日专候,不唯众君子荣顾,且各宜邀召闻名者齐赴,乃幸遇也。"明冯梦龙《喻世明言》卷二二:"那妇人答道:'奴家职在中馈,炊爨当然;况是尊官荣顾,敢不遵命!但丈夫不在,休嫌怠慢。'"

【荣庇】敬称有幸受到爱护。唐萧颖士《与崔中书圆书》:"海隅苍生,孰不幸甚!况在旧故,荣庇特深。"

【荣愿】犹"至愿",最大的心愿。宋王安石《辞南郊陪位表》:"自致惓惓之义,实有素情;再瞻穆穆之容,岂非荣愿!"

【荣获】敬称他人获得某种荣誉。如:她荣获奥运会女子5000米中长跑冠军。

【荣幸】荣耀而幸运。用于得到某种职位或荣誉时。宋司马光《乞虢州第三状》:"今窃知已降敕命,授臣开封府推官,于臣之分,诚为荣幸。"

【荣问】荣幸地受到他人的问候。宋苏轼《贺提刑马宣德启》:"恭承荣问,有激懦衷。"

【荣览】荣幸地阅览,犹"拜读"。宋欧阳修《与吴给事书一》:"仍沐宠惠雄编,俾遂荣览,虽在哀迷,亦知开警。"

【荣翰】敬称他人的来信。宋陆游《答交代杨通判启》:"萍踪无定,怅候问之未遑。敢谓劳谦,特先荣翰。"

【荣光】敬称尊者的容颜。中国近代史资料丛刊《太平天国·颁行诏书》:"生逢其日,得见皇上帝荣光,尔世人何其大幸!"

厚 hòu

敬词。厚,深厚。用在相关的词前,敬称他人对自己的深情厚意。

【厚恩】【厚泽】敬称他人对自己的恩情。

〔厚恩〕唐韩愈《论孔戣致仕状》:"臣所领官,无事不敢请对,蒙陛下厚恩,苟有所见,不敢不言。"明凌濛初《二刻拍案惊奇》卷三九:"若得义士如此厚恩,吾夫妻死里得生了。"明沈鲸《双珠记·处分后事》:"小生久负厚恩,愧无寸报,倘有天开眼之日,决不忘你。"

〔厚泽〕泽,恩泽。《南史·张冲传》:"下官虽未荷朝廷深恩,实蒙先帝厚泽。"

【厚爱】明陈确《答吴仲木书》:"至言及弟答成夫书后语,更荷厚爱。"郭沫若《孔雀胆》第一幕:"多谢大王的厚爱。"吴小如《呼唤〈废名全集〉问世》:"我……曾通过先生的在南开大学就读的女儿向先生借阅他的《诗经》讲稿。承先生厚爱,全部惠借给我过录。"

【厚情】明凌濛初《二刻拍案惊奇》卷十七:"故此愚夫妇特来奉求,与小姐了此一段姻亲,报答前日厚情耳。"又卷九:"重蒙垂念,足见厚情。"

【厚意】晋干宝《搜神记》卷五:"翁之厚意,出苇相渡,深有惭感,当有以相谢者。"宋司马光《答郭长官书》:"光辱足下之厚意,岂可逆自鄙薄,不倾胸腹之所有,以尽布于左右而求采择乎?"明凌濛初《二刻拍案惊奇》卷十四:"屡蒙县君厚意,小子无可答谢,惟有心感而已。"

【厚幸】敬称对方施惠于己是自己的大幸。《汪康年师友书札·姚大荣》:"惟近作有《跋朔方备乘》《跋汉书·匈奴列传》二篇,专考中西史迹,似尚不无千虑之一得。邮呈诲政,付诸剞氏,俾得附贵馆文编之末,以就正中西史学家,有厚幸也。"鲁迅《书信集·致许广平》:"吾生倘能赦兹愚劣,使师得备薄馔,……俾罄愚诚,不胜厚幸。"

【厚赐】【厚赉】敬称他人的赐予。

〔厚赐〕宋苏轼《答毛滂书》:"敬佩厚赐,不敢独飨,当出之知者。……辱见贶之重,不敢不尽承。"

〔厚赉〕赉,赏赐。唐李商隐《上尚书范阳公启》之三:"嘉命猥临,厚赉仍及。"

【厚贶】贶,赠与。敬称他人的赠与。《清代名人书札·刘恩溥致崧骏》:"镇翁仁兄同年大人如见:顷晤文秋翁,藉悉勋祺茂介,并承厚贶,此真却不恭而受有愧矣。"

【厚托】敬称他人的托付。《汪康年师友书札·陈寿彭》:"但弟既承厚托,总当精专以完是举,庶几不负阁下苦心耳。"

承 chéng

敬词。承,承受,蒙受。敬称受人眷顾,多含感激之意。唐薛用弱《集异记·王维》:"岐王入曰:'承贵主出内,故携酒乐奉讌。'"明冯梦龙《古今小说·葛令公生遣弄珠儿》:"(申屠泰)禀道:'承恩相呼唤,有何差使?'"《儿女英雄传》第十八回:"(十三妹)回身又向邓九公福了一福,道:'师傅,我合你三载相依,多承你与我掌持这小小门庭,深铭肺腑,容当再报。'"以上三例用在主谓结构前。

"承"的前面可受时间词、副词性词语的修饰,后面也可加动词、动词性词组。

【刻承】《汪康师友书札·汪钟霖》:"迳启者,敝处报务,刻承同人公议,归弟专办,惟力棉才短,一切仍求公随时救正为幸。"

【前承】清吴敏树《与杨性农书》:"前承委点校大文,负恃爱好,辄竭愚虑。"《汪康年师友书札·陶濬宣》:"钟英之事,前承台属,弟竭力为其设法,颇有眉目。"

【昔承】唐陈子昂《薛大夫山亭宴序》:"下官昔承颜色,早蒙车骑之知。"

【近承】《清代名人书札·龚易图致阎敬铭》:"家严、慈旧岁扶疾来东,近承福庇,均就霍除,差以自幸。"

【既承】唐皇甫湜《答李生第一书》:"既承嘉惠,敢自疏怠!聊复所为,俟见方尽。"明凌濛初《二刻拍案惊奇》卷十七:"既承老丈与令甥如此高情,小生岂敢不受人提挈!"梁启超《复刘古愚山长书》:"拙撰《西学书目表》,浅陋已极,既承相爱,亦以奉尘,尚乞教之。"

【忽承】宋王安石《谢徐秘校启》:"忽承高谊,特损谦辞,顾奖引之过中,非孤蒙之敢望。"《清代名人书札·龚易图致阎敬铭》:"易图猥荷知遇,培植无已,兹以菲才,忽承恩命。"

【复承】《湘绮楼笺启·致夏巡抚》:"菽

轩仁兄侍郎道席:青门重谒,渥荷似恩,绣领停骖,复承运送。"

【尝承】唐韩愈《答魏博田仆射书》:"愈未获拜识,尝承仆射眷私,猥辱荐闻,待之上介,事虽不允,受赐实多。"

【屡承】《清代名人书札·李鸿章致祁世长》:"屡承存问,心感之至。"鲁迅《书信集·致林语堂》:"惟既屡承下问,慨然知感,遂辄略布鄙怀,万切曲予谅察为幸。"

【仰承】《清代名人书札·李宗岱致阎敬铭》:"秋间奉到钧谕,仰承垂注,尤为感篆五中。"

【渥承】犹"深蒙"。渥,深,厚。《清代名人书札·许振祎致阎敬铭》:"窃署司于春初祗奉钧谕,渥承恩训,理应早为禀谢,惟仰体中堂公忠赞画,昕夕焦劳,诚不敢以寻常芜牍上渎钧聪。"

【素承】素,素来。《清代名人书札·吉灿升致阎敬铭》:"惟灿升素承训诲,不敢以国家大计试割據刀。"

【恭承】南朝梁江淹《从建平王游纪南城》诗:"恭承此嘉德,末官至南荆。"宋苏轼《贺提刑马宣德启》:"恭承荣问,有激懦衷。"明汤显祖《牡丹亭·延师》:"[末]愚老恭承捧珠之爱,谬加琢玉之功。"

【辱承】《清代名人书札·李鹤年致阎敬铭》:"辱承俯询,用敢以狂瞽之说,上尘清听,是否,伏希裁酌。"《汪康年师友书札·李维格》:"奉到台函,辱承见招,心感无似。"

【面承】《胡适来往书信选·陈炯明致胡适》:"适之先生史席:都门在望,未获面承教益,结想为劳。"

【多承】明凌濛初《二刻拍案惊奇》卷四:"纪老三道:'多承两位不弃,足感盛情。待明日看了货,完了正事,另治个薄设,从容请教,就此结义何如?'"

【远承】《清代名人书札·李德立致徐宗幹》:"日昨远承俯注,特寄齐纨,每一卷扬,仁风载被,恨不获躬亲左右。重赋合欢也。"

【重承】重chóng,再次。《清代名人书札·徐树钧致阎敬铭》:"濒行重承垂顾,付托之切,瞻言道范,不尽神依。"

【承蒙】赵大年《公主的女儿》:"确实仰赖余院长的推荐和安排,也是承蒙余小姐对爸爸的督催。"

【承惠】【承嘉惠】犹"承惠赐"。敬称对方加惠于己。

〔承惠〕《清代名人书札·毕道远致崧骏》:"怦来接奉手笺,并承惠牡丹甘颗,拜领,谢谢。"又《钱泰吉致张鸣珂》:"承惠佳篇,奖饰过甚,感愧,感愧!拙稿托实兄奉呈,乞教正之。"

〔承嘉惠〕唐皇甫湜《答李生第一书》:"既承嘉惠,敢自疏怠!聊复所为,俟见方尽。"

【承询】承蒙询问。《清代名人书札·李鹤年致阎敬铭》:"张十洲已移篆开封矣,承询并及。"

【承教】承蒙教诲。宋曾巩《寄欧阳舍人书》:"所论世族之次,敢不承教而加详焉!"明冯梦龙《警世通言·苏知县罗衫再合》:"徐御史起身相谢道:'承教了!'"清蒲松龄《聊斋志异·小髻》:"今已同里,旦晚可以承教。"

【承面谕】《清代名人书札·郭嵩焘致张自牧》:"女公子出阁之喜,承面谕乃知之。"

【承寄示】《清代名人书札·裕泰致李象鹍》:"承寄示西江地方情形,知人论事,确当不移,佩甚佩甚!"

蒙 méng

敬词。蒙,承受,承蒙。用于受人眷顾,表示承情感激的心情。《南史·张冲传》:"下官虽未荷朝廷深恩,实蒙先帝厚泽。"明凌濛初《二刻拍案惊奇》卷十四:"屡蒙县君厚意,小子无可答谢,惟有心感而已。"《清代名人书札·王定安致阎敬铭》:"前蒙手谕,猥以寄呈微物,致劳齿及,惭悚无任。"以上各例用在名词性词组前。

唐韩愈《答殷侍御书》:"前者蒙示新注《公羊春秋》,又闻口授指略,私心喜幸。"《清代名人书札·王荫昌致阎敬铭》:"王生善泽,前蒙询其近状,当即语之,渠深知感激。"又《吉灿升致阎敬铭》:"窃灿升去腊接奉钧复,备蒙奖勖,并谕令公馀读书治经,以资任重负远之用。"以上各例用在动词、动词性词组前。

"蒙"的前面可受副词性词语、连词、时间词的修饰。

【仰蒙】《清代名人书札·王荫昌致阎敬铭》:"仰蒙钧函款款,赐示一一,并命再题,感曷有既!"

【伏蒙】唐韩愈《上郑尚书相公启》:"愈启:伏蒙仁恩,猥赐示问,感戴战悚,若无所容措。"

【即蒙】明冯梦龙《古今小说·吴保安弃家赎友》:"吾向者偶寄尺书,即蒙郭君垂情荐拔。"

【嗣蒙】嗣,后来。《清代名人书札·潘霨致阎敬铭》:"嗣蒙亲友关切,拟以会馆中存项划抵,为急脉缓受之法,彼此两便,稍觉放心。"

【夙蒙】夙,早。《清代名人书札·吉灿升致阎敬铭》:"自揣菲材,用违其可,夙蒙优眯,何敢讳言?"

【适蒙】适,刚才。《水浒传》第七二回:"在下眼拙,失忘了足下,适蒙呼唤,愿求大名。"

【既蒙】明凌濛初《初刻拍案惊奇》卷八:"既蒙壮士不弃,……誓当衔环结草。"

【复蒙】《清代名人书札·吉灿升致阎敬铭》:"复蒙谕及所谓二百余者,当年区区私诚,久邀鉴纳,今复屡沐齿芬,中藏更益辗转。"

【重蒙】重 chóng。清恽敬《答伊扬州书》之三:"前月得舍弟书,知过岭修谒,重蒙嘉惠,感谢感谢。"

【两蒙】宋苏轼《答王仲敏》之四:"两蒙赐教,感慰深至,曾因周循州行,奉状想已尘览。"

【果蒙】明冯梦龙《警世通言·黄衙内白鹞招妖》:"只见女娘道:'奴等衙内多时,果蒙宠访。请衙内且入敝庄。'"

【多蒙】明佚名《张于湖误宿女真观》第二折:"多蒙姑娘雅意。"

【颇蒙】明冯梦龙《醒世恒言·小水湾天狐诒书》:"更喜得遇故知胡八判官,引至元丞相门下,颇蒙青盼扶持,一官幽蓟。"

【前蒙】《清代名人书札·王荫昌致阎敬铭》:"前蒙钧谕,以'养望蓄德'四字相勖勉,深感君子之爱人,久已铭之座右。"

【辱蒙】《清代名人书札·王定安致阎敬铭》:"前在德州寄呈禀缄,辱蒙钧答,谨悉一一。"

【乃蒙】《清代名人书札·饶应祺致阎敬铭》:"应祺前禀冒昧直陈,方深悚恧,乃蒙嘉许,实鉴愚忱。"

【深蒙】《水浒传》第一二〇回:"李师师奏道:'深蒙陛下眷爱之心,贱人愧感莫尽!'"

【渥蒙】渥,深,厚。《清代名人书札·季念诒致徐宗幹》:"侨依珂里,时接霁光,渥蒙曲体关垂,无微不至,五中感泐,子墨难宣。"

【亮蒙】亮,通"谅",料想。《清代名人书札·龚易图致阎敬铭》:"谨禀者,去腊肃禀,虔贺年禧,亮蒙慈鉴。"

【如蒙】《镜花缘》第十一回:"如蒙赏光,寒舍就在咫尺,敢劳玉趾一行。"

【倘蒙】倘，如果。《清代名人书札·林则徐致李彦章》："奉求椽笔及诸君子书画各件，倘蒙迅赐见寄，尤所感盼。"

【未蒙】茅盾《子夜》八："冯云卿虽尚未蒙惠顾，却也久闻大名。"

【今蒙】明凌濛初《初刻拍案惊奇》卷一："今蒙我翁过爱，抬举成人，不烦役使，珍重多年，冥数得满。"

【昨蒙】北周庾信《又谢赵王赉息丝布启》："昨蒙恩引曲赐纶布等五段。"

【早蒙】唐陈子昂《薛大夫山亭宴序》："下官昔承颜色，早蒙车骑之知。"

荷 hè

敬词。荷，承受，承蒙。敬称承受惠赐或眷顾。多用在书信中，表示感激的心情。唐韩愈《答刘正夫书》："辱笺教以所不及，既荷厚赐，且愧其诚然，幸甚，幸甚！"宋范仲淹《贺胡侍郎致政状》："某久荷钧禄，卑情无任荣亲。"明陈确《答吴仲木书》："至言及弟答成夫书后语，更荷厚爱。""荷"的前面可受副词性词语的修饰。"荷"也可用在某些词或句尾，表示承情感激的心意。唐韩愈《京尹不台参答友人书》："所示情眷之至，不胜悚荷！"《花月痕》第三回："席次宝髻坊荔香仙院，务望便衣早临是荷。"鲁迅《书信集·致许寿裳》："乔峰事蒙如此郑重保证，不胜感荷！"在书信中最为常用的还是"为荷"，除仍含有敬称受人惠赐或眷顾的意思外，还兼有祈求对方理解或帮助的意思。《清代名人书札·刘崐致全庆》："字草草而文法亦多不顺，请意会为荷。"又《张日晟致李象鹍》："外致杨兰圃山长一函，折饬交为荷。"又《许振祎致阎敬铭》："各处前定之规条，恐均不足为凭，署司只好退听，求寄语玉山同年鉴亮苦衷为荷。"鲁迅《书信集·致杨霁云》："现在略加改动，希照此次序排列为荷。""荷"前也可受时间词、副词性词语的修饰。

【荷蒙】犹"承蒙"。元高文秀《谇范叔》第二折："今日雪中，荷蒙台驾降临，须贾不胜荣感。"《汪康年师友书札·周杰臣》："前数天在中华会馆拜见尊颜，荷蒙不弃，委弟采访时事，以后但有闻，当遵命寄上就是。"

【顷荷】《清代名人书札·许振祎致阎敬铭》："顷荷天恩晋秩，尤非梦想敢期。感戴之馀，愈增恐惧。"

【曩荷】《清代名人书札·徐树铭致阎敬铭》："曩荷环章，知往肃寸笺已蒙鉴及。"

【久荷】《清代名人书札·徐树钧致阎敬铭》："曹司奔走，久荷栽培，偃蹇南归，孤负大德，感激愧恨，匪言可宣。"

【仰荷】《清代名人书札·季念诒致徐宗幹》："前奉赐函，仰荷慈怀拳注，益用心铭，肃贺有稽，殊深惶悚。"

【深荷】《清代名人书札·裕泰致李象鹍》："前于闽中奉到手书，深荷存念。"

【渥荷】渥,深,厚。《清代名人书札·李鹤年致崧骏》:"辛勤飞挽,宏宣英簜之猷;申命褒嘉,渥荷寥萧之泽。"

【幸荷】《清代名人书札·姚济勋致阁敬铭》:"夏秋以边境伏莽未靖,巡防抚辑,终岁往来各乡。幸荷大府优容,属僚浃洽,借免愆尤。"

【辱荷】《清代名人书札·姚济勋致阁敬铭》:"肃禀者,客夏接奉赐函,知前呈书籍二部,辱荷鉴存,曷胜欣幸。"

【乃荷】《清代名人书札·袁昶致薛时雨》:"蟾前日买棹赴宁,……乃荷慈颜温慰,复蒙矩诲周详,于光风霁月之中,何处著浮云些子障翳!"

【谅荷】谅,料想。《清代名人书札·饶应祺致阁敬铭》:"去夏在陕核办差章,曾将大略情形,禀呈训正,谅荷电垂。"

【亮荷】亮,通"谅"。《清代名人书札·龚易图致阁敬铭》:"易图连年奉职,毫无善政足报钧前。……稽疏禀牍,亮荷鉴宥。"

仙 xiān

仙,仙人,超凡。与相关的词搭配,可以表示敬称。

【仙乡】敬问对方籍贯。元尚仲贤《柳毅传书》第一折:"先生万福,请问仙乡何处?"《儒林外史》第二八回:"季苇萧动问:'仙乡尊字?'那人道:'贱字穆庵,敝处湖广。'"清古吴墨浪子《西湖佳话·葛岭仙迹》:"鲍玄听了,道:'这等说是葛兄了,但不知仙乡何处?'"

【仙里】对他人乡里的敬称。宋何薳《春渚纪闻·黄涅槃谶语》:"余因谓之曰:'仙里既今岁出大魁,且登科之数,复甲天下,是可庆也。'"

【仙诞】敬词。对他人生辰的敬称。宋陈深《齐天乐·八月十八日寿妇翁》词:"帝子吹笙,洛妃起舞,应喜蓬宫仙诞。"

【仙长】【仙师】对仙人的敬称。

〔仙长〕明凌濛初《二刻拍案惊奇》卷二:"乡人见国能小小年纪,手段高得突兀,……必定所遇是仙长,得了仙诀过来的。"

〔仙师〕唐王勃《游庙山赋序》:"王子驭风而游,泠然而喜,……因欲攀洪崖于烟道,邀羡门于天路。仙师不存,壮志徒尔。"

【仙翁】对道官的敬称。明屠隆《彩毫记·仙翁指教》:"仙翁拜揖,念小生与仙翁素乏平生,何以见顾?"

【仙客】对隐者或道士的敬称。唐崔峒《送侯山人赴会稽》:"仙客辞萝月,东来就一官。"唐李宗闵《赠毛仙翁》诗:"不知仙客占青春,肌骨才教称两旬。"

【仙姑】对女道士的敬称。明高濂《玉簪记·幽情》:"小生潘必正,下第羞归,暂投女真观中安息,偶见仙姑修容,光彩艳丽夺人,此心羁绊,不忍轻去。"又《寄弄》:"敢求仙姑,面教一曲如何?"

灵 líng

敬词。灵,神灵。对死者的敬称。《红楼梦》第十三回:"宝玉下了车,忙忙奔至停灵之室,痛哭一番。"灵,敬称死者的遗体。《儿女英雄传》第十七回:"那口灵就供在堂屋正中,姑娘跪在灵右,候着还礼。"灵,即灵柩。也可用在相关的名词前,表示对死者或与佛、仙、道有关事物的敬称。

【灵位】【灵牌】

人死后暂时所设的木牌,上写死者名字,作供奉用。

〔灵位〕元张国宾《罗李郎》第二折:"我安了灵位,排了果桌,向大门外将纸钱忙烧。"《水浒传》第五二回:"柴进教依官制,备办内棺外椁,依礼铺设灵位。"

〔灵牌〕《水浒传》第二六回:"再说那妇人归到家中,去橱子前面设个灵牌,上写'亡夫武大之位'。"《红楼梦》第十三回:"灵前供用执事等物仅按五品职例,灵牌疏上皆写'诰授贾门秦氏宜人之灵位'。"杜鹏程《平常的女人》:"这女人拉上孩子和老郑一道,背上灵牌过日子。"

【灵柩】【灵榇】

死者已入殓的棺材。

〔灵柩〕三国魏曹植《赠白马王彪》诗:"孤魂翔故城,灵柩寄京师。"元王实甫《西厢记》第一本楔子:"将这灵柩寄在普救寺内。"

〔灵榇〕《昭明文选·潘岳〈哀永逝文〉》:"抚灵榇兮诀幽房,棺冥冥兮埏窈窈。"李善注:"杜预《左氏传》注曰:'榇,亲身之棺。'"唐欧阳詹《南阳孝子传》:"某既占郑书,又知郑侍君灵榇自南,当由彼而还也,意其必郑焉。"孙种因《重九战记》:"发丧之日,灵榇之多,为世所罕觏,延长六七里,送葬者数十万人。"瞿秋白《赤都心史》二:"我远望着克氏的灵榇抬出来,面色还蔼然含笑似的。"

【灵帏】【灵帷】【灵帐】

灵堂内设置的帐幕。

〔灵帏〕宋苏轼《与胡郎仁修书》之一:"伏惟顺变从礼,以全纯孝。某未获躬诣灵帏,临书哽咽。"清蒲松龄《聊斋志异·金和尚》:"而灵帏后嘤嘤细泣,惟孝廉夫人一而已。"

〔灵帷〕巴金《秋》四三:"风吹动灵帷,风吹动供桌上的鲜花,房间里充满了秋天的清新的气息。"

〔灵帐〕《太平广记》卷四九二引唐无名氏《灵应传》:"俄顷到家,见家人聚泣,灵帐俨然。"

【灵座(坐)】【灵几】【灵筵】【灵床】【灵桌】

供奉灵位的几筵。

〔灵座(坐)〕晋潘岳《寡妇赋》:"入空室兮望灵座,帷飘飘兮灯荧荧。"《晋书·傅咸传》:"咸以身无兄弟,丧无祭主,重自陈乞,乃使于官舍设灵坐。"唐刘悚《隋唐嘉话》卷五:"杜仆射薨后,太宗食瓜美,怆然思之,遂辍其半,使置之于灵座。"明凌濛初《二刻拍案惊奇》卷二三:"崔生看见了灵座,拜将下去。"

〔灵几〕明夏完淳《孤雁行》:"拜哭抚灵几,忧来不可任。孤儿在左右,呼舅何愍愍。"

〔灵筵〕《梁书·止足传·顾宪之》:"不须常施灵筵,可止设香灯,使致哀者有凭耳。"北齐颜之推《颜氏家训·终制》:"灵筵勿设枕几,朔望祥禫唯下白粥清水干枣,不得有酒肉饼果之祭。"王利器集解:"灵筵,供亡灵之几筵,后人又谓之灵床,或曰仪床。"

〔灵床〕除表示临时停放尸体的床铺或为死者虚设的坐卧之具外,也表示供奉灵位的几筵。唐寒山《诗》之一八九:"已见俗中人,灵床施酒果。""灵床"也称"灵床子"。《水浒传》第二六回:"(武松)唤士兵先去灵床子前,明晃晃地点起两枝蜡烛。"《儒林外史》第五回:"(严监生)伏着灵床子,又哭了一场。"

〔灵桌〕桌,几桌。《儒林外史》第二十回:"老和尚伏着灵桌又哭了一场。"

【灵车】【灵舆】【灵辆】【灵輀】【灵輴】【灵辕】【灵驾】载运灵柩的车子。

〔灵车〕唐王维《为崔常侍祭牙门姜将军文》:"家本秦人,灵车东骛,长天积雪,边城欲暮。"宋陆游《闻金溪陆伯政下世》诗:"两家通绝谱,千里泣灵车。"明宋濂《故宁海郭军妻黄氏墓铭》:"及灵车至庭,抚棺一号,遂晕眩仆地,几欲无生。"

〔灵舆〕除表示神灵乘坐的车驾和王乘坐的革车外,还表示灵车义。《三国志·吴书·孙和传》:"(孙皓)追谥父和曰文皇帝,改葬明陵,……以灵舆法驾,东迎神于明陵。"唐白居易《唐扬州仓曹参军王府君墓志铭》:"播等号护灵舆,以永贞元年十月二十五日,迁祔于京兆府富平县淳化乡之某原,从吉兆也。"

〔灵辆〕辆 ér,丧车。唐吴兢《贞观政要·俭约》:"灵辆冥器,穷金玉之饰。"清谭嗣同《湘泪痕》之二:"灵辆轧轧鸣,送子入山道。"

〔灵輀〕同"灵辆"。《昭明文选·曹植〈王仲宣诔〉》:"灵輀回轨,白骥悲鸣。"刘良注:"灵輀,丧车也。"晋陆机《挽歌》之一:"舍爵两楹位,启殡进灵輀。"《新唐书·来济传》:"遂不介胄而驰贼,没焉,年五十三。赠楚州刺史,给灵輀还乡。"

〔灵輴〕輴 chūn,载柩车。《昭明文选·潘岳〈哀永逝文〉》:"尽余哀兮祖之晨,扬明燎兮援灵輴。"李善注:"《礼记》注曰:輴,殡车。"唐张说《为郑虚己作祭舅文》:"仁舅捐馆,灵輴祖庭。"宋司马光《神宗皇帝挽辞》之四:"式道清行马,灵輴下陛帷。"

〔灵辕〕辕,车前驾牲畜的直木,引申为车。南朝宋颜延之《祭弟文》:"令龟吉兆,祖樱东旋,灵辕次路,严舟在川。"

〔灵驾〕载运天子灵柩的车子。《旧唐书·忠义传上·王同皎》:"乃招集壮士,期以则天灵驾发引,劫杀三思。"《续资治通鉴·宋太宗至道三年》:"灵驾发引,帝与诸王徒步号恸,从至乾元门。"

【灵堂】停放灵柩、灵位以供吊唁的屋

子。元无名氏《冤家债主》第二折："你也想着一家儿披麻带孝为何由,故来这灵堂里寻斗殴。"巴金《家》三五:"堂屋成了灵堂,彩行的人束扎了素彩。"公刘《白花与红花》诗:"前年一月八,霜欺兼雪压,敢问灵堂何处是? 寻常百姓家。"

【灵寺】【灵刹】【灵室】【灵宫】【灵观】【灵庙】【灵龛】对寺庙道观的敬称。

〔灵寺〕南朝宋谢灵运《庐山慧远法师诔》:"大宗戾止,座众龙集。聿来胥宇,灵寺奚立。"北魏高允《鹿苑赋》:"询荛荛以补阙,尽敬恭于灵寺。"

〔灵刹〕刹,佛寺。隋炀帝《宝台经藏愿文》:"今止宝台正藏,亲躬受持,其次藏已下,则慧日法灵道场,日严弘善灵刹。"唐王勃《广州宝庄严寺舍利塔碑铭》:"护持灵刹庄严宝塔。"清王士禛《池北偶谈·谈艺一·张鲲诗》:"灵刹群峰合,名祠半日游。"

〔灵室〕泛称佛寺道观。南朝陈周弘正《和庾肩吾入道观》:"石桥有旧路,灵室俨众仙。"唐王勃《广州宝庄严寺舍利塔碑铭》:"周颙情勤,王濛思逸,咫尺幽键,往来灵室。"

〔灵宫〕也指寺庙。唐韩愈《谒衡岳庙遂宿岳寺题门楼》诗:"森然魄动下马拜,松柏一径趋灵宫。"孙汝听注:"灵宫,岳庙。"宋朱熹《马上举韩退之话口占》诗:"此心元自通天地,可笑灵宫枉炷香。"郭沫若《洪波曲》第十六章二:"山上都显得非常索寞,既没有什么'松柏一径'的大树,也没有什么'粉墙丹桂'的灵宫。"

〔灵观〕观,道观。唐孟郊《列仙文·安度明》诗:"灵观空无中,鹏路无间邪。"宋张君房《云笈七签》卷九七:"紫宫乘绿景,灵观蔼嵯峨。"

〔灵庙〕庙,庙宇。汉蔡邕《王子乔碑》:"咨访其验,信而有征,乃造灵庙,以休厥神。"南朝梁简文帝《祠伍员庙》诗:"洪涛犹鼓怒,灵庙尚凄清。"《旧五代史·梁书·太祖纪七》:"其近京灵庙,宜委河南尹……祈之。"

〔灵龛〕龛,放佛像的小阁,这里引申为佛寺。南朝梁孔焘《往虎窟山寺》诗:"前驱闻风管,后乘跃龙骖。爱游非逸豫,幽谷有灵龛。"唐李华《台州乾元国清寺碑》:"天清宝界,地涌灵龛。"

【灵塔】【灵图】犹"宝塔"。对塔的敬称。

〔灵塔〕唐丘丹《萧山祇园寺》诗:"灵塔多年古,高僧苦行频。"南唐李中《题庐山东寺远大师影堂》诗:"杉桧已依灵塔老,烟霞空锁影堂深。"宋苏轼《泗州僧伽塔》诗:"我昔南行舟系汴,逆风三日沙吹面,舟人共劝祷灵塔,香火未收旌脚转。"

〔灵图〕图,浮图,即塔。北魏郦道元《水经注·榖水》:"虽二京之盛,五都之富,利刹灵图,未有若斯之构。"宋张君房《云笈七签》卷九:"傍金翅于高木,回石景以映颜,修御灵图,遂感神真。"

【灵骨】佛舍利。明刘绩《霏雪录》:"舍利,按佛书云室利罗或设利罗。此云骨身,又云灵骨,即所遗骨分,通名舍利光明。"

【灵像】佛像的尊称。唐顾非熊《武宗挽歌词》之二:"国用销灵像,农功复冗僧。"

【灵网】网,法网。佛法的尊称。晋道安《檄魔文》:"今法王御世,九服思顺,灵网方伸,宏纲弥布。"

【灵篇】【灵章】【灵诰】敬称道教经文。

〔灵篇〕宋杨亿《寄灵仙观舒职方学士》诗:"绿发郎潜不知年,却寻丹灶味灵篇。"宋苏轼《黄庭经赞》:"太上虚皇出灵篇,黄庭真人舞胎仙。"宋张君房《云笈七签》卷四:"命东华青宫,寻俯仰之格,拣校古文,撰定灵篇,集为宝经。"

〔灵章〕道教经文,兼指符箓。北魏郑道昭《登云峰山观海岛》诗:"云路沈仙驾,灵章飞玉车。"唐陆龟蒙《句曲山朝真词·迎真》:"空洞灵章发一声,春来万壑烟花醒。"宋张君房《云笈七签》卷八十:"三天真人,同时监盟,烧香散花,诵咏灵章。"明冯梦龙《醒世恒言·薛录事鱼服证仙》:"其时道士手举法器,朗诵灵章,虔心襐解,伏阴而去。"

〔灵诰〕诰,诰书。唐李商隐《戊辰会静中出贻同志二十韵》诗:"瑶简被灵诰,持符开七门。"宋张君房《云笈七签》卷一○四:"稽首以瞻晬容,洗心以伫灵诰。"

【灵符】【灵篆】道教符箓的敬称。

〔灵符〕唐岑参《送许子擢归江宁拜亲因寄王大昌龄》诗:"玄元告灵符,丹洞获其名。"宋梅尧臣《无题》诗:"绿桂薰轻服,灵符佩缥囊。"元吴昌龄《张天师》第三折:"法水洒来天地暗,灵符书动鬼神惊。"郭沫若《瓶》诗之三四:"这个字是苏生我的灵符,也会是射死我的弓弩。"

〔灵篆〕指灵符或经文。唐杜牧《赠李处士长句四韵》诗:"玉函怪牒锁灵篆,紫洞香风吹碧桃。"南唐李建勋《题魏坛》诗之一:"旧碑经乱沈荒洞,灵篆因耕出故基。"明高启《端午席上咏美人钗符》诗:"灵篆贮纱囊,薰风绿鬓分。"金坛辑注引《抱朴子》:"午日朱书赤灵符著人前,以避兵疫百病。"

【灵居】【灵室】【灵洞】【灵署】对仙人所居处所或洞府的敬称。

〔灵居〕《昭明文选·木华〈海赋〉》:"吐云霓,含龙鱼,隐鲲鳞,潜灵居。"李善注:"灵居,众仙所处也。"

〔灵室〕南朝宋鲍照《从庚中郎游园山石室》诗:"荒涂趣山楹,云崖隐灵室。"钱振伦注:"灵室,室在烟云缥缈中,如仙灵之所居也。"

〔灵洞〕唐李白《送李青归华阳川》诗:"日月祕灵洞,云霞辞世人。"宋张君房《云笈七签》卷八十:"灵洞万劫开,一焕诸天文。"

〔灵署〕唐顾况《谢王郎中见赠琴鹤》

诗:"子乔翔邓林,王母游层城,忽如启灵署,鸾凤相和鸣。"

先 xiān

敬词。用在称谓词前,对死者的尊称。一般指称与自己直接相关的死者。如"先兄",称自己已亡故的兄长;"先帝",称本朝已亡故的帝王。

【先人】【先父】【先子】【先大夫】【先夫子】【先公】【先考】【先君】【先府君】【先严】敬称自己已去世的父亲。

〔先人〕《史记·仲尼弟子列传》:"孤不幸,少失先人,内不自量。"宋赵彦卫《云麓漫钞》卷一:"先妣乃枢密公之侄,而枢密夫人亦先人诸姑。"明冯梦龙《醒世恒言·三孝廉让产立高名》:"(许武)分付两个兄弟:'在家躬耕力学,一如我在家之时,不可懈惰废业,有负先人遗训。'"许地山《无忧花》:"(壁上)一边挂着先人留下来的铁笛玉笙,一边却放着皮安奥(Piano,钢琴)与梵欧林(violin,小提琴)。""先人"也用于敬称祖先、前人。

〔先父〕《左传·成公九年》:"先父之职官也,敢有二事?"《汉书·高惠高后文功臣表序》:"(成王)追述先父之志,录遗老之策。"《后汉书·袁安传》:"伏念南单于屯,先父举众归德,自蒙恩以来,四十余年。"晋张湛《〈列子〉序》:"湛闻之先父曰:吾先君与刘正舆、傅颖根,皆王氏之甥也。"

〔先子〕泛指祖先,也可用于已去世的父亲。《孟子·公孙丑上》:"曾西蹴然曰:'吾先子之所畏也。'"焦循正义:"称'先子'者谓父,非谓祖父也。"宋梅尧臣《酒病自责呈马施二公》诗:"我无文章留,何可事杯觞?况承先子戒,宜不着口尝。"清蒲松龄《聊斋志异·赌符》:"先子与最善,每适城,辄造之。"

〔先大夫〕本指已故的大夫,也可称已故的父亲。《后汉书·逸民传论》:"先大夫宣侯尝以讲道余隙,寓乎逸士之篇。"李贤注:"沈约《宋书》曰:'范泰,字伯伦,……薨谥宣侯。'即晔之父也。"唐穆员《河南洛阳县主簿郑君墓志铭》:"君事先大夫以闻礼为业,奉继太夫人以无违为志,孝也。"

〔先夫子〕清钱谦益《重修素心堂记》:"吴江张益之先生,余之先友也。余儿时闻诸先夫子:益之世居越来溪。"

〔先公〕是对天子、诸侯祖先的尊称,也可用于尊称已故父亲。晋陆云《答兄平原》诗:"先公克构,乃崇斯堂。"唐韩愈《乌氏庙碑铭》:"先公既位常伯,而先夫人无加命号,名差卑,于配不宜。"宋苏轼《与范元长书》:"不意凶变,先公内翰遽捐馆舍,闻讣恸绝。"清黄宗羲《移史馆先妣姚太夫人事》:"先公被逮,太夫人每夜向北辰而拜,祈声酸苦。"

〔先考〕《礼记·曲礼下》:"生曰父,曰

母,曰妻;死曰考,曰妣,曰嫔。"以礼,应称亡父为"先考"。唐张九龄《追赠祭文》:"谨以醴脯庶羞之奠,敢昭告于先考先妣之灵。"明马愈《马氏日钞·牌额》:"二卿为之弗安,问于先考府君。""先考"也用于尊称他人已故父亲。金董解元《西厢记诸宫调》卷一:"莺莺虽是个女孩儿,孝顺别人卒难学,礼拜无休,追荐亡灵,救拔先考。"

〔先君〕除表示前代君主或自己的祖先外,还可用于表示已故的父亲。《昭明文选·班昭〈东征赋〉》:"先君行业,则有作兮;虽其不敏,敢不法兮!"李善注:"先君,谓彪也。"《三国志·吴书·孙策传》"以坚部曲还策"裴松之注引《吴历》:"先君与袁氏共破董卓,功业未遂,卒为黄祖所害。"宋苏轼《别子由三首兼别迟》诗之二:"先君昔爱洛阳居,我今亦过嵩山麓。"《二十年目睹之怪现状》第六回:"这个非但我一个人感激,就是先君、家母,也是感激的了不得的!"

〔先府君〕府君,先是对太守的尊称,唐以后,不论官职爵位,碑版之文通称死者为府君。"先府君",尊称自己已故的父亲,犹先君。宋苏洵《送石昌言使北引》:"忆与群儿戏先府君侧。"

〔先严〕父亲健在时,谦称自己的父亲为家严;父亲去世,敬称为"先严"。《二十年目睹之怪现状》第七四回:"兄弟襁褓时,先严、慈便相继弃养,亏得祖父抚养成人,以有今日。"

【先母】【先妣】【先媪】【先慈】【先亲】【先妾】【先后】 对自己去世母亲的敬称。

〔先母〕明张宁《方洲杂言》:"揭晓先一日,先母孺人,梦一老叟自门中入中庭,持笔如椽。"清杜濬《送五舅归黄州》诗:"先母多兄弟,今看一舅存。"

〔先妣〕参见"先考"。《荀子·大略》:"迎亲之礼父南乡立,子北面而跪……隆率以敬先妣之嗣,若则有常。"唐韩愈《故江南西道观察使王公墓志铭》:"公先妣,渤海李氏,赠渤海郡太君。"后一例是敬称他人去世的母亲。

〔先媪〕媪,母的别称。《汉书·高帝纪下》:"汉王即皇帝位于氾水之阳,尊王后曰皇后,太子曰皇太子,追赠先媪曰昭灵夫人。"

〔先慈〕与"先严"相对,敬称去世的母亲。清陈梦雷《绝交书》:"先慈恐不孝激烈难堪,遣人呼入家。"《二十年目睹之怪现状》第七四回:"兄弟襁褓时,先严、慈便相继弃养,亏得祖父抚养成人,以有今日。"

〔先亲〕晋陶潜《晋故征西大将军长史孟府君传》:"渊明先亲,君之第四女也。"

〔先妾〕古代臣子对国君称自己去世的母亲。《战国策·齐策一》:"臣非不能更葬先妾也。"清顾炎武《日知录·先妾》:"人臣对君称父为先臣,则可称母为先妾。"

〔先后〕称已去世的母后。《左传·僖公二十四年》:"王曰:'先后其谓我何?'"杨伯峻注:"先后,其母惠后也。"

【先祖】【先生】【先人】【先君】敬称自己或他人的祖先。

〔先祖〕《礼记·祭统》:"夫鼎有铭,铭者,自名也。自名以称扬其先祖之美,而明著之后世者也。"北齐颜之推《颜氏家训·止足》:"先祖靖侯戒子侄曰:'汝家书生门户,世无富贵。'"王利器集解引卢文弨曰:"之推九世祖,名含。"宋孟元老《东京梦华录·冬至》:"备办饮食,享祀先祖。"

〔先生〕意义极为广泛,可用于先祖义。元耶律楚材《赠辽西李郡王》诗:"我本东丹八叶花,先生贤祖相林牙。"

〔先人〕即先祖。晋葛洪《抱朴子·自叙》:"又累遭兵火,先人典籍荡尽,农隙之暇无所读。"唐韩愈《感二鸟赋》:"幸生天下无事时,承先人之遗业。"清昭梿《啸亭杂录·傅阁峰尚书》:"我先人披荆棘,厉血刃,与喀尔喀争来之地,宁忍弃之?""先人"也用于称他人祖先。见"先君"。

〔先君〕称自己的祖先。汉孔安国《〈书〉序》:"先君孔子,生于周末。"《后汉书·孔融传》:"先君孔子与君先人李老君同德比义,相为师友,则融与君累世通家。"《昭明文选·应璩〈与从弟君苗君胄书〉》:"幸赖先

之灵,免负担之勤。"张铣注:"谓赖祖考之余庆,免负担之劳。"

【先舅】【先子】敬称丈夫已去世的父亲。

〔先舅〕《尔雅·释亲》:"妇称夫之父曰舅,称夫之母曰姑。姑舅在,则曰君舅、君姑;没,则曰先舅、先姑。"

〔先子〕一般泛指祖先或去世的父亲,有时也用于称丈夫已去世的父亲。《国语·鲁语下》:"文伯之母闻之,怒曰:'吾闻之先子,……'"韦昭注:"先子,先舅季悼子也。"

【先姑】敬称丈夫已去世的母亲。《国语·鲁语下》:"吾闻之先姑曰:'君子能劳,后世有继。'"韦昭注:"夫之母曰姑,殁曰先。"《后汉书·桓帝纪》:"远览'复子明辟'之义,近慕先姑归授之法。"

【先室】对亡妻的敬称。唐元稹《茅舍》诗:"农收次邑居,先室后台榭"《汪康年师友书札·薛裕昆》:"先室柩厝闽八年,未安窀穸,兹乘暑假之便,挈儿旋闽,急为料理。"

【先兄】敬称自己已死去的兄长。《三国演义》第五二回:"先兄弃世已三载,家嫂寡居,终非了局。"曹艺《洪杨旧事从头说》:"南京周总理纪念馆,有专室展览他(指曹聚仁)的从事和平统一事业的事迹。……这些都说明先兄是光明磊落的,为人民群众的和平幸福而牺牲个人权利。"

【先友】对亡友的敬称。《汪康年师友书札·喻长霖》:"先友黄君著稿,不知

藏在何箱,一时检不起,现祗检得已梓《火器新术》及诗稿两种,先呈钧教,余容他日续寄可也。"

显 xiǎn

显,贤明,有显德。用在相关的词前,表示对先人的敬称。

【显祖】对祖先的敬称。《尚书·文侯之命》:"父义和,汝克绍乃显祖。"《晋书·乐志上》:"皇皇显祖,翼世佐时。"明何景明《述归赋》:"有申氏之遗封兮,吾显祖乃肇家。"

【显考】对已故父亲的敬称。《尚书·康诰》:"惟乃丕显考文王,克明德慎罚。"孔安国传:"惟汝大明父文王能显用俊德,慎去刑罚,以为教首。"

【显妣】对已故母亲的敬称。汉王粲《思亲为潘文则作》诗:"穆穆显妣,德音徽之。"

正 zhèng

正,修正,匡正。可用作敬词,请人对自己的作品进行匡正。《清代名人书札·袁枚致晓峰》:"小诗奉送晓峰吟坛之云间,即请正之。"常用在"教""诲"或"斧""斤"一类词后面,敬请他人对自己的作品指教、删改或匡正。

【教正】【教政】【教削】请人对自己的作品赐予指教并匡正。

〔教正〕清恽敬《答俪笙尚书书》:"先生当代大君子,乃肯垂念鄙愚之夫所不足者而教正之。"《汪康年师友书札·章邦直》:"外拟书院条规两册,敬呈高明教正,阅后并函转交苏翁叩。"许杰《谈讽刺》:"草草书此,尚祈贤明教正。"

〔教政〕正、政,同源字。《清代名人书札·时乃风致刘含芳》:"屏幅六纸,横幅一纸,涂报奉呈教政。"

〔教削〕削,删改。《清代名人书札·郭嵩焘致张自牧》:"命录答香荪诗,兼以一诗奉呈,祈教削。"

【诲正】【诲政】【诲削】诲,教诲。请人对自己的作品诲谕并匡正。

〔诲正〕章炳麟《与孙仲容书》:"前书缺失尚多,先生有所诲正,幸即见示。"

〔诲政〕政、正,同源字。《清代名人书札·林则徐致李彦章》:"兹寄上行卷两本,乞诲政为感。"《汪康年师友书札·姚大荣》:"惟近作有《跋朔方备乘》《跋汉书·匈奴列传》二篇,专考中西史迹,似尚不无千虑之一得。邮呈诲政,付诸厕氏,俾得附贵馆文编之末,以就正中西史学家,有厚幸也。"

〔诲削〕削,指删削修改。《清代名人书札·潘霨致阎敬铭》:"上次奉寄各种,均系拙刻,迩日计呈诲削。"

【训正】训,训谕。《官场现形记》第五九回:"前面写着'恭求太老夫子中堂训正',下面注着'小门生甄学忠、甄学孝谨呈'字样。"《汪康年师友书札·邵孝义》:"奉上拙著两篇,即呈大雅训正,可否为我登《时务报》中?以广众览。"

【指正】刘绍棠《西苑草》一:"初稿三月

初就写出来了,送到萧先生那里请他指正。"

【酌正】《汪康年师友书札·周自齐》:"蓄鱼有法,育鱼有经,捕鱼有时,……议论各条,皆切实可行,于中国尤有大益,俟稍暇当采集寄上,转交农学会酌正。"

【斧正】【斧政】【斧削】请人对自己作品修改匡正的敬词。语从《庄子·徐无鬼》篇中的郢匠"运斤(斧子)成风""尽垩而鼻不伤"演化而来。

〔斧正〕清颜光敏《与曹禾书》:"小词成之数月,……幸斧正是荷。"鲁迅《书信集·致增田涉》:"《中国小说史》呈上,……祈大加斧正。"

〔斧政〕政、正,同源字。《清代名人书札·王荫昌致阎敬铭》:"五古原稿,甚有未安,勉加删易,仍求斧政。"《汪康年师友书札·毛润身》:"弟自愧才疏,因叨旧好,故特呈教,务乞有道斧政,俾得观法匠门,不胜企盼之至。"苏曼殊《与刘之书》:"拙诗蒙斧政,不胜雀跃。"

〔斧削〕削,指删削修改。《清代名人书札·梁同书致阿林保》:"登京口南门城楼,望大江作歌,录呈雨窗先生吟坛斧削。"《汪康年师友书札·陶葆廉》:"弟曾妄编《辛卯侍行记》六卷,……兹托金君殿臣寄呈一部,缪误甚多,乞暇时赐之斧削,至为盼祷。"又:"附上《鼠疫辨》一篇,可否加以斧削,附入报章,乞酌夺赐教。"

【斤正】【斤削】【斤斧】斤,斧子。同"斧正"。

〔斤正〕元无名氏《渔樵记》第一折:"小生有做下的万言长策,向在布衣,不能上达,望大人略加斤正咱。"张佩纶《论闺秀诗二十四首》注引元郑允端《自题肃雍集》:"近世妇人女子作诗,无感发惩创之义,余故划除旧习,脱弃凡近,作为歌诗,以俟宗工斤正。"

〔斤削〕唐冯贽《云仙杂记·石斧欲斫断诗手》:"兵曹使我呈父,加斤削也。"元戴善夫《风光好》第四折:"小官偶作一词,望大人斤削。"

〔斤斧〕宋范仲淹《与韩魏公书》:"又窥诸公所赋,何以措手,然旨命丁宁,亦勉率成篇,并自写上呈,所谓将勤补拙,更乞斤斧,免贻众诮。"

【郢正】【郢政】【郢裁】同"斧正"。

〔郢正〕郢,指《庄子·徐无鬼》篇中"运斤成风"的"郢匠"。《清代名人书札·王文治致汪守和》:"拙作录呈巽泉先生郢正。"清缪彤《与颜光敏书》:"伏枕偶得二诗,书呈大方郢正。"

〔郢政〕政、正,同源字。清胡鸣玉《订讹杂录》卷八:"明黄中《重刻朱子年谱记》:'且身处孤陋,书籍不全,暂作禅谌之补,祈请诸君更为郢政。'"清魏际瑞《与弟子论文》:"人以文字就质于人,称曰正之。忽念政者,正也,改称曰政。又念正者必须删削,乃曰削正。又念斧斤所以削也,转曰斧政。又念善斧斤者莫如郢人,易曰郢政。且或单称郢。"《汪康年师友书札·邵章》："过君豪杰士,相见甚得,赠诗奉以为乐,录呈叔翁,便时取阅郢政,幸甚。"

〔郢裁〕《汪康年师友书札·周贡瑚》："弟有泛议一篇,推论谋富谋强,保邦保种相联贯之势,……兹特另录候郢裁。"

【削正】【削政】删削匡正。

〔削正〕《汪康年师友书札·沈艾孙》："该卷文章,昨倩人誊出送上,乞削正。"

〔削政〕参见"郢政"。

【质正】辨明修正。胡适《致陈独秀》："重读足下文学变迁之说,颇有鄙见,欲就大雅质正之。"

【就正】向人求教并请匡正。典出《论语·学而》："君子食无求饱,居无求安,敏于事而慎于言,就有道而正焉。"明方孝孺《与陈敬斋书》："某往岁尝获与进,遂以拙稿就正焉。"清蒲松龄《聊斋志异·郭生》："少嗜读,但乡村无所就正。"清赵翼《廿二史札记·答谢蕴山藩伯书》："承谕著书必资友朋订正,此诚大人先生虚怀集益之雅量,故仆敢再进謦说以就正有道焉。"《汪康年师友书札·邵章》："章家居鲜淑,读书自娱,刻拟纂为《时务文编》,别呈门类,冀以就正大雅。"

【雅正】雅,高雅。多用于书画题款上,如:某某先生雅正。

【厘正】原意是对作品厘订修正。唐孔颖达《〈毛诗正义〉序》："先君宣父,厘正遗文,缉其精华,褫其繁重。"后也用作敬词,如:不妥之处,尚请厘正。

【阅正】请人阅览并匡正的敬词。袁鹰《悲欢·不灭的诗魂》："现在写出来,却成了一首挽诗,再也不可能送到邓拓同志桌上请他'阅正'了。"

【赐正】赐予指正。《汪康年师友书札·罗振玉》："兹奉拙著一册,乃销夏中所撰,自谓于小学经史发明甚多,但疏误尚恐不免,祈赐正为荷。"

【笔削】同"斧削"。《汪康年师友书札·李家鏊》："倘以东方事可有采择,尚祈加以笔削,再付梓人,临颖何胜叩祷!"

【绳削】同"斧削"。《清代名人书札·林则徐致李彦章》："前曾函恳以亡友秋翰诗存祈为点定,存者无多,望勿绳削过严,或有不妥字句,能为改窜一一尤感。"《汪康年师友书札·江瀚》："前稿颇多与时贤牴牾处,特以呈政。倘蒙赐刊《日报》,尚望绳削为感。"

【酌削】《汪康年师友书札·周自齐》："茶叶进口验叶章程,特为译出寄上,即希酌削采刊,俾众周知,不无小补。"

咳唾 kétuò 謦咳 qǐngké 謦唾 qǐngtuò

美称他人的谈吐或诗文。

【咳唾】典出《庄子·渔父》："孔子曰:

'曩者先生有绪言而去。丘不肖,未知所谓,窃待于下风,幸闻咳唾之音以卒相丘也。'"后遂以"咳唾"美称他人谈吐、诗文。《汉书·淮阳宪王刘钦传》:"大王诚赐咳唾,使得尽死,汤、禹所以成大功也。"唐李白《妾薄命》诗:"咳唾落九天,随风生珠玉。"蔡寅《题琉球竹枝词》:"九天咳唾珍珠价,一卷《骚》歌兰蕙香。"

【謦欬】典出《庄子·徐无鬼》:"夫逃空虚者,藜藋柱乎鼪鼬之迳,踉位其空,闻人足音跫然而喜矣,又况乎兄弟亲戚謦欬(咳)言笑者乎?"宋苏轼《黄州还回太守毕仲远启》:"路转湖阴,益听风谣之美;神驰铃下,如闻謦欬之音。"《汪康年师友书札·陶浚宣》:"穰卿仁兄大人如手:奉手书,恍亲謦欬,出入怀中,三复把玩,胜友如云,岂胜健羡!"《胡适来往书信选·陈大材、陈友琴致胡适》:"适之夫子勋鉴:杏坛承教,振发聪聋,函丈侍随,益叨謦欬。"《新华日报》1980年第10期:"在重庆时,我得以经常亲聆周恩来同志的謦欬。"

【謦唾】"咳唾"和"謦欬"的合称。明汤显祖《紫箫记·出山》:"倘若趋朝上国,便假风尘之会,重沾謦唾之音。"

哂 shěn

敬词。哂,微笑。用在"纳""收""存"等一类的动词前,请对方接受礼物。"笑""莞""欣"等也可用在这类动词前。

【哂纳】哂,微笑。《野叟曝言》第五八回:"水夫人带了素臣全家到了东方庄上,当有家人呈上礼单,说是家老爷一点薄意,求夫人哂纳。"

【哂存】《镜花缘》第六回:"些须微意,望仙姑哂存。"《汪康年师友书札·周自齐》:"各学赠来《大学章程纪事》十本,预备考入大学课程一本。……统以奉赠,即希哂存。"

【哂收】鲁迅、许广平《致郁达夫、王映霞》:"奉上粗品两种,算是补祝弥月的菲敬,务乞哂收为幸!"

【笑纳】清李渔《玉搔头·缔盟》:"多蒙令爱垂青,已把终身相许,下官具有些须聘礼,求妈妈笑纳。"《儿女英雄传》第三八回:"再带去些微土物,千里送鹅毛,笑纳可也。"郭沫若《屈原》第二章:"送了这点菲薄的礼物,以备阁下和阁下的舍人们回魏国去的路费,真是菲薄得很,希望阁下笑纳。"

【笑领】清刘献廷《广阳杂记》卷五:"受人仪物,谦曰'拜领'。然不独我受,望人受亦曰'领'。赵松雪与人柬云:'辄有素绸一匹,以表微意,伏冀笑领。'又云:'拜手持纳,祈笑领之。'"

【笑留】《水浒传》第二回:"三个头领再三拜覆:特地使小校进些薄礼,酬谢大郎不杀之恩,不要推却,望乞笑留。"明凌濛初《初刻拍案惊奇》卷十八:"也知吾丈不稀罕此些微之物,只是尊嫂面上,略表芹意,望吾丈鉴其诚心,乞赐笑留。"明凌濛初《二刻拍案惊奇》卷十四:"多谢县君送柑,客中无可奉答,小小生活二端,伏祈笑留。"

【莞存】莞,微笑的样子。《汪康年师友书札·瞿鸿禨》:"雪意尚浓,差为快事,奉上百金,聊供馈岁,希莞存。"

【欣存】犹"莞存"。《清代名人书札·吴长庆致薛时雨》:"兹送上凤鸡腌鸭各四只,附以粽子不托之属数种,皆系家乡风味,敢矜食宪,聊佐羹材。唯祈欣存,藉供软嚼。"

久 jiǔ

久,时间长久。修饰"仰""慕""闻"等词,表示对他人的声名或声誉久已仰慕或听闻。一般用于初次与他人见面时。

【久仰】【久慕】敬称久已仰慕。

〔久仰〕唐王仁裕《开元天宝遗事·郡神迎路》:"某荆州内外所主之神,久仰使君令名,故相率迎引。"清孔尚任《桃花扇·题画》:"原来是蓝田老,一向久仰。"清蒲松龄《聊斋志异·青凤》:"叟致敬曰:'久仰山斗。'乃揖生入。"周而复《上海的早晨》第一部十一:"他扣上西装上衣的扣子,彬彬有礼地走上一步,点了点头说:'久仰,久仰,三太太。'"

〔久慕〕明孙梅锡《琴心记·挑动春心》:"无能山野,久慕高风,又幸识荆,又承光贲。"清孔尚任《桃花扇·听稗》:"这是敝友河南侯朝宗,当今名士,久慕清谈,特来领教。[丑]不敢,不敢!请坐献茶。"《儒林外史》第三一回:"韦四太爷道:'久慕,久慕。'臧三爷道:'久仰先生,幸遇。'"《官场现形记》第二六回:"本来兄弟久慕得很,极想常常请教一切。"

【久闻】【久耳】敬称久已听闻。

〔久闻〕元王实甫《西厢记》第一本第二折:"小生久闻老和尚清誉,……今能一见,是小生三生有幸矣。"元吴昌龄《东坡梦》第一折:"久闻老师父大名,今日得睹尊颜,三生有幸。"明陈汝元《金莲记·湖赏》:"[坡]此是琴操,如今就要为尼了。[佛]久闻久闻,幸会幸会。"茅盾《子夜》八:"冯云卿虽尚未蒙惠顾,却也久闻大名。"

〔久耳〕《汪康年师友书札·钱恂》:"仲良在京有欲自备赍斧偕恂同游之言,恂何从说不许,本无提调,安赖仲良,仲良阔绰,久耳大名。"

【久闻大名,如雷灌(贯)耳】形容对方声名之大,就如同雷声灌耳。"如雷灌耳"常与"久闻大名"或"久仰大名"配合使用。《三国演义》第六十回:"久闻大夫高名,如雷灌耳。恨云山遥远,不得听教。"《儿女英雄传》第十五回:"晚生久闻先生大名,如雷灌耳,要想拜见拜见。"《儒林外史》第十回:"久仰大名,如雷灌耳。""灌"也写作"贯"。元郑庭玉《楚昭公》第四折:"久闻元帅大名,如雷贯耳。"《水浒传》第六二回:"小可久闻员外大名,如雷贯耳。今日得幸拜识,大慰平生。"《三国演义》第三八回：'玄德下拜道：'汉室末胄，涿郡愚夫，久闻先生大名，如雷贯耳。昨两次晋谒，不得一见，已书贱名于文几，未审得入览否？'"

烦 fán

敬词。麻烦，打扰。多用于请求他人帮助时。早期多单用。《左传·僖公三十年》："若亡郑而有益于君，敢以烦执事。"《史记·滑稽列传》："西门豹曰：'巫妪弟子是女子也，不能白事，烦三老为入白之。'"后多和相关的词连用。

【烦劳】晋陶潜《搜神后记》卷六："既蒙恩德，何敢复烦劳！"明凌濛初《二刻拍案惊奇》卷二十："今日烦劳你写一供状。"邹韬奋《萍踪寄语》一二〇："有时有问题提出讨论，都烦劳她翻译。"

【烦累】明冯梦龙《古今小说·临安里钱婆留发迹》："恐怕又烦累你应采，这些东西都留你处，慢慢的支销。"

【烦琐】《红楼梦》第六八回："那里为这点子小事去烦琐他。"《儿女英雄传》第十三回："他怎生的生龙活虎一般，我不敢多烦琐。"

【相烦】明凌濛初《初刻拍案惊奇》卷二十："见官人经过，想必是个有才学的，因此相烦官人替写一写。"

【有烦】《水浒传》第十八回："何涛道：'有烦押司引进。'"明凌濛初《初刻拍案惊奇》卷一："有烦老客长做主，写个合同文契，好成交易。"

【累烦】《西游记》第八回："妖物撇了钉钯，纳头下礼道：'老兄，菩萨在那里？累烦你引见一引见。'"

【多烦】许地山《铁鱼底鳃》："他对饭摊主人说了一声'多烦了'。"又如：多烦您给打听一下。

【央烦】央，央求。《水浒传》第四九回："我那姐姐有三二十人近他不得……央烦你暗暗地寄个信与他，把我的事说知，姐姐必然自来救我。"《红楼梦》第三回："冷子兴听得此言，便忙献计，令雨村央求林如海，转向都中去央烦贾政。"

【麻烦】老舍《全家福》第二幕："今天咱们就谈到这儿吧，我还会来麻烦你呢！"

劳 láo

敬词。用于烦劳他人时。《儒林外史》第十一回："既是两公错爱，我便该先到城里去会他，何以又劳他来？"巴金《家》八："劳各位等了许久，兄弟非常抱歉。""劳"还常与相关的词连用，表示烦劳他人，且含歉意。

【劳动】烦劳并惊动他人。唐王建《酬于汝锡晓雪见寄》诗："劳动更裁新样绮，红灯一夜剪刀寒。"《红楼梦》第四二回："王太医便盘着腿儿坐下，歪着头诊了半日，……贾母笑说：'劳动了。珍哥让出去好生看茶。'"老舍《四世同堂》三十："正在这个时候，院中出了声，……晓荷迎到屋门：

'劳动！劳动！不敢当！'"

【劳烦】周立波《山乡巨变》上二："到了，劳烦你，把你累翻了。"

【劳累】杜鹏程《保卫延安》第七章："千万请他老人家劳累一趟，不要推辞。"

【劳扰】庞瑞垠《东平之死》："为自己的事，委实不便去劳扰，唯有压着性子再等。"

【劳驾】"劳您大驾"的缩略。《老残游记》第十三回："劳伫驾，看他伙计送进去，就出来，请伫把门就锁上。劳驾，劳驾。"沙汀《在其香居茶馆里》："不然，也不敢劳驾你哥子动步了。"

【劳尊】尊，尊驾。有劳尊驾。明寓山居士《鱼儿佛》第三出："不用劳尊老马。"

【动劳】烦劳。元无名氏《蓝采和》第二折："量小人有甚么能，动劳你伙伴邻里街坊。"明汤显祖《紫钗记·剑合钗圆》："转孟门太尉参军事，动劳你蕗烛裁诗。"清孔尚任《桃花扇·闲话》："动劳久陪，晚生不安。"

【有劳】《水浒传》第三三回："花荣如何敢欺罔刘高，他又是个正知寨。只是本人累累要寻花荣的过失，不想惊动知府，有劳都监下临草寨，花荣将何以报？"《明成化说唱词话丛刊·包龙图公案断歪乌盆传》："杨公含泪将言说，便交赏赐众公人，每人赏钱三百贯，有劳连唤二三声。"滇剧《闯宫》："有劳张伯伯与我通禀。"

费心 fèixīn 费神 fèishén

敬词。费心劳神。用于请托或向人致谢时。与"费心"用法相同的还有"费神"。

【费心】元李直夫《虎头牌》第二折："你那里得这钱来买酒？教哥哥费心。"明凌濛初《二刻拍案惊奇》卷二："而今小恙已好，不劳费心。"《红楼梦》第三四回："袭人赶着送出院外，说：'姑娘倒费心了。改日宝二爷好了，亲自来谢。'"《儒林外史》第一回："今日有缘，遇着王相公，是必费心大笔画一画。"

【费神】《儿女英雄传》第九回："姑娘道：'借重费神。只是我不领情，这东西与我无干，却是你的。'"《续孽海花》第四三回："梦兰立起来说道：'谢谢杨大人跟卢大人费神，教我怎么样子报答呢？'"《汪康年师友书札·毛慈望》："兹恳者，……《中东战纪本末续编》之刻，曾否出书？都中尚无售本，千祈费神代购一部，同前书一并赐下，祷切盼切。该价若干？示知即肃奉赵，断不稍迟。"叶圣陶《一包东西》："老李还有点事不就回去，一包东西费神先带走，等会儿自己去取。"

打扰 dǎrǎo 打搅 dǎjiǎo 相扰 xiāngrǎo 搅扰 jiǎorǎo

敬词。用于受人招待或请人帮助时。意谓给别人带来了麻烦。与"打扰"

用法相同的还有"打搅""相扰""搅扰"等。

【打扰】何其芳《老百姓和军队·第二封信》："当我走进屋的时候,走的时候,或借用东西的时候,我们总是很客气地说:'打扰你们。'或者'麻烦你们'。"艾芜《人生哲学的一课》："'对不起,打扰你们了!'我懊丧地走了出去。"

【打搅】元乔吉《扬州梦》楔子："多有打搅,小生不敢久留,就此告辞长行去也。"《英烈传》第十七回："我在此打搅了一番,自然算房钱、饭钱、酒钱还你。"曹禺《日出》第三幕："对不起,打搅你们了。"

【相扰】《水浒传》第二三回："武松谢道:'实是多多相扰了大官人。'"

【搅扰】元石德玉《曲江池》第一折："[净云]……我姨姨着我来请你哩,你过去同吃几杯儿酒。[末]怎好搅扰。"王西彦《古屋》第二部二："'时常要在你房里进进出出,真是非常的对不起。'我向她告着搅扰。"

惊动 jīngdòng

敬词。烦扰,意思是因相扰使人受惊不安。清翟灏《通俗编·行事》："按今言烦扰人曰惊动,亦曰劳动。"《水浒传》第三三回："花荣如何敢欺罔刘高,他又是个正知寨。只是本人累累要寻花荣的过失,不想惊动知府,有劳都监下临草寨,花荣将何以报?"《儿女英雄传》第三回："那张老头儿说道:'怎么惊动起师爷来了?'"

借光 jièguāng

敬词。用于请别人给予方便或向人询问时。鲁迅《故事新编·理水》："临末是一个粗手粗脚的大汉,……连声说道'借光,借光,让一让,让一让',从人丛中挤进皇宫去了。"老舍《赵子曰》第七:"借光,这是六十号吗?"

借问 jièwèn

敬词。犹言"请问",用于向人打听情况时。《水浒传》第三回："史进道:'借问经略府内有个东京来的王教头吗?'"周立波《山乡巨变》上二："邓秀梅停步问道:'借问一声,乡政府是哪个屋场?'"

借重 jièzhòng

敬词。用于请人帮助时。清李渔《意中缘·入幕》："我这幕府缺人,要借重先生秉笔。"《胡适来往书信选·朱家骅致胡适》："中美教育基金协定……拟借重清望,敦聘台端为顾问,并请主持其事,至祈惠允是幸。"田汉《洪水》第一场："县长说要借重你哩。"

海涵 hǎihán　海容 hǎiróng　包涵 bāohán

敬词。大度宽容。后多用于请人宽容原谅。

【海涵】《艺文类聚》卷四六引南朝梁王

僧孺《为临川王让太尉表》:"陛下海涵春育,日镜云伸,追大道之无私。"宋苏轼《湖州谢上表》:"此盖伏遇皇帝陛下,天覆群生,海涵万族。"后多用于请人宽容原谅。明冯梦龙《警世通言·王安石三难苏学士》:"晚生才疏识浅,全仗太师海涵。"清孔尚任《桃花扇·骂筵》:"得罪,得罪!望乞海涵。"鲁迅《两地书·致许广平三四》:"尚希曲予海涵,免施贵骂。"

【海容】同"海涵"。明佚名《四游记·唐三藏逐去孙行者》:"行者道:'既有紧箍咒,定有松箍咒,既没有松箍咒,望乞海容,带我侍奉师父也罢!'"

【包涵】包容原谅。《老残游记》第四回:"不中吃,请铁老爷格外包涵些。"《再生缘》第十四回:"萍水相逢缘分重,今朝得罪要包涵。"

洗耳 xǐ'ěr 洗耳恭听 xǐ'ěrgōngtīng 洗耳拱听 xǐ'ěrgōngtīng

敬词。恭敬地倾听他人说话。

【洗耳】宋王迈《送族侄千里归漳浦》诗:"洗耳候凯音,嘉节追吹帽。"清李渔《巧团圆·得妻》:"如今细说一番,待小生洗耳听者。"

【洗耳恭听】元关汉卿《单刀会》:"诸君侯试说一遍,下官洗耳恭听。"《二十年目睹之怪现状》第一百回:"总办说话时,他还垂着手,挺着腰,洗耳恭听。"

【洗耳拱听】同"洗耳恭听"。拱,两手相合以示敬意;这里与"恭"的用法相同。元宫天挺《范张鸡黍》第一折:"哥哥才学,与在下不同。有什么名人古书,前皇后代,哥哥讲说些儿,小官洗耳拱听。"明冯梦龙《醒世恒言·独孤生归途闹梦》:"必须再求一风月艳丽之曲,我等洗耳拱听。"

趋谒 qūyè 趋诣 qūyì

敬词。拜访他人的敬称。

【趋谒】谒,谒见。《清代名人书札·刘琨致全庆》:"小汀世叔大人阁下:近微有目疾,未获趋谒。……世愚侄琨顿首。"《水浒后传》第七回:"郭京鞠躬答道:'台(臺)下世胄英才,神仙骨相,趋谒旌旄,足慰平生。'"《汪康年师友书札·汪曾武》:"前到申趋谒未见。"又《罗振玉》:"昨薄暮拜访,又值公出,……明日须出城,一二日内若有暇再趋谒。"

【趋诣】《清代名人书札·梁敦彦致端绪》:"初九日如能无事,定当趋诣尊府一叙。"《汪康年师友书札·王彦威》:"昨因访执事不遇,欲见函丈,适午睡,不敢冒昧,幸先代叩安,容再趋诣。"

趋叩 qūkòu

敬词。登门询问的敬称。苏曼殊《与高天梅论文学书》:"天梅居士侍者:昨岁自江户归国,拟于桂花香里,趋叩高斋,而竟不果。"《汪康年师友书札·沈艾孙》："便中仍求一探上意，……今吾赴津，约初二三回，再当趋叩。"

造谒 zàoyè 造诣 zàoyì 造府 zàofǔ

拜访他人的敬称。

【造谒】晋袁宏《后汉纪·献帝纪二》："同郡陈仲举名重当时，乡里后进莫不造谒，邵独不诣。"清周亮工《书影》卷三："海内人士，踵门造谒，仲言每一晋接，历久不忘。"《汪康年师友书札·汪曾武》："月初与冒鹤亭同年造谒，得亲几席，已为生平之幸。"

【造诣】唐任华《与京尹杜中丞书》："亦尝造诣门馆，公相待甚厚，谈笑怡如。"《宋史·隐逸传上·魏野》："前后郡守，虽武臣旧相，皆所礼遇，或亲造诣。"

【造府】造，到，往。明佚名《四游记·玉帝设宴会群臣》："圣上设宴，忽见贵宅宝树，豪光闪闪，圣上爱之，命下官造府，要讨此物。"

过拜 guòbài 过谒 guòyè 过存 guòcún 过问 guòwèn

拜访他人的敬称。"过谒""过存""过问"，用法相近。

【过拜】宋曾巩《待人谢余侍郎启》："疏阔已甚，抵弃未能，方虞词谴，属小儿过拜，辱徐论之见存。"明王世贞《鸣凤记》第三七出："[净]愚父子乏物表忱，不敢过拜！"

【过谒】《后汉书·梁冀传》："南郡太守马融，江夏太守田明初除，过谒不疑。"《资治通鉴·汉桓帝元嘉元年》引此文，胡三省注："言其过门，因而谒之。"《乐府诗集·相和歌辞十二·步出夏门行》："过谒王父母，乃在泰山隅。"

【过存】存，存问，问候。《后汉书·马援传》："援闲至河内，过存伯春。"李贤注："犹过问也。"清吴伟业《送何省斋》诗："闷即君过存，高谈豁蒙蔽。"清洪昇《长生殿·献发》："秋风团扇原吾分，多谢连枝特过存。"

【过问】除表示关注某事并参加意见外，义同"过存"。《儒林外史》第二二回："主意已定，即在庵里取纸笔写了一个帖子，说道：'牛布衣近日舍于舍亲卜宅，尊客过问，可至浮桥南首大街卜家米店便是。'"

抠衣 kōuyī 抠谒 kōuyè 抠趋 kōuqū 抠迎 kōuyíng

【抠衣】抠，提起。提起衣服前襟，古人表示恭敬的一种动作。《礼记·曲礼上》："毋践屦，毋踖（越）席，抠衣趋隅，必慎唯诺。"孔颖达疏："抠，提也；衣，裳也；趋，犹向也；隅，犹角也。既不踖席，当两手提裳之前，徐徐向席之下角从下而升，当己位而坐也。""抠衣"表示恭敬时也可省去"衣"字。

【抠谒】【抠趋】拜访他人的敬称。

〔抠谒〕抠衣拜谒。明李东阳《复愚得谢太守先生书》:"第执事深藏高韬,无由抠谒,再领教札及海物之惠。"清梁章钜《归田琐记·容园》:"时余尚未抠谒师宅,因问吾师府中之园如何?"《汪康年师友书札·陶葆廉》:"久疏抠谒,渴念良殷。"

〔抠趋〕抠衣趋谒。明李贽《复焦弱侯》:"向邹公过古亭时,弟偶外出,不得抠趋侍从,悔者数日。"清黄六鸿《福惠全书·禀启附·候张三府》:"仰祈末照,俯纳细流,即日抠趋,临风粉涤。"

【抠迎】抠衣迎接。迎接他人的敬称。宋岳飞《奏辞宣抚副使札子》:"臣闻命震惊,罔知所措,抠迎叨受。"《汪康年师友书札·王豫熙》:"顷接手笺,俱聆一切。惠临有失抠迎,歉歉。"

卓裁 zhuócái 卓夺 zhuóduó

敬称他人的裁夺。"卓夺"用法同"卓裁"。

【卓裁】《清代名人书札·陆建瀛致祁㝢藻》:"今江、浙两省会商,如无需此米,即用现拟减歇军船分运赴京,似于安置水手稍有烦劳,即太仓亦不无小补,敢请卓裁。"《汪康年师友书札·张鹏》:"再者,此会月行一课,年行十课,课卷按期约二十本,命题许卷,均候卓裁。"

【卓夺】《廿载繁华梦》第十回:"待小弟今晚作个东道,并请老哥与山农两位赴席,看他如何,再行卓夺。"廖仲恺《致胡汉民函》:"拟请政府先将彭、苏两人扣留,令其交出凶手,并将该两堡联团局封禁,以为白昼任意杀人,阻碍农民运动者戒。如何之处,请卓夺。"

璧还 bìhuán 还璧 huánbì 璧返 bìfǎn 返璧 fǎnbì 璧赵 bìzhào 完璧 wánbì 完赵 wánzhào 归赵 guīzhào

敬词。敬称完好无损地归还原物。典出《史记·廉颇蔺相如列传》完璧归赵的故事。"完璧归赵",除"璧还"外,还衍生出"璧返""璧赵""完璧""完赵""归赵"等表敬词语。

【璧还】清黄六鸿《福惠全书·筮仕·起程》:"便夹原帖璧还。"《二十年目睹之怪现状》第四一回:"上月家母寿日,承赐厚礼,概不敢当,明日当即璧还。"陈毅《给阿英的信》:"携回之三书,已阅毕,兹璧还。"

【还璧】明冯梦龙《醒世恒言·陈多寿生死夫妻》:"王三老道:'既然庚帖返去,原聘也必然还璧。'"明李贽《答李惟清书》:"若留阿堵于囊中,或有旅次之虞,怀资之恐,重为兄忧,未可知矣。幸察余之真诚,使得还璧。"清李渔《闻过楼》第三回:"小人只说自家命好,撞着了太岁,所以留在身边,不曾送来还璧。"

【璧返】同"璧还"。清蒲松龄《聊斋志异·巩仙》:"此府中物,来时仓猝,未暇璧返,烦寄去。"

【返璧】清蒲松龄《四月十六日答万乡绅》:"鼎贶返璧,非敢自外,聊借手以当献酬云尔。"陈夔龙《梦蕉亭杂记》卷二:"谈及文忠借银事,自忖归赵无期,乃嘱余代拟函致文忠,略谓前荷盛情,久铭肝膈,屡思返璧,力不从心。"

【璧赵】清蒲松龄《聊斋志异·霍女》:"倘室人必不肯从,仍以原金璧赵。"

【完璧】同"璧还"。完,完好。《西游记》第六十回:"千万借扇扇灭火焰,保得唐僧过山,即时完璧。"

【完赵】清顾炎武《与归庄手札》:"弟诗不足观,以比兄作,则瓴甋之于宝鼎矣。何足汗翣!敬完赵。"清百一居士《壶天录》卷上:"难既平,妾返苏,索寄物,金少与之。妾索全璧,金曰:'仆非乾没也,闻小主在陇西,仆必访得之,他日当完赵耳。'"

【归赵】宋郑兴裔《请禁传馈疏》:"臣累任监司,牧守邻道馈遗前后不下数十万,悉以原物归赵,未敢分毫染指。"《冷眼观》第二七回:"至于老兄垫用的款子,兄弟马上就派账房如数归赵就是了。"

璧谢 bìxiè 返锦 fǎnjǐn

敬词。敬称不接受馈赠并表示谢意。

【璧谢】这是两个典故的化合。一是出自《左传·僖公二十三年》晋文公受飨反璧的故事,一是出自完璧归赵的故事。清蒋士铨《桂林霜·胁降》:"我说这礼物送得不妥,一定要璧谢呢。"清梁绍壬《两般秋雨盦随笔·长生殿》:"黄六鸿者,康熙中,由知县行取给事中入京,以土物并诗稿遍送名士。至宫赞赵秋谷执信,答以柬云:'土物拜登,大稿璧谢。'"参阅清褚人获《坚瓠集·璧谢》。

【返锦】清蒲松龄《三月初一答杨恩县》:"去岁偶尔添丁,乃劳远颁佳贶,云汉之谊,何以克当也。谨对使返锦,心志明德而已。"

关爱 guān'ài 关垂 guānchuí 顾爱 gù'ài

敬称他人的关爱。

【关爱】《清代名人书札·梁敦彦致端绪》:"前日诸承关爱,感铭莫名。"《汪康年师友书札·魏勖》:"去岁在南京,由舍下十二月初二日手书,敬悉一切。诸承关爱,感何可言!"

【关垂】垂,垂爱。清曾国藩《复黄恕皆侍郎书》:"仰荷关垂,感甚感甚!"《清代名人书札·萧得树致性泉》:"顷诵惠书,诸荷关垂,并足钱四百串正,拜领之下,且感且惭。"又《李慈铭致谭献等》:"初旬拜三君书,极荷关垂,感激难罄。"苏曼殊《断鸿零雁记》第十五章:"(静子曰):'三郎善自珍摄,寒威滋可畏也。'余即答曰：'感谢吾姊关垂。'"

【顾爱】 元李文蔚《圯桥进履》第二折："谢尊师，承顾爱。"《水浒传》第一一四回："只见小旋风柴进起身道：'柴某自蒙兄长高唐州救命已来，一向累蒙仁兄顾爱，坐享荣华。'"

珍贶 zhēnkuàng

珍惠 zhēnhuì

敬称他人的馈赠。

【珍贶】 贶，赏赐，赠与。唐杨巨源《和人与人分惠赐冰》："丽词珍贶难双有，迢递金銮殿角东。"宋苏轼《与朱康叔书》："双壶珍贶，一洗旅愁，幸甚幸甚。"清赵翼《钱充斋观察远饷永昌面作饼大嚼诗以志惠》诗："殷勤谢珍贶，敬志古谊笃。"

【珍惠】 宋苏轼《与朱康叔书》："珍惠双壶，遂与子又累醉，公之德也。"又《与孙叔静书》："烧羊蒙珍惠，下逮童孺矣。"

绮注 qǐzhù

敬称他人对自己的关注或关怀。清梁章钜《归田琐记·附复廖尚书魏山长书》："日来接诵来函，诸叨绮注。"《清代名人书札·如山致茂文》："省门诸事如常，阆潭安吉，足慰绮注。"《汪康年师友书札·卜舫济》："谨启者，日咋捧读华翰，备蒙绮注，感何可言。"

绮廑 qǐjǐn

敬称他人对自己的挂念。廑，挂念。《清代名人书札·何桂清致徐宗幹》："初八日到常，十一日接任，诸事托苾平顺，差堪告慰绮廑。"又《刘崐致豫山》："东屏大兄大人阁下：迎年笺贺，极感绮廑。"

迂步 yūbù

犹"枉驾""屈临"。敬称他人光临。清蒲松龄《聊斋志异·牛癀》："陈笑曰：'此愿易遂，仆当为君偿之。'因握手曰：'寒舍伊迩，请即迂步。'客笑而从之。"

拖步 tuōbù

敬词。①敬称他人来访。元无名氏《桃园结义》第二折："量某有何德能，有劳君子拖步至此也。"②敬称他人相送。《西游记》第十四回："三藏躬身作礼相谢道：'多有拖步，感激不胜。回府多多致意令堂老夫人、令荆夫人，贫僧在府多扰，容回时踵谢。'"

讨教 tǎojiào

犹"请教"。讨，请求。清秋瑾《精卫石弹词》第二回："可同姊到汝房间，讨教姊姊书和史。"评弹《再生缘》第二回："就是要和老兄彻夜长谈，讨教文才武艺。"萧乾《凤凰坡上》："一见到外地来实习的农校学生，他就凑过去向他们讨教饲养管理的知识。"1998年4月24日《北京青年报·特别报导》："我说你的来信收到了，……希望以后有机会当面向你讨教。"

蓬荜生辉 péngbìshēnghuī

敬称对方的光临使自己的居所增光添彩。明无名氏《鸣凤记·邹林游学》:"得兄光顾,蓬荜生辉。"《再生缘》第三十回:"君侯们枉驾下官,蓬荜生辉。"

托福 tuōfú

敬词。敬称自己的幸事是依托于对方的福气。《瞎骗奇闻》第七回:"早有伙计柜台里招呼道:'大爷,你老人家好呵!'赵泽长连忙道:'托福,托福,诸位都好。'"《二十年目睹之怪现状》第五六回:"承记挂,多谢!我托福还好。""托福"也可拆开来用,"福"前加表示对方的称谓词或代词。《红楼梦》第五三回:"早关了来,给那边老太太送过去,置办祖宗的供,上领皇上的恩,下则是托祖宗的福。"又如"托您老人家的福""托舅舅的福""托您的福"等。

青春 qīngchūn

敬词。敬问年轻人的年龄。《水浒传》第二四回:"西门庆道:'不敢动问娘子青春多少?'那妇人应道:'奴家虚度二十三岁。'"又第六三回:"太师大喜,便问:'将军青春多少?'关胜答道:'小将三十有二。'"

献茶 xiànchá 奉茶 fèngchá 待茶 dàichá 让茶 ràngchá

敬词。请客人用茶的敬称。

【献茶】《西游记》第八回:"那菩萨到山脚下,有玉真观金顶大仙在观门首接住,请菩萨献茶。"《斩鬼传》第三回:"(通风老人)见钟馗众神来,大喜道:'老爷们请到寒舍献茶。'"

【奉茶】欧阳予倩《桃花扇》第一幕第一场:"倘若各位不嫌弃,请到寒舍奉茶,等我来唱给各位听一听,当面请教如何?"

【待茶】《京本通俗小说·菩萨蛮》:"郡王出堂,赐二长老坐,待茶。"《儿女英雄传》第十五回:"邓九公这才转到下手让安老爷大厅待茶。"川剧《拉郎配》第九场:"请在书房待茶。"

【让茶】《儿女英雄传》第十三回:"他一面让茶,一面搭讪着就要同坐。"杨沫《青春之歌》第一部第八章:"这位'老爷'见了道静倒很客气,让烟让茶。"

让烟 ràngyān

敬词。请客人吸烟。韦君宜《夕阳赋》四:"笑着把客人一个个让到屋里,宽衣、看坐、待茶、让烟。"

让酒 ràngjiǔ

敬词。请客人喝酒。《儿女英雄传》第九回:"我看这事比方才那和尚让酒还累赘。"

金诺 jīnnuò

敬词。敬称他人的诺言如金之珍贵。语本《史记·季布栾布列传》:"楚人谚曰:'得黄金百,不如季布一诺。'"晋顾云《代人上路相公启》:"果践玉书,不移金诺。"宋陆游《重修大庆寺疏》:"倘承金诺,敢请冰衔。"明高明《琵琶记·南浦嘱别》:"孩儿,既蒙张太公金诺,必不食言,你可放心早去。"清蒲松龄《聊斋志异·公孙九娘》:"朱曰:'如蒙金诺,还屈玉趾。'"

扫榻 sǎotà

热情欢迎对方的敬称。《汪康年师友书札·张鹏》:"年关已过,近日公冗如何?闻有灵岩之游,敬扫榻以待也。"

问讯 wènxùn

僧尼等向众人合掌表示敬意。晋法显《佛国记》:"阿那律以天眼遥见世尊,即语尊者大目连,汝可往问讯世尊,目连即往,头面礼足,共相问讯。"《景德传灯录·迦毗摩罗》:"尊者将至石窟,复有一老人素服而出,合掌问讯。"明冯梦龙《警世通言·假神仙大闹华光庙》:"(魏公)走不多步,恰好一个法师,手中拿着法环摇将过来,朝着打个问讯。"老舍《四世同堂》八四:"和尚看了瑞全一眼,打了个问讯,走入正殿,去敲打木鱼。"

檀府 tánfǔ

敬词。僧人对施主住宅的敬称。《西游记》第二十:"三藏道:'贫僧是东土大唐和尚,奉圣旨,上雷音寺拜佛求经。适至宝方天晚,意投檀府告借一宿,万祈方便方便。'"又第二三回:"小僧是东土大唐来的,奉旨向西方拜佛求经,一行四众,路过宝方,天色已晚,特奔老菩萨檀府,告借一宿。"

法讳 fǎhuì

对僧道姓名的敬称。《水浒传》第七回:"林教头便道:'师兄何处人氏?法讳唤做什么?'"又七一回:"众道士内有一人姓何,法讳玄通。"《西游记》第二二回:"菩萨,我师父前在高老庄,又收了一个徒弟,唤名猪八戒,多蒙菩萨又赐法讳悟能。"

执事 zhíshì

敬词。"执事",办事人员。用于敬称国君或大夫、将帅,表示在尊者面前,不敢直接指称尊者,而只敢与尊者手下的办事人员对话。《左传·僖公二十六年》:"齐侯未入竟,展喜从之,曰:'寡君闻君亲举玉趾,将辱于敝邑,使下臣犒执事。'"杜预注:"言执事,不敢斥尊。"《礼记·杂记上》:"君讣于他国之君,曰:'寡君不禄,敢告于执事。'"孔颖达疏:"不敢指斥邻国君身,故云'敢告于执事'也。""执事"用于敬词,多见于《左传》(共38见)《国语》(共4见)。主要用于敬称国君。《左传·僖公三十年》:"若亡郑而有益于君,敢以烦执事。"又《成公三年》:"臣不才,不胜其任,以为俘馘。执事不以衅鼓,使归即戮,君之惠也。""执事"也可用于敬称大夫或将帅。《左传·襄公十四年》:"公使厚成叔吊于卫曰:

'寡君使瘠,闻君不抚社稷,而越在他竟,若之何不弔?以同盟之故,使瘠敢私于执事.'"杜预注:"执事,卫诸大夫."又《成公三年》:"若不获命,而使嗣宗职,……虽遇执事,其弗敢违."杜预注:"遇执事,遇楚将帅."后广泛用于对他人的敬称。参见"书信敬词"。

颜范 yánfàn 金颜 jīnyán 芝宇 zhīyǔ 芝辉 zhīhuī

敬称他人的容颜。

【颜范】敬称他人容颜风范。元杨暹《西游记》第一本第四折:"久不见尊师颜范,今日从何而至?"明杨珽《龙膏记·罗织》:"久违颜范,殊切钦驰,近日不知丞相好么?"

【金颜】金,喻尊贵;敬称对方的容颜。《清代名人书札·普承尧致罗泽南》:"迄今睽违日久,未晤金颜,其心无时不飞驰左右也。"

【芝宇】典出《新唐书·元德秀传》:"房琯每见德秀,叹息曰:'见紫芝眉宇,使人名利之心都尽。'"后以"芝宇"敬称他人容颜。明无名氏《赠书记·扫茔遘侠》:"一点芳情未许人,式瞻芝宇顿倾心。"《玉娇梨》第十一回:"白公道:'吴舍亲久称贤契高才,学生多时想慕。今接芝宇,颇慰。'"《汪康年师友书札·陈寿彭致汪康年》:"得朵云,如亲芝宇。"鲁迅《热风·随感录四十》:"终日在家里坐,……还有什么感?只有几封信,说道:'久违芝宇,时切葭思。'"

【芝辉】《清代名人书札·李德立致徐宗幹》:"蟾圆载易,音敬稍疏。遥忆芝辉,方深驰系。"《汪康年师友书札·李家鏊》:"里门小住,幸挹芝辉。聆尘论之纷披,叨鲭筵之盛设。深情高谊,心篆肺铭。"

泰山北斗 tàishānběidǒu 泰斗 tàidǒu 山斗 shāndǒu 斗山 dǒushān

敬词。泰山、北斗的合称。敬称德高望重或卓有成就为人所敬仰的人。

【泰山北斗】比喻受人敬仰的人。《新唐书·韩愈传赞》:"自愈没,其言大行,学者仰之如泰山北斗云。"清王士禛《香祖笔记》卷七:"余官左都御史,一日五鼓启事,候于中左门,故吏部侍郎赵公玉峰(士麟)谓曰:'公真今日之泰山北斗也。'"《东欧女豪杰》第三回:"我们党里头有一位苏菲亚大姊,他真是我们的泰山北斗,可惜大哥来的太迟,恐怕没曾相识了。"

【泰斗】"泰山北斗"的缩略语。《文明小史》第二三回:"有个湖南效法学堂的卒业生,想谋出洋游学,听说这位抚台是新学界的泰斗,特特的挟了张卒业文凭,前来拜恳。"范文澜、蔡美彪等《中国通史》第三编第七章第八节:"曹氏一家当是长安弹琵琶的泰斗。"

【山斗】【斗山】犹"泰斗","泰山北斗"

的缩略语。

〔山斗〕宋辛弃疾《水龙吟·甲辰岁寿韩南涧尚书》词:"况有文章山斗,对桐荫,满庭清昼。"明乔世宁《何先生传》:"明兴,诗文足起千载之衰,而何、李最为大家,今学士家称曰'何李',或称曰'李何',屹然为一代山斗云。"也用于敬称对方。清蒲松龄《聊斋志异·青凤》:"叟致敬曰:'久仰山斗。'乃揖生入。"又《二班》:"两人拱敬曰:'是良医殷先生耶?仰山斗久矣。'"清古吴墨浪子《西湖佳话·葛岭仙迹》:"尚不曾拜识山斗,晚生小子安敢妄通?"

〔斗山〕明杨珽《龙膏记·开阁》:"老相公斗山在望,鼎鼐久调,小生猥以鄙贱之姿,谬奉特达之愿。"《汪康年师友书札·陶葆廉》:"所憾羁身绝塞,未得瞻仰斗山,一亲教泽。"

词丈 cízhàng

敬词。对前辈诗人的敬称。清袁枚《随园诗话补遗》卷一:"忽于小市上购得前朝顾尚书东桥先生手书诗幅,题云:'茂慈词丈就北山之麓构园,名随园。'"清秋瑾《题乐天词丈〈春郊试马图〉》诗序:"甲辰南归,适见南海词丈有《春郊试马图》之咏,一时和作如林,无美不备。"

词宗 cízōng

敬称词作为众所敬仰者,犹词坛泰斗。《艺文类聚》卷五二引南朝梁裴子野《晋陵太守王励德政碑》:"至于网罗图籍,脂粉艺文,学侣辑其精微,词宗称其妙绝。"宋刘攽《与王承旨启》:"海内服其词宗,主上许其国器。"清陈廷焯《白雨斋词话》卷二:"顿挫之妙,理法之精,千古词宗,自属美成。"

杖履 zhànglǚ 杖屦 zhàngjù

敬词。对老者或尊者的敬称。

【杖履】宋苏轼《夜坐与迈联句》诗:"乐哉今夕游,复此陪杖履。"明张煌言《祭建国公郑羽长鸿奎文》:"千里片鸿,经年尺鲤,北顾旌旗,南询杖履。"清姚鼐《复曹云路书》:"贤从子谓杖履秋冬或来郡,然则不尽之意可面陈。"《清代名人书札·倪文蔚致阎敬铭》:"自违杖履,裘葛载更,两肃芜笺,未蒙赐教,祗益惭惶。"

【杖屦】唐杜甫《咏怀》之二:"南为祝融客,勉强亲杖屦,结托老人星,罗浮展衰步。"仇兆鳌注:"卢注:衡山有祝融峰,董炼师在焉,故思一亲其杖屦。"宋司马光《祭颖文公》:"承乏谏垣,造请有禁,不亲杖屦,殆将再期,岂意一朝忽为永诀!"《清代名人书札·袁昶致薛时雨》:"铩羽东归,至邗上为友人挽留,畅游六日。其时闻杖屦适自吴中还归南樵,欣怃交并。"

文从 wéncóng

敬词。对他人的敬称。从,仆从。意为不敢直称对方,只能与对方的仆从对话。明唐玉《翰府紫泥全书·拜访不遇式》:"别久思深,适感夜舟之兴,擅造门下,不意文从他出。"《汪康年师友书札·陶濬宣》:"盼企文从甚久,承枉从失迎,歉歉。"

履舄 lǚxì

敬词。犹"足下"。多用于书信。宋王安石《与王宣徽书》:"南北辽阔,无缘进望履舄。"宋蔡絛《铁围山丛谈》卷四:"今违履舄,愿大王保其玉体,益其令闻。"

崇重 chóngzhòng

敬词。犹"尊体",敬称对方的身体。多用于信末的祝颂。宋范仲淹《与韩魏公书》:"伏惟宴喜外,倍保崇重。祝望祝望。"宋王安石《与王宣徽书》:"惟冀为时倍保崇重,无任祷颂之至。"

夫子 fūzǐ

敬词。①对男子的敬称。《尚书·牧誓》:"夫子勖哉!不愆于四伐、五伐、六伐、七伐,乃止,齐焉。"孔安国传:"夫子谓将士。"《汉书·司马相如传》:"是时梁孝王来朝,从游说之士邹阳、淮阴枚乘、吴严忌夫子之徒,相如见而说之。"颜师古注:"严忌本姓庄,当时尊尚,号曰夫子。"唐李朝威《柳毅传》:"水府幽深,寡人暗昧,夫子不远千里,将有为乎?"②孔门尊称孔子为夫子,后用以特指孔子。《论语·学而》:"夫子至于是邦也,必闻其政,求之与,抑与之与?"唐韩愈《重答张籍书》:"自文王没,武王、周公、成、康相与守之,礼乐皆在,及乎夫子未久也,自夫子及乎孟子未久也。"③后世也用于敬称老师或主考官。《周书·斛斯徵传》:"宣帝时为鲁公,与诸皇子等咸服青衿,行束脩之礼,受业于徵,仍并呼徵为夫子。"明代用为门生对座主(主考官)的敬称。明王世贞《觚不觚录》:"(京师)门生称座主,亦不过曰老先生而已。至分宜(严嵩)当国,而谀者称老(师),而厚之甚者称夫子。"

夫人 fūrén

敬词。有诸侯之妻、帝王之妾、古代命妇的封号等义,也用于敬称。①对已婚妇女的敬称。《史记·刺客列传》:"市行者诸众人皆曰:'……夫人不闻与?何敢来识之耶?'"汉赵晔《吴越春秋·王僚使公子光传》:"适会女子击绵于濑水之上,筥中有饭,子胥遇之,谓曰:'夫人,可得一餐乎?'"②对自己或他人的妻子的敬称。元无名氏《冯玉兰》第二折:"嗨,正是夫妻本是同林鸟,大限来时各自飞。夫人,我也只保得自己性命,保不得你了。"巴金《灭亡》第七章:"他底身边坐着他底新婚夫人郑燕华。"茅盾《子夜》三:"我看见他出去。吴夫人。"

仁兄 rénxiōng

敬称同辈友人。《后汉书·赵壹传》:"实望仁兄,昭其悬迟。"《水浒传》第四十一回:"不期今日得见仁兄。"《汪康年师友书札·罗珍林》："穰卿仁兄大人阁下:久未奉教,企歉交深。"也可用于敬称兄长。也用于弟对兄的敬称。唐颜真卿《祭侄李明文》："尔父竭诚常山作郡,余时受命亦在平原,仁兄爱我,俾尔传书。"

仁弟 réndì

敬称同辈年幼者。宋楼钥《跋从子深所藏书画·徐东湖》："徐东湖与了翁家,相厚如家人。通判郎中即了翁次子止之也,呼以仁弟,情义可知。"也用于师长称呼自己的弟子。

堂尊 tángzūn　堂翁 tángwēng

明、清时下属对知县的敬称。

【堂尊】明冯梦龙《醒世恒言·卢太学诗酒傲王侯》："堂尊若不信,唤二人对证便了。"清李渔《比目鱼·征利》："我做县捕衙,三载清官只做得半万的家。堂尊比我更堪夸,卷尽地皮只消得年半把。"

【堂翁】明冯梦龙《古今谭概·无术·邑丞通文》："某县一丞,素不知文,而强效攀作文语。其大令病起,自怜消瘦,丞曰:'堂翁厚貌,如何得瘦?'"《官场现形记》第十一回："从前已经打听明白,周老爷是才过班的知县,他就一口一声地赶着喊'堂翁',自己称'卑职'。连说:'卑职蒙堂翁栽培,实在感激的了不得。'"《二十年目睹之怪现状》第四六回："闽县知县哪里肯就问!他道:'堂翁既是不肯问,就请同我一起去辞差,……我的功名不要紧,只怕京控起来,那时就是堂翁也有些不便。'"

客长 kèzhǎng

敬词。店主对客人的敬称。明冯梦龙《古今小说·陈从善梅岭失浑家》："路逢一店,唤'招商客店'。王吉向前去敲门,店小二问曰:'客长有何勾当?'"明凌濛初《初刻拍案惊奇》卷一："只见主人笑嘻嘻的对文若虚道:'有一事要与客长商议。'"

鼓老 gǔlǎo　鼓佬 gǔlǎo

敬称戏曲乐队中的鼓师。

【鼓老】徐珂《清稗类钞·戏剧·后场》："场面之位次,以鼓为首,一面者曰单皮鼓,两面者曰荸荠鼓,名其技曰板鼓,都中谓之鼓老,犹尊之之意也。"

【鼓佬】《光明日报》1992年12月26日："车上破例没有鼓佬琴师,仅坐着戏校正副校长俞正飞和言慧珠伉俪。"

寿世 shòushì

敬称他人的著作能长存于世。《清代名人书札·焦循致阮亨》："前赠诸书,循读之尚未终篇,今又获三种,管窥更扩,足见寿世著作与年俱增,等身之誉不让古人矣。"

伟论 wěilùn　巨论 jùlùn

敬称他人的论说。

【伟论】《汪康年师友书札·罗振玉》："比报张出,得读伟论,暨梁卓如先生诸议,辞理并优,三长兼擅,沉痛深挚,语语中肯,奇才奇才,能毋拜服。"又《卢靖》:"惟是职守攸羁,难亲至沪上一聆伟论,深用怅怅耳。"廖仲恺《致郑螺生函》:"展读阁下致中山先生书,敬悉伟论精详,莫不感佩。"

【巨论】《汪康年师友书札·金蓉镜》:"前聆巨论,昌言民主,环球公理,非不甚伟,弟不敢附和者,中国心学未正,恐滋流弊耳。"

珂里 kēlǐ 珂乡 kēxiāng

敬称他人乡里。

【珂里】《清代名人书札·王荫昌致阎敬铭》:"珂里旋归,早识松菊无恙。"又《李宗岱致阎敬铭》:"侧闻宪驾荣归珂里,颐志林泉,盛德高风,超越今古,海滨故吏,惟有钦佩而已。"清周亮工《复高念东》:"两过珂里,俱以急行,不得作竟夕之饮。"清尹会一《答程邑侯书》:"珂里衣冠,定多清议。倘有所闻,即望示知为祷!"

【珂乡】《清代名人书札·龚易图致阎敬铭》:"再,闻甘回甚炽,复扰珂乡,西望紫怀,不胜驰念。"又《徐树铭致阎敬铭》:"珂乡豫州,闻均得雨,天心仁爱,民气休和,绥万屡丰,所深祷企。"《汪康年师友书札·钟天纬》:"津门握别,匆匆月余,比想安抵珂乡,百凡纳吉,慰符臆颂。"

识荆 shíjīng

敬词。用于初次认识时人所推重的人。典出唐李白《与韩荆州书》:"白闻天下谈士相聚而言曰:'生不用封万户侯,但愿一识韩荆州。'何令人之景慕一至于此耶!""韩荆州",即韩朝宗,时任荆州刺史。唐牟融《赠韩翃》诗:"京国久知名,江河近识荆。"明王玉峰《焚香记·相诀》:"久闻先生风鉴,未曾识荆。"田汉《丽人行》第十七场:"刘先生,闻名已久没见过面,今天才有识荆的机会。""识荆",也可说"识荆州"。《汪康年师友书札·邹道南》:"南曾奔走五洲间,中外上大夫谈震旦人杰,至明公首屈二指,南尝心窃慕之,不获一识荆州以为憾。"

门仞 ménrèn

对他人府第的敬称。宋范仲淹《与韩魏公书》:"门仞尚远,日增企望。"宋欧阳修《与晏元献公书》:"(魏广)新以进士及第为荥阳主簿,今因吏役至府下,非有它求,直以卑贱不能自达,欲一趋门仞而已。"

千金 qiānjīn

敬词。原是敬称富贵家庭的女儿,现广泛用于敬称他人的女儿。《红楼梦》第五七回:"薛姨妈叹道:'真真是侯门千金,而且又小,那里知道这个?'"韶华《肠梗阻》:"昨天晚上十一点半生的,……是一位千金。"

位下 wèixià

敬称官宦人家的守门者。清孔尚任《桃花扇·阻奸》:"烦位下通报一声,说裤子裆里阮求见老爷。"

2. 书信敬词

(1) 上款

座 zuò

敬词。座,座席。前面加敬词或后面加方位词,表示不敢直接指称收信人以表示尊敬。

【钧座】《清代名人书札·王定安致阎敬铭》:"钦宪少司空大人钧座:客腊十五日寄呈一禀,旋奉初九日复谕,指示周详,莫名钦服。"又《李云麟致阎敬铭》:"丹翁先生太年伯大人钧座:运城一叙,畅领教言,稍慰渴怀。"《陈垣来往书信集·柳肇嘉致陈垣》:"援庵次长钧座:前蒙赐书端,吴兴矩范,光宠敝校,谨代诸生敬呈印本,伏维尊察。"

【台座】《颜氏家藏尺牍·余进士云祚》:"余云祚谨禀老夫子台座:前云祚自庚戌之秋,睽违函丈,倏尔十度星霜。"

【台坐】坐,同"座"。清王闿运《湘绮楼笺启·致龙学士》:"芝生仁弟同年台坐:别筵佳会,在路犹香。"

【座右】《清代名人书札·潘霱致阎敬铭》:"丹翁年伯大人座右:顷奉二月十七日手谕,知前函得尘钧览,欣慰莫名。"《汪康年师友书札·袁昶》:"穰卿仁兄先生有道座右:雒讽清嘉,缅怀伟望,江波千里,怅触阻修。"《胡适来往书信选·王实味致胡适》:"适之先生座右:月前致书冒渎,并寄上拙译样稿,恳先生校正。"《陈垣来往书信集·阙铎致陈垣》:"援庵先生座右:顷奉手毕,敬承一是,藉谂著述日隆,甚盛之。"

【坐右】坐,同"座"。《汪康年师友书札·王彦威》:"穰卿仁兄大人坐右:到沪倏已数月,亟欲一晤,竟尔相左,慊慊。"

【座下】《颜氏家藏尺牍·白大理梦鼐》:"受业门生白梦鼐百顿首谨上老夫子座下:夫子家居读《礼》,尽诚尽孝,毂升改火,倏忽三年。"《清代名人书札·张煦致阎敬铭》:"中堂座下:新正七日接奉复书,知前函已达左右。"《陈垣来往书信集·阙铎致陈垣》:"援老座下:宋讳君、王(陈老批语:'君王'应为一字)、圣、天、龙、土、主、玉等八字,桥梁刻作龙形亦凿之。"

【坐下】坐,同"座"。《汪康年师友书札·王孝绳》:"穰翁先生坐下:杭游回沪,闻台从已行,途中相左,不晤为怅。"又《陈宝琛》:"穰卿仁兄同年坐下:两辱惠书,以多病懒漫,延未奉报,死罪死罪!"

【座前】唐柳宗元《寄许京兆孟容书》:

"宗元再拜五丈座前:伏蒙赐书诲谕,微悉重厚,欣跃恍惚,疑若梦寐,捧书叩头,悸不自足。"《清代名人书札·袁昶致薛时雨》:"六月廿八日昶叩复夫子大人座前:昨读廿日赐札,并颁到外舅律赋雕本五部。"《陈垣来往书信集·尹炎武致陈垣》:"援庵吾师座前:手示并二樵诗集均收悉。……匆此鸣谢,并颂著安。"

台 tái

敬词。台,中央官署名。前面加"台""恩"或后面加方位词等,表示对收信人的敬称。

【台台】《颜氏家藏尺牍·郭明府昂》:"郭昂谨禀老夫子台台:昂一介寒流,蒙老夫子知遇之恩,千载一时,餐花结草,自矢生平。"

【恩台】恩,恩遇。《颜氏家藏尺牍·冯中书遵祖》:"冯遵祖敬禀夫子大人恩台:遵祖于前冬荷夫子使命之至,愧恨欲绝,其苦情,知使者悉之台左矣。"

【台下】《颜氏家藏尺牍·成侍卫德》:"成德谨禀太夫子台下:前接手谕,因悉起居佳胜,翘首南天,益增怅望。"清王闿运《湘绮楼笺启·致张臬台》:"子衡先生仁兄司使台下:前奶奶贺全福来,具述起居,并言收购藏经书,属访时价。"

席 xí

席,座席。前面加敬词或有关职业性质的词,表示对收信人的敬称。

【台席】清王闿运《湘绮楼笺启·致任知县》:"绩臣仁兄明府台席:重游东州,遂遭大水。闻敝县被浸尤久。"又《致胡吏部》:"漱唐仁兄翰林台席:奉别九岁,靡日不思。"

【道席】道,多才有德。清王闿运《湘绮楼笺启·致夏巡抚》:"菽轩仁兄侍郎道席:青门重谒,渥荷似恩,绣领停骖,复承运送。"《陈垣来往书信集·张宗祥致陈垣》:"援庵先生道席:敬启者,前因四女张璇不及如期赴校检验体格,曾上一书,谅蒙鉴及。"《胡适来往书信选·赵恒惕致胡适》:"适之先生道席:高名令望,景企至深,敬维行健不息,著述日新,颂慰无已。"

【函席】敬称前辈学者。函,函丈。《汪康年师友书札·黄中慧致汪康年》:"穰卿先生有道函席:慧驻日年馀,縻国帑二千金,今将他往,竟成一事,故亟为知己告之。"

【耆席】【杖席】对收信人是年高者或老师的敬称。

〔耆席〕清王闿运《湘绮楼笺启·致钟亲家》:"蓬庵老兄亲家耆席:自郭县丞入蜀,奉寄一书并外甥女小器物,未得还报,又七年矣。"

〔杖席〕《清代名人书札·袁昶致薛时雨》:"四月朔日受业侄婿昶叩禀夫子大人杖席:前月仓猝具笺,诸多草率为罪。"

【经席】经,经典。对学有成就的收信人的敬称。《汪康年师友书札·汪立元》:"穰卿先生经席:己丑秋于复堂幸接清尘,饫闻绪论,中心藏写,无日弭忘。"

【礼席】多用于收信人处于丧礼时。《汪康年师友书札·黄笃恭》:"穰卿仁兄大人礼席:前由郭梓敬处转寄唁电,并薄致奠敬,计已收到。"《陈垣来往书信集·尹炎武致陈垣》:"援公礼席:从江北回,接奉赴书,惊悉太夫人仙逝,哀怛惊悼,云胡能已。……伏冀勉抑哀衷,倍加保啬,以慰吾党见附者之望也。"

【苫席】【苫次】对居丧的收信人的敬称。

〔苫席〕《汪康年师友书札·周善培》:"穰公苫席:……太君之逝,呜乎!吾属所以奔走逃匿,固曰尽天职之扩充而及乎人与国也。"

〔苫次〕《汪康年师友书札·陶在宽》:"穰卿仁兄大人苫次:前由戴君处寄到手书,领悉一切。后闻太夫人仙逝之信,惊叹之至。"

【讲席】对学者或老师的敬称。《清代名人书札·袁昶致薛时雨》:"夫子大人讲席:谨禀者,蟾前日买棹赴宁,趋待绛帏,冀承训示。"清王闿运《湘绮楼笺启·与两监院》:"旦菱翁仁兄先生讲席:比年共事,渥荷优容。取别匆匆,未谋杯酒。"《汪康年师友书札·邹代钧》:"穰卿世叔大人讲席:钧十八日抵纸坊,布置测量事宜,务使详不至旷时,省不至遗地,方能妥洽。"

【著席】【撰席】对收信人是作者的敬称。

〔著席〕《汪康年师友书札·廖寿丰》:"穰卿仁弟大人著席:两奉手书,得承匡益,并寄示姚君石荃所译《日本各学校大概》,珍荷珍荷。"《胡适来往书信选·沈兼士致胡适》:"适之吾兄著席:尊稿拜读,佩佩,敬送还。"《陈垣来往书信集·阚铎致陈垣》:"援庵先生著席:侧闻理董四库,搜集故实,甚盛甚盛。"

〔撰席〕《汪康年师友书札·高培兰》:"穰卿仁兄道长大人撰席:吴云楚树,渺隔天人,慕恋兴居,有如饥渴。"《胡适来往书信选·陈垣致胡适》:"适之先生撰席:丰盛胡同谭宅之菜,在广东人间颇负时名,久欲约先生一试,……务请莅临一叙为幸。"

【史席】对史坛收信人的敬称。清王闿运《湘绮楼笺启·致陈兵部》:"小石仁兄姻大人史席:去岁先秋渡海,本约仍还入都,故未告别。"《汪康年师友书札·邹道南》:"穰卿、卓如二位先生大人史席:南奔走五洲间,中外士大夫谈震旦人杰,至明公首屈二指,南尝心窃慕之,不获一识荆州以为憾。"《胡适来往书信选·陈炯明致胡适》:"适之先生史席:都门在望,未获面承教益,结想为劳。"《郭沫若书信集·致杨树达》:"遇夫学长吾兄史席:顷奉十月三日惠书及金文考释数种,已一一拜读,卓识明辨,甚为感佩。"

【文席】对文坛收信人的敬称。清王闿运《湘绮楼笺启·与宋生一》:"芸年仁弟文席:得惠书,词采博丽,雅情幽思,循诵往复,中夜不怡,未知吾贤何所隐忧而怅感若此。"《胡适来往书信选·王克敏致胡适》:"适之兄文席:久未晤谈,欲趁新年之暇,于二日午饭亲制数馔,……请于十二钟前来舍。"

【吟席】对诗坛收信人的敬称。《清代名人书札·张度致樨臣》:"樨臣棣台吟席:读还云,并酒肉食物等均如数收到。"

尊 zūn

敬词。后面加方位词,表示不敢直接指称收信人,一般用于收信人是长辈的敬称。

【尊前】《清代名人书札·李庆云致薛时雨》:"岳父大人尊前:敬禀者,十九日肃寄一禀,并蓝洲信,计已早邀慈鉴。"《汪康年师友书札·邹安图》:"颂公太世叔大人尊前:春日风暖,正是江南好时节,敬维提躬多福为颂。"又《叶景葵》:"穰卿姻叔大人尊前:久未通讯,遥想动履安和为祝。"

【尊右】《汪康年师友书札·潘承潞》:"穰卿仁丈大人尊右:昨因敝友来沪之便,带呈一缄,想荷台鉴,并地图股票一纸,番佛二十尊,当蒙收录照发矣。"

【吟右】吟,吟咏。对收信人是诗坛友人的敬称。《清代名人书札·贺寿慈致张鸣珂》:"公束兄台吟右:久不晤,想著祉增绥为颂。昨承手毕,兼惠佳什,感愧交集。"

侍 shì

侍,近侍。与相关的词结合,表示对关系较近的收信人的敬称。

【侍前】《清代名人书札·张裕钊致二兄》:"弟裕钊谨禀二兄大人侍前:一昨初四日奉到六月廿五日手谕,具悉家中俱平安为慰。"又:"弟裕钊谨禀二兄大人侍前:月初,旅喜行抵金陵后,曾寄一函,由朱甥梦燕转递,尔时想当递到矣。"

【侍右】《汪康年师友书札·张罗澄》:"穰卿尊兄有道侍右:久不奉教矣,恋恋。启者,敝同乡萧履安舍人开泰,素精算学,然才高数奇,所如辄阻。"《陈垣来往书信集·傅增湘致陈垣》:"援庵先生侍右:承示约斋为梅村人,行辈相近,当不误也。"《张元济傅增湘论书尺牍·傅增湘致张元济(1943年)》:"菊翁前辈同年侍右:前月奉赐书,并例润一纸。笔耕亦我辈本色,但倚以为生,亦未易言。"

【侍下】《陈垣来往书信集·张汝翘致陈垣》:"援庵先生侍下:大著及《灵言蠡勺》均收到,即晚当盥手焚香以诵,获益定不浅也。"

【侍者】唐柳宗元《与韩愈论史官书》:"某顿首十八丈退之侍者:前获书言史事,云具与刘秀才书,及今乃见书稿,私心甚不喜。"清王闿运《湘绮楼笺启·致黄亲家》:"子寿仁兄亲家侍者:前奉八月中惠书,敬承安福,湘蜀公私政事,彼此相闻。"又《致黄编修》:"仲韬仁兄侍者:酒楼话别,归客留思。春雪送行,还诗寄意,想重黎已代区区矣。"《汪康年师友书札·张通典》:"穰卿老兄先生侍者:奉诵环章,至深忻慰。报馆告成,我公坚忍之力也。"

【侍史】对史坛较亲近友朋的敬称。《汪康年师友书札·陶浚宣》:"穰卿仁我兄先生侍史:去春握别,忽忽经年,驰系无极。吾兄负海内之重望,友当代之豪贤,何快如之。"又《吴庆坻》:"穰卿吾兄同年渊世大人侍史:前奉手札,以卧病经旬,迟未作答。顷又得第二书,诵悉种种。"

【侍福】清王闿运《湘绮楼笺启·与曾甥》:"竹林贤甥侍福:朱洲小泊,适得顺风,因遂扬帆,乃闻见访,惜不少句留也。"

【书侍】《汪康年师友书札·孙诒让》:"穰公先生书侍:顷诵手教并和报两种,感甚感甚。"又:"穰卿先生年大人书侍:前奉惠毕并东报两种,慰感无量。"

鉴 jiàn

鉴,请收信人看信。《清代名人书札·张度致运斋》:"运斋先生鉴:别后沿途探问,知灾民多集房山,兼及良乡县界。"《汪康年师友书札·汪大燮》:"穰弟鉴:别后未通一纸,不知公事如何,甚以为念。"鉴,有时也写作"监"。《鲁迅书信集·致许寿裳》:"季巿君监:手毕自杭州来,始知北行,令仆益寂。"前面可受敬词或范围副词修饰,表示敬请收信人或多位收信人看信。

【钧鉴】钧,敬词。对收信人是尊长的敬称。《汪康年师友书札·陈汉第》:"穰卿先生钧鉴:前奉手札,展诵敬悉。近维起居安善,为颂为祝。"《胡适来往书信选·田姜莹致胡适》:"胡校长钧鉴:为了田庚善的事情,一次一次地麻烦了您,……然而事又不得已,想您一定会原谅的。"

【台鉴】台,敬词。对收信人是尊长的敬称。《汪康年师友书札·祝秉纲》:"穰卿先生台鉴:前奉手示,备承忠告,敬佩雅意。"《胡适来往书信选·李明宣致胡适》:"适之会长台鉴:时值国危,削去春节之贺。"

【勋鉴】勋,功勋。《胡适来往书信选·陈大材、陈友琴致胡适》:"适之夫子勋鉴:杏坛承教,振发聩聋,函丈侍随,益叨謦欬。"《毛泽东书信选集·致傅作义》:"作义主席先生勋鉴:涿州之战,久耳英名,况处比邻,实深驰系。"

【尊鉴】《汪康年师友书札·钱振常》:"穰卿仁兄世大人尊鉴:顷聆雅教,感佩。恳饬购鄂垣局刻二种,便寄苏州大石头巷西口敝寓。"又《李智倩》:"穰卿先生大人尊鉴:兹有武陵茂才杨仲达,自湘来沪学习东文,可谓有志之士,祈先生进而教之,同深心感。"《陈垣来往书信集·傅增湘致陈垣》:"沅老尊鉴:昨夕之会为乱后第一次，况享以盛馔，复假以秘籍，快慰何如！谨谢谨谢。"

【道鉴】道，多才有德。《胡适来往书信选·许思远致胡适》："适之先生道鉴：今年暑天我准备到北平来，吴稚晖先生写了封介绍信嘱我当面递交先生。"《郭沫若书信集·致杨树达》："遇夫学长道鉴：三月廿七日惠札及《京师解》诸大作，均已由叔平先生转下，读后甚为愉悦。"

【赐鉴】《汪康年师友书札·杨模》："穰卿仁兄年大人赐鉴：贵报现已另易主人，仍荷源源赐寄，足慰饥渴。"《胡适来往书信选·李圣五致胡适》："适之先生赐鉴：北平路六十九号拜违尊颜，七载于兹，每念清诲，不禁神往。"《陈垣来往书信集·兆琳致陈垣》："援公赐鉴：数日未晤，至念。承嘱转托友人查询谢太傅一节，陈君尚未复而章君忽有函来。"

【赏鉴】《汪康年师友书札·孙淦》："穰公赏鉴：由东京旅次叠接惠教，敬悉一是。"

【垂鉴】垂，敬词。《汪康年师友书札·黄中慧》："穰公先生有道垂鉴：国势之弱，人心之恶，非一二豪杰所能以口舌斡旋。"

【雅鉴】雅，敬词。《汪康年师友书札·陈德音》："淇泉先生世大人雅鉴：素仰英名，不胜敬佩。德音为舍弟伯商蒙诸公帮款一事，特来沪渎敬谒台端，一询其详。"

【惠鉴】惠，敬词。《汪康年师友书札·

蒋方震》："穰卿先生大人惠鉴：前由清漪、耦耕二度上言，托《中外日报》馆总代派《浙江潮》一事，度已知悉。"《胡适来往书信选·杨永泰致胡适》："适之先生惠鉴：久不晤教，益增蓬塞，想著撰佳胜为慰。"《郭沫若书信集·致杨树达》："遇夫学长惠鉴：昨夜平默兄转致十一月一日大札及《读甲骨文编》，捧读一过，欣快无似。"

【大鉴】大，敬词。《汪康年师友书札·叶澜》："穰公大鉴：今日由鄂中社者兄处递来手教一通，读之狂喜。违别以来，不觉年馀，得此稍纾积愫。"《胡适来往书信选·齐宗康致胡适》："适之兄大鉴：自出国后总未与兄写信，实在是抱歉的很，固是太忙，亦是太懒。"《陈垣来往书信集·蔡元培致陈垣》："圆庵先生大鉴：足疾未愈，尚不能走访，至歉。"

【喜鉴】喜，喜讯。《汪康年师友书札·石德芬》："穰卿贤弟喜鉴：……此书到日，正诸君子望榜之时，吾弟一得喜讯，望即电知。"

【矜鉴】矜，矜悯，哀怜。《汪康年师友书札·钱恂》："穰兄矜鉴：承贶泣谢，来日大难，不睹为幸，诚如尊论，恂所窃祷者八月以后之恶气不久当埽，以后重睹天日，痛先严之不及见矣。"

【均鉴】【同鉴】【公鉴】请多位收信人共同看信。

〔均鉴〕《汪康年师友书札·梁启超》："穰、云、颂兄策弟均鉴：十八夕一点即开船,遇大北风者一日,云帆直挂,速率加十之二,以一藤床卧船面者三昼夜,即抵英国殖民地,致乐致乐。"《胡适来往书信选·穆藕初致蒋梦麟、胡适》:"梦麟、适之学长兄均鉴:东大易长事,黑幕重重,令人齿冷。"

〔同鉴〕《汪康年师友书札·叶尔恺》:"穰、颂两兄大人同鉴:客腊曾布一笺,计当入察。比维即事多欣为慰。"《胡适来往书信选·胡适致高一涵、陶孟和等》:"一涵、孟和、慰慈、性一四位同鉴:《努力》事承你们努力维持,至于今日,使得我安心在山中养病,我真不知道怎样感谢你们才好!"

〔公鉴〕《汪康年师友书札·高凤谦》:"穰卿、卓如贤兄公鉴:戒缠足会不日开办,外界风气如何? 卓兄前以董事见委,所以不遽诺者,以人微言轻,不足提倡斯举,故欲待伯潜耳。"

览 lǎn

览,请收信人看信。《汪康年师友书札·汪大燮》:"穰卿吾弟览:廿日寄上一笺,谅邀青眯。"前面可受敬词或范围副词修饰,表示敬请收信人或多位收信人看信。

【台览】台,敬词。《汪康年师友书札·叶瀚》:"穰公台览:前日发一要函,想已达览,乞速决议照行。"又《曾广铨》:"颂阁我兄台览:铨于十一日早抵石城。在花牌楼候补道曾纪寿家居住,如有信件,乞交警务处陶亦妥。"

【青览】青,敬词。《汪康年师友书札·汪有龄》:"穰卿贤阮青览:月朔接到四月廿一日所发手书,十三日又接到五月朔所发手书,读悉一一。"又《陈其煋》:"毅兄青览:久不奉手尺,为念殊甚。"

【赐览】赐,赏赐。《汪康年师友书札·汪大燮》:"穰弟大人赐览:客腊碌碌,久未作书,亦多日未接尊书。"又《叶意深》:"穰卿仁兄同年大人赐览:别来倏又逾月,维起居康胜为颂。"

【赐揽】揽,通"览"。《汪康年师友书札·陈其镰》:"穰卿老哥赐揽:读《时报》及各路电,传时局危如累卵,为之奈何!"

【惠览】惠,敬词。《清代名人书札·陈士杰致李云麟》:"雨沧仁兄大人惠览:数月不奉手教,……刻下已抵何处? 诸事得手否?"《汪康年师友书札·汪有龄》:"穰卿贤阮惠览:十一日接到惠函并罗纱等多件,照取弗误,顷又接诵初五日手书,敬悉。"

【惠揽】揽,通"览"。《汪康年师友书札·陈其镰》:"穰兄惠揽:匆匆别去,后会未知又在何时,无任怅怅。"又:"穰兄大人惠揽:久不通问,殊以为念。"

【安览】安,安详,从容。《汪康年师友书札·李智侔》:"穰翁安览:前所说英商德贞,字子固,在北京三十年。"又:"穰翁安览:午刻过访,公他出,午后竟无暇。"

【亲览】亲自看信。《汪康年师友书札·汪大燮》:"穰卿、颂谷两弟大人亲览:

前在京曾复寸缄,度蒙青察。"

【同览】共同看信。《汪康年师友书札·文廷式》:"卓如、穰卿、孺博三君同览:沪上淹留至五十日,为平生三十一次到沪最久之一次,非为公等,别无所谓也。"又《缪荃孙》:"穰卿、颂谷两兄大人同览:别来两月,维起居万福是颂。"

察 chá

察,看。用同"览"。请收信人看信。《汪康年师友书札·叶瀚致汪康年》:"穰公察:到鄂发一信,由工部局寄上,计日内可邀总鉴。比维岁祉增强为颂。"前面可受敬词或范围副词修饰,表示敬请收信人或多位收信人看信。

【台察】台,敬词。《汪康年师友书札·王国维》:"颂谷先生大人台察:昨得初二日手书,敬悉一切。贱恙仍不见松,寸步不能行走。"

【青察】青,敬词。《汪康年师友书札·陈其煐》:"穰兄青察:简问稍稀,萧思何已。比想絜馨娱志,徜徉怡情,天外昂头,何等自在!"

【赐察】赐,赏赐。《汪康年师友书札·叶尔璟》:"穰、颂两哥大人赐察:久不通候,罪甚。月前接奉颂兄手毕,读悉种切。"《陈垣来往书信集·吴震春致陈垣》:"援庵先生赐察:部中因公晋谒,不尽欲言。……冒昧渎陈,无任惶悚之至。"

【尊察】《陈垣来往书信集·吴震春致陈垣》:"援庵先生尊察:畏暑不克奉诣,敬维起居康胜为颂。"

【惠察】惠,敬词。《汪康年师友书札·陆懋勋》:"穰兄同年惠察:春申小住,畅叙离悰,何快如之!屡饫盛餐,尤感愧也。"又:"穰兄同年惠察:昨午后接颂手书,敬悉一切。"

【均察】【同察】请共同看信。

〔均察〕《汪康年师友书札·张元济》:"穰卿、颂谷两兄均察:得书,敬悉一切,售报事大,不得了。……现在极为棘手。"又《梁启超》:"穰、颂兄均察:颂廿四日书,穰廿七日书,已读悉一是,敬复各事缀后。"

〔同察〕《汪康年师友书札·叶尔恺》:"穰、颂两兄同察:前布数笺,迄未得复。兹将奉托各事布后。"

【青及】青,青眼。承蒙您青眼相待。《清代名人书札·彭玉麟致麓樵》:"麓樵大兄大人青及:自厓门横门归来,于积牍中检阅来函及周步瀛信件。"清秋瑾《致陈志群书》:"志群先生青及:前上一函,托友代发,近知误置箧中忘寄,怅甚!"

有道 yǒudào 道右 dàoyòu 道范 dàofàn

道,多才有德。对收信人的敬称。

【有道】《汪康年师友书札·罗振玉》:"穰公有道:在沪得手教,敬悉种切。比维新岁多祜为祝。"《胡适来往书信选·过养默致胡适》:"适之先生有道:自大驾北旋,想道履康强为慰。"

【道右】《胡适来往书信选·吴稚晖致胡适》:"适之先生道右:我们无锡小小学界,亦曾有过一奇怪学者。"

【道范】《胡适来往书信选·潘公展致胡适》:"适之先生校长道范:秋节赐书,奉悉一是。"

执事 zhíshì

初用于敬称君王,后广泛用于敬称一般官员或文人。宋曾巩《上欧阳学士第二书》:"学士先生执事:伏以执事好贤乐善,孜孜于道德,以辅时及物为事,方今海内未有伦比。"《清代名人书札·徐树铭致阎敬铭》:"朝邑年丈中堂执事:君实再来,万众倾仰,东山不出,岩松岭月应亦效驾求霖雨苍生矣。"《汪康年师友书札·郑鹏云》:"穰卿、敬贻先生大人执事:前月曾肃寸缄,屈计邮程,谅邀藻鉴,辰祝履祺式燕,泰祉延鸿,襄首松乔,欢心葵日。"

函丈 hánzhàng

对收信人是老师或前辈学者的敬称。《清代名人书札·施典章致阎敬铭》:"敬禀夫子大人函丈:孟冬之月奉到九月初三日手示,诸蒙教诲,并蒙垂询家严近状、典章病躯,下至幼子悉承爱注。……受业施典章敬禀。"又《袁昶致薛时雨》:"四月廿八日夜受业侄婿袁昶叩禀夫子大人函丈:二月杪上一书,至佛生日得赐教。"《汪康年师友书札·李渊硕》:"夫子大人函丈:忆昔沪上拜聆钧诲,一别十年,

怀系之私,无日不神驰座右。"子虚子《湘事记》:"九月十四日芝祥来电曰:'浏阳刘蔚庐夫子函丈:千里一堂,并告组庵。'""函丈"也用在信或文中。宋陆游《江西到任谢史丞相启》:"早亲函丈,偶窃绪馀,曾未免于乡人,乃见待于国士。"金王若虚《跋王进之墨本〈孝经〉》:"吾友王进之得其墨本而宝蓄之,仍图函丈之像,以冠其首。"《汪康年师友书札·李渊硕》:"方穀二家兄赴试入都,……路出申江,趋谒函丈,乞教示一切,藉可垂询概况也。"

阁下 géxià

初用于尊称三公,后广泛用于敬称一般官员或文人。宋苏洵《上王长安书》:"判府左丞阁下:天下无事,天子甚尊,公卿甚贵,士甚贱。"《清代名人书札·徐树铭致阎敬铭》:"丹老年伯中堂阁下:曹司奔走,久荷栽培,偃蹇南归,孤负大德,感激愧恨,匪言可宣。"《汪康年师友书札·魏勋》:"穰兄阁下:前月卧病,得来示,承关注,感谢感谢。"《胡适来往书信选·章元善致胡适》:"适之长兄阁下:吾国民穷财尽,有如今日,爱国者流,奔走呼号,而言根本救济者尚无具体办法。"

麾下 huīxià

对收信人是将领的敬称。《清代名人书札·李鹤年致阎敬铭》:"丹翁老兄同年大人麾下:昨于贺节书中附呈数行,旋奉吉词,兼诵亲翰。"清王闿运

《湘绮楼笺启·谢李和合》:"润芝仁兄总戎麾下:蜀都游客,久诵贤声。湘水诗人,夙同家学。"又《致罗总兵》:"笏臣仁兄总戎麾下:陵夷上下,屡望旌旗,归櫂稽留,始通刺谒。"

节下 jiéxià

对收信人是将领的敬称。清王闿运《湘绮楼笺启·致朱藩台》:"菊尊世八兄方伯节下:前闻特授,旋庆荣迁。时局益乖,周旋不易,想长材毅略,必不随俗转移。"又《致朱道台》:"惠致仁兄节下:去年幸会,旋闻莅湘,及奉访,已还旌矣。"

足下 zúxià

战国时期多用于对国君的尊称,后广泛用于对同辈的敬称。宋曾巩《与王介甫第二书》:"巩顿首介甫足下:比辱书,以谓时时小有案举,而谤议已纷然矣。"《鲁迅书信集·致许寿裳》:"季茀君足下:一别忽已过年,当枯坐牙门中时,怀想弥苦。"《胡适来往书信集·王克敏致胡适》:"适兄足下:不晤又旬余,甚念。"

左右 zuǒyòu

对收信人是同辈的敬称。《汪康年师友书札·蔡启盛》:"穰老仁兄同年大人左右:久不通向,实苦无力作书,积绪满怀,虽数晨夕不能了。"《鲁迅书信集·致许寿裳》:"季黻吾兄左右:昨至宝隆医院看索士兄病,则已不在院中。"《胡适来往书信选·陈独秀致胡适》:"适之先生左右:奉手书并大作《文学改良刍议》,快慰无似。"

旅次 lǚcì

次,暂时居住的处所。对收信人在旅途的敬称。《汪康年师友书札·高凤岐致汪康年》:"穰卿仁兄大人旅次:辱书言令叔子键事,未知近况如何?似此俊才,殊为心系。……此问旅安。"

礼次 lǐcì

礼次,居丧时以礼临时居住的丧所,因以对居丧的收信人的敬称。《汪康年师友书札·陈三立》:"穰卿仁弟世大人礼次:前以先公大故,猥承唁赙奔走余生,未遑答谢。岁终毕葬还金陵,乃稔年伯母亦竟弃养,何彼苍厄我两人之酷邪!"

如晤 rúwù 如见 rújiàn 如面 rúmiàn 如手 rúshǒu 如握 rúwò

对收信人是同辈、晚辈或朋友的称谓。"如见""如面""如手""如握"用法同"如晤"。

【如晤】《汪康年师友书札·汪大钧》:"穰卿我哥如晤:自伯兄到后,三得来函,获知近状,深用慰藉。"又《汪有龄》:"穰卿吾侄如晤:初一日寄一信并书三部,不知何日达到,能不误期否?甚念甚念。"《胡适来往书信选·邵飘萍致胡适》:"适之先生如晤:多日不谈,岂胜企恋!"

【如见】《清代名人书札·刘恩溥致崧

骏》：" 镇翁仁兄同年大人如见：顷晤文秋翁，藉悉勋祺茂介，并承厚贶，此真却不恭而受有愧矣。"《汪康年师友书札·叶瀚》："穰兄如见：正月初曾交铁兄代寄致兄与卓如函，计日内可以达览。"又《汪大燮》："穰弟大人如见：都门匆匆，不获畅谈，朔日出京，初六抵沪，初九东行，十三安抵东京。"

【如面】《汪康年师友书札·黄日三》："穰卿先生大人如面：今年奔走东南，颇形仆仆，而所事皆在萌芽，屡思略陈一二，又繁杂无从说起。"

【如手】《汪康年师友书札·陶浚宣》："穰卿仁兄大人如手：奉手书，恍亲謦欬，出入怀衷，三复把玩，胜友如云，岂胜健羡！"又《陈其烨》："毅兄如手：月过沪上，闷坐两日，绝不知台从在彼，交臂失之，殊可惜也。"

【如握】《汪康年师友书札·汪有龄》："穰卿吾侄如握：昨奉一函，未知何日得达。……龄拟明日搭船回国，见面不远，统容面罄。"又《陈锦涛》："穰卿仁兄大人如握：月之十五日得接来函，领悉一切。"

握手 wòshǒu 执手 zhíshǒu

对收信人是兄弟或朋辈的称谓。

【握手】《汪康年师友书札·汪大燮》："穰卿、颂谷两弟大人握手：去冬得颂弟一书，有询子良蔡家一事，当时交子良函复矣。久不得书，颇念。"

【执手】《汪康年师友书札·叶尔恺》："穰卿我兄大人执手：前奉手教，即拟作复，辄以事牵制，未暇握管，秸（稽）懒诚无以辞。"

手足 shǒuzú

收信人是同胞手足。《汪康年师友书札·汪大燮》："穰卿、颂谷两棣手足：久不得书，闻穰弟去冬有扶桑之游，彼中颇颂之。"又："穰、颂弟手足：前月初接颂弟手翰，得悉一切。"

至契 zhìqì

收信人是意气相投、交情很深的朋友。《汪康年师友书札·陈汉弟》："穰卿先生至契：前由欧荻兄奉上一函，想早达览。"

(2) 来信

钧 jūn

敬词。修饰信函一类的词，敬称对方的来信。

【钧谕】《清代名人书札·李宗岱致阎敬铭》："秋间奉到钧谕，仰承垂注，尤为感篆五中。"又《许振祎致阎敬铭》："窃署于春初祗奉钧谕，渥承恩训，理应早为禀谢，惟仰体中堂公忠赞画，昕夕焦劳，诚不敢以寻常芜牍上渎钧聪。"

【钧札】《清代名人书札·龚易图致阎敬

铭》:"季怀来,接奉钧札,询悉视躬万福,潭祉绥和,至符私慰。"

【钧函】《清代名人书札·吉灿升致阎敬铭》:"正在封禀间,接奉十月二十七日钧函,谨聆一是。"又《王荫昌致阎敬铭》:"仰蒙钧函款款,赐示一一,并命再题,感曷有既!"

【钧复】敬称对方的回信。《清代名人书札·吉灿升致阎敬铭》:"窃灿升去腊接奉钧复,备蒙奖勋,并谕令公馀读书治经,以资任重负远之用。"

【钧答】敬称对方的回信。《清代名人书札·王定安致阎敬铭》:"前在德州寄呈禀缄,辱蒙钧答。"《汪康年师友书札·王仁乾》:"前奉芜函二次,未蒙钧答,深系远怀。"

尊 zūn

敬词。修饰信函一类的词,敬称对方的来信。

【尊谕】《汪康年师友书札·孙淦》:"前晚得健公转来尊谕,暨小村外部信均领到,请勿注。"又:"昨接敝友晓初兄转来尊谕,领悉一是。"

【尊示】《汪康年师友书札·孙淦》:"前接尊示暨抄示姚公信,深感谢谢。"

【尊书】《汪康年师友书札·汪大燮》:"客腊碌碌,久未作书,亦多日未接尊书。"

【尊函】《汪康年师友书札·孙淦》:"于前晚接读上月杪申发尊函,敬悉。"

【尊翰】《汪康年师友书札·钱恂》:"井手三郎来,尊翰读悉。"

【尊缄】《汪康年师友书札·夏曾佑》:"顷入京住十余日,回津始见尊缄,当即言之菀生。"又《邹代钧》:"接到尊缄无数封,然都是未接鄙人益阳舟中信以前所发,究不知益阳舟中信,及十一月到省后,大约是十一月中旬所发之信均入览否?"

【尊札】《清代名人书札·陆润庠致荣铨》:"承嘱一节,……诚恐言之不尽,特将尊札内另笺附入信内,谅不致有所隔阂也。"《汪康年师友书札·狄葆贤》:"别后十一日抵鄂,持尊札交罗岘翁,然一时无轮往湘,因雇帆船,十八解维,廿七日抵湘省。"

台 tái

敬词。用在"教""函""示"等词前面,敬称对方的来信。

【台教】《汪康年师友书札·孙淦》:"今晨接读台教,即至神户恭候,未见驾临,怅然而返。"

【台函】《汪康年师友书札·李维格》:"奉到台函,辱承见招,心感无似。"

【台示】《清代名人书札·郭嵩焘致张自牧》:"台示领悉一切,谨依尊旨办理。"

华 huá

敬词。用在"教""翰"等前面,敬称对方的来信。

【华教】《汪康年师友书札·王仁乾》:"奉到初六日华教,一一领悉。"

【华函】《清代名人书札·何桂清致徐宗幹》:"久仰鸿才,时殷鹤企。接华函之远贲,惭藻饰之逾恒。"

【华翰】《清代名人书札·郭富衡致张鸣珂》:"相别十余年,忽得华翰遥颁,捧读之余,知敬德修业无日不嘻。"《汪康年师友书札·伍元芝》:"忆阔清晖,瞬经岁暗,顷奉华翰,藉慰葵私,近谂旅祺纳祜,道祉延厘,为颂无量。"

赐 cì

赐,赐予。用在信函一类词前,敬称对方的来信。

【赐谕】《清代名人书札·龚易图致阎敬铭》:"谨再禀者,本日由马伯恺专赍二月中旬赐谕,经年方始捧读。云山阻隔,仰望慈颜,益增怅望。"

【赐书】《清代名人书札·饶应祺致阎敬铭》:"此禀封缄后,因无便未发。得奉三月二十日赐书,备蒙慈诲,感佩莫名。"

【赐函】《清代名人书札·姚济勋致阎敬铭》:"肃禀者,客夏接奉赐函,知前呈书籍二部,辱荷鉴存,曷胜欣幸。"

【赐札】札,书札。《清代名人书札·袁昶致薛时雨》:"昨读廿日赐札,并颁到外舅律赋雕本五部。……中讹字不免,昨夜灯次开卷细校廿余篇,已谨标出数十误字矣。"

贶书 kuàngshū 贶毕 kuàngbì

贶,赐予。用在"书""毕"等词前,敬称对方的来信。

【贶书】贶,赐予。宋司马光《答刘太博忧书》:"光顿首再拜:赵令来,蒙贶书,教以所不及,始于喜愧,终于感惧。"

【贶毕】贶,通"贶";毕,书简。《汪康年师友书札·孙诒让》:"前月奉诵贶毕,敬承嘉诲,感愧莫名,承招为沪游,亦极思一晤谭,藉图求教。"又:"客冬奉诵贶毕,敬审著祉愉邑,允符心祝。"

惠 huì

敬词。修饰"书""函"一类的词,敬称对方的来信。

【惠示】《汪康年师友书札·孙宝琦》:"惠示读悉,弟滥竽编制,谫陋何补?惟日亲炙诸名贤,得聆绪论,未始非幸。"《鲁迅书信集·致杨霁云》:"惠示敬悉。刘翰怡听说是到北京去了。"

【惠教】宋黄庭坚《答秦少章》:"前辱惠教,并示新文累纸,又屡屈车马,公私匆匆不办,眼前盛意未报,然钦爱之诚则勤,足下当谅此。"《汪康年师友书札·孙淦》:"昨接惠教,敬悉明公以巡察农事,理宜追随,恨俗冗所羁,不克如愿,罪甚罪甚。"

【惠书】宋黄庭坚《与郭英发》:"荐辱惠书,句益清庄,窃深叹仰。"《清代名人书札·张佩纶致吴大衡》:"屡奉惠书,敬承复土工竣,安居静谧,深系远念。"《汪康年师友书札·邵章》:"前接惠书,《文编》为注小字可行,《湘学报》尚有索阅者,请再寄二十份勿延。"《鲁迅书信集·致曹聚仁》:"惠书敬悉。……此复,并颂著祺。"

【惠函】《汪康年师友书札·蔡钧》:"敬启者,顷展惠函,并请单、护照等件,拜悉种切。"又《瞿宣治》:"上月廿四日奉诵惠函,本月初七复收到代购各种教科书,费神多多,感谢无既。"《鲁迅书信集·致刘炜明》:"十五日惠函收到。"

【惠札】札,书札。《清代名人书札·阎敬铭致昆池》:"顷奉惠札,猥以秋节赐贺,极不敢当。"《汪康年师友书札·梁庆桂》:"顷奉惠札,如获良觌,钦挹何已?"《郭沫若书信集·致杨树达》:"三月十七日惠札及《京师解》诸大作,均已由叔平先生转下,读后甚为愉悦。"

【惠笺】《汪康年师友书札·邵章》:"佐野君来,接奉惠笺,敬悉一是。"

【惠缄】《汪康年师友书札·龙璋》:"顷诵惠缄,并先后寄到《农会章程》,辱承奖借过情,祇益颜汗。"

【惠简】简,书简。《汪康年师友书札·罗振玉》:"前奉惠简,垂教殷殷,具悉。心存利济,识量闳深,锥诵之余,莫名亲慕。"

【惠毕】毕,书简。《汪康年师友书札·孙诒让》:"顷诵惠毕,承询拙著《礼疏》稿通共八十六卷,前令吴中刻匠估之,云刻木版须四千圆,卒未能办,此故未及付刊。"

【惠复】复,指回信。《清代名人书札·时乃风致刘含芳》:"昨奉十八日惠复,祇承一是。敬审勋侯万福,忭慰何量。"《汪康年师友书札·刘怡》:"迳启者,……嗣于三月廿三日由苏州乾昌信局寄呈左右,并附尺书。乃今将兼旬,未奉惠复,不知该局已将是件达贵馆否?"

【惠告】《汪康年师友书札·何黻章》:"奉展惠告,敬悉一切。"

教 jiào

"教"的前面或后面加信函或"赐""答""言"一类的词,敬称对方的来信。

【函教】《汪康年师友书札·姚锡光》:"叠接函教未作复,缘自夏以来,纂《东方兵事纪略》及《各国兵制》,俱期于年内脱稿,……稽迟至今,未敢慢也。"

【翰教】《清代名人书札·陈嵩庆致承香》:"顷令侄三兄来,又得翰教并京纹五百两,已交三翁查入转交。"

【书教】宋苏轼《答周开祖》:"递中辱书教累幅,如接笑语。即日远想起居佳胜。"

【笺教】《汪康年师友书札·周善培》:"仆奉电复,又辱笺教,所以开陈应付外人之义,沈痛深远,当以原笺达之清师,至为叹服。"又《陈三立》:"顷又得笺教,领悉种种。"

【教赐】宋苏轼《与黄师是》:"人来两捧教赐,具审起居康胜。"

【教简】《汪康年师友书札·徐树兰》:"昨得初八日教简,承附示致吴大令书,读后即已封送。"

【教答】宋黄庭坚《与余洪范》:"伏承教答,敬佩琢磨之益,论听言之道,有之则吾改之,无之又何恤焉!"

【教言】《汪康年师友书札·王舟瑶》:"两月以来,未奉教言,时以为念。"

大 dà

敬词。用在表示信函一类词的前面,敬称他人的来信。

【大教】《汪康年师友书札·陈虬》:"接大教,敬悉。"陈启泰《致缪荃孙书》:"辱大教,存注甚厚,且诵且荷。"

【大函】《汪康年师友书札·姚锡光》:"顷以谒新帅来省,接大函,敬领一是。"梁漱溟《致冯友兰》:"芝生老同学如晤:顷收到十二月六日大函,敬悉一切。"宋楚瑜《致刘学馥》:"学馥女士惠鉴:得蒙大函褒勉,至谢雅意。"

【大札】《汪康年师友书札·张元济》:"盼君书久矣,前日忽奉到大札,开缄雒诵,如相晤语,快极快极。"《鲁迅书信集·致黎烈文》:"昨得大札后,匆复一笺,谅已达。"《郭沫若书信集·致蒯伯赞》:"奉读大札,不啻获得十万雄师,感激感激。"

谕 yù

谕,教谕。在后面或前面加信函一类的词,敬称对方的来信。

【谕示】《清代名人书札·龚易图致阎敬铭》:"云卿先生虽未晤面,刘冰如舍亲相知最久,素闻行谊,心窃仪之。兹奉谕示,向往尤深。"

【谕书】《清代名人书札·龚易图致阎敬铭》:"经年未奉谕书,驰系无似,恭维起居曼福,颐养多佳,定符远颂。"

【谕函】《清代名人书札·李宗岱致阎敬铭》:"肃禀者:窃职道客岁两奉谕函,谨聆一是。"

【寄谕】《清代名人书札·曾国藩致陈湜》:"正去缄间,又奉十月廿一日寄谕,因王护院之奏,饬催炮船赴晋。"

示 shì

示,后面加"谕""书",敬称对方的来信。

【示谕】宋苏轼《答范蜀公》:"蒙示谕,欲为卜邻,此平生之至愿也。"宋黄庭坚《答广公阇黎》:"顿首:承示谕,欲刻藏记小字,旧文拙恶,何烦特地?"

【示书】宋欧阳修《答李诩书》:"修白:前辱示书,及性诠三篇,见吾子好学善辩,而文能尽其意之详。"宋黄庭坚《答佛印了元禅师》:"忽辱示书,存问勤恳,小人沉迷俗状,去道甚远,何以得此于善知识也?"

玉 yù

玉,质细而有光泽的玉石。可用作敬词,用在信函一类词前,敬称对方来信。

【玉缄】《汪康年师友书札·蔡启盛》:"分手后亏中冬下旬返里,昨始复至,得读冬杪所发玉缄,可胜欣慰。"

【玉音】《清代名人书札·李星沅致春如》:"云山修阻,把晤何时,引领玉音,以日为岁。"《老残游记续集遗稿》第二回:"请缓封一日,俟弟与阁下面谈后,再封如何?鹄候玉音。"

瑶 yáo

瑶,美玉。修饰信函一类的词,敬称对方的来信。

【瑶章】《清代名人书札·刘韵珂致徐宗幹》:"往岁两拜瑶章,感荷垂注。"《汪康年师友书札·韩昙云》:"元月中旬,获睹瑶章,如荀云一朵从天飞下,回环庄诵,齿颊生香。"

【瑶函】唐黄滔《薛舍人启》:"金口开时,讲贯则处其异;瑶函发处,推扬则寔彼极言。"明袁中道《寄周仪曹野王书》:"壬子岁,曾得瑶函并柄头诗,甚佳。"

【瑶笺】清唐孙华《次韵酬宫恕堂》诗:"忽枉瑶笺赠佳句,头风立愈如加砭。"

【瑶缄】唐王勃《宇文德阳宅秋夜山亭宴序》:"遂令启瑶缄者,攀胜集而长怀;披琼翰者,仰高筵而不暇。"五代前蜀薛昭蕴《女冠子》词:"正遇刘郎使,启瑶缄。"

【瑶华音】南朝齐谢朓《答吕法曹》诗:"惠而能好我,莫绝瑶华音。"

【瑶复】敬称他人的回信。《清代名人书札·陈嵩庆致承香》:"早拜一日之惠,即省口舌多矣。伫待瑶复,肃候时安,余不一一。"

琅 láng

琅,美玉。用在"函""帙"前面,敬称他人的来信。

【琅函】清顾炎武《答李紫澜》:"春来两接琅函,著作承明,绅书金匮,自不负平生之所学。"《汪康年师友书札·莫礼智》:"猥以与公等素未谋面,恐涉唐突,不图想望之余,忽受琅函之惠,真不啻从天而降也。"

【琅帙】明梁辰鱼《六犯清音·宫怨》曲:"兰台已赋,琅帙未通,丹霞柱锁了秦楼凤。"

琼 qióng

琼,美玉。用在表示信函一类词的前面,敬称他人的来信。

【琼翰】唐元稹《酬乐天东南行诗一百韵》:"旧好飞琼翰,新诗灌玉壶。"

【琼音】《汪康年师友书札·章邦直》:"眷怀明德,苑结莫摅,顷奉琼音,发函欢喜。"参见"兰讯"。

兰讯 lánxùn

兰,兰草,喻芳洁。用在"讯"前面,敬称他人的来信。清厉荃《事物异名录·书籍·书柬》:"《山堂肆考》:'芳讯、兰讯、宝札、琼音,皆书柬名。'"

芳讯 fāngxùn

敬称他人的来信。芳,芳香。可用作敬词。参见"芳""兰讯"诸条。

还 huán

还,回。用在"翰""云""书"等词的前面,称对方的回信。

【还翰】《梁书·处士传·何胤》:"今遣

候承音息,矫首还翰,慰其引领。"《清代名人书札·时乃风致刘含芳》:"去腊奉仲冬还翰,祗承一是。录录久稽笺敬,驰仰芳殷。"

【还书】《乐府诗集·清商曲辞四·乌夜啼》:"此日无啼音,裂帛作还书。"南朝梁吴均《山中杂诗》之三:"奈何梁隐士,一去无还书。"唐张读《宣室志》卷二:"留赵一日,赠缣数匹,以还书托焉。"

【还牍】南朝陈徐陵《为贞阳侯与太尉王僧辩书》:"已具舟师,将临江浦,使人入境,行陈所怀,拨日舰光,迟在还牍。"

【还诲】南朝宋鲍照《重与世子启》:"奉还诲,深承殷勤笃眷之重,披读未终,悲愧交集。"

【还云】《清代名人书札·刘毓敏致薛时雨》:"日前接奉还云,并承惠赐书画等件,拜领之余,曷胜铭泐。"又《时乃风致刘含芳》:"月初接奉还云,祗承种切。敬审勋侯胜常,升祺集吉。"《汪康年师友书札·毛慈望》:"昨奉还云,如亲旧雨,仰安全之怀抱,实钦佩而弥深。"又《瞿宣治》:"昨奉还云,敬审动履安吉,著述宏富。"

环 huán

环,通"还"。用在"谕""书""示"等词前面,称对方回信。

【环谕】《汪康年师友书札·徐树兰》:"廿二日得环谕,敬悉一是。"

【环章】《清代名人书札·徐树铭致阎敬铭》:"拜奉环章,识囊缄已尘慈鉴。伏审名山养性,福地颐神。"《汪康年师友书札·徐家宝》:"前奉环章,敬领一切。辰维勋祉纳祜,动定多佳,式符臆颂。"又《陈光第》:"去腊十四接奉环章,敬悉一切。"

【环书】《汪康年师友书札·陈庆年》:"前日回鄂,得环书,诵悉。贵馆拟编《各省学会学堂表》,其意甚盛。"

【环示】《汪康年师友书札·蔡乃煌》:"顷接环示,知致州县稿蒙代删削,虑深谋远,至为可佩。"

【环音】《汪康年师友书札·毛润身》:"今故于海河一事呈政旧交,务乞不弃菲荛,许加指示,鳞鸿有便,即乞速赐环音,以开茅塞,幸甚盼甚。"

复 fù

复,回复。用在信函一类词前,表示对方的回信。

【复谕】《清代名人书札·吉灿升致阎敬铭》:"窃灿升月前奉到复谕,展诵之下,谨悉一是。"

【复示】《清代名人书札·徐树钧致阎敬铭》:"三月上旬奉二月中旬复示,敬聆一切。"《汪康年师友书札·查双绥》:"顷奉复示,藉稔侍福多绥,所著益富,甚慰甚慰。"

【复书】《清代名人书札·张佩纶致吴大衡》:"昨奉复书并《唐律疏议》,就悉一一。阁下辞去节幕,书到始知,为之愤惋。"

【复函】《汪康年师友书札·王为乾》:"奉

初七复函,述师门之意,此事内外维持已有日矣,而缙绅仍如满地散钱。"

【复缄】《汪康年师友书札·魏勷》:"前奉复缄,敬悉一切。"

【复柬】《徐霞客游记·滇游日记七》:"余以书为介,故有是请,然尚未知余至府治也。使者以复柬返……"

手 shǒu

手,用在信函一类的词前,敬称对方亲笔写的来信。

【手谕】《清代名人书札·潘霨致阎敬铭》:"丹翁年伯大人座右:顷奉二月十七日手谕,知前函得尘钧览,欣慰莫名。"《颜氏家藏尺牍·成侍卫德》:"成德谨禀太夫子台下:前接手谕,因悉起居佳胜,翘首南天,益增怅望。"《汪康年师友书札·容翰屏》:"春初得奉手谕,纵论宗邦情事,可见志士悲悯,望治维殷,中外同此忠忱,士商同此义愤。"

【手诲】宋黄庭坚《答陈季常》:"伏奉六月二十八日手诲,审春夏来舍中需医药,今已安平为慰。"又《与胡逸老》:"某伏奉手诲,审宴居不爽卫生之理,体力甚健,良慰怀想。"

【手教】宋黄庭坚《与明叔少府》:"辱手教,审安胜为慰。"《汪康年师友书札·马建中》:"夏初一别,于今四月,中间两奉手教,环诵不愿释手。藉稔起居纳祜,至以为颂。"又《孙诒让》:"顷诵手教并和报两种,感甚感甚。"

【手示】宋黄庭坚《与益修四弟强宗》:"某承手示,喜晴寒日用轻安! 数日来不平之气,想以销歇。"《清代名人书札·冯桂芬致张鸣珂》:"手示拜悉。尊卷涂雅塞责,乃承齿谢,益之惭恧。"《汪康年师友书札·徐维则》:"昨奉手示,得谂起居百宜,极为忻慰。"又《姚锡光》:"手示领悉,惟自镇江转折而来,直至九月初旬乃得收到。"

【手书】宋黄庭坚《与王周彦》:"辱手书,勤恳;并寄诗文,……古人所谓'断以不疑,鬼神避之。'如公笔力,他日谁能当之?"《汪康年师友书札·张元济》:"连得三次手书,俗事冗杂,竟未裁复,罪甚。比来起居如何,至念。"又《姚文焯》:"初间接腊月下旬手书,敬悉一一。"

【手函】《汪康年师友书札·林纾》:"初六日得沪上所发初三日手函,述《茶花女遗事》排印之由,将以津贴馆中经费。"《张元济傅增湘论书尺牍·傅增湘致张元济(1914年)》:"连奉手函,并大生股票二扣、《史通》一部、又账单一纸,均领悉。"

【手翰】《汪康年师友书札·周士杰》:"客冬筱丈来津,奉读手翰,并十六史三部,彼时即欲裁答,……欲报一书,无由寄达。"又《汪大燮》:"穰、颂弟手足:前月初接颂弟手翰,得悉一切。"

【手札】札,书札。唐柳宗元《谢李吉甫相公示手札启》:"六月二十九日,衡州刺史吕温,道过永州,辱示相公手札,……感深益惧,喜极增悲,五情交战,不知所措!"《汪康年师友书札·叶瀚》:"昨日得见致家兄手札,藉悉动定增绥,甚善甚善。"又《吴庆坻》:"穰卿吾兄同年渊世大人侍史:前奉手札,以卧病经旬,迟未作答。顷又得第二书,诵悉种种。"

【手简】简,书简。《汪康年师友书札·夏曾佑》:"前日得二月二十一日所发手简,敬讫起居,甚慰甚慰。"

【手笺】《汪康年师友书札·王豫熙》:"顷接手笺,俱聆一切。惠临有失抠迎,歉歉。"

【手缄】《汪康年师友书札·石德芬》:"节后奉到手缄,诵悉一切。"

【手告】《汪康年师友书札·夏曾佑》:"昨得手告,欣悉一是。既与清漪同舟,则弟等近状,当已详告矣。"

【手诏】《汪康年师友书札·汪大燮》:"匆匆作别,未得畅叙衷曲。前月接奉手诏,得悉一切。"

【手尺】尺,尺牍。《汪康年师友书札·陈其煜》:"久不奉手尺,为念殊甚。新事日繁,变迁靡定,何以能收目前之效,方可谓擎天柱石,有心人当亦思之熟矣。"

【手毕】毕,书简。宋黄庭坚《与敦礼秘校》:"辱手毕,喜承日用轻安,示谕读书,甚喜。"《汪康年师友书札·薛华培》:"别久不亲叔度,驰系深切,两奉手毕,如挹清谭。"又《章钰》:"天平之游,有失引导,正深悚歉,乃荷手毕遥颂,并惠良书二帙,郑重开卷,珍荷。"

【手答】《清代名人书札·林则徐致江鸿升》:"闰月初接诵手答,快若晤谈。"

【手复】复,回信。《汪康年师友书札·罗振玉》:"手复敬悉。舍弟事,费神至谢。"

来 lái

来,后面加"教""谕"一类或相关的词,敬称对方的来信。

【来诲】诲,诲谕。宋黄庭坚《与幕府》:"方欲遣记问秦瑜所附书信,忽奉来诲,喜承即日霜寒,王事不致劳勤,体力轻安。"

【来诰】诰,告谕。《汪康年师友书札·汤寿潜》:"元月七日来诰,廿二日始捧诵。新年班稀,故珊珊其来,其不浮湛者,幸也。"

【来教】宋黄庭坚《答张益老》:"缺然音问不通者二十余年,忽奉来教,存问勤恳,慰此占思。"《汪康年师友书札·张美翊》:"两奉来教,敬悉。《俄国新志》于山川、郡国俱未详悉,他事亦略,此盖从极简、极浅之书译出。"

【来谕】《汪康年师友书札·梁启超》:"来谕诚然。弟及孺博及舍弟,昨见公度书,皆愤诧。"

【来示】《汪康年师友书札·魏勋》:"前月卧病,得来示,承关注,感谢感谢。"

【来翰】《清代名人书札·李鸿章致筱桥》:"契阔多年。音问罕达。顷披来翰,具荷注怀,就审林泉颐养,动履咸宜。"

回玉 huíyù

回信。《汪康年师友书札·毛慈望》："忝附同道,想荷鉴原。手此布悃,祗请著安。鹄候回玉不既。"又《汪立元》："此上,敬请注安,鹄候回玉。"

亲翰 qīnhàn

对方亲笔写的来信。《清代名人书札·李鹤年致阎敬铭》："昨于贺节书中附陈数行,旋奉吉词,兼诵亲翰。"又《彭祖贤致阎敬铭》："昨奉闰月三十还谕暨五月十六日另笺亲翰,敬谂移寓解梁,稍资调摄。"

朵云 duǒyún

敬词。对他人来信的敬称。典出《新唐书·韦陟传》："常以五采笺为书记,使侍妾主之,以裁答,受意而已,皆有楷法。陟唯署名,自谓所书'陟'字若五朵云。时人慕之,号郇公五云体。"后遂以"朵云"敬称他人来信。宋汪洋《回谢王参议启》："尚稽尺牍之驰,先拜朵云之赐。"《清代名人书札·蒋益澧致薛时雨》："骊歌唱别,正切渴思,忽展朵云,积抒葵悃。"清许思湉《复胡筠坡查信》："朵云垂贲,而祥符一函,求之不得。遣我双鲤,仅获一麟,不知沉浮何处,祈详查之。"《汪康年师友书札·刘锦藻》："顷间猥荷朵云,循诵至再。"

讣书 fùshū 赴函 fùhán

报丧的信函。

【讣书】唐柳宗元《祭万年裴令文》："闻疾驰简,其命未返,翻其讣书,来自番禺。"清龚自珍《哭洞庭叶青原》诗："果然故人讣书至,神魂十丈为飘摇。"胡适《易卜生主义》："又如中国人死了父母,发出讣书,人人都说'泣血稽颡','苫块昏迷',其实他们何尝泣血?又何尝'寝苫枕块'?"

【赴函】赴,"讣"的古字。《汪康年师友书札·沈曾植》："接奉赴函,不胜哀恒。……天寒,诸希节哀自重。"

(3) 知悉

在"悉""聆"等词的前面加敬词并在后面加"一切"或"一是"等词语,表示对信的内容已全部知道的敬词。

【敬悉】《汪康年师友书札·罗振玉》："在沪得手教,敬悉种切。"又:"昨奉惠书,敬悉一一。"又《郑官应》："顷奉手示,敬悉一切。"又:"顷接手书,敬悉一是。"

【敬聆】《清代名人书札·徐树钧致阎敬铭》："三月上旬奉二月中旬复示,敬聆一切。"《汪康年师友书札·罗振玉》："两奉手书,敬聆种切。"

【敬承】《汪康年师友书札·吴德潇》："得十月十五日书并地图样张,得本月十四日电,敬承一一。"《陈垣来往书信集·阚铎致陈垣》："援庵先生座右:顷奉手毕,敬承一是,藉谂著述日隆,甚盛之。"

【谨悉】谨,敬。《清代名人书札·吉灿升致阎敬铭》:"旋于八月廿五日由丁慎吾观察处转到赐函,谨悉种切。"又《王定安致阎敬铭》:"前在德州寄呈禀缄,辱蒙钧答,谨悉一一。"《汪康年师友书札·汪大燮》:"昨由子林处交到华翰,谨悉种切。"

【谨聆】《清代名人书札·李宗岱致阎敬铭》:"客腊奉到钧谕,谨聆一是。"又《吉灿升致阎敬铭》:"正在封禀间,接奉十月二十七日钧函,谨聆一是。"

【祗悉】祗,敬。《汪康年师友书札·诸兆麟》:"顷奉初四日手谕,祗悉一是。"《鲁迅书信集·致宋崇义》:"日前蒙惠书,祗悉种种。"

【祗聆】《清代名人书札·李宗岱致阎敬铭》:"前在豫道处奉读赐书,祗聆一是。"

【祗承】《清代名人书札·时乃风致刘含芳》:"昨奉十八日惠复,祗承一是。"又:"月初奉还云,祗承种切。"

【悚领】悚,敬畏;领,领会。《清代名人书札·袁昶致薛时雨》:"前奉六月廿七手谕,读之悚领一切。"

【拜悉】拜,敬词。《汪康年师友书札·邹安图》:"春日风暖,正是江南好时节,敬维提躬多福为颂。奉谕,拜悉一一。"又《蔡钧》:"敬启者,顷展惠函并请单、护照等件,拜悉种切。"又《孙淦》:"叠承大札,拜悉种种。"

【领悉】领,领会。《汪康年师友书札·陈锦涛》:"月之十五日得接来函,领悉一切。"又《王仁乾》:"奉到初六日

华教,一一领悉。"

【聆悉】《汪康年师友书札·缪荃孙》:"昨奉手书,聆悉一切。"又:"连奉三书,聆悉一是。"又《卢葆辰》:"二十一日晚,由府署交来十八日所发惠书,聆悉种切。"

【诵悉】《汪康年师友书札·吴庆坻》:"前奉手札,以卧病经旬,迟未作答。顷又得第二书,诵悉种切。"又《汪大燮》:"顷接八月十三、二十两次手书,诵悉一切。"《张元济傅增湘论书尺牍·张元济致傅增湘(1918年)》:"迭奉两书,诵悉一是。"

【读悉】《汪康年师友书札·汪大燮》:"顷间由颂谷弟处,掷到手毕,读悉种切。"又《王蕴登》:"月昨蒙赐书,读悉种切。"

【欣悉】《三元里人民抗英斗争史料·粤省将军参赞报两江总督裕札》:"欣悉二兄大人荣膺简命,总制两江,想见圣主之善任知人。"《汪康年师友书札·缪荃孙》:"昨奉手书,欣悉一是。"

【具悉】具,全。《清代名人书札·张裕钊致二兄》:"弟裕钊谨禀二兄大人侍前:一昨初四日奉到六月廿五日手谕,具悉家中俱平安为慰。"《汪康年师友书札·龙璋》:"昨回署,接得初三来示并书单,具悉种切。"

【具谂】谂,详知。《汪康年师友书札·江标》:"日前奉手书,具谂种种。"

【具知】《汪康年师友书札·叶尔恺》:"得正月廿六日手书,具知一是。"

【藉悉】藉,凭借。《汪康年师友书札·汪大钧》:"在沪奉书,以事冗未复,回汉又奉惠函,藉悉一一。"

【备悉】《汪康年师友书札·郑孝胥》:"奉手示,备悉一切。"又《王为乾》:"省墓杭州,小住廿余日,归来两诵手书,备悉一一。"《鲁迅书信集·致陈烟珍》:"昨天才寄一函,今即收到十六日来信,备悉种种。"

【备聆】备,全。《清代名人书札·徐树钧致阎敬铭》:"七月朔奉六月二日手谕,备聆一切。"《汪康年师友书札·夏曾佑》:"去冬连接手函,备聆一切,近维撰著日繁为祝。"

【备承】《汪康年师友书札·沈曾植》:"连奉手书,备承一是。"

【俱聆】《汪康年师友书札·叶尔恺》:"顷接手缄,俱聆一切。"又《王豫熙》:"顷接手笺,俱聆一切。惠临有失抠迎,歉歉。"

【藉谂】《汪康年师友书札·王肇铉》:"月杪奉读惠书,藉谂种切,近维升祺日上,鼎祉云蒸,慰如私颂。"

【均悉】《汪康年师友书札·汪大钧》:"久未作书,念极念极。前得手书及颂谷弟书,均悉一切。"

【得悉】《汪康年师友书札·汪大燮》:"匆匆作别,未得畅叙衷曲。前月接奉手诏,得悉一切。"又:"多日未接手书,正殷渴念。廿三日接颂弟十二日所发书,得悉一切,快慰之至。"

(4) 达览

在"鉴""览""察"等词前面加有关敬词或动词,表示预计收信人已经收阅自己前此所发出的信。

【台鉴】台,敬词。《清代名人书札·徐树钧致阎敬铭》:"二月十四日汉口发书,计登台鉴。"《汪康年师友书札·潘承潞》:"昨因敝友来沪之便,带呈一缄,想荷台鉴。"

【钧鉴】钧,敬词。《清代名人书札·龚易图致阎敬铭》:"窃易图前抵苏省,肃呈寸禀,当蒙钧鉴。"又:"谨再禀者,本年两肃禀上,一由驿递,一由丁筱农转呈,未知均邀钧鉴否?"

【慈鉴】慈,指尊上。《清代名人书札·李庆云致薛时雨》:"敬禀者,十九日肃寄一禀,并蓝洲信,计已早邀慈鉴。"又《袁昶致薛时雨》:"前月杪手奏一函,托子长同年转上函丈,私衷曲折之故,笔难尽述,未识已邀慈鉴否?"

【慈电】电,明鉴。《清代名人书札·袁昶致薛时雨》:"敬禀者,月初叩上寸笺,计日已呈慈电。"又《饶应祺致阎敬铭》:"客腊肃申寸禀,虔鸣谢悃,并祝新厘,谅邀慈电。"

【青鉴】青,敬词。《汪康年师友书札·罗振玉》:"前复书,想达青鉴。"又《汪大燮》:"前在河间托张树侯寄交票庄,寄有成员转呈之函,谅已早邀青鉴。"

【藻鉴】藻,藻美。《汪康年师友书札·郑鹏云》:"前月曾肃寸缄,屈计邮程,谅邀藻鉴,辰祝履祺式燕,泰祉延鸿,襄首松云,欢心葵日。"

【垂鉴】垂,敬词。《清代名人书札·普承尧致罗泽南》:"敬禀者,生前于四月之望,已将防堵九江情形曾肃安禀,谅邀垂鉴矣。"

【邀鉴】邀,被邀,得到。《汪康年师友书札·黄遵宪》:"在鄂匆匆草布一函,谅邀鉴矣。"又《叶瀚》:"昨奉复一函,计日内可邀鉴矣。"

【涵鉴】涵,包涵,原谅。《清代名人书札·林则徐致江鸿升》:"闰月初接诵手答,……仅得令小儿先奉一书代为缓颊,未知已承涵鉴否?"

【达鉴】《汪康年师友书札·叶尔恺》:"濒行时曾泐一缄,交车夫耿贵手呈,计已达鉴。"

【入鉴】《汪康年师友书札·叶大庄》:"抵邠寄上寸缄入鉴否?"又《潘清荫》:"二十一日复书当入鉴。"《张元济傅增湘论书尺牍·傅增湘致张元济(1912年)》:"到京曾寄十二号函,想入鉴矣。"

【鉴存】《清代名人书札·姚济勋致阎敬铭》:"季夏于胶东营次始上尺书,备述近事,度已仰荷鉴存。"

【台览】台,敬词。《清代名人书札·张裕钊致月槎》:"夏初曾肃一函,至八月始由崔兄转致,计尘台览。"又《徐树钧致阎敬铭》:"上年腊月杪肃函,并写书样二叶,拨款千金,计正月内必登台览。"

【钧览】钧,敬词。《清代名人书札·潘霨致阎敬铭》:"顷奉二月十七日手谕,知前函得尘钧览,欣慰莫名。"《汪康年师友书札·蔡琦》:"接诵环云,知日前肃上寸缄并《传音快字》八本,业邀钧览。"

【青览】青,敬词。《清代名人书札·卫荣光致阎敬铭》:"九月十六日由贡差寄去寸笺,并《通鉴长编》,计登青览。"《汪康年师友书札·魏勋》:"连寄多缄,谅已先后奉达青览矣。"又《汪大燮》:"前自天津回京后,曾泐奉寸缄,度邀青览。"

【清览】清,敬词。《张元济傅增湘论书尺牍·张元济致傅增湘(1922年)》:"本月十八日肃上一函,计达清览。"

【垂览】垂,敬词。《清代名人书札·裕泰致李象鹍》:"前于闱中奉到手书,深荷存念。鄙因敝友吴肩一旋里之便,曾附致一函,计尚未邀垂览。"《汪康年师友书札·颜世清》:"前月曾布一函,想邀垂览。"又《钱恂》:"日前奉答一纸,敬告不愿私意,度已垂览。"

【省览】省,省察。《汪康年师友书札·钱振常》:"客腊贺笺,度尘省览。"

【赐览】赐,恩赐。《清代名人书札·施典章致阎敬铭》:"去岁十月十二日曾肃一禀,由驿交蒲州府衙门转递,未知已蒙赐览否?"

【察览】《清代名人书札·张预致薛时

雨》:"前由景卿兄寄禀两函,想蒙次第察览。"《汪康年师友书札·叶澜》:"前发两函,想均察览。"

【达览】《汪康年师友书札·汪大燮》:"前抵京后,计奉两函,亮年内当可达览。"又《罗振玉》:"前由敝馆转交一函,计已达览。"《张元济傅增湘论书尺牍·张元济致傅增湘(1918年)》:"十二月十六日送上两函,想均达览。"

【登览】《汪康年师友书札·蒋黻》:"前月底与蕴叔同肃一函,想登览矣。"又《汪大燮》:"前交欧荻带上寸函,谅登览。"《张元济傅增湘论书尺牍·傅增湘致张元济(1925年)》:"前上一函,并分寄各书,计早登览矣。"

【澈(彻)览】澈,通,透。意指从头到尾或全部。《汪康年师友书札·汪大燮》:"初间上笺谅澈览,还电得悉,何不及己意?近此事已寂寂,可无虞。"又《纪钜维》:"别后寄一缄,知已彻览。"

【入览】《清代名人书札·徐树钧致阎敬铭》:"八月廿二日肃复一函,计入览。"《汪康年师友书札·熊希龄》:"十一日寄函想入览,然未见文君有电来谢次帅,或此函竟未到耶?"又《邹代钧》:"接到尊缄无数封,然都是未接鄙人益阳舟中信以前所发,究不知益阳舟中信,及十一月到省后,大约是十一月中旬所发之信均入览否?"

【收览】《汪康年师友书札·杨守敬》:"客腊先后呈二函,谅已收览。"

【台察】台,敬词。《汪康年师友书札·刘学海》:"八月八日寄呈手书,并译书局股银二百两,想登台察。"

【青察】青,青眼。《汪康年师友书札·汪大燮》:"前在京曾复寸缄,度蒙青察。"又:"日前泐上寸缄,谅蒙青察。"

【垂察】垂,敬词。《张元济傅增湘论书尺牍·傅增湘致张元济(1913年)》:"四月十日寄去第十二号信,奉告高大全集已经朱秉乾交到等情,计荷垂察。"又《张元济致傅增湘(1918年)》:"五月廿一日肃奉一函,计荷垂察。"

【惠察】惠,敬词。《清代名人书札·林则徐致李彦章》:"客冬寄奉寸缄,谅邀惠察。"

【涵察】涵,包涵,原谅。清包世臣《致广东按察姚中丞书》:"以虹舫行速,灯下草创,语无铨次,字杂行草,伏维涵察。"

【鉴察】《汪康年师友书札·叶澜》:"连奉数函,谅邀鉴察。"又《汪大燮》:"前托钱念劬兄带上一函,度蒙鉴察。"

【入察】《汪康年师友书札·叶尔恺》:"客腊曾布一笺,计当入察。"

【邀察】《汪康年师友书札·叶瀚》:"昨前连发两函,计日内邀察矣。"又:"十四在沪发一电,谅已邀察。"

【鉴及】《清代名人书札·徐树铭致阎敬铭》："曩荷环章,知往肃寸笺已蒙鉴及,兼谂老前辈大人拯济并疆,勤劳懋著,……以为至颂。"又《张度致殷如璋》："前奉三函,想均鉴及。"《汪康年师友书札·诸兆麒》："人日由邮局递上一函,计时已邀鉴及。"

【察及】《汪康年师友书札·叶瀚》："前日致一函,亮邀察及。"又《汪大燮》:"前屡奉书,屡上书,谅察及。"《张元济傅增湘论书尺牍·张元济致傅增湘(1918年)》:"本月二十、廿六、廿七日迭上三函,廿三日又寄一函并交还息折两扣,计荷察及。"

【察收】《汪康年师友书札·汪大燮》:"初间曾泐寸缄并书三册,谅已察收。"

【察阅】《汪康年师友书札·汪大燮》:"前由毓固臣兄带上一函,谅已察阅。"

【察入】《汪康年师友书札·汪大燮》:"卓如濒行交去一函,谅已察入,颂弟得如此逸馆,得以学算,可羡可羡。"《张元济傅增湘论书尺牍·张元济致傅增湘(1915年)》:"昨晚送上致杭州分馆信,想荷察入。"

【青及】青,青眼,受重视。《清代名人书札·吉灿升致阎敬铭》:"正在封禀间,接奉十月二十七日钧函,谨聆一是。"《汪康年师友书札·汪大燮》:"前屡上笺,又托麦晴峰带上一缄,度蒙青及,此间情形略叙其中矣。"

【青垂】《汪康年师友书札·吴利彬》:"月前叶师诣沪,附呈芜禀,谅邀青垂。"

【青睐】同"青及"。《汪康年师友书札·汪大燮》:"日前托赵纯卿兄寄奉一缄,想竹君兄早已转交青睐矣。"又:"廿日寄上一缄,谅邀青睐。"又《汪大钧》:"前月寄上一缄,谅邀青睐。"

【青照】照,明察。《汪康年师友书札·汪大燮》:"前月中浣陈骏生兄到京,接奉手示,即复寸缄,邀青照。"又《蔡启盛》:"舟次拜复一函,谅入青照。"

(5) 思慕

收信人一般都在异地,平时很少见面,因而形成书信中所惯用的表达对收信人思念和渴慕的敬词。

【驰念】驰,指思想飞驰。与"思""念""仰""慕"一类词搭配,表示遥念之情。《汪康年师友书札·吴德潚》:"久不得书,驰念无极。此间俗冗万状,亦遂久不奉致,尤歉歉也。"

【驰思】《汪康年师友书札·杨楷》:"邮程远隔,驰思致切,彼此同之。"又《孙宝琦》:"久疏音问,时切驰思,维起居绥福为颂。"

【驰系】《清代名人书札·李鹤年致阎敬铭》:"久未接手示,尊恙想已大愈,殊深驰系。"又《时乃风致刘含芳》："去冬握别,倏又春阑,驰系私衷,不能自已。"又《龚易图致阎敬铭》："经年未奉谕书,驰系无似,恭维起居曼福,颐养多佳,定符远颂。"《毛泽东书信选集·致傅作义》："涿州之战,久耳英名,况处比邻,实深驰系。"

【驰慕】《清代名人书札·王继庭致阎敬铭》："前龚观察书来云,公又迁雷首山中。山在河东郡,今属何地?翘望岩云,驰慕何似!"

【驰仰】《清代名人书札·李鹤年致阎敬铭》："正拟握管再答,适专弁持到手函,如晤教言,深慰驰仰。"《汪康年师友书札·李渊硕》："四月前两接手书,值审兴居曼福,甚慰驰仰。"又《徐树兰》："奉别忽复兼旬,驰仰之悰,与日俱积。"

【驰依】依,依恋,思念。《清代名人书札·龚易图致阎敬铭》："易图非材重任,日夜悚惶,惟幸双亲得承侍奉,私衷稍慰。惟乞训策仍加,无任驰依之至。"《汪康年师友书札·吴利彬》："月前叶师诣沪,附呈芜禀,谅邀青垂,驰依讲席,时深孺慕。"

【依驰】同"驰依"。《汪康年师友书札·蔡琦》："远隔钧晖,未亲椠海,吴头楚尾,时切依驰。"

【驰恋】《清代名人书札·王继庭致阎敬铭》："不见颜色,遂及六载,虽数寄禀函,而瞻望山中白云,驰恋何极!"

【驰溯】向往思慕。宋文天祥《与袁守雷侍郎宜中书》："相望一方,驰溯切切。"清蒲松龄《四月十五日答王子野书》："不尽感切,当容面布,封复驰溯不一。"《清代名人书札·时乃风致刘含芳》："录录久稽笺候,良殷驰溯。"

【驰情】宋黄庭坚《与范宏文》："春雪苦寒,不审尊候何如?……惟是望风怀想之日,久未能承教,但驰情耳。"

【驰神】思念向往。《清代名人书札·袁昶致薛时雨》："重九与中和诸君十有一人集南岳寺,登高望远,钟山几榻如在目前,驰神骛精,已达左右。"

【神驰】同"驰神"。《清代名人书札·施典章致阎敬铭》："自卢沟拜别后,无日不神驰函丈,途中缓缓行走,满冀再聆训诲,借遂依慕之诚。"《汪康年师友书札·李渊硕》："忆昔沪上拜领钧诲,一别十年,怀系之私,无日不神驰座右。"

【翘企】翘首企足,喻思慕深切。《清代名人书札·丁鹤年致福裕》："惜兄远隔天涯,徒深翘企,弗能握手言欢,一倾离悃,怅甚!怅甚!"又《陆元鼎致薛时雨》："敬禀者,忆别慈晖,数载于兹矣。……一时狂简,并受裁成,翘企师门,莫名欣怃。"

【孺企】殷切思念。《清代名人书札·王定安致阎敬铭》："刻下宪躬应已就痊,曷胜孺企!"

【企仰】企足仰慕。《清代名人书札·汪鸣銮致张鸣珂》："伏承新猷敷布,以经术饰吏治,必能超越恒情,曷胜企仰!"

【延跂】伸长脖子,踮起脚跟,喻思慕之切。《清代名人书札·吴家榜致崇如》:"昨肃一缄,缕陈一切,计登记室矣。天涯咫尺,延跂为劳。"

【孺恋】殷切思念。《清代名人书札·王定安致阎敬铭》:"前此宪躬违和,想已调摄就痊,至为孺恋。"

【孺慕】殷切思慕。《清代名人书札·吉灿升致阎敬铭》:"讵事与愿违,未克借差前诣函丈,躬侍杖履,孺慕萦殷。"《汪康年师友书札·吴利彬》:"月前叶师诣沪,附呈芜禀,谅邀青垂,驰依讲席,时深孺慕。"

【悬悬】挂念。《清代名人书札·王继庭致阎敬铭》:"然今晋境河东亦有警,公得安居否?千里无确耗,倍悬悬也。"《汪康年师友书札·吴德溥》:"连日忙乱,归寓少暇,辄念公何以久无书,又望卓不来,心甚悬悬,岂馆中有事乎?"又《汪有龄》:"久不接信,甚悬悬也。近闻消息不顺,更为渴念。"

【悬系】挂念。清恽敬《与吴良园书》:"知有粤中之行,当即作报,后竟未闻,油旌过岭,殊为悬系也。"《汪康年师友书札·龙璋》:"许久未通音讯,时深悬系。"又《汪大燮》:"行旌何日抵鄂?未得鄂中赐书,未知行止何若?回杭度岁否?悬系悬系。"

【系念】挂念。《汪康年师友书札·缪荃孙》:"连上两书,未蒙赐复,系念之至。"又《罗振玉》:"连日尊体何似?系念万状,千万珍摄。"

【系恋】思念,挂念。《清代名人书札·王定安致阎敬铭》:"宪躬想已健康如常,至为系恋。"

【企念】盼望想念。《汪康年师友书札·任元德》:"久违雅教,曷胜企念。"

【萦念】牵念。《汪康年师友书札·吴保初》:"秋风以凄,萦念方切。"

【结念】同"系念"。《清代名人书札·阎敬铭致彭玉麟》:"逾年未奉牍,……结念殷殷,无日忘之。"《汪康年师友书札·何恩煌》:"积月未通尺素矣,杜梦李颜,时深结念。"

【渴念】急切想念。《汪康年师友书札·汪大燮》:"多日未接手书,正殷渴念。廿三日接颂弟十二日所发书,得悉一切,快慰之至。"又《沈毓桂》:"几日不见,渴念弥殷,近维起居佳畅为颂。"

【渴想】《汪康年师友书札·吴品珩》:"夏初情话,忽忽秋残。私企鸿才,令人渴想。"又《罗正钧》:"久未奉书,渴想无已,顷奉手教,敬悉起居无恙,至深颂慰。"

【渴忆】《汪康年师友书札·黄笃恭》:"久隔清谈,深劳渴忆,顷奉惠笺,敬承动履安和,至以为慰。"

【渴思】《清代名人书札·阎敬铭致彭玉麟》:"豪饮高吟,兴当不浅,作就画幅便望赐我一纸,以慰渴思。"又《蒋益澧致薛时雨》:"骊歌唱别,正切渴思,忽展朵云,积抒葵悃。"

【想念】《汪康年师友书札·王慕陶》:

"久未通讯,想念无似。迩来病体如何?"又《吴桐林》:"久不奉教,想念殊殷。"

【怀思】《汪康年师友书札·吴士鉴》:"别后怀思,与日俱积,忽奉手教,欣慰无量,比想侍奉万善,撰著益宏,甚颂甚颂。"

【怀想】《张元济傅增湘论书尺牍·张元济致傅增湘(1923年)》:"久未得君信,正深怀想。有人言已去庐山避暑,不知确否?"

【至念至念】《汪康年师友书札·经元善》:"久疏音问,至念至念。"

【殊念殊念】叠用,以表示思念之切。《汪康年师友书札·汪大燮》:"别后久未致候,前奉惠书,以仲弟作复,亦未裁答,殊念殊念。"

【甚念甚念】《汪康年师友书札·叶瀚》:"日来不得惠书,甚念甚念。未知尊处报馆已创否?"

【念极念极】《汪康年师友书札·汪大钧》:"久未作书,念极念极。前得手书及颂谷弟书,均悉一切。"

【瞻依】瞻,敬仰;依,思念。《清代名人书札·饶应祺致阎敬铭》:"久违矩训,时切瞻依。"

【瞻恋】恋,依恋,思念。《清代名人书札·李宗岱致阎敬铭》:"窃职道自违教诲,转瞬十年,瞻恋之忱,无时或释。"

【依恋】思念。《清代名人书札·潘霱致阎敬铭》:"月前接奉赐复,情词肫至,如侍座隅,倍深依恋,伏谂褆躬纯固,潭第吉祥。"又《龚易图致阎敬铭》:"睽违钧范,倏将三载,依恋莫可名言。"又《李宗岱致阎敬铭》:"肃禀者:职道叩违慈诲,五载于兹,依恋之忱,无时或释。"

【葭思】【葭心】思念异地的亲友。典出《诗经·秦风·蒹葭》:"蒹葭苍苍,白露为霜。所谓伊人,在水一方。"原意是在水边怀念故人,后用于思念在异地的亲友。

〔葭思〕鲁迅《热风·随感录四十》:"终日在家里坐,……还有什么感?只有几封信,说道:'久违芝宇,时切葭思。'"

〔葭心〕《汪康年师友书札·陈其燨》:"远道绵绵,稀逢梅使,停云霭霭,良切葭心。"

(6) 问候

安 ān

安,安吉。前面加敬词、时间词或有关职业方面的词,表示向收信人问安。

【钧安】钧,敬词。《清代名人书札·袁昶致薛时雨》:"然纵决西江之水,枯鱼早已登俎,恐不及事矣。敬布寸忱,叩请钧安。"《汪康年师友书札·李渊硕》:"忆昔沪上拜聆钧诲,一别十年,怀系之私,无日不神驰座右。"

……临纸未畅欲言,裁答久稽,伏祈原宥,敬请钧安。"

【台安】台,敬词。《清代名人书札·张度致殷如璋》:"汤风翁人极好,当于米厂、暖厂位置一席,似于暖厂相宜,……由尊酌之。此请台安,诸希电察。"《胡适来往书信选·景学钤致胡适》:"兹将募集基金启一纸一并附呈。……现令小孙乃业将各书奉呈,请赐台阅。顺请台安。"《陈垣来往书信集·傅增湘致陈垣》:"前日聆教至快。……冒昧相干,尚希亮察。此请台安。"

【勋安】勋,功勋。《清代名人书札·李鹤年致阎敬铭》:"弟趋公如昨,陨越时虞,伏冀训诲时加,俾资循率,是所叩祷。专此肃布,祗请勋安。"《汪康年师友书札·王慕陶》:"日美新协约系谣言不可信,此中有离间政策,宜速防之,其详另纸续陈。匆匆即请勋安。"《胡适来往书信选·陈达材、陈友琴致胡适》:"适之夫子勋鉴……谨此申诉,即请勋安。"

【尊安】《汪康年师友书札·汪大燮》:"吾弟所有,何者合用,可带则带之,感甚。……手此,顺请婶母大人尊安。"

【崇安】同"尊安"。《清代名人书札·姚济勋致阎敬铭》:"书局所刊《通鉴纲目》,仅存二十余卷,俟告竣后,当刷印成部,觅便寄呈钧览。谨肃寸禀,恭请崇安。"《汪康年师友书札·王维泰》:"兹开奉名条,幸存撰席,想先生

交游所及,顾访必多,定能不吝嘘拂也。专肃奉恳,即请崇安。"

【道安】道,多才有德。《清代名人书札·袁昶致薛时雨》:"落卷草稿,改日呈电。肃上,先容叩请吾师道安,如师母万福。"《汪康年师友书札·李希圣》:"去冬上海握手告别,匆匆未获倾吐所怀,殊深歉厌,比维起居多祜为颂。……手叩道安。"

【升安】升,升迁。《清代名人书札·李鹤年致李宗岱》:"此文约计明日可到贵辕,务希执事轻骑兼程,即日挈印晋省,早为接篆,以慰同舟之望,是所至盼。……专此飞布,敬请升安。"《汪康年师友书札·王为乾》:"如万不得已,即通判亦聊可解嘲,其意在得差,官高禄厚耳,则亦与县令无以异,非有他望也。……敬请升安,不尽缕缕。"

【金安】金,喻尊贵。《清代名人书札·吉灿升致阎敬铭》:"灿升窃思大人文章闻望弁冕枌榆,敢求台衔撰序,倘蒙俯允,曷胜荣幸。肃此具禀,载叩金安。"《汪康年师友书札·吴利彬》:"顷晤翟声谷先生,云接沪上来函,敬悉贵体偶尔违和,吉人天相,必已没药有喜。……敬请金安,不尽欲白。"《鲁迅书信集·致母亲》:"母亲大人膝下,敬禀者,得来示,知大人亦患伤风,现已全愈,甚慰。……专此布达,恭请金安。"

【慈安】慈,指尊上。《清代名人书札·李宗岱致阎敬铭》:"秦晋古金甚多,

倘大人知交中有藏此者,伏乞转嘱拓寄一二,俾得增光拙集,曷胜感祷。……特肃禀函,恭请慈安。"

【懿安】懿,懿美。《清代名人书札·张佩纶致吴大衡》:"独居无友,所作亦甚寥寥,儒林文苑中欲分一席,更属不易,……琐琐以代面谈,即颂道安,太夫人懿安。"

【颐安】颐,颐养。《清代名人书札·李桂林致讷钦》:"闻月三日奴子来,接手书,惊悉嫂夫人之丧,言念畴昔,顾待之隆,不胜怆然。……手启复谢,敬请颐安。"

【礼安】向收信人依礼问安。多用于收信人居丧礼时。《清代名人书札·张裕钊致月槎》:"自秋徂冬,正深洄溯,忽奉讣音,惊悉太伯母太夫人遽返瑶京,遽听之余,良用骇悼。……手肃,敬请礼安,不宣。"《汪康年师友书札·沈曾植》:"接奉赴函,不胜哀怛。……天寒,诸希节哀自重。此请礼安。"

【侍安】侍,近侍。多用于关系亲近的收信人。《汪康年师友书札·汪大燮》:"弟夫人病体如何?谅必用西医。草草不及多详,与致颂函合看。此请侍安。"又:"穰卿吾弟足下:……兄五月必行,大约需过节耳。晤谈在迩,益觉神驰。手此,即请侍安。"

【万安】《汪康年师友书札·龙凤镳》:"弟归皖迫促,未及辞去,殊歉然也。南北新闻,希便示一二,不尽欲言。敬请侍奉万安。"

【福安】《清代名人书札·李庆云致薛时雨》:"闻谢坤云,岳母噉恙已愈,未知确否?念念。……万忙肃此,敬候福安。"清王闿运《湘绮楼笺启·致樊藩台》:"新晴晨兴,辄书三纸,承请福安。"《汪康年师友书札·陶葆廉》:"前年湘中葛君心水在兰州,述及丰仪,辄用神往,……临颖神驰,不尽欲言。专泐,敬请福安。"

【德安】《汪康年师友书札·陈贻范》:"范于中秋节后忽患内肾病,全体发肿,所译蚕书未能及时寄呈者,盖由于此,祈鉴之。……此上,敬请德安。"

【善安】《清代名人书札·张度致殷如璋》:"承借车,惠莫大焉。……敬请秋樵仁兄世大人善安。"

【大安】《清代名人书札·徐宗瀛致薛时雨》:"昨承枉顾,失迓为歉。……望阁下宽住数日,弟得便图畅叙也。匆匆草此,恭请大安。"《胡适来往书信选·曹克诚致胡适》:"我兄未悉几时可以来京,甚念,甚念。专此,即颂大安。"《郭沫若书信集·致柳亚子》:"南明史深望早日杀青。著述如战机,似乎争取时间为要着。专此,敬颂大安。"

【元安】元,大。《清代名人书札·张裕钊致月槎》:"顷奉手书,敬悉一是,兼承赐寄诗章,缠绵真挚,情深文明,捧读再三,不忍释手。……忙中草草奉复,即颂元安。"《汪康年师友书札·吴士鉴》:"专此布诚,不及多赘。敬叩太年姻伯母大人大寿,即颂时祉,并请颂阁、社耆姻世叔大人元安。"

【戎安】戎,军事。收信人是军人。《清代名人书札·谭灏致罗泽南》:"祈阁下迅速发勇二百名或一百名下乡,以靖地方,以安人心。……临颖不胜神驰,肃此敬候戎安。"

【文安】收信人是文化工作者。《清代名人书札·刘毓敏致薛时雨》:"日前接奉还云,并承惠赐书画等件,拜领之余,曷胜铭泐。……泐此奉托,即请文安。"《汪康年师友书札·汪大燮》:"同人纷纷远出,而所图皆在飘渺间,令人嘻吁不已也。拉杂布臆,顺请文安。"《胡适来往书信选·高元致胡适》:"尊意如何?乞示复。此颂文安。"

【吟安】收信人是诗词作者。《清代名人书札·张裕钊致某人》:"填词向未容心,未敢妄作,率录寄呈,大雅教之。……此请吟安,不一。"

【著安】【撰安】【砚安】收信人是文字工作者。

〔著安〕《清代名人书札·袁保庆致薛时雨》:"现做文章两篇,欲就正有道,冀得有所遵循。……肃此,恭请著安,不一。"《汪康年师友书札·沈曾植》:"去冬以来,动息相闻,虽翰牍稍疏,而心光相照印,天壤寂寥,痴人相惜,鄙怀如此,谅亦同之。……肃泐,敬请著安。"《胡适来往书信选·马季廉致胡适》:"琐事甚忙,迟至今日始复,祈谅之。敬祈赐教,并颂著安。"

〔撰安〕《汪康年师友书札·颜世清》:"客岁得手书,以事冗未暇作答,比维著述日丰,旅祉绥和,慰如下颂。……专此,拉杂布闻,即请撰安。"又《陶森甲》:"弟买棹还乡,倚装率陈,百不尽一。敬请撰安。"

〔砚安〕《汪康年师友书札·叶尔恺》:"嫂夫人去岁仙逝,弟竟不知,容到原再稍致刍意。……试事冗迫,不多言。即请砚安。"

【编安】【纂安】收信人是编辑或编纂人员。

〔编安〕《叶至善致邹士方》:"日后写了些什么,觉得适宜给政协报的副刊发表,我会主动寄给你的。顺颂编安。"《李希光致〈中国记者〉编辑》:"这些天来,我每天都接到慕名而来的读者来信、来电,……瞧,多好的广告策划和广告效应。祝编安。"

〔纂安〕《汪康年师友书札·邹代钧》:"久别甚念。钧初九日回局,奉手书,祗悉令弟不来,甚为有识。……手此,敬叩纂安。"又《蔡启盛》:"至所托面询香帅一事,自宜俟暇勿亟。肃此布复,顺叩纂安。"

【教安】收信人是教育工作者。《胡适来往书信选·曹克诚致胡适》:"将来事不能告,须看张先生如何打发我们。此布并颂教安。"《郭沫若书信集·致杨树达》:"四月廿一日惠书奉悉。蒙赐大作三种,感谢之至。……专复,敬颂教安。"

【铎安】铎,木铎,金铃木舌,用以振兴文

教;指向文教工作者问安。《胡适来往书信选·杨西孟致胡适》:"学校和国内情形,生时在念中。……余容后陈,敬请铎安。"

【研安】研,科学研究。《陈垣来往书信集·沈兼士致陈垣》:"校课忙碌,未能趋谈为怅。……此请研安。"《郭沫若书信集·致蔺伯赞》:"日前莅城讲学,穷搜博览,析缕规宏,听者无不佩赞,诚为我辈壮气不小也。专复,顺颂研安。"

【辩安】辩,论辩。《汪康年师友书札·朱启钤》:"倘承颜色询及所陈各事,我舌尚在,仍不肯负兄苦心苦口也。匆匆,复请辩安。"

【捷安】捷,胜利,成功。《清代名人书札·塔齐布致罗泽南》:"再,弟今日扎营,遥见对面烟尘,知贵营已扎半壁山,惟与弟营隔一河汊,现已派弁赶造浮桥,俾通声气。……复此顺请捷安。"《汪康年师友书札·邹代钧》:"别来行复弥月,不胜相忆,接惠书,具悉。……拉杂书此,聊当夜谈。即请捷安,不尽耿耿。"又《王修植》:"阁下昨谭一节,陈义甚高。……己丑知单或亦竟不必发也。手颂捷安拳拳。"

【筹安】筹,筹划。《汪康年师友书札·朱祖荣》:"得所惠书,纵谈时事,均中流弊,有慨乎其言之慨,卓识闳才,殊足令人钦佩。……敬叩筹安。"

【公安】公,公务。《胡适来往书信选·燕树棠致胡适》:"我有终身服务北大之志愿,能不尽心哉!仍祈批准辞职,统希鉴原,是为至祷!专此,敬请公安。"《陈垣来往书信集·颜世清致陈垣》:"有事望随时电话相商。此颂公安。"

【财安】《汪康年师友书札·缪荃孙》:"迩时出钱是广东人多,香帅等之帮忙,兄之面子居多。……此上,敬请财安。"

【怡安】怡,怡悦。《汪康年师友书札·黄绍箕》:"初闻兄尚须盘桓数日,比初九晨往探,则驺从已东发矣,为之怅惘。……肃请怡安。"

【平安】《清代名人书札·朱潜、张度致运斋》:"专此奉闻,顺颂日佳,不尽。祈向烂面胡同代道平安。"

【潭安】【邸安】【寓安】向收信人的家庭问安。

〔潭安〕潭,潭府,对他人家庭的敬称。《汪康年师友书札·叶尔恺》:"刘海峰《刘孟涂集》如易觅,亦祈代购。拉杂书此,即请潭安。"

〔邸安〕邸,邸宅。《汪康年师友书札·章梫》:"前日匆匆分袂,辰维邸祺提福,至慰。……即此,敬请邸安。"

〔寓安〕清王闿运《湘绮楼笺启·致樊藩台》:"去春寄到大词,循诵已熟。……续当详报,手颂寓安。"

【俪安】【双安】向收信人夫妇问安。

〔俪安〕俪,伉俪。《汪康年师友书札·汪有龄》:"碌碌久未作书,闻贵体比去岁胜多,甚慰。……馀不多赘,此请俪安。"又《汪大燮》:"前泐数笺,度邀青睐。……手此，顺贺新禧，兼请俪安。"《胡适来往书信选·王世杰致胡适》："馀容得便渎闻。即颂俪安。"《郭沫若书信集·致蓢伯赞》："大札奉悉。……天热，诸乞珍摄。专复，顺颂俪安。"

〔双安〕《汪康年师友书札·王为乾》："省墓杭州，小住廿余日，归来两诵手书，备悉一一。……翘首仰望，无任依依，此请双安，不一。"《胡适来往书信选·胡适致丁文江》："匆匆草此函，措施定多不当，希望你老兄莫见怪。匆匆问双安。"《郭沫若书信集·致蓢伯赞》："久不通讯了，近来好不？……专此，即颂双安。"

【睡安】《汪康年师友书札·钱恂》："晤伯唐，请问恂所寄译件共三次，均到否？至要至要。拉杂书布，敬请睡安。"

【妆安】向女眷问安。《汪康年师友书札·瞿傅幼琼致汪康年家眷》："世嫂大人妆次：……湘城春日和美，舍间均托庇粗安，堪以告慰。专此鸣谢，敬请妆安。"

【痊安】祝收信人病中平安。《汪康年师友书札·汪大燮》："别后未通一纸，不知公事如何，甚以为念。……馀续陈。此请痊安。"《郭沫若书信集·致坂田昌一》："贵恙近况，谅有好转，此间同志甚为悬念。……敬祝痊安。"

【行安】【旅安】【游安】向旅行或旅居的收信人问安。

〔行安〕《汪康年师友书札·汪有龄》："昨晚接到从者在神户所发一信，……沿途舟车劳顿，务请珍摄。此泐，即请行安。"又《陈豪》："昨奉教，甚快慰，然亦匆匆未尽也。……手此，敬颂行安。"

〔旅安〕《汪康年师友书札·叶景葵》："现在开社已一月，并无稿件看过，他事更不甚了的，承询敬闻。即颂旅安。"《胡适来往书信选·朱经农致胡适》："前日得兄自伦敦来电，敬悉一是。……此请旅安。"

〔游安〕《汪康年师友书札·蒋黻》："别后想安抵东瀛，刻王惕斋闻公东游，嘱转述数事列后。顺请游安。"

【新安】【年安】【岁安】向收信人致春节问安。

〔新安〕《汪康年师友书札·黄庆澄》："又《日报》访事人已探新闻数则奉上，未知合式否？即示复。手此匆匆，馀容面潭，此请新安。"

〔年安〕《清代名人书札·张煦致阎敬铭》："相距咫尺，不获面别。诸希珍摄，不尽依依。专复，恭请年安。"《汪康年师友书札·陶浚宣》："所托代购之书，务祈交庆顺里通源庄王似山兄转寄，拜祷拜祷。即请年安。"

〔岁安〕《汪康年师友书札·叶大庄》："弟每月均在四乡，岁将除矣，甫得回城，灯下作此，相念不置。……专此，敬请岁安。"又《袁坊》："屡承惠顾，祗以年事所羁，未遑趋谢为歉。匆此，并颂岁安百益。"

【节安】致节日的问安。《汪康年师友书

安 ān

札·王彦威》："《一统志》价十六元，已付子韶。……抄件价太昂，且不易到手，容徐议。匆匆，即请节安。"《胡适来往书信选·姚从吾致胡适》："学生昼夜焦思，认为这一点异常重要，敬请先生抽出些时间，给我一个明确的指示。敬祝先生节安。"

【春安】《汪康年师友书札·汪大燮》："究竟当轴对于此会之意见若何？能探示一二，亦所深盼。余不毕具，此请春安。"

【夏安】【暑安】【筲安】

〔夏安〕《汪康年师友书札·孙淦》："其改途之议，未得杭信，深为念念。……专此布复，敬请夏安。"《胡适来往书信选·何之瑜致胡适》："适之先生尊前：……敬祝夏安。"

〔暑安〕《清代名人书札·慎毓林致阎敬铭》："委书两件，容日涂就奉上。即请暑安。"《汪康年师友书札·恽祖翼》："先后奉手简，正在修答，复承十六日惠寄一书，敬谂近祺绥吉，为时仔肩，忧乐关怀，甚感甚感。……手复，敬颂暑安。"《郭沫若书信集·致蔺伯赞》："奉读大札，不啻获得十万雄师，感激感激。专复，顺颂暑安。"

〔筲安〕筲 shà，扇子。《汪康年师友书札·王豫熙》："顷展手函，如聆尘教。……专此布复，敬请筲安。"

【秋安】《汪康年师友书札·汪钟霖》："倘馆中诸君子有暇，或将《续志略》逐渐先校，弟亦心所愿也。……专此奉布，顺颂秋安不另。"《郭沫若书信集·致蔺伯赞》："顷来上海，立群亦同来，温度尚是摄氏 25 度，真是舒服。专此，顺颂秋安。"

【冬安】《汪康年师友书札·吴淦》："前月廿四日曾托子翁奉呈贺柬一扣，谅邀鉴察。……专此奉布，顺颂冬安。"

【炉安】同"冬安"。《清代名人书札·林则徐致李彦章》："兰翁同年大人阁下：……专此祗请炉安。"《汪康年师友书札·经元善》："弟近日公私忙极，且遇拂逆，心绪十分不宁，致多健忘，稽答为歉。……复请炉安。"《陈垣来往书信集·张宗祥致陈垣》："与公虽新交，意气尚相投，故敢忽发狂言，直陈臆见，统祈鉴察。不宣，专颂炉安，并贺年禧。"《胡适来往书信选·蒋梦麟致胡适》："何日来杭，祈先示知。此颂炉安。"

【近安】《汪康年师友书札·冯锡仁》："别五年矣，地北天南，时萦驰想。比维文章德业日进无疆，为颂为慰。……匆匆，即请近安。"《毛泽东书信选集·致宋庆龄》："同时请先生介绍与先生比较接近的诸国民党中枢人员，如吴稚晖、孔祥熙、宋子文……诸先生，与汉年同志一谈，不胜感幸。顺问近安。"《郭沫若书信集·致杨树达》："大著《积微居小学述林》已由院印出，想已达览。……专此，顺颂近安。"

【日安】《汪康年师友书札·汪钟霖》："专此，敬求公代致敬翁并道歉衷。……肃此，顺颂日安。"

【刻安】《汪康年师友书札·吴保初》："兹有要事与刘云抟兄一商,未知其住址何处,乞垂示之。……此请穰卿吾兄刻安。"《郭沫若书信集·致王冶秋》："你那里如有戚(继光)的生活资料,尤其希望你能使我有利用的便利。匆匆专此,敬颂刻安。"

【时安】《清代名人书札·陈嵩庆致承香》："早拜一日之惠,即省口舌多矣。伫待瑶复,肃候时安,余不一一。"《汪康年师友书札·王蕴登》："揖别后双轮如驶,安抵舍间。连日尘事纷繁,意绪恶劣,致稽笺候,罪甚罪甚。……肃此,即叩时安不一。"《郭沫若书信集·致王冶秋》："日前承示之杜谀墓门拓片二张,……其所在地点,发掘年月,拓片二张孰在左孰在右,均望见告。专此,顺祝时安。"

【早安】《汪康年师友书札·沈曾植》："吴君书,阅一过,其人尝见之,一谰浪少年也,殊不称弟所许可。此请穰卿仁兄大人早安。"

【晨安】《胡适来往书信选·周凤翔致胡适》："谨遵嘱……踵门叩谢,尚乞悯其冤苦,假以数分钟时间,使能一陈其感,不胜感祷!谨颂晨安。"《陈垣来往书信集·傅增湘致陈垣》："援老著席:夜谈之乐不易得。……谨闻,即颂晨安。"

【午安】《汪康年师友书札·叶瀚》："农、蒙二会实在关系我族性命之本,不可不立为维持,以期永久,乞酌定示复为荷。即颂穰卿我兄午安。"又《陈炽》："公度事可疑可诧,渠至都即讲民权,弟已规之,大约不能从耳。……余晤馨。此颂午安。"

【晡安】晡,傍晚。《汪康年师友书札·经元善》："弟即在尊拟稿上僭改若干字,质之于王敬安兄,渠有书后一篇,一并见完,特附上,统候察夺。……此请晡安。"

【晚安】《汪康年师友书札·劳乃宣》："示悉。承示报纸,妙论解颐。……此请晚安。"

【总安】总,总括,总的。《汪康年师友书札·叶澜》："公在上海必常有海外奇谈,能拨冗为我书数事否?盼盼。余再述。即请总安。"又："此事非久长计,兄已想有妙法否?余事已详家兄函,不赘。肃此,敬请总安。"

【均安】【同安】向多位收信人问安。

〔均安〕《汪康年师友书札·汪大燮》："穰卿、颂谷两弟如见:前屡奉书,屡上书,谅察及。……余续布。此请均安。"

〔同安〕《汪康年师友书札·叶尔恺》："穰、颂两兄大人鉴:……凡办大事人,衹能计是非,不能顾毁誉。倘处处存一要誉之心,则虽有大利害当前,亦必牵制依违,势不至则偾事不止,是则可忧也。手此,即请同安。"

绥 suí

绥,安。用同"安"。前面受敬词、时间词或有关职业方面及其他的词修饰,表示向收信人问安。

【台绥】台,敬词。《清代名人书札·谭廷襄致全庆》:"日前顾主簿回津,奉寄复函,并嘱面陈种切,谅已得邀垂鉴。……手此,布请台绥。"《汪康年师友书札·廖寿丰》:"昨奉惠函,具承种切。辰维撰祺清勚,袯履恢台,如祷以慰。……专泐布复,祉颂台绥,诸希澄察不尽。"又:"阁下勇于救世计,必能俯采刍言也。专泐布复,祇颂台绥。"

【道绥】道,多才有德。《汪康年师友书札·高尔伊》:"沪滨聚首,畅领教言,辰维动定咸绥如颂。……言不尽意,伏承道绥不戬。"《陈垣来往书信集·张汝翘致陈垣》:"大著及《灵言蠡勺》均收到,……专此鸣谢,并叩道绥不一。"《胡适来往书信选·穆藕初致蒋梦麟、胡适》:"附奉萧某亲笔函件之印刷品,阅后一笑置之可也。此颂道绥。"

【尊绥】尊,尊崇。《胡适来往书信选·陈布雷致胡适》:"先生爱弟素深,务祈视同子侄而恺切诲导之。年幼远行,并烦照拂为感。祇颂尊绥。"

【升绥】升,升迁。《汪康年师友书札·廖寿丰》:"速成学堂事,已与浩吾茂才浃洽矣。专肃布复,即颂升绥,诸维浏察不尽。"

【教绥】教,教育工作。《胡适来往书信选·朱家骅致胡适》:"顷向司中查询,始知久稽未复,深用歉然。知注特及。顺颂教绥。"

【撰绥】撰,撰写。《陈垣来往书信集·傅增湘致陈垣》:"倘其学历不致参差,俾编入相当年级,得以早竟全功,亦培植后进之雅意也。手此奉布,即候撰绥。"

【文绥】文,文化工作。《胡适来往书信选·王季高致胡适》:"用特函请鼎力赞助,赐予分别转电主席及蒋秘书长准照所请,不胜感祷之至。专此奉恳,敬颂文绥。"

【政绥】政,政务。《陈垣来往书信集·柳肇嘉致陈垣》:"瑗庵学生钧鉴:……肃复不一,并颂政绥。"

【戎绥】戎,军事。《毛泽东书信选集·致傅作义》:"日寇西侵,国难日亟。……叨在比邻,愿同仇之共赋。倘承不吝赐教,幸甚幸甚。专此,即颂戎绥。"又《致邓宝珊》:"近日敌侵西北之消息又有传闻,谅尊处早已得悉。……倘有指示,概祈告之奇涵。专此,敬颂戎绥。"

【公绥】公,公务。《毛泽东书信选集·致宋子文》:"十年分袂,国事全非,救亡图存,惟有复归于联合战线。……匆此布臆,不尽欲言!顺颂公绥。"《陈垣来往书信集·蔡元培致陈垣》:"如能得余君同意,似不妨采纳该校学生之意见。敬为转达,尚祈尊酌。原函附奉,并祝公绥。"《胡适来往书信选·谢厚藩致胡适》:"苍梧别后,倏忽四年,海天万里,我思孔殷,遥想多祜,定惬臆颂。……手此,敬颂公绥。"

【潭绥】潭,潭府,对他人家庭的敬称。

《清代名人书札·勒方锜致少厓》："日昨白门系缆,辱承枉驾先临,抱愧失迓。……专此道歉,诸望鉴涵。敬请潭绥。"

【旅绥】旅,旅途或旅居。《胡适来往书信选·翁文灏致胡适》："在君偕葛利普同行,谅已见到矣。顺颂旅绥。"

【岁绥】岁,指春节。《汪康年师友书札·丁宝铨》："不共言哂,历易星霜,时念元龙,亦以湖海襟期,时南时北,未及通音敬,至以为憾。……此复,敬颂岁绥百益。"

【时绥】《毛泽东书信选集·致毛宇居》："周先生留居韶山甚好,应看成一家人,不分彼此。此复。即颂时绥。"

【日绥】《毛泽东书信选集·致杜斌丞》："仲节君回,盛称德意,并聆抗日救国宏论,无任钦迟。……云山在望,延企为劳,诸惟心照,不尽。即颂日绥。"

【双绥】双,指夫妇。《汪康年师友书札·汪大燮》："拉杂书臆,余容续布。恭贺婶母大人万禧,并贺岁祉双绥。"

祺 qí

祺,吉祥,幸福。前面受敬词、时间词或有关词的修饰,表示向收信人祝福。

【台祺】台,敬词。《清代名人书札·毕道远致崧骏》："明年局面能否转移,更望从容筹处也。专此奉复,并展谢忱。祇颂台祺,诸希雅照不鉴既。"
《汪康年师友书札·刘锦藻》："京洛并辔,沪江联襼,得奉清尘,……停云之想,钦钦在怀。……敬颂台祺。"
《胡适来往书信选·竺可桢致胡适》："迪生兄作古经年,同深痛悼。……收到后并乞先示一笺,用释悬悬。此颂台祺。"

【勋祺】勋,功勋。《清代名人书札·毕道远致崧骏》："所有造船及分起两层业已入奏,约行知不日即可递到,应请再听抚宪指示可也。附此。敬颂勋祺。"《毛泽东书信选集·致宋哲元》："刘子青先生来,知先生情殷抗日,曷胜仰佩。……临书不胜屏营翘企之至。专此,即请勋祺。"

【崇祺】崇,尊崇。多用于对尊长的问候。《胡适来往书信选·郑天挺致胡适》："潦草奉陈,不恭之至,请不加责!谨叩崇祺。"

【慈祺】慈,慈祥。多用于问候长辈。《清代名人书札·袁昶致薛时雨》："贱体苗壮,惟病肝火大炽,此亦浮亢之病脉也,一笑。恭叩慈祺。"

【升祺】升,升迁。《清代名人书札·沈岐致徐宗幹》："昨闻兄得保举之信,不胜钦服。即贺高迁,未审于何时来京引见,再图良晤也。……专此,布请台安,即颂升祺不既。"

【著祺】【撰祺】收信人是作者。

〔著祺〕《汪康年师友书札·汪大钧》："弟事如常,但苦碌碌,……回忆淞滨剪烛夜话,犹为神往久之。余续述。即颂著祺。"《胡适来往书信选·蔡元培致胡适》："奉惠书,知贵体渐康复,于授课外兼从事中国哲学史长编,甚慰,甚慰。……敬复,并祝著祺。"又《孙连仲致胡适》:"违教以来,至深驰念,比维履祉胜常,式如所颂。……专此,顺颂著祺。"

〔撰祺〕《汪康年师友书札·王修植》:"书不尽言,言不尽意。临风怅望,尚冀时惠好音。敬问撰祺。"《胡适来往书信选·张元济致〈申报〉》:"而以胡君之高名大位,发言盈庭,谁敢执其咎,实为太可惜也。敢布区区,谨颂撰祺。"

【纂祺】纂,编纂。《汪康年师友书札·叶瀚》:"有开罪诸人处,宜略勿云,切祷切祷。此上,即颂纂祺。"

【教祺】教,教育工作。《胡适来往书信选·陈彬龢致胡适》:"本星期日拟赴天津,未知先生有事见嘱否? 敬颂教祺。"

【研祺】研,科学研究。《胡适来往书信选·汪振儒致胡适》:"翁先生是科学家,……希望他能在其位时,对中国科学作一件极具体而奠定中国科学研究基础的伟大贡献。谨此,敬颂研祺。"

【文祺】文,指文化或文字工作。《汪康年师友书札·卜舫济》:"倘蒙光降,准于是日煮茗恭候,陪游一周,晤谭片响。俾弟得稍申瞻仰之忱。幸甚幸甚。肃此布复,统希朗照。顺颂文祺不宣。"《胡适来往书信选·章元善致胡适》:"微末之言,幸无见阂,不胜大愿。此颂文祺。"

【学祺】学,指学校工作。《胡适来往书信选·王敬芳致胡适》:"以上各节,统希查照,并为赐复,无任感荷。此上,顺颂学祺。"

【公祺】公,公务。《毛泽东书信选集·致阎锡山》:"彭雨峰在尊处多承优遇,感荷实深,尚祈随时予以指导,使之有所遵循。一切统祈详示。敬颂公祺。"《胡适来往书信选·朱家骅致胡适》:"中美教育基金协定,……拟借重清望,敦聘台端为顾问,并请主持其事,至祈惠允是幸。专此奉达,敬颂公祺!"

【礼祺】礼,礼节。《清代名人书札·张佩纶致吴卓人》:"苏福乃老仆,到苏生疏,倘有求执事指示之处,幸赐推爱。不尽欲言,即颂礼祺。"又:"屡奉惠书,敬承复土工竣,安居静谧,深系远念。……琐渎,即祈鉴谅,敬问礼祺。"

【曼祺】曼,绵延不绝。祝收信人吉祥如意绵延不绝。《汪康年师友书札·袁昶》:"许久不得书问,敬维起居吉祥为颂。……手上,敬询道履曼祺。"

【侍祺】侍,近侍。《清代名人书札·施典章致阎敬铭》:"谨禀夫子大人函丈……手此肃禀,虔请金安,伏乞垂鉴。大、二世兄侍祺。"又《张佩纶致吴大衡》:"相爱之深,言无不尽,勿罪。复颂侍祺。"

【潭祺】潭,潭府,对他人家庭的敬称。《汪康年师友书札·叶尔恺》:"两得手示,祗悉一切。……京事如何? 务祈随时示知为祷。手此,即颂双祉潭祺。"

【履祺】履,指生活起居。《汪康年师友书札·缪荃孙》:"年底得手书,知安抵沪上。新居纳福,适符远颂。……此上,敬颂履祺百益。"

【行祺】【旅祺】祝收信人旅行或旅居吉祥平安。

〔行祺〕《清代名人书札·李德立致徐宗幹》:"蟾圆载易,音敬稍疏。遥忆芝辉,方深驰系。……专此,布请崇安,即贺行祺。"

〔旅祺〕《汪康年师友书札·蔡启盛》:"舟次拜复一函,谅入青照矣。……肃此,布请旅祺。"《胡适来往书信选·朱家骅致胡适》:"至总代表一席,敬请我兄偏劳代理,所有代表团一切,并费神主持。……专此并颂旅祺。"

【痊祺】祝收信人病体康复。《汪康年师友书札·宋伯鲁》:"贵恙闻已痊可,尤望珍重珍重不宣。匆匆布谢,即颂穗公我兄大人痊祺。"

【摄祺】摄,摄养,珍摄。《张元济傅增湘论书尺牍·张元济致傅增湘(1946年)》:"贵体想益康健。行动已否复元?眠食若何?均甚忬系。……无任企祷之至。敬颂摄祺。"

【新祺】【年祺】【岁祺】祝收信人春节吉祥幸福。

〔新祺〕《清代名人书札·勒方锜致徐志导》:"前在江宁奉到惠书,并大局章程各件,藉谂起居安吉,诸惬颂忱。……肃此奉复,祇颂新祺。"《汪康年师友书札·项藻馨》:"顷奉赐教,垂询浙中寺院事,请略陈其本末。……雪窗呵冻,拉杂不休,顺颂新祺不赐。"《郑振铎书简·致刘哲民(1953年)》:"张民辉所缺《参考图谱》十八套,能检齐寄去否?即颂新祺。"

〔年祺〕《汪康年师友书札·蒋智由》:"去年屡蒙赐书,以国内近状相告,感激实多。……专此,敬问年祺。"《郑振铎书简·致刘哲民(1952年)》:"因为急于回京,此行仍走粤汉、京汉,不能过上海了。余容续告。即颂年祺。"

〔岁祺〕《汪康年师友书札·钱振常》:"鼻注脑烘,不任作字,倩友代缮,敬摅谢忱,恭贺大喜,并颂岁祺不宣。"

【节祺】祝节日吉祥幸福。《汪康年师友书札·蔡启盛》:"兹奉手示,知前函未经青照。……此复,请节祺,余详前函不赘。"

【春祺】《汪康年师友书札·叶尔度》:"客秋道出申江,畅聆雅教,荷琼筵之款待,益感篆以难忘,……祇请著安,并颂春祺如意。"《郑振铎书简·致刘哲民(1957年)》:"西安之游甚畅,所见古物、古迹均漂亮极了!匆颂春祺。"

【夏祺】《汪康年师友书札·吴淦》:"前月廿三本月十一连接两信,英洋四元,竹报两函,均于当日交妥局寄送,想已可得回信矣。……专此奉布,顺颂夏祺。"

【暑祺】《胡适来往书信选·周鲠生致胡适》:"此诚今日办大学教育之悲哀也,兄其何以教我?手此,敬颂暑祺。"《郑振铎书简·致刘哲民(1953年)》:"《曲本》已交商务一百种。但我自藏的尚可印出若干种,如需要,可以十种为一辑,先出一二种试试。匆候暑祺。"

【秋祺】《郑振铎书简·致刘哲民(1952年)》:"但因为人民美术出版社有约在先,他们如果不出,才可交公司出版也。匆颂秋祺。"

【冬祺】《郑振铎书简·致刘哲民(1953年)》:"《伟大的艺术传统图录》,已在再版否?需要的人很多,盼能早日印出。匆颂冬祺。"

【近祺】《汪康年师友书札·叶瀚》:"屡得惠书,欣悉起居增胜为颂。……余再布。此请近祺。"

【刻祺】《清代名人书札·张度致运斋》:"别后沿途探问,知灾民多集房山,兼及良乡县界。……草草,恭候刻祺。"

【双祺】双,指夫妇。《汪康年师友书札·汪大燮》:"前接在沪所发书后即作一函,托钱念劬兄带申,想已达览。……手此,敬请侍安,兼颂双祺。"

祉 zhǐ

祉,福祉。前面受敬词、时间词或有关工作性质等词的修饰,表示向收信人祝福。

【元祉】元,大。《汪康年师友书札·吴浤》:"顷为要事羁身,不及走谒,到京寓何处?望先示知,以便通信。专此,顺颂穰卿仁世兄大人元祉。"

【升祉】升,升迁。《汪康年师友书札·王为乾》:"公内翰三年,声誉益起。现又日新,又新改官策定,新内阁中必有公特别位置也。……敬请双安,并颂升祉。"

【嘉祉】嘉,吉美。《汪康年师友书札·瞿鸿机》:"雪意尚浓,差为快事。奉上百金,聊供馈岁,希莞存。即颂嘉祉。"

【吉祉】吉,吉祥。《清代名人书札·施典章致阎敬铭》:"自卢沟拜别后,无日不神驰函丈,途中缓缓行走,满冀再聆训诲,借遂依慕之诚。……谨此驰禀,并请金安,兼候大、二世兄侍祺,孙世兄吉祉。"

【礼祉】礼,致礼。同"礼安",多用于收信人居丧礼时。《汪康年师友书札·汪大燮》:"昨日由烟店递到冬月廿五日书,惊悉姊母大人竟于冬月初三弃养,甚为悲恸。……此候礼祉。"

【著祉】著,著述。《汪康年师友书札·瞿鸿机》:"顷得手答,极佩盛怀。……琐琐奉布,幸惠德音。敬颂著祉。"

【纂祉】纂,编纂。《汪康年师友书札·章炳麟》:"泰春邂逅,目击道存。吴越既隔,相见日浅。……手肃,即颂纂祉不宣。"

【文祉】文,文化工作。《清代名人书札·季念诒致徐宗幹》:"前奉赐函,仰荷慈怀拳注,益用心铭,肃贺有稽,殊深惶悚。……肃泐,恭叩崇安,虔贺鸿喜。小树兄文祉。"《汪康年师友书札·张元济》:"夏间肃奉一函,计达左右。朔风戒寒,伏想起居佳胜。……手复,即颂文祉。"

【侍祉】侍,近侍。《清代名人书札·张度致楫臣》:"容兄回寓,稍为养息。缘昨日夜,肝气大痛不支,殊自恨耳。专复,顺颂侍祉。"

【潭祉】潭,潭府,对他人家庭的敬称。《清代名人书札·林则徐致李彦章》:"兹因便足附奉……蜜饯四罐,聊伴荒函,务乞哂纳,幸勿以戋戋见责。专此,祗颂年厘潭祉。"《汪康年师友书札·叶尔恺》:"得手书,知吾兄大病,扶病作书至廿余日之久,始先封寄,大为惊诧。……手此,即请痊安,并祝潭祉。"

【俪祉】【双祉】俪,伉俪;双,夫妇。向收信人夫妇祝福。

〔俪祉〕《汪康年师友书札·叶瀚》:"昨日得见致家兄手札,藉悉动定增绥,甚善甚善。此上,即颂俪祉双佳。"

〔双祉〕《汪康年师友书札·汪大燮》:"一别三年矣,幸彼此消息时通,稍慰饥渴。发春想文祉吉羊,颂甚慰甚。……手此,敬请姊母大人金安,兼颂双祉。"

【坤祉】坤,女眷。《清代名人书札·袁昶致薛时雨》:"前月仓猝具笺,诸多草率为罪。……率禀冒渎千万,惟希珍卫百益。师母大人坤祉。"《汪康年师友书札·彭翼仲》:"原摺系恭候钦定,天地间如有公道,尚可挽回,即军台效力,亦所情愿也。此函阅后付丙。即候坤祉。"

【聪祉】聪,聪慧。《清代名人书札·袁昶致薛时雨》:"琐琐干渎,望恕其牵率,罪甚罪甚。肃此,禀叩慈电。专帖请安,不任悚切。如师母万福,带妹聪祉。"

【新祉】【岁祉】【年祉】致春节祝福。

〔新祉〕《汪康年师友书札·沈宗济》:"专此复泐,布贺大喜。新年新禧,公车安吉。预颂雁塔高题,再行驰贺不一。太夫人前贺喜请安并谢,室人同此致意,尊嫂夫人同贺,令弟均新祉。"

〔岁祉〕《汪康年师友书札·吴浤》:"篱菊黄时,得优榜信息,不胜忻慰。祗以远隔海滨,不能恭贺为歉。……专复谨布,顺颂台安,并贺岁祉。"

〔年祉〕《汪康年师友书札·王为乾》:"岁新矣,开篆在即,朝旰盼息肩,与公晤言有日,为师相效用亦有日,至企至盼。复颂年祉,潭祺百益。"

【节祉】节,节日。《汪康年师友书札·何恩煌》:"匆匆不赘,祗候兴居。此函达时,月庆团圞,并颂节祉不庄。"

【春祉】《汪康年师友书札·汤寿潜》:"元月七日来诰,廿二日始捧诵。新年班稀,故珊珊其来,其不浮湛者,幸也。……敬颂春祉,颂兄均此。"

【秋祉】《汪康年师友书札·章炳麟》:"前寄公恪一联并文四首,见时望询其收到否。肃此,即颂秋祉。"《郭沫若书信集·致坂田信子》:"中日邦交恢复,确是一件喜事。坂田教授定当含笑于九泉也。秋祉。"

【近祉】《清代名人书札·陈嵩庆致承香》:"节前两奉手书,当经婉致三翁,匆冗未即裁复。……肃候近祉,惟珍护,不宣。"

【时祉】《汪康年师友书札·潘清荫》:"访事又到十条,恰足六十之额,《日报》二百份,乞于出报即早见寄,以便早派。此布,顺颂时祉。"《郭沫若书信集·致李芳远》:"古人云:士先识器而后文艺,殆见到之言耳。专此,顺颂时祉。"

【日祉】《汪康年师友书札·钱恂》:"南皮极赞尊报所译之西报,而不甚满意于文编。此颂日祉。"

【刻祉】《清代名人书札·焦循致阮亨》:"此请梅叔老内弟刻祉。"

【均祉】均,全都。《清代名人书札·王榕吉致秋垣》:"日久未得来信,驰系维殷。手此布臆,顺候升安,并颂阖潭均祉。"

福 fú

问候语。前面受祝愿词的修饰,表示向收信人祝福。

【著福】【撰福】向作者祝福。

〔著福〕著,著述。《汪康年师友书札·叶澜》:"康敢犯天下之不韪,亦小人得志而不思其后者也。专此,颂著福。"

〔撰福〕撰,撰写。《汪康年师友书札·

叶澜》:"公度闻已到鄂,想帅座必有一番规劝之言也。私心愤懑,竟不能效愚者千虑一得之计,奈何奈何!顺颂撰福。"

【文福】文,文化工作。《汪康年师友书札·张元济》:"春日至矣,其象更新,天时人事,必当相应。君与卓如固宜首任之,以新此世界也。……专此,即颂文福。"

【万福】【百福】祝祷收信人多福。

〔万福〕《汪康年师友书札·王修植》:"刘荔孙持来译俄报一纸,呈上。乞照刊入。良晤非遥,言不一一。即问起居万福。"

〔百福〕《汪康年师友书札·陈豪》:"令叔有一函托带,先附上。陆稚翁已为致意。瑞耆时晤。敬颂台安,合潭百福。"

【曼福】曼,绵延不绝。《汪康年师友书札·黄谷元》:"八月道出申浦,诸承关爱,不胜感谢,近维起居万福为慰。……敬请撰安,虔颂阖潭曼福。"

【侍福】侍,近侍。多用于关系亲近者。《汪康年师友书札·陈豪》:"顷以内子之丧,宠承厚贶,并邀慰问,勤拳之心,感泐尤深。……手此恭谢,敬颂侍福。"

【潭福】潭,潭府,对他人家庭的敬称。《汪康年师友书札·吴德慅》:"去冬腊月,还自都门,道出沪滨,竭诚奉访,适患足疾,未克晤言,仅留刺而去,怅惘曷禁。……手此,即颂著安,并祝潭福百益。"《胡适来往书信选·

蔡元培致胡适》："奉惠书,知贵体渐康复,于授课外兼从事中国哲学史长编,甚慰甚慰。……敬复,并祝著祺,兼颂潭福。"

【阃福】【坤福】 对女眷的祝福。

〔阃福〕阃,内室,妇女所居。《汪康年师友书札·瞿宣治》："昨肃寸笺,谅登记室。新秋凉爽,维起居安适,如祝为慰。……敬请著安,并候世嫂阃福。"

〔坤福〕坤,女性。《汪康年师友书札·王为乾》："信宜固封。草草布复,敬颂升祉,嫂夫人坤福。"又《张鹤龄》："手肃,敬请台安。嫂夫人坤福。"

【双福】 双,指夫妇。《汪康年师友书札·瞿宣治》："岁琯更新,惟双祺佳胜,伟著发扬为颂。昨世嫂致家嫂书言,兴居偶有不适,近日当已霍然。敬请年安双福。"

【幸福】 《汪康年师友书札·祝秉纲》："各函均悉,书亦收到,感谢之至。……一切不及详述。敬颂幸福。"

禧 xǐ

禧,吉祥,幸福。前面受时间词或程度副词等修饰,表示向收信人祝福。禧,也写作"喜"。

【新禧】【新喜】【岁禧】【年禧】【年釐】 祝收信人春节吉祥幸福。

〔新禧〕《清代名人书札·高翔麟致裕泰》："握别以来,旷如隔岁,古人'一日三秋'之语,良不虚也。不尽缕缕,诸惟珍重。顺贺新禧。"《汪康年师友书札·魏丙尧》："客秋一别,腊尽春回,遥维新岁发祥,潭祺吉庆为祝。……敬请著安,并贺新禧。"

〔新喜〕《汪康年师友书札·杨守敬》："客腊先后呈三函,谅已收览。……春初感冒风寒,未出门十余日,近始豁然,并附以闻。即颂撰安,并贺新喜。"《郭沫若书信集·致池见酉次郎》："手不听说,写得不好,请斟酌。如不中意,请付诸丙丁。……祝健胜,并贺新喜。"

〔岁禧〕《汪康年师友书札·徐家宝》："日前因公赴沪,渥荷隆情,醉酒饱德,盛佩良多。……敬请道安,并叩岁禧,不尽欲言。"

〔年禧〕《清代名人书札·饶应祺致阎敬铭》："久违矩训,时切瞻依。……谨具寸禀,叩贺年禧,恭请福安。"《汪康年师友书札·蒋黻》："献岁发春,恭维筹祉吉羊为颂。……余容晤罄。即请著安,并贺年禧。"

〔年釐〕釐通"禧"。《汪康年师友书札·廖寿丰》："久阔兰言,正深驰系,发春献岁,敬承曼祉胜常,如颂以异。……专复,祇贺年釐,诸惟荃察。"

【节禧】【节喜】 祝收信人节日吉祥幸福。

〔节禧〕《清代名人书札·阎敬铭致昆池》："弟早欲趋谒,苦患痢泻。稍见平复,节后晋台端,亲聆雅教。专此奉复,恭贺节禧。"《汪康年师友书札·魏允恭》："《昌言》事,前读来函有酌行之说,甚佩甚佩。能中止不办,则尤为识时之见矣。敬贺节禧。"

【节喜】《清代名人书札·张日晸致李象鹏》:"咨追之款,如此认真清厘,已令人佩服无已也。肃泐,复请台安,并贺节喜。"《汪康年师友书札·蔡锡勇》:"十一日奉复一笺,略陈愚款,并附呈《传音快字》四十部,计当彻览。……敬请著安,并贺节喜。"

【春禧】《汪康年师友书札·梁焕奎》:"客腊得惠寄《中外日报》多册,而不见赐书,不解其故,乞询之。此叩春禧不宣。"

【秋禧】《汪康年师友书札·李家鏊》:"两得惠书,久未作复,多事卒卒使然也。敬维摄卫允宜,著述宏富,诚忻诚布。……专肃,恭贺秋禧,并颂撰安。"

【时禧】《汪康年师友书札·陈延益》:"天方艰难,人怀苟且,时局至此,无涕可挥。手此奉复,顺颂时禧。"

【近禧】《汪康年师友书札·叶瀚》:"初八寄一书,亮望后达览矣。……余容面谈。此问近禧。"

【午禧】【午喜】

〔午禧〕《汪康年师友书札·王慕陶》:"川汉、粤汉事,昨在巴黎大会议,四国之内部,已全议妥,其事至密,明日当详告。……专此,即请道安不庄,并叩午禧。"

〔午喜〕《汪康年师友书札·李家鏊》:"披读赐复,感慨激昂,令人一读一击节。……风便尚祈锡以教言,藉开茅塞,翘企之至。专复,敬叩著安,并贺午喜。"

【福禧】《清代名人书札·徐銮致薛时雨》:"銮即日将赴定埠营次,倘蒙赐复,即托铸岩兄觅便转寄。匆匆肃函,藉叩福禧,并请崇安。"

【大喜】《清代名人书札·汪承元致徐宗幹》:"昔游历下,快识荆州,迨使武林,喜瞻文采,荷拙谦之逾格,叨教益于无方。……肃贺大喜。"

【鸿喜】鸿,大。《清代名人书札·季念诒致徐宗幹》:"伏乞训诲时锡,俾有遵循,不胜祷切。肃泐,恭叩崇安,虔贺鸿喜。"

【痊禧】祝收信人病体康复。《汪康年师友书札·叶瀚》:"农、蒙二会实在关系我族性命之本,不可不立为维持,以期永久,乞酌定示复为荷。即颂穰卿我兄午安,嫂夫人痊禧。"

嘉 jiā

嘉,美好。前面受有关问好的词的修饰,向收信人表示问好。

【撰嘉】撰,编撰。《汪康年师友书札·陈延益》:"别又半年,维慈侍曼福,至以为念。……此颂撰嘉。"

【筹嘉】筹,筹划,筹办。《汪康年师友书札·陈其煃》:"久不奉手尺,为念殊甚。……此承筹嘉,不尽欲白。"

【俪嘉】俪,伉俪。《汪康年师友书札·陈其煃》:"月朔过沪,闷坐两日,决不知台从在彼,交臂失之,殊可惜也。……此商,敬承俪嘉。"

【时嘉】《汪康年师友书札·陈延益》:

"昨读第九册报,尊论参用民权,极为透彻,其如聋聩成风何?……此复,即颂时嘉不宣。"

进步 jìnbù

《胡适来往书信选·吴稚晖致胡适》:"倘蒙首肯,希接信后即从速办寄,……专此函达,余再陈。此颂进步。"

健康 jiànkāng

《胡适来往书信选·唐有壬致胡适》:"不敢说下去了,只望我们能从先生得到一个满意的答复。敬祝健康。"

《郭沫若书信集·致胡曾伟》:"草草奉复,不能多写,乞谅。祝健康。"

康乐 kānglè

《胡适来往书信选·叶公超致胡适》:"北平情形,想较紧张。祝你康乐。"

敬礼 jìnglǐ

《郭沫若书信集·致毛泽东》:"我应《人民文学》的需要,写了一篇《喜读毛主席的词六首》。……如主席能抽得出时间披阅一过,加以删正,万幸之至。顺致敬礼。"

(三) 婉词

1. 厕所便器婉称

东 dōng

厕所的婉称。旧时建筑,厕所多建在房屋东角,故名。明冯梦龙《警世通言·拗相公饮恨半山堂》:"荆公见屋傍有个坑厕,讨一张毛纸,走去登东。"清李渔《巧团圆·全节》:"[副净]我肚里疼痛不过,又要登东去了。""登东",上厕所。"东"还可与圊、厕、司、净等词连用,表示厕所。

【东圊】《西游记》第六七回:"但刮西风,有一股秽气,就是掏东圊也不似这般恶臭。"

【东厕】《水浒传》第六回:"还有那管塔的塔头,……管东厕的净头与这管菜园的恶菜头,这个都是头事人员,末等职事。"又第一〇三回:"(王庆)只听得张世开高叫道:'小厮,点灯照我往后面去登东厕。'"

【东司】宋无名氏《张协状元》第四五出:"夫人,生得好时,讨来早辰间侍奉我们汤药,黄昏侍奉我们上东司。"明冯梦龙《古今小说·史弘肇龙虎君臣会》:"定睛再看时,却是史大汉跧蹲在东司边。"

【东厮】同"东司"。明冯梦龙《醒世恒言·李汧公穷邸遇侠客》:"原来支成登东厮去了。"

【东净】《金瓶梅词话》第十九回:"西门庆正在后面东净里出恭。"又第二五回:"但凡世上养汉的婆娘,……正是东净里砖头儿,又臭又硬。"

清 qīng

厕所的婉称。"圊"的古字。《说文》:"厕,清也。"《说文系传》:"厕,清也。从广则声。臣锴曰:'此溷厕也。古多谓之清者,以其不洁,常当清除之也。'"《荀子·王制》:"脩采清,易道路。"俞樾平议:"清者,《说文》:'厕,清也。'"《急就篇》:"屏厕清溷粪土壤。"

【清溷】《急就篇》卷三:"屏厕清溷粪土壤。"颜师古注:"清,言其处特异余所常当加清洁也;溷者,目其秽浊也。屏厕、清溷,其实一耳。"

【行清】因厕所污秽,需经常清除。故名。《史记·万石张叔列传》:"取亲中裙厕牏,身自浣涤。"司马贞索隐引三国魏孟康曰:"厕,行清;牏,行清中受粪函也。"《骈雅·释宫》:"械窦,溷轩;行清,粪厕也。"

圊 qīng

厕所的婉称。"清"的今字。《说文》无"圊"字。《释名·释宫室》:"圊,厕也。"晋干宝《搜神记》卷三:"(右扶风臧仲英)女孙年三四岁,亡之,求不知处;两三日,乃于圊中粪下啼。"《新唐书·叛臣传下·高骈》:"骈之自将出屯也,突将乱,乘门以入,骈匿于圊,求不得。"清和邦额《夜谭随录·阿凤》:"衣服履袜,得诸圊中,污秽不可复着。"《清稗类钞·盗贼类》:"宫有圊,乃不顾污秽,藏其中。""清""圊"还可与相关的词搭配,婉称厕所。

【圊厕】宋延寿《万善同归集》卷中:"我昔于波罗奈国,安设圊厕,缘此功德,世世清净。"《红楼梦》第七三回:"从者每人打二十板,……拨入圊厕行内。"

【圊牏】牏,茅坑。清龚自珍《壬癸之际胎观第七》:"女子十五,避男子于圊牏,恶也。"梁启超《新民说》九:"首善之区,而男女以官道为圊牏,何其自由也!"

【圊溷】《三国志·蜀书·诸葛亮传评》裴松之注引《袁子》:"所至营垒、井灶、圊溷、藩篱、障塞皆应绳墨。"宋文天祥《正气歌序》:"或圊溷,或毁尸,或腐鼠,恶气杂出,时则为秽气。"明刘基《杭州实庵和尚福严寺记》:"丙戌作新山门,廊庑、钟楼、轩厅、丈室、塔院、期堂以及庖湢、圊溷,无不具备。"

【毛圊】明宋应星《天工开物·乃服》:"凡蚕,畏香复畏臭。若焚骨灰、掏毛圊者,顺风吹来,多致触死。"

偃 yǎn

厕所的婉称。《庄子·庚桑楚》:"观室者周于寝庙,又适其偃焉。"郭象

注:"偃,谓屏厕。"明谢肇淛《五杂俎·地部一》:"古人观室者,唐其寝庙,又适其偃焉。偃者,厕也。厕虽秽浊之所,而古人重之。"

【偃溷】明宋濂《诸暨方孝妇石表辞》:"有母何氏,孝妇左右就养,唯恐违其志。何病,腑道涩不能亲御偃溷,孝妇浸之汤盆中,以指探出之。"

【偃溲】唐柳宗元《天说》:"而又穴为偃溲,筑为墙垣。"原指在厕所中大小便。《庄子·庚桑楚》:"观室者周于寝庙,又适其偃焉。"郭象注:"寝庙则以飨燕,屏厕则以偃溲。"

更衣室 gēngyīshì

厕所婉称。《新唐书·宦者传下·刘克明》:"帝猎夜还,与克明……等二十有八人群饮,既酣,帝更衣,烛忽灭,克明与佐明、定宽弑帝更衣室。"

厕 cè

厕所。《玉篇·广部》:"厕,圊溷也。"《左传·成公十年》:"(晋侯)将食,张,如厕,陷而卒。"《史记·项羽本纪》:"沛公起如厕。"《资治通鉴·唐僖宗全符二年》:"骈走匿于厕间,突将索之,不获。"胡三省注:"厕,圊也、溷也。""厕"还可与相关的词连用,表示厕所。

【厕屋】《摩诃僧祇律·明威仪法之一》:"从今以后应作厕屋。厕屋不得东在北,应在南在西开风道。"《后汉书·党锢传·李膺》"郡舍溷轩有奇巧"唐李贤注:"溷轩,厕屋。"

【厕溷】宋欧阳修《归田录》卷一:"每罢官去后,人至官舍,见厕溷间烛泪在地,往往成堆。"

【厕所】《现代汉语词典》:"厕所,专供人大小便的地方。"周而复《上海的早晨》第一部六:"(她)机灵地一口气跑到女厕所,一屁股坐在马桶上。"

【屏厕】《急就篇》卷三:"屏厕清溷粪土壤。"《法苑珠林》卷九:"彼无威德者,或依靠不净粪秽而往,或依草木冢墓而止,或依屏厕故坏而居。皆无舍宅。"

【坑厕】《京本通俗小说·拗相公》:"荆公见屋傍有个坑厕,讨一张毛纸,走去登东。只见坑侧土墙上,白石灰画诗八句。"

圂 hùn

"溷"的本字。《说文》:"圂,厕也。"《广雅·释宫》:"圂,厕也。"《六书故·工事二》:"厕以秽故,亦谓之圂。"杨树达《积微居小学金石论丛·释圂》:"古人豕牢本兼厕清之用,故韦昭云'豕牢,厕'是也。"

溷 hùn

厕所。《释名·释宫室》:"厕,……或曰溷,言溷浊也。"《晋书·文苑传·左思》:"复欲赋《三都》,……遂构思十年,门庭藩溷皆著纸笔,遇得一句,即便疏之。"《齐民要术·种麻子》:"无蚕矢,以溷中熟粪粪之亦善。"《新唐书·忠义传下·黄碣》:"抵溷中,夷其家百口,坎镜湖之南同瘗焉。"清蒲松龄《聊斋志异·灵官》:"灵官追逐日急,至黄河上,溷将及矣,大窘无计,窜伏溷中。""溷"还可与相关的词连用,表示厕所义。

【溷轩】《后汉书·党锢传·李膺》:"时宛陵大姓羊元群罢北海郡,臧罪狼藉,郡舍溷轩有奇巧,乃载之以归。"唐李贤注:"溷轩,厕屋。"宋孙光宪《北梦琐言》卷十:"复有一丞郎,马上内逼,急诣一空宅,径登溷轩。"

【溷圊】明谢肇淛《五杂组·地部二》:"江南无茅屋,江北无溷圊。"清袁枚《新齐谐·风流具》:"有小婢出,手招蒋,且指示宅旁小门,蒋依婢往,乃溷圊所也。"清纪昀《阅微草堂笔记·如是我闻四》:"所储金,或忽置屋颠树杪,使梯而取;或忽在淤泥浅水,使濡而求;其或忽投溷圊,使探而濯。"

【溷厕】明谢肇淛《五杂组·地部一》:"武帝如厕见卫青,解者必曲为之说,此殊可笑。史之记此,政甚言帝之慢大臣,以见其敬黯耳。若非溷厕,史何必书?"清顾炎武《中宪大夫山西按察使寇公墓志铭》:"众曰:'尔奉魏忠贤之命,焉得称旨?'直趋堂上擒校尉,群殴之,毙一人,抚按逃入溷厕。"

【溷藩】清沈起凤《谐铎·蟋蟀城》:"生失足堕溷藩,撑扶起立,懊闷欲死。"

附:

茅司 máosī 茅厕 máocè
毛厕 máocè 茅房

máofáng 茅坑 máokēng
毛坑 máokēng
厕所俗称。

【茅司】"茅"也写作"毛"。清翟灏《通俗编·居处》:"《传灯录》:赵州谂谓文远曰:东司上不可与说佛法。朱晖《绝倒录》载宋人《拟老饕赋》有'寻东司而上茅'句。按:俚言毛司。据此,当为茅司也。"《金瓶梅词话》第二八回:"分付取刀来,等我把淫妇剁作几截子,掠到毛司里去。"

【茅厕】元秦简夫《东堂老》楔子:"你偏不知我的性儿,上茅厕去也骑马哩。"《红楼梦》第四一回:"别是掉在茅厕里了?快叫人去瞧瞧。"《二十年目睹之怪现状》第十六回:"他转了一个弯,走了一箭之路,路旁一个茅厕。"

【毛厕】鲁迅《华盖集·并非闲话》:"我以为在打扫之前,还须先封饭店,否则醉饱之后,总要拉屎,毛厕既永远需要,怎么打扫得干净?"

【茅房】张天翼《儿女们》:"他们把人家的祖宗牌位扔到茅房里。"马烽、西戎《吕梁英雄传》第一回:"刚蹲在茅房里,忽听见外边打枪。"

【茅坑】《现代汉语词典》:"茅坑②〈方〉厕所(多指简陋的)。"

【毛坑】清李渔《巧团圆·全节》:"粪多只怪毛坑小,肚瘪翻嫌裤带长。"

圊桶 qīngtǒng 净桶
jìngtǒng 恭桶 gōngtǒng 便

便桶 biàntǒng　窬桶 yútǒng
马桶 mǎtǒng　马子桶 mǎzitǒng　马子 mǎzi

婉词。婉称供大、小便用的桶。

【圊桶】明李实《蜀语》："便溺器曰圊桶。"

【净桶】《现代汉语词典》："婉辞,马桶。"《西游记》第五三回："他两个腹中绞痛,……那婆婆即取两个净桶来,教他两个方便。"

【恭桶】《现代汉语词典》："马桶。"

【便桶】《现代汉语词典》："供大、小便用的桶。"

【窬桶】清钱泳《履园丛话·报应·折福》："(蔡礼斋)最喜在窬桶上看书,乡试十余科不第。"

【马桶】大、小便用的有盖的桶。宋吴自牧《梦粱录·诸色杂买》："杭城户口繁夥,街巷小民之家多无坑厕,只用马桶。"清孔尚任《桃花扇·却奁》："今日早起,又要刷马桶,倒溺壶,忙个不了。"周而复《上海的早晨》第一部六："(她)机灵地一口气跑到女厕所,一屁股坐在马桶上。"

【马子桶】同"马桶"。清俞樾《茶香室丛钞·八大王之子》："元吴自牧《梦粱录》有项桶、浴桶、马子桶之名,此言马子,……即今所谓马桶也。在宋时已有马子桶之称。"

【马子】宋赵彦卫《云麓漫钞》卷四："马子,溲便之器也。本名虎子,唐人讳虎,始改为马。"《儿女英雄传》第九回："请问,一个和尚庙,可那里给你找马子去?"《人民日报》1991年5月6日："五年前,上门倒马子的李妙顺得知她生活难以自理,就一声不响地揽下了油盐柴米,挑水洗衣等差事。"

亵器 xièqì　清器 qīngqì　虎子 hǔzi

婉词。婉称供小便用的器皿。

【亵器】《后汉书·献帝纪》"初令侍中"李贤注引汉应劭《汉官仪》："(侍中)分掌乘舆服物,下至亵器、虎子之属。"明沈德符《野获编·内阁二·权臣籍没怪事》："闻籍分宜时,有亵器,乃白金美人,以其阴承溺。"

【清器】清,圊的古字。《周礼·天官·玉府》："掌王之燕衣服、衽席、床笫,凡亵器。"郑玄注引汉郑司农曰："亵器,清器、虎子之属。"

【虎子】多以陶、瓷、漆或铜制作,汉代王室也有以玉制作的。其形状如老虎趴伏的样子,因以为名。汉、魏、南北朝古墓中常有以虎子作为随葬品。唐陆龟蒙《奉酬袭美苦雨见寄》诗："唾壶虎子尽能执,舐痔折枝无所辞。"章炳麟《官制索隐》："汉初侍中,非奉唾壶,即执虎子。"

便器 biànqì　溲器 sōuqì　溺器 niàoqì　溷器 hùnqì　尿盆儿 niàopénr

供小便用的器皿。

【便器】《西京杂记》卷四:"汉朝以玉为虎子,以为便器。"南朝宋刘义庆《世说新语·简傲》:"谢万在兄前,欲起索便器。"

【溲器】《西京杂记》卷五:"李广与兄弟共猎于冥山之北,见卧虎焉,射之,一矢即毙。断其髑髅以为枕,示服猛也;铸铜象其形,为溲器,示厌辱之也。"

【溺器】《新唐书·文艺传中·宋之问》:"于时张易之等烝昵宠甚,之问与阎朝隐、沈佺期、刘允济倾心媚附,易之所赋诸篇,尽之问、朝隐所为,至为易之奉溺器。"《新五代史·后蜀世家·孟昶》:"君臣务为奢侈以自娱,至于溺器,皆以七宝装之。"清侯方域《拟思宗改元追复杨涟等官爵颁示百官廷臣谢表》:"娥眉初进,竟同大谏之名;溺器何来,乃镌亚卿之职。"

【溷器】宋赵彦卫《云麓漫钞》卷四:"李广与兄弟共猎于冥山之北,见卧虎射之即毙,断其髑髅以为枕,示服猛也;铸铜象其形为溲器,示厌辱之也。故汉人目溷器为虎子。郑司农注《周礼》有是言。唐讳虎改为马,今人云'厕马子'者是也。"

【尿盆儿】元石德玉《紫云庭》第二折:"我教人倒尿盆儿刷煞腥臊气,直这般显相貌,骋威势。"

便壶 biànhú 夜壶 yèhú
尿壶 niàohú 溺壶 niàohú

供小便的壶状器皿。

【便壶】《二十年目睹之怪现状》第九六回:"再到房里看时,红木大床,流苏熟罗帐子,妆奁器具,甚至便壶马桶也不遗一件。"

【夜壶】《儿女英雄传》第三九回:"新买的马桶,新打的夜壶,都预备在床底下。"郭澄清《大刀记》开篇十六:"学买卖,就得先学忙饭打食,还得给掌柜的铺炕叠被,拿夜壶,打洗脸水。"

【尿壶】张天翼《春风》:"一进门摆好那盆水,就低着脑袋往外走,——竟忘了带走那尿壶。"

【溺壶】清孔尚任《桃花扇·却奁》:"今日早起,又要刷马桶,倒溺壶,忙个不了。"洪深《赵阎王》第一幕:"打脸水,倒溺壶,沏开水,抹桌子,大冷的天守着夜,招骂,挨嘴巴。"

2. 排泄婉称

出恭 chūgōng 更衣 gēngyī 净手 jìngshǒu 解手 jiěshǒu

婉词。婉称大、小便。

【出恭】从元代起,科举考场中设有"入

敬""出恭"两块牌子,以防士子随意进出。士子外出如厕,必须先领"出恭"牌,因称大、小便为出恭。元关汉卿《四春园》第三折:"俺这里茶迎三岛客,汤送五湖宾,喝上七八盏,管情去出恭。"《西游记》第二九回:"沙僧,你且上来与他斗着,让老猪出恭来。"《文明小史》第三五回:"毓生急急的要去出恭,托悔生暂时照应店面。"

【更衣】汉王充《论衡·四讳篇》:"夫更衣之室,可谓臭矣;鲍鱼之肉,可谓腐矣。然而,有甘之更衣之室,不以为忌;有食腐鱼之肉,不以为讳。"汉张仲景《伤寒论·少阴病》:"少阴病,不利,脉微涩,呕而汗出,必数更衣,反少者,当温其上,灸之。"《水浒传》第四三回:"曹太公推道更衣,急急的到里正家里。"

【净手】《金元散曲·红绣鞋》:"这场事怎干休?吓得我摸盆儿推净手。"《水浒传》第七回:"林冲吃了八九杯酒,因要小遗,起身道:'我去净手了来。'"《英烈传》第二五回:"太祖大笑,酒至数巡,却下阶净手。"

【解手】《京本通俗小说·错斩崔宁》:"叙了些寒温,魏生起身去解手。"《二十年目睹之怪现状》第二十回:"我以为他到外面解手,谁知一等他不回来,再等也不回来,竟是'溜之乎也'的去了。"

便 biàn 便利 biànlì 方便 fāngbiàn

婉词。婉称大、小便。

【便】《华阳国志·蜀志》:"乃作石牛五头,朝泻金其后,曰牛便金。"明冯梦龙《古今谭概·谬误》:"刘食其半,佯称便,旋入门,而其弟代之出。"也指尿、屎。汉赵晔《吴越春秋·勾践入臣外传》:"越王因拜,'请取大王之溲以决吉凶',因以手取其便与恶而尝之。"清蒲松龄《聊斋志异·杨千总》:"冠盖在途,便见一人遗便路侧。"

【便利】《汉书·韦玄成传》:"玄成深知其非贤雅意,即阳为病狂,卧便利,妄笑语昏乱。"《太平广记》卷八八引南朝梁慧皎《高僧传·佛图澄》:"国人每共相语曰:'莫起恶心,和尚知汝。'及澄之所在,无敢向其方面涕唾便利者。"

【方便】《西游记》第五三回:"他两个腹中绞痛,……那婆婆即取两个净桶来,教他两个方便。"峻青《海啸》第四章:"我不爱上厕所,我要到外面方便去。"

溲 sōu 遗 yí

婉词。大、小便。

【溲】《国语·晋语四》:"臣闻昔者大任娠文王不变,少溲于豕牢而得文王,不加疾焉。"韦昭注:"溲,便也。"《史记·扁鹊仓公列传》:"臣意诊之,曰:'涌疝也,令人不得前后溲。'"司马贞索隐:"前溲,谓小便也;后溲,大便也。"《资治通鉴·陈武帝永定元年》:"饮食溲秽,共在一所。"也单指小便。

《后汉书·张湛传》:"湛至朝堂,遗矢溲便,因自陈疾笃,不能复任朝事,遂罢之。"李贤注:"溲,小便也。"宋欧阳修《海陵许氏南园记》:"至其矢溲,亦亲候其时节颜色所下,如可理,则喜;或变动逆节,则忧戚之色不自胜。"

【遗】《字汇·辵部》:"遗,便旋也。"《史记·廉颇蔺相如列传》:"廉将军虽老,尚善饭,然与臣坐,顷之三遗矢矣。"司马贞索隐:"谓数起便也。"《南史·谢灵运传附谢几卿》:"又尝于阁省裸袒酣饮,及醉小遗,下雩令史,为南司所弹,几卿亦不介意。"清蒲松龄《聊斋志异·江城》:"女不语,以杵击之,仆,裂裈而痛楚焉,齿落唇缺,遗矢溲便。"也指粪便。明宋应星《天工开物·粹精·攻麦》:"其牛曳磨时用桐壳掩眸,不然则眩晕;其腹系桶以盛遗,不然则秽也。"

大恭 dàgōng 大解 dàjiě
大便 dàbiàn 后溲 hòusōu

婉词。婉称拉屎。

【大恭】《西游记》第七五回:"这一口吞在腹中,今日还是个和尚,明日就是个大恭也。"《儿女英雄传》第三八回:"那里好出大恭?我也去。"

【大解】《儿女英雄传》第十九回:"一句话不曾说完,且喜你姑娘不曾小解,倒大解了我一褂袖子。"《二十年目睹之怪现状》第一〇三回:"及至次日,请了大夫来,凡老爷夜来起来几次,小解、大解几次,是什么颜色,……只

有他说得清清楚楚。"《扬州评话选·李逵劫法场》:"李逵好欢喜:这人一定是出来大解的,我何不就趁这当儿进去,在这酒楼上躲起来。"

【大便】《北齐书·安德王延宗传》:"为定州刺史,于楼上大便,使人在下张口承之。"宋朱弁《曲洧旧闻》卷五:"倒黏子花也,结子如马乳,烂紫可食,……童儿食之或大便难。"明汤显祖《牡丹亭·道觋》:"大便孔似'园荽抽条',小净处也'荷渠滴沥'。"

【后溲】《史记·扁鹊仓公列传》:"臣意诊之,曰:'涌疝也,令人不得前后溲。'"司马贞索隐:"前溲,谓小便也;后溲,大便也。"

私 sī 小恭 xiǎogōng
小遗 xiǎoyí 小便 xiǎobiàn
小解 xiǎojiě 小水 xiǎoshuǐ 小干 xiǎogān 小溲 xiǎosōu 前溲 qiánsōu
旋 xuán 便旋 biànxuán
房中弱水 fángzhōngruòshuǐ

婉词。人排尿。

【私】《左传·襄公十五年》:"师慧过宋朝,将私焉。"杜预注:"私,小便也。"南朝宋刘义庆《世说新语·德行》:"(王)祥尝在别床眠,母自往暗斫之,值祥私起,空斫得被。"唐张鷟《朝野佥载》卷一:"食讫还房,午后如厕,长

参典怪其久私,往候之。"清蒲松龄《聊斋志异·青梅》:"时翁卧病,生入,抱父而私。便液污衣,翁觉之而自恨。"

【小恭】《红楼梦》第九回:"秦钟趁此和香怜弄眉挤眼,二人假出小恭,走至后院说话。"《老残游记》第二十回:"适逢小人在窗外出小恭听见,进去捉住。"

【小遗】《汉书·东方朔传》:"朔尝醉入殿中,小遗殿上。"颜师古注:"小遗,便也。"《水浒传》第七回:"林冲吃了八九杯酒,因要小遗,起身道:'我去净手了来。'"清王晫《今世说·轻诋》:"忽欲小遗甚急。"

【小便】《汉书·张安世传》:"郎有醉小便殿上。"三国魏嵇康《与山巨源绝交书》:"每常小便而忍不起,令胞中略转乃起耳。"《东周列国志》第六七回:"栾、高、陈、鲍四族家丁,但集于庙门之外,卢蒲癸托言小便,出外约会停当,密围太庙。"丁玲《奔》:"另外有一个人站了起来,走到墙的转角处,溲溲的小便着。"

【小解】元无名氏《盆儿鬼》第三折:"俺可要起来小解了。"明冯梦龙《古今小说·张道陵七试赵升》:"妾乃西村农家之女,随伴出来玩月,因往田中小解,失了伴侣,追寻不着,迷路至此。"《镜花缘》第三三回:"(林之洋)一时忽要小解,因向宫娥道:'此时俺要撒尿,烦老兄领俺下楼走走。'"鲁迅《朝花夕拾·范爱农》:"他醉着,却偏要到船舷上去小解。"

【小水】中医称小便为小水。明张介宾《景岳全书·寒热真假篇》:"或大便不实,或先鞭后溏,或小水清频,或阴枯黄赤。"《医宗金鉴·内痈部·脾痈》:"腹胀嗌干小水短。"清姚衡《寒秀草堂笔记·宾退杂识》:"白豆蔻油……能缓脾胃,去食水,下小水。"

【小干】《明成化说唱词话丛刊·包龙图公案断歪乌盆传》:"这潘婆睡到三更时分,起身小干,双手捧盆撒尿。"

【小溲】《史记·扁鹊仓公列传》:"君要胁痛不可俯仰,又不得小溲。"

【前溲】《史记·扁鹊仓公列传》:"臣意诊之,曰:'涌疝也,令人不得前后溲。'"司马贞索隐:"前溲,谓小便也;后溲,大便也。"

【旋】《左传·定公三年》:"邾子在门台,临廷阇以瓶水沃廷。邾子望见之,怒。阇曰:'夷射姑旋焉。'"杜预注:"旋,小便。"唐韩愈《张中丞传后叙》:"(张)巡起旋。其众见巡起,或起或泣。"《宋史·奸臣传·蔡确》:"令狱卒与同寝处,饮食旋溷为一室。"

【便旋】唐韩愈《石鼎联句诗序》:"天且明,道士起出门,若将便旋然。奴怪久不返,即出到门觅,无有也。"宋洪迈《夷坚乙志·庄君平》:"一夕寒甚,叟起,将便旋,为捧溺器以进。"清薛福成《庸盦笔记·轶闻·谳狱引律同而不同》:"有一人便旋于路,偶为妇人所见。"

【房中弱水】宋陶穀《清异录·夜潺》:

"溺曰房中弱水,见于道书。"

登东 dēngdōng　登东厕 dēngdōngcè

上厕所。东,即"东圊"(厕所)。

【登东】《京本通俗小说·拗相公》:"荆公见屋傍有个坑厕,讨一张毛纸,走去登东。"《水浒传》第一〇九回:"那时王庆手下亲幸跟随的,都是假登东,诈撒溺,又散去了六七十人。"明冯梦龙《古今小说·陈御史巧勘金钗钿》:"原来那汉子是他方客人,因登东解脱了裹肚,失了银子,找寻不见。"

【登东厕】《水浒传》第一〇三回:"(王庆)只听得张世开高叫道:'小厮,点灯照我往后面去登东厕。'"

附:
屙 ē　拉 lā　撒 sā

大小便的俗称。

【屙】《玉篇·尸部》:"屙,上厕也。"《五灯会元·净居尼妙道禅师》:"未屙已前,堕坑落堑。"《景德传灯录·大安禅师》:"吃沩山饭,屙沩山屎,不学沩山禅。"《儒林外史》第二三回:"(牛浦)肚里响了一阵,屙出一大抛屎,登时就好了。"

【拉】《儿女英雄传》第二十回:"连你那拉青屎的根子都叫人家抖翻出来了,别的还有什么怕说的?"鲁迅《华盖集·并非闲话》:"我以为在打扫之前,还须先封饭店,否则醉饱之后,总要拉屎,毛厕既永远需要,怎么打扫得干净?"

【撒】《水浒传》第四回:"要起来净手,大惊小怪,只在佛殿后撒尿撒屎,遍地都是。"《儿女英雄传》第四回:"却说那公子虽然走了几程路,一路的梳洗吃喝拉撒睡,都是嬷嬷爹经心用意服侍。"

溺 niào　尿 niào

排泄尿液的俗称。

【溺】①排尿的俗称。《韩非子·内储说下》:"及夷射去,刖跪因捐水郎门雷下,类溺者之状。明日,王出而诃之曰:'谁溺于是?'"《史记·范雎蔡泽列传》:"雎详死,即卷以箦,置厕中。宾客饮者醉,更溺雎,故僇辱以惩后,令无妄言者。"《西游记》第四五回:"那呆子揭衣服,忽喇喇,就似吕梁洪倒下坂来,沙沙的溺了一砂盆。"清纪昀《阅微草堂笔记·滦阳消夏录四》:"佃户张天锡,尝于野田见髑髅,戏溺其口中。"②小便的俗称。《庄子·人间世》:"夫爱马者,以筐盛矢,以蜄盛溺。"《史记·扁鹊仓公列传》:"中热,故溺赤也。"唐段成式《酉阳杂俎·诺皋记下》:"南中有兽名风狸,如狙,眉长好羞,见人辄低头,其溺能理风疾。"《红楼梦》第七回:"两日没水,得了半碗水,给主子喝,他自己喝马溺。"

【尿】①排尿的俗称。唐寒山《诗三百三首》之七十一:"快哉混沌身,不饭复不尿。"《旧唐书·西戎传·罽宾国》:

屎（矢、菌）shǐ 粪 fèn

粪便的俗称。

【屎】屎，甲骨文像人拉屎状。《庄子·知北游》："（东郭子）曰：'何其愈甚邪？'（庄子）曰：'在屎溺。'"《韩非子·内储说上》："因召市吏而诮之曰：'市门之外何多牛屎？'"北魏贾思勰《齐民要术·炙法》："炙车熬（蛤属）；炙如蛎。汁出，去半壳，去屎，三肉一壳。"宋梅尧臣《宣州杂诗》之五："鸟屎常愁污，虫丝几为扪。"

"矢"表示粪便义，是假借为"屎"。《左传·文公十八年》："（襄）仲以君命召惠伯，……乃入，杀而埋之马矢之中。"《史记·廉颇蔺相如列传》："廉将军虽老，尚善饭，然与臣坐，顷之，三遗矢矣。"司马贞索隐："矢，一作'屎'。"《新唐书·关播传》："贼遣将李克诚以精骑薄城，募者内应，缚元平驰见希烈，遗矢于地。"

"菌"，《说文》认为是"屎"的正体字。《说文》："菌，粪也。"《玉篇·艸部》："菌，粪也。亦作'矢'，俗为'屎'。"清江声《李孝子传论》："顾脓血之秽，犹不如菌屎之甚也。"按："菌"虽为"屎"的正体字，但古籍中使用频率很低。

【粪】"粪"的本义是弃除污秽，引申为粪便义。《说文》："粪，弃除也。"段玉裁注："古谓除秽曰粪，今人直谓秽曰粪。此古义今义之别也。"《正字通·米部》："粪者，屎之别名。"汉赵晔《吴越春秋·勾践入臣外传》："今者臣窃尝大王之粪。"《梁书·儒林传·范缜》："人之生譬如一树花，同发一枝，俱开一蒂，随风而堕，自有拂帘幌坠于茵席之上，自有关篱墙落于粪溷之侧。"唐段成式《酉阳杂俎·广动植》："狼粪烟直上，烽火用之。"

3. 生殖器婉称

阴 yīn 阴器 yīnqì 阴阳 yīnyáng 私 sī 私处 sīchù

男女生殖器婉称。

【阴】《史记·吕不韦列传》："始皇帝益壮，太后淫不止。吕不韦恐觉祸及己，乃私求大阴人嫪毐以为舍人。"《汉书·广川惠王刘越传》："幸姬陶望卿为修靡夫人，主缯帛。……望卿走，自投井死。昭信出之，椓杙其阴中。"宋王钦臣《甲申杂记》："或发其阴视之，童儿也。"清蒲松龄《聊斋志异·巧娘》："生一子，名廉，甚慧，而天阉,十七岁,阴裁如蚕。"

【阴器】《黄帝内经·素问·热论》:"阴脉循阴器而络于肝,故烦满而囊缩。"汉张仲景《伤寒论·辨脉法》:"若少阴脉浮不出,则下焦阳虚,寒气聚于阴器,不得发泄,故病疝阴肿大而痛也。"

【阴阳】《明律·斗殴》:"若断人舌及毁败人阴阳者并杖一百,流三千里,仍将犯人财产一半断付被伤笃疾人之人养赡。"

【私】汉伶玄《赵飞燕外传》:"早有私病,不近妇人。"

【私处】旧题汉无名氏《杂事秘辛》:"(商莹)胸乳菽发,脐容半寸许珠,私处坟起。"清和邦额《夜谭随录·白萍》:"一夜伎忽来就,相与共寝。鼾睡间,私处痛如刀割,大呼晕绝,同人惊起来探,已失势之所在。"清蒲松龄《聊斋志异·霍生》:"霍有邻妪,曾为严生妻导产。偶与霍妇语,言其私处,有两赘疣。"

男根 nángēn 男阴 nányīn 阴茎 yīnjīng 玉茎 yùjīng 内具 nèijù

男性生殖器的婉称。

【男根】宋洪迈《容斋随笔·半择迦》:"《大般若经》云:梵言'扇搋半择迦',唐言黄门,其类有五:一曰半择迦,总名也,有男根用而不生子。"鲁迅《华盖集续篇·马上支日记》:"竹古人是很宝贵的,所以曾有'会稽竹箭'的话。然而宝贵它的原因是在可以做箭,用于战斗,并非因为它'挺然翘然'像男根。"

【男阴】明陶宗仪《辍耕录·锁阳》:"鞑靼田地野马,或与蛟龙交,遗精入地,久之发起如笋,上丰下俭,鳞甲栉比,筋脉连络,其形绝类男阴,名曰锁阳,即肉从容之类。"

【阴茎】《现代汉语词典》:"男性生殖器官的一部分,柱状,在阴囊的前方,内部有三根柱状的海绵体。中间有尿道。"

【玉茎】唐王焘《外台秘要·素女经·四季补益方》:"玉茎盛强,以合阴阳。"

【内具】明凌濛初《初刻拍案惊奇》卷三四:"(小和尚)因而说出能会缩阳为女,……人多不疑,直到引动淫兴,调得情热,方放出内具来。"

脧 zuī

男孩生殖器。《说文新附字·肉部》:"脧,赤子阴也。"《老子》第五五章:"未知牝牡之合而脧作,精之至也。"

赍子 jīzi

男性生殖器。《醒世姻缘传》第三七回:"好读书的小相公!人家这么大闺女在此,你却扯出赍子来对着撒尿。"

小便 xiǎobiàn

也可用于男性生殖器。端木蕻良《吞蛇儿》:"三年前带他乞讨的爸爸,在月宫舞场门口向两个美国水兵要钱,被一皮靴踢在小便上,当时气绝。"

势 shì

男性生殖器。《太平御览》卷六四八引汉郑玄《尚书纬·刑德放》:"割者,丈夫淫,割其势也已。"清蒲松龄《聊斋志异·铁布衫法》:"又出其势,即石上,以木椎力击之,无少损。"清和邦额《夜谭随录·白萍》:"一夜伎忽来就,相与共寝。酣睡间,私处痛如刀割,大呼晕绝,同人惊起来探,已失势之所在。"

阳 yáng 阳具 yángjù 阳物 yángwù 阳道 yángdào

男性生殖器。

【阳】唐顾况《囝》诗:"囝生闽方,闽吏得之,乃绝其阳,为臧为获。"清东轩主人《述异记·巨体人》:"堂邑县一乡农,甫生时,阳长三寸,及稍长,阳长一尺,今三十余岁,无人与婚。"

【阳具】清蔡元放《东周列国志》第一〇四回:"吕不韦以桐木为车轮,使嫪毐以其阳具穿于桐轮之中,轮转而具不伤,市人皆掩口大笑。"清和邦额《夜谭随录·梨花》:"(介夫)见一女子出船边,立而溺,虽隔两船,而月光朗映,阳具仿佛甚伟。审谛女子,则梨花也,心窃异之。"

【阳物】清薛福成《庸盦笔记·轶闻·谳狱引律同而不同》:"有一人便旋于路,偶为妇人所见,其人对之而笑,且以手自指其阳物,妇人归而自缢。"

【阳道】《宋书·五行志五》:"义熙末,豫章吴平人有二阳道,重累生。"宋沈括《梦溪笔谈·药议》:"此骨之至强者,所以能补骨血,坚阳道,强精髓也。"清王士禛《池北偶谈·谈异六·女化男》:"山东济宁有妇人,年四十余,寡数年矣,忽生阳道,日与其子妇狎。"

阴户 yīnhù 阴门 yīnmén 女阴 nǚyīn

女性生殖器。

【阴户】清褚人获《坚瓠三集·尹鬈头》:"令女去其衵衣,用手摩尼心,极热如火,抵女阴户。"老舍《四世同堂》四七:"墙上,正好和他的头一边儿高,有一张裱好的横幅,上边贴着七个女人的阴户。"

【阴门】清黄六鸿《福惠全书·刑名·尸格式》:"妇人产门,处子曰阴门。"

【女阴】《说文》:"也,女阴也。"郭沫若《中国古代社会研究》第一篇第一章:"画一以像男根,分而为二以像女阴,所以由此而演出男女、父母、阴阳、刚柔、天地的观念。"

廷孔 tíngkǒng

女性生殖器。《素问·骨空论》:"督脉者,起于少腹以下骨中央,女子入系廷孔。其孔,溺孔之端也。"张隐庵集注:"廷孔,阴户也。溺孔之端,阴内之产门也。"

4. 月经婉称

月 yuè　**月水** yuèshuǐ　**月事** yuèshì　**月信** yuèxìn　**月客** yuèkè　**月经** yuèjīng　**月数** yuèshù　**入月** rùyuè

月经。女子生殖细胞成熟后周期性子宫出血的生理现象。

【月】《素问·阴阳别论》："二阳之病发心脾，有不得隐曲，女子不月。""不月"，不来月经。"月"，还可与相关的词搭配，婉称月经。

【月水】晋张华《博物志》卷二："（交州夷民）涂毒药于镝锋，中人即死。其俗誓不以此药治语人。治之，饮妇人月水及粪汁，时有差者。"唐孙思邈《千金宝要·妇人》："产后，月水往来多少不定，或不通。"宋欧阳修《又三事》："虫儿具招虚伪事甚详，云自正月至今，月水行，未尝止，今方行也。"清俞樾《茶香室丛钞·申红》引清赵学敏《本草拾遗》："猴经一名申红，深山群猴聚处极多，每于草间得之，色紫黑成块，夹细草屑。云是母猴月水也，治干血痨。"

【月事】《素问·上古天真论》："女子七岁，肾气盛，齿更发长，二七而天癸至，月事以时下，故有子。"王冰注："所以谓之月事者，平和之气，常以三旬而一见也。"宋王楙《野客丛书·汉再受命之兆》："当景帝之召程姬也，程姬有所避，而饰唐姬以进。有所避者，颜师古谓月事也。"清袁枚《随园随笔·诸史》："《姚氏识名》云：天子诸侯妃有月事者，以丹注面，令女史见之，不口奏。"郭沫若《断断集·旋乾转坤论》："自然，女子也有她的生理上的天然限制，除开少女期便不免有月事的纠缠。"

【月信】因按月而至，如潮有信，故名。明汤显祖《南柯记·偶见》："［老］咳，俺去不得。俺真是个信女，把水月观音倒做了。［小旦］怎么说？［老］月信来了。"《醒世姻缘传》第十九回："晁住老婆……觉得下面似溺尿一般，摸一把在那月下看一看，原来是月信到了。"清纪昀《阅微草堂笔记·滦阳续录三》："既由精合，必成于月信落红之后，何也？"

【月客】《骈雅·释名称》："天癸、月客、姹变，月事也。"《通雅·身体》引《神仙服食经》："仙药有阳丹、阴丹。阴丹，妇人乳汁也。妇人十五已上，下为月客。有孕，月客绝，上为乳汁。"

【月经】明李时珍《本草纲目·人·妇人月水》："（释名）月经、天癸、红铅。时珍曰：月有盈亏，潮有朝夕，月事一月一行，与之相符，故谓之月水、月信、月经。经者，常也，有常规也。"

【月数】因月经来潮，数日才净，故名。元施惠《幽闺记·抱恙离鸾》："［净］他犯着产后惊风。［旦］不是。［净］莫不是月数不通。［旦］这太医胡说。［末］他是男子汉，怎么倒说了女人的病症。"

【入月】月经来潮。唐王建《宫词》之四六："密奏君王知入月，唤人相伴洗裙裾。"明李时珍《本草纲目·人部·妇女月水》："妇女入月，恶液腥秽，故君子远之。"

天癸 tiānguǐ 癸水 guǐshuǐ

月经的婉称。

【天癸】宋吴曾《能改斋漫录·记事二》："又屯田郎中张谭妻，年四十而天癸不至，温叟察其脉曰：'明年血清乃死。'既而果死。"清和邦额《夜谭随录·梨花》："怪底守身如处子！且十八九岁，天癸未至。今若此，复何疑哉！"

【癸水】南唐张泌《妆楼记·红潮》："红潮，谓桃花癸水也，又名入月。"清沈起凤《谐铎·捣鬼夫人》："自与君春风一度，癸水不复来。倘旦晚临蓐，安得复归仙籍？"

潮信 cháoxìn 红潮 hóngcháo 红铅 hóngqiān

月经的婉称。

【潮信】潮水涨落有时，谓"潮信"。月经来去也有时，因也以潮信指月经定期而来。明李昌祺《剪灯馀话·江庙泥神记》："潮信有期应自觉，花容无媚为谁消？"

【红潮】南唐张泌《妆楼记·红潮》："红潮，谓桃花癸水也，又名入月。"清沈起凤《谐铎·兔孕》："自与君接后，红潮不至者百日矣。"

【红铅】旧时以月经提炼长生不老之药，用于提炼药物的月经称红铅。明李时珍《本草纲目·人·妇人月水》："月经，经者，常也，有常轨也。天癸者，天一生水也。邪术家谓之红铅，谬名也。"《西游记》第二回："祖师道：'此是有为有作，采阴补阳，攀弓踏弩，摩脐过气，用方炮制，烧茅打鼎，进红铅，炼秋石，并服妇乳之类。'"清吴下阿蒙《断袖篇·法外纵淫》："然在其家时，枕衾狎昵，与常人同，或以为但取红铅供药饵。"鲁迅《中国小说史略》第十九篇："至嘉靖间，而陶仲文以进红铅得幸于世宗。"

姅 bàn 姅变 bànbiàn

月经或月经来潮的婉称。

【姅】《说文·女部》："姅，妇人污也。"清蒲松龄《聊斋志异·庚娘》："既暮，曳女求欢。女托体姅，王乃求妇宿。"

【姅变】《说文系传》："姅，妇人污见也。从女半声。《汉律》曰：见姅变不得侍祠。"清褚人获《坚瓠三集·月事》："陈眉公《群碎录》云：'姅变，妇人有污也；姅变，月事也。'"

例假 lìjià

月经的婉称。《现代汉语词典》："婉

辞,指月经或月经期。"

5.性爱婉称

房 fáng

性行为的婉称。房、室,一般是夫妇所居,引申出男女性行为义。汉班固《白虎通·嫁娶》:"男子六十闭房何?所以辅衰也,故重性命也。""闭房",停止房事。清蒲松龄《聊斋志异·莲香》:"莲曰:'如君之年,房后三日,精气可复。纵狐何害?'""房"还可与相关的词搭配,表示性行为的婉称。

【房事】明冯梦龙《山歌·会》:"外郎娘子会行房事。"清王纶《明医杂著·浊》:"心动于欲,肾伤于色,或强忍房事,或多服淫方,败精流溢,乃为白浊。"

【房室】《吕氏春秋·仲春纪》:"生子不备,必有凶灾。"高诱注:"有不戒慎容止者,以雷电合房室者,生子必有暗聋通精狂痴之疾,故曰'不备必有凶灾'。""房室",即房事。晋张华《博物志》卷五:"去肥浓,节酸碱,减思虑,损喜怒,除驰逐,慎房室。"《南史·梁纪中·武帝下》:"(武帝)自五十外便断房室。"明凌濛初《二刻拍案惊奇》卷三五:"有一个女子陈氏,年十四岁,嫁与周世文为妻,世文年纪更小似陈氏两岁,未知房室之事。"

【同房】丁玲《东村事件》:"七七是一个童养媳,有十五岁了,只等稍稍有几个钱时就要开脸同得禄同房。"

【入房】《医宗金鉴·张仲景〈金匮要略·妇人杂病〉》"此名转胞"集注引赵良曰:"然转胞之病,岂尽由下焦肾虚气不化出致耶?……或胎重压其胞,或忍溺入房,皆足成此病。"

【闭房】停止性行为。汉班固《白虎通·嫁娶》:"男子六十闭房何?所以辅衰也,故重性命也。"清梁章钜《退庵随笔·摄生》:"且不求嗣续,即讲闭房,亦不可为训。"

同枕 tóngzhěn **同床共枕** tóngchuánggòngzhěn **枕席** zhěnxí **枕席之事** zhěnxízhīshì **枕席之欢** zhěnxízhīhuān **枕席之爱** zhěnxízhī'ài

夫妻生活的婉称。

【同枕】汉焦赣《易林·需之大壮》:"婚姻合配,同枕共牢。"

【同床共枕】叶圣陶《老太太的头发》:"以下就是本文,说女性蓄发挽髻,从男性方面而言,视觉嗅觉触觉都有妙美的趣味,尤其是同床共枕的时候。"

【枕席】三国魏曹植《种葛篇》:"与君初婚时,结发恩义深。欢爱在枕席,宿昔同衣衾。"明谢肇淛《五杂俎·人部四》：" 枕席恩深，山河盟重，转爱成畏，积溺成迷。"清和邦额《夜谭随录·王侃》："璇骇曰：'兄遇妖矣，……兄溺爱枕席，必不以弟言为是。'"

【枕席之事】清东轩主人《述异记·狐怪》："竟成伉俪，但不言笑，而枕席之事，狂荡无节。"

【枕席之欢】明冯梦龙《警世通言·杜十娘怒沉百宝箱》："一旦破人姻缘，断人恩爱，乃我之仇人，使死而有知，必当诉之神明，尚妄想枕席之欢乎？"

【枕席之爱】明李贽《藏书·李勣》："夫高宗之庸，其能割枕席之爱，以拱手听于诸公乎？"

衾枕之乐 qīnzhěnzhīlè 衾枕之爱 qīnzhěnzhī'ài 衾裯 qīnchóu 衾裯事 qīnchóushì

委婉语。婉称男女性爱。

【衾枕之乐】明凌濛初《初刻拍案惊奇》卷十八："小娘子走出堂中来，富翁也在那里伺候，接至书房，极尽衾枕之乐。"

【衾枕之爱】清蒲松龄《聊斋志异·白于玉》："白（于玉）尽招诸女俾自择。生颠倒不能自决，白以紫衣人有把臂之好，遂使襆被奉客。既而衾枕之爱，极尽绸缪。"

【衾裯】可婉称男女欢合性爱。清李渔《玉搔头·缔盟》："虽有几个婢妾，只好备衾裯之选，不可寄蘋蘩之托。"清戴名世《弘观帝言宫媵相从患难者颇多及党祸纪略》："流离颠沛之余，不能绝衾裯之爱，一则幸旧好之犹存，一则愤伪托之妖妄，皆未可知也。"

【衾裯事】指房事。明沈德符《野获编·内阁三·刘小鲁尚书》："归刘数年，一日，跌坐而化，若蜕脱者。与所天终不讲衾裯事，竟以童真辞世。"

衽席 rènxí 衽席之爱 rènxízhī'ài 衽席之好 rènxízhīhǎo

婉称男女性爱。

【衽席】《庄子·达生》："人之所取畏者，衽席之上，饮食之间，而不知为之戒者，过也。"郭象注："至于色欲之害，动皆之死地而莫不冒之。"成玄英疏："况饮食之间，不能将节；衽席之上，恣其淫荡，动之死地，万无一全。"《新唐书·高宗纪赞》："高宗溺爱衽席，不戒履霜之渐，而毒流天下，贻祸邦家。"明陆树声《病榻寤言》："饮食男女，人之大欲也，而大戒存焉，故以肥甘为酖毒，衽席为畏途者，戒于所易溺也。"

【衽席之爱】明冯梦龙《警世通言·杜十娘怒沉百宝箱》："兄倘能割衽席之爱，见机而作，仆愿以千金相赠。"

【衽席之好】宋洪迈《夷坚乙志·余杭宗女》："每夕与僧饮酒歌笑，旁若无人，通衽席之好。"清葆光子《物妖志·虫类·蟒》："遂讲衽席之好，未旦，芮求归。"

床笫 chuángzǐ 上床 shàngchuáng

委婉语。指男女房中之事。

【床笫】清蒲松龄《聊斋志异·狐联》："焦曰：'仆生平不敢二色。'女笑曰：'迂哉！子尚守腐局耶？下元鬼神，凡事皆以黑为白，况床笫间琐事乎？'"又《侠女》："向云'可一而不可再'者，以相报不在床笫也，为君贫不能婚，将为延一线之续。"又《素秋》："嫂戏素秋：'今得新婿，暴年枕席之爱，犹忆之否？'素秋微笑，……盖三年床笫，皆以婢代。"

【上床】近几年流行的表示男女性行为的委婉语。如：我没有和他上床。

做爱 zuò'ài

男女性爱婉词。英语 make love 的意译。1998年2月6日《中华读书报·国际文化版》："奥纳西斯喜欢……在最出人意料的地方做爱。'克里斯蒂娜'号游艇上的一位水手找他去用餐，却在游艇的一艘拖船上撞见他正与杰姬做爱。"1998年4月24日《北京青年报·人在旅途》："这种时候再迟钝的女人也明白什么都不用说了，……我们俩摸着黑上楼、开门，然后在黑暗里做爱。"

交 jiāo

男女性行为的婉称。交，有交接、接触义，引申为男女性行为义。清黄钧宰《金壶浪墨·丹徒生》："他日饲以酥酪，生不食，妇强之，乃敢少许，甘美中微觉辛辣。食甫半，欲念遽动，迫不能忍，遂与妇交。"清蒲松龄《聊斋志异·贾儿》："妇独居，梦与人交。"

【交合】"合"也有性行为义。"交合"，同义连用。明冯梦龙《醒世恒言·隋炀帝逸游召谴》："帝又令画工绘画士女交合之图数十幅，悬于阁中。"

【交媾】"媾"有相遇义。"交媾"，近义连用。《金瓶梅词话》第七五回："今日晚夕要吃薛姑子符药，与他交媾，图壬子日好生子。"

【交通】也可指性行为。《百喻经·摩尼水窦喻》："昔有一人与他妇通，交通未竟，夫从外来，即便觉之。"

【交接】接，也可表示性行为。"交接"，同义连用。明沈德符《野获编·玩具·春画》："春画之起，当始于汉广川王，画男女交接状于屋。"章炳麟《五无论》："以观无我为本因，以断交接为方便，此消灭人类之方也。"

【交会】会，有会合、交接义。"交会"，近义连用。明冯梦龙《古今谭概·专愚·蠢夫》："忽昼梦尔我交会，因得孕。"章炳麟《五无论》："牝牡相逐，则牝者犹道逃不暇，岂非交会之情，虽禽兽亦知隐蔽乎？"

【交感】明凌濛初《初刻拍案惊奇》卷十七："此后恍恍惚惚，合眼就梦见吴氏来与他交感。"

【交媾(构)】媾，有性行为义。"交媾"，同义连用。《参同契》卷下："观夫雌雄交媾之时，刚柔相济而不可解。"郭沫若《黑猫》:"交媾过后自然男的便成为女的人,女的便成为男的人。""媾"也写作"构"。清刘献廷《广阳杂记》卷二:"躬庵于燕都曾见一箧,中藏乌思藏欢喜佛像二躯,作男女交构状。"

【交精】指性行为。唐无名氏《薛昭传》:"后百年得遇生人交精之气,或再生便为地仙耳。"

接 jiē

接,有交接义,引申为男女交合。《说文》:"妾,有罪女子给事之得接于君者。""得接于君",即向男主人提供性服务。《释名·释亲属》:"妾,接也,以贱见接幸也。"王先谦疏引《一切经音义》:"以色事人得幸者也。"明冯梦龙《古今谭概·口碑·晋帝奕》:"晋帝奕素有痿疾,使左右向龙与内侍接,生子,以为己子。"清沈起凤《谐铎·兔孕》:"阿紫出帘下招灿儿私语曰:'自与君接后,红潮不至者百日矣。'"

内 nèi

内,有内室、妻室等义,与相关的词结合,婉称男女性行为。如"禁内",禁忌性生活。《汉书·外戚传上·孝昭上官皇后》:"光欲皇后擅宠有子,帝时体不安,左右及医皆阿意,言宜禁内,虽宫人使令皆为穷绔,多其带,后宫莫有进者。""内御",与妇女同房。三国魏嵇康《答难养生论》:"三年丧不内御,礼之禁也。"《南史·后妃传上·宋顺陈太妃》:"明帝素肥,晚年废疾不能内御,诸弟姬人有怀孕者,辄取以入宫。"

合 hé

合,交合,引申为男女交合。北齐刘昼《新论·命相》:"庆都与赤龙合,而生唐尧。"明郎瑛《七修类稿·义理一·恶俗》:"近闻湖广边方,多有子方十余岁,即为娶年长之妻,其父先与合,生子则以为孙也。故每每父先二十时,有子已十余岁矣。"清蒲松龄《聊斋志异·伍秋月》:"夜梦女郎,年可十四五,容华端妙,上床与合,既寤而遗。"

媾 gòu 媾合 gòuhé

媾,交媾。

【媾】清和邦额《夜谭随录·香云》:"见二人赤身卧地上,烛之,则公子与其妻媾耳。"

【媾合】男女交合。《元典章·户部四·丁庆一争婚》:"令吴江州议拟徐伴歌强取丁阿女媾合。"

御(驭) yù 御幸 yùxìng 幸 xìng 幸御 xìngyù

御,驾驭,引申为与女子交合。

【御(驭)】汉刘向《新序·杂事二》:"罢去后宫不御者,出以妻鳏夫。"清周亮工《书影》卷二:"杂志中载,常开平每出师,夜必御一妇人。""御内",即与妻子过性生活。《三国志·魏书·华佗传》:"尚虚,未得复,勿为劳事,御内即死。"清陆以湉《冷庐杂识·却老要诀》："余尝叩以何术摄生？曰：'无他。五十岁后不御内，生平不使腹受饿。'""驭"，"御"的古字，表示与女子交合的"御"，也写作"驭"。《说郛》卷三九引元周达观《真腊风土记》："盖以一岁之中，一僧止可驭一女。"

【御幸】皇帝与妇女过性生活。《汉书·元后传》："先是者，太子后宫娣妾以十数，御幸久者七八年，莫有子，及王妃壹幸而有身。"又《外戚传下·孝成赵皇后》："后数月，晓入殿中，见宫腹大，问宫。宫曰：'御幸有身。'"《南史·后妃传上·宋孝武昭路太后》："太后居显阳殿，上于闺房之内礼敬甚寡，有所御幸，或留止太后房内，故人间或有丑声。"

【幸】帝王与女子交合。《史记·淮南衡山列传》："高祖八年，从东垣过赵，赵王献之美人。厉王母得幸焉，有身。"《汉书·外戚传上·孝武卫皇后》："武帝择宫人不中用者斥出之，子夫得见，涕泣请出。上怜之，复幸，遂有身，尊宠。"

【幸御】同"御幸"。《后汉书·荀爽传》："臣愚以为诸非礼聘未曾幸御者，一皆遣出，使成妃合。"

欢 huān

男女性行为的婉称。欢，指生理上、心理上欢快的感受，因用以表示性行为。清蒲松龄《聊斋志异·冯木匠》："少间，女果越窗过，径入己怀，冯喜，默不一言。欢毕，女亦遂去。"1998年4月17日《北京青年报·前沿新知》："男女之欢历来被视为有损健康。巴布亚新几内亚常常聘用禁欲专家告诫年轻人性生活有生命危险。"

【求欢】要求进行性行为。《水浒传》第三二回："（宋江）等推开房门，只见王矮虎正搂着那妇人求欢。"明凌濛初《初刻拍案惊奇》卷二："（汪锡）走到跟前，双膝跪下求欢。滴珠就变了脸起来：'这如何使得？我是好人家儿女，……若逼得我紧，我如今真要自尽了。'"

【欢会】指进行性行为。明凌濛初《初刻拍案惊奇》卷十七："这吴氏正待与知观欢会。吃那一惊也不小，同丫环两个抖搂了一团。"

【合欢】男女交欢。明冯梦龙《警世通言·玉堂春落难逢夫》："沈洪平日原与小段名有情，那时扯在铺上，草草合欢，也当春风一度。"清纪昀《阅微草堂笔记·如是我闻二》："夫妇亦甚相悦，……视其衾已合欢矣。"

【共欢】共相交欢。《水浒传》第二四回："那妇人便把西门庆搂将起来。当时两个就王婆房里，脱衣解带，同枕共欢。"

行房 xíngfáng 行云 xíngyún 行阴 xíngyīn 行事 xíngshì 举事 jǔshì

男女性行为的婉称。

【行房】《公羊传·隐公元年》"国人莫

知"下唐徐彦疏:"言闭房者,行房之事闭。"唐张鷟《朝野佥载》卷二:"(真腊国)行房不欲令人见,此俗与中国同。"《绿野仙踪》第六八回:"周琏正和会娘行房。"

【行云】从"云雨"演化而来。宋柳永《西施》词之二:"洞房咫尺,无计枉朝珂。有意怜才,每到行云处,幸时悤相过。"明冯梦龙《醒世恒言·吴衙内邻舟赴约》:"不负襄王梦,行云在此方。"

【行阴】即行房。《灵枢经·口问》:"胃不实则诸脉虚,诸脉虚则筋脉懈惰,筋脉懈惰则行阴用力,气不能复。"

【行事】明凌濛初《初刻拍案惊奇》卷六:"行事已毕,巫娘子兀自昏眠未醒。"

【举事】清蒲松龄《聊斋志异·林氏》:"婢不语。既而举事,婢小语曰:'私处小肿,颠猛不任。'戚体意温恤之。事已,婢伪起溺,以林易之。"

云雨 yúnyǔ

婉词。男女性行为或性爱。典出宋玉《〈高唐赋〉序》:"昔者,楚襄王与宋玉游于云梦之台,望高唐之观,其上独有云气,……王问玉曰:'此何气也?'玉对曰:'所谓朝云者也。'王曰:'何谓朝云?'玉曰:'昔者,先王尝游高唐,怠而昼寝,梦见一妇人曰:妾,巫山之女也,为高唐之客,闻君游高唐,愿荐枕席。王因幸之。去而辞曰:妾在巫山之阳,高丘之岨,旦为朝云,暮为行雨,朝朝暮暮,阳台之下。'"后以这个典故中的"云雨"或由"云""雨"构成的词语以及"阳台""巫峡"等表示男女性爱或与性有关的事。宋晏几道《何满子》词:"眼底关山无奈,梦中云雨空休。"《水浒传》第四五回:"和尚便抱住这妇人,向床前解衣卸带,了其心愿。好半日,两个云雨方罢。"《红楼梦》第六回:"说到云雨私情,羞得袭人掩面伏身而笑。"

【朝云暮雨】明沈受先《三元记·归槽》:"想当初同起居,朝云暮雨,两情正舒。"邓家彦《有忆》诗:"秋菊春兰花未落,朝云暮雨化来殊。低徊往事心如醉,振触新愁貌亦癯。"

【巫山】五代冯延已《鹊踏枝》词之七:"心若垂杨千万缕,水阔花飞,梦断巫山路。"明梁辰鱼《浣溪沙·通嚭》:"今夜同欢会,梦魂飞,巫山一对暮云归。"清古吴墨浪子《西湖佳话·西泠韵迹》:"但求一见,为荣多矣,谁敢妄思巫山之梦。"

【巫山云雨】清华广生辑《白雪遗音·七香车·十二月》:"斜倚着门儿作了一个梦,梦里梦见郎回家,巫山云雨多有兴。"

【巫云楚雨】清孔尚任《桃花扇·题画》:"地北天南蓬转,巫云楚雨丝牵。"《再生缘》第五一回:"飞絮落花魂欲断,巫云楚雨梦难通。"

【巫云】"巫山云雨"的缩略语。宋陈德武《千秋岁》词:"濯锦丰姿新凉台阁,懊悔巫云太轻薄。"明梅鼎祚《玉合记·赐完》:"巫云梦长,唤醒梅花帐,纤珪痩玉残妆。"

【**巫峡**】唐昭宗《巫山一段云》词:"冰眸莲脸见长新,巫峡更何人?"宋陈德武《玉蝴蝶·雨中对紫薇》词:"梦回巫峡,春在瑶池。"《宦海》第十五回:"(木观察)虽然丁了艰,却不肯守着居丧的礼节,在那寝苫枕块的时候,还要寻那阳台巫峡的风流。"

【**尤云殢雨**】宋杜安世《剔银灯》词:"尤云殢雨,正缱绻朝朝暮暮。"金董解元《西厢记诸宫调》卷一:"三停来是闺怨相思,折半来是尤云殢雨。"明崔时佩、李日华《南西厢记·乘夜逾垣》:"猜诗谜羞了杜家,尤云殢雨休夸。"

【**云尤雨殢**】明单本《蕉帕记·覰婚》:"我鸟啼花落自支吾,他云尤雨殢相怜护。"

【**殢雨尤云**】元汤式《一枝花·冬景题情》套曲:"他有那锦心绣腹,我有那冰肌玉骨。但能够殢雨尤云那些儿福。"《金瓶梅词话》第六回:"两个殢雨尤云,调笑顽耍。"清蒲松龄《聊斋志异·荷花三娘子》:"更初,(女)果至宗斋,殢雨尤云,备极亲爱。"

【**殢云尤雨**】宋柳永《浪淘沙》词:"殢云尤雨,有万般千种,相怜相惜。"

【**殢雨**】"殢雨尤云"的缩略语。元汤式《一枝花·赠妓宋湘云》套曲:"舞香风暮暮朝朝,酣殢雨花花草草。"

【**尤殢**】"尤云殢雨"的缩略。宋柳永《促拍满路花》词:"最是娇痴处,尤殢檀

郎,未教拆了秋千。"清古吴墨浪子《西湖佳话·白堤政绩》:"(乐天)又诗诗酒酒,时题出自家这般才子,一片尤殢之魂,那里还按纳得定。"

【**尤云殢雪**】同"尤云殢雨"。清李渔《奈何天·计左》:"[生]好将嚼铁咀金口,割断尤云殢雪心。"

【**尤花殢雪**】同"尤云殢雨"。宋柳永《小镇西》词:"久离缺,夜来梦魂里,尤花殢雪,分明似旧家时节。"

【**雨爱云欢**】元无名氏《碧桃花》第二折:"你恋着雨爱云欢,海誓山盟,月约星期。"

【**雨魂云梦**】明贾仲名《金安寿》第一折:"争似俺花浓花浓柳重,更和这雨魂雨魂云梦。"

【**云梦闲情**】明叶宪祖《易水寒》第二折:"不比那云梦闲情,姑苏醉宴,章华娇态。"

【**雨魄云魂**】宋赵令畤《清平乐》词:"去年青陌紫门,今宵雨魄云魂。"明张凤翼《红拂记·奇逢旧侣》:"去年绣户朱门,今宵雨魄云魂。"

【**雨云**】唐方干《赠美人》诗之一:"才会雨云须别去,语惭不及琵琶槽。"明无心子《金雀记·头崖》:"我似楚襄王,体貌多才俊。暮暮朝朝,与你会雨云。"清孙枝蔚《有忆》诗:"小池立处客皆去,绣被薰时宵最长。何事雨云易分散,每看星月只凄凉。"

【**握雨携云**】元王实甫《西厢记》第四本第二折:"只着你夜去明来,倒有个天长地久,不争你握雨携云,常使我提

心在口。"明叶宪祖《团花凤》第二折："呀！原来就是你这奸徒，你披星犯露，只道室中之藏，握雨携云，不料诱桑间之女。"清纪昀《阅微草堂笔记·滦阳消夏录一》："白杨绿草，黄土青山，何一非古来歌舞之场。握雨携云，与埋香葬玉，别鹤离鸾，一曲伸臂倾耳。"

【楚云湘雨】唐唐彦谦《无题》诗之三："楚云湘雨会阳台，锦帐芙蓉向夜开。"明高启《题妓像》诗："不见秋娘今几年，楚云湘雨思悠然。"

【楚天云雨】五代后唐庄宗《阳台梦》词："娇多情脉脉，羞把同心捻弄。楚天云雨却相和，又入阳台梦。"清王鹏运《沁园春》词："叹春江花月，竞传宫体；楚天云雨，枉托微词。"

【楚雨巫云】元孙周卿《沉醉东风·宫词》曲："眼底情，心间恨，到多如楚雨巫云。"《再生缘》第六四回："话说那两名宫女，……虽然是，锦衣玉食身安吉，却倒是，楚雨巫云意挂心。"

【楚梦】唐李白《惜余春赋》："披卫情于淇水，结楚梦于阳台。"

【雨约云期】男女相约性爱。元关汉卿《望江亭》第一折："我呵，怕什么天翻地覆，就顺着他雨约云期。"明李日华《南西厢记·乘夜逾垣》第一折："雨约云期，楚台巫峡。"

【云情雨意】【雨意云情】男女性爱之情。

〔云情雨意〕宋袁去华《浣溪沙》词："一夕高唐梦里狂，云情雨意两茫茫。袖间依约去年香。"元郑光祖《㑇梅香》第二折："云情雨意心间事，尽在今朝一简中。"清李斗《扬州画舫录·小秦淮录》："季玉，年十一，云情雨意，小而了了。"

〔雨意云情〕宋柳永《倾杯乐》词："雨意云情，酒心花态，孤负高阳客。"明李昌祺《剪灯馀话·田洙遇薛涛联句记》："雨意云情肯轻许，纵然折齿将如何？"

【撩云拨雨】【拨雨撩云】性挑逗。

〔撩云拨雨〕明徐复祚《投梭记·折齿》："只亏你撩云拨雨不胡颜，我自有偷香手段，窃玉机关。"《石点头·侯官县烈女歼仇》："董官人弱冠之年，初晓得撩云拨雨。"

〔拨雨撩云〕明李日华《南西厢记·猜诗雪案》："你用心拨雨撩云，我好意与你传信递缄。小姐呵，不肯搜自己狂为，待要寻人破绽。"明陈所闻《桂枝香·合欢》："装聋作哑，担惊受怕，无端拨雨撩云，成就了鸾孤凤寡。"

【雨窟云巢】【雨席云床】【雨帐云屏】【雨云乡】【阳台】【巫山】男女性爱场所。

〔雨窟云巢〕清洪昇《长生殿·絮阁》："外人不知呵，都只说骗君王是我这庸姿劣貌，那知道恋欢娱，别有个雨窟云巢。"

〔雨席云床〕元武汉臣《生金阁》第二折："我道是楚襄王寄语巫山窈窕娘，我也不须遮遮掩掩妆模样，早共晚准备下雨席云床。"

〔雨帐云屏〕宋石孝友《点绛唇》词:"雨帐云屏,一枕高唐梦。"

〔雨云乡〕元石德玉《曲江池》第三折:"这些时消疏了燕燕莺莺,风月所得清白,雨云乡无粘带,烟花寨耳根清净。"元杨遑《刘行首》第一折:"我着你托化在雨云乡,还宿债在莺花阵。"明陈与郊《昭君出塞》:"说甚雨云乡,到巫山才知宋玉荒唐。"

〔阳台〕南唐严续姬《赠别》诗:"风柳摇摇无定枝,阳台云雨梦中归。"宋曾觌《菩萨蛮》词:"阳台云易散,往事寻思懒。"明梁辰鱼《浣纱记·演舞》:"青簌簌花笼蝉鬓,软迷离似阳台一片云。"

〔巫山〕五代冯延己《鹊踏枝》词之七:"心若垂杨千万缕,水阔花飞,梦断巫山路。"清古吴墨浪子《西湖佳话·西泠韵迹》:"但求一见,为荣多矣,谁敢妄想巫山之梦。"

【雨散云收】【云收雨散】【雨散】喻男女性爱已毕。

〔雨散云收〕宋周邦彦《青玉案·良夜灯光》词:"玉体偎人情何厚,轻惜轻怜转唧嚼。雨散云收眉儿皱。"明李日华《南西厢记·堂前巧辩》:"阳台雨散云收。春意徘徊。"

〔云收雨散〕明冯梦龙《喻世明言》卷二九:"少刻,云收雨散,被红莲将口扯下白布袖衫一只,抹了长老精污,收入袖中。这长老困倦不知。"

〔雨散〕宋程垓《意难忘》词:"似云收楚峡,雨散巫阳。"

【雨羞云困】对男女性爱感到羞怯和困倦的婉称。宋赵崇嶓《如梦令》词:"残月醉归来,长是雨羞云困。低问,低问。独自绣帏睡稳。"

高唐 gāotáng   高唐梦 gāotángmèng

典出宋玉《〈高唐赋〉序》。参看"云雨"。

【高唐】男女性爱场所。元张可久《折桂令·秋思》曲:"想像高唐,萦损柔肠,梦见才郎。"清华广生辑《白雪遗音·银钮丝·盼五更》:"矇胧方才睡,一梦赴高唐,与才郎携手,只在阳台上。"

【高唐梦】男女性爱。唐李涉《遇湖州妓宋态宜》诗之一:"曾识云仙至小时,芙蓉头上绾青丝。当时惊觉高唐梦,唯有如今宋玉知。"宋周煇《清波杂志》卷十:"刘武僖自柯山赴召,亦记岁月于仰高亭上,末云:'侍儿意真代书。'后有人题云:'一入侯门海样深,谩留名字恼行人。夜来仿佛高唐梦,犹恐行云意未真。'"

颠鸾倒凤 diānluándǎofèng
鸾颠凤倒 luándiānfèngdǎo
凤倒鸾颠 fèngdǎoluándiān
倒凤颠鸾 dǎofèngdiānluán

婉词。鸾凤,喻夫妇,这里泛指男女。颠倒,欢爱到入迷的程度。

【颠鸾倒凤】清华广生辑《白雪遗音·马调头·荼蘼架》:"荼蘼架下成双对,

鸳鸯戏水，颠鸾倒凤，连连几回，甚是娇美。"《红楼梦》第六回："是夜贾琏和他颠鸾倒凤，百般恩爱。"

【鸾颠凤倒】明谢谠《四喜记·仁主赐婚》："喜孜孜鸾颠凤倒，美津津露湿花娇。"明无名氏《霞笺记·驸马联姻》："把嫦娥谪来人世，一对天缘美，已成婚契，鸾颠凤倒，如鱼得水。"

【凤倒鸾颠】明汪道昆《五湖游》："一更未到，意惹情牵；二更未到，凤倒鸾颠。"

【倒凤颠鸾】元王实甫《西厢记》第四本第二折："你绣帏里效绸缪，倒凤颠鸾百事有。"元曾瑞《一枝花·买笑》套曲："却想美甘甘尤云殢雨，喜孜孜倒凤颠鸾。"《清平山堂话本·风月瑞仙亭》："二人倒凤颠鸾，顷刻云收雨散。"

莺颠燕狂 yīngdiānyànkuáng

婉词。喻男女恣意欢爱。清孔尚任《桃花扇·听稗》："暗思想，那些莺颠燕狂，关甚兴亡。"

蜂狂 fēngkuáng 蜂狂蝶乱 fēngkuángdiéluàn 蜂游蝶舞 fēngyóudiéwǔ

婉词。喻性爱恣意放荡。

【蜂狂】明陈汝元《金莲记·媒合》："料腰肢怯处，不耐蜂狂。"

【蜂狂蝶乱】明王玉峰《焚香记·允谐》："那淫奔坞，多少蜂狂蝶乱，毕竟傍谁虚度。"

【蜂游蝶舞】清黄六鸿《福惠全书·刑书·词讼》："近日吴越州邑，有等无赖少年，……狐群狗党，出入茶坊酒肆，蜂游蝶舞，颠狂红粉青楼。"

狎 xiá 狎昵（暱）xiánì

男女淫猥交合的婉称。

【狎】清王士禛《池北偶谈·谈异录·女化男》："山东济宁有妇人，年四十余，寡数年矣，忽生阳道，日与其子狎。"

【狎昵（暱）】清纪昀《阅微草堂笔记·滦阳续录二》："留连数夕，召其夫至，计月给夜合之资，狎暱经年，竟殒于消渴。"清蒲松龄《聊斋志异·胡四姐》："生就视，容华若仙，惊喜拥入，穷极狎昵。"

燕私 yànsī

男女性行为的婉称。唐玄奘《大唐西域记·乌仗那国》："（释种）迎龙女以还都。龙女宿业未尽，余报犹在，每至燕私，首出九龙之头。释种畏恶，莫知图计，伺其睡也，利刃断之。"宋洪迈《夷坚志补·猪嘴道人》："（蹶）后访乳医尝出入太守家者，使密扣姬，云梦中恍惚与一男子燕私，今久不复然也。"

春事 chūnshì 春风 chūnfēng

婉词。婉称男女性爱。

【春事】明沈仕《偶见》曲之二："交鸾凤春事无涯，不觉香露滴、牡丹芽。"

【春风】明冯梦龙《警世通言·玉堂春落难逢夫》："沈洪平日原与小段名有情，

那时……草草合欢,也当春风一度。"《花月痕》第四五回:"不料碧桃竟禁得起春风一度,而且曲尽妩媚之态。"

入港 rùgǎng

发生性行为。明凌濛初《初刻拍案惊奇》卷十七:"碍着是头一日来到,不敢就造次,只好眉梢眼角,做些功夫,未能够入港。"《红楼梦》第十五回:"这里刚才入港,说时迟,那时快,猛然间一个人从身后冒冒失失的按住,也不出声,二人唬的魂飞魄散。"

做光 zuòguāng 做起光 zuòqǐguāng

婉称男女调情或性行为。

【做光】《水浒传》第四八回:"原来王矮虎初见一丈青,恨不得便提过来,谁想斗过十合之上,看看的手颤脚麻,枪法便都乱了。不是两个性命相扑时,王矮虎却要做光起来。"明凌濛初《二刻拍案惊奇》卷七:"(吕使君)趁此就与董孺人眉目送情,两下做光。"

【做起光】明凌濛初《初刻拍案惊奇》卷十七:"谁知黄知光是个色中饿鬼,观中一见吴氏姿容,与他说话时节,恨不得就与他做起光来。"又卷二:"若非是有人在面前,又非是一面不曾识,两下里就做起光来了。"

阴阳 yīnyáng

男女性行为。《太平御览》卷三六〇引南朝宋刘义庆《幽明录》:"谯郡胡馥之,娶妇李氏,十余年无子,而妇卒。哭恸,云:'竟无遗体,遂丧,此酷何深!'妇忽起坐曰:'感君痛悼,我不即朽,君可瞑后见就,依平生时阴阳,当为君生一男。'语毕还卧。"

不妥 bùtuǒ

婉指不正当男女关系。《红楼梦》第六四回:"二姐儿又是水性人儿,在先已和姐夫不妥。"

染 rǎn

婉词。婉指男女发生性关系。明冯梦龙《警世通言·小夫人金钱赠年少》:"只因小夫人生前甚有张胜的心,死后犹然相从。亏杀张胜立心至诚,到底不曾有染。"清纪昀《阅微草堂笔记·滦阳续录五》:"众言儿女嬉戏,实无所染。"《三侠五义》第七十回:"且说碧蟾素日原与家人进宝有染,今将她锁在后花园空房,不但不能捱饿,反倒遂了二人私欲。""染污",也可指男女性行为。《百喻经·叹父德行喻》:"我父小来断绝淫欲,初无染污。"

6. 妓女婉称

花 huā

妓女的婉称。花,常用以喻年轻女子,也可婉称妓女。宋周密《武林旧事·歌馆》："平康诸坊,如上下抱剑营,……皆群花所聚之地。""花"可和相关的词搭配婉称妓女或和妓女有关的事物。

【花娘】【花姑娘】妓女的婉称。

〔花娘〕明陶宗仪《辍耕录·妇女曰娘》："而世谓稳婆曰老娘,女巫曰师娘,……娼妇曰花娘。"

〔花姑娘〕沈从文《主妇集·贵生》："我们五爷花姑娘弄不了他的钱,花骨头可迷住了他。"

【花名】妓女在妓院中所取的名字。元宋无《直沽》诗:"细问花名何处出,扬州十里小红楼。"曹禺《日出》第三幕:"在右边小门上悬一个镜框,嵌着'花翠喜'三个字,那大概是这个屋子姑娘的花名。"沙汀《一个秋天的晚上》:"花名叫筱桂芬,这天上午才初次到镇上来,而她立刻碰上了好运气。"

烟花 yānhuā 烟花女 yānhuānǚ 胭(臙)花 yānhuā 胭花女 yānhuānǚ

妓女的婉称。

【烟花】唐黄滔《闺怨》诗:"塞上无烟花,宁思妾颜色。"明冯梦龙《警世通言·玉堂春落难逢夫》:"奶奶是名门宦家之子,奴是烟花,出身微贱。"又《杜十娘怒沉百宝箱》:"自古道:'妇人水性无常。'况烟花之辈,少真多假。"《二十年目睹之怪现状》第一回:"苏扬各地之烟花,亦多因上海富商大贾之多,一时买棹而来。"

【烟花女】欧阳予倩《关王庙》:"叹世间就这般人情冷暖,也难怪烟花女无义的苏三。"

【胭(臙)花】唐吕岩《敲爻歌》:"也饮酒,也食肉,守定胭花断淫欲。"明凌濛初《初刻拍案惊奇》卷二:"吴大郎上下一看,只见不施脂粉,淡雅梳妆,自然内家气象,与那臙花队里的迥别。"

【胭花女】《明成化说唱词话丛刊·石郎驸马传》:"你是招客胭花女,风流门下贱夫人。"

莺花 yīnghuā 莺燕 yīngyàn

妓女的婉称。

【莺花】元石德玉《曲江池》第二折:"谁著你恋莺花,轻性命,丧风尘?"况周颐《蕙风词话续编》卷二:"维扬本莺花薮泽,自昔新城司李,狎主词盟,红桥冶春,香艳如昨。"

【莺燕】清李渔《意中缘·毒饵》:"妾乃闽莆妓女林天素是也,不幸双亲弃早,将身堕入青楼,虽居莺燕之场,时切雎鸠之慕。"

墙花柳 qiánghuāliǔ 墙花路柳 qiánghuālùliǔ 墙花路草 qiánghuālùcǎo

婉喻妓女。

【墙花柳】明沈受先《三元记·秉操》:"妾身不是墙花柳,只为恩山义海难消受,故把明珠暗里投。"

【墙花路柳】明高明《二郎神·秋怀》套曲:"风流。恩情怎比,墙花路柳?记待月西厢,和你携素手。"明冯梦龙《古今小说·蒋兴哥重会珍珠衫》:"假如墙花路柳,偶然适兴,无损于事。"

【墙花路草】明徐复祚《红梨记·诗要》:"非执拗,那壁厢是墙花路草,怎比得日边红杏倚云高?"

闲花野草 xiánhuāyěcǎo

婉喻妓女或不正经的妇女。《快心编三集》第六回:"就是自己不来,书信也该带一个来。决然在那里遇了闲花野草,绊住身心。"元柯丹丘《荆钗记·分别》:"春纤,捧觞低劝,好将心事拘抴。到京师,闲花野草,慎勿沾染。"

姐 jiě　姐姐 jiějie　姐儿 jiě'er　大姐 dàjiě　小大姐 xiǎodàjiě　小姐 xiǎojiě　窑姐 yáojiě

婉词。元明时期及清代对妓女的婉称。

【姐】明冯梦龙《警世通言·玉堂春落难逢夫》:"常言'姐爱俏,鸨爱钞'。你多拿些银子出来打动他,不愁他不用心。"

【姐姐】元关汉卿《救风尘》第三折:"自家张小闲的便是,平生做不的买卖,止是与歌者姐姐每叫些人,两头往来。"《金瓶梅词话》第十一回:"买俏金,哥哥休撺;缠头锦,婆婆自接;卖花钱,姐姐不赊。"

【姐儿】《金瓶梅词话》第十一回:"这位姐儿上姓?端的会唱。"明无名氏《霞笺记·丽容矢志》:"多少从良的姐儿,不得了当。"《醒世姻缘传》第四十回:"这个大姐那辈子也是个姐儿?"《老残游记》第十三回:"次一等的人呢,就无非说那个姐儿长得怎么好,同他怎么样的恩爱。"

【大姐】元关汉卿《救风尘》第一折:"[外旦云]今日也大姐,明日也大姐,出了一包儿脓。我嫁了,做一个张郎家妇,李郎家妻,立个妇名,我做鬼也风流的。"元无名氏《云窗梦》第一折:"[净云]大姐,似俺这等做子弟的,有村的,有俏的。"明郑若庸《玉玦记·入院》:"北方人都叫大姐是猱儿,我怎么叫不得?"

【小大姐】明冯梦龙《桂技儿·者妓》:"小大姐模样儿生得尽妙,也聪明,也伶俐,可恨妆乔,一时喜怒人难料。"

【小姐】也可婉称妓女。《二十年目睹之怪现状》第三六回:"这上海的妓女也叫小姐,虽比不到千金,也该叫百金。"

【窑姐】称妓院为窑子,称妓女为窑姐,约始于清代。《官场现形记》第三九回:"这时候汉口有个做窑姐的,名字叫做爱珠,姿色甚是平常,生意也不兴旺。"《二十年目睹之怪现状》第六二回:"晚上请老爷、师爷在窑姐儿那里碰和喝酒。"瞿秋白《人才易得》:"美人儿而说'多年',自然是阅人多矣的徐娘了,她早已从窑姐儿升任了老鸨婆。"

私窠 sīkē 私窠子 sīkēzi 私窝子 sīwōzi

婉称暗娼。

【私窠】元明时对暗娼的称呼。清孔尚任《桃花扇·拒媒》:"小私窠贱根,掉巧舌讪谤尊亲。"

【私窠子】明冯梦龙《古今小说·新桥市韩五卖春情》:"原来这人家是隐名的娼妓,又叫'私窠子',是不当官吃衣饭的。"《金瓶梅词话》第九五回:"有两个私窠子,一个叫薛存儿,一个叫胖儿。"

【私窝子】《海上花列传》第五六回:"俚赛过私窝子,勥去喊俚。"鲁迅《热风·随感录四十》:"我们不必学那才从私窝子里跨出脚,便说'中国道德第一'的人的声音。"

谢娘 xièniáng 谢娥 xiè'é

妓女的婉称。

【谢娘】唐白居易《代谢好妓答崔员外》诗:"青娥小谢娘,白发老崔郎。"唐唐彦谦《离鸾》诗:"庭前佳树名栀子,试结同心寄谢娘。"

【谢娥】五代前蜀韦庄《叹落花》诗:"西子去时遗笑靥,谢娥行处落金钿。"

青楼 qīnglóu

妓院婉称,也指妓女。唐温庭筠《塞寒行》:"彩毫一画竟何荣,空使青楼泪成血。"宋秦观《虞美人》词:"欲将幽恨寄青楼,争奈无情江水不西流。"宋晏几道《生查子》词:"归去凤城时,说与青楼道:遍看颍川花,不似师师好。"清李渔《慎鸾交·席卷》:"华郎的心肠虽好,只怕他父亲到底执意,不容我辈青楼。"《"五四"爱国运动资料·妙莲告花界书》:"惟我青楼一无举动,我本我的良心,想出几条办法,劝告我全国花界同胞。"

粉头 fěntóu 粉花 fěnhuā 粉团儿 fěntuán'er

妓女的婉称。

【粉头】明冯梦龙《警世通言·玉堂春落难逢夫》:"他家里还有一个粉头,排行三姐,号玉堂春,有十二分颜色。"《红楼梦》第六五回:"你们哥儿俩,拿着我们姐妹两个权当粉头来取乐儿,你们就打错算盘了。"

【粉花】清蒲松龄《聊斋志异·阿宝》:"世之落拓而无成者,皆自谓不痴者也。且如粉花荡产,卢雉倾家,顾痴人事哉!"

【粉团儿】元张可久《小桃红·湖上和刘时中》曲:"三弦玉指,双钩草字,题赠粉团儿。"又《红绣鞋·湖上》曲:"控青丝玉面马,歌《金缕》粉团儿,信人生行乐耳。"

夜度娘 yèdùniáng

妓女的婉称。清蒲松龄《聊斋志异·江城》:"渠虽不贞,亦未便作夜度娘,成否固未必也。"

风尘 fēngchén

风月 fēngyuè

妓女婉称。

【风尘】清蒲松龄《聊斋志异·彭海秋》："娟娘纵体入怀，哽咽而言曰：'仙人已作良媒，君勿以风尘可弃，遂舍念此苦海人。'"

【风月】除婉称嫖妓外，也可婉称妓女。清古吴墨浪子《西湖佳话·西泠韵迹》："先生若无齐治均平的大本领，我苏小小风月行藏，便难效力。"清孔尚任《桃花扇·传歌》："妾身姓李，表字贞丽，烟花妙部，风月名班。"

相好 xiānghǎo

嫖客称过从密切的妓女。《文明小史》第四八回："张媛媛是你自己的相好，反要朋友花了本钱叫了局来陪你，怎么不要你承朋友的情呢？"

生 shēng

婉词。婉称妓女。宋张邦基《墨庄漫录》卷八："政和间，汴都平康之盛，而李师师、崔念月二妓名著一时，……声名溢于中国。李生者，门第尤峻。"元方回《木棉怨序》："贾似道南窜，犹携所谓王生、沈生以自随。二生，天下绝色也。"清徐士銮《宋艳》卷六："呼妓为生，未始于何时。徐虹亭《续本事诗》载袁宏道中郎《伤周生》诗，题下注：吴人呼妓为生，盖亦沿宋旧耳。"

姊妹 zǐmèi

可用于婉称妓女。清孔尚任《桃花扇·访翠》："这一条巷里，都是有名姊妹家。"

弟子 dìzǐ

妓女的婉称。流行于宋元时。宋朱彧《萍州可谈》卷三："近世择姿容，习歌舞，迎送使客侍宴女子，谓之弟子，其魁谓之行首。"元关汉卿《谢天香》第一折："卖弄的有伎俩，卖弄的有艳姿，则落的临老来呼弟子。"

行首 hángshǒu 上厅行首 shàngtīnghángshǒu 上行首 shànghángshǒu

名妓的婉称。

【行首】宋吴自牧《梦粱录·诸库迎煮》："其官私妓女，择为三等：上马先以顶冠花衫子裆裤，次择秀丽有名者，带珠翠朵玉冠儿，销金衫儿，裙儿，各执花斗鼓儿，或捧龙阮琴瑟，后十余辈，著红大衣，带皂时髻，名之'行首'。"《天雨花》第九回："我是天香院中行首贾秀鸾。"

【上厅行首】官妓中班行之首，管理门户中的其他妓女。也泛指名妓。元武汉臣《玉壶春》第一折："老身嘉兴府人氏，姓李，有一个女孩儿，小字素兰，幼小间学成歌舞吹弹，做着个上厅行首。"《水浒传》第七二回："这是东京上厅行首，唤做李师师。"明凌濛初《初刻拍案惊奇》卷二二："王赛儿本是个有名的上厅行首,又见七郎有的是银子,放出十分擒拿的手段来。"

【上行首】即"上厅行首"。《清平山堂话本·柳耆卿诗酒玩江楼记》:"当时是宋神宗朝间,南京有一个才子,天下闻名,姓柳,双名耆卿,专爱在花街柳巷,多少名妓欢喜他,在京师与三个出名上行首打暖。"《水浒传》第二一回:"我这女儿长得好模样,又会唱曲儿……那一个行院不爱她!有几个上行首,要问我过房几次,我不肯。"

鼓子花 gǔzihuā

婉称姿容欠佳的妓女。宋陈师道《后山诗话》:"张子野老于杭,多为官妓作词,与胡而不及靓。靓献诗云:'天宇群芳十样葩,独分颜色不堪夸。牡丹芍药人题遍,自分身如鼓子花。'子野于是为作词也。"元乔吉《扬州梦》第三折:"你题情休写香罗帕,我寄恨须传鼓子花。"明俞弁《山樵野语》卷十:"诗人以妓女无颜色者谓之鼓子花。"

陪花 péihuā

婉词。婉称陪喝花酒的妓女。《官场现形记》第十二回:"王、黄二位没有叫陪花,周老爷也想不叫。"

金钗客 jīnchāikè

婉词。婉称妓女。金钗,金制妇女首饰,常用以借指妇女。唐李贺《残丝曲》:"绿鬓少年金钗客,缥粉壶中沉琥珀。"王琦汇解:"金钗客,指女子。"元武汉臣《玉壶春》第三折:"我本要

秦楼夜访金钗客,我与你审问个明白。"

堂客 tángkè

也婉指妓女。清华广生辑《白雪遗音·马头调·窝娼》:"有一位吴太爷,一到就把堂客断,刑法儿新鲜。妓女儿,剃去了头发;包家子,削去了眉尖。"

堂差 tángchāi

也婉称妓女应召出外陪嫖客饮酒。《孽海花》第二九回:"不一会,到了燕庆里,登了彩云妆阁,此时彩云早已堂差出外,家中只有几个时髦大姐,在那里七手八脚地支应不开。"

顶老 dǐnglǎo

妓女的婉称。元商衟《一枝花·叹秀英》:"生把俺欺及做顶老,为妓路划地波波,忍耻包羞排场上坐。"《清平山堂话本·柳耆卿诗酒玩江楼记》:"这三个顶老赔钱,争养着那柳七官人。"也指妓院中虔婆一类的行当。元本高明《琵琶记·伯嗜允婚》:"终日走千遭,走得脚无毛。何曾见汤水面?也不见半钱糟。倒不如做虔婆顶老。"

小先生 xiǎoxiānshēng

婉称年轻还没有接客的妓女。《官场现形记》第八回:"兰芬虽然十六岁,还是小先生勒!"

春妇 chūnfù

婉称妓女。叶圣陶《倪焕之》二九:

"后来他们改换题目,矜夸地、肉麻地,谈到法租界的春妇。"

倚门妇 yǐménfù 倚门者 yǐménzhě 门里人 ménlǐrén

婉指妓女。

【倚门妇】清纪昀《阅微草堂笔记·槐西杂志四》:"计娶其妇,报之已甚矣,而又视若倚门妇,玷其家声,是已甚之中又甚焉。"

【倚门者】清纪昀《阅微草堂笔记·滦阳续录三》:"有人于酒筵遇一妓,举止尚有士风。讶其不类倚门者,问之,即其小女也。"

【门里人】《醒世姻缘传》第四十回:"狄婆子指着孙兰姬道:'我看这孩子有些造化似的,不像个门里人,我替俺这个种子娶了她罢。'"

词史 císhǐ

妓女的雅称。清邹弢《三借庐笔谈·李爱珠诗》:"李爱珠词史,住阊门之宋仙洲巷,佻荡笑谑,似无甚心机者。"《二十年目睹之怪现状》第三六回:"他们做妓女的本来叫词史,我们男人又有了词人、词客之称。"

长三 chángsān 幺二 yāo'èr 野鸡 yějī

旧时上海对不同等级妓女的婉称。

【长三】高级妓女的婉称。《二十年目睹之怪现状》第三三回:"他近来发了财,还到我们这里来么! 要到四马路嫖长三去了。"鲁迅《南腔北调集·关于女人》:"上海的时髦是从长三、幺二传到姨太太之流,从姨太太之流再传到太太、奶奶、小姐。"

【幺二】比长三次一等的妓女。《二十年目睹之怪现状》第九十回:"因为东西棋盘街都是幺二妓女麇聚之所,众人也误认了他做幺二,其实他与那一个妓院聚了四五十个妓女的幺二妓院,有天渊之隔呢。"鲁迅《南腔北调集·关于女人》:"民国初年我就听说,上海的时髦是从长三、幺二传到姨太太之流。"郭沫若《创造十年续篇》六:"因为到那儿去压诗谜的人,多是幺二女士和瘪三男士,他们并不问你字句通不通,其实有多少连字都不认识,只是和赌单双有无一样、猜着好玩而已。"

【野鸡】沿街拉客的妓女。欧阳予倩《车夫之家》:"你为什么不叫你的女儿去当野鸡? 你们都是班强盗,吃人的鬼!"

咸水妹 xiánshuǐmèi

婉称沿海船上或岸上接待洋人或水手的妓女。清张心泰《粤游小志·妓女》:"又有蜑户为海娼者,人呼为咸水妹。"清孙橒《馀墨偶谈·咸水妹》:"上海蛋户之为海娼者,人呼为咸水妹。"茅盾《劫后拾遗》二:"'这是什么路数呢,妖妖拐乖的!'馨儿听得妈妈低声问他爸爸。'自然是咸水妹了。'又听得爸爸这样回答。"

黄鱼 huángyú

婉称妓女。《二十年目睹之怪现状》第三回:"这里南京人,叫大脚妓女做黄鱼。"又:"桂花送到门口,叫他晚上来。这本来是黄鱼送客的口头禅,并不是一定要叫他来。"

条子 tiáozi

叫妓女陪席为"叫条子",也以条子婉称妓女。《官场现形记》第二四回:"忽然又笑问黄胖姑道:'近来有什么好条子没有?'黄胖姑道:'有有有!'"

马班 mǎbān

旧时中原地区对妓女的婉称。胡朴安《中华全国风俗志·河南·郑县采风记》:"铁路未通之先,无明牌之妓女,偶有到者,随到随去,名曰马班。"又《河南·洛阳风俗琐录》:"娼妓俗呼曰马班子。上等居于客栈,下等住于窑内。"

都知 dūzhī

婉称妓院中的班头,分管诸妓。唐孙棨《北里志·郑举举》:"同年卢嗣业拆醵罚钱,致诗于状元曰:未识都知面,频输复分钱。"原注:"曲内妓之头角者为都知,分管诸妓,俾追召匀齐。""都知"又用于教坊歌师,五代、宋殿前武官名。

上头 shàngtóu

妓女初次接客的婉称。明陶宗仪《辍耕录·上头入月》:"倡家处女初得荐寝于人,亦曰上头。"清孔尚任《桃花扇·眠香》:"今日香姐上头,贵人将到,你还做梦哩。"

附:

倡 chāng

倡,"娼"的古字。本义是从事歌舞的艺人,兼指男女艺人。女艺人中,有的卖艺外又兼卖身,因又引申出娼妓义。《新唐书·张延赏传》:"及(李晟)还,以成都倡自随,延赏遣吏夺取,故晟衔之。"清刘献廷《广阳杂记》卷一:"朱媚儿,秦淮倡也,归耿章光。"倡,还可与相关的词搭配表示娼妓义。

【倡女】初义是从事歌舞的女艺人,后多指卖身的娼妓。白行简《李娃传》:"汧国夫人李娃,长安之倡女也。"《续资治通鉴·宋理宗绍定五年》:"我倡女张凤奴也,许州破,被俘至此。"鲁迅《南腔北调集·由中国女人的脚推定中国人之非中庸又由此推定孔夫子有胃病》:"那时太太们固然也未始不舞,但舞的究以倡女为多。"

【倡伎】同"倡女"。明胡应麟《少室山房笔丛·艺林学山二·张安贫儿镂臂文》:"唐宋间恶少,竞刺其身,……国朝此风遂绝。惟冶游儿与倡伎密,或劄刺名号,以互相思忆。"姚华《曲海一勺·明诗跋》:"倡伎以色事人,不能风雅。"鲁迅《南腔北调集·由中国女人的脚推定中国人之非中庸又由此推定孔夫子有胃病》:"倡伎就大抵穿着'利屣',穿得久了,也免不了要

'趾敛'的。"

【倡家】同"倡女"。《古诗十九首·青青河边草》:"昔为倡家女,今为荡子妇。"此例中的"倡家"是指从事歌舞的女艺人。后也用以称妓女。唐崔颢《渭城少年行》:"可怜锦瑟筝琵琶,玉壶清酒就倡家。"明凌濛初《初刻拍案惊奇》卷二五:"这是掌书仙的故事,乃是倡家第一个好门面话柄。"

【倡妇】同"倡女"。北周庾信《荡子赋》:"况复空床起怨,倡妇生离;纱窗独掩,罗帐长垂。"清杜濬《扬州春》诗:"积雪泥深一尺余,倡妇挟瑟乘肩舆。"

【倡姥】老倡妇。宋沈括《梦溪笔谈·杂志二》:"有倡姥李氏,得梁氏阴事甚详,乃掀衣登陴,抗声骂之,尽发其私。"

【倡条冶叶】初义是指随风飘逸、轻柔多姿的柳条,后也用以借喻妓女。元刘天迪《一萼红·夜闻南妇哭北夫》词:"堪叹扬州十载,甚倡条冶叶,不省春残。"清许田《扬州慢·邗沟怀古》词:"羡倡条冶叶,青楼翠幕,书记忘归。"

【倡条】同"倡条冶叶"。清袁枚《随园诗话》卷九引清陈楚筠诗:"新安山高江水遥,卷葹原不生倡条。贞魂夜号月光晓,儿童莫赋西陵草。"

娼 chāng

娼,"倡"的今字。从事歌舞的女艺人。后用以表示卖身的女人。宋孙光宪《北梦琐言》卷九:"江淮间有徐月英,名娼也。"清蒲松龄《聊斋志异·嘉平公子》:"有婿如此,不如为娼。"鲁迅《伪自由书·赌咒》:"现在是盗也摩登,娼也摩登,所以赌咒也摩登,变成宣誓了。"娼,还可同相关的词搭配,表示妓女义。

【娼女】初义为从事歌舞的女艺人,后用为卖身的女人。《宣和遗事》前集:"那官家与天为子,与万姓为王,行止处龙凤,出语合成敕,肯慕娼女?我不信。"鲁迅《南腔北调集·关于女人》:"然而买卖是双方的。没有买淫的嫖男,那里会有卖淫的娼女!"

【娼妓】同"娼女"。宋罗烨《醉翁谈录·子瞻判和尚游娼》:"灵景寺有僧,名了然,不遵戒行,常宿娼妓李秀奴家。"《水浒传》第五一回:"那娼妓见父亲被雷横打了,又带重伤,叫一乘轿子,径直到知县衙内。"巴金《春天里的秋天》六:"你们想,做娼妓的女人就没有灵魂吗?"

【娼家】原指从事歌舞的人家,后谓妓院,又指妓女。《花月痕》第四一回:"娼家而死节,名教毋乃褒。人生死知己,此意早已决。"

【娼根】本是骂人的话,意为娼妓的胚子。也用以表示娼妓。明徐渭《翠乡梦》第一出:"元来这个阿妈,就是红莲那娼根,是柳老爷使来干这桩圈套。"明冯梦龙《警世通言·玉堂春落难逢夫》:"赵昂道:'一进门时,你便数他不是,与他寻闹,叫他领着娼根另住,那时凭你安排了。'"

【娼妇】妓女。明冯梦龙《警世通言·玉

堂春落难逢夫》:"自家三万银子都花了,却要娼妇的东西,可不羞杀了人。"

【娼优】从事歌舞的艺人,后多用于妓女义。宋赵令畤《侯鲭录》卷五:"至于娼优女子,皆能调说大略。"《新刊大宋宣和遗事·亨集》:"且娼优下贱,缙绅之士,稍知礼义者,尚不过其门。"元关汉卿《金线池》第二折:"咱本是贱泼娼优,怎嫁得你俊俏儒流!"《儒林外史》第二三回:"他又不是娼优隶卒,为甚那纱帽飞到他头上还有人挡了去?"

妓 jì

初义是从事歌舞的女艺人,后用以称卖身的女子。元黄雪簑《青楼集·樊事真》:"(樊事真)京师名妓也,周仲宏参议嬖之。"明冯梦龙《古今小说·众名姬春风吊柳七》:"自恨身为妓,遭污不敢言。"朱自清《桨声灯影里的秦淮河》:"妓是一种不健全的职业,我们对于她们,应有哀矜勿喜之心。"

【妓人】初义是从事歌舞的女艺人,后也用于妓女义。元关汉卿《救风尘》第三折:"县君的则是县君,妓人的则是妓人。"

【妓女】初义是从事歌舞的女艺人,后用以称卖身的女子。宋孟元老《东京梦华录·驾回仪卫》:"妓女旧日多乘驴,……少年狎客往往随后。"清李渔《玉搔头·讯玉》:"岂有做妓女的人,十六七岁还不破瓜的道理!"

【妓弟】宋元有称妓女为弟子的时俗,因也称妓女为妓弟。宋朱熹《按唐仲友第三状》:"自来未尝有知州为妓弟制造衣服,名件不一,违法如此。"《京本通俗小说·西山一窟鬼》:"我们过驼献岭,九里松路上,妓弟人家睡一夜。"明冯梦龙《醒世恒言·郑节使立功神臂弓》:"那几个员外,隔夜点了妓弟,一家带着一个寻常间来往说得着行首。"

【妓妇】初义是从事歌舞的女艺人,后用以称妓女。清李渔《凰求凤·伙媒》:"自家非别,院子里面一个会打扮的妓妇,叫做钱二娘的便是。往常嫖客最多,生意极是闹热。"

表子 biǎozi 婊子 biǎozi

妓女。以卖淫为职业的女人。

【表子】表,"婊"的古字。表,外。表子,犹外室、外妇,与表示妻子的"内室""内妇"相对。后用于表示妓女。宋无名氏《错立身》第十二出:"被父母禁持,投东摸西,将一个表子依随。"元张国宝《罗李郎》第三折:"往常时秦楼谢馆饮金卮,柳陌花街占表子。"《水浒传》第五一回:"那知县虽然爱朱仝,只是恨这雷横打死了他表子白秀英,也容不得他说了。"

【婊子】婊,"表"的今字。明冯梦龙《警世通言·金令史美婢酬秀童》:"卢智高道:'在婊子刘丑姐家里。'"《儒林外史》第四一回:"厨房里一个人在那里洗手,看见这两个婊子进来,欢喜的要不的。"《官场现形记》第十回:"上海这地方不是好地方,婊子极多,一个个狐狸精似的。"欧阳予倩《桃花扇》第二幕第三场:"识相的把李香君叫出来,穿上衣服跟我们走,要不然把你们这班婊子锁起来!"

鸨 bǎo

老妓女或开设妓院的女人。鸨,淫鸟,以喻妓女。清梁章钜《称谓录·倡》:"《庶物异名疏》:'陆佃云:鸨性最淫,逢鸟则与之交。'"明朱权《丹丘先生曲论》八:"妓女之老者曰鸨。"徐珂《清稗类钞·婚姻类》:"鸨使院主哀于宝山,愿遣女归。"鸨,可与相关的词搭配,表示老妓女或开设妓院的女人。

【鸨母】妓女的假母或泛称开设妓院的女人。明冯梦龙《古今小说·单符郎全州佳偶》:"春娘从小读过经书及唐诗千首,颇通文墨,尤善应对。鸨母爱之如宝,教以乐器及歌舞,无不精绝。"清纪昀《阅微草堂笔记·姑妄听之四》:"有角妓号玉面狐者曰:'是易与,第备钱以待可耳。'乃自诣其家曰:'我为鸨母钱树,鸨母顾虐我。'"聂绀弩《谈鸨母》:"这里说的鸨母,亦作老鸨,即老妓女,妓老不能操业,多蓄刍妓,而自为之母,故曰鸨母。"

【鸨妇】同"鸨母"。《二十年目睹之怪现状》第三二回:"鸨妇脸上出现了错愕之色,回眼望一望端甫,又望着我道:'没有呀!'"

【鸨子】同"鸨母"。《醒世姻缘传》第三八回:"却也古怪,从来老鸨子是填不满的坑,娼妇是活活的骗贼,不知怎样,这鸨子与孙兰姬自来不曾骗他什么。"清孔尚任《桃花扇·媚座》:"莫管他鸨子肯不肯,竟将香君拉上轿子,今夜还送到田漕抚船上。惊的他迷离似痴,只当烟波上遇香妃。"

【鸨儿】①同"鸨母"。明冯梦龙《醒世恒言·卖油郎独占花魁》:"五鼓时,美娘酒醒,已知鸨儿用计,破了身子。"清沈复《浮生六记·浪游记快》:"后鸨儿欲索五百金,强余纳喜。"②妓女。清梁章钜《称谓录·倡》:"(鸨性最淫)……今俗呼妓曰鸨儿,呼倡母曰老鸨,取此。"郭元升《冲天将军》二:"为了等待京师的来信,以及鸨儿从苏州归来,王镣天天变着法儿糊弄王仙芝。"

【鸨妣】老妓女。妣(mān),老妇。清周亮工《书影》卷九:"辛未秋,予觐先大夫于东牟,遇道人马绣头者,亦异人也。素行女术,所至,淫妪鸨妣多从之游。"

【老鸨】同"鸨母"。元关汉卿《金线池》第三折:"那杜家老鸨儿欺侮兄弟也罢了,连蕊娘也欺侮我。"明贾仲名《对玉梳》第四折:"天下老鸨,那一个不爱钱的?"《二十年目睹之怪现状》第七九回:"曾经见过一回,西合兴里死了一个老鸨,出殡起来,居然也是诰封宜人的衔牌。"朱自清《温州的踪迹》四:"老鸨才真是个令人肉颤的屠户呢!"

【老鸨子】同"鸨母"。清华广生辑《白雪遗音·马头调·烟花场》:"烟花场中真可羡,老鸨子讨人厌。"杨沫《青春之歌》第一部第二六章:"您不知道!这儿还有那窑子里的婊子,娼妇老鸨子——整套全干的臭娘们!"

【老鸨婆】同"鸨母"。瞿秋白《文艺杂著续辑·人才易得》:"娼妓说她落在火坑里,还是想人家去救她出来;老鸨婆哭火坑,就没有人相信她。"

【花鸨】一种像雁而背部有花色斑纹的鸟。可借喻妓女。明顾起元《客座赘语·莠民二则》:"土豪市侩,甘作使令;花鸨梨姐,愿供娱乐。"

猱儿 náo'ér

妓女的别称。猱,猿类,身轻捷,善攀缘。元明戏曲中用作角色名。明朱权《太和正音谱·词林须知》:"杂剧院本,皆有正末、副末、狙、孤、靓、鸨、猱、捷讥、引戏九色之名。……猱,妓女之总称。"元关汉卿《谢天香》第一折:"我怨那礼案里几个令史,他每都是我掌命司,先将那等不会弹不会唱的除了名字,早知道则做个哑猱儿。"元乔吉《两世姻缘》第一折:"有那等滴溜的猱儿不觅钱?他每都错怨天。"明徐复祚《投梭记·谋窜》:"全不想猱儿玉貌如花朵,拼得个珠沉玉破,须念我娘儿折磨。"

虔婆 qiánpó

以花言巧语取悦于人,不正派的婆娘。也指鸨母。元石君宝《曲江池》第一折:"虽然那爱钞的虔婆,他也难恕免;争奈我心坚石穿,准备着从良弃贱。"明冯梦龙《警世通言·杜十娘怒沉百宝箱》:"从来海水斗难量,可笑虔婆意不良。"《儒林外史》第五三回:"(陈木南)到了来宾楼门口,一只小猱狮狗叫了两声,里边那个黑胖虔婆出来迎接。"

7.妓院婉称

云雨乡 yúnyǔxiāng

妓院的婉称。元石君宝《曲江池》第三折:"风月所得清白,云雨乡无粘带,烟花寨耳根清静。"元杨遏《刘行首》第一折:"我著你托化在云雨乡,还宿债在莺花阵。"

燕脂坡 yānzhīpō

婉称妓女聚居的地方。宋苏轼《百步洪》诗之二:"不学长安闾里侠,貂裘夜走燕脂坡。"一本作"臙脂坡"。王十朋集注引李厚曰:"燕脂坡,长安妓馆坊名。"也作"燕支坡"。程善之《古意》诗:"燕支坡上夜灯出,不知买醉谁家楼。"

风月场 fēngyuèchǎng 风月所 fēngyuèsuǒ 风月馆 fēngyuèguǎn 风尘

fēngchén

婉称妓院或妓女聚集的场所。

【风月场】"风月"可婉称妓女,因以"风月场"婉称妓院。元关汉卿《谢天香》楔子:"老天生我多才思,风月场中肯让人?"明凌濛初《初刻拍案惊奇》卷三八:"邻舍有个杨二郎,也是风月场中人,年少风流,闲荡游耍过日,没甚根基。"清华广生辑《白雪遗音·马头调·劝嫖》:"风月场中,劝君休把痴心想,切莫要称强。"欧阳予倩《桃花扇》第一幕:"风月场也有她才显得热闹。"

【风月所】同"风月场"。元石德玉《曲江池》第三折:"风月所得清白,云雨乡无粘带,烟花寨耳根清净。"元武汉臣《玉壶春》第二折:"我向这花柳营调鼎鼐,风月所理阴阳。"

【风月馆】同"风月场"。元李行道《灰阑记》第一折:"再不去卖笑追欢风月馆,再不去迎新送旧翠红乡。"

【风尘】同"风月场"。"风尘"可婉称妓女,因也以婉称妓院。五代前蜀王衍《甘州曲》:"柳眉桃脸不胜春,薄媚足精神,可惜沦落在风尘。"宋吴曾《能改斋漫录·记诗》:"遇一妓,本良家子,失身于风尘,才色俱妙。"明冯梦龙《古今小说·史弘肇龙虎君臣会》:"招亮有一亲妹阎越英,见为娼妓。但求越英脱离风尘,早得从良。"《老残游记》第十七回:"见一妓女某人,本系良家,甚为可悯,弟拟拔出风尘,纳为簉室(妾)。"

【莺花市】yīnghuāshì 【莺花阵】yīnghuāzhèn 【莺花寨】yīnghuāzhài 【莺巢燕垒】yīngcháoyànlěi

妓院的婉称。

【莺花市】元戴善夫《风光好》第四折:"我自离了莺花市,无半星儿点污,一抹儿瑕疵。"元王仲元《普天乐·春日多雨》曲:"有赢钞烟月牌,无赔钞莺花市。"

【莺花阵】元杨暹《刘行首》第一折:"我著你托化在云雨乡,还宿债在莺花阵。"

【莺花寨】元武汉臣《玉壶春》第四折:"也只为莺花寨声名非是美,情愿做从良正妻,结婚姻要成对。"元王仲元《普天乐·春日多雨》曲:"莺花寨我纳降,是非海谁著澾,多少惺惺遭坑陷!"

【莺巢燕垒】清黄六鸿《福惠全书·邮政·逐娼妓》:"每有无耻棍豪,多置狎邪门巷,遂作莺巢燕垒,顿成柳市花街。"

【烟花阵】yānhuāzhèn 【烟花寨】yānhuāzhài 【烟花场】yānhuāchǎng 【烟花行院】yānhuāhángyuàn 【烟月作坊】yānyuèzuōfang 【胭花队】yānhuāduì

妓院的婉称。

【烟花阵】元杨暹《刘行首》第四折："云雨乡打抄散燕莺期，风月所掀腾翡翠帏，烟花阵搅散了鸳鸯会。这清闲谁似你。"明陈铎《醉罗歌·闺怨》曲："多应误落烟花阵，迷歌扇，恋舞裙，共谁相伴倒金尊？"

【烟花寨】元石德玉《曲江池》第三折："风月所得清白，雨云乡无粘带，烟花寨耳根清静。"

【烟花场】清赵翼《散花曲》："偶然阑入烟花场，肯避风流作迂叟？"清王晫《今世说·文学》："安静子读书，如浪子入烟花场中，不知流荡何所。"鲁迅《伪自由书·崇实》："费话不如少说，只剥崔颢《黄鹤楼》诗以吊之，曰：'……日薄榆关何处抗，烟花场上没人惊。'"

【烟花行院】《花月痕》第五二回："（奴家）只因父母早亡，流落在烟花行院。"

【烟月作坊】清周友良《珠江梅柳记》卷二："省城中故多烟月作坊，莫不流览殆遍。"

【胭花队】胭花，婉称妓女。胭花队，婉称妓院。明凌濛初《初刻拍案惊奇》卷二："吴大郎上下一看，只见不施脂粉，淡雅梳妆，自然内家气象，与那胭花队里的迥别。"

烟花市 yānhuāshì　烟花巷 yānhuāxiàng　烟花柳巷 yānhuāliǔxiàng

婉称妓女聚集的市巷，也指妓院。

【烟花市】元武汉臣《玉壶春》第四折："今日个告别了烟花市，同归了锦绣闱。"明徐霖《绣襦记·襦护郎寒》："抱住杖走尽了烟花市，挥笔写就了龙蛇字。"明凌濛初《二刻拍案惊奇》卷四十："舞裙歌扇烟花市，便珠宫蕊殿，有甚参差？"

【烟花巷】《红楼梦》第一回："择膏粱，谁承望流落在烟花巷。"

【烟花柳巷】清华广生辑《白雪遗音·马头调·歌院秦楼》："俺本是贤德淑女良家后，流落在烟花柳巷把罪受。"

杨柳楼 yángliǔlóu

妓院的婉称。《全元散曲·斗鹌鹑·元宵》："爱杨柳楼心殢酒，喜芙蓉帐里藏阄。"

翠红乡 cuìhóngxiāng　翠馆 cuìguǎn

妓院的婉称。

【翠红乡】元李行道《灰阑记》第一折："再不去卖笑追欢风月馆，再不去迎新送旧翠红乡。"明王骥德《男王后》第二折："你坐军中花柳场，我领前队翠红乡。"也指在女人群中生活。清洪昇《长生殿·冥追》："只他在翠红乡欢娱事过，粉香丛冤孽债多。"

【翠馆】元张宪《席上得摇字》诗："翠馆行厨雪乍消，墙头新柳又垂条。"清孔尚任《桃花扇·传歌》："闲来翠馆调鹦鹉，懒去朱门看牡丹。"也指美女的住处。清李渔《奈何天·虑婚》："经翠馆,过琼楼,美人掩面下帘钩。"

章台 zhāngtái 走马章台 zǒumǎzhāngtái

妓院聚集地的婉称。章台街为汉代长安街道名,街多妓院,因以为妓院聚集地之称。

【章台】宋晏几道《鹧鸪天》词:"新掷果,旧分钗。冶游音信隔章台。"明无名氏《霞笺记·中丞训子》:"章台试把垂杨折,往事堪悲心欲裂。"

【走马章台】初指到妓院寻欢作乐,后也泛指妓院。元刘庭信《新水令·春恨》套曲:"想俺那多才,柳陌花街,莫不是谢馆秦楼。多应在走马章台。"也省作"走章台"。宋苏轼《次韵刘贡父李公择见寄》诗之二:"为郡鲜欢君莫叹,犹胜尘土走章台。"

青楼 qīnglóu 秦楼 qínlóu 楚馆 chǔguǎn 秦楼楚馆 qínlóuchǔguǎn 秦楼谢馆 qínlóuxièguǎn 谢馆秦楼 xièguǎnqínlóu 楚馆秦楼 chǔguǎnqínlóu

妓院的婉称。

【青楼】唐杜牧《遣怀》诗:"十年一觉扬州梦,赢得青楼薄幸名。"清纪昀《阅微草堂笔记·槐西杂志四》:"姬蹙然敛衽跪曰:'妾故某翰林之宠婢也,翰林将殁,度夫人必不相容,虑或鬻入青楼,乃先遣出。'"

【秦楼】宋柳永《笛家弄》词:"未省宴处能忘管弦,醉里不寻花柳,岂知秦楼?"明朱有燉《香囊怨》第三折:"秦楼中阑珊了翠袖红裙,章台上空闲了玉斗金樽。"

【楚馆】明范受益、王錂《寻亲记·告借》:"你若娶秦楼女,楚馆人,我也甘心不论。"

【秦楼楚馆】明梁辰鱼《浣纱记·送饯》:"惆怅,你休还认在秦楼楚馆,休还认在香闺绣帐。"清潘荣陛《帝京岁时纪胜·琉璃厂店》:"更有秦楼楚馆遍笙歌,宝马香车游士女。"《人民日报》1999年4月8日:"四是纨绔气。……沉溺于灯红酒绿之中,寄情于秦楼楚馆之间,吃喝玩乐,宝马香车。"

【秦楼谢馆】金董解元《西厢记诸宫调》卷一:"秦楼谢馆鸳鸯幄,文流稍足有声价。"

【谢馆秦楼】元无名氏《百花亭》第二折:"则待要买断了谢馆秦楼,却揽下这一场不明白的僝僽。"《金瓶梅词话》第四六回:"你在谢馆秦楼,倚翠偎红,色胆天来大。"

【楚馆秦楼】元张国宾《薛仁贵》第三折:"也不知他在楚馆秦楼贪恋着谁,全不想养育的深恩义。"《水浒传》第六回:"花街柳陌,众多娇艳名姬;楚馆秦楼,无限风流歌妓。"清古吴墨浪子《西湖佳话·西泠韵迹》:"小小自十五至二十,这四五年,楚馆秦楼之福,俱已享尽。"

花 huā

因花经常用以喻女人,也用以婉称与妓女有关的事物。

【花市】【花门】【花院】【花馆】【花丛】【花台】【花营】【花柳】【花柳场】【花柳营】【花柳丛】【花门柳户】妓院的婉称。

〔花市〕元商道《月照夜·问花》套曲:"清香引客眠花市,艳色迷人殢酒色。"元张可久《小桃红·湖上和刘时中》曲:"夕阳时,画船无数围花市。三弦玉指,双钩草字,题赠粉团儿。"

〔花门〕明康海《王兰卿》第一折:"做一个三从四德好人妻,不强如朝云暮雨花门妇。"《中国歌谣资料·太平军快到苏州城·昏无能》:"昏无能,……赌钱又吃酒,还有闯花门。"

〔花院〕明冯梦龙《醒世恒言·卖油郎独占花魁》:"未识花院行藏,先习孔门规矩。"

〔花馆〕宋柳永《玉蝴蝶·春游》词:"是处小街斜巷,烂游花馆,连醉瑶卮。"明梁辰鱼《寄怀》词:"花馆贮多娇,冠当筵风度飘飘。"

〔花丛〕《官场现形记》第九回:"他虽初入花丛,瞧着别人的局都到了,自己的不来,未免觉着没趣。"《劫余灰》第三回:"年轻的男子,往往把持不定,失足花丛,是常有的。"茅盾《客座杂忆·周杨姻缘之一幕》:"其时,周每周必赴沪流连花丛,杨女曾追踪至,于妓院中找得周,当堂大闹。"

〔花台〕元关汉卿《谢天香》第一折:"平生以花酒为念,好上花台做子弟,不想游学到于此处。"元无名氏《冤家债主》第一折:"引着些个泼男泼女相扶策,你你你则待每日上花台。"

〔花营〕明朱有燉《曲江池》第三折:"子为我赏芳春梦撒了撩丁,因此上向花营纳了降旗。"

〔花柳〕唐段成式《酉阳杂俎·语资》:"某少年常结豪族为花柳之游,竟畜亡命,访城中名姬,如蝇袭膻,无不获者。"

〔花柳场〕《二十年目睹之怪现状》第一○六回:"须知花柳场中,就是炎凉世界,你穿了布衣服去,要看不起你的。"

〔花柳营〕明贾仲名《对玉梳》第一折:"你那眼又亲,手又准,……将一座花柳营生扭做迷魂阵,真是个女吊客,母丧门。"

〔花柳丛〕明凌濛初《初刻拍案惊奇》卷十五:"我陈珩若再向花柳丛中着脚时,永远前程不吉,死于非命!"清纪昀《阅微草堂笔记·滦阳消夏录四》:"我一生不入花柳丛,尔也不能惑。"

〔花门柳户〕明朱有燉《继母大贤》:"此人好去花门柳户行走,又好吃酒赌钱。"明康海《王兰卿》第一折:"谁想这妮子情性贞良,全无花门柳户之气。"

【花柳人家】指娼家。明凌濛初《二刻拍案惊奇》卷二一:"王惠与李彪见他出去外边歇宿,只说是在花柳人家,也不查他根脚。"

【花街】【花街柳市】【花街柳陌】【花

衚】【花衢柳陌】【花街柳巷】婉指妓院集中的街市。

〔花街〕元宋方壶《一枝花·妓女》曲:"自生在柳陌中,长立在花街内。"清李渔《慎鸾交·品花》:"琴书落魄无生计,撞花街,日寻佳丽。"

〔花街柳市〕《金瓶梅词话》第七四回:"花街柳市,你恋着蜂蝶采。"

〔花街柳陌〕元无名氏《货郎担》第四折:"那李秀才不离了花街柳陌,占场儿贪杯好色,看上那柳眉星眼杏花腮。"《水浒传》第六回:"花街柳陌,众多娇艳名姬;楚馆秦楼,无限风流歌妓。"

〔花衢〕明朱有燉《神仙会》第二折:"自惜青春,误落花衢作妓人。"

〔花衢柳陌〕元李邦祐《转调陶金令·思情》曲:"花衢柳陌,恨他去胡拈惹;秦楼谢馆,怪他去闲游冶。"

〔花街柳巷〕《清平山堂话本·柳耆卿诗酒玩江楼记》:"专爱在花街柳巷,多少名妓喜欢他。"

【花胡同】婉指妓院。明朱有燉《香囊怨》第二折:"我是个花胡同女婵娟,恰会把筝篥自演,常子在歌扇底舞裙边。""胡同"也写作"衚衕""胡洞"。元武汉臣《玉壶春》第二折:"我是个翠红堆傅粉的何郎,花衢衕画眉的张敞。"元王子一《误入桃源》第二折:"没揣的撞到风流阵,引入花衚衕。"明朱有燉《曲江池》第三折:"我当初占排场也曾夺第一,串了些花胡洞锦屏风。"

【花船】载有歌妓,招引客人的船。唐白居易《武丘寺路》诗:"银勒牵骄马,花船载丽人。"清皣皣子《〈广东火劫记〉跋》:"犹忆前年珠江大火,花船尽付一炬。"

【花国】【花界】指妓女界。

〔花国〕清王韬《淞滨琐话·金玉蟾》:"名妓金玉蟾者,吴门人,……花国群芳,无有出其右者。"

〔花界〕《"五四"爱国运动资料·上海罢市实录》:"惟我青楼一无举动,我本我的良心,想出几条办法,劝我全国花界同胞,各本良心,尽我国民应尽之天职。"

花烟间 huāyānjiān

最下等妓院的婉称。《海上花列传》第五回:"我看起来叫'三勿像':野鸡勿像野鸡,台基勿像台基,花烟间勿像花烟间。"《冷眼观》第二三回:"自从戒了鸦片烟之后,就是有点儿血气不定起来,常想要朝汉口花烟间跑。"鲁迅《中国小说史略》第二六篇:"惟因赵又牵连租界商人及浪游子弟,杂述其沉湎征逐之状,并及烟花,自'长三'至'花烟间'具有。"

柳 liǔ

柳,可喻美女,后多以婉指歌妓、娼妓。可与相关的词搭配,表示妓院或妓院密集处。

【柳陌】【柳巷】【柳楼】【柳户花门】妓院的婉称。

〔柳陌〕元宋方壶《一枝花·妓女》:"自生在柳陌中,长立在花街内。"清黄六鸿《福惠全书·保甲·驱逐娼妓》："故欲觅盗踪，多从柳陌；欲追赃物，半费花街。"

〔柳巷〕清孔尚任《桃花扇·却奁》："人宿平康深柳巷，惊好梦门外花郎。"《花月痕》第四三回："当下痴珠从县前街就来柳巷，采秋为是荷生密友，素来晤面，就延入内室。"

〔柳楼〕唐无名氏《赠妓茂英》诗："忆昔当初过柳楼，茂英年小尚娇羞。隔窗未审闻高语，对镜曾窥学上头。"

〔柳户花门〕元马致远《青杏子·悟迷》套曲："柳户花门从潇洒，不再踏，一任教人道情分寡。"明朱有燉《神仙会》第一折："如今这蟠桃仙子，生在吴兴地面湖州城内，落于风尘之中。然此女子……每夜焚香告天，不愿居于柳户花门。"

【柳市花街】【柳陌花街】【柳巷花街】【柳陌花丛】【柳陌花衢】【柳陌花巷】【柳营花市】【柳营花阵】指妓院密集的街巷。

〔柳市花街〕清黄六鸿《福惠全书·邮政·逐娼妓》："凡邮骑接递之所，必孔道镇集之区。每有无耻棍豪，多置狎邪门巷，遂作鸾巢燕垒，顿成柳市花街。"

〔柳陌花街〕元朱庭玉《袄神急·闺思》套曲："多应浪游少年客，千金将笑买，柳陌花街。"元刘庭信《新水令·春恨》套曲："想俺那多才，柳陌花街，莫不是谢馆秦楼，多应在走马章台。"元柯丹丘《荆钗记·见母》："红楼翠

馆笙歌沸，柳陌花街兰麝香。"

〔柳巷花街〕明凌濛初《初刻拍案惊奇》卷二："却说姚家有个极密的内亲，叫做周少溪，偶然在浙江衢州做买卖，闲游柳巷花街，只见一个娼妇，站在门首献笑，好生面善。"

〔柳陌花丛〕宋陆游《风流子》词："人生谁能料，堪悲处，身落柳陌花丛。"

〔柳陌花衢〕宋孟元老《〈东京梦华录〉序》："新声巧笑于柳陌花衢，按管调弦于茶坊酒肆。"

〔柳陌花巷〕《歧路灯》第二一回："柳陌花巷快乐一辈子也是死，执固板样拘束一辈子也是死。"

〔柳营花市〕元汤式《小梁州·扬子江阻风》曲："他迎头儿便说干戈事，待风流再莫追思。塌了酒楼，焚了茶肆，柳营花市，更说甚呼燕子，唤莺儿。"

〔柳营花阵〕元吴昌龄《端正好·美妓》套曲："厮陪奉娇香腻粉，喜相逢柳营花阵。"元汤式《对玉环带清江引·闺怨》套曲："他卖词章在柳营花阵里逞，不管人孤另。"

平康 píngkāng 平康里 píngkānglǐ 平康巷 píngkāngxiàng 北里 běilǐ

妓院的代称。唐代长安丹凤街有平康坊，是妓女聚居的地方。唐孙棨《北里志·海论三曲中事》："平康入北门，东回三曲，即诸妓所居。"后用作妓女聚居地或妓院的代称。

【平康】宋杜安世《山亭柳》词："暗添春

宵恨,平康恣迷欢乐。"清钱泳《履园丛话·笑柄·情痴》:"有紫珊居士者,喜步平康,一日游秦淮河上,与妓者翘云相爱甚笃。"方容昊《题红薇感旧记》诗:"那知侠义出平康,羞煞邯郸击剑郎。"

【平康里】旧题宋尤袤《全唐诗话·裴思谦》:"思谦及第后,作红笺名纸十数诣平康里。"宋罗烨《醉翁谈录·序平康巷陌诸曲》:"平康里者,乃东京诸妓所居之地也。自城北门而入,东回三曲,妓中最胜者,多在南曲。"

【平康巷】明冯梦龙《古今小说·木绵庵郑虎臣报冤》:"(贾似道)镇日只在湖上游荡,闲时未免又在赌博场中顽耍,也不免平康巷中走走。"清王应奎《柳南随笔》卷一:"然今人所以有此称者,以其人孝、弟、忠、信、礼、义、廉、耻八者俱亡,故云'亡八',如平康巷、阿家翁之类。"

【北里】同"平康里"。因唐代妓女聚集的平康里,位于城北,故也称北里。唐孙棨《〈北里志〉序》:"诸妓居平康里,……比常闻蜀妓薛涛之才,必谓人过言,及睹北里二三子之徒,则薛涛远有惭德矣。"元辛文房《唐才子传·张祐》:"同时崔涯亦工诗,与祐齐名,颇自行放乐,或乘舆北里。"清黄景仁《都门秋思》诗之一:"新声北里回车远,爽气西山拄笏通。"

曲 qū

妓院婉称。曲,小巷,也用以指妓院。宋王谠《唐语林·补遗七》:"曲内妓之头角者为都知。"宋洪迈《夷坚乙志·赵不他》:"赵忽睡,梦携手出寺,行市中,至下坊,妓指一曲曰:'此吾家也,既过门,能为顷刻留否?'"清王韬《淞滨琐话·魏月波》:"女既为曲里之尤,一时之评论群芳者,特以之魁芳榜。"

【曲中】明冯梦龙《警世通言·杜十娘怒沉百宝箱》:"那杜媺曲中第一名姬,要从良时,怕没有十斛明珠,千金聘礼,……那鸨儿如何只要三百两?"清余怀《板桥杂记·雅游》:"旧院,人称曲中。前门对武定桥,后门在钞库街,妓家鳞次,比屋而居。"

【曲院】《天雨花》第十回:"公子心惊曲院事,低头失色不开声。"清王韬《淞隐漫录·李韵兰》:"妾勾栏贱质,曲院微姿。"

【曲巷】清蒲松龄《聊斋志异·林氏》:"戚不以为丑,爱恋逾于平昔。曲巷之游,从此绝迹。"

旧院 jiùyuàn

明朝时为妓女聚居的地方,在今南京。清余怀《板桥杂记·雅游》:"旧院,人称曲中。……妓家鳞次,比屋而居。"清孔尚任《桃花扇·余韵》:"那长桥旧院,是咱们熟游之地。你也该去瞧瞧。"

教坊 jiàofāng

古时管理宫廷音乐的官署,也可用于婉称妓院。元关汉卿《金线池》第二折:"我想这济南府教坊中人,那一个不是我手下教导过的小妮子？"元吴昌龄《东坡梦》第一折："真是个天香偏出众，国色独超群。可知道教坊为第一，花内牡丹尊。"明冯梦龙《警世通言·杜十娘怒沉百宝箱》："公子道：'我非无此心，但教坊落籍，其费甚多，非千金不可。我囊空如洗，如之奈何？'"

门户 ménhù 门户人家 ménhùrénjiā

也可用作妓院的婉称。

【门户】宋周邦彦《瑞龙吟·春景》词："因念箇人痴小，乍窥门户。"明黄尊素《说略》："门户二字，伎院名也。"明张四维《双烈记·就婚》："虽在门户，素愿从良。"清李斗《扬州画舫录·小秦淮录》："（高三）举止大雅，望之无门户习气。"

【门户人家】元无名氏《百花亭》第二折："俺这门户人家，单靠那妮子吃饭。"明冯梦龙《醒世恒言·卖油郎独占花魁》："瑶琴是我亲生之女，不幸到你门户人家，须是软款的教训，他自然从愿。"清古吴墨浪子《西湖佳话·西泠韵迹》："我们门户人家，要抬起来，固不难，要作贱，却也容易。你须急急起来打点，不可被他凌辱一场，把芳名损了。"

行院 hángyuàn

妓院婉称。也借指妓女。宋马庄父《孤鸾》词："陌上叫声，好是卖花行院。"元张可久《普天乐·收心》："姨夫暗攒，行院斗侃，子弟先赸。"《水浒传》第二十回："我这女儿长得好模样，又会唱曲儿……从小儿在东京时，只去行院人家串，那一个行院不爱他？"明冯梦龙《警世通言·杜十娘怒沉百宝箱》："亲友为我留恋行院，都不相顾。"

行户 hánghù

妓院婉称。同"行院"。明冯梦龙《警世通言·杜十娘怒沉百宝箱》："我们行户人家，吃客穿客，前门送旧，后门迎新，门庭闹如火，钱帛堆成垛。"

六院 liùyuàn

妓院婉称。院，行院。明初，南京著名的妓院有来宾、重译、轻烟、淡粉、梅妍、柳翠六院，后遂以"六院"婉称妓院。明冯梦龙《警世通言·杜十娘怒沉百宝箱》："恩卿妙音，六院推首。"明屠隆《彩毫记·散财结客》："昨日取醉平康，六院诸姬齐来相见。"

班子 bānzi

妓院的婉称。《二十年目睹之怪现状》第七六回："次日下午，杏农来谈了一天，就在栈里晚饭。饭后，约了我出去，到侯家后一家南班子里吃酒。"萧红《过夜》："正经的班子不许你进，土窑子是什么油水也没有。"

勾栏 gōulán

妓院的婉称。原指演出场所，后也婉称妓院。清蒲松龄《聊斋志异·于中丞》："盗供：是夜同在勾栏，故与妓女合谋，置金床上，令抱卧至窝处，始瓜分耳。"洪深《歌女红牡丹·电影故事》："陈友祥闻红牡丹号呼香姐之声，心亦不忍，诘之兴二爷，知被卖入勾栏。"

粉房 fěnfáng
妓院的婉称。元关汉卿《救风尘》第三折："[周舍云]你来粉房里来寻我。"

台基 táijī
暗中为男女撮合的场所。《醒世缘弹词》第十回："更兼物色良家女，诱上台基定密情。"又："天下最可恶的，莫如台基，那开台基的，大半多是上了年纪的老太婆，满腹歪心，一张滑嘴。"

附：

倡楼 chānglóu　倡馆 chāngguǎn
妓院。

【倡楼】南朝梁简文帝《东飞伯劳歌》之二："西飞迷雀东羁雄，倡楼秦女乍相值。"五代前蜀魏承班《满宫花》词："王孙何处不归来？应在倡楼酩酊。"清魏允枏《古意》诗："荡子戍龙城，倡楼月自明。"于邺《扬州梦记》："倡楼之上，常有绛纱灯万数。"

【倡馆】宋沈括《梦溪笔谈·讥谑》："石曼卿为集贤校理，微行倡馆，为不逞

者所窘。"

娼楼 chānglóu　娼馆 chāngguǎn　娼寮 chāngliáo　娼家 chāngjiā
妓院。

【娼楼】明冯梦龙《古今小说·扬八老越国奇逢》："多少做客的，娼楼妓馆，使钱撒漫。"

【娼馆】《新刊大宋宣和遗事·亨集》："近闻有贼臣高俅、杨戬，乃市井无籍小人，……簧蛊圣听，轻屑万乘之尊严，下游民间之坊市，宿于娼馆，事迹显然。"

【娼寮】《二十年目睹之怪现状》第五九回："你晓得他在新加坡开的是什么行号？原来开的是娼寮。"《宦海》第六回："查着了两个候补道在一家娼寮里头吃酒，那委员不由分说，竟把这两位道台大人带了起来。"

【娼家】《新刊大宋宣和遗事·亨集》："陛下贵为天子，富有四海，……奈何信奸逸贼臣之语，夜宿娼家，荒于酒色。"郭沫若《喀尔美萝姑娘》："她说她年轻的时候，住家和'游廊'相近，娼家唱的歌她大概都记得。"

妓家 jìjiā　妓院 jìyuàn　妓楼 jìlóu　妓馆 jìguǎn
妓院。

【妓家】明冯梦龙《古今小说·众名姬春风吊柳七》："所以妓家传出几句口号，道是：'不愿穿绫罗，愿依柳七

哥。'"

【妓院】《二十年目睹之怪现状》第四八回:"一路上只见各妓院门首,都是车马盈门。"

【妓楼】朱自清《桨声灯影里的秦淮河》:"沿路听见断续的歌声:有从沿河的妓楼飘来的,有从河上船里度来的。"

【妓馆】《新刊大宋宣和遗事·亨集》:"昨日风流游妓馆,今朝含恨入泉乡。"宋孟元老《东京梦华录·潘楼东街巷》:"下桥,南斜街、北斜街,内有泰山庙,两街有妓馆。"

窑子 yáozi

妓院。《官场现形记》第五十回:"这片房子里头,有戏园,有大菜馆,有窑子,真要算得第一个热闹所在。"《老残游记》第二回:"就是窑子里的姑娘,也人人都学,只是顶多有一两句到黑妞的地步。"

堂子 tángzi

苏杭一带对妓院的称呼。《文明小史》第四七回:"这白趋贤的小姨子,怎么会落在堂子里呢?这因他这小姨子原是姊妹二人,姊姊叫张宝宝,妹妹叫张媛媛,一齐住在东荟芳当窑姐的。"欧阳予倩《车夫之家》:"我知道他是劝妈把我卖到堂子里去当妓女。"

8.狎妓婉称

花柳 huāliǔ

婉词。花柳,婉指妓院或妓女。唐段成式《酉阳杂俎·语资》:"某少年常结豪族为花柳之游,竟畜亡命,访城中名姬,如蝇袭膻,无不获者。"元武汉臣《玉壶春》第一折:"兄弟,你有满腹才学,不思进取功名,只以花柳为念。"清李渔《慎鸾交·品花》:"况且性薄经营,意耽花柳。""花""柳"常与"寻""觅""问""攀""折"等词搭配,婉称狎妓嫖娼,玩弄女性。

【寻花】《孽海花》第二二回:"这回三年服满,进京谢恩,因为与庄稚燕是世交兄弟,一到京,就住在他家里,只晓得寻花夕醉,挟弹晨游,过着快乐光阴。"

【寻花觅柳】清李渔《闲情偶寄·词曲·结构》:"貌虽癯而精血未耗。寻花觅柳,儿女事犹然自觉情长。"

【觅柳寻花】明冯梦龙《警世通言·金明池吴清逢爱爱》:"那儿子却是风流博浪的人,专要结识朋友,觅柳寻花。"

【寻花问柳】清洪楝园《警黄钟·醉梦》:"终日寻花问柳,饮酒征歌,那一桩军国重情,置之不理。"

【攀花问柳】明陆采《明珠记·写诏》:"殷勤领命到荒山,心事未相关;攀花问柳,勾莺引燕,方寸心间。"

【攀花折柳】《敦煌曲子词·南歌子》:"攀花折柳得人憎,夜夜归来沉醉,千声唤不应。"

【问柳寻花】《孽海花》第三一回:"法国夫人只道他丈夫沾染中国名士积习,问柳寻花,逢场作戏,不算什么事。"《黑籍冤魂》第一回:"公子王孙,问柳寻花,朝欢暮乐。"

【问柳评花】《红楼梦》第七五回:"这些都是少年,正是斗鸡走狗、问柳评花的一干游侠纨绔。"

【眠花宿柳】《金瓶梅词话》第一回:"终日闲游浪荡,一自父母亡后,专一在外眠花宿柳,惹草招风。"《红楼梦》第六八回:"皆因我年轻,向来总是妇人见识,一味的只劝二爷保重,别在外边眠花宿柳,恐怕叫老爷太太耽心。"

【眠花卧柳】《金瓶梅词话》第七回:"我见此人有些行为欠端,在外眠花卧柳,又里虚外实。"《红楼梦》第四七回:"那柳湘莲……父母早丧,素性爽侠,不拘细事,酷好耍枪舞剑,赌博吃酒,以至眠花卧柳,吹笛弹筝,无所不为。"

【眠花醉柳】清李渔《怜香伴·贿荐》:"终日眠花醉柳,喝六呼幺。"

【眠花藉柳】清李渔《闲情偶寄·声容·选姿》:"予一介寒生,……而敢谬次音容,侈谈歌舞,贻笑于眠花藉柳之人哉!"清纪昀《阅微草堂笔记·滦阳消夏录一》:"眠花藉柳,实恼人心,惜是幻化,意中终隔一膜耳。"

【拈花弄柳】明陈汝元《红莲债》第一折:"到不如拈花弄柳,讨个莺侣燕俦,管什么碎骨粉身,撞着牛头马面!"明

《琵琶记·睏询衷情》:"绿鬓仙郎,懒拈花弄柳,劝酒持觞,眉颦知有恨,何事苦相防?"

【迷花恋柳】明冯梦龙《警世通言·杜十娘怒沉百宝箱》:"然尊大人所以怒兄者,不过为迷花恋柳,挥金如土,异日必为弃家荡产之人,不堪承继家业耳!"

花花草草 huāhuācǎocǎo

婉喻寻欢作乐。元张可久《普天乐·收心》套曲:"姓名香,行为俏,花花草草,朝朝暮暮。"元武汉臣《老生儿》第二折:"你有钱时待朋友,每日家花花草草。"

拈花惹草 niānhuārěcǎo
招花惹草 zhāohuārěcǎo
沾花惹草 zhānhuārěcǎo
惹草沾花 rěcǎozhānhuā
惹草拈花 rěcǎoniānhuā
迷花沾草 míhuāzhāncǎo
沾风惹草 zhānfēngrěcǎo

婉词。性挑逗的婉称。

【拈花惹草】《红楼梦》第二一回:"他父亲给他娶了个媳妇,今年才二十二岁,也有几分人才,又兼生性轻薄,最喜拈花惹草,……众人都叫他'多姑娘儿'。"《孽海花》第三一回:"彩云生性本喜拈花惹草。"粤剧《搜书院》第二场:"他说我书院有人在外拈花

惹草，不守圣贤礼教，勾引他侍婢私逃。"周立波《山乡巨变》上二："他一出门，堂客就在家里走东家，游西家，抽纸烟，打麻将，一身打扮得花花绿绿。高山有好水，平地有好花，不免有游山逛水、拈花惹草的闲人。"

【招花惹草】《金瓶梅词话》第二回："那一双积年招花惹草、惯觑风情的贼眼，不离这妇人身上。"

【沾花惹草】《花城》1981年第5期："对了，说她是那种逗引男人去沾花惹草的妖冶，肯定是百分之百的正确。"

【惹草沾花】明汪廷讷《狮吼记·奇妒》："我非无斩钉截铁刚方气，都只为惹草沾花放荡情。"

【惹草拈花】元王实甫《西厢记》第二本楔子："我从来斩钉截铁常居一，不是恁惹草拈花没揣三。"

【迷花沾草】明孟称舜《娇红记·双逝》："休只为迷花沾草，断送了美身躯。"

【沾风惹草】《金瓶梅词话》第一回："左右街坊，有几个奸诈浮浪子弟，睃见了武大这个老婆，打扮油样，沾风惹草，被这干人在街上，撒谜语，往来嘲戏。"

招蜂引蝶 zhāofēngyǐndié
招蜂惹蝶 zhāofēngrědié

婉词。性挑逗。多指女性。

【招蜂引蝶】昆剧《十五贯》第三场："你们既非亲生父女，他见你招蜂引蝶，伤风败俗，自然要来管教。"《十月》1981年第4期："狗尾巴花青春年少，比连阴天小二十挂零儿，全靠她招蜂引蝶，连阴天才生意兴隆，财源茂盛。"《新华文摘》1982年第2期："锦顺那时二十四岁，已经到了招蜂引蝶的岁数。"

【招蜂惹蝶】《花城》1981年第3期："她漂亮，美，……在那穷乡僻壤之中，又焉能不招蜂惹蝶？"

上花台 shànghuātái

狎妓婉称。元关汉卿《救风尘》第一折："酒肉场中三十载，花星整照二十年，……自小上花台，做子弟。"元李致远《还牢末》第二折："哥哥，你当初上花台，做子弟，怎生受用快活，你说一遍，我试听咱！"元无名氏《百花亭》第一折："我也曾向烟月所上花台做子弟徕。"

寻芳 xúnfāng 风月 fēngyuè

婉词。狎妓婉称。

【寻芳】《花月痕》第八回："(荷生)独自玩赏了一回，鸟声聒碎，花影横披，遂起了访友念头，寻芳兴致。"

【风月】元武汉臣《玉壶春》楔子："小官赴京，路从此过，闻知兄弟在此处风月。"

团香弄玉 tuánxiāngnòngyù

婉词。婉指有关性的内容。元杨立斋《哨遍》套曲："《五代史》只是谈些变更，《三国志》无过说些战伐，也不希咤。终少些团香弄玉，惹草粘花。"

入马 rùmǎ

嫖妓或勾搭女人得手。元武汉臣《玉壶春》第一折:"料得这入马东西应不免,我著他拣口儿食,换套儿穿。"《水浒传》第二六回:"那妇人惊得魂魄都没了,只得从实招说,将那时放帘子因打着西门庆起,因做衣裳入马通奸,一一地说。"明冯梦龙《警世通言·况太守断死孩儿》:"此妇美貌,又且囊中有物。借此机会,倘得挝身入马,他的家事在我掌握之中,岂不美哉!"明凌濛初《初刻拍案惊奇》卷三二:"访得有名妓,就引着铁生去入马,置酒留连,日夜不归。"

入奸 rùjiān

男女勾搭成奸。《水浒传》第四六回:"你这小贱人,快好好实说,怎地在和尚屋里入奸?"

偷 tōu

男女暗地里狎昵私通。明冯梦龙《桂枝儿·耐心》:"两下都有情,人前怎么偷?只索耐着心儿也。"《金瓶梅词话》第二二回:"你与我实说,和这淫妇偷了几遭?"欧阳予倩《木兰从军》第四场:"你的老婆偷了黄家大爷,你还要诬赖黄家大爷强奸,打他一顿。"

【偷香】男女私通。晋贾充的女儿与韩寿私通,并赠其外国所贡异香。此香一经著身,经月不散,因而事被发觉。语见《世说新语·惑溺》。唐李端《妾薄命》诗:"折步教人学,偷香与客熏。"鲁迅《集外集拾遗·辩"文人无行"》:"轻薄、浮躁、酗酒、嫖妓而至于闹事,偷香而至于害人,这是古来之所谓'文人无行'。"

【偷香窃玉】与女人偷情私通。元石子章《竹坞听琴》第四折:"再不赴偷香窃玉期,再不事炼药烧丹教,从此后,无烦少恼。"明冯梦龙《醒世恒言·吴衙内邻舟赴约》:"安排布地瞒天谎,成就偷香窃玉情。"《再生缘》第六一回:"这点偏私还罢了,怎又起,偷香窃玉那心肠?"

【窃玉偷香】同"偷香窃玉"。《金瓶梅词话》第十三回:"两个隔墙酬和,窃玉偷香,又不由大门行走,街坊邻舍怎晓的暗里的事?"《儿女英雄传》第二七回:"世上偏有这等不争气,没出豁的男子,越是遇见这等贤内助,他越不安本分,一味的唼腥逐臭,还道是窃玉偷香。"

【窃玉偷花】同"偷香窃玉"。明孟称舜《死里逃生》第一出:"你犯天条,窃玉偷花,不想落地狱,带锁披枷?"

【偷情】【偷期】【偷光】暗中搞男女关系。

〔偷情〕明徐复祚《投梭记·折齿》:"你这一位财主不肯接,偏要与谢穷偷情。"明冯梦龙《醒世恒言·卖油郎独占花魁》:"两个暗地偷情,不止一次。"艾青《怜悯的歌》:"也许你是一个混血儿,(这在美洲是多么平常!)你找不到生你的两个人,他们生你只因为一次偷情。"

〔偷期〕宋陶穀《清异录·仙宗》:"诸凤

缘冥数当合者，须鸳鸯牒下乃成。虽伉俪之正，婢妾之微，买笑之略，偷期之秘，仙凡交会，华戎配接，率由是道焉。"元郑光祖《㑳梅香》第二折："只想夜偷期，不记朝闻道。"《水浒传》第二四回："若遇风流清弟子，等闲云雨便偷期。"

〔偷光〕明冯梦龙《山歌·龙灯》："因为偷光犯子个事，后来忒底坏奴名。"

【偷欢】男女偷情狎昵。《中华读书报》1998年4月1日国际文化版："人们想躲在门后暗处幽会偷欢，……你知道对露丝来说这意味着什么，她是那么渴望自由。"

【偷鸡摸狗】也指暗地里搞男女关系。《红楼梦》第四四回："成日家偷鸡摸狗，腥的、臭的，都拉了你屋里去。"陈残云《山谷风烟》第二七章："徐二姐早已知道自己的男人有不少偷鸡摸狗的行为，她自己也不是持斋的尼姑，她听了别人对她的控诉，并不难受。"

【偷鸡盗狗】同"偷鸡摸狗"。《金瓶梅词话》第六回："不比先前在王婆茶坊里，只是偷鸡盗狗之欢。"

【偷鸡吊狗】同"偷鸡摸狗"。明凌濛初《初刻拍案惊奇》卷三六："他有一个儿子，叫做牛黑子，是个不本分的人，……结识一班无赖子弟，也有时去做些偷鸡吊狗的勾当。"明冯梦龙《喻世明言》卷三八："我每日和你同欢同乐，却强如偷鸡吊狗，暂时相会。"

【偷汉】【偷汉子】女人与男人私通。

〔偷汉〕鲁迅《华盖集·并非闲话》："正如偷汉的女人的丈夫，总愿意说世人全是忘八，和他相同，他心里才觉舒畅。"茅盾《一个女性》："在这里，姨太太、童养媳，都看做良风美俗；丈夫在外面宿娼，妻子在家里偷汉，生了的儿子因为有名义上的父母，社会便不以为怪。"

〔偷汉子〕《水浒传》第二四回："那婆子便道：'好呀，好呀！我请你来做衣裳，不曾叫你来偷汉子。'"

幽会 yōuhuì 幽期 yōuqī

相爱的男女暗中相约欢会。

【幽会】唐元稹《莺莺传》："乃至梦寐之间，……绸缪缱绻，暂若寻常，幽会未终，惊魂已断。虽半衾犹暖，而思之甚遥。"明汤显祖《牡丹亭·惊梦》："前以密约偷期，后皆得成秦晋。"徐朔方、杨笑梅注："偷期，幽会。"又在"雨香云片，才到梦儿边"下注："云雨，指梦中幽会。"

【幽期】唐卢纶《七夕》诗："凉风吹玉露，河汉有幽期。"《红楼梦》第二八回："想昨宵，幽期私订在茶蘼架，一个偷情，一个寻拿；拿住了三曹对案我也无回话。"

桑间濮上 sāngjiānpúshàng 桑间 sāngjiān 濮上 púshàng 桑中 sāngzhōng

男女幽会的地方或性爱。

【桑间濮上】《汉书·地理志下》："卫地

有桑间濮上之阻,男女亦亟聚会,声色生焉。"三国魏阮籍《东平赋》:"西则首仰阿甄,傍通戚蒲,桑间濮上,淫荒所庐。"清钱泳《履园丛话·鬼神·陈三姑娘》:"(陈三姑娘)年十六七,美丽自命,有桑间濮上之行。其父觉之,遂沉诸湖。"鲁迅《热风·随感录六十二》:"桑间濮上如何情形,自由恋爱怎样态度?"

【桑间】明徐元《八义记·阴陵相会》:"那日桑间相会,谁知此地重逢。"清唐仲冕《六如居士遗事》:"美人者某挥使女也,慕伯虎才名,暗以手书订桑间之约,期以八月十五试毕赴之。"

【濮上】晋葛洪《抱朴子·崇教》:"淫音噪而惑耳,罗袂挥而乱目,濮上北里,迭奏迭起,或号或呼,俾昼作夜,流连于羽觞之间,沈沦乎弦节之侧。"清蒲松龄《聊斋志异·犬奸》:"会于濮上,古所交讥;约于桑中,人且不齿。"明王錂《春芜记·巧诋》:"他盐梅自是商家佐,岂向花柳宁甘濮上嘲!"

【桑中】《诗经·鄘风·桑中》:"云谁之思?美孟姜矣。期我乎桑中,要我乎上宫,送我乎淇之上矣。"朱熹集传:"桑中、上宫、淇上,又沬乡之小地名也,……卫俗淫乱,世族在位,相窃妻妾。故此人自言将采唐于沬,而与其所思之人相期会迎送如此也。"后因以桑中为男女幽会欢爱的地方或欢爱。清蒲松龄《聊斋志异·荷花三娘子》:"(宗)乃略近拂拭曰:'桑中之游乐乎?'女笑不语。"又《窦氏》:"女促之曰:'桑中之约,不可长也。……宜速为计。'"章炳麟《东夷诗》之八:"匪寇求婚姻,和亲亦良愿。拜赐待三年,桑中会相见。"

买春 mǎichūn

嫖妓狎娼的婉称。《中国青年报》2003年9月26日:"日本买春客在我们国耻日里来寻欢,……其恶劣程度实在令人发指。"新华社2005年12月1日:"卡车司机买春现象,加速了艾滋病在印度传播的速度。"

买笑 mǎixiào 买笑寻欢 mǎixiàoxúnhuān 买笑追欢 mǎixiàozhuīhuān 买笑迎欢 mǎixiàoyínghuān

嫖妓狎娼,寻欢作乐。

【买笑】明汪廷讷《狮吼记·访友》:"既远别了娘子,心何忌,挥金买笑任施为。"郁达夫《金缕曲·寄北京丁巽甫杨金甫仿顾梁汾寄吴季子》词:"悔当初,千金买笑,量珠论斗。"

【买笑寻欢】欧阳予倩《潘金莲》第二幕:"他仗着有钱有势,到这儿来买笑寻欢,他哪儿有甚么真情真义?"

【买笑追欢】明陶宗仪《辍耕录·连枝秀》:"五陵人买笑追欢,掉头不顾;三岛客谈玄论道,稽首相迎。"明凌濛初《初刻拍案惊奇》卷二二:"一来可以索债,二来买笑追欢,三来觑个方便,觅个前程,也终身受用。"

【买笑迎欢】《水浒传》第八一回:"俺哥

哥要见尊颜,非图买笑迎欢,只是久闻娘子遭际今上,以此亲自特来告诉衷曲。"

卖笑 màixiào 卖笑追欢 màixiàozhuīhuān

以声乐姿色,取悦男人,换取钱财。

【卖笑】宋周密《武林旧事·歌馆》:"以至瓦市,各有等差,莫不靓妆迎门,争妍卖笑,朝歌暮弦,摇荡心目。"清昭梿《啸亭杂录·魏长生》:"嘉庆辛酉,长生复入都,其所蓄已荡尽,年逾知命,犹复当场卖笑,……然婆婆一老娘,无复当日之姿媚矣。"茅盾《归途杂拾》四:"卖笑生涯的女子也在街上出现了,她们是和各机关同时回来的,帮着在这又一度遭劫的城市恢复起繁荣来。"

【卖笑追欢】元李行道《灰阑记》第一折:"再不去卖笑追欢风月馆,再不去迎新送旧翠红乡。"

卖风情 màifēngqíng 卖风流 màifēngliú

女子向男子卖弄姿色,进行性挑逗。

【卖风情】明凌濛初《二刻拍案惊奇》卷十四:"记得有个京师人靠着老婆吃饭的,其妻涂脂抹粉,惯卖风情,挑逗那富家郎君。"老舍《青蛙骑手》第二场:"我无心的一笑啊,她们都说卖风情。"

【卖风流】元无名氏《货郎旦》第四折:"我本是穷乡寡妇,没甚的艳色娇姿,又不会卖风流,弄粉调脂。"清颜自德选辑《霓裳续谱·树叶儿发》:"树叶儿发,姐儿打扮一枝花,俏皮不过他,站在门前卖风流,手里又把鞋鞋扇儿纳。"

卖俏 màiqiào

装出娇姿媚态,挑逗男性。元王实甫《西厢记》第三本第一折:"你看人似桃李春风墙外枝,卖俏倚门儿。"清艾衲居士《豆棚闲话·虎丘山贾清客联盟》:"轻佻卖俏后生家,遍体绫罗网绣鞋。"王西彦《夜宴》二:"她倒还要窑姐儿卖俏,装假正经哩。"

卖俏行奸 màiqiàoxíngjiān 卖俏迎奸 màiqiàoyíngjiān

向异性挑逗,以成其奸。

【卖俏行奸】元无名氏《连环计》第二折:"俺好意地张筵置酒,你走将来卖俏行奸。"明梁辰鱼《浣纱记·捧心》:"难道你卖俏行奸,认我做桃花墙外柯。"

【卖俏迎奸】《水浒传》第二一回:"这阎婆惜被那张三小意儿百依百随,轻怜重惜,卖俏迎奸,引乱这婆娘的心。"

卖客 màikè

指妓女穿着时装,卖弄风情,勾引嫖客。宋周密《武林旧事·酒楼》:"每处各有私名妓数十辈,皆时装袆服,巧笑争妍。夏月茉莉盈头,春满绮陌,凭槛招邀,谓之'卖客'。"明田汝成《西湖游览志·南山分脉城内胜迹一》："每楼各分小阁十余，器皆银饰，各有私名妓数十辈，凭槛招邀，谓之'卖客'。"

卖春 màichūn

卖淫。萧军《初秋的风》三："城市里卖春的女人，是夏天的苍蝇一般多啊！"巴金《马赛的夜》："'怎么会有这样多的卖春妇？难道这许多女人除了卖皮肉外就不能生活吗？'我苦恼地问那个朋友。"

卖奸 màijiān 卖淫 màiyín

妇女出卖肉体。

【卖奸】明海瑞《督抚条约》："长而无妻，寡而卖奸，夫妇之道丧矣，则兼责地方。"明谢肇淛《五杂俎·人部四》："又有不隶于官，家居而卖奸者，谓之土妓，俗谓之私窠子。"《三侠五义》第二二回："母为虔婆，暗合了贪财卖奸之意。"

【卖淫】明谢肇淛《五杂俎·人部四》："今时娼妓布满天下，其大都会之地动以千百计，其他穷州僻邑，在在有之，终日倚门献笑，卖淫为活，生计至此，亦可怜矣。"瞿秋白《文艺杂著续辑·关于女人》："没有买淫的嫖男，那里会有卖淫的娼女。所以问题还在卖淫的社会根源。"

倚门 yǐmén 倚门卖笑 yǐménmàixiào 倚门卖俏 yǐménmàiqiào 倚门献笑 yǐménxiànxiào

妓女接客卖淫。

【倚门】清唐孙华《维扬舟中作》诗之二："空谷未闻倾国貌，寨帷都作倚门妆。"清汪中《经旧苑吊马守贞文》："婉娈倚门之笑，绸缪鼓瑟之娱，谅非得已。"

【倚门卖笑】清朱焘《北窗呓语》："即所作诗文与不知甘苦者漫焉相质，是何异女子之倚门卖笑，弛体自媒乎？"清周友良《珠江梅柳记》："妾等生不逢辰，早年沦落，倚门卖笑，入室含悲。"

【倚门卖俏】明凌濛初《初刻拍案惊奇》卷二："看这自由自在的模样，除非去做娼妓，倚门卖俏，撺哄子弟，方得这样快活像意。"

【倚门献笑】清古吴墨浪子《西湖佳话·西泠韵迹》："虽倚门献笑，为名教所非宜，而惜旅怜鳏，亦圣王所不废。"

抟弄 tuánnòng 抟香弄粉 tuánxiāngnòngfěn

与女性相昵、厮混。

【抟弄】清洪昇《长生殿·倖恩》："咱这里羞羞涩涩，惊惊恐恐，直凭被他抟弄。"

【抟香弄粉】明贾仲名《对玉梳》第一折："你待要抟香弄粉，妆孤学俊，便准备着那一年春尽一年春。"

倚玉偎香 yǐyùwēixiāng 倚翠偎红 yǐcuìwēihóng

与女性昵爱。

【倚玉偎香】宋柳永《法曲献仙音》词：

"念倚玉偎香,前时顿轻掷。"明周履靖《锦笺记·草奏》:"花飞絮舞春归矣,倚玉偎香复几时?"

【倚翠偎红】元王实甫《西厢记》第三本第三折:"晴干了尤云殢雨心,悔过了窃玉偷香胆,删抹了倚翠偎红话。"明汪廷讷《狮吼记·赏春》:"转howcver为福吾缄舌,倚翠偎红你小心。"清李渔《奈何天·隐妒》:"每到饮酒宴行的时节,任我倚翠偎红。"也作"依翠偎红"。《金瓶梅词话》第十五回:"不如且讨红裙趣,依翠偎红院宇中。"

弄燕调莺 nòngyàntiáoyīng

调戏女性。元汤式《一枝花·题卓文君花月瑞仙亭传奇》套曲:"明出落求鸾觅凤,暗包藏弄燕调莺。"

结线头 jiéxiàntóu

婉称嫖客与妓女发生性关系。《官场现形记》第二九回:"那个姑娘不比我长得俊!你要同别人结线头,你又何必来带我呢!"又:"章豹臣昨天晚上在刘河厅选中了一个姑娘,……当夜就到他家去结线头。"

叫局 jiàojú 叫条子 jiàotiáozi

婉称叫妓女来陪席。

【叫局】《二十年目睹之怪现状》第三三回:"这里妓院,既然收拾得这般雅吉,只可惜那叫局的纸条儿,太不雅观。"《官场现形记》第七回:"自己拿定主意,到了上海,不叫局,不吃花酒。"《负曝闲谈》第十三回:"单幼仁见诸事妥帖,便请诸位叫局。"

【叫条子】《官场现形记》第二四回:"白韬光道:'如要我破例叫条子,对不住,我只好失陪了。'"蒋光慈《少年漂泊者》十五:"他把我喊到面前,叫我去替他叫条子——找一个姑娘来。"

9. 去世婉称

走 zǒu

婉称人去世。艾娟《好青年刘半农》:"'爷爷总会……感叹一声:要说还有一位刘半农,在二三十年代风光不小,可惜走得太早了,那可是一个好青年。'"杨闻宇《神交不朽》:"邹明先走了,他倘是活着,《文艺》恐怕也很难办下去了。"徐光春《永远不会忘记》:"杏虎、朱颖走了,你们的鲜血不会白流。"

去 qù

婉称人去世。晋陶潜《杂诗》之三:"日月还复周,我去不再阳。"巴金《家》六:"父亲去了,把这一房的责任放在他的肩上。"何士光《种包谷的老人》:"他病了,病得很厉害,……人们来看望他,都以为他要去了。"

离去 líqù

婉称人去世。徐光春《永远不会忘

记》:"痛苦的事实难以让人相信,一对热爱生活、热爱事业的年轻人突然离去了,而且死得是那样惨烈。"

远行 yuǎnxíng

人去世的婉称。赵晋华《作家未了的心愿》:"1999年1月5日,作家、翻译家叶君健因患骨癌远行,享年85岁。"

亡 wáng

死的婉称。《说文》:"亡,逃也。"段玉裁注:"亡之本义为逃。今人但谓亡为死,非也。引申之,则谓失为亡,……孝子不忍死其亲,但疑亲之出亡耳。"现习称人去世为亡,但最初也是避免直接说出死的婉称。

【亡没(殁)】【亡泯】同义连用。"没""殁"古今字。"泯"也是死的婉称。

〔亡没(殁)〕《三国志·蜀书·杨仪传》:"往者丞相亡没之际,吾若举军以就魏氏,处世宁当落度如此邪?令人追悔不可复及。"《南史·褚蓁传》:"蓁子向,字景政,年数岁,父母相继亡没,哀毁若成人。"唐刘知几《史通·杂说上》:"《汉书·东方朔传》,委琐烦碎,不类诸篇,且不述其亡殁岁时及子孙继嗣。"

〔亡泯〕泯,泯灭,犹"亡殁"。《陈书·沈炯传》:"臣门弟侄故自无人,妾丘儿孙又久亡泯,两家侍养,余臣一人。"

【亡化】元王实甫《西厢记》第一本第四折:"惟愿存的人间高寿,亡化的天上逍遥。"《儒林外史》第八回:"不想到家一载,小儿亡化了。"

【亡故】同义连用。《水浒传》第五六回:"自从父亲亡故之后,时乖运蹇,一向流落江湖。"《二十年目睹之怪现状》第十六回:"就是去年父亲亡故之后,曾经写过一封信去,也没有回信。"

【亡过】犹"亡故"。元秦简夫《剪发待宾》第三折:"想你那父亲亡过,若不是老身,岂有今日也呵!"清华广生辑《白雪遗音·玉蜻蜓·认母》:"吓,姨太,我家继父六月二十八日晚上亡过的么?"

【亡逝】犹"逝世"。明凌濛初《初刻拍案惊奇》卷二五:"姐姐亡逝已过,见有棺柩灵位在此。"清吴敏树《与朱伯韩书》:"(敏树)一兄一弟,俱已亡逝。"

徂 cú 殂 cú

死的婉称。"徂""殂"古今字。《说文》:"徂,往也。"《六书故·人九》:"徂,人死因谓之徂,生者来而死者往也。"《说文》:"殂,往死也。"段玉裁注:"殂之言退(即'徂'字)也。退,往也,故曰'往死'。"《同源字典》:"按,古人讳死言'徂',等于讳死言'逝'。'殂'就是'徂',也就是'往'。《说文》解作'往死',是强为之说。"《史记·伯夷列传》:"于嗟徂兮,命之衰矣。"司马贞索隐:"徂者,往也,死也。"宋王安石《虞部郎中晁君墓志铭》:"方冬告役,君夏而徂,寿五十五,识者叹吁。"《魏书·后废帝纪》:"后以罪殂于门下外省,时年二十。"

清袁枚《新齐谐·梁朝古冢》:"闻新任淮徐道孙公署中一友得急疾殂。""徂""殂"可与相关的词搭配,婉称死亡。

【徂没(殁)】《后汉书·桥玄传》:"徂没之后,路有径由,不以斗酒只鸡过相沃酹,车过三步,腹痛勿怨。"晋陆机《驾言出北阙行》:"昔念徂殁子,悠悠不可胜。"南朝宋颜延之《除弟服》诗:"徂没离二秋,掩涕备三冬。"

【徂背】《魏书·释老志》:"朕师登法师奄至徂背,痛怛摧恸,不能已已。"

【徂逝】汉蔡邕《议郎胡公夫人哀赞》:"景命徂逝,不慭少留。"

【徂落】《孟子·万章上》:"《尧典》曰:'二十有八载,放勋乃徂落,百姓如丧考妣。'"赵岐注:"徂落,死也。"《梁书·文学传下·刘峻》:"而官有微于侍郎,位不登于执戟,相继徂落,宗祀无飨。"明陆采《怀香记·哀中闻喜》:"天夺英贤,徂落波心里。"

【徂丧】清刘大櫆《赠大夫方君传》:"而有弟三人,弟妇二人,十数年间,后先徂丧。"

【徂迁】《南齐书·王俭传》:"事涉两朝,岁绵一纪,盛年已老,孙孺巾冠。人物徂迁,逝者将半。"清刘大櫆《祭族长嗣宗先生文》:"呜呼!江西之刘,巷有朱轮,既其徂迁,无复显人。"

【徂谢】南朝宋谢灵运《庐陵王墓下作》诗:"徂谢易永久,松柏森已行。"唐张说《赠丹州刺史先府君碑》:"徂谢永久,丘坟不饰。"清顾炎武《关中杂诗》之四:"徂谢良朋尽,雕伤节士空。"

【徂颠】汉王粲《思亲为潘文则作》诗:"如何不吊?早世徂颠。于存弗养,于后弗临,遗憾在体,惨痛切心。"

【殂没(殁、勄)】《三国志·蜀书·诸葛亮传》:"及备殂没,嗣子幼弱,事无巨细,亮皆专之。"晋葛洪《抱朴子·释滞》:"或复齐死生,谓无异以存活为徭役,以殂殁为休息,其去神仙也千亿里矣,岂足耽玩哉!"唐朱均《贻常夷诗》:"平生游城郭,殂殁委荒榛。""勄"是"殁"的重文。"殂殁",也写作"殂勄"。章炳麟《宋教仁哀辞》:"殂勄之夕,犹口念邸生。"

【殂夭】婉指未尽天年而死。《北史·魏纪二论》:"景穆明德令闻,夙世殂夭,其庋园之悼与!"

【殂化】《梁书·王规传》:"威明昨宵奄复殂化,甚可伤痛。"

【殂背】宋曾巩《与王介甫第三书》:"深父殂背,痛毒同之。"

【殂逝】汉蔡邕《刘镇南碑》:"欲报之德,胡不亿年?如何殂逝,孤弃万民!"《三国志·吴书·吴主步夫人传》:"伤后殂逝,不终天禄。"《旧唐书·魏徵传》:"今魏徵殂逝,遂亡一镜矣!"

【殂落】《尚书·舜典》:"帝乃殂落,百姓如丧考妣。"孔安国传:"殂落,死也。"孔颖达疏引郭璞曰:"古死尊卑同称,故《书》(编者按:见《尔雅》郭注,原文"书"前有"尚"字)尧曰'殂落',舜曰'陟方乃死'。"后,接着又疏解郭注说:"谓之'殂落'者,盖'殂'为往也,言人命尽而往；'落'者，若草木之弃落也。"晋葛洪《抱朴子·论仙》："迟迟以臻殂落，日日不觉衰老。"五代前蜀韦庄《伤灼灼》诗序："灼灼，蜀之丽人也，近闻贫且老，殂落于成都酒市中，因以四韵吊之。"清顾炎武《恭谒天寿山十三陵》诗："自古有殂落，剧哉哀姚黄。"

【殂丧】清刘大櫆《方庭粹六十寿序》："不幸十年之间，而两弟并罹殂丧。"

【殂陨（殒）】陨，陨落。"陨""殒"，古今字。《后汉书·种岱传》："禀命不永，奄然殂殒。"《三国志·蜀书·先主甘后传》："章武二年，追谥皇思夫人，迁葬于蜀，未至而先主殂陨。"《陈书·周弘正传》："（弘正）卒然殂殒，朕用恻然。"清钱大昕《十驾斋养新录卷十五·吴越武肃王庙碑》："其后草草北还，旋即殂殒。"

【殂谢】《梁书·文学传下·陆云公》："奄然殂谢，良以恻然。"唐孟郊《哭李观》诗："颜子既殂谢，孔门无辉光。"宋陈亮《中兴论》："又况南渡已久，中原父老日以殂谢。"清蒲松龄《聊斋志异·婴宁》："我一姊适秦氏，良确；然殂谢已久，那得复存？"

【迁殂】唐颜真卿《右武卫将军臧公神道碑铭》："操行愈谨，劳效未酬，不幸迁殂，良增追悼。"

【告殂】旧题唐柳宗元《龙城录·上帝追摄王远知易总》："一日告殂，遗言尸赴东流湍水中。"元王实甫《西厢记》第一本楔子："（崔相国）不幸因病告

殂。"明凌濛初《二刻拍案惊奇》卷十："忽一日，莫翁一病告殂。"

逝 shì

死的婉称。《说文》："逝，往也。"古人讳言死，常用有往义的词，如徂、往等表示死亡义，犹现在口语中讳言死而说"走"。唐韩愈《祭石君文》："日景与愈，与游为久。自君之逝，相遇辄哀。"宋陆游《舒悲》诗："管、葛逝已久，千古困俗学。"艾娟《好青年刘半农》："当然英年早逝也并非不是好事，想他那种口无遮拦，敢讲真话，又天真烂漫的性格，若是遇上'反右'与'文化大革命'，不定会死得多惨。"

【逝世】《坛经·行由品》："汝去三年，吾方逝世。"《万花楼》第三回："数年前夫妇前后逝世，遗下一子张文。"巴金《怀念萧珊》三："据表妹说，她逝世的时候，表妹也不知道。"

【逝没】晋潘岳《怀旧赋》："何逝没之相寻，曾旧草之未异。"南朝宋刘义庆《世说新语·规箴》："孔岩诫之曰：'明府昔与王许周旋有情，及逝没之后，无慎终之好，民所不取。'"

【逝殂】《敦煌变文集·王昭君变文》："昨咸来表知其向，今叹明妃奄逝殂。"

往 wǎng

死的婉称。"往"与"逝""徂"是同义词，相当于现在婉称人去世为"走"，意义相类。三国魏曹植《赠白马王彪》诗："奈何念同生，一往形不归。

孤魂翔故域,灵柩寄京师。"唐吕向注:"一往形不归,谓任城王死也。"晋郭璞《元皇帝哀策文》:"痛圣躬之遄往,长沦景于太阴。"宋王安石《答韶州张殿臣书》:"往者不能讼当否,生者不得论曲直。"

【往化】同"亡化"。南朝宋谢灵运《庐陵王墓下作》诗:"一随往化灭,安用空名扬?"

【往逝】同"亡逝"。五代前蜀杜光庭《威仪道众玉华殿谢土地醮词》:"往逝者生神丹霄,见居者耀籍青元。"

谢世 xièshì 谢时 xièshí 谢殁 xièmò 谢事 xièshì 谢尘缘 xièchényuán 谢宾客 xièbīnkè 谢生 xièshēng

死的婉称。谢,辞别、离去。可与相关的词搭配,表示人死的婉称。

【谢世】【谢时】谢别人世。

〔谢世〕《魏书·彭城王勰传》:"诏曰:'弟勰所生母潘早龄谢世,显号未加。'"元辛文房《唐才子传·岑参》:"未及大用而谢世,岂不伤哉!"赵晋华《作家未了的心愿》:"去年以来,一代作家和学者如秋风中的落叶般凋零而去,……张志民、方纪、周介人、罗洛、茹志鹃、陈登科、公木、叶君健、萧乾等著名诗人和作家皆因病谢世,引来一片唏嘘啼泣之声。"

〔谢时〕明何景明《与何粹夫书》:"三四君子,悉已谢时。"

【谢殁】殁,去世。唐李翱《祭硖州李使君文》:"如君之年,存者则多,而遽谢殁,伤哉奈何!"

【谢事】谢别世事。清沈起凤《谐铎·鬼妇持家》:"妇慨然曰:'人一朝谢事,百凡都听诸后人。'"

【谢尘缘】谢别尘世。清洪昇《长生殿·情悔》:"虽谢尘缘,难返仙庭。"

【谢宾客】谢别宾客。只适用于男人去世。《儒林外史》第十回:"蘧公孙上前拜见,牛布衣说道:'适才会见令表叔,才知尊大人已谢宾客,使我不胜伤感。'"

【谢生】谢别人生。《汉魏南北朝墓志集释·隋王夫人成公氏墓志》:"大隋大业七年七月五日谢生于世,寿考六十有九。"

形谢 xíngxiè

人死的婉称。形体谢落。南朝梁范缜《神灭论》:"是以形存则神存,形谢则神灭也。"唐独孤及《舒州山谷寺觉寂塔随故镜智禅师碑铭》:"道存形谢,遗骨此山。"

过 guò 过世 guòshì 过辈 guòbèi 过背 guòbèi 过去 guòqù

死的婉称。

【过】过世,去世。三国魏曹植《赠白马王彪》诗之五:"存者忽复过,亡没身自衰。"《二十年目睹之怪现状》第二三回:"又问道:'不知伯母是几时过的?'伯父道:'明天就是头七了。'"丁玲《母亲》二:"现在妈过了,家里也冷清,事情又多,我又没经过阵儿仗儿,得姑妈们长住在家里才热闹呢。"

【过世】《晋书·苻登载记》:"(姚苌)于军中立坚神主,请曰:'往年新平之祸,非苌之罪,……陛下虽过世为神,岂假手于苻登而图臣?'"明冯梦龙《醒世恒言·徐老仆义愤成家》:"公公乃过世的人了,他的说话,那里作得准?"

【过辈】潘漠华《人间》:"听说你父亲已'过辈'了。"王西彦《刀俎上》:"你娘过辈的早,有你在跟前,就是喝得再稀些,穿得再薄些,我也心甘情愿。"

【过背】明俞弁《逸老堂诗话》卷下:"陈声伯《渚山诗话》云:'近世士大夫遇事退怨,则曰:过背之后,不知和尚在钵盂在?'"

【过去】《孽海花》第五回:"谁知命运不佳,到京不到一年,那夫人就过去了。"张恨水《夜深沉》第三八回:"二姑娘复睁开眼来,声音更透着微弱了,向二和脸上注视着道:'我要是过去了,你就把月蓉娶过来吧。'"萧军《八月的乡村》二:"他过去了! 很惨! 日本兵完全用刺刀弄死的。"

离世 líshì 离尘 líchén

死的婉称。

【离世】晋陶潜《祭从弟敬远文》:"奈何吾弟,先我离世。"《花城》1981年第6期:"有一个人可以为我说清楚一半,这个人是你的一位亲人;另一半,得由我的母亲来说,可她离世了。"

【离尘】尘,尘世。清闵湘《〈湘烟小录〉序》:"铭心刻骨之言,孰料为撒手离尘之谶哉!"

辞去 cíqù 辞世 císhì

去世婉称。

【辞去】元关汉卿《玉镜台》第一折:"老身姓温,夫主姓刘,早年辞去,别无儿男。"

【辞世】唐韩愈《祭虞部张员外文》:"倏忽逮今,二十余岁,存皆衰白,半亦辞世。"元杨显之《酷寒亭》第二折:"可怜他亲娘不幸先辞世,刚抛下一双的业种无知。"《红楼梦》第十三回:"人已辞世,哭也无益。"杨闻宇《神交不朽》:"光明日报发表了孙犁的《记邹明》,该文写于12月11日,莫非是天意? 第二天,病榻上的邹明便溘然辞世。"

撒手 sāshǒu 撒手尘寰 sāshǒuchénhuán 撒手人寰 sāshǒurénhuán 撒手人间 sāshǒurénjiān

死的婉称。

【撒手】《京本通俗小说·菩萨蛮》:"唱彻当时《菩萨蛮》,撒手便归兜率国。"清赵翼《扬州哭秋园之讣》诗:"岂期真撒手,遥空驭笙鹤。"巴金《探索集·怀念老舍同志》:"他有多少思想在翻腾,有多少话要倾吐,他不能就这样撒手而去，他还有多少美好的东西要留下来啊！"

【撒手尘寰】离开人世。尘寰，尘世，人世。杨闻宇《神交不朽》："他莫非是要等得孙犁的这几句肺腑之吟，才能够瞑目，撒手尘寰。"

【撒手人寰】离开人世。人寰，人世。赵晋华《作家未了的心愿》："和时代共命运的一代作家，有的带着幽怨和遗憾，有的则平静而满足地撒手人寰，脱离尘世。"（日）川端康成《〈源氏物语〉与芭蕉》："其后我同患有眼疾的祖父一起，祖孙二人过着乡间农舍的生活。在我十四岁上祖父也撒手人寰。"

【撒手人间】邓小南《父亲最后的日子》："他提起《稼轩词编年笺注》一书有不少注释必需修订，并且几次说：'我现在还不能撒手人间，有这么多问题还都得改。现在呜呼哀哉可怎么行！'"

归土 guītǔ 归山 guīshān 归泉 guīquán

婉称人去世。

【归土】古人认为人死后入土为安。《元典章·户部三·承继》："最是乃祖黄百十三知府已归土三十多年，而黄云瑞乃敢盗，发其坟，斧其棺，火其尸，尽取棺中原殡之物。"明李贽《复邓若阳书》："既幸双亲归土，弟妹七人婚嫁各毕。"鲁迅《书信集·致曹靖华》："而今竟已归土，哀哉！"

【归山】同"归土"。唐贾岛《听乐山人弹〈易水〉》诗："嬴氏归山陵已掘，声声犹带发冲冠。"宋苏轼《和仲伯达》诗："归山岁月苦无多，尚有丹砂奈老何？"

【归泉】泉，黄泉。唐刘禹锡《代慰王太尉薨表》："方膺作翰之寄，遽迫归泉之期。"明高明《琵琶记·风木余恨》："欲听鸡声来问寝，忽惊蚁梦先归泉。"清李渔《闲情偶寄·演习·变调》附《〈琵琶记·寻夫〉改本》："因来灶边，窥奴私咽，一声儿哭倒便归泉。"

归西 guīxī 归天 guītiān

婉称人去世。

【归西】西，西天。《京本通俗小说·菩萨蛮》："今日是重午，归西何太速？"《明成化说唱词话丛刊·仁宗认母传》："真宗天子归西去，我儿登殿作明君。"《儿女英雄传》第四十回："甚至太太日后归西，他还要跟了当女童儿去的个人呢？"

【归天】同"归西"。《前汉书平话》卷中："高祖归天，文武举哀。"《儒林外史》第二八回："大太爷着了这一急，得了重病，不多几日就归天了。"马烽、西戎《吕梁英雄传》第十一回："不怕，叫他归天吧！"

归神 guīshén

婉称人去世。魂归西天。南朝宋王僧达《祭颜光禄文》："春风首时，爰谈爰赋；秋露未凝，归神太素。"

归道山 guīdàoshān

婉称人去世。道山，传说中的仙山。

宋惠洪《冷斋夜话·东坡和陶诗》："世传端明(苏轼)已归道山,今尚尔游戏人间邪?"清陈康祺《郎潜纪闻》卷四:"陆清献以康熙壬申十月归道山。"《儿女英雄传》第三六回:"不想今日之下,他老人家久归道山,还来默佑这个小子,叫人怎的不感极而泣!"叶圣陶《乡里善人》:"第二年春天,鲁太玄归道山了。"

归全 guīquán

婉称人去世。身体发肤完好而善终。《后汉书·崔骃传》:"贵启体之归全兮,庶不忝乎先子。"唐李邃《卢夫人崔氏墓志》:"遘疾归全于东都依仁里之私第。"宋王禹偁《求致仕第一表》:"伏望陛下,听其告老,惠以归全,庶于瞑目之前,少遂安身之计。"

归阴 guīyīn

婉称人去世。阴,阴间。昆曲《十五贯》第一场:"你父被杀命归阴。"

归去 guīqù

婉称人去世。清胡式钰《语窦》:"嘲人死曰归去。"

归世 guīshì

婉称人去世。《前汉书平话》卷上:"大汉十年九月十一日,韩信归世。"

归尽 guījìn

婉称人去世。《昭明文选·陶潜〈归去来辞〉》:"聊乘化以归尽,乐夫天命复奚疑!"李善注:"《家语》:孔子曰:'化于阴阳,象形而发谓之生,化穷数

尽谓之死。'《庄子》曰:'生有所乎萌,死有所乎归。'"

仙化 xiānhuà 仙去 xiānqù 仙升 xiānshēng 仙逝 xiānshì 仙游 xiānyóu 云驭 yúnyù

死的婉称。意谓成仙飞升而去或远游。

【仙化】宋周密《齐东野语·谢惠国坐亡》:"公燕居无他,忽报双鹤相继而毙,公喟然叹曰:'鹤既仙化,余亦从此逝矣。'"《书言故事·道教·羽化》:"道士亡,曰羽化、仙化。"原注:"羽化、仙化,赞其生羽翼,飞升为仙也。"

【仙去】宋无名氏《仁宗御容赴景陵宫奉安导引》词:"彩云缥缈,海上隐三山,仙去莫能攀。"《梅涧诗话》卷上引宋李昴英诗注:"山谷谪居宜州城楼,得热疾,病中以檐溜濯足,连称'快哉',未几仙去。"元倪瓒《画竹》诗:"湖州(指宋文同)仙去三百祀,坡翁高绝孰与侣?"明吴承恩《寿胡内子张孺人六袠序》:"逮夫双州翁媪仙去,西畹已入官,而一切巨细不免丛萃其身矣。"

【仙升】宋无名氏《安恭皇后上仙发引、黄钟羽导引》词:"金殿晚,愁结坤宁。天下母,忽仙升。云山浩浩归何处,但闻空际彩鸾声。"

【仙逝】清方文《四女寺》诗:"竟以处子终,白首乃仙逝。"《红楼梦》第二四回

回目:"贾夫人仙逝扬州城。"梁斌《播火记》四七:"受惊不小,损失巨大,却是小事;老父年迈,也因此仙逝了。"

【仙游】宋庄继裕《鸡肋篇》卷中:"绍兴初,取(蔡)京亲书,因下诏曰:'隆佑皇太后仙游不返,殡奉有期,永怀保佑之功,务极褒崇之典。'"清古吴墨浪子《西湖佳话·孤山隐迹》:"李谞闻信,不胜惊悼道:'我李谞承圣恩赐我守杭,一则得以领略湖山佳景,二则便可请教君复先生诗篇墨妙,不料仙游,我李谞何不幸至此!'"

【云驭】传说仙人以云为车,驭云而行。也用作死的婉称,犹仙逝。清孙枝蔚《挽丁彼云》诗:"共拟雪帆趋大府,忽惊云驭向高天。"

升(昇) shēng 升(昇)天 shēngtiān 升(昇)仙 shēngxiān 升(昇)遐 shēngxiá

死的婉称。

【升(昇)】太平天国洪仁玕《干王洪宝制》:"降生以后,未昇以前,无处不是诱惑之境,无时不生诱惑之心。"

【升(昇)天】唐李约《过华清宫》诗:"玉輦升天人已尽,故宫犹有树长生。"清采蘅子《虫鸣漫录》卷二:"抚军骇问,半跪者启曰:'某大人升天矣。'"巴金《雷》:"别人告诉她,死就是升天,她是到天上去了。""升"也写作"昇"。唐刘禹锡《德宗神武孝文皇帝挽歌》

之一:"运偶昇天日,哀深率土人。"《儿女英雄传》第二一回:"倒是老太太昇天,我们该早来效点儿劳,只因得信迟了,故此今日才赶来。"

【升(昇)仙】唐韦应物《逢杨开府》诗:"武皇升仙去,憔悴被人欺。""升"也写作"昇"。五代前蜀韦庄《洛阳吟》:"胡骑北来空进主,汉王西去竟昇仙。"《廿载繁华梦》第十一回:"太太不好了,四姨太太却昇仙去了。"

【升(昇)遐】帝王或帝后死的婉称。《三国志·蜀书·先主传》:"伏维大行皇帝迈仁树德,覆焘无疆,昊天不吊,寝疾弥留,今月二十四日奄忽升遐,臣妾号咷,若丧考妣。"宋叶梦得《石林燕语》卷九:"神宗天性至孝,事慈圣光献太后尤谨,升遐之夕,王禹玉为相,入慰,执手号恸。"元白朴《梧桐雨》第三折:"唱道感叹情多,恓惶泪洒,早得升遐,休休却是今生罢。"清孔尚任《桃花扇·拜坛》:"出城市,遍野桑麻;哭甚么旧主升遐,告了个游春假。"王季思注:"升遐,皇帝去世。""升"也写作"昇"。晋王嘉《拾遗记·轩辕黄帝》:"及昇遐后,群臣观其铭,皆上古之字。"《魏书·尔朱荣传》:"去月二十五日圣体康愆(shū,缓解),至于二十六日奄忽昇遐。"《全唐诗》卷八六九载《嫁女诗》:"月照骊山露泣花,似悲先帝早昇遐。"《天雨花》第十三回:"当今一旦昇遐去,继位储君险十分。"

登 dēng **登仙** dēngxiān **登真** dēngzhēn **登遐** dēngxiá **登假** dēngxiá **登天** dēngtiān **登陟** dēngzhì

死的婉称。

【登】登,升。意谓已登天。《左传·昭公十年》:"戊子,逢公以登,星斯于是乎出。"孔颖达疏:"昔戊子之日逢公死,其神以此日登天。"

【登仙】同"升仙"。唐刘知几《史通·杂说下》:"复有怀嬴失节,目为贞女;刘安覆族,定以登仙。"宋蔡絛《铁围山丛谈》卷一:"不数日宣仁登仙,上始亲政焉。"《宋史·乐志十六》:"缀衣将出,神凝玉几,一夜登仙,弓堕隔苍烟。"

【登真】犹"登仙"。唐曹唐《仙都即景》诗:"蟠桃花老华阳东,轩后登真谢六宫。"《旧唐书·后妃传下·睿真皇后沈氏》:"太后沈氏厌代登真,于今二十七载,大行皇帝至孝惟深,哀思罔极。"

【登遐】《墨子·节葬下》:"秦之西有仪渠之国者,其亲戚死,聚柴薪而焚之,熏上,谓之登遐,然后成为孝子。"后因以为死的婉称。《三国志·魏书·文昭甄皇后传》"有司奏请追谥"裴松之注引晋王沈《魏书》:"虽凤年登遐,万载之后,永播融烈。"南朝宋刘义庆《世说新语·文学》:"孙子荆除妇服,作诗以示王武子"刘孝标注引《孙楚集》:"其诗曰:'时迈不停,日月电流,神爽登遐,忽已一周。'"《晋书·后妃传上·文明王皇后》:"奄然登遐,弃我何早?"后专用于婉称帝王去世。《昭明文选·刘琨〈劝进表〉》:"永嘉之际,氛厉弥昏,宸极失御,登遐丑裔。"李善注引王隐《晋书·怀纪》:"羯贼刘耀破洛,皇帝崩于平阳。"唐柳宗元《唐故秘书少监陈公行状》:"德宗登遐,公病痼,舆曳就位,备哀敬之书。"宋王安石《谢知江宁府表》:"先帝登遐,既不获奔驰道路;陛下即位,又未尝瞻望阙廷。"清昭梿《啸亭续录·王文靖》:"上登遐时,命公与文僖同撰遗诏,因受顾命。"

【登假】帝王去世的婉称。意谓升仙而去。假,通"遐"。《礼记·曲礼下》:"告丧,曰天王登假。"孔颖达疏:"登,上也;假,已也。言天子已上升矣,若仙去然也。"《列子·黄帝》:"天下大治,几若华胥之国,而帝登假,百姓号之。"张湛注:"假,当为遐。"清方苞《释兰谷传》:"康熙六十一年冬入贺万寿节,既至而圣祖皇帝已登假。"鲁迅《阻郁达夫移家杭州》诗:"钱王登假仍如在,伍相随波不可寻。"

【登天】登天,升天。除用于成仙、登帝位等意义外,也可用于婉称人死亡。范文澜、蔡美彪等《中国通史》第一编第五章第九节:"秦国西有仪渠国,父母死,火烧遗体,称为登天。"

【登陟】登、陟都有升义。登陟,犹升天。

章炳麟《徐锡麟、陈伯平、马宗汉、秋瑾哀辞》:"亦有马君,就涂未极,词吏旁布,断头登陟。"

遐登 xiádēng　遐举 xiájǔ　遐升 xiáshēng　遐弃 xiáqì

婉称人去世。

【遐登】遐登,义近"登遐",有升天义。晋束晳《吊萧孟恩文》:"呜呼哀哉,精爽遐登,形骸幽匿,有邪亡邪?莫之能测。"

【遐举】遐举,有得道升仙义,可婉称人死亡。《昭明文选·李陵〈答苏武书〉》:"贾谊、亚夫之徒,皆信命世之才,抱将相之具,而受小人之谗,并受祸败之辱,卒使怀才受谤,能不得展。彼二子之遐举,谁不为之痛心哉!"李善注:"《汉书》曰:周亚夫谏上不用,……吏侵之益怒,遂入廷尉,不食五日,呕血而死。"晋孙绰《孔松阳像赞》:"于穆我后,含和体纯。行范乃祖,德冠缙绅,降迹垂化,泽侔三春。超然遐举,遗爱在民。"

【遐升】遐升,升天,犹仙逝。清王继香《〈小螺庵病榻忆语〉书后》:"薄寒中人,肺葳蕤而上逆,噩梦符谶,手芙蓉以遐升。"

【遐弃】婉称帝王去世。意谓远弃群臣而去。元揭傒斯《故中宪大夫岭北等省左右司郎中苏公志道哀词》诗:"忠献一朝没,武皇亦遐弃。"

上宾 shàngbīn　上天 shàngtiān　上西天 shàngxītiān　上仙 shàngxiān　上路 shànglù

【上宾】婉称帝王去世。意谓作客于天帝之所。《逸周书·太子晋解》:"王子曰:'吾后三年,上宾于帝所,汝慎无言。'"孔晁注:"言死比为宾于上帝之所。"宋苏轼《正旦于福宁殿作水陆道场荐神宗皇帝斋文》:"伏以弃黄屋以上宾,莫追风驭;抱乌号而永慕,再历春朝。"《明史·高拱传》:"先帝临御四十五载,得岁六十有余,末年抱病,经岁上宾,寿考令终,曾无遽暴。"《清史稿·世祖纪二》:"朕自弱龄,即遇皇考太宗皇帝上宾;教训抚养,惟圣母皇太后慈育是依。"

【上天】死的婉称。中国近代史资料丛刊《太平天国·醒世文》:"自古怕死就会死,几多贪生不得生,诛妖上天是好事,永远光荣传子孙。"

【上西天】西天,佛教语,西方极乐世界。《三宝太监西洋记通俗演义》第六回:"这个非幻化身虽在东土,心神已自飞度在西天之上了。"今语"上西天"为死的婉称。

【上仙】原意是得道升天成仙。也用于帝、后死亡的婉称。唐白居易《大唐故贤妃京兆韦氏墓志铭》:"贞元中,沙鹿(皇后)上仙,长秋虚位,凡六十九御之政,多听于妃。"宋洪迈《容斋五笔·丙午丁未》："淳熙丁未，高宗上仙。"明彭时《彭文宪公笔记》："戊子六月二十八日，慈懿王太后上仙。"

【上路】迷信说法，人死后，或魂归黄泉，或魂归阴府，所以也称死亡为"上路"。明冯梦龙《醒世恒言·张廷秀逃生救父》："(瑞姐)夹七夹八一路嚷去，明明要气玉姐上路。"清李渔《奈何天·逼嫁》："你好好去回绝了他，若还送聘礼来，就是逼我上路。"叶圣陶《苦辛》："她的结论是世间的寿数到头了，说不定今天明天就要上路。"

迁化 qiānhuà 迁逝 qiānshì

死的婉称。

【迁化】升化而去。迁，升。《汉书·外戚传上·孝武李夫人》："忽迁化而不返兮，魄放逸以飞扬。"南朝梁释慧皎《高僧传·佛陀什》："先沙门法显于师子国得弥沙塞律梵本，未被翻译而法显迁化。"明焦竑《焦氏笔乘续集·金陵旧事上》："风疾旋，自下上转入空际东南逝，视瑛，已迁化矣。"丰子恺《缘缘堂随笔集·怀梅兰芳先生》："现在，梅先生的身体已经迁化了。"

【迁逝】迁化而逝。晋左芬《万年公主诔》："精灵迁逝，幽此中阿。"

陟 zhì

登遐，升天。帝王死的婉称。《尚书·康王之诰》："惟新陟王，毕协赏罚。"《古史纪年》卷一："帝王之崩皆曰陟。《书》'新陟王'，谓新崩也。"唐韩愈《黄陵庙碑》："今谓竹书纪年，帝王之没皆曰陟。陟，升也，谓升天也。"

龙去鼎湖 lóngqùdǐnghú 龙升 lóngshēng

帝王去世的婉称。

【龙去鼎湖】典出《史记·封禅书》："黄帝采首山铜，铸鼎于荆山下。鼎既成，有龙垂胡髯下迎黄帝。黄帝上骑，群臣后宫从上者七十余人，龙乃上去。余小臣不得上，乃悉持龙髯，龙髯拔，堕，堕黄帝之弓。百姓仰望黄帝既上天，乃抱其弓与胡髯号，故后世因名其处曰鼎湖，其弓曰乌号。"后因以"龙去鼎湖"婉称帝王去世。元杨云鹏《送王希仲北归》诗："龙去鼎湖中国换，鹤归华表昔人非。"明李东阳《五月初七日》诗："龙去鼎湖还作雨，马嘶沙苑尚思风。"

【龙升】既可表示登帝位，也可表示帝王去世。明郎瑛《七修类稿·国事七·象简龙衣联》："高庙鼎成龙升之日，建文即位，成祖以燕王来奔丧而不朝，盖以叔不拜侄也。"

跨鹤仙去 kuàhèxiānqù 跨鹤西归 kuàhèxīguī 鸾驭西归 luányùxīguī 鸾驭辞尘 luányùcíchén 游岱 yóudài 鹤驾 hèjià 鹤驭 hèyù 鹤驭登仙

héyùdēngxiān 驾鹤西游
jiàhèxīyóu 驾鹤西去
jiàhèxīqù 骑鹤西归
qíhèxīguī 驾鹤成仙
jiàhèchéngxiān 乘鹤远去
chénghèyuǎnqù

婉称人去世,意谓驾鹤升仙西去。

【跨鹤仙去】跨鹤,乘鹤。道教认为经修炼得道后能骑鹤飞升成仙。也用作人去世的婉称。鲁迅《中国小说史略》第二六篇:"已而父母皆在府衙中跨鹤仙去。"

【跨鹤西归】跨鹤,乘鹤升仙;西归,犹归西,归往西方极乐世界。《汉语大词典》:"西归,……归向西方,……也用作人死亡的婉词。如:跨鹤西归;鸾驭西归。"

【鸾驭西归】鸾,鸾鸟,传说中的类似凤凰的神鸟。鸾驭,驾驭鸾鸟飞升仙去。西归,犹归西,归往西方极乐世界。《汉语大词典》:"也用作人死亡的婉词,如……鸾驭西归。"参见"跨鹤西归"。

【鸾驭辞尘】《汪康年师友书札·梁焕奎》:"久不通问,弥想念也。前得讣音,知伯母太夫人鸾驭辞尘,不胜悲怛!"

【游岱】岱,即泰山。晋张华《博物志》卷一:"泰山,一曰天孙,言为大帝孙也,主召人魂魄。"后因"游岱"为人死

的婉称。明王世贞《题扇》乙之四:"其人有工临池者,有擅长城者,然半已游岱矣。揽之不胜人日曝书之感。"

【鹤驾】唐卢照邻《郑太子碑铭》:"霓旌扬汉,犹寻朽骨之灵;鹤驾停空,尚谒先人之墓。"唐苏颋《章怀太子良娣张氏神道碑》:"呜呼!山疑鹤驾,地即乌号。"

【鹤驭】唐赵嘏《今年新先辈以遏密之际每有宴集必资清谈书此奉贺》诗:"鹤驭回飘云雨外,兰亭不在管弦中。"元王恽《萧徵君哀词》之二:"鹤驭不来尘世隔,芙蓉城阙月茫茫。"

【鹤驭登仙】《汪康年师友书札·陈其煋》:"第思嫂夫人鹿车如愿,鹤驭登仙,务祈旷观省悲为属。"

【驾鹤西游】邓友梅《那五》二:"过老太太言而有信,这事办完不久就驾鹤西游了,紫云正式把家管了起来。"

【驾鹤西去】唐金海《人去美长在》:"不料,噩耗传来,说先生已于26日中午驾鹤西去。惊愕之余,站起又坐下,木然良久,无语凝噎。"2005年11月16日《中华读书报·家园》:"久卧病榻的先生终于驾鹤西去了,对于他而言,也许这不失为一种解脱,但对于现代文学研究,却是一种难以弥补的损失。"

【骑鹤西归】《儿女英雄传》第十七回:"不想你老太太先骑鹤西归,叫我向谁说起?"

【驾鹤成仙】杨大群《关东传奇》第五四

章:"彭汉臣嘴里囫囫囵囵地说:'老爹,你魂归西天了,嘿嘿;''老爹,你驾鹤成仙了,嘿嘿。'"

【乘鹤远去】唐金海《人去美长在》:"眼前又浮现出一系列健在的或逝世的学坛前辈的形象,如今,慈祥和蔼的蒋先生也在高烧中乘鹤远去了。"

【捐身】juānshēn【捐躯】juānqū【捐骸】juānhái【捐馆舍】juānguǎnshè【捐馆】juānguǎn【捐舍】juānshè【捐宾客】juānbīnkè【捐宾】juānbīn【捐生】juānshēng【捐命】juānmìng【捐世】juānshì【捐背】juānbèi【捐瘠】juānjí【捐床帐】juānchuángzhàng

死的婉称或讳称。捐,捐弃。捐弃生命、身躯、宾客、安身之所,以婉称离开人世。

【捐身】【捐躯】【捐骸】多用于为正义事业而献出生命。

〔捐身〕《三国志·蜀书·法正传》:"蒙耻没身,辱及执事,是以捐身于外,不敢反命。"《三国演义》第一一八回:"捐身酬烈祖,搔首泣穹苍。""捐身"还用于一般意义的失去生命。《再生缘》第二四回:"如若再生山野性,当不得,下官合眷要捐身。"

〔捐躯〕献出生命。汉袁康《越绝书·外传纪策考》:"子胥至直,不同邪曲,捐躯切谏,亏命为邦。"唐刘知几《史通·品藻》:"借如阳瓒效节边城,捐躯死敌,当有宋之代,抑刘卜之徒与?"宋苏轼《到黄州谢表》:"若获尽力鞭箠之下,必将捐躯矢石之间。"清顾炎武《井中心史歌》:"陆公已向厓门死,信国捐躯赴燕市。"鲁迅《集外集拾遗补编·庆祝沪宁克复的那一边》:"忽而想到十六年前也曾克复过南京,还给捐躯的战士立了一块碑。"

〔捐骸〕同"捐躯"。《再生缘》第二四回:"老师青目门生幸,惟有捐骸报圣王。"

【捐馆舍】【捐馆】【捐舍】抛弃馆舍。死的婉称。

〔捐馆舍〕《战国策·赵策二》:"奉阳君妒,大王不得任事,……今奉阳君捐馆舍,大王乃今然后得与士民相亲。"宋鲍彪注:"礼,妇人死曰捐馆舍,盖亦通称。"《史记·范雎蔡泽列传》:"君卒然捐馆舍,君虽恨于臣,亦无可奈何!"宋陆游《吕居仁集》序》:"某自童子时,读公诗文,愿学焉。稍长,未能远游,而公捐馆舍。"清恽敬《与来卿书》:"清如先生捐馆舍,世间又少一读书力行之人矣。"

〔捐馆〕"捐馆舍"又省作"捐馆""捐舍"。唐白居易《养竹记》:"此(关)相国之手植者,自相国捐馆,他人假居,繇是筐篚者斩焉,彗帚者刈焉。"明张煌言《祭四叔父文》:"知叔父以四月十三日捐馆,方敢为位而哭。"

〔捐舍〕宋无名氏《道山清话》："元祐五年，……未几，先公捐舍。"清蒲松龄《聊斋志异·梦别》："及明，以告太公敬一，且使备吊具，曰：'玉田公捐舍矣。'"

【捐宾客】【捐宾】 捐弃宾客而去。居高位者死去的婉称。

〔捐宾客〕《史记·商君列传》："秦王一旦捐宾客而不立朝，秦国之所以收君者，岂其微哉？"明沈德符《野获编·内阁三·元旦诗》："是年，百谷下世，再阅岁甲寅，而文定亦捐宾客矣。"

〔捐宾〕"捐宾客"，近人也省作"捐宾"。邹鲁《中华革命党》："设孙先生一旦捐宾，岂吾辈将无所附从乎？"

【捐生】【捐命】 舍弃生命。

〔捐生〕《昭明文选·晋潘安仁〈寡妇赋〉》："感三良之殉秦兮，甘捐生而自引。"唐刘知几《史通·因习》："夫王室将崩，霸图云搆，必有忠义之士，捐生殉节。"《明史·忠义传序》："从古忠臣义士，为国捐生，炳节一时，名垂百世。"

〔捐命〕同"捐生"。《史记·李斯列传》："吾闻之，明君知臣，明父知子，父捐命，不封诸子，何可言者？"《汉书·陈汤传》："延寿、汤既未获受祉之报，反屈捐命之功，久挫于刀笔之前。非所以劝有功，厉戎士也。"颜师古注："捐弃其躯命，言无所顾也。"宋苏辙《北狄论》："汉兵深入，不惮死亡，捐命绝幕之北，以决胜负。"

【捐世】 犹"弃世"。人死的婉称。宋陈世道《妾薄命》诗之二："捐世不待老，惠妾无其终。"明刘若愚《酌中志·累臣自叙略节》："先将军捐世之冬，辽东果招徕流民，地果弃矣。"

【捐背】 弃去。死的婉称。《昭明文选·晋潘安仁〈寡妇赋〉》："荣华晔其始茂兮，良人忽以捐背。"唐张说《唐赠丹州刺史先府君碑》："年五十二，调露元年十二月乙卯，捐背于县廨。"

【捐瘠】 饥饿而死。"瘠"通"胔"，腐肉。《汉书·食货志上》："尧、禹有九年之水，汤有七年之旱，而国亡（无）捐瘠者，以畜积多而备先具也。"颜师古注："孟康曰：'肉腐为瘠。捐，骨不埋者。'"宋司马光《上皇帝疏》："老弱流离，捐瘠道路。"《金史·循吏传·卢克忠》："会民艰食，克忠下令凡有蓄积者计留一岁，悉平其价籴之，由是无捐瘠之患。"

【捐床帐】 女人去世的婉词。唐颜真卿《崔孝公宅陋室铭记》："太夫人王氏捐床帐之后，公徙居他室，或在宾馆，而无常所。"

撤席 chèxí

婉称人去世。撤，撤去；席，职位。唐李绛《兵部尚书王绍神道碑》："在位三岁，享龄七十有二，撤席于长安永乐里之私第。"

弃世 qìshì　弃代 qìdài
弃躯 qìqū　弃身 qìshēn
弃骸 qìhái　弃朝 qìcháo

弃天下 qìtiānxià 弃背天下 qìbèitiānxià 弃群臣 qìqúnchén 弃捐 qìjuān 弃逝 qìshì 弃移 qìyí 弃背 qìbèi 弃禄 qìlù 弃养 qìyǎng 弃堂帐 qìtángzhàng 弃平居 qìpíngjū

死的婉称。弃,舍弃、抛弃。

【弃世】【弃代】 弃离人世。

〔弃世〕《三国志·魏书·陈思王植传》:"臣窃感先帝早崩,威王弃世,臣独何人,以堪长久!"宋吴曾《能改斋漫录·神仙鬼怪》:"(杨察)寝而告其夫人,因曰:'我必弃世。'未几果薨。"明王澹翁《樱桃园》第二折:"贤侄,尊翁弃世多年,一向有失通问,你把近日行藏,试说一番。"曹禺《北京人》第一幕:"不久母亲又弃世……从此就遵守母亲的遗嘱,长住在北平曾家。"

〔弃代〕代,世。唐人避唐太宗李世民讳,改世为代。《昭明文选·曹植〈求自试表〉》:"窃感先帝早崩,威王弃代,臣独何人,以堪长久!"唐柳宗元《先太夫人河东县太君归祔志》:"先夫人姓卢氏,……元和元年,岁次丙戌五月十五日,弃代于永州零陵佛寺。"《新唐书·李景略传》:"梅录俯偻前哭,景略即抚之曰:'可汗弃代,助尔号慕。'"

【弃躯】【弃身】【弃骸】 舍弃身躯。

〔弃躯〕《汉书·吴王刘濞传》:"今吴王自以与大王同忧,愿因时循理,弃躯以除患于天下。意亦可乎?"宋苏轼《送乔仝寄贺君》诗之一:"君年二十美且都,初得恶疾堕眉须。红颜白发惊妻孥,览镜自嫌欲弃躯。"

〔弃身〕舍身。三国魏曹植《白马篇》:"长驱蹈匈奴,左顾凌鲜卑,弃身锋刃端,性命安可怀?"

〔弃骸〕丢弃骸骨。《三国志·吴书·虞翻传》"权积怒非一,遂徙翻交州"裴松之注引《虞翻别传》:"永陨海隅,弃骸绝域。"

【弃朝】【弃天下】【弃背天下】【弃群臣】 帝王死亡的婉称。

〔弃朝〕明高启《咏三良》:"殉葬古所禁,秦国固戎风,穆公临弃朝,要此三臣从。"

〔弃天下〕舍弃天下而去。《后汉书·顺帝纪》:"孝安皇帝圣德明茂,早弃天下。陛下正统,当奉宗庙。"宋秦观《王定国注〈论语〉序》:"明日,诏御药院取其书,去未报而神宗弃天下。"

〔弃背天下〕同"弃天下"。《三国志·魏书·齐王芳传》:"烈祖明皇帝以正月弃背天下,臣子永惟忌日之哀。"

〔弃群臣〕舍弃群臣而去。《韩非子·外储说右下》:"今王信爱子之,将传国子之,……王不幸弃群臣,则子之亦益也。"宋曾巩《移沧州过阙上殿札子》:"(仁宗)弃群臣之日,天下闻之,路祭巷哭,人人感动欷虚,其得人之深,未有知其所繇然者。"王闿运《李仁元传》:"宣宗弃群臣,遗诏,命后世毋奉配郊。"

【弃捐】【弃逝】【弃移】【弃背】人死的婉称。

〔弃捐〕《史记·扁鹊仓公列传》:"有先生则活,无先生则弃捐填沟壑,长终而不得反。"唐李翱《右仆射杨公墓志》:"公生六年,太保弃捐;未及成童,虢国又终。"明宋濂《故封承事郎给事中王府君墓版文》:"予生发未燥,先公弃捐,一念及兹,肝胆为之拆裂。"清赵翼《哭刘瀛坡总戎》诗:"如此相知忍弃捐,身骑箕尾竟登仙。"

〔弃逝〕去世,逝世。元关汉卿《陈母教子》第四折:"他父曾为前朝相国,早年弃逝。"

〔弃移〕去世。唐贾岛《哭卢仝》诗:"长安有交友,托孤遽弃移。家侧志石短,文字行参差。"

〔弃背〕过背,去世。晋王羲之《杂帖一》:"周嫂弃背,再周忌日,大服终此晦,感摧伤悼。"北齐颜之推《颜氏家训·终制》:"先夫人弃背之时,……棺器率薄,藏内无砖。"

【弃禄】舍弃俸禄。官员去世婉称。明李昌祺《剪灯馀话·贾云华还魂记》:"生又问:'平章弃禄数年,今有谁在?生事若何?'"

【弃养】父母去世的婉称,意谓父母去世,子女不能尽孝奉养。也泛指尊长去世。唐苏颋《章怀太子良娣张氏神道碑》:"粤景龙二载孟夏之月,遘疾弃养于京延康第之寝。"清吴定《答曹尚书书》:"念先人弃养八年,明公不忘旧好,施及于孤,古人之交,再见今日。"《痛史》第二十回:"先祖母病重时,不错,是回来过,但是先祖母弃养后,办了丧事,又出门去了。"

【弃堂帐】犹"捐馆舍"。人死的婉称。唐颜真卿《朝议大夫徐府君神道碑》:"(夫人)春秋六十有八,弃堂帐于相州之安阳。"清梁绍壬《两般秋雨盫随笔卷六·书卒异词》:"凡人死曰卒、曰殁、曰疾终、曰厌世、曰弃养、曰长逝、曰捐馆舍,此夫人知之也,又曰弃堂帐。"

【弃平居】人死的婉称。宋苏舜钦《先公墓志铭并序》:"夫人弃平居,……终丧,复除三司判官。"

遗弃 yíqì

死的婉称。唐元稹《告赠皇考皇妣文》:"慈训备至,不肖乃立,积初一命,积始奉朝,供养未遑,奄尔遗弃。"

舍身 shěshēn 舍生取义 shěshēngqǔyì 舍生取谊 shěshēngqǔyì 舍生存义 shěshēngcúnyì 舍生 shěshēng 舍命 shěmìng 舍字 shězì 舍寿 shěshòu

死的婉称。舍,舍弃。

【舍身】初义是佛教徒为弘扬佛法而牺牲自己的肉体,后用于为正义或真情而牺牲自己。明叶宪祖《鸾鎞记·秉操》:"我鱼惠兰,只为姊妹情深,舍身相代。"陈去病《辑〈陆沉丛书〉初集竟题首》诗:"誓死肯从穷发国,舍身齐上断头台。"

【舍生取义】为正义而牺牲。语本《孟子·告子上》:"生,亦我所欲也;义,亦我所欲也。二者不可得兼,舍生而取义者也。"宋苏轼《乞将台谏官章疏降付有司根治札子》:"夫君子所重者,名节也。故有'舍生取义''杀身成仁''可杀不可辱'之语。"《新唐书·高祖十九女传》:"我闻杨氏篡周,尉迟迥乃周出,犹能连突厥,使天下响震,况诸王国懿亲,宗祐所托,不舍生取义,尚何须邪?"明吴承恩《请南渠吕公碑文启》:"孙公抗逆忘身,舍生取义,功在社稷,气振乾坤。"

【舍生取谊】谊,同"义"。《汉书·叙传上》:"保身遗名,民之表兮;舍生取谊,亦道用兮。"

【舍生存义】同"舍生取义"。《北齐书·杜弼传赞》:"元康忠勇,舍生存义。"

【舍生】"舍生取义"的省略。晋卢谌《览古诗》:"舍生岂不易,处死诚独难。"唐韩愈《论捕贼行赏表》:"孔子欲存信去食,人非食不生,尚欲舍生以存信,况可无故而轻弃也!"张书绅《正气歌》:"当过于强大的邪恶势力作为一种潮流突然袭来时,有少数的便立即舍生。"

【舍命】舍弃生命,即死亡。《诗经·郑风·羔裘》:"彼其之子,生命不渝。"高亨注:"舍,借为捨。渝,改变。此

句言舍出生命不变节。"南朝梁慧皎《高僧传·习禅·释法绪》:"盛夏于室中舍命,七日不臭。尸左侧有香,经旬乃歇。"

【舍字】婉称子女去世。字,养育,抚育。宋苏轼《与李之仪书》:"某已得舟,决归许,如所教。而长子迈遽舍字,深以为恨。"

【舍寿】《金石萃编·唐济度寺尼萧法愿墓志》:"粤以龙朔三年八月廿六日舍寿于济度寺之别院,春秋六十三。"

违世 wéishì 违代 wéidài 违养 wéiyǎng

婉词。人去世的婉称。

【违世】去世。《左传·文公六年》:"秦穆之不为盟主也宜哉!死而弃民。先王违世,犹诒之法,而况夺之善人乎?"南朝梁沈约《齐明帝哀策文》:"哲王违世,克播遗尘。"《资治通鉴·后唐明宗天成四年》:"先王违世,兄为人子,初不临丧,可乎?"

【违代】代,世。同"违世"。唐独孤及《为李给事让起复尚书左丞兼御史大夫等二表》:"才擢掖垣,慈颜违代,罔极之痛,终天莫追。"

【违养】同"弃养"。用于父母或尊长去世。唐元稹《唐故河南元君墓志铭》:"先府君违养之岁,前累月而季父侍御史府君捐馆。"明袁宗道《封知县刘公墓志铭》:"书至则封公以仲春违养矣。"明章懋《费太常小传》:"伯玉已登乡举而享年不久,既而父亦违养。"

背 bèi 见背 jiànbèi 背世 bèishì 背弃 bèiqì

死的婉称。

【背】晋李密《陈情表》:"生孩六月,慈父见背。"张铣注:"背,死也。"明冯梦龙《醒世恒言·三孝廉让产立高名》:"先父母早背,域兆未修。"清孙枝蔚《忆昔篇寄示燕谷仪三子》诗:"八岁背吾母,出入哭声哑。"

【见背】婉称父母或长辈去世。晋李密《陈情表》:"生孩六月,慈父见背。"明夏完淳《狱中上母书》:"痛自严君见背,两易春秋。"周立波《山乡巨变》下十一:"她一把眼泪,一把鼻涕,先哭去世多年的爷爷,后哭新近见背的妈妈。"

【背世】离开人世。晋陆云《与戴季甫书》:"勋业有究,早尔背世。"晋潘岳《杨仲武诔》:"望子朝阴,如何短折,背世湮沉。"《宋书·后妃传·孝懿萧皇后》:"孝皇背世五十余年,古不袝葬。"

【背弃】晋陆云《岁暮赋》序:"自去故乡,荏苒六年,惟姑与妹,仍见背弃。"明高明《琵琶记·散发归林》:"我闻说你父母背弃,你媳妇来此相寻,此事果否?"

委世 wěishì 委离 wěilí

死的婉称。

【委世】弃世。南朝宋颜延之《宋文皇帝元皇后哀策文》:"太和既融,收华委世。"

【委离】南朝宋颜延之《赭白马赋》:"竟先朝露,长委离兮。"宋李纲《哭宗留守汝霖》诗:"骅骝竟委离,冀北群遂空。"

没(殁) mò

死的婉称。没,沉没。《同源字典》:"按,古文以沉没比喻死亡,'没'是'死'的委婉语。"后来,改"没"的偏旁氵为歹,另造一个"殁"字表示死亡。"没""殁"古今字。《论语·学而》:"父在,观其志;父没,观其行。"《史记·陈涉世家》:"秦皇既没,余威振于殊俗。"《论衡·吉验篇》:"伊尹命不当没,故其母感梦而走。"《国语·晋语四》:"管仲殁矣,多馋在侧。"《史记·屈原贾生列传》:"伯乐既殁兮,骥将焉程兮?"杨闻宇《神交不朽》:"遗憾的是,孙犁9月下旬写了信,两个月后邹明就殁了。曲终弦断,人亡刊停,《文艺》这个刊物到此结束。""歾"是"殁"的重文。清顾炎武《与王仲复书》:"华阴王君无异有诸母张氏,年二十六,其君与小君相继歾。"以下由"没"或"殁"组成的双音词都是表示死的婉称。

【没化】唐张九龄《故果州长史李公碑铭并序》:"道非吾行,德无必贵,遂以没化,岂命也夫?"

【没(殁)世】《论语·卫灵公》:"君子疾没世而名不称焉。"宋王禹偁《休粮道士传》:"苟遭时得君,则天下之人受子之赐也,虽千钟万钱,不为愧尔,没世之后，又血食焉，何粒之却邪？"《儿女英雄传》缘起首回："至于他各人到头来的成败，还要看他入世后怎的个造因，才知他没世时怎的个结果。"唐元稹《夏阳县令陆翰妻河南元氏墓志铭》："殁世于夏阳县之私第。"明沈维材《四溟诗话·跋》："殁世既久，又得甫草、石斋之表彰，四溟可以无憾。"

【没地】人死葬于地下，婉指死。语本《左传·隐公十一年》："若寡人得没于地，天其以礼悔祸于许，无宁兹许公复奉其社稷。"南朝梁江淹《恨赋》："至乃敬通见抵，罢归田里，……赍志没地，长怀无已。"《新唐书·房玄龄传》："上含怒意决，群臣莫敢谏，吾而不言，抱愧没地矣！"

【没命】《三国志·魏书·齐王芳传》："洮西之战，至取负败，将士死亡，计以千数，或没命战场，冤魂不反，或牵挛房手，流离异域。"宋司马光《涑水纪闻》卷十四："戊戌夜大雨，城遂陷。珍帅众数百人踰城走免，禧、舜举、稷皆没命。"

【没陈】阵亡。陈(zhèn)，"阵"的古字。《宋书·邓琬传》："正员将军幢主卜伯宗、江夏国侍郎幢主张焕力战没陈。"

【没寿】终尽年寿。《战国策·齐策六》："使管仲终穷抑幽因而不出，渐耻而不见，穷年没寿，不免为辱人贱行矣。"

沦没(殁) lúnmò 沦逝

沦逝 沦失 lúnshì 沦落 lúnluò 沦谢 lúnxiè

死的婉称。

【沦没(殁)】唐杜甫《哭王彭州抡》诗："执友惊沦没，斯人已寂寥。"元刘壎《隐居通议·诗歌一》："知己沦没，前辈凋零，俯仰昔今，为之陨涕。""殁"是"没"的区别字。"沦殁"同"沦没"。唐白居易《因梦有悟》诗："交友沦殁尽，悠悠劳梦思。"

【沦逝】没世，逝世。唐白居易《赠裴垍官制》："事君尽礼，殉国忘身，积忧与劳，构成疾恙，以至沦逝，念之恻然！"清薛福成《出使四国日记·光绪十六年十一月初八》："沅帅尤以中兴伟绩，坐镇东南，不数月间遽皆沦逝。"

【沦落】宋陆游《寓言》诗之一："故交沦落尽，至理与谁论。"清俞樾《春在堂随笔·小浮梅闲话》："明妃和亲，行至黑龙江，投江而死，良由惜其沦落，故创此说。"

【沦谢】五代前蜀杜光庭《宣胜军使王说为亡男昭胤明真斋词》："飘魂异境，悯其沦谢。"宋周煇《清波别志》卷中："盖耆旧日就沦谢，言之可胜于悒。"清薛福成《代李伯相布政使赠太常寺卿丁公墓表》："不意中道沦谢，志业未副。"

泯 mǐn 泯没 mǐnmò

死的婉称。

【泯】南朝梁任昉《为范始兴作求立太宰碑表》："昔晋氏初禁立碑，魏舒之亡，亦从班列。而阮略既泯,故首冒严科,为之者竟免刑戮,致之者反蒙嘉叹。"

【泯没】《三国志·吴书·张昭传》:"泯没之后,有可称述。"晋葛洪《抱朴子·勖学》:"以是贤人悲寓世之忽倏,疾泯没之无称。"宋王安石《忆昨诗示诸外弟》:"昊天一朝畀以祸,先子泯没予谁依?"

沉沦 chénlún 沉眠 chénmián 沉埋 chénmái

死的婉称。

【沉沦】《三国志·魏书·高堂隆传》:"臣百疾所钟,气力稍微,辄自舆出,归还里舍,若遂沉沦,魂而有知,结草以报。"

【沉眠】犹"长眠"。章炳麟《狱中闻湘人某被捕有感》诗:"中兴殄诸将,永夜遂沉眠。"

【沉埋】借喻死亡。汉赵晔《吴越春秋·王僚使公子光传》:"吾如得返,是天祐之;其遂沉埋,亦吾所喜。"

灭 miè 灭化 mièhuà 灭没 mièmò 灭抑 mièyì 灭度 mièdù 灭顶 mièdǐng 灭陨 mièyǔn

指死亡。

【灭】《南史·范晔传》:"晔常谓死为灭,欲著《无鬼论》。"唐白居易《赠王山人》诗:"彭生徒自异,生死终无别,不如学无生,无生即无灭。"宋吴曾《能改斋漫录·神仙鬼怪》:"师之未灭,与灭之后,屡显功力,以御水灾,涟人尤德之。"

【灭化】佛教语。犹"涅槃""圆寂"。指僧人死亡。汤用彤《汉魏两晋南北朝佛教史》第二分第十九章:"(达摩)常以四卷《楞伽》授学者,以天平年(公元534至537年)前灭化洛滨。"

【灭没】《淮南子·本经训》"民之灭抑夭隐"高诱注:"抑,没也。谓民有灭没夭折之痛。"

【灭抑】《淮南子·本经训》:"则兵革兴而分争生,民之灭抑夭隐,虐杀不辜,而刑诛无罪,于是生矣。"

【灭度】佛教语。灭烦恼,度苦海。"涅槃"的意译。也婉称僧人死亡。南朝梁慧皎《高僧传·习禅·释道法》:"元徽二年,(道法)于定中灭度,平坐绳床,貌如恒日。"唐白居易《唐抚州景云寺石塔碑铭》:"佛灭度后,苍菖香衰,醍醐味漓。"章炳麟《建立宗教论》:"若谈实相,则色身现量具在目前,犹且不可执为实有,而况灭度之后耶?"吴晗《朱元璋传》第一章二:"释迦牟尼佛灭度(死)后五十六亿七千万岁,弥勒下降人世而成佛。"

【灭顶】水没过头顶,喻因灾祸死亡。清徐瑶《太恨生传》:"若以丹诚所感,虽灭顶捐躯,亦复奚恤?"清赵翼《醉蟹》诗:"醉乡岂怕灭顶凶,铺糟啜醨酒池中。"

【灭陨】丧命,死亡。汉刘向《列女传·密

康公母》：'公行下众，物满则损。俾献不听，密果灭陨。'

陨 yǔn 殒 yǔn

死的婉称。陨，陨落，星体从高空落下。"陨""殒"古今字。《同源字典》："'陨'和'殒'的关系，跟'没'和'殁'的关系是一致的。'殁'和'殒'都是死的委婉语。"《左传·襄公三十一年》："巢陨诸樊，阍戕戴吴。"杨伯峻注："诸樊死于攻巢。"汉贾谊《吊屈原文》："遭世罔极兮，乃殒厥身。"唐元稹《诲侄等书》："不幸馀命不殒，重登冠缨。"宋洪迈《夷坚甲志·江心寺震》："复入厨，引一人出，亦陨于外。凡死者六人。"以"陨"或"殒"组成表示死的婉称的双音词有：

【陨仆】《晋书·纪瞻传》："惟陛下割不已之仁，赐以敝帷，陨仆之日，得以藉尸。"

【陨世】清严有禧《漱华随笔·张太岳》："呜呼！江陵权势薰天，一旦无禄陨世，泡影灭而冰山摧，皆由一女子致之，可畏哉！可鉴哉！"

【陨身】《三国志·吴书·孙策传论》："策英气杰济，猛锐冠世，览奇取异，志陵中夏。然皆轻佻果躁，陨身致败。"清纪昀《阅微草堂笔记·滦阳续录一》："此狐快一朝之愤，反以陨身，亦足为睚眦必报者戒也。"

【陨没（殁）】"没""殁"古今字，也是死的婉称。《南史·孔休源传》："孔休源居职清忠，方欲共康政道，奄至陨没，朕甚痛之。"汉班固《卫尉曲阳侯郦商铭》："衎衎卫尉，德行循规，……陨殁于齐。"《后汉书·黄琼传》："故太尉李固、杜乔，忠以直言，德以辅政，念国亡身，陨殁为报，而坐陈国议，遂见残灭。"

【陨命】《左传·成公十三年》："天诱其衷，成王陨命，穆公是以不克逞志于我。"《三国志·蜀书·杨戏传》："江阳刚烈，立节明君，兵合遇寇，不屈其身，单夫只役，陨命于军。"清袁枚《新齐谐·烧头香》："我夫不良，趁我生产时，属稳婆将二铁针置产门中，以此陨命。"

【陨背】宋王安石《祭李省副文》："孰谓君气足以薄云汉兮，神昭晰乎日星，而忽陨背乎？不能保百年之康宁。"

【陨缺】《三国志·魏书·明帝纪》"诏太尉司马宣王帅众讨辽东"裴松之注引晋陈寿《魏名臣奏》："臣闻先王制法，必于全慎，……是以在险当难，则权足相济；陨缺不预，则才足相代。其为固防，至深至远。"

【陨队（坠、隧）】犹"陨落"。队，"坠"的古字。《左传·哀公十五年》："无禄，使人逢天之慼，大命陨队，绝世于良。"宋苏轼《和拟古》之六："朱刘两狂子，陨队如风花。"

"陨坠"，坠，"队"的后起字。清蒲松龄《聊斋志异·荷花三娘子》："数日，宗益沉绵，若将陨坠。"清方苞《祭沧州陈公文》："嘻乎陈公！履道方夷，命忽陨坠，斯人之悲。"

"陨隧",隧,通"坠"。《隶释·汉堂邑令费凤碑》:"念君之仁恩,闻君之陨隧,剥断而辛酸。"

【陨越】《晋书·陶侃传》:"臣虽不知命,年时已迈,国恩殊特,赐封长沙,陨越之日,当归骨国土。"《旧唐书·郭子仪传》:"臣虽陨越,死无所恨。"明郑若庸《玉玦记·截发》:"身陨越,家破灭,无瑕白璧安肯涅?"

【陨落】汉应劭《风俗通·正失·封泰山禅梁父》:"《传》曰:'五帝圣焉死,三王仁焉死,五伯智焉死。'其陨落崩薨之日,不能咸至百年。"冰心《悼郭老》:"他并没有陨落,他永远不会陨落。"

【陨丧】《三国志·蜀书·诸葛亮传》:"如何不吊,事临垂克,遭疾陨丧!朕用伤悼,肝心若裂。"

【陨零】犹"陨落"。零,草木凋零。汉应劭《风俗通·十反序》:"高柴趋门以避难,季路求入而陨零。"

【陨谢】明陈子龙《为友人悼亡赋》:"义虽伉俪,情同良友,不幸数月,忽焉陨谢。"

【陨毙】死亡。《三国志·吴书·孙亮孙皓等传论》:"皓之淫刑所滥,陨毙流黜者,盖不可胜数。"又《孙登传》:"臣以无状,婴抱笃疾,自省微劣,惧卒陨毙。"

【陨踣】《三国志·吴书·鲁肃传》:"鲁肃智略足任,乞以代瑜。瑜陨踣之日,所怀尽矣。"

【殒没(殁)】《三国志·蜀书·先主传》:"常恐陨没,孤负国恩。"宋苏轼《代吕大防乞录吕海子孙札子》:"忧伤愤疾,以致殒没。"《明史·外国传五·占城》:"臣兄权国未几,遽尔殒没。"

"陨殁","没""殁"古今字。宋范仲淹《让枢密直学士右谏议大夫表》:"臣方痛心疾首,日夜悲忧,发变成丝,血化为泪,殒殁无地,荣耀何心?"明唐顺之《祭有怀府君文》:"临病不能尽医药,以致先考陨殁。"

【殒命】《左传·成公十三年》:"天诱其衷,成王殒命。"《后汉书·邓寇传论》:"盖忠臣杀身以解君怒,孝子殒命以宁亲怨。"《红楼梦》第九九回:"骨碎脑破,立时殒命。"

【殒逝】《南史·刘遵传》:"贤从弟中庶奄至殒逝,痛可言乎?"

【殒越】《昭明文选·曹植〈王仲宣诔〉》:"此驩之人,孰先殒越?"李周翰注:"谁先殒越者,谓前戏言此会之中,谁当先没也?"南朝梁任昉《为齐明帝让宣城郡公第一表》:"殒越为期,不敢闻命。"

【殒落】《宋书·王弘传》:"盛业不究,相系殒落,永怀伤叹,痛恨无已。"宋叶适《朝请大夫陈公墓志铭》:"不十年,相继殒落。"

【殒谢】《太平广记》卷二六一引唐李亢《独异志·王初昆弟》:"识者曰:'二子逆天忤神,不永。'未几相次殒谢。"清蒲松龄《聊斋志异·马介甫》:"马见翁蓝缕如故,大骇;又闻万钟殒谢,顿足悲哀。"

【殒毙】死亡。《三国志·魏书·高贵乡公髦传》："颠沛殒毙，杀身济君。"晋葛洪《抱朴子·诘鲍》："古者生无栋宇，死无殡葬，川无舟楫之器，陆无车马之用，吞啖毒烈，以至殒毙。"

【殒颠】鲁迅《野草·墓碣文》："有一游魂，化为长蛇。口有毒牙，不以啮人，自啮其身，终以殒颠。"

【颠陨】颠，倒仆；陨，从上落下。明张居正《答松江兵宪蔡春台书》："且存翁以故相终老，未有显过闻于天下，而使其子皆骈首就逮，脱不幸有伤雾露之疾，至于颠陨，其无乃亏朝廷所以优礼旧臣之意乎？"

【颠殒】同"颠陨"。《后汉书·隗嚣传》："是故上帝哀矜，降罚于莽，妻子颠殒，还自诛刈。"《宋书·隐逸传·翟法赐》："如当逼以王宪，束以严科，驰山猎草，以期禽获，虑致颠殒，有伤盛化。"《隋书·文四子传论》："或幽囚于囹圄，或颠殒于鸩毒。"

【惊殒】婉称因惊吓而死。明邵璨《香囊记·闻讣》："他说在军中伤害了，因此婆婆惊殒在地。"

殒 yǔn

死的婉称。殒，与"陨""殡"同源，表示从高空落下。《史记·太史公自序》："惠之早殒，诸吕不台。"张守节正义："（殒）音殒。"北魏郦道元《水经注·渭水三》："幽王殒于戏，郑桓公死之。"金元好问《四哀诗·李长

源》："同甲四人三横殒，此身虽在亦堪惊。"

【殒祚】死的婉称。祚，年寿。《隶释·汉淳于长夏承碑》："夙世殒祚，早丧懿宝。抱器幽潜，永归蒿里。"

星陨 xīngyǔn 星落 xīngluò 星亡 xīngwáng

婉词。古人以为人间杰出人士都上应天星，因而以"星落"等婉称杰出人士去世。

【星陨】北周庾信《周大将军闻嘉公柳遐墓志》："智士石坏，贤人星陨。"《清代名人书札·王拯致阎敬铭》："午翁又复星陨，又少一为时救乱之才。"

【星落】唐方干《哭秘书姚少监》诗："寒空此夜落文星，星落文留万古名。"

【星亡】北周庾信《崔说神道碑铭》："诸侯地裂，边将星亡。"

零 líng 零落 língluò 零坠 língzhuì 零谢 língxiè

死的婉称。

【零】草木零落。《后汉书·冯衍传下》："顾鸿门而歔欷兮，哀吾孤之早零。"三国魏曹植《王仲宣诔》："如何奄忽，弃我夙零。"赵幼文校注："夙，早也。夙零，早死。"

【零落】草木凋零谢落。《管子·轻重己》："宜获而不获，风雨将作，五谷以削，士兵零落。不获之害也。"马非百新诠："零落，陨也。……谓战士与人民皆将饥饿以死也。"《昭明文选·孔

融〈论盛孝章书〉》："海内知己，零落殆尽。"张铣注："零落，死也。"三国魏曹丕《与吴质书》："何图数年之间，零落略尽，言之伤心。"唐王昌龄《代扶风主人答》诗："乡亲悉零落，塚墓亦摧残。"《汪康年师友书札·陈鼎》："兄先人坟墓，多在四川合州，宗人之中，多有入蜀者，但日就零落，存者无几，兄深以为忧。"

【零坠】同"零落"。晋陆云《晋故散骑常侍陆府君诔》："昊天不吊，奄忽零坠。"

【零谢】明归有光《〈戴楚望集〉序》："及是，而楚望之所与游，一时零谢尽矣。"明夏完淳《大哀赋》："旧游零谢，独垒荒凉。"

落 luò

死的婉称。落，草木凋零谢落。《尔雅·释诂下》："落，死也。"《尚书·舜典》："帝乃徂落。"孔颖达疏："盖徂为往也，言人命尽而往。落者，若草木叶落也。"《国语·吴语》："使吾甲兵顿獘，民人离落，而日以憔悴。"韦昭注："落，殒也。"

凋 diāo

凋，凋零，凋谢。可与相关的词搭配，用作人去世的婉称。凋，有时也写作"雕"或"彫"。

【凋零】【凋谢】【彫谢】【雕谢】【凋落】【雕落】【彫落】多婉称老年人去世。

〔凋零〕零，草木枯谢零落。唐白居易《代梦得吟》诗："后来变化三分贵，同辈凋零太半无。"宋吴曾《能改斋漫录·事实》："一时交游，凋零殆尽，所接皆邈然少年，无可论旧者。"元刘壎《隐居通义·诗歌一》："知己沦没，前辈凋零，俯仰昔今，为之陨涕。"柯灵《小浪花》："我的同代人几乎凋零殆尽。"

〔凋谢〕唐韩愈《寄崔二十六立之》诗："朋友日凋谢，存者逐利移。"五代前蜀韦庄《思归》诗："旧里若为归去好，子期凋谢吕安亡。"明宋濂《普福法师天岸济公塔铭》："钱唐诸名山，以耆旧凋谢，唯师一人岿然如鲁之灵光。"清宣鼎《夜雨秋灯录·忠魂入梦》："当日仓卒捐躯，既无碑志，又无祠宇，老成凋谢，史册不书，殊寂寞耳。"孙犁《秀露集·夜思》："年老者逐渐凋谢，年少者有待成熟。"

〔彫谢〕同"凋谢"。宋司马光《祭钱君倚文》："始谓吉人，必膺遐福，如何彫谢，曾未二毛？"中国近代史资料丛刊《辛亥革命·武昌起义清方档案》："旧日员弁曾亲行阵者，大都彫谢，即间有存者，亦皆无官无差，饥困流亡，不知所归也。"

〔雕谢〕同"凋谢"。明张居正《襄毅杨公墓志铭》："隆、万之间，老成雕谢，唯公岿然如鲁灵光，为海内所倚。"

〔凋落〕《昭明文选·陆机〈叹逝赋〉》："昔每闻长老追计平生同时亲故，或凋落已尽，或仅有存者。"张铣注："凋落，死亡。"唐刘肃《大唐新语·文章》："张说、徐坚同为集贤学士十余年，好尚颇同，情契相得。时诸学士凋落者众,唯说、坚二人存焉。"宋范成大《李郎中挽词》之二:"故人凋落尽,衰涕不胜横。"沈昌直《柳溪竹枝词序》:"里中自柳古楂翁《分湖小识》《胜溪竹枝词》后,迄今已五六十年,赓续无人,故老凋落,枌榆文献,日就消亡。"

〔雕落〕同"凋落"。三国魏曹丕《与王朗书》:"疫疠数起,士人雕落。"《元诗纪事》卷五引程钜夫《〈赠汪郎中〉诗自跋》:"余解官归省,舟归吴城山下,耆旧雕落,有慨其叹。"

〔彫落〕同"凋落"。唐罗隐《曲江春感》诗:"高阳酒徒半彫落,终南山色空崔嵬。"清钱泳《履园丛话·杂记上·诂经精舍》:"及先生还朝,诸生皆散去,或仕或不仕,近且彫落作古人者,又不一其人矣。"

【凋枯】枯,枯谢。唐陈子昂《岘山怀古》诗:"丘陵徒自出,圣贤几凋枯。"

【凋索】索,尽。《宋书·隐逸传·雷次宗》:"自游道餐风,二十余载,渊匠既倾,良朋凋索。"

【凋沦】沦,沦没。唐刘禹锡《送张盥赴举》诗:"三十二君子,齐飞陵烟旻。曲江一会时,后会已凋沦。"

【凋替】替,灭。清吴伟业《送何省斋》诗:"通籍平生交,于今悉凋替。"王横《哭子美》诗:"蓁华不复荣,兰玉遽凋替。"

【凋陨】【凋殒】陨,陨落;殒,"陨"的今字,分担"陨"的死亡义。

〔凋陨〕唐薛用弱《集异记补编·汪凤》:"忠居未五六岁,其亲戚凋陨,又复无几。"

〔凋殒〕《昭明文选·潘岳〈怀旧赋〉》:"不幸短命,父子凋殒。"李周翰注:"言肇与道元、公嗣皆短命逝没也。"《魏书·崔光传》:"雍门周所称'磨萧斧而伐朝菌',皆指言蒸气郁长,非有根种,柔脆之质,凋殒速易,不延旬月,无拟斧斤。"

【凋逝】【凋徂】逝、徂,都有往义,且都可婉称人去世。

〔凋逝〕明方孝孺《茹荼斋记》:"若予者眇在童孩之中而尊亲顿已凋逝,虽欲自名为人,尚敢望耶?"清梅曾亮《阮小咸诗序》:"北城诸君凋逝殆尽。"

〔凋徂〕清龚自珍《己亥杂诗》之一七七:"师友凋徂心力倦,《羽琌》一记亦荆榛。"

【凋丧】【彫丧】丧,丧失,丧亡。

〔凋丧〕晋陆机《门有车马客行》:"亲友多零落,旧齿皆凋丧。"《隋书·礼乐志一》:"后主嗣立,无意典礼之事,加旧儒硕学,渐以凋丧,至于朝亡,竟无改作。"

〔彫丧〕宋苏轼《与宋汉杰书》之一:"话及畴昔,良复慨然,三十余年矣,如隔晨耳,而前人彫丧略尽,仆亦仅能生还。"清蒲松龄《聊斋志异·黄九郎》:"女曰:'妾失身于郎,谁实为之?脱令中途彫丧,焉置妾也?'"

槁 gǎo

婉喻死亡。汉刘向《说苑·立节》:"成公赵曰:'……吾若是而生,何面目而见天下之士!'立槁于彭山之上。"明高攀龙《三时记》:"文山负其马,立槁,至今马冢尚在。"梁启超《论中国国民生计之危机》:"如食木之蠹,木尽而蠹亦槁必矣。"

倾 qīng

死的婉称。由倾倒、倒塌引申而来。唐韦璞玉《京兆功曹韦希损墓志》:"开元七年八月九日,倾于新昌里第之中堂。"明张凤翼《灌园记·王蠋死节》:"堪怜一命倾,抵死辞征聘。"以"倾"构成的表示死的婉称的双音词有:

【倾世】《清平山堂话本·合同文字记》:"这刘二嫂害着个脑疽疮,医疗一月有余,疼痛难忍,饮食不进,一命倾世。"

【倾背】多指长辈去世。《魏书·北海王元洋传》:"北海叔奄至倾背,痛慕抽忉,情不自任。"宋苏轼《与蒲城书》:"近得山南书,报伯母于六月十日倾背。"明宋濂《张氏图谱序》:"迩者先祖又倾背矣。痛念世德弗昭,家牒不修,皆无以示远,爰辑为一书。"

【倾逝】《八琼室金石补正·唐曹氏谯君夫人墓志铭》:"岂谓石破山崩,奄从倾逝!"明方孝孺《与郑叔度书》:"所可憾者,太常丈及范先生皆倾逝。"明无名氏《再生缘》第二折:"西宫李夫人昨已倾逝了,圣上恸哭,声振后宫。"

溘然 kèrán 溘死 kèsǐ
溘至 kèzhì 溘逝 kèshì
溘丧 kèsāng 溘尽 kèjìn
溘谢 kèxiè 溘毙 kèbì

死的婉称。溘,忽然。可与相关的词搭配,表示对死讯感到非常突然。

【溘然】忽然。死讯总令人感到突然,因以为死的婉称。南朝梁简文帝《与刘孝仪令》:"所赖故人,时相媲偶,而此子溘然,实可嗟痛。"唐白居易《思旧》诗:"微之炼秋石,未老身溘然。"清周亮工《追报亡友黄汉臣书》:"子迪隔岁书来,遂闻先生溘然之耗,能不悲哉!"

【溘死】宋沈作喆《寓简》卷三:"一郡数县之官吏得道于简书,而其编户民得免于流亡溘死者,刘氏之德也。"清吴敏树《吴云台哀辞》:"人时命固难知兮,终溘死而无成。"

【溘至】指死期即将来临。唐包湑《会昌解颐录·牛生》:"某年老,一朝溘至,便无所付,今尽以相与。"

【溘逝】清蒲松龄《聊斋志异·辛十四娘》:"又逾月,女暴疾,……巫医无灵,竟以溘逝。"清江藩《汉学师承记·纪昀》:"本年正月,甫经擢襄纶阁,晋锡宫衔,遽闻溘逝,深为轸惜。"

【溘丧】清陈确《祭山阴先生文》:"加以妇病连年,每至沈笃,终于溘丧。"

【溘尽】唐刘知几《史通·疑古》:"(舜)怨旷生离,万里无依,孤魂溘尽,让王高蹈,岂若是者乎?"唐高彦休《唐阙史·崔尚书雪冤狱》:"可久冤楚相萦,殆将溘尽。"《旧五代史·唐书·李嗣昭传》:"嗣昭诸子自相屠害,几于溘尽。"

【溘谢】唐李乂《节愍太子哀册文》:"形神溘谢,德音如在。"

【溘毙】清蒲松龄《聊斋志异·雪翠仙》:"日渐高,始有樵人望见之,寻绳来,缒而下,取至崖上,奄将溘毙。"

奄忽 yǎnhū 奄然 yǎnrán 奄沦 yǎnlún 奄逝 yǎnshì 奄弃 yǎnqì 奄隔 yǎngé 奄化 yǎnhuà 奄谢 yǎnxiè

死的婉称。奄,忽然。与相关的词搭配,表示对死讯感到突然。

【奄忽】【奄然】忽然。对人的死讯总是感到很突然,因以为死的婉称。

〔奄忽〕《后汉书·赵岐传》:"卧蓐七年,自虑奄忽,乃为遗令敕兄子。"北齐颜之推《颜氏家训·终制》:"今年老疾侵,傥然奄忽,岂求备礼乎?"宋苏轼《与鲁直书》之二:"独元老奄忽,为之流涕。"

〔奄然〕北齐颜之推《颜氏家训·终制》:"先有风气之疾,常疑奄然。聊书素怀,以为汝戒。"唐刘禹锡《为裴相公让官第一表》:"自量气力,忽恐奄然。"

【奄沦】忽然沦没。宋苏舜钦《江宁府溧阳令苏府君墓志铭》:"臣先父早以才业,擢列近辅,未及强仕,奄沦盛朝。"

【奄逝】《明史·卢象昇传》:"臣非军旅才。愚心任事,谊不避难。但自臣父奄逝,长途惨伤,溃乱五官,非复昔时。"清蒲松龄《聊斋志异·连城》:"越日,益惫,殆将奄逝。"

【奄弃】唐韩愈《宪宗崩慰诸道疏》:"上天降祸,大行皇帝,奄弃万国。"《元史·文宗纪二》:"朕以先皇帝奄弃方新,摧怛何忍?"明文徵明《先叔父中宪大夫都察院右佥都御史文公行状》:"盛年奄弃明时,有可惜者。"

【奄隔】宋苏轼《与程正辅提刑书》之二十:"老嫂奄隔,更此徂岁,想加凄断,然终无益。"

【奄化】柳亚子《〈燕子龛遗诗〉序》:"曼殊奄化之岁,青浦王德钟辑其遗诗,得如干首,将梓以行世,属余为之序。"

【奄谢】唐刘禹锡《代慰义阳公主薨表》:"岂意遭兹短历,奄谢昌辰。"宋秦观《宁浦书事》诗之四:"洛邑太师奄谢,龙川仆射云亡。"

忽诸 hūzhū 忽然 hūrán

婉称死亡。忽诸,犹忽焉;表示对亲友的死讯感到很突然。语出《左传·文公五年》:"皋陶、庭坚不祀忽诸,德之不建,民之无援,哀哉!"杜预注:"二国之君,不能建德,结援大国,忽然而亡。"后用于婉称人忽然去世。

【忽诸】《南齐书·王僧虔传》:"亡兄之胤,不宜忽诸,若此儿不救,便当回舟谢职,无复游宦之兴矣。"《资治通鉴·秦始皇二十五年》:"臣光曰:'燕丹不胜一朝之忿,使召公之庙不祀忽诸,罪孰大焉!'"胡三省注:"忽诸,言忽然而亡也。"

【忽然】同"忽诸"。《后汉书·文苑传下·赵壹》:"(壹)曰:'窃伏西州,承高风旧矣,乃今方遇而忽然,奈何命也!'因举声哭,门下惊,皆奔入满侧。"李贤注:"忽然,谓死也。"

长休 chángxiū 长眠 chángmián 长寐 chángmèi 长辞 chángcí 长违 chángwéi 长谢 chángxiè 长逝 chángshì 长归 chángguī 长终 chángzhōng 长殇 chángshāng

死的婉称。

【长休】【长眠】【长寐】长期休息安眠。

〔长休〕明唐顺之《胡贸棺记》:"予既不复有所披阅点窜,世事又一切无所与,则置二杉棺,以待长休。"

〔长眠〕《太平广记》卷三四五:"(郑郊)过一塚,上有竹二竿,青翠可爱,因驻马吟曰:'塚上两竿竹,风吹长袅袅。'久不能续,闻塚中言曰:'何不云:下有百年人,长眠不知晓。'"宋苏轼《李仲宪哀词》:"大梦行当觉,百年特未满。遣哀已逝人,长眠寄孤馆。"清袁枚《随园诗话》卷一:"《悼亡》云:'伤心最是怀中女,错认长眠作暂眠。'"

〔长寐〕寐,熟眠。南朝宋鲍照《松柏篇》:"长寐无觉期,谁知逝者穷。"

【长辞】【长违】【长谢】【长逝】长期离去。

〔长辞〕唐李白《拟恨赋》:"一朝长辞,天下缟素。"

〔长违〕宋王安石《祭苏虞部文》:"聊陈薄奠,以告长违。"

〔长谢〕《梁书·张缅传》:"文筵讲席,朝游夕宴,何曾不同兹胜赏,共此言寄?如何长谢,奄然不追?"

〔长逝〕汉司马迁《报任少卿书》:"仆终已不得舒愤懑以晓左右,则长逝者魂魄私恨无穷。"三国魏曹丕《与朝歌令吴质书》:"元瑜长逝,化为异物。"唐李白《夏日诸从弟登汝州龙兴阁序》:"屈宋长逝,无堪与言。"

【长归】北周庾信《周赵国夫人纥豆陵氏墓志铭》:"况复仙台永别,无复箫声;傅母长归,惟留琴曲。"唐韩愈《祭周氏侄女文》:"今当长归,与世一违。凡汝亲戚,孰能不哀?"

【长终】《史记·扁鹊仓公列传》:"有先生则活,无先生则弃捐填沟壑,长终而不得反。"清吴殿麟《祭何生文》:"父母弟昆,隔数万里,送子长终,无一亲在。"

【长殇】古代丧礼,十六岁至十九岁死亡谓"长殇"。《仪礼·丧服》:"年十九至十六为长殇,十五至十二为中殇。十一至八岁为下殇,不满八岁以下,皆为无服之殇。"

永辞 yǒngcí 永别 yǒngbié 永诀 yǒngjué 永绝 yǒngjué

婉词。死别的婉称。永,长久,永久。

【永辞】辞,辞别。晋向秀《思旧赋》:"悼嵇生之永辞兮,顾日影而弹琴。"

【永别】明吴承恩《祭卮山先生文》:"尔时不以为恨,意以为他日可酬,岂知遂为永别耶?"郭小川《痛悼敬爱的周总理》诗:"同你永别,才使我们,悲痛难忍。"

【永诀】诀,诀别。晋潘岳《杨仲武诔》:"临穴永诀,抚榇尽哀。"宋叶适《祭赵知宗文》:"荧然一卮,于此永诀。"清沈复《浮生六记·坎坷记愁》:"解维后,芸始放声痛哭。是行也,其母子已成永诀矣。"鲁迅《南腔北调集·为了忘却的记念》:"不料这一去,竟就是我和他相见的末一回,竟就是我们的永诀。"

【永绝】永远诀别。清钮琇《觚賸·溺妾入梦》:"不幸罹此水厄,与君永绝。"

永逝 yǒngshì 永终 yǒngzhōng 永蛰 yǒngzhé 永迁 yǒngqiān

婉词。婉称人去世。

【永逝】同"长逝"。蒋光慈《昨夜里梦入天国·哭列宁》:"列宁死了,列宁抛弃了我们而永逝。"

【永终】指生命永远终止。蔡东藩《慈禧太后演义》第十五回:"午后,大行皇帝大殁,十有九龄的天子至此永终。"

【永蛰】同"长眠"。蛰,动物冬眠。三国魏曹植《武帝诔》:"幽闼一扃,尊灵永蛰。"北齐颜之推《颜氏家训·文章》:"陈思王《武帝诔》,遂深永蛰之思;潘岳《悼亡赋》,乃怆手泽之遗。"

【永迁】同"永逝"。迁,迁逝。晋潘岳《哀永逝文》:"撤房帷兮席庭筵,举酹觞兮告永迁。"

夭 yāo

早死。《释名·释丧制》:"少壮而死曰夭,如取物中夭折也。"《墨子·非儒下》:"寿夭贫富,安危治乱,固有天命,不可损益。"《昭明文选·束晳〈补亡诗〉》:"人无道夭,物极则长。"李善注:"年未三十而死曰夭。"唐韩愈《祭十二郎文》:"孰谓少者殁而长者存,强者夭而病者全乎?"清沈复《浮生六记·闺房记乐》:"余幼聘金沙于氏,八龄而夭。"以"夭"构成表示死亡的词都是早死义。

【夭亡】早死。《红楼梦》第四回:"珠虽夭亡,幸存一子。"

【夭死】《国语·鲁语下》:"今吾子夭死,吾恶其以好内闻也。"唐韩愈《原道》:"为之医药,以济其夭死。"

【夭折】早死。《尚书·洪范》"一曰凶短折"下孔颖达疏:"郑玄以为……未龀曰凶,未冠曰短,未婚曰折。"《荀子·荣辱》:"乐易者常寿长,忧险者常夭折。"汉王逸《九思·伤时》:"愍贞良兮遇害,将夭折兮碎靡。"《红楼梦》第九八回:"生禄未终,自行夭折。"陈学昭《工作着是美丽的》三五:"高老太太先有的四个孩子都夭折了,第五胎生的是一对孪生的男孩。"

【夭殁】殁,死亡。《后汉书·马援传》:"援卒后,客卿亦夭殁。"又《列女传·刘长卿妻》:"儿年十五,晚又夭殁。"唐韩愈《祭十二郎文》:"少者强者而夭殁,长者衰者而存全乎!"

【夭殂】殂,死。清蒲松龄《聊斋志异·聂小倩》:"小倩,姓聂氏,十八夭殂。"清曾国藩《〈欧阳生文集〉序》:"老者牵于人事,或遭乱不得竟其学;少者或中道夭殂。"章炳麟《驳康有为论革命书》:"制度未定,太后夭殂。"

【夭殃】犹"夭殁"。三国魏曹植《仲雍哀辞》:"卒不能延期于期载,离六旬而夭殃。"

【夭枉】枉,枉屈。早死。南朝宋谢灵运《庐陵王墓下作》诗:"脆促良可哀,夭枉特兼常。"《新唐书·西域传上·党项》:"老而死,子孙不哭;少死,则曰夭枉,乃悲。"王闿运《黄司使诔》:"奄忽夭枉,至于永诀。"

【夭促】促,短促。短命而死。唐白居易《寄同病者》诗:"穷饿与夭促,不如我者多。"宋梅尧臣《睡意》诗:"万事易厌此不厌,真可养恬无夭促。"宋庄季裕《鸡肋编》卷中:"童幼之年,伤其夭促。"

【夭昏(昬)】早死。《左传·昭公十九年》:"寡君之二三臣,札瘥夭昏。"杜预注:"短折曰夭,未名曰昏。"孔颖达疏:"子生三月,父名之,未名之曰昏,谓未三月而死也。"三国魏曹丕《追封邓公策》:"如何不禄,早世夭昏?"

【夭疫】【夭疠】【夭厉】【夭札】【夭疾】【夭瘥】因疫病而早死。

〔夭疫〕《史记·历书》:"明时正度,则阴阳调,风雨节,茂气至,民无夭疫。"

〔夭疠〕疠,瘟疫。晋挚虞《贤良对策》:"日月失行,夭疠不戒,此则阴阳之事,非吉凶所在也。"

〔夭厉〕同"夭疠"。《管子·侈靡》:"人君寿以政年,百姓不夭厉。"尹知章注:"厉,发疾也。"《汉书·严安传》:"草木畅茂,五谷蕃孰,六畜遂字,民不夭厉,和之至也。"颜师古注:"厉,病也。"

〔夭札〕札,瘟疫,也指遭瘟疫而死。《左传·昭公四年》:"疠疾不降,民不夭札。"杜预注:"短折为夭,夭死为札。"唐陈子昂《为朝官及岳牧贺慈竹再生表》:"当夭札之凶年,致升平之稔岁。"清李渔《风筝误·凯宴》:"田无水旱,民无夭札,境无烽燹。"

〔夭疾〕《汉书·魏相传》:"民不夭疾,衣食有余。"

〔夭瘥〕瘥,病。唐刘禹锡《代淮南杜相公论新罗请广利方状》:"搜方伎之秘要,拯生灵之夭瘥。"

【夭丧】犹"夭殁"。《后汉书·东海恭王强等传赞》:"中山、临淮,无闻夭丧。"李贤注:"二王早终,名闻未著也。"宋范仲淹《进故朱寀所撰春秋文字乞推恩与弟置状》:"力学方起,美志未伸,不幸夭丧,深可嗟悼。"

【夭短】夭折。晋陶侃《宅无吉凶摄生论》:"制寿宫而得夭短,求百男而无立嗣。"

【夭绝】夭折。《汉书·景帝纪》:"间者岁比不登,民多乏食,夭绝天年,朕甚痛之。"三国魏曹植《金瓠哀辞》:"不终年而夭绝,何见罚于皇天?"清唐孙华《总怨堂再次前韵见赠复次韵答之》:"今年添丁复夭绝,何人陇亩随锄镰。"

【夭逝】短命而死。《三国志·魏书·高柔传》:"陛下聪达,穷理尽性,而顷王子连多夭逝,熊罴之祥又未感应。"宋苏轼《与范子功书》之一:"知得雍信幼孙夭逝,闻之怛然。"清纪昀《阅微草堂笔记·滦阳续录一》:"其婢玉台侍余二年余,年甫十八,亦相继夭逝。"萧三《忆陶妹》诗:"她聪明好学工文字,不幸十四即夭逝。"

【夭寿】短命,早死。《三国演义》第八五回:"朕闻'人寿五十,不称夭寿'。今朕年六十有余,死复何恨?"

【夭殇】早死。殇,未至二十而早死。《列子·黄帝》:"不知乐生,不知恶死,故无夭殇。"《百喻经·婆罗门杀子喻》:"今此小儿七日当死,愍其夭殇,以是哭耳。"唐韩愈《此日足可惜赠张籍》诗:"谁云经艰难,百口无夭殇。"

【夭遽】夭亡,夭折。《宋书·袁淑传论》:"天长地久,人道则异于斯;蕣华朝露,未足以言也。其间夭遽,曾何足云?"

【夭阏(遏)】夭亡,夭折。汉贾谊《新书·修政语下》:"圣王在上,则君积于仁,而吏积于爱,而民积于顺,则天罚废矣,而民无夭遏之诛。"唐白居易《夏日作》诗:"庶几无夭阏,得以终天年。"明杨慎《鬻子》:"圣王在上位,则民无夭阏,民免于三死而得三生矣。"

【夭谢】过早谢世。唐李翱《叔氏墓志》:"夭谢于此,灵幽其托。"清蒲松龄《聊斋志异·爱奴》:"夫人痛妾夭谢,又以宝饰入殓,身所以不朽者,不过得金宝之余气耳!"

殀 yāo

短命而死。"殀"是"夭"的区别字。《玉篇·歹部》:"殀,殁也。亦作夭。"《字汇·歹部》:"殀,寿之反。"《孟子·尽心上》:"殀寿不贰,修身以俟之,所以立命也。"《楚辞·离骚》:"鲧婞直以亡身兮,终然殀乎羽之野。"王逸注:"殀,蚤死曰殀。"明凌濛初《初刻拍案惊奇》卷二十:"学生年近古稀,死亦非殀。"以"殀"构成表示死亡的词都是早死义。

【殀亡】早死。清蒋士铨《临川梦·续梦》:"年来吕儿、詹女相继殀亡,骨肉伤怀,宦情益淡。"

【殀札】因疫病而夭折。清王韬《原士》:"耽于逸,极于欲,斗于巧,百族万类,元气剥丧,而倾折、殀札随之,此人事之自然也。"

【殀殂】早死。清蒲松龄《聊斋志异·梅

女》:"典史某……继娶顾氏,深相爱好,期月殀殂,心甚悼之。"

殇 shāng

未成年而死。《说文》:"殇,不成人也。人年十九至十六死为长殇,十五至十二死为中殇,十一至八岁死为下殇。"段玉裁注:"见《丧服》(按:《仪礼》篇名)传。郑曰:'殇者,男女未冠笄而死,可伤者也。'"《左传·哀公十一年》:"孔子曰:'能执干戈以卫社稷,可无殇也。'"晋王羲之《兰亭集序》:"固知一死生为虚诞,齐彭殇为妄作。"

【殇夭】【殇殀】未成年而死。
〔殇夭〕梁启超《罗兰夫人传》:"彼兄弟姊妹六人,不幸悉殇夭;故夫人少年之生涯,极寂寞之生涯也。"
〔殇殀〕清钮琇《觚賸续编·溺妾人梦》:"设水醮一昼夜,幸籍祈禳,庶免殇殀。"

【殇折】同"夭折"。清蒲松龄《聊斋志异·长亭》:"儿生而无母,未便殇折。"

杏殇 xìngshāng

婉指婴儿夭折。意谓婴儿夭折,就像杏的花苞凋落。唐孟郊《杏殇》诗序:"杏殇,花乳也,霜霣而落。因悲昔婴,故作是诗。"金元好问《清明日改葬阿辛》诗:"孟郊老作枯柴立,可待吟诗哭杏殇。"

不育 bùyù

婉称婴孩夭折。宋苏辙《龙川别志》卷上:"及(仁宗)亲政,内出志文,以示宰相曰:'先后诞育朕躬,(晏)殊为侍从,安得不知?乃言生一公主,又不育,此何意也?'"清恽敬《亡妻陈孺人权厝志》:"生子以道、女玉婴,皆不育。"

朝露 zhāolù 溘先朝露 kèxiānzhāolù 溘露 kèlù 身先朝露 shēnxiānzhāolù

【朝露】婉称年少而死。宋苏轼《答廖明略书》之一:"所幸平安,复见天日,彼数子者何辜,独先朝露!"清缪艮《沈秀英传》:"一日,友人王应乾寓书于予,中有'青楼惜玉,才子多情;黄土埋香,佳人薄命'数语,反复披阅,犹未知秀英溘然朝露也。"

【溘先朝露】死得过早。喻生命比朝露消失得还快。唐李德裕《张辟疆论》:"若平、勃二人溘先朝露,则刘氏之业必归吕宗。"《资治通鉴·宋孝武帝孝建元年》:"质常恐溘先朝露,不得展其旅力,为公扫除。"《东周列国志》第九五回:"寡人衔先人之恨,二十八年于兹矣!常恐一旦溘先朝露。"

【溘露】"溘先朝露"的缩略。明郑若庸《玉玦记·传旨》:"拟掀天独树勋劳,奈溘露先逢残暴。"

【身先朝露】同"溘先朝露"。《元史·刘因传》:"恐一旦身先朝露,必至累人,遂遣人于容城先人墓侧,修营一舍,傥病势不退,当居处其中以待尽。"

短 duǎn

婉词。早死,与"寿"相对。《尚书·洪范》:"五福:一曰寿。……六极:一曰凶短折。"孔安国《传》:"短,未六十;折,未三十。"孔颖达疏:"郑玄以为凶短折皆是夭枉之名。未龀曰凶,未冠曰短,未婚曰折。"《新唐书·姚崇传》:"五帝之时,父不丧子,兄不哭弟,致仁寿,无凶短。"

【短世】【短祚】 帝王在位年短而早死。

〔短世〕《汉书·诸侯王表》:"本朝短世,国统三绝。"颜师古注:"谓成、哀、平皆早崩,又无继嗣。"《晋书·元帝纪》:"怀帝短世,越去王都。"

〔短祚〕《汉书·成帝纪赞》:"哀、平短祚,莽遂篡位。"《后汉书·襄楷传》:"孝冲、孝质频世短祚。"

【短历】 短命,早死。唐独孤及《为元相公祭严尚书文》:"昔公先中书以道消逸胜,不践衮职;公复算屈短历,卒无相印。苍生孤望,前后同悲。"唐刘禹锡《为杜司徒慰义阳公主薨表》:"岂意遭兹短历,奄谢昌辰。"

【短折】 早死。《礼记·曲礼下》:"寿考曰卒,短折曰不禄。"《左传·昭公四年》:"疠疾不降,民不夭札。"杜预注:"短折为夭,夭死为札。"又《昭公十九年》:"寡君之二三臣,札瘥夭昏。"杜预注:"短折曰夭,未名曰昏。"晋潘岳《杨仲武诔》:"望子朝阴,如何短折,背世湮沉。"明冯梦龙《喻世明言》卷三一:"韩信应该是七十二岁,是据理推算,何期他杀机太深,亏损阴骘,致短折。"

尽 jìn

死的婉称。《庄子·齐物论》:"一受其成形,不亡以待尽。"郭象注:"言物各有分,故知者守知以待终,而愚者抱愚以至死。"《史记·扁鹊仓公列传》:"后五日死者,肝与心相去五分,故曰五日尽,尽即死矣。"《后汉书·列女传·皇甫规妻》:"妻谓持杖者曰:'何不重乎?速尽为惠。'遂死车下。"《昭明文选·陶潜〈归去来〉》:"聊乘化以归尽。"李善注:"尽谓之死。""尽"还可与相关的词搭配表示人死的婉称。

【尽命】 意为终尽天年而死。汉荀悦《申鉴·俗嫌》:"学必至圣,可以尽性;寿必用道,可以尽命。"

【薪尽火灭】【薪尽】【薪火】 薪,薪柴。婉称人去世,如同薪尽火灭。多用于僧徒。

〔薪尽火灭〕《法华经·序品》:"佛此夜灭度,如薪尽火灭,分布诸舍利,而起无量塔。"唐王维《能禅师碑》:"弹指不留,水流灯焰,金身永谢,薪尽火灭。"唐王缙《大证禅师碑》:"趺坐如生,薪尽火灭。"

〔薪尽〕"薪尽火灭"的省称。唐刘禹锡《夔州始兴寺移铁像记》:"佛薪尽于乾竺,而象教东行。"

〔薪火〕"薪尽火灭"的省称。南朝梁沈约《法王寺碑》:"或期寂灭,或念薪火。"

【限尽】 谓寿限已尽。婉称死亡。金董解元《西厢记诸宫调》卷二：" 性者，我也；身者，舍也。若当来限尽之后，一性既往，四大狼籍。"

【气尽】呼吸停止。明高明《琵琶记·勉食姑嫜》："力尽计穷泪亦竭，看看气尽知何日，高冈黄土漫成堆。"

崩 bēng

帝王之死的婉称。皇后以及太子死也可称"崩"。《礼记·曲礼下》："天子死曰崩。"《尚书·大诰》："武王崩，三监及淮夷叛。"《春秋·隐公三年》："三月庚戌，天王崩。"《论衡·雷虚篇》："案吕后之崩，未必遇雷也。"《汉书·五行志中之上》："即位五年，王太后乃崩。"明方孝孺《逊志斋集·释统下》："后及太子殁皆曰崩。"以下是由"崩"构成表示帝王之死的复音词。

【崩殂】三国蜀诸葛亮《出师表》："先帝创业未半，而中道崩殂。"

【崩背】《晋书·傅咸传》："夏侯长容奉使为先帝请命，祈祷无感；先帝崩背，宜自咎责，而反求请命之劳。"

【崩逝】杜甫《千秋节有感》诗之一"频伤八月来"仇兆鳌注引明王嗣奭曰："非伤明皇崩逝也。"清昭梿《啸亭杂录·元泰定帝》："（泰定帝）崩逝后，青宫践祚，统绪有归。"

【崩薨】汉应劭《风俗通·正失·封泰山禅梁父》："《传》曰：'五帝圣焉死，三王仁焉死，五伯智焉死。'其陨落崩薨之日，不能咸至百年。"

【山陵崩】帝王死的婉称。《战国策·秦策五》："王之春秋高，一日山陵崩，太子用事，君危于累卵，而不寿于朝生。"高诱注："山陵，喻高尊也；崩，死也。"又《赵策四》："一旦山陵崩，长安君何以自托于赵。"

宾天 bīntiān 宾空 bīnkōng

婉称帝王或尊上去世。

【宾天】①婉称帝王去世。宋叶適《华文阁待制知庐州钱公墓志铭》："孝宗宾天，公困多毁。"清薛福成《庸盦笔记·史料一·咸丰季年三奸伏诛》："且先帝宾天，皇太后居丧，尤不宜召见亲王。"②婉称尊上去世。唐刘禹锡《唐故宣歙池等州都团练观察处置使赠左散骑常侍王公神道碑》："常侍讳质，字华卿。始得姓自周灵王太子晋，宾天而仙，时人曰王子，因去姬为王氏。"《红楼梦》第六三回："忽见东府里几个人，慌慌张张跑来，说：'老爷宾天了！'"

【宾空】宋岳珂《桯史·献陵疏文》："仙驭宾空，载严遐荐，法筵撤席，更罄余哀。"

薨 hōng

对王侯或高级官吏死的婉称。古人对死的称呼有尊卑之分。《礼记·曲礼下》："天子死曰崩，诸侯曰薨，大夫曰卒，士曰不禄，庶人曰死。""薨"是表示对诸侯之死的婉称。《韩非子·和氏》："及厉王薨，武王即位，和又奉其璞而献之武王。"《论衡·明雩篇》：

"对曰:'天子崩,巷市七日;诸侯薨,巷市五日。为之徙市,不亦可乎?'"唐代则三品以上大官即可称薨。《新唐书·百官志一》:"凡丧,三品以上称薨,五品以上称卒,自六品达于庶人称死。"唐韩愈《故江南西道观察使赠左散骑常侍太原王公墓志铭》:"朝廷选公卿于外,将征以为左丞,……未命而薨。"侯王或二品以上官员的妻子死则从夫称。《春秋·隐公二年》:"十有二月,乙卯,夫人子氏薨。"唐韩愈《曹成王碑》:"太妃薨,王弃部,随丧之河南葬。"以"薨"构成的双音词,仍保留尊称的色彩。

【薨夭】皇帝子女未成年而死。明刘若愚《酌中志·内臣职掌纪略》:"宫中咸木做地平墙壁,多缺土气。凡乳母畏寒,皇子女或中此毒,屡致薨夭,良可痛也。"

【薨奄】王侯死亡。宋文莹《湘山续录》:"公,三公也,万一薨奄,銮辂必有袚桃之临,自当敛赠公衮,岂可加于僧体乎?"

【薨殁】王侯死亡。北齐颜之推《颜氏家训·风操》:"梁孝元年少之时,每八月六日载诞之辰,常设斋讲。自阮修容薨殁之后,此事亦绝。"

【薨殂】王侯死亡。三国魏曹植《任城王诔》:"凡夫爱命,达者徇名;王虽薨殂,功著丹青。"《晋书·王导传》:"方赖高谟,以穆四海,昊天不吊,奄忽薨殂。"唐元稹《赠裴行立左散骑常侍》:"毗倚方切,忽焉薨殂;不有追崇,曷彰悯悼?"

【薨背】王侯或高级官员死亡。《北齐书·神武帝纪上》:"神武大哭曰:'自天柱薨背,贺六浑更何所仰,愿大家千万岁,以申力用。'"《周书·柳庆传》:"今四叔薨背已久,情事不追。岂容夺礼,违乖天性!"宋孔平仲《孔氏谈苑·宣医丧命敕葬破家》:"元祐中,韩康公病革,宣医视之。进金液丹,虽暂能饮食,然公老年真气衰,不能制客阳,竟以薨背。"

【薨逝】①犹"薨背"。清袁枚《随园诗话》卷八:"余己未同年,多出任封疆,内调鼎鼐者,可谓盛矣。近都薨逝,惟余奉母故,空山独存。"《清代名人书札·张裕招致张沆》:"曾劼侯已于闰月年三日薨逝,此事真乃出人意表。"欧阳予倩《黛玉焚稿》第二场:"(贾政)还有一层难处,贵妃薨逝,宝玉应有八九个月的功服,此时也难娶亲。"②婉称身份尊贵的人去世。明凌濛初《初刻拍案惊奇》卷二七:"谁知高公与夫人俱已薨逝,殡葬已毕了。"

【薨落】犹"薨背"。《昭明文选·任昉〈齐竟陵文宣王行状〉》:"天不憗遗,奄见薨落。"刘良注:"薨落,死也。"

【薨陨(殒)】王侯死亡。《三国志·魏书·张既传》:"故凉州刺史张既,能容民畜众,使群羌归土,可谓国之良臣,不幸薨陨,朕甚愍之,其赐小子翁归爵关内侯。"《资治通鉴·晋武帝太康四年》:"齐王名过其实,天下归之,

【薨谢】高级官员死亡。宋王谠《唐语林·补遗二》：“邦国不幸，姚令公薨谢。”宋李纲《与吕安老提刑第五书》：“吴元中遽薨谢，殊可痛悼。”

驾崩 jiàbēng 驾薨 jiàhōng

帝王死的婉称。

【驾崩】明都穆《都公谭纂》卷下：“遂籍群优于教坊，群优耻之，驾崩，遁归于吴。”《说唐》第十四回：“当文帝驾崩时，并无遗诏。”《文摘报》1999年3月14日：“皇帝驾崩后，妃嫔住的寿安宫一直当库房用，现已满目疮痍，殿顶瓦上长出了树，院内蒿草过膝。”

【驾薨】犹"驾崩"。陈白尘《大风歌》第四幕：“赵王驾薨，你去告知周勃。”

尤讳 yóuhuì

犹"大讳"，帝王死的婉称。《资治通鉴·齐武帝永明八年》：“魏家故事，尤讳之后三月，必迎神于西，禳恶于北，具行吉礼。”胡三省注：“尤讳，犹云大讳也。尤，甚也；死者，人之所甚讳也。”

晏驾 yànjià 晏归 yànguī 晚驾 wǎnjià 晚出 wǎnchū

帝王死的婉称。

【晏驾】晏，晚。车驾晚出。《战国策·秦策五》：“秦王老矣，一日晏驾，虽有子异人，不足以结秦。”《史记·范雎蔡泽列传》：“宫车一日晏驾，是事之不可知者一也。”裴骃集解引韦昭曰：“凡初崩为'晏驾'者，臣子之心犹谓宫车当驾而晚出。”

【晏归】犹"晏驾"。《前汉书平话》卷中：“戚夫人自思：'高祖在日，如此欺侮，若帝晏归，我母子每如之奈何？'”

【晚驾】同"晏驾"。《北齐书·祖珽传》：“君之宠幸，振古无二，宫车一日晚驾，欲何以克终？”南朝陈徐陵《陈文帝哀册文》：“宫车晚驾，椢殿晨张。”

【晚出】车驾晚出。《昭明文选·江淹〈恨赋〉》：“一旦魂断，宫车晚出。”吕延济注："天子崩谓宫车晏驾。晚出，晏驾也。"

百年 bǎinián 百岁 bǎisuì 千秋 qiānqiū 千秋万世 qiānqiūwànshì 千秋万岁 qiānqiūwànsuì 万岁千秋 wànsuìqiānqiū 万岁 wànsuì 千古 qiāngǔ 万古 wàngǔ

婉词。人去世的婉称。

【百年】晋陆机《吊魏武帝文》：“今乃伤心百年之际，兴哀无情之地，意者乃知哀之可有，而未识情之可无乎！”张天翼《清明时节》：“这么着罗二爷才硬要谢老爷迁坟，好让他自己百年之后葬到那个正穴里。”

【百岁】《诗经·唐风·葛生》：“百岁之

后，归于其居。"《史记·吕不韦传》："夫百岁之后，所子者为王，终不失势。"唐白居易《读张籍〈古乐府诗〉》诗："恐君百岁后，灭没人不闻。"宋苏轼《汉高帝论》："天下望以为君，虽不肖，而大臣心欲之，如百岁后，谁肯北面事戚姬子乎？"

【千秋】《战国策·燕策二》："太后千秋之后，王弃国家，而太子即位，公子贱于布衣。"《史记·魏其武安侯列传》："梁孝王朝，因昆弟燕饮。是时上未立太子，酒酣，从容言曰：'千秋之后传梁王。'太后欢。"《南史·袁昂传》："常愿千秋之后，从服期齐，不图门衰祸集，一旦草土，残息复罹今酷。"

【千秋万世】婉称帝王去世。《史记·梁孝王世家褚少孙论》："梁王上有太后之重，骄蹇日久，数闻景帝好言，千秋万世之后传王，而实不行。"

【千秋万岁】婉称帝王去世。《史记·梁孝王世家褚少孙论》："上与梁王燕饮，尝从容言曰：'千秋万岁后传于王。'王辞谢。"《北史·隋房陵王勇传》："每思东宫无正嫡，至尊千秋万岁后，遣汝等兄弟向阿云儿前再拜问讯，此是几许大苦痛邪！"《新五代史·唐臣传·郭崇韬》："俟主上千秋万岁后，当尽去宦官。"

【万岁千秋】婉称帝王去世。《战国策·楚策一》："（楚王）仰天而笑曰：'乐矣，今日之游也。寡人万岁千秋之后，谁与乐此矣？'"

【万岁】婉称帝王去世。《史记·高祖本纪》："吾虽都关中，万岁后吾魂魄犹乐思沛。"唐刘肃《大唐新语·匡赞》："安有陛下万岁之后，魏王持国执权，为天子而肯杀其爱子，传国晋王者乎？"《金瓶梅词话》第一回："夫人哭曰：'陛下万岁后，妾母子何所托？'"

【千古】人去世的婉称。意谓不朽，现常用于挽联、花圈上款。《新唐书·薛收传》："卒，年三十三。王哭之恸，与其从兄子元敬书曰：'吾与伯褒共军旅间，何尝不驱驰经略，款曲襟抱，岂期一朝成千古也。'"宋叶适《赠夏肯甫》诗："忽传千古信，虚抱一生疑。"清沈涛《瑟榭丛谈》卷下："尝慨志乘失修，义烈事多湮没弗闻彰，得子文此诗，两仆千古矣。"巴金《寒夜》二九："上款写'又安先生千古'，下款写'一中书局挽'。"

【万古】唐裴羽仙《哭夫》诗之二："从此不归成万古，空留贱妾怨黄昏。"

涅槃　nièpán

僧尼去世的婉称。佛教语。梵语 Nirvana 的音译。原意是修行达到脱离一切烦恼、自由无碍的境界。《魏书·释老志》："涅槃译云灭度，或言常乐我静，明无迁谢及诸苦累也。"《三宝太监西洋记通俗演义》第五九回："这是释迦佛涅槃之处。别罗里还有一个脚印在石上，……中间有一泓清水，四季不干。"也可婉喻人去世。徐迟《火中的凤凰》七："这是一只火中的凤凰，一只新生的凤凰，它在大火之中涅槃，却又从灰烬里新生。"

示灭 shìmiè

高僧坐化身死。唐李华《东都圣善寺无畏三藏碑》:"山王高妙,海月圆深,因于示灭,空悲鹤林。"唐白居易《奉国寺神照师塔铭序》:"(神照)以开成十三年冬十二月示灭于奉国寺禅院。"唐黄滔《华严寺开山始祖碑铭》:"师咸通六年七月五日示灭,寿八十有五。"

入灭 rùmiè

同"示灭"。僧尼去世婉称。《坛经·付嘱品》:"法海上座再拜问曰:'和尚入灭之后,衣法当付何人?'"明宋濂《金华安化院记》:"(嵩头陀)创伽蓝于莱山,已而西入金华,建龙盘寺以及今院,后入灭于龙丘。"梁启超《论中国学术思想变迁之大势·佛学时代》:"后祖受钵,前祖随即入灭。"

示寂 shìjì

同"示灭"。僧尼去世婉称。《古尊宿语录·衢州子湖山第一代神力禅师语录》:"(子湖和尚)唐僖宗广明中示寂。"宋秦观《圆通禅师行状》:"(圆通禅师)既行,道过龙游,留一月,会达观示寂。"清富察敦崇《燕京岁时记·打鬼》:"般禅佛又曰般疹佛,盖因出痘而示寂也。"

入寂 rùjì

同"圆寂"。僧尼去世婉称。宋苏轼《请净慈法涌禅师入都疏》:"京师禅学之盛,发于本、秀二公。本既还山,秀复入寂。"汤用彤《汉魏两晋南北朝佛教史》第二十章:"三藏寝疾,有遗文严正勋示因果,以之付弟子智休。正月十一日午时入寂。"

归寂 guījì

同"示寂"。僧尼去世婉称。金王若虚《太一三代度师萧公墓表》:"速具汤沐,吾将归寂。"明王世贞《宛委余编》八:"宋开宝中,八十老僧道价为丛林所重,临当归寂,从容示偈。"

圆寂 yuánjì

僧尼去世婉称。唐义净《太宝积经》卷五六:"我求圆寂,而除欲染。"唐李白《地藏菩萨赞》:"焚荡淫怒痴,圆寂了见佛。"王琦注:"贤首云:'德无不备称圆,障无不尽称寂。'"《水浒传》第一一九回:"你是出家人,还不省得佛门中圆寂便是死。"《红楼梦》第十七回:"他师父精演先天神数,于去冬圆寂了。"

迁寂 qiānjì

僧人去世的婉称。宋晓莹《罗湖野录》卷三:"潜庵源禅师……寿九十有六而迁寂。"

寂灭 jìmiè

多用于婉称僧尼去世。宋王禹偁《黄州齐安永兴禅院记》:"智雨者,涟水人,世姓朱氏,以至道三年十一月一日寂灭,俗寿五十一。"《黄绣球》第十三回:"老姑子既得了这座荒院,又有个终老之意,看看自家老病颓唐,一旦寂灭之后,叫那中年伴当,怎样支撑得住?"

迁形 qiānxíng

佛教语。指僧尼逝世。《金石萃编·唐道安禅师塔记》:"以总章元年十月七日迁形于赵景公寺禅院。"清梁绍壬《两般秋雨盦随笔卷六·书卒异词》:"僧卒曰迁形,亦曰迁化。见《禅道安禅师塔记》及《僧维新等经幢》。"

迁化 qiānhuà

僧人或非僧人去世的婉称。《坛经·付嘱品》:"师说偈已,端坐至三更,忽谓门人曰:'吾行矣!'奄然迁化。"也婉称非僧人去世。《汉书·外戚传上·孝武李夫人传》:"忽迁化而不反兮,魄放逸以飞扬。"明焦竑《焦氏笔乘续集·金陵旧事上》:"风疾旋,自下上转入空际东南逝,视瑛,已迁化矣。"丰子恺《缘缘堂随笔集·怀梅兰芳先生》:"现在,梅先生的身体已经迁化了。"

迁神 qiānshén

僧尼去世的婉称。南朝梁元帝《金楼子·后妃》:"从母净粲法师,常所供奉。及粲师迁神,嚅慕过礼。"南朝梁释慧皎《高僧传·义解四·慧严》:"严法师器识渊远,学道之匠,奄尔迁神,痛悼于怀。"参见"迁形"。

顺世 shùnshì

佛教僧徒去世。五代前蜀贯休《闻无相道人顺世》诗之三:"石霜既顺世,吾世亦不住。"宋道原《景德传灯录·俱胝和尚》:"童子回首,师却竖起指头。童子豁然领解,师将顺世,谓众曰:'吾得天龙一指头禅,一生用不尽。'言讫示灭。"清钱谦益《〈一树斋集〉序》:"今年春,文孺之徒陈生迪祥借计吏来北京,携师手书谒余,则师之顺世又三年矣。"

趺逝 fūshì

僧尼去世的婉称。趺,趺坐,即盘腿端坐。因僧尼多趺坐于蒲团而死,故称。清龚自珍《蒙古像教志序》:"(喇嘛章佳胡图克图)乃取自后汉至唐各译主所译,悉以今藏语更校成,又以其国《首楞严》已亡,借此土本四译而归;又佐庄亲王办理《同文韵统》,于四十一年,趺逝京师。"清魏源《圣武记》卷五:"晚年病目,能以手扪经卷而辨其字,于四十一年趺逝京师。"

坐化 zuòhuà

僧徒安坐而死,称为"坐化"。南朝梁慧皎《高僧传·义解·慧次》:"永明八年,讲《百论》。至《破尘品》,忽然坐化,春秋五十七矣。"《京本通俗小说·菩萨蛮》:"可常坐化了,正欲下火。"《花月痕》第四八回:"生死者人之常事,就像那草木春荣秋落一般。成仙的尸解,成佛的坐化,总是一死。"

托化 tuōhuà

僧人去世婉称。宋道原《景德传灯

录·慧可大师》："自少林（指达摩）托化西归，大师继阐玄风，博求法嗣。"

尸解 shījiě

道士去世的婉称。谓道徒解蜕形骸而仙去。汉王充《论衡·道虚篇》："所谓尸解者，何等也？……诸学道死者，骨肉俱在，与恒死之尸无以异也。"《晋书·葛洪传》："而洪坐至日中，兀然若睡而卒，……视其颜色如生，体亦柔软，举尸入棺，甚轻，如空衣，世以为尸解得仙云。"唐施肩吾《谢自然升仙》诗："分明得道谢自然，古来漫说尸解仙。"《花月痕》第四八回："生死者人之常事，就像那草木春荣秋落一般，成仙的尸解，成佛的坐化，总是一死。"

水解 shuǐjiě

"尸解"方式的一种。谓寄托于水解蜕形骸而仙去。汉刘向《列仙传·琴高》："是任水解，其乐无穷。"

兵解 bīngjiě

"尸解"的一种。谓死于兵刃而蜕形仙去。唐王滔《祭先外舅》："愚辄疑道家有形全、气全、兵解、木解，考斯事矣，或其义也。"《儒林外史》第四四回："日中尚未逃兵解，世上人犹信《葬书》。"

木解 mùjiě

"尸解"的一种。谓借木解蜕形骸而成仙。参阅《云笈七签》卷八五。

解形 jiěxíng

犹"尸解"。道教语。唐陈子昂《续唐故中岳体玄先生潘尊师碑颂》："遂解形而遗世，乘白云以上宾。"五代前蜀杜光庭《仙传拾遗·张子房》："子房佐汉，封留侯，为大司徒。解形于世，葬于龙首原。"

解骨 jiěgǔ

犹"尸解"。谓解蜕骸骨，登仙而去。南朝宋鲍照《白云》诗："探灵喜解骨，测化善腾天。"

托死 tuōsǐ

同"尸解"。谓并非真死，而是留下躯壳，升仙而去。清俞樾《茶香室三钞·张子房服金丹而死》："梁陶弘景《真诰·稽神枢》第四篇云：'服金丹而告终者，臧延甫、张子房、墨狄子是也。'按其意并谓是尸解，托死非真死也。"

遁化 dùnhuà

道士死亡的婉称。唐颜真卿《有唐茅山元靖先生广陵李君碑铭》："先生以大历己酉岁冬十一月十有四日遁化于茅山紫阳之别院，春秋八十有七。"《至顺镇江志·道观·宫》："（金坛县）燕洞宫，在茅山燕洞口，女仙钱妙真遁化立祠之所。"

遗形 yíxíng

尸解登仙。道士去世的婉称。晋陆云《登遐颂》："梅公指景，有皇遗形。"唐岑文本《京师至德观法王孟法师碑铭序》:"以贞观十二年七月十二日,遗形而化,春秋九十有七。"宋梅尧臣《长歌行》诗:"遗形得极乐,升仙上玉京。"

遗世 yíshì

犹"羽化""登仙"。道教语,后用于婉称人去世。明吴承恩《寿潘母杨孺人六秩序》:"而况乎违背所天,已逾三纪,而熙翁遗世,又且十余年矣。"清陈梦雷《拟古十九首·去者日以疏》诗:"遗世如浮烟,得失复何有?"

蜕 tuì

死的讳称。道教认为人死后留下形骸,解脱成仙。后因以为死的讳称。唐王适《潘尊师碣》:"翌日,师曰:'吾其蜕矣。'"宋苏轼《咏二疏》:"已蜕则两忘,身后谁毁誉。"清潘耒《韩蕲王墓碑歌》:"韩王蜕去五百载,当年英名至今在。"

蜕化 tuìhuà

道教谓人死是解脱仙化而去。宋周密《癸辛杂识别集·杨髡发陵》:"尝闻有道之士能蜕骨而仙,未闻并骨而蜕化者,盖天人也。"明王宠《旦发胥口经湖中瞻眺》诗:"仙人蜕化处,千载空芙蓉。"也婉称非道士死亡。柔石《二月》十七:"我是紧紧地执住他底手,好像这样执住,他才不致去了似的;谁知他灵魂之手,谁有力量不使他蜕化呢?他死了。"

蜕委 tuìwěi

死的婉称。清赵翼《秋园预制敛具诗以调之》:"君言生有涯,期至须蜕委。"

骑鹤化 qíhèhuà

道教称安坐而死。明陶宗仪《辍耕录·夫妇人道》:"坐抱一膝而逝,方外者流谓之骑鹤化。"清东轩主人《述异记·鹤化寄药》:"九峰山人颇有所得,晚年无疾,骑鹤化去。"

还真 huánzhēn 返真 fǎnzhēn

死的婉称。

【还真】明唐顺之《闻石屋彭君置生棺有感为赋》之一:"试料还真后,谁为倚户人?"

【返真】明袁宗道《祭李年伯文》:"公年仅望五十,独不可徐之故丘以老,而遂倏焉返真于逆旅乎?"清徐乾学《与刘古衡书》之三:"若不速照良方自医,一旦返真,人其谓之何哉!"

化 huà

婉词。化,变化,化形。婉称人去世。《孟子·公孙丑下》:"且比化者无使土亲肤,于人心独无恔乎?"朱熹注:"化者,死者也。"晋陶潜《自祭文》:"余今斯化,可以无恨。"宋范仲淹《与韩魏公书》之一:"忽索灌漱讫,凭案而化,众人无不悲泣。"元李直夫《虎头牌》第一折:"我自小化了双亲,忒孤贫,谢叔叔婶子把我来似亲儿般训。"清蒲松龄《聊斋志异·李象先》："前世为某寺执爨僧,无疾而化。"

【化去】升仙而去。后也婉称人死。晋陶潜《读山海经》诗之十："同物既无虑,化去不复悔。"宋苏轼《戏子由并次慎长老韵五首序》："慎欣然亦作一绝,送客出门,归入室,跌坐化去。"明冯梦龙《警世通言·宋小官团圆破毡笠》："宋敦又复到芦席边,看那老僧,果然化去,不觉双眼垂泪。"

【化形】变化形体,可婉称人死。宋李石《续博物志》卷七:"臣搏大数有终,圣朝难恋,已于今月二十二日化形于莲花峰。"

【化杖】典出费长房求仙化杖以葬的故事。费长房遇一仙翁,欲求仙。仙翁乃断一与长房身长同高的竹杖,使悬舍后。家人以为长房自缢而死,遂殡葬之。长房就随仙翁入山求道。后辞归,家人谓其久死,不信。长房就说:"往日所葬,只是竹杖。"(见《后汉书·方术传·费长房》)后以"化杖"婉称人去世。南朝梁简文帝《华阳陶先生墓志铭》:"握留符而恻怆,思化杖而酸辛。"

【化鹤】初义为成仙,后用于婉称人去世。宋叶适《余知府挽词》之一:"此际灵龟往,何方化鹤回。"元邓文原《郎中苏公哀挽》诗:"夜静燕台山月冷,只疑化鹤一归来。"清梁章钜《归田琐记·楹联賸语》:"最堪惜正盼迁莺,遽悲化鹤。"

冥寞 míngmò 冥冥

冥昧 míngmèi

婉称人死亡。

【冥寞】昏幽寂寞,指阴间。也可婉称人去世。唐杜甫《追酬故高蜀州人日见寄》诗之三:"锦里春光空烂熳,瑶墀侍臣已冥寞。"唐白居易《过敷水》诗:"秦氏双蛾久冥寞,苏台五马尚踟蹰。"也指死者。《后汉书·张奂传》:"父母朽骨,孤魂相托。若蒙矜怜,壹惠咳唾,则泽流黄泉,施及冥寞,非奂生死所能报塞。"

【冥冥】昏暗幽深。《敦煌变文集·王昭君变文》:"何期远远离京兆,不意冥冥卧朔方。"唐孟云卿《古挽歌》:"冥冥何所需,尽我人生意。"

【冥昧】幽暗。唐沈佺期《哭苏眉州崔司业二公》诗:"崔昔挥宸翰,苏尝济巨川。绛衣陪下列,黄阁谬差肩。及此俱冥昧,云谁叙播迁。"

瞑目 míngmù 冥目 míngmù

婉称人死亡。

【瞑目】闭上眼睛。《后汉书·皇后纪上·明德马皇后》:"欲令瞑目之日,无所复恨。"北齐颜之推《颜氏家训·省事》:"前代之所贵,而吾之所行也,以此得罪,甘心瞑目。"宋司马光《叙清河郡君》:"君性和柔敦实,自始嫁至于瞑目,未尝见其有忿懥之色,矫妄之言。"沈从文《从文自传·我读一本小书同时又读一本大书》:"至于我那个爸爸,……在家乡从一种极轻微的疾病中便瞑目了。"

【冥目】冥,通"瞑"。《南史·虞寄传》:"愿将军留须臾之虑,少思察之,则冥目之日,所怀毕矣。"

香消玉碎 xiāngxiāoyùsuì
玉碎香销 yùsuìxiāngxiāo
香消玉损 xiāngxiāoyùsǔn
香消玉殒 xiāngxiāoyùyǔn
玉殒 yùyǔn

婉词。年轻美貌女子死亡的婉称。

【香消玉碎】明许仲琳《封神演义》第三十回:"香消玉碎佳人绝,粉骨残躯血染衣。"

【玉碎香销】清湘灵子《轩亭冤》第七出:"喜今朝玉碎香销,魂游天国路迢迢,此去何须悲悼?"

【香消玉损】清缪艮《沈秀英传》:"秀英香消玉损,已返方诸。"

【香消玉殒】蔡东藩、许廑父《民国通俗演义》第七九回:"到了次日,凤仙闭户不出,至午后尚是寂然,鸨母大疑,排闼入室,那知已香消玉殒,物在人亡。"徐迟《牡丹》:"船抵大江中流时,她跃过栏杆,投身昏暗的江水中。尸体已经在下游打捞到了。虽然香消玉殒,依旧面目姣好云云。"

【玉殒】清洪昇《长生殿·重圆》:"梨花玉殒,魂断随杜鹃。"

珠沉璧碎 zhūchénbìsuì
珠沉玉陨 zhūchényùyǔn
珠沉玉碎 zhūchényùsuì
玉碎珠沉 yùsuìzhūchén

婉词。女子去世的婉称。

【珠沉璧碎】《金瓶梅词话》第六四回:"天厌善类,珠沉璧碎。"

【珠沉玉陨】清袁枚《续新齐谐·乩仙》:"鸳侣方成,鸾俦遽拆。珠沉玉陨,蕙折兰摧。"

【珠沉玉碎】柳亚子《吊鉴湖秋女士》诗之四:"漫说天飞六月霜,珠沉玉碎不须伤。已拚侠骨成孤注,赢得英名震万方。"

【玉碎珠沉】《再生缘》第二九回:"若非奎璧生谋意,怎么得,玉碎珠沉一旦间?"

蕙损兰摧 huìsǔnláncuī
蕙折兰摧 huìzhéláncuī

婉词。女子去世的婉称。

【蕙损兰摧】明梁辰鱼《弃破阵·咏时序悼亡》套曲:"雁来期,正秋风寒云乱飞。把酒对斜晖,问芳卿为甚的便蕙损兰摧?"

【蕙折兰摧】清袁枚《续新齐谐·乩仙》:"鸳侣方成,鸾俦遽拆。珠沉玉陨,蕙折兰摧。"

瑶台倾 yáotáiqīng

婉词。妻子去世的婉称。典出唐刘禹锡为悼念亡妻而作的《伤往赋》。赋中有"瑶台倾兮镜奁空"一语,后遂以"瑶台倾"婉称妻子去世。清蒲松龄《聊斋志异·钟生》:"但夫人前世为妇不贞,数应少寡。今君以德延寿,非其所耦,恐岁后瑶台倾也。"

玉折 yùzhé 玉摧 yùcuī 玉碎 yùsuì 兰摧玉折 láncuīyùzhé

婉词。贤者去世或为理想而死的婉称。

【玉折】南朝梁简文帝《上昭明太子集别传表》:"玉折何迫?星颓靡续。"唐卢照邻《五悲·悲才难》:"嵇生玉折,颜子兰摧。"

【玉摧】晋袁宏《三国名臣序赞》:"先贤玉摧于前,来哲攘袂于后。"

【玉碎】三国魏阮籍《吊某公文》:"如何不吊?玉碎冰摧。"《南史·王僧达传》:"大丈夫宁当玉碎,安可以没没求活?"清侯方域《为吴氏袴子疏》:"不辞玉碎,留暂时于人间;所喜石坚,得请申于帝座。"

【兰摧玉折】南朝宋刘义庆《世说新语·言语》:"毛伯成既负其才气,常称'宁为兰摧玉折,不作萧敷艾荣'。"唐刘知几《史通·直书》:"宁为兰摧玉折,不作瓦砾长存。"清王韬《淞隐漫录·华璘姑》:"呜呼!始则兰摧玉折,终则璧合珠圆,一死一生,其情愈深。"

桂折 guìzhé 桂折兰摧 guìzhéláncuī

婉词。婉称品德高尚的人去世。

【桂折】北周庾信《周安昌公夫人郑氏墓志铭》:"巴水幽咽,猿鸣断绝。月落珠伤,春枯桂折。"

【桂折兰摧】元曹之谦《吊王内翰从之》诗:"山瞻斗仰名空在,桂折兰摧恨未休。"

大讳 dàhuì 大忧 dàyōu 大归 dàguī 大去 dàqù 大还 dàhuán 大病 dàbìng

死的婉称。

【大讳】天子死的婉称。《魏书·礼志三》:"伏惟远祖重光世袭,至有大讳之日,唯侍送梓宫者凶服,左右尽皆从吉。"又《张彝传》:"及辇驾之返,膳御未和,续以大讳奄臻,四海崩慕。"

【大忧】婉称皇帝死丧。《后汉书·邓骘传》:"陛下躬天然之姿,体仁圣之德,遭国不造,仍离大忧。"李贤注:"大忧,和帝、殇帝崩。"宋苏轼《司马温公行状》:"国有大忧,中外窘乏。"

【大归】最终的归宿。也指死。唐顾况《祭李员外文》:"先生大归,赴哭无由。"

【大去】永远离去。朱自清《背影》:"我身体平安,惟膀子疼痛利害,举箸提笔,诸多不便,大约大去之期不远矣。"

【大还】宋楼钥《宜人杨氏挽词》诗:"一昨闻微恙,宁知竟大还。"

【大病】《庄子·徐无鬼》:"仲父之病病矣,可不讳云,至于大病,则寡人恶乎属国而可?"陆德明释文:"大病,谓死也。"《礼记·檀弓上》:"子之病革矣,如至乎大病,则如之何?"陈澔集说:"大病,死也。讳之之辞。"

就木 jiùmù 就世 jiùshì 即世 jíshì 即代 jídài 就化 jiùhuà 就命 jiùmìng

死的婉称。

【就木】入棺。指死亡。《左传·僖公二十三年》:"(重耳)将适齐,谓季隗曰:'待我二十五年不来而后嫁。'对曰:'我二十五年矣,又如是而嫁,则就木焉。请待子。'"杜预注:"言将死入木,不复成嫁。"唐骆宾王《为齐州父老请陪封禅表》:"就木残魂,游岱宗而载跃。"《明史·杨维桢传》:"岂有老妇将就木,而更理嫁者邪?"

【就世】终世,去世。就,终。《国语·越语下》:"先人就世,不穀即位。"韦昭注:"就世,终世也。"汉刘向《说苑·君道》:"齐桓公问于宁戚曰:'管子今年老矣,为弃寡人而就世也,吾恐法令不行,人多失职,百姓疾怨,国多盗贼,吾何如而使奸邪不起、民足衣食乎?'"

【即世】同"就世"。《左传·成公十三年》:"无禄,献公即世。"唐杜甫《哭王彭州抡》诗:"夫人先即世,令子各清标。"清叶廷琯《吹网录·柳边纪略》:"追后先子即世,归葬中原。"

【即代】同"即世"。唐讳"世",改世为"代"。《金石续编·唐长丰令李丕墓志铭》:"沉疾于故林私第,即代之日,

春秋六十有三。"

【就化】僧道逝世。唐白居易《唐抚州上弦和尚石塔碑铭》:"言迄趺坐,恬然就化。"

【就命】毕命,死亡。晋向秀《〈思旧赋〉序》:"嵇博综伎艺,于丝竹特妙,临当就命,顾视日影,索琴而弹之。"

早世 zǎoshì 去世 qùshì 厌世 yànshì 厌代 yàndài 下世 xiàshì

死的婉称。

【早世】过早去世。《后汉书·桓帝纪》:"曩者遭家不幸,先帝早世。"李贤注:"谓顺帝崩也。"唐韩愈《与崔群书》:"仆家不幸,诸父诸兄皆康强早世,如仆者又可以图于久长哉!"梁启超《南海康先生传》第二章:"父达初,早世。"

【去世】离开人世。唐李肇《唐国史补》卷中:"羽少事竟陵禅师智积,……异日在他处闻禅师去世,哭之甚哀。"明无名氏《运甓记·剪逆闻丧》:"小人到家,老夫人已去世了。"清沈初《西清笔记·纪文献》:"是年春尽即去世,犹未及六十初度之辰。"赵晋华《作家未了的心愿》:"据他的继任者、评论家蔡翔介绍,从发病到去世,时隔一年,周介人被病痛折磨的憔悴不堪。"

【厌世】南朝宋颜延之《为湘州祭虞舜文》:"百龄厌世,万里陟方。"唐郑处诲《明皇杂录·高力士》:"方知上皇

已厌世,力士北望,号泣呕血而卒。"明胡应麟《少室山房笔丛·双树幻钞上》:"吾顷疾病且死,忽梦文殊大士谓吾曰:'女未应厌世,后三年,震旦有大沙门,从女受道。'"清周亮工《祭王瑞芝太翁文》:"太翁厌世时,长公、季公依依在侧,哀礼备至。"

【厌代】特指帝王逝世。"代",唐人为避太宗李世民讳改"世"为"代",并特指帝王去世。唐舒元舆《桥山怀古》诗:"轩辕厌代千万秋,渌波浩荡东南流。"宋范仲淹《遗表》:"昨自明肃厌代之后,陛下奋权之初,首承德音,占预漂列。"《明史·后妃传一·孝肃周太后》:"自英皇厌代,予正位长乐,宪宗皇帝以天下养,二十四年犹一日。"

【下世】《史记·刺客列传》:"亲既以天年下世,妾已嫁夫,严仲子仍察举吾弟困污之中而交之,泽厚矣,可奈何!"南朝宋鲍照《代东武吟》:"将军既下世,部曲亦罕存。"宋陈亮《普明寺长生榖记》:"事方就绪,而黄君与靖相继下世。"《糊涂世界》卷四:"不多几日,贱内又下世了,余下三男一女。"郭沫若《牧羊哀话》:"(李氏夫人)归国的时候,才二十二岁,恰好金氏夫人下世后,已经满了三年。"

启手启足 qǐshǒuqǐzú 启手 qǐshǒu 启足 qǐzú 启手足 qǐshǒuzú

善终而死。

【启手启足】语本《论语·泰伯》:"曾子有疾,召门弟子曰:'启予足!启予手!'"后因以为善终而死的婉称。《晋书·陶侃传》:"臣年垂八十,位极人臣,启手启足,当复何恨?"《周书·明帝纪》:"朕得启手启足,从先帝于地下,实无恨于心矣。"《北史·薛濬传》:"既而创钜衅深,不胜荼毒,启手启足,幸及全归。"也作"启手""启足""启手足",分别见下。

【启手】《晋书·王祥传》:"吾年八十有五,启手何恨?"《南史·褚贲传》:"贲曰:'吾少无人间心,岂身名之可慕!但愿启手归全,必在旧陇?'"宋苏辙《祭亡兄端明文》:"上燥下寒,气不能支,启手无言,时惟我思。"

【启足】唐无名氏《上护军庞德威墓志》:"名香何在?唯增启足之悲。"

【启手足】唐白居易《故滁州刺史赠刑部尚书荥阳郑公墓志铭》:"逮启手足,卒如其志。"宋苏轼《答孙志康书》:"藏之家笥,须不肖启手足日,乃出之也。"宋王谠《唐语林·补遗一》:"若幸启手足,必当襚我以道服,瘗我于支提。"

作古 zuògǔ

死的婉称。《清代名人书札·季念诒致徐宗幹》:"济亭猝于初五日急病作古,实所不料,现尚未有接手之人也。"清平步青《霞外捃屑·董文友》:"文友已化为异物,今讦士又作古矣。"鲁迅《花边文学·趋时和复古》:"这一打是有力的,因为他(指刘半农)既是作古的名人,又是先前的新党。""作古"有时也说"作了古"。萧乾《在北新书局当练习生》:"那时见的作家多了——除了冰心大姐,如今几乎全都作了古。"

小污(汙) xiǎowū

病或死的婉称。《后汉书·蔡邕传》:"有司数以蕃国疏丧,宫内产生,及吏卒小污,屡生忌故。"李贤注:"小污,谓病及死也。"

奠楹 diànyíng

死的婉称。语本《礼记·檀弓上》:"夫子曰:'赐,尔来何迟也。……予畴昔之夜,梦坐奠于两楹之间,夫明王不兴而天下其孰能宗予?予殆将死。'盖寝疾七日而没。"后因以"奠楹"婉称人去世。唐薛稷《润州刺史王美畅妻长孙氏墓志》:"圣历元年,王府君止坐挺灾,奠楹俄及。"明袁宗道《挽周老师》诗之一:"奠楹期已迫,曳履忽无声。"清赵翼《六哀诗·故傅文忠公》:"公竟染危疾,还朝遽奠楹。"

休息 xiūxī

喻死亡。唐桑叔文《淮南节度讨击副使田佽墓志》:"一朝休息,平生已矣。"

隐化 yǐnhuà 灵化 línghuà 物化 wùhuà 蝶化 diéhuà

死的婉称。

【隐化】唐陈子昂《我府君有周居士文林郎陈公墓志铭》:"七月七日己未,隐化于私馆。孤子子昂愚昧,鞠然在疚,不知所从。"唐李白《江夏送倩公归汉东序》:"先生六十而隐化,若继迹而起者,惟倩公矣。"清梁章钜《浪迹丛谈·人死别称》:"凡人死,曰卒曰没曰疾终,……又有称隐化者。"

【灵化】《宋书·袁淑传论》:"徒以灵化悠远,生不再来,虽天行路险,而未之斯遇,谓七尺可存,百年可保也。"唐魏朴《和皮日休〈悼鹤〉》诗:"直欲裁诗问杳冥,岂教灵化亦浮生!"

【物化】语本《庄子·刻意》:"圣人之生也天行,其死也物化。"《昭明文选·古诗〈回车驾言迈〉》:"人生非金石,岂能长寿考!奄忽随物化,荣名以为宝。"李善注:"化,谓变化而死也。不忍斥言其死,故言随物而化也。"唐沈佺期《伤王学士诗序》:"四年,余遭浮议下狱。他日,余至来,知君物化。"清孙枝蔚《杂诗》之四:"借问行路人,皆云已物化;请看高冢旁,离离长禾稼。"柯灵《香雪海·春节书红》:"这些三十年代的预言家们,只有少数人至今健在,不少人已经物化。"

【蝶化】同"物化"。语本《庄子·齐物论》:"昔者庄周梦为胡蝶,栩栩然胡蝶也,自喻适志与!俄然觉,……周与胡蝶则必有分也。此之谓物化。"宋周密《悼胡明之》诗:"帐中蝶化真成梦,镜里孤鸾柱断肠。"

牺牲 xīshēng

为正义事业而死。柔石《二月》:"她

底父亲是为国牺牲的。"郭沫若《洪波曲》第十章四:"团员有的牺牲,有的退伍,减少到了只余二十三四人。"李国文《月蚀》:"伊汝的父母都是烈士,是红军东渡黄河时牺牲的。"

阵亡 zhènwáng 阵没(殁) zhènmò

在战场上牺牲。

【阵亡】唐杜甫《垂老别》诗:"子孙阵亡尽,焉用独身完。"清昭梿《啸亭杂录·绿营定世爵》:"国初定制,凡旗员阵亡者,荫以世爵,汉员犹沿明制,惟荫以难荫,官及其身而已。"郭沫若《洪波曲》第八章四:"他们有的在前线上阵亡了,有的病死了,有的整个队坐过牢。"

【阵没(殁)】《宋史·理宗纪二》:"阵没者趣上姓名,赠恤其家。"《清史稿·礼志六》:"乾隆十三年,谕祀阵亡总兵任举、侍卫丹泰,旋令征金川阵没将士并入之。""殁"是"没"的后起字。《明史·何文辉传》:"子环,成都护卫指挥使,征迤北阵殁。"清昭梿《啸亭杂录·缅甸归诚本末》:"明日壬寅,贼大至,珠鲁讷自刭,执杨重英,我兵大溃,总兵胡大猷与胡邦佑咸阵殁。"

顶踵捐糜 dǐngzhǒngjuānmí 顶踵尽捐 dǐngzhǒngjìnjuān

婉称为报国或报恩而捐躯。

【顶踵捐糜】顶踵,语本《孟子·尽心上》:"墨子兼爱,摩顶放踵利天下,为之。"后以"顶踵"表示不惜身危体劳而报效。与"捐糜"连用则婉称为国捐躯。清林则徐《请戴罪赴浙图剿片》:"惟事苟有裨于国家,虽顶踵捐糜,亦复何敢自惜?"又《密陈办理禁烟不能歇手片》:"臣于夷务办理不善,正在奏请治罪,何敢更献刍荛?然苟有裨国家,虽顶踵捐糜,亦不敢自惜。"

【顶踵尽捐】犹"顶踵捐糜"。《平山冷燕》第一回:"圣恩汪洋如此,真不独君臣,直如父子矣。臣等顶踵尽捐,何能报效,敢不领旨?"又第五回:"乃复辱令爱小姐疏救,……此天地父母所不能施之恩。而一旦转加之罪人,真令人顶踵尽捐,不能少报万一。"

不在 bùzài 不祥 bùxiáng 不禄 bùlù 不虞 bùyú 不讳 bùhuì 不可讳 bùkěhuì 不幸 bùxìng 不没 bùmò 不可言 bùkěyán

死的讳称。

【不在】宋岳珂《桯史·朝士留刺》:"凡人之死者,乃称不在。"《儒林外史》第十二回:"到了鲁宅,进门听得一片哭声,知是已不在了。"柯岩《她爱祖国的明天·你的兵变了么》:"一想到他老人家不在了,(我)心里就难过。"

【不祥】《太平广记》卷四三七引《广异记·姚甲》:"郎君家本北人,今窜南荒,流离万里,忽有不祥,奴当扶持丧事北归。"

【不禄】①士死的讳称。《礼记·曲礼下》:"天子曰崩,诸侯曰薨,士曰不禄。"郑玄注:"不禄,不终其禄。"②诸侯、大夫亡故,讣文上的谦称。《礼记·杂记上》:"君讣于他国之君,曰寡君不禄,……大夫讣于同国,适者曰某不禄。"《国语·晋语二》:"重之以寡君不禄,丧乱并臻。"韦昭注:"礼,君死,赴于他国曰:'寡君不禄。'谦也。"朱执信《论社会革命当与政治革命并行》:"自南都沦丧,唐、桂二先生先后不禄。"③短命而死的婉称。《礼记·曲礼下》:"寿考曰卒,短折曰不禄。"明王錂《春芜记·赐婚》:"寒门屡受国厚恩,但恨大夫不禄,未能图报涓埃。"

【不虞】虞,预料。《后汉书·周举传》:"今诸阎新斩,太后幽在离宫,若悲愁生疾,一旦不虞,主上将何以令于天下?"清蒲松龄《聊斋志异·李八缸》:"过数日,翁益弥留。月生虑一旦不虞,觑无人,即床头秘讯之。"

【不讳】即"不可讳"。《汉书·丙吉传》:"君即有不讳,谁可以自代者?"颜师古注:"不讳,言死不可复讳也。"《西游记》第十回:"皇上脉气不正,虚而又数,狂言见鬼;又诊得十动一代,五脏无气,恐不讳只在七日之内矣。"

【不可讳】《战国策·魏策一》:"公叔(痤)病。即不可讳,将奈社稷何?"鲍彪注:"死者,人之所不能避,故云。"《史记·商君列传》:"会痤病,魏惠王亲往问病,曰:'公叔病有如不可讳,将奈社稷何?'"《汉书·司马迁传》:"今少卿抱不测之罪,涉旬月,迫季冬,仆又薄从上上雍,恐卒然不可讳。"颜师古注:"不可讳谓安死也。"

【不幸】《汉书·苏武传》:"来时,太夫人已不幸,陵送葬至阳陵。"颜师古注:"不幸亦谓死。"高云览《小城春秋》第十九章:"她越想越怕,仿佛不幸已经临头。"

【不没】婉称非自然死亡。《礼记·檀弓下》:"(阳处父)行并植于楚国,不没其身,其知不足称也。"郑玄注:"没,终也。"孔颖达疏:"言不得以理终没其身。"《左传·僖公二十二年》:"楚王其不没乎?"杜预注:"不以寿终。"

【不可言】意谓不欲直接说出口。《汉书·元后传》:"阳朔三年秋,凤病,天子数自临问,亲执其手,涕泣曰:'将军病,如有不可言,平阿侯谭次将军矣。'"颜师古注:"不可言,谓死也,不欲斥言之。"

有讳 yǒuhuì

婉称死亡。《元朝秘史》卷十三:"皇帝涉历山川,远去征战,若一日倘有讳,四子内命谁为主,可令众人先知。"

填沟壑 tiángōuhè　填壑 tiánhè

婉词。指死亡。

【填沟壑】《战国策·赵策四》:"老臣贱

息舒祺最少,不肖,……虽少,愿及未填沟壑而托之。"《史记·范雎蔡泽列传》:"使臣卒然填沟壑,君虽恨于臣,亦无可奈何。"又《平津侯主父列传》:"臣弘行能不足以称,素有负薪之病,恐先狗马填沟壑,终无以报德塞责。"宋苏轼《答王幼安书》之三:"若未即填沟壑,及见伯仲功成而归,为乡里房舍,伏腊相劳问,何乐如之?"

【填壑】"填沟壑"的省略语。汉应劭《风俗通·十反·赵相汝南李统》:"自分奄忽填壑,猥得承望阙廷,亲见御座,不胜其喜。"

卒(殁) zú

初指大夫死亡,后为死亡通称。《礼记·曲礼下》:"天子死曰崩,诸侯曰薨,大夫曰卒。"《新唐书·百官志一·礼部》:"凡丧,三品以上称薨,五品以上称卒,自六品达于庶人称死。"《史记·陈丞相世家》:"孝文帝二年,丞相陈平卒,谥为献侯。"又《伍子胥列传》:"五年而楚平王卒。"《论衡·死伪篇》:"后至壬寅日,公孙段又卒,国人愈惧。"鲁迅《且介亭杂文·韦素园墓记》:"君以一九又二年六月十八日生,一九三二年八月一日卒。"卒、殁,古今字。"殁"分担"卒"的死亡义。《说文》:"殁,大夫死曰殁。"后也为死亡通称。《隶续·汉张景题字》:"少子并早殁。"清李慈铭《越中三子传》:"及训导殁,君所生父以毁亡。"

寿终 shòuzhōng 寿终正寝 shòuzhōngzhèngqǐn

婉词。享尽天年,自然死亡。

【寿终】《释名·释丧制》:"老死曰寿终。寿,久也;终,尽也。生已久远,气终尽也。"《晋书·刁协传》:"此为一人之身,寿终则蒙赠,死难则见绝,岂所以明事君之道,厉为臣之节乎?"《旧唐书·李元恺传》:"元恺年八十余,寿终。"鲁迅《野草·这样的战士》:"他终于在无物之阵中老衰,寿终。"

【寿终正寝】正寝,旧指住宅的正屋。《封神演义》第十一回:"纣王立身大呼曰:'你道朕不能善终,你自夸寿终正寝,非侮君而何?'"清平步青《霞外捃屑·论文·正寝》:"近世文集中鲜云正寝,而讣告则必云寿终正寝。"鲁迅《华盖集·忽然想到(九)》:"我不想来加入这一类高尚事业了,怕的是毫无结果之前,已经'寿终正寝'。"

正命 zhèngmìng

寿终而死。与"非命"相对。王闿运《祖考遁斋府君碑清故湘潭县学附生王君之碑并序》:"年七十,以道光十二年五月十三日亥时,正命于寝。"

考终命 kǎozhōngmìng 考终 kǎozhōng

婉词。享尽天年,自然而死。

【考终命】《尚书·洪范》:"五曰考终命。"孔安国传:"各成其长短之命以自终,不横夭。"唐白居易《策林一·兴五福销六极》:"于是乎三和之气,訢合絪缊，积为寿，蓄为富，舒为康宁，敷为攸好德，益为考终命。"

【考终】"考终命"的省写。晋潘岳《杨荆州诔》："诔德策勋，考终定谥。"宋陆游《求志居士彭君墓志铭》："考终于新第。"《明史·韩炉传》："进药始末实止如此，若不据实详剖，直举非命之凶称，加诸考终之令主，恐先帝在天之灵，不无恫怨。"

终 zhōng

老年死亡的婉称。《周礼·天官·疾医》："凡民之有疾病者，分而治之。死终则各书其所以，而入于医师。"郑玄注："少者曰死，老者曰终。"《礼记·文王世子》："文王九十七乃终。"《论衡·偶会篇》："人生百岁而终，物生一岁而死。"唐李翱《右仆射杨公墓志》："公生六年，太保弃捐；未及成童，虢国又终。"

终没（殁） zhōngmò

死的婉称。同义连用。《国语·越语下》："后世子孙，有敢侵蠡之地者，使无终没于越国。"《后汉书·申屠刚传》："结贵据权，至坚至固，终没之后，受祸灭门。"唐元稹《南阳郡王赠某官碑文铭》："逮及终殁，全归其吭。"

老 lǎo 老去 lǎoqù

老死的婉称。

【老】唐子兰《城上吟》："古冢密于草，新坟侵官道。城外无闲地，城中人又老。"元萨都剌《如梦曲·哀燕将军》："芙蓉花，为谁好，洞房昨夜将军老。"《红楼梦》第十五回："以备京中老了人口，在此停灵。"

【老去】元房皞《思隐》诗："情知老去无多日，且向闲中过几年。"明李东阳《柳岸垂纶》诗："老去祇应家在此，不须盘石更垂萝。"

故 gù

死的婉称。《徐霞客游记·黔游日记一》："时沙土官初故。"明凌濛初《二刻拍案惊奇》卷十七："夫人已故，房中有一班姬妾，多会吹弹歌舞。"清陈奂《〈尔雅义疏〉跋》："（丙戌）再入都，而先生故矣。"金克木《徐祖正教授的难得一笑》："'文革'末，我去北大图书馆，到编目室闲看，见到地上堆着许多外文书，捡起一看，都是日本印的英国文学书，古董，想到这必是新故的徐祖正教授赠图书馆的遗书。"

【故世】明凌濛初《二刻拍案惊奇》卷十六："尊翁故世，家中有甚么影响否？"

【物故】《汉书·苏武传》："单于召会武官属，前以降及物故，凡随武还者九人。"颜师古注："物故谓死也，言其同于鬼物而故也。"《清代名人书札·严正基致阎敬铭》："同怀一弟物故，遗息尚稚，五旬后始举。"又《李元度致彭玉麟》："忽瘴疫盛行，疟痢交作，自七月至十月，物故者共计千四百人之多，真非常灾疫也。"

绝 jué

断绝。引申为生命中止，即死亡。唐韩愈《祭柳子厚文》："嗟嗟子厚，今也则亡。临绝之音，一何琅琅！"《西游记》第七三回："若与神仙吃，也只消三厘就绝。"清刘钧《杨娥传》："言已，一恸而绝。"

【绝世】 犹"弃世"。死亡。《左传·哀公十五年》："大命陨队，绝世于良。"杜预注："绝世，犹言弃世。"

【绝命】 生命中止，即死亡。晋陆机《辨亡论》上："而陆公亦挫之西陵，覆师败绩，困而后济，绝命永安。"《后汉书·孝明纪》："子孙饥寒，绝命于此，岂祖考之意哉！"

【绝气】 断气。指死亡。《仪礼·既夕礼》："御者四人，皆坐持体。属纩，以俟绝气。"汉班固《白虎通·崩薨》："一日之时，属纩于口上以俟绝气。"明凌濛初《二刻拍案惊奇》卷二："（翠翠）说不多几时，昏沉上来，早已绝气。"

魂断 húnduàn 魂销 húnxiāo

死的婉称。

【魂断】 苏曼殊《断鸿零雁记》第二七章："异哉先生，人既云亡，哭胡为者？曾谓雪姑有负于先生耶？试问霙花郎，吾家女公子为谁魂断也？"

【魂销】 唐元稹《感梦》诗："行吟坐叹知何极？影绝魂销动隔年。今夜商山馆中梦，分明同在后堂前。"

影削 yǐngxuē

死的婉称。清刘大櫆《祭张十二郎文》："呜呼，孰谓汝方在蒙养也，而忽焉影削，不保其向聚之形。天固将使汝若斯而已，不如无生！"

解驾 jiějià

死的婉称。南朝梁陶弘景《许长史旧馆坛碑》："太元元年，解驾违世。"

转身 zhuǎnshēn

死的婉称。明李贽《又与周友山书》："至于转身之后，或遂为登临之会，或遂为读书之所，或遂为瓦砾之场，则非智者所能逆为之图矣。"

回首 huíshǒu

死的婉称。明冯梦龙《古今小说·梁武帝累修归极乐》："今日拜辞长老回首，望乞长老慈悲，求个安生去处。"《儒林外史》第四八回："直到临回首的时候，还念着老伯不曾得见一面。"

呜呼 wūhū 呜呼哀哉 wūhū'āizāi

【呜呼】 喻死亡。宋张镃《临江仙》词："纵使古稀真个得，后来争免呜呼？"明冯梦龙《警世通言·宋小官团圆破毡笠》："只见街上人纷纷而过，多有说这老和尚，可怜半月前还听得他念经之声，今早呜呼了。"

【呜呼哀哉】 同"呜呼"。明冯梦龙《警世通言·桂员外途穷忏悔》："施济忽遘一疾，医治不痊，呜呼哀哉了。"《红楼梦》第十六回："（秦邦业）将秦钟打了一顿,自己气的老病发了,三五日,便呜呼哀哉了。"邓小南《父亲最后的日子》:"他提起《稼轩词编年笺注》一书有不少注释必需修订,并几次说:'我现在还不能撒手人间,有这么多问题还都得改。现在呜呼哀哉可怎么行!'"

弥留 míliú 化期 huàqī 临化 línhuà 临终 línzhōng 临诀 línjué 临绝 línjué 临命 línmìng 临没 línmò 临死 línsǐ

婉词。婉称人濒临死亡。

【弥留】初义是久病不愈,后用以婉称病重濒临死亡。南朝齐王俭《褚渊碑文》:"景命不永,大渐弥留。"宋王谠《唐语林·补遗一》:"肃宗弥留,众皆迭侍。"《明史·王之寀传》:"乃先帝一生遭逢多难,弥留之际,饮恨以崩。"茅盾《三人行》:"母亲弥留的一刹那,像电影似的在他的回忆中展开来了。"

【化期】婉指僧人将死之期。化,指坐化,僧人死亡的婉称。南朝梁慧皎《高僧传·神异上·竺佛图澄》:"物理必迁,身命非保。贫道焰幻之躯,化期已及。"《传法正宗记》卷一:"其后以化期将近,乃命摩诃迦叶曰:'吾以清净法眼涅槃妙心实相无相微妙正法,今付与汝,汝当护持。'"

【临化】临死的婉称。晋陶潜《饮酒》诗之十一:"客养千金躯,临化消其宝。"按:一本作"临死镇其宝"。

【临终】《后汉书·祭肜传》:"(祭肜)临终谓其子曰:'吾蒙国厚恩,奉死不称,微绩不立,身死诚惭恨。'"晋潘岳《夏侯常侍诔》:"临终遗誓,永锡尔类。"《儒林外史》第六回:"这两套衣服和这银子,是二老爷临终时说下的,送与大老爷做个遗念。"周而复《上海的早晨》第三部一:"父亲生前也特别喜欢他,临终辰光还再三嘱咐,叫他不要忘记照顾这个小弟弟。"

【临诀】诀,诀别。也可用于临死的婉称。《新五代史·后蜀世家·孟知祥》:"崇韬临诀,白曰:即臣等平蜀,陛下择帅以守西川,无如孟知祥者。"清蒲松龄《聊斋志异·吕无病》:"无何,许病卒。临诀,嘱孙曰:无病最爱儿,即令子之可也。"

【临绝】绝,死。汉王充《论衡·四讳篇》:"曾子重慎,临绝效全,喜免毁伤之祸也。"明李东阳《凉风台》诗:"君不见晋阳书中临绝语,曾为乐陵求乐处。"

【临命】犹"临终"。《后汉书·王允传》:"宏临命诟曰:'宋翼竖儒,不足议大计!'"晋潘岳《杨仲武诔》:"临命忘身,顾恋慈母。"宋孔平仲《孔氏谈苑》卷三:"衍寻卒,临命自语人冤枉杀人。"章炳麟《狱中赠邹容》诗:"临命须掺手,乾坤只两头。"

【临没】犹"临终"。汉贾谊《吊屈原文》:"思居终而恤始,命临没而肇扬。"北齐刘昼《新论·崇学》:"故宣尼临没,手不释卷。"清龚炜《道闻五妹凶问》:"闻其临没时方夜膳,抚其子多作身后语,顿尔咳血,医药罔效。"

【临死】北齐刘昼《新论·贵言》:"临死者谓无良医之药,将败者谓无直谏之臣。"《儒林外史》第六回:"话说严监生临死之时,伸着两个指头,总不肯断气。"鲁迅《且介亭杂文·病后杂谈》:"临死做诗的,古今来也不知有多少。"

大期 dàqī 大分 dàfēn
大限 dàxiàn 大数 dàshù

婉词。对死期的婉称。

【大期】汉刘向《列女传·周郊妇人》:"君子谓周郊妇人,知天道之不祐,示以大期,终如其言。"《南齐书·武帝纪》:"始终大期,圣贤不免,吾行年六十,亦复何恨!"宋司马光《祭齐国献穆大长公主文》:"呜呼!遐福未终,大期奄及,去白日之昭晰,归下泉之窈冥。"

【大分】晋陶潜《与子俨等疏》:"亲旧不遗,每以药石见救,自恐大分将有限也。"《北史·魏收传》:"死生大分,含气所同。"唐张鹭《朝野佥载》卷二:"夫生死者,人之大分,如来尚所未免。"

【大限】晋葛洪《抱朴子·极言》:"不得大药,仅服草木,可以差于常人,不能延其大限也。"唐权德舆《古兴》诗:"人生大限难百岁,就中三十称一世。"《水浒传》第八五回:"罗真人笑道:'大限到来,岂容汝等留恋乎!'"郭沫若《十批判书·吕不韦与秦王政的批判》:"盖世的大英雄敌不过大限的来临,只好遗诏给他的长子扶苏,'与丧会咸阳而葬'。"

【大数】宋陈亮《祭林圣材文》:"胡不百年,终此大数?"《金史·阿疎传》:"吾大数亦将终。我死,汝等当念我。"《说唐》第二十回:"原来云昭大数未绝,故有神明相佑。"

顾命 gùmìng 顾言 gùyán

婉称临终遗言。

【顾命】多称帝王遗诏。《尚书·顾命》:"成王将崩,命召公、毕公率诸侯相康王,作《顾命》。"孔安国传:"临终之命说顾命。"孔颖达疏:"顾是将去之意,此言'临终之命曰顾命',言临将死去回顾而为语也。"《后汉书·阴兴传》:"帝风眩疾甚,后以兴领侍中,受顾命于云台广室。"《南史·褚彦回传》:"明帝崩,遗诏以为中书令、护军将军,与尚书令袁粲受顾命,辅幼主。"《东周列国志》第四回:"晋文公有疾,召赵衰、先轸、狐射姑、阳处父诸臣,入受顾命,使辅世子骧为君,勿替伯业。"

【顾言】从"顾命"演化而来,泛称临终遗言。宋王安石《大理寺丞杨君墓志铭》:"嘉祐七年四月辛巳,卒于河南,享年三十九。顾言曰:'焚吾所为书,无留也。以柩从先人葬。'"

附：

殊 shū

死亡。《说文》："殊，死也。"《管子·入国》："不耐自生者，上收而养之疾，官而衣食之，殊身而后止。"清王念孙《读书杂志·管子九》："《说文》：'殊，死也。'犹言殁身而后止也。"《史记·淮南衡山列传》："太子即自刭，不殊。"裴骃集解引晋灼曰："不殊，不死。"清曾国藩《钱塘丁烈妇墓表》："遂自投水，贼追救之，不殊；凡三溺乃绝。"

殍 piǎo

饿死。《玉篇·歹部》："殍，饿死也。"《旧五代史·唐书·庄宗纪三》："是时军士之家乏食，妇女掇蔬于野。及优给军人，皆负物而诉曰：'吾妻子已殍矣，用此奚为？'"《资治通鉴·晋愍帝建兴四年》："河东平阳大蝗，民流殍者什五六。"胡三省注："饿死于野者曰殍。"

【殍踣】饿死。踣（bó），倒毙。《旧五代史·晋书·少帝纪四》："时河南、河北大饥，殍踣甚众。"宋孙光宪《北梦琐言》卷三："凡莅方镇，不理狱讼，在凤翔洎西川系囚毕政，无轻无重，任其殍踣。"宋宋敏求《春明退朝录》卷下："自是吴人闭壁逾年，殍踣者甚众。"

【殍殣】饿死。殣（jìn），饿死。唐张廷珪《请河北遭旱涝州准式折免表》："天灾所降，年谷莫登，在于贫弱，或至殍殣。"

殣 jìn

饿死。《大戴礼记·千乘》："此以气食得节，作事得时，劝有功，……是故年谷不成，天之饥馑，道无殣者。"王聘珍解诂："饿死为殣。"明徐光启《甘藷疏》："民可无道殣。"

殕 kè

死。《广韵·合韵》："殕，殕死。"宋苏舜钦《检书》诗："疏密交及戚，前后生与殕。"

殪 yì

因外力致死。《尔雅·释诂下》："殪，死也。"郝懿行义疏："殪亦死之通称。"《左传·定公八年》："（颜高）偃，且射子鉏，中颊，殪。"杜预注："殪，于计反。死也。"《尸子》卷下："曰：'生乎义乎？'曰：'义。'是故务光投水而殪。"《续资治通鉴·宋徽宗政和五年》："黎明，辽军溃围出，逐北至阿噜冈，辽卒尽殪。"

翘辫子 qiàobiànzi

死的俗称。有时带有诙谐戏谑的意味。巴金《第四病室》第七章："那个内科病人，头天晚上进来，一句话也没有讲过，第二天早晨就翘辫子了。"周立波《纪念》："站在旁边的一个华捕说：'再打，可是要翘辫子了。'"杨朔《锦绣山河》："我要是好生气，早翘辫子啦！"

死 sǐ

死亡,生命终结的通称。《左传·僖公七年》:"文王将死,与之璧,使行。"《韩非子·十过》:"居一年余,管仲死,君遂不用隰朋而与竖刁。"《论衡·讥日篇》:"春秋之时,天子、诸侯、卿、大夫死,以千百数,案其葬日,未必合于历。"

【死亡】"死""亡"同义连用。《左传·襄公八年》:"民死亡者,非其父兄,即其子弟。"《韩非子·孤愤》:"今人主不合参验而行诛,不待见功而爵禄,故法术之士安能蒙死亡而进其说?"《论衡·书解篇》:"位最尊者为博士,门徒聚众,招会千里,身虽死亡,学传于后。"

【亡死】"死""亡"同义连用。汉袁康《越绝书·外传记越地传》:"(禹)因病亡死,葬会稽。"

【死终】《周礼·天官·疾医》:"凡民之有疾病者,分而治之。死终则各书其所以,而入于医师。"郑玄注:"少者曰死,老者曰终。"贾公彦疏:"云'死终'者,谓民之有病,不问老少皆治之。不愈,少则则曰死,似不得寿终然,故曰死;老者则曰终,谓虽治不愈,似得寿终,故曰终也。"

【死丧】《诗经·小雅·常棣》:"死丧之威,兄弟孔怀。"《尉缭子·战威》:"死丧相救,兵役相从,此民之所励也。"《三国志·蜀书·后主传》:"(钟)会既死,蜀中军众钞略,死丧狼籍,数日乃安集。"

毙 bì

"毙"是"獘"的重文。《说文》:"獘,顿仆也(脸向下倒地)。"引申为死亡义。《广韵·祭韵》:"毙,死也。"《左传·僖公四年》:"公祭之地,地坟;与犬,犬毙;与小臣,小臣亦毙。"《国语·晋语二》:"骊姬与犬肉,犬毙;饮小臣酒,小臣亦毙。"韦昭注:"毙,死也。"唐裴铏《传奇·元柳二公》:"(少年)曰:'郎君令持此药曰还魂膏,而报二君子,家有毙者,虽一甲子,犹能涂顶而活。'"

【毙命】丧命,丧生。清王士禛《池北偶谈·谈献六·六女》:"又南海县樵夫陈茂,逢虎毙命。"郑观应《盛世危言·交涉上》:"又如华人受雇洋行及充洋船水手,往往借端扣减工资,甚或殴辱毙命。"

【毙踣】唐韩愈《论天旱人饥状》:"寒馁道涂,毙踣沟壑。"宋苏轼《论边将隐匿败亡宪司体量不实札子》:"马之饥瘦劳苦,则有毙踣、奔逸之忧;民之困穷无聊,则有沟壑、盗贼之患。"

【倒毙】宋叶适《故宝谟阁待制知平江府赵公墓铭》:"公令军别为籍,兵逸亡,马倒毙,皆即报。"清王士禛《池北偶谈·长白山》:"每人携三月粮而往,……或三月粮尽,或马匹倒毙,不能回家,亦不可定。"田汉《卢沟桥》第二幕:"敌人纷纷倒毙。"

弊仆 bìpū

死亡。三国魏文钦《降吴表》:"钦累世受魏恩,乌鸟之情,窃怀愤踊;在三之义,期于弊仆。"

踣 bó 踣毙 bóbì

死亡。

【踣】本义是仆倒、倒下。也指死亡。宋张九成《和施彦执怀姚进道叶先觉韵》诗:"两老虽未死,二妙已先踣。"

章炳麟《序〈云南首义拥护共和始末记〉》:"当云南初倡义时,宣言退黜袁氏及诛帝制首恶十九人。袁氏已踣,而谋逆者不惩,轻材琐生,拘牵琐文,以挠大法。"

【踣毙】蔡东藩《清史通俗演义》第四四回:"若阅四五年之久,无冬无夏,即骡马尚且踣毙,何况于人?"

10. 父母丧事或居丧的婉称

丁忧 dīngyōu 丁艰 dīngjiān 丁家艰 dīngjiājiān 家艰 jiājiān 遭忧 zāoyōu 遭艰 zāojiān

婉词。遭遇父母丧事。旧制,父母死后,子女要尽孝守丧,三年内不做官、不婚娶、不举宴、不赴考。

【丁忧】丁,遭逢。《晋书·袁悦之传》:"(悦之)始为谢玄参军,为玄所遇,丁忧去职。"宋欧阳修《归田录》卷二:"后三年,太夫人薨,有司议赠恤之典云:'无见任宰相丁忧例。'"

【丁艰】同"丁忧"。《晋书·周光传》:"陶侃微时,丁艰,将葬,家中忽失牛而不知所在。"明徐𤊹《笔庵杂录》卷下:"及临期,徐丁艰不入闱,而夏于是科获隽。"清孔尚任《桃花扇·哄丁》:"魏党暴横之时,我丁艰未起,何曾伤害一人?"

【丁家艰】"丁艰"也称"丁家艰"。宋邵伯温《闻见前录》卷四:"初以秘书丞吕公大忠为副使,命下,大忠丁家艰,诏起复未行。"

【家艰】《昭明文选·潘岳〈夏侯常侍诔序〉》:"(夏侯湛)为太子舍人,尚书郎,野王令,中书郎,南阳相,家艰乞还。"刘良注:"家艰,谓父母忧也。"唐戴孚《广异记·成弼》:"弼后以家艰辞去,道者曰:'子从我久,今复有忧,吾无以遗子,遗子丹十粒。'"宋王禹偁《送鞠仲谋序》:"八年春,余第中乙科生,以家艰不预于选。"

【遭忧】《魏书·儒林传·李业兴》:"永安二年,……遭忧解任,寻起复本官。"

【遭艰】南朝宋刘义庆《世说新语·德行》:"王安丰遭艰,至性过人。"《南史·孝义传·薛天生》:"同郡薛天生,母遭艰菜食,天生亦菜食。"清刘献廷《广阳杂记》卷一:"昔某公遭艰归,于轿顶之中,为一小龛,奉纸位一,载而行。"

不造 bùzào

婉词。犹"丁家艰"。语本《诗经·周颂·闵予小子》:"闵予小子,遭家不造。"马瑞辰通释:"不,为语词。造与戚一声之转,古通用。则《诗》云'遭家不造',犹云遭家戚,即后世所谓丁家艰也。"三国魏嵇康《幽愤》诗:"嗟余薄祜,少遭不造。"唐陈子昂《唐故袁州参军妻张氏墓志铭》:"府君不造,遭此闵凶。"廖仲恺《幽禁中感赋》:"吾生遭不造,芒鞋肆所之。"

私艰 sījiān

婉词。婉称遭父母之丧。《昭明文选·潘岳〈怀旧赋〉序》:"余既有私艰,且寻役于外。"李善注:"私艰,谓家难也。"吕延济注:"岳自遭父忧后,徙官外郡。"《晋书·檀凭之传》:"义旗之建,凭之与刘毅俱以私艰,墨经而赴。"宋庄季裕《鸡肋篇》卷中:"绍兴三年七月,朱胜非以右仆射丁母忧,未卒哭,降起复制词,吏部侍郎权直学士院陈与义之文也。以'兹宅大忧'四字令翰林学士綦崇礼帖改为'方服私艰',陈待罪而放。"

遘闵 gòumǐn

婉词。婉称遭父母之丧。晋潘岳《杨仲武诔》:"子之遘闵,曾未龀髫。"清蒲松龄《聊斋志异·新郎》:"本拟三

二日遣夫妇偕归,不意仪装未备,忽遘闵凶,不得已先送郎还。"

大故 dàgù

①婉称父母之丧。《孟子·滕文公上》:"今也不幸至于大故,吾欲使子问于孟子,然后行事。"赵岐注:"谓大丧也。"《儿女英雄传》第十七回:"便是为人子女,不幸遇着大故,立刻穿上一身孝,难道释服后便算完了事了不成?"汪敬熙《一个勤学的学生》:"他忽然长叹一声,把脸沉下,仿佛像遭了大故一样,又把头垂着。"②婉称死亡。《楚辞·九章·怀沙》:"舒忧娱哀兮,限之以大故。"王逸注:"大故,死亡也。"唐韩愈《祭故陕府李司马文》:"如何不常,以至大故,呜呼哀哉!"

丁父忧 dīngfùyōu 丁外忧 dīngwàiyōu 丁父艰 dīngfùjiān 丁外艰 dīngwàijiān 父忧 fùyōu 父艰 fùjiān

婉词。遭遇父亲丧事。

【丁父忧】丁,遭逢。《魏书·李彪传》:"伏见朝臣丁父忧者,假满赴职,衣锦乘轩,从郊庙之祀。"《旧唐书·王丘传》:"(丘)俄又分知吏部选事,入为尚书左丞,丁父忧去职。"

【丁外忧】同"丁父忧"。元黄溍《文献黄

公神道碑》：" (黄公)丁外忧去官,服阕,转承直郎国子博士。"明冯梦龙《古今谭概·口碑》："成化中,内阁刘吉丁外忧。"

【丁父艰】《南史·江革传》："九岁丁父艰。"《旧唐书·刘迺传》："天宝中,举进士,寻丁父艰,居丧以孝闻。"唐释道世《法苑珠林》卷二三引南朝齐王琰《冥祥记》："(昙远)元嘉九年,丁父艰,哀毁致招疾。"

【丁外艰】同"丁父忧"。明宋濂《叶治中历官记》："(侯)丁外艰而还,重纪至元三年,补江浙行中书宣使。"清吴炽昌《客窗闲话·场外孝廉》："我主人以数千金订某贡生代倩,不意某临场骤丁外艰,不能以正名入试。"按,当时规定,遭父母丧事,子女需守孝,三年内不做官、不婚娶、不赴宴、不应考。

【父忧】同"丁父忧"。南朝齐王俭《褚渊碑文》："以父忧去职,丧过乎哀。"

【父艰】同"丁外艰"。《隋书·李德林传》："(德林)年十六,遭父艰,自驾灵舆,反葬故里。"

丁母忧 dīngmǔyōu 丁内忧 dīngnèiyōu 丁内艰 dīngnèijiān 丁母艰 dīngmǔjiān 内忧 nèiyōu 母忧 mǔyōu 母艰 mǔjiān

婉词。遭遇母亲丧事。

【丁母忧】《南史·蔡徵传》："(徵)七岁丁母忧,居丧如成人礼。"《清史稿·圣祖纪》："顺天学政李光地丁母忧,令在京守制。"丁母忧,也可说"丁了母忧"。明凌濛初《初刻拍案惊奇》卷二二："七郎亏得州牧周全,幸喜葬事已毕。却是丁了母忧,去到任不得了。"

【丁内忧】《梁书·袁昂传》："(昂)丁内忧,哀毁过礼。"元黄溍《文献黄公神道碑》："俄有旨纂修辽、金、宋史,丁内忧不赴,服除,以中顺大夫秘书少监致仕。"

【丁内艰】同"丁母忧"。《陈书·司马暠传》："(暠)年十二丁内艰。"《宋史·张齐贤传》："(齐贤)丁内艰,水浆不入口者七日。"《汪康年师友书札·吴士鉴》："陈师因师母丁内艰故未出京迎娶,今冬亦未必即办。"又《梁志文》："志文猥丁内艰,心事灰懒。"

【丁母艰】同"丁母忧"。清龚绍壬《两般秋雨盦随笔·联挽》："(苏子齐)出为山西朔平府知府,丁母艰起复。"

【内忧】同"丁内忧"。唐杨炯《唐右将军魏哲神道碑》："显庆二年,以内忧解职。"唐张说《故洛阳尉赠朝散大夫马府君碑》："入太学,举明经,补巴西尉,内忧去职。"宋王安石《与孟逸秘校手书》之九："然元规方内忧,暇议此否？"

【母忧】同"丁母忧"。《后汉书·徐稚传》："及林宗有母忧,稚往吊之,置生刍一束于庐前而去。"宋苏轼《熙宁手诏记》："是岁四月,复除公知谏院,以母忧去官。"清方苞《兵部尚书范公墓表》："（康熙）三十九年秋九月，以母忧回籍，既葬，奉命督修华家口运河。"

【母艰】同"丁母艰"。南朝齐王俭《褚渊碑文》："（渊）又以居母艰去官，虽事缘义感，而情均天属。"

奉讳 fènghuì

居丧的婉称。《礼记·曲礼上》："卒哭乃讳。"陈澔集说："凡卒哭之前，犹用事生之礼，故卒哭乃讳其名。"后人因称居丧为"奉讳"。清钱谦益《刻古史谈苑目录后序》："谦益奉讳以还，每发故箧，泪浪浪不忍视。"清陆以湉《冷庐杂识·鲲溟侄》："余读《礼》家居，侄亦奉讳南还。"《清代名人书札·王拯致阎敬铭》："去岁一奉惠书，……修答尚稽，嗣即叠闻奉讳之信，莫言阙如，岂胜歉罪！"

风树 fēngshù 风枝 fēngzhī 风木 fēngmù

婉称父母去世，欲事奉尽孝而不能。

【风树】典出《韩诗外传》卷九："皋鱼曰：'……树欲静而风不止，子欲养而亲不待也。'"《晋书·孝友传序》："聚薪流恸，衔索兴嗟，晒风树以隤心，俯寒泉而沫泣，追远之情也。"宋范仲淹《上执政书》："令亲亡矣，纵使异日授一美衣，对一盛馔，尚当感泣风树，忧思无穷。"清钱谦益《太仆寺寺丞黄正宾授承德郎母王氏赠安人制》："母仪邈矣，亦怀风树之凄凉。"

【风枝】同"风树"。北周庾信《周大将军司马裔神道碑》："恸甚风枝，悲深霜露。"

【风木】同"风树"。《清代名人书札·汪承元致徐宗幹》："旋于冬月丁先慈忧，怆怀风木，赍恨终天。"又《阎敬铭致彭玉麟》："去秋蒙颁到老伯大人传志，读之不惟仰德门清风，并触鄙人风木之痛，用是更屡为搁笔。"

草土 cǎotǔ

居亲丧的婉称。北齐颜之推《颜氏家训·文章》："吾家世文章，甚为典正，……有诗赋铭诔书表启疏二十卷，吾兄弟始在草土，并未得编次，便遭火荡尽，竟不传于世。"王利器集解引卢文弨曰："草土，谓在苫块之中也。"《资治通鉴·唐昭宗天复二年》："六月，丙子，以中书舍人苏检为工部侍郎同平章事。时韦贻范在草土，荐检及姚洎于李茂贞。"胡三省注："居丧者寝苫枕块，故曰草土。"《续资治通鉴·宋高宗绍兴二十六年》："浚身在草土，名系罪籍，要誉而论边事，不恭而违诏书。"

寝苫枕块 qǐnshānzhěnkuài 寝苫枕土 qǐnshānzhěntǔ 寝苫 qǐnshān

古时居父母丧事之礼。

【寝苫枕块】《礼记·丧服大记》："父母丧，居倚庐，寝苫枕块。"也可婉称居父母丧事。明无名氏《四贤记·构岬》:"那蛾眉女流,秉心如水,寝苦枕块居亲制。"

【寝苦枕土】同"寝苦枕块"。晋杜预《奏议皇太子除服》:"丧服已除,故称不言之美,明不复寝苦枕土,以荒大政也。"清李慈铭《越缦堂读书记·〈晋书〉》:"高宗谅暗者,除服而不言,故不云服丧三年,而云谅暗三年,明不复寝苦枕土,以荒大政也。"

【寝苦】同"寝苦枕块"。章炳麟《读郭象论嵇绍文》:"昆山顾君论嵇绍,以为晋非其君,倍父而求肉食,荡阴之死,不足以自盖。乌虖!寝苦之痛虽故,为君臣何有也?"

鼓盆 gǔpén 鼓盆之戚 gǔpénzhīqī 鼓缶 gǔfǒu

丧妻或他人丧妻的婉称。

【鼓盆】典出《庄子·至乐》:"庄子妻死,惠子吊之,庄子则方箕踞鼓盆而歌。"成玄英疏:"盆,瓦缶也。庄子知生死之不二,达哀乐之为一,是以妻亡不哭,鼓盆而歌。"后用来婉称妻子去世。明顾大典《青衫记·元白揣摩》:"壮岁鼓盆,久虚琴瑟之乐。"清赵翼《悼亡》诗:"已分今生不服缞,谁知暮景鼓盆悲。"清秋瑾《精卫石》第一回:"今日鼓盆初歌,明日便新人如玉。"

【鼓盆之戚】婉称他人丧妻之痛。宋岳珂《宝真斋法书赞·刘武忠书简帖》:"闻有鼓盆之戚,不易排遣,人之处世,不如意者,十常八九,凡百更须以道自处,无伤生也。"宋罗烨《醉翁谈录·张时与福娘再会》:"张时于未赴任之先,已有鼓盆之戚;方欲为亲,及得福娘,于是不复作娶。"《汪康年师友书札·汪立元》:"溥凡交到手谕,惊悉兄抱鼓盆之戚,情深伉俪,悲怆定倍寻常。"

【鼓缶】同"鼓盆"。《艺文类聚》卷三六引晋孙楚《庄周赞》:"庄周旷荡,高才英隽;本道根贞,归于大顺。妻之不哭,亦何所欢;慢吊鼓缶,放此诞言;殆矫其情,近失自然。"后也用"鼓缶"婉称丧妻。北齐颜之推《颜氏家训·勉学》:"荀奉倩丧妻,神伤而卒,非鼓缶之情也。"宋刘克庄《风入松·福清道中作》词:"萧瑟捣衣时候,凄凉鼓缶情怀。远林遥落晚风哀,野店犹开。"

11.疾病婉称

不豫 bùyù 不念 bùyù 弗豫 fúyù 违豫 wéiyù 违裕 wéiyù

天子疾病的婉称。

【不豫】汉班固《白虎通·杂录(阙文)》:"天子疾,称'不豫'。"清陈立疏证:"见《御览》卷七百三十九。天子疾曰'不豫'者,《书·金縢》'既克商二年,王有疾弗豫',《史记》作'不豫'。"

《释文》引马融本作'有疾不豫'。《论衡·死伪篇》《后汉书·礼仪志》皆引作'不豫',《说文》引作'不悆'。又《顾命》云'惟四月,哉生魄,王不怿',《汉书·律历志》引作'王不豫'。盖今文作'豫',是天子疾,称'不豫'也。"宋苏轼《东坡志林·单襄孙兆》:"仁宗皇帝不豫,诏孙兆与襄入侍,有间,赏赉不赀,已而大渐。"

【不悆】《北史·隋文帝纪》:"(大象五年二月)乙未,周宣帝不悆。"又《刘昉传》:"及帝不悆,召昉及之议俱入内,属以后事。"

【弗豫】同"不豫"。宋苏轼《富郑公神道碑》:"仁宗弗豫,大臣不得见,中外忧恐。"《清史稿·礼志二》:"帝弗豫,遗命罢郊配。"

【违豫】《宋史·理宗纪一》:"(嘉定)十七年八月丙戌,宁宗违豫,自是不视朝。"明沈德符《野获编·宫闱·母后先祔庙》:"时景帝违豫,未大渐也。"清陈康祺《燕下乡脞录》卷十三:"康熙二十六年,值太皇太后违豫,上躬侍寝榻。"

【违裕】犹"违豫"。宋夏竦《贺舒州李相公启》:"曩属先朝违裕,臣党兴奸。"宋宋祁《皇帝神武颂》:"先帝违裕,群邪济凶。"

负子 fùzǐ 负兹 fùzī

诸侯疾病的婉称。

【负子】汉班固《白虎通·杂录(阙文)》:"诸侯(疾),称负子。……负子者,诸侯子民,今不复子之也。"

【负兹】《公羊传·桓公十六年》:"(卫侯朔)属负兹舍,不即罪尔。"何休注:"属,托。天子有疾称不豫,诸侯称负兹。"徐彦疏:"诸侯言负兹者,谓负事繁多,故致疾。"《史记·周本纪》:"卫康叔封布兹。"裴骃集解:"兹者,藉席之名。诸侯病曰'负兹'。"

负薪 fùxīn 采薪 cǎixīn

大夫婉称自己的疾病。

【负薪】汉班固《白虎通·杂录(阙文)》:"大夫(病),称负薪。"《礼记·曲礼上》:"君使士射,不能则辞以疾,言曰:'某有负薪之忧。'"《史记·平津侯主父列传》:"臣弘行能不足以称,素有负薪之病,恐先狗马填沟壑,终无以报德塞责。"

【采薪】《孟子·公孙丑下》:"孟仲子对曰:'昔者有王命,有采薪之忧,不能造朝。今病小愈,趋造于朝,我不识能至否乎?'朱熹集注:"采薪之忧,言病不能采薪。谦辞也。"元王实甫《西厢记》第二本楔子:"小弟辞家,欲诣帐下,以叙数载间阔之情,奈至河中府普救寺,忽值采薪之忧,不及径造。"也作"采薪之疾"。宋王安石《辞参知政事表》:"故里服丧,重困采薪之疾。""采薪"也作"採薪"。《荡寇志》第七八回:"实因晚生有採薪之忧,不能侍奉左右。"《红楼梦》第三七回:"漏已三转,犹徘徊桐槛之下,竟为风露所欺,致获採薪之患。"

违和 wéihé 违忧 wéiyōu

婉词。生病的婉称。

【违和】身体失于调理而不适。宋欧阳修《嘉祐七年与王懿敏公书》:"昨日公谨相过,乃云近少违和,岂非追感悲戚使然邪?"明凌濛初《初刻拍案惊奇》卷八:"褚敬桥道:'令亲外太妈陆氏身体违和,特地叫我寄信,请你令岳母相伴几时。'"清昭梿《啸亭杂录·傅阁峰尚书》:"上违和,医药皆公掌之。"《清代名人书札·阎敬铭致彭玉麟》:"尊体偶违和,想以勿药有喜。"

【违忧】身体不适。唐韩愈《鸣雁》诗:"违忧怀息性匪他,凌风一举君谓何?"钱钟联集释引陈景云曰:"违忧怀息,即有病求息义。"

欠安 qiàn'ān 欠佳 qiànjiā 欠爽 qiànshuǎng

婉词。身体有病或不舒服的婉称。

【欠安】明无名氏《霞笺记·父子伤情》:"下官前日获一小恙,身体欠安。"《红楼梦》第二六回:"总是我没造化,偏又遇着叔叔欠安。"曹禺《王昭君》第三幕:"有一件事我应该告诉你,天子圣体欠安。"

【欠佳】身体不好。如:我今天身体欠佳,实难应约赴会。

【欠爽】《汉语大词典》:"谓身体不舒服。如:尽管他身体欠爽,还是和我谈了一个多小时。"

不安 bù'ān 不佳 bùjiā 不适 bùshì 不快 bùkuài 不康 bùkāng 不和 bùhé 不怿 bùyì 不起 bùqǐ 不自在 bùzìzài 不好 bùhǎo

婉词。身体有病或不舒服的婉称。

【不安】《东观汉记·马皇后传》:"后尝有不安,时在敬福殿东厢,上令太夫人及兄弟得人见。"唐元结《与瀼溪邻里》诗:"我尝有不安,邻里能相存。"宋王谠《唐语林·栖逸》:"(和尚)常恐尊体有所不安,中夜思之,实怀忧恋。"

【不佳】唐虞世南辑《北堂书钞》卷一四四引《郭林宗别传》:"林宗尝不佳,夜命作粥。"《资治通鉴·汉桓帝延熹七年》载此事,胡三省注:"谓体中有不节适也,语曰不佳,微有疾也。"《晋书·王湛传》:"济尝诣湛,见床头有《周易》,问曰:'叔父何用此为?'湛曰:'体中不佳时,脱复看耳。'"

【不适】唐韩愈《唐故河南令张君墓志铭》:"不得已就官,数月大不适,即以病辞免。"清王韬《淞隐漫录·笙村灵梦记》:"(王笋生)偶患不适,思觅一逭暑之处。"

【不快】《后汉书·华佗传》:"体有不快,起作一禽之戏,怡而汗出。"明冯梦龙《桂枝儿·伤病》:"玉人儿,这几日,身子有些不快。"《醒世姻缘传》第十

【不康】宋孔平仲《续世说·逸险》:"太宗自辽东还,发定州,在道不康,……褚遂良传问起居,泗泣曰:'圣体患臃,极可忧惶。'"

【不和】《隋书·庶人秀传》:"我有不和,汝便觇候,望我不起,便有异心。"《说唐》第六回:"哥哥贵体不和,何必拘此故套?"

【不悆】【不起】病不能愈或病重不起。
〔不悆〕《尚书·顾命》:"惟四月,哉生魄,王不悆。"孔安国传:"马本作'不释'。云'不释',疾不解也。"宋岳珂《桯史·三忠堂记》:"时周益公在里居,春秋七十有九矣,是岁多不悆,稍谢碑版之请,不肯为。"《清史稿·理密亲王允礽传》:"太子侍疾无忧色,上不悆,遣太子先还。"
〔不起〕病势沉重难愈。《战国策·秦策一》:"孝公行之八年,疾且不起,欲传商君,辞不受。"唐黄滔《司直陈公墓志铭》:"方期辍从藩屏,入践谏垣,不幸寝疾,浃辰不起矣。"《儒林外史》第十三回:"蘧太守已是病得重了,看来是个不起之病。"王西彦《人的世界·第二家邻居》:"这给母亲的打击太大

了,因此忧郁成疾,终至不起。"

【不自在】元王实甫《西厢记》第四本第一折:"望得人眼欲穿,想得人心越窄,多管是冤家不自在。"王季思注引毛西河曰:"北人称病为不自在。"《红楼梦》第七四回:"素日晴雯不敢出头,因连日不自在,并没十分装饰,自为无碍。"

【不好】元吴昌龄《张天师》第二折:"[净]你那病人不好几日了?"《金瓶梅词话》第四六回:"郁大姐道:'自从与五娘作了生日,家主就不好起来。'"《醒世姻缘传》第二回:"咱昨日在围场上,你一跳八丈的,如何就这们不好的快?"

大渐 dàjiàn

婉词。婉称病危。《尚书·顾命》:"呜呼!疾大渐,惟几。"《列子·力命》:"季梁得病,七日大渐。"张湛注:"渐,剧也。"南朝齐王俭《褚渊碑文》:"景命不永,大渐弥留。"宋苏轼《东坡志林·单骧孙兆》:"仁宗皇帝不豫,诏孙兆与骧入侍,有间,赏赉不赀,已而大渐。"清蒲松龄《聊斋志异·仇大娘》:"自姜之讼也,邵氏始知福不肖状,一号几绝,冥然大渐。"

12.其他

寿木 shòumù　寿材 shòucái　寿具 shòujù　寿器 shòuqì

婉词。棺材的婉称。

【寿木】《红楼梦》第六三回:"寿木早年

已经备下,寄在此庙的,甚是便宜。"清陆以湉《冷庐杂识·题棺》:"萧山汪龙庄大令治寿木,题前和曰:'汪龙庄归室。'"谌容《白雪》:"西坡奶奶把儿子给打的寿木都献出来了。"

【寿材】宋王巩《随手杂录》:"先是十年前,有富人治寿材。"冯雪峰《寓言·老人和树》:"他就想到了自己年事已高,先做好一具寿材是刻不容缓的了。"

【寿具】《水浒传》第二一回:"王公道:'恩主时常觑老汉,又蒙与终身寿具,老子今世不能报答,后世做驴做马,报答押司。'"

【寿器】《后汉书·皇后纪下·孝崇匽皇后》:"元嘉二年崩。以帝弟平原王石为丧主,敛以东园画梓寿器。"李贤注:"梓木为棺,以漆画之。称寿器者,欲其久长也,犹如寿堂、寿宫、寿陵之类也。"唐杜牧《池州李使君没后十一日,处州新命始到感而成诗》:"缙云新命诏初行,才是孤魂寿器成。"

材 cái

棺材的婉称。《陈书·周弘直传》:"气绝以后,便买市中见材,材须小形者。"《红楼梦》第一一六回:"我想,好几口材都要带回去,我一个人怎么能够照应?想着把蓉哥儿带了去,况且有他媳妇的棺材也在里头。"老舍《四世同堂》六十:"四爷,给他买口好材,别的都是假的!谁知道我死的时候是棺材装呢,还是用席头儿卷呢?"

【寿穴】shòuxué 【寿坎】shòukǎn 【寿圹】shòukuàng 【寿藏】shòuzàng 【寿堂】shòutáng 【寿域】shòuyù 【寿茔】shòuyíng 【寿冢】shòuzhǒng 【寿陵】shòulíng

婉词。婉称生前营造的墓穴或坟墓。

【寿穴】明陶宗仪《辍耕录·王眉叟》:"刘君时中者,海内名士也。既卒,贫无以葬。(王眉叟)躬往吊哭,周其遗孤,举其枢葬于德清县,与己之寿穴相近。"

【寿坎】宋文莹《玉壶清话》卷五:"舅姑将老附茔,选美丘,大为寿坎。松槚茂密,尽得其制。"

【寿圹】明胡震亨《唐音统签·司空图》:"(图)豫为寿圹,引客坐其中,赋诗酌酒裴徊。"明冯梦龙《警世通言·玉堂春落难逢夫》:"莫说上头、做生、讨粉头、买丫环,连亡八的寿圹都打得到。"清龚炜《巢林笔谈·林氏圹达》:"更择一地,葬其同侍之娣某氏,而营寿圹于其右。"

【寿藏】《后汉书·赵岐传》:"年九十余,建安六年卒,先自为寿藏。"李贤注:"寿藏,谓冢圹也。"《旧唐书·文苑传下·司空图》:"图既脱柳璨之祸还山,乃预为寿藏终制。"明归有光《郑君汉卿寿藏铭》:"郑君汉卿,年五十九为寿藏。"

【寿堂】也可用作寿穴义。《汉魏南北朝墓志集释·元愔墓志》:"行遵长薄,将归寿堂。"宋苏轼《东坡志林》卷七:"古今之葬者,皆一室,独蜀人为同坟而异葬,其间为通道,高不及眉,广不能容人。生者之室,谓之寿堂。"清俞樾《茶香室丛钞·寿堂寿神》:"按寿堂,今谓之寿穴。余葬姚夫人,亦自营寿堂。"

【寿域】唐黄滔《祭司勋孙郎中文》:"今则江湖梗涩,京洛迢遥,权卜灵岗,寓安寿域。"清蒲松龄《聊斋志异·堪舆》:"宋公卒,两公子各立门户,为父卜兆,……兄弟两不相下,因负气不为谋,并营寿域,锦棚彩幢,两处俱备。"

【寿茔】宋洪迈《夷坚丙志·应梦石人》:"既葬二亲,又自为寿茔于左次。"

【寿冢】《后汉书·宦者传·侯览》:"又预作寿冢,石椁双阙,高庑百尺。"李贤注:"生而自为冢为寿冢。"《南史·王僧虔传》:"先是天福将行,令家人豫作寿冢,未至东,又信催速就。冢成而得罪,因以葬焉。"

【寿陵】帝后生前预筑的坟墓。《后汉书·光武纪下》:"初作寿陵。将作大匠窦融上言园陵广袤,无虑所用。"李贤注:"初作陵未有名,故号寿陵,盖取久长之义也。汉自文帝以后皆预作陵,今循旧制也。"《三国志·魏书·武帝纪》:"(建安二十三年)六月,令曰:'古之葬者,必居瘠薄之地。'其规西门豹祠西原上为寿陵,因高为基,不封不树。'"

寿衣 shòuyī

婉词。婉称生前预备的敛衣。明沈璟《义侠记·巧构》:"门外谁人声响彻,元来是寿衣施主偶相接。"《二十年目睹之怪现状》第一〇五回:"一个家人拿了票子来,说是绸庄上来领寿衣价的。"秦兆阳《在田野上前进》第五章:"你老两口子的寿衣,都置备好了吗?"

长短 chángduǎn 短长 duǎncháng 三长两短 sānchángliǎngduǎn 三长四短 sānchángsìduǎn 一长二短 yīcháng'èrduǎn 一长半短 yīchángbànduǎn 好歹 hǎodǎi

婉称意外不测的事,包括死亡。

【长短】《儒林外史》第五回:"我死了值得什么?大娘若有些长短,他爷少不得又娶个大娘。"《红楼梦》第十一回:"可是呢!好个孩子,要有个长短,岂不叫人疼死!"巴金《秋》四一:"万一我有什么长短,婆,妈,请你们好好看待孙少奶。"

【短长】《儿女英雄传》第八回:"我上有老母,下无兄弟,父亲既死,就仗我一人奉养老母。万一机事不密,我有个短长,母亲无人养赡。"

【三长两短】明冯梦龙《醒世恒言·乔太

守乱点鸳鸯谱》:"倘有三长两短,你取出道袍穿了,竟自走回,那个扯得你住?"梁斌《播火记》三一:"她想到年月不靖,兵灾盗匪横行,要是有个三长两短,……心里翻上倒下,犹豫不安。"巴金《春》十三:"万一海儿有个三长两短,那我也活不下去了。"

【三长四短】同"三长两短"。周立波《山乡巨变》下四:"小心呵,今年的天气还不晓得如何呢? 要是秧苗有个三长四短的,都死在你手里。"石灵《捕蝗者》:"老年人,经不得冷热的,说声摜倒了,有个三长四短,年头又丢下来了,没抓没挠,怎了?"

【一长二短】清李渔《凰求凤·假病》:"这等说起来,果然不妙了。若有一长二短,叫我怎生舍得?"梁斌《播火记》十八:"如果遇上一长二短,你也不要害怕,要沉住气应付他们。"

【一长半短】《文明小史》第二回:"倘有一长半短,岂不与我的风水也有关碍?"

【好歹】元关汉卿《五侯宴》第四折:"孩儿也,不争你有些好歹啊,着谁人侍养我也。"《水浒传》第五一回:"雷横娘道:'哥哥救得孩儿,却是重生父母,若是孩儿有些好歹,老身性命也便休了。'"

山高水低 shāngāoshuǐdī

婉称意外不测的事。《水浒传》第四回:"若是留提辖在此,诚恐有些山高水低,教提辖怨恨。"《恨海》第八回:"不料母亲病到这般,这都是女儿不会伏侍之罪。倘然有甚山高水低,女儿情愿跟着母亲去了。"马烽、西戎《吕梁英雄传》第六五回:"杨德装着悲观的样子说:'老弟,这是咱弟兄们说心里话哩,眼看日本人不行了,将来有个山高水低,咱们可怎么办?'"

不然 bùrán

婉词。婉称意外不测的事。《墨子·辞过》:"府库实满,足以待不然。"孙诒让《间诂》:"不然,谓非常之变也。"《汉书·司马相如传下》:"发巴蜀之士各五百人以奉币,卫使不然。"颜师古注引张揖曰:"不然之变也。"

红 hóng

婉词。血的婉称。晋张协《七命》:"沫如挥红,汗如振血。"《封神演义》第二回:"着刀的连肩拽背;着枪的两臀流红。"《医宗金鉴·八脉交会八穴歌七任脉·列缺穴主治歌》:"痔疮肛肿泄痢缠,吐红溺血嗽咳痰。"《红楼梦》第五五回:"谁知服药调养,直到三月间,才渐渐的起复过来,下红也渐渐止了。"鲁迅《彷徨·在酒楼上》:"她早就象她母亲一样,不时的吐红和流夜汗。"

燕支 yānzhī

婉词。血的婉称。清厉鹗《洪襄惠公园中峰石歌》:"金闺妖血无人见,塞上燕支洗罗荐。"古直《惜哉行》:"溅上燕支几点红,更开明堂来论功。"

挂花 guàhuā   挂彩 guàcǎi

带花 dàihuā

婉词。作战负伤流血的婉称。

【挂花】巴金《杨林同志》:"他在疗养所?他挂花了,是不是?"杜鹏程《保卫延安》第四章:"二连指导员挂花了,我和张培商量,先让组织干事刘云暂时代理二连指导员。"

【挂彩】碧野《静静的河湾》:"他是在解放大西北兰州的战役中挂彩残废了的。"

【带花】叶紫《流亡》三:"我的手便是在那个时候带花的。"陈毅《记淮海前线见闻》诗:"担架队,几夜不曾睡,稳步轻行问伤病:同志带花最高贵,疼痛可减退。"

阿堵物 ādǔwù 阿堵 ādǔ

婉词。钱的婉称。

【阿堵物】南朝宋刘义庆《世说新语·规箴》:"王夷甫雅尚玄远,常嫉其妇贪浊,口未尝言钱字。妇欲试之,令婢以钱绕床不得行。夷甫晨起,见钱阁行,呼婢曰:'举却阿堵物。'""阿堵",这个。"阿堵物",即这个东西。后遂以"阿堵物"为钱的婉称。宋张耒《和无咎》诗之二:"爱酒苦无阿堵物,寻春那有主人家。"清蒲松龄《聊斋志异·雨钱》:"顷之,入室取用,则满室阿堵物皆为乌有,唯母钱十余枚,寥寥尚在。"梁启超《生计学学说沿革小史》第五章:"一人如是,则众人结习所成之国,亦必以此阿堵物为最大之功用,此有国者所以常断断也。"

【阿堵】这个。也可婉称钱。明凌濛初《二刻拍案惊奇》卷二六:"正是:世情看冷暖,人面逐高低。任是亲儿女,还随阿堵移。"清郁植《悲歌》:"吾曹意气耻阿堵,挥斥黄金贱如土。"朱执信《论社会革命当与政治革命并行》:"犹是横目两足,犹是耳聪目明,独以缺此区区阿堵故不得有此权利,吾不知其何理也。"

孔方 kǒngfāng 孔方兄 kǒngfāngxiōng 孔兄 kǒngxiōng 方兄 fāngxiōng

婉词。钱的婉称。《汉书·食货志》"钱圜函方"颜师古注引孟康曰:"外圆而内孔方也。"后因以"孔方"婉称钱。

【孔方】晋鲁褒《钱神论》:"钱之为体,有乾坤之象,内则其方,外则其圆,……亲之如兄,字曰'孔方'。失之则贫弱,得之则富昌。"明王世贞《鸣凤记·拜谒忠灵》:"朝为田舍郎,暮登天子堂,问道因何故,家中有孔方。"清陈维崧《满江红·闻阮亭罢官之信并寄西樵》词:"阿堵考君材最下,孔方阻尔书难上。"

【孔方兄】宋黄庭坚《戏呈孔毅父》诗:"管城子无食肉相,孔方兄有绝交书。"元无名氏《满庭芳》曲:"做嘴脸是追魂的变态,冷鼻凹是板障的招牌,不拣谁难教赛。若是孔方兄到来,便禁住俺娘乖。"明陆采《明珠记·买药》:"试看九泉下一滴何曾到,一任伊孔方兄满前堆,只怕他阎罗老订名召。"清王韬《肥谭·肃官方》:"卓异荐举,皆孔方兄为之斡旋也;注阙得官,皆阿堵物为之居间也。部吏上下其手,利不至则例不行,天下遂成一利世界。"邹韬奋《信箱·错误的眼光》:"因为缺了孔方兄做伴侣,便由'钱'的中落而连带陷入'势'的中落。"

【孔兄】"孔方兄"的省称。元曹伯启《戏赠曹鸾举》诗:"孔兄正羞涩,越趄色氤氲。"

【方兄】"孔方兄"的省称。宋杨万里《食鹧鸪》诗:"方兄百辈买一只,可惜羽衣锦狼藉。"宋胡寅《李簿携具》诗:"方兄无势宁能热,穷鬼多羞只自苞。"清遯庐《童子军·贻谶》:"万种奇冤万种愁,但得钱神事事休。方兄强似孔家丘。"

青蚨 qīngfú

婉词。钱的婉称。《太平御览》卷九五〇引汉刘安《淮南万毕术》:"青蚨还钱:青蚨一名鱼,或曰蒲,以其子母各等,置瓮中,埋东行阴垣下。三日后开之,即相从。以母血涂八十一钱,亦以子血涂八十一钱,以其钱更互市,置子用母,置母用子,钱皆自还。"后因以称钱。唐寒山《诗》之一二〇:"囊里无青蚨,箧中有黄绢。"元谷子敬《城南柳》第一折:"则你那尊中无绿蚁,皆因我囊里缺青蚨。"清陈维崧《偷声木兰花·咏钱》词:"青蚨铸就开元字,相看似有团圞意。"鲁迅《准风月谈·谈蝙蝠》:"然而青蚨飞来,则眉眼莞尔。"

青奴 qīngnú

婉词。钱的婉称。宋吴炯《五总志》:"(刘凝之)其子羲仲,字壮舆,读书万卷,……未几,上疏乞骸骨,余以诗赠行云:'束带真成屈壮图,宁思饱死叹侏儒。便拈手版还丞相,却觅芒鞋踏故庐。少日紫心但黄奶,暮年使鬼欠青奴。'"

赵公元帅 zhàogōngyuánshuài
赵元帅 zhàoyuánshuài

婉词。财神爷的婉称。

【赵公元帅】指赵玄坛。相传这位元帅姓赵名朗,字公明。秦时得道于终南山,道教尊为正一玄坛元帅。其像头戴铁冠,黑面浓须,骑黑虎,执铁鞭。传说能驱雷役电,除瘟禳灾,主持公道。向其求财,能如所愿,民间奉为财神。毛泽东《中国社会各阶级的分析》:"这种人发财观念极重,对赵公元帅礼拜最勤。"刘波泳《秦川儿女》第二部第二五章:"屋里贴的赵公元帅的像,要比灶王爷的像大十几倍。"

【赵元帅】《水浒传》第三八回:"一个是马灵官白蛇托化,一个是赵元帅黑虎投胎。"

丙丁 bǐngdīng 回禄 huílù
祝融氏 zhùróngshì

婉词。火或火灾的婉称。

【丙丁】古以天干配五行，丙、丁属火，因称火为丙丁，称用火烧毁为"付丙丁"或"付丙"。明钱德洪《平濠记》："须戒令慎密，又曲为之防可也。目毕即付丙丁，知名不具。"明王守仁《复童克刚书》："至于《八策》，断断不宜复留，遂会同志诸友共付丙丁。"《郭沫若书信集·致池见酉次郎》："手不听说，写得不好，请斟酌。如不中意，请付诸丙丁。"姚雪垠《李自成》第三卷第二八章："朕已再三嘱咐，每次给卿手谕，看后即付丙丁。卿万勿稍有疏忽！""付丙丁"，也可省作"付丙"。清蘧园《负曝闲谈》第二五回："今日周楷递呈封口折一件，参公卖缺得贿，情节甚重。上意颇怒。公速求陆军机以解此围，否则恐有不测。……阅后付丙。"《汪康年师友书札·彭翼仲》："天地间如有公道，尚可挽回，即军台效力，亦所情愿也。此函阅后付丙。"

【回禄】传说中的火神，后用以婉指火灾。《官场现形记》第三七回："刘道老太爷年纪大了，一身的病，家累又重得很，自遭'回禄'之后，家产一无所有。"廖仲恺《致蒋介石函》："兄作战计划原稿，乃遭回禄，此弟所引为至憾者。"

【祝融氏】即火神祝融。也用以婉指火或火灾。明胡应麟《少室山房笔丛·经籍会通一》："其家虑恐兵遁图谶干犯禁条，悉付祝融氏，及收烬馀，存者又无几矣。"清赵翼《八月二日天宁寺旁巽官楼火》诗："趋观乃知此楼毁，刹竿突兀招祝融。"

敬谢不敏 jìngxièbùmǐn 谢不敏 xièbùmǐn

婉词。推托做某件事的婉称。

【敬谢不敏】不敏，不才。谦称自己不才而婉拒别人的请托。鲁迅《二心集·做古人和做好人的秘诀》："于满肚气闷中的滑稽之余，仍只好诚惶诚恐，特别脱帽鞠躬，敬谢不敏之至了。"吴晗《再谈神仙会和百家争鸣》："这几年有许多杂志报纸要我写这方面的文章，我只好敬谢不敏，不能鸣，更不用说争了。"

【谢不敏】同"敬谢不敏"。唐韩愈《寄卢仝》诗："买羊沽酒谢不敏，偶逢明月曜桃李。"鲁迅《华盖集·导师》："要前进的青年们大抵想寻求一个导师。然而我敢说，他们将永远寻不到。寻不到倒是运气；自知的谢不敏，自许的果真识路么？"

谢拙 xièzhuō

婉词。谦称自己才拙而辞职的婉称。《宋书·王宏传》："既鲸鲵折首，西夏底定，便宜诉其本怀，避贤谢拙。"

燕子窠 yànzikē

鸦片烟馆的婉称。瞿秋白《乱弹·谈谈〈三人行〉》："中国的书香贵族子弟本来就只会颓伤，不会侠义。勉强要他侠义，他也就决不会去暗杀皇帝和总长（像民意党那样），而只会想去暗杀什么燕子窠的老板。多么可怜!"

名落孙山 míngluòsūnshān

婉词。指考试未被录取或选拔未中。语出宋范公偁《过庭录》:"吴人孙山,滑稽才子也。赴举他郡,乡人托以子偕往。乡人子失意,山缀榜末,先归。乡人问其子得失,山曰:'解名尽处是孙山,贤郎更在孙山外。'"清袁枚《新齐谐·韩宗琦》:"揭榜后,名落孙山。"《再生缘》第十四回:"乡场不中还犹可,名落孙山怎处分?"欧阳予倩《人面桃花》第一场:"小生在这试官之中无有亲戚朋友,又无钱打点,便名落孙山之外。"

音序检索

A

ādǔ	阿堵	422	ān	安	283
ādǔwù	阿堵物	422	ānlǎn	安览	262

B

bǎifú	百福	297	bàifù	拜覆	190
bǎinián	百年	390	bàigào	拜告	187,191
bǎisuì	百岁	390	bàihè	拜贺	185
bài	拜	185		拜荷	189
bàibié	拜别	189	bàihòu	拜候	190
bàibǐng	拜禀	191	bàihuán	拜还	188
bàichá	拜茶	186	bàihuì	拜会	185
bàichóu	拜酬	189		拜惠	187
bàicí	拜辞	189	bàijiā	拜嘉	187
bàicì	拜赐	187	bàijiàn	拜见	185
bàidēng	拜登	187	bàijiào	拜教	186
bàidú	拜读	191	bàijiē	拜接	187,189
bàifán	拜烦	191	bàijù	拜具	190
bàifǎng	拜访	185	bàikè	拜客	185
bàifú	拜伏	186	bàikěn	拜恳	188
	拜服	186	bàikuàng	拜贶	187
bàifǔ	拜府	186	bàilǎn	拜览	191

bàilíng 拜聆	190	
bàilǐng 拜领	187	
bàimén 拜门	189	
bàinà 拜内	187	
拜纳	187	
bàipěng 拜捧	191	
bàiqǐ 拜启	191	
bàiqǐng 拜请	188	
bàiqiú 拜求	188	
bàirǎo 拜扰	191	
bàirǔ 拜辱	186	
bàishàng 拜上	186	
bàishí 拜识	186	
bàishōu 拜收	187	
bàishòu 拜受	187	
bàishū 拜书	190	
bàisòng 拜送	189	
拜诵	191	
bàituō 拜托	187	
bàiwàng 拜望	185	
bàiwéi 拜违	189	
bàiwèi 拜慰	190	
bàiwèn 拜问	190	
bàixī 拜悉	191, 276	
bàixiáng 拜降	191	
bàixiè 拜谢	189	
bàixǐng 拜省	190	
bàiyāng 拜央	188	
bàiyè 拜谒	185	
bàiyì 拜意	186	
bàiyíng 拜迎	189	
bàizhuàn 拜撰	190	
bānzi 班子	344	
bàn 姅	314	
bànbiàn 姅变	314	
bāohán 包涵	243	
bǎo 宝	119	
鸨	335	
bǎobō 宝钵	120	
bǎochà 宝刹	119	
bǎodēng 宝灯	120	
bǎodì 宝地	119, 120	
bǎodiàn 宝店	120	
宝殿	119	
bǎo'ér 鸨儿	335	
bǎofāng 宝方	120	
宝坊	119	
bǎofù 鸨妇	335	
bǎogé 宝阁	119	
bǎohào 宝号	120	
bǎojì 宝偈	120	
bǎojià 宝驾	119	
bǎojuàn 宝眷	121	
bǎojué 宝诀	119	
bǎolín 宝邻	121	
bǎolóu 宝楼	119	
bǎolù 宝箓	119	
bǎomān 鸨妲	335	
bǎomǔ 鸨母	335	
bǎoniǎn 宝辇	119	
bǎosuàn 宝算	119	
bǎotǎ 宝塔	120	
bǎotái 宝台	119	
bǎowèi 宝位	119	
bǎoxiàng 宝相	120	
宝像	120	

bǎoxùn 宝训	119	
bǎoyú 宝舆	119	
bǎoyǔ 宝宇	119	
bǎoyù 宝谕	120	
bǎozhá 宝札	120	
bǎozhāng 宝章	119	
bǎozi 鸨子	335	
bǎozuò 宝座	119	
bēi 卑	23	
bēibiàn 卑弁	24	
bēifǔ 卑府	24	
bēilì 卑吏	24	
bēimíngzhījìng 杯茗之敬	85	
bēimò 卑末	23	
bēimù 卑目	24	
bēirén 卑人	23	
bēishuǐhòu 杯水候	85	
bēishuǐzhīchóu 杯水之酬	85	
bēishuǐzhījìng 杯水之敬	85	
bēiwēi 卑微	23	
bēiyì 卑意	24	
bēizhí 卑职	24	
běilǐ 北里	342	
bèi 背	372	
bèichéng 备承	277	
bèilíng 备聆	277	
bèiqì 背弃	372	
bèishì 背世	372	
bèixī 备悉	277	
bēng 崩	388	
bēngbèi 崩背	388	
bēngcú 崩殂	388	
bēnghōng 崩薨	388	
bēngshì 崩逝	388	
bǐ 笔	171	
鄙	24	
bǐbó 鄙薄	24	
bǐchén 鄙臣	25	
鄙忱	25	
bǐchéng 鄙诚	25	
bǐchù 鄙处	27	
bǐcóng 鄙悰	25	
bǐdùn 鄙钝	27	
bǐfū 鄙夫	24	
bǐgài 鄙概	27	
bǐgǒu 鄙耇	25	
bǐhán 鄙函	27	
bǐhuái 鄙怀	26	
bǐjì 鄙计	26	
bǐjiàn 鄙见	26	
鄙谏	25	
bǐkuàng 鄙况	27	
bǐkǔn 鄙悃	25	
bǐlǎo 鄙老	25	
bǐlùn 鄙论	26	
bǐmíng 鄙名	25	
bǐniàn 鄙念	25	
bǐqū 鄙躯	28	
bǐrén 鄙人	24	
bǐshēng 鄙生	25	
bǐshí 鄙识	26	
bǐshì 鄙事	27	
bǐshù 鄙术	27	
bǐshuō 鄙说	26	
bǐtǔ 鄙土	28	
bǐwén 鄙文	27	

bǐxīn	鄙心	25	bìguó	敝国	37
bǐxìng	鄙性	27	bìhào	敝号	39
bǐxuē	笔削	238	bìhuán	璧还	246
bǐyán	鄙言	25	bìhuì	敝会	39
bǐyì	鄙意	26	bìjiǎ	敝甲	37
bǐyū	鄙迂	27	bìjìng	敝境	38
bǐyú	鄙愚	27	bìjū	敝居	38
bǐyuàn	鄙愿	26		弊居	40
bǐzhǐ	鄙旨	26	bìjuàn	敝眷	35
bǐzhì	鄙志	26	bìjūn	敝军	37
	鄙制	27	bìkuàng	敝况	39
bǐzhōng	鄙衷	25	bìlǐ	敝里	38
bǐzhù	鄙祝	28	bìlín	贲临	136
bǐzhuàng	鄙状	27	bìlú	敝庐	38
bǐzǐ	鄙子	25	bìménrén	敝门人	36
bǐzuò	鄙作	27	bìménxià	敝门下	36
bì	毙	410	bìmìng	毙命	410
	敝	35	bìpū	弊仆	411
	弊	40	bìqī	敝戚	35
bìbāng	敝邦	37	bìqìngjia	敝亲家	36
bìbào	敝报	39	bìrén	敝人	35
bìběnjiā	敝本家	36	bìshān	敝山	38
bìbó	毙殪	410	bìshè	敝社	39
bìcáng	敝藏	39		敝舍	38
bìchù	敝处	38	bìshěnmǔ	敝婶母	36
bìcūn	敝村	38	bìshěng	敝省	37
bìfǎn	璧返	246	bìshǔ	敝署	37
bìfāng	敝方	36	bìtóngshì	敝同事	36
bìfáng	闭房	315	bìtóngxiāng	敝同乡	36
	敝房	35	bìtú	敝徒	36
bìfù	敝赋	37	bìxià	陛下	175
	弊赋	40	bìxiàn	敝县	37
bìguǎn	敝馆	39	bìxiāng	敝乡	38

bìxiāngyǒu 敝乡友	36	bīngjiě 兵解	394
bìxiè 璧谢	247	bǐngdīng 丙丁	423
bìxuétáng 敝学堂	39	bōyǔliáoyún 拨雨撩云	322
bìyá 敝衙	37	bó 踣	411
bìyì 敝邑	37, 38	薄	13
敝意	39	bóbì 踣毙	411
弊邑	40	bócái 薄才（材）	13
bìyǒu 敝友	36	bóchǎn 薄产	15
bìyù 敝寓	38	bógàn 薄干	15
bìyuè 敝岳	36	bógōng 薄躬	13
bìzhāi 敝斋	39	bóhuàn 薄宦	14
bìzhái 敝宅	38	bójì 薄伎（技）	13
弊宅	40	bójìng 薄敬	15
bìzhàngfáng 敝账房	36	bójiǔ 薄酒	15
bìzhào 璧赵	246	bójù 薄具	15
bìzhǐ 弊止	40	bólǐ 薄礼	15
bìzhǒu 弊帚	40	bólòu 薄陋	14
bìzhuāng 敝庄	38	bómiàn 薄面	14
bìzhuàng 敝状	39	bóqíng 薄情	14
bìzi 婢子	71	bóqū 薄躯	13
biān'ān 编安	286	bóshè 薄设	15
biàn 便	306	bóshēn 薄身	13
biàn'ān 辩安	287	bóshí 薄识	14
biànhú 便壶	305	bótián 薄田	15
biànlì 便利	306	bówù 薄物	15
biànqì 便器	304	bóxiǎo 薄晓	14
biàntǒng 便桶	303	bóyán 薄言	14
biànxuán 便旋	307	bóyè 薄业	15
biǎotái 表台	145	bóyì 薄意	14
biǎozi 表子	334	bóyóu 薄游	14
婊子	334	bózhuàn 薄馔	15
bīnkōng 宾空	388	bózhuó 薄酌	15
bīntiān 宾天	388	bū'ān 哺安	290

bù 不		66
bù'ān 不安		417
bùcái 不才		66
不材		67
bùchuǎi 不揣		78
bùchuǎibǐlòu 不揣鄙陋		78
bùchuǎigùlòu 不揣固陋		78
bùchuǎihánlòu 不揣寒陋		78
bùchuǎimàomèi 不揣冒昧		78
bùchuǎitáomèi 不揣梼昧		78
bùdé 不德		66
bùgǎn 不敢		56
bùgǎndāng 不敢当		56
bùgǔ 不穀		66
bùhǎo 不好		417
bùhé 不和		417
bùhuì 不讳		402
bùjiā 不佳		417
bùkāng 不康		417
bùkěhuì 不可讳		402
bùkěyán 不可言		402
bùkuài 不快		417
bùkuí 不揆		79
bùkuítáomèi 不揆梼昧		79

bùlù 不禄		402
bùmǐn 不敏		67
bùmò 不没		402
bùnìng 不佞		67
bùqǐ 不起		417
bùrán 不然		421
bùshì 不适		417
bùtiǎn 不腆		67
bùtuǒ 不妥		325
bùxiáng 不祥		402
bùxiào 不肖		67
bùxìng 不幸		402
bùxùn 不逊		79
bùyì 不怿		417
bùyú 不虞		402
bùyù 不育		386
不愈		415
不豫		415
bùzài 不在		402
bùzào 不造		412
bùzhuāng 不庄		68
bùzìchuǎi 不自揣		78
bùzìzài 不自在		417

C

cái 材		419
cái'ān 财安		287
cǎixīn 采薪		416
cǎo 草		59
cǎobǐ 草鄙		59

cǎofáng 草房		60
cǎolú 草庐		60
cǎomǎng 草莽		59
cǎomìng 草命		59
cǎoshè 草舍		60

cǎotà	草榻	60	chángchéng	尝承	224
cǎotǔ	草土	414	chángcí	长辞	382
cǎozì	草字	59	chángduǎn	长短	420
cè	厕	302	chángguī	长归	382
cèhùn	厕溷	302	chángmèi	长寐	382
cèsuǒ	厕所	302	chángmián	长眠	382
cèwū	厕屋	302	chángsān	长三	331
chá	察	263	chángshāng	长殇	382
chájí	察及	280	chángshì	长逝	382
chálǎn	察览	278	chángwéi	长违	382
chárù	察入	280	chángxiè	长谢	382
cháshōu	察收	280	chángxiū	长休	382
cháyuè	察阅	280	chángzhōng	长终	382
chāng	倡	332	cháoxìn	潮信	314
	娼	333	chè	彻	204
chāngfù	倡妇	333	chèdiàn	彻电	204
	娼妇	333	chèlǎn	澈(彻)览	279
chānggēn	娼根	333	chètīng	彻听	204
chāngguǎn	倡馆	345	chèxí	撤席	368
	娼馆	345	chén	尘	57
chāngjì	倡伎	332	chén'ān	晨安	290
	娼妓	333	chénchù	尘触	57
chāngjiā	倡家	333	chéndú	尘渎	57
	娼家	333,345		尘黩	57
chāngliáo	娼寮	345	chénhuì	尘秽	57
chānglóu	倡楼	345	chénjiào	尘教	58
	娼楼	345	chénkě	尘渴	57
chāngmǔ	倡姥	333	chénlǎn	尘览	57
chāngnǚ	倡女	332	chénlún	沉沦	374
	娼女	333	chénmái	沉埋	374
chāngtiáo	倡条	333	chénmào	尘冒	57
chāngtiáoyěyè	倡条冶叶	333	chénmián	沉眠	374
chāngyōu	娼优	334	chénshēngyīn	尘声音	58

chéntiǎn 尘忝	57	
chénzhuó 尘浊	57	
chéng 呈	195	
承	223	
chéngbǐng 呈禀	195	
chénghèyuǎnqù 乘鹤远去	366	
chénghuì 承惠	225	
chéngjìshì 承寄示	225	
chéngjiāhuì 承嘉惠	225	
chéngjiào 呈教	195	
承教	225	
chénglǎn 呈览	195	
chéngméng 承蒙	225	
chéngmiànyù 承面谕	225	
chéngxiàn 呈献	195	
chéngxún 承询	225	
chéngyuè 呈阅	195	
chéngzhèng 呈政	195	
chíliàn 驰恋	281	
chímù 驰慕	281	
chíniàn 驰念	280	
chíqíng 驰情	281	
chíshén 驰神	281	
chísī 驰思	280	
chísù 驰溯	281	
chíxì 驰系	280	
chíyǎng 驰仰	281	
chíyī 驰依	281	
chìmíng 叱名	82	
chìxiè 叱谢	82	
chóng'ān 崇安	284	
chóngchéng 重承	225	
chóngméng 重蒙	226	

chóngqí 崇祺	292	
chóngzhòng 崇重	253	
chǒng 宠	151	
chǒngfǎng 宠访	151	
chǒnggù 宠顾	151	
chǒnghuì 宠诲	151	
chǒngjiàng 宠降	151	
chǒnglín 宠临	151	
chǒngxié 宠携	152	
chǒngyù 宠谕	151	
chǒngzhāo 宠招	152	
chǒngzhào 宠召	152	
chóu'ān 筹安	287	
chóujiā 筹嘉	299	
chūcái 樗材	68	
chūgōng 出恭	305	
chūlì 樗枥	68	
樗栎	68	
chūsǎn 樗散	68	
chūxiǔ 樗朽	68	
chúlùn 刍论	77	
chúráo 刍荛	77	
chúshuō 刍说	77	
chúyán 刍言	77	
chúyì 刍议	77	
chǔguǎn 楚馆	339	
chǔguǎnqínlóu 楚馆秦楼	339	
chǔmèng 楚梦	322	
chǔtiānyúnyǔ 楚天云雨	322	
chǔyǔwūyún 楚雨巫云	322	
chǔyúnxiāngyǔ 楚云湘雨	322	
chuánbǐ 椽笔	171	
chuángzǐ 床笫	317	

chuí 垂		212
chuí'āi 垂哀		213
chuí'ài 垂爱		212
chuíchá 垂察		212, 279
chuí'ēn 垂恩		214
chuífǎ 垂法		214
chuífàn 垂范		214
chuígào 垂诰		215
chuígù 垂顾		213
chuíjiàn 垂鉴		212, 261, 278
chuíjiào 垂教		214
chuíjiē 垂接		215
chuíjiè 垂戒		215
chuíjīn 垂矜		213
chuíjìn 垂廑		212
chuíjiù 垂救		215
chuíjuàn 垂眷		212
chuílǎn 垂览		278
chuílián 垂怜		213
chuíliàng 垂谅		215
chuímǐn 垂悯		213
chuímù 垂目		214
chuíniàn 垂念		212
chuípàn 垂盼		213
chuíqīng 垂青		214
chuíqíng 垂情		213
chuíshì 垂示		214
chuíshù 垂恕		215
chuítīng 垂听		214
chuíwèn 垂问		214
chuíxiàn 垂宪		214
chuíxún 垂询		214
chuíyì 垂意		213
chuíyòu 垂佑		215
chuíyuè 垂阅		215
chuízhào 垂照		213
chuízhù 垂注		212
chūn'ān 春安		289
chūnfēng 春风		324
chūnfù 春妇		330
chūnqí 春祺		294
chūnshì 春事		324
chūnxǐ 春禧		299
chūnzhǐ 春祉		296
cí 慈		152
cí'ān 慈安		284
cíbì 慈庇		153
cídiàn 慈电		277
cí'ēn 慈恩		153
cígōng 慈躬		152
cíhuì 慈诲		153
cíjiàn 慈鉴		277
cíjiào 慈教		153
cíkǔn 慈壼		153
cílún 慈纶		153
címìng 慈命		153
cíqí 慈祺		292
cíqù 辞去		359
círóng 慈容		152
císè 慈色		152
císhǐ 词史		331
císhì 辞世		359
cíwéi 慈闱		152
cíxùn 慈训		153
cíyán 慈颜		152
cíyīn 慈荫		153

cíyǐng 慈景	152	
cízhàng 词丈	252	
cízhù 慈注	153	
cízōng 词宗	252	
cì 赐	154,268	
cìchá 赐察	263	
cìfù 赐复	155	
cìgù 赐顾	154	
cìguāng 赐光	154	
cìhán 赐函	154,268	
cìjiàn 赐见	154	
赐鉴	261	
cìjiào 赐教	155	
cìlǎn 赐览	262	
赐揽	278	
cìlín 赐临	154	
cìmìng 赐命	154	
cìshì 赐示	154	
cìshū 赐书	154,268	
cìwèn 赐问	155	
cìxǔ 赐许	155	
cìyù 赐谕	268	
cìyǔn 赐允	155	
cìzhá 赐札	154,268	
cìzhèng 赐正	155,238	
cìzhù 赐祝	154	
cōngzhǐ 聪祉	296	
cú 徂	355	
殂	355	
cúbèi 徂背	356	
殂背	356	
cúdiān 徂颠	356	
cúhuà 殂化	356	

cúluò 徂落	356	
殂落	356	
cúmò 徂没(殁)	356	
殂没(殁、殀)	356	
cúqiān 徂迁	356	
cúsāng 徂丧	356	
殂丧	357	
cúshì 徂逝	356	
殂逝	356	
cúxiè 徂谢	356	
殂谢	357	
cúyāo 殂夭	356	
cúyǔn 殂陨(殒)	357	
cuìguǎn 翠馆	338	
cuìhóngxiāng 翠红乡	338	
cùn 寸	20	
cùnbào 寸报	21	
cùnbǐng 寸禀	21	
cùncǎoxiánjié 寸草衔结	73	
cùncháng 寸长	21	
cùnchén 寸忱	20	
cùnchéng 寸诚	21	
cùnchǔ 寸楮	21	
cùnhán 寸函	21	
cùnjiān 寸笺	21	
寸缄	21	
cùnjiǎn 寸简	21	
cùnjìng 寸敬	21	
cùnmíng 寸名	21	
cùnxīn 寸心	20	
cùnyì 寸意	20	
cùnzhì 寸志	20	
cùnzhōng 寸衷	20	

cuò'ài	错爱		81			

D

dájiàn	达鉴		278		大鉴	261
dálǎn	达览		279	dàjiàng	大匠	128
dǎjiǎo	打搅		242	dàjiào	大教	131,270
dǎrǎo	打扰		242	dàjiě	大姐	130,327
dà	大		127,270		大解	307
dà'ān	大安		285	dàjiějie	大姐姐	130
dàbǐ	大笔		130	dàjiùyé	大舅爷	129
dàbǐrúchuán	大笔如椽		171	dàkè	大刻	131
dàbiàn	大便		307	dàlǎoye	大老爷	130
dàbìng	大病		398	dàlìng	大令	130
dàbó	大伯		128	dàmā	大妈	129
dàdé	大德		130	dàmíng	大名	127
dàfēn	大分		408	dàniáng	大娘	129
dàgǎo	大稿		131	dàniángzǐ	大娘子	129
dàgē	大哥		129	dàpiān	大篇	130
dàgōng	大恭		307	dàqī	大期	408
dàgōngzǔ	大公祖		130	dàqìng	大庆	131
dàgù	大故		412	dàqù	大去	398
dàguānrén	大官人		130	dàrén	大人	128
dàguǎn	大馆		131	dàsǎo	大嫂	129
dàguī	大归		398	dàsǎozi	大嫂子	129
dàhán	大函		131,270	dàshī	大师	128
dàhào	大号		127	dàshǒubǐ	大手笔	171
dàhuán	大还		398	dàshū	大叔	129
dàhuì	大讳		398	dàshù	大数	408
dàjiā	大家		128	dàwén	大文	130
dàjià	大驾		127	dàwēng	大翁	130
dàjiàn	大渐		418	dàxǐ	大喜	299

dàxiàn 大限	408
dàxiōng 大兄	129
dàyǎ 大雅	128
dàyé 大爷	128
dàyōu 大忧	398
dàzhá 大札	131,270
dàzhǐ 大旨	131
dàzhù 大著	130
dàzuò 大作	130
dàichá 待茶	249
dàihuā 带花	422
dǎobì 倒毙	410
dǎofèngdiānluán 倒凤颠鸾	323
dǎohuì 道海	147
dào 道	146
dào'ài 道爱	147
dào'ān 道安	284
dàofàn 道范	146,263
dàogōng 道躬	146
dàoguān 道官	147
dàojià 道驾	146
dàojiàn 道鉴	261
dàorǎo 道扰	147
dàoshī 道师	147
dàosuí 道绥	291
dàotǐ 道体	146
dàoxí 道席	257
dàoxiàn 道宪	147
dàoxiōng 道兄	147
dàoyòu 道右	263
dàozhǎng 道长	147
dàozhàng 道丈	147
dàozhōng 道终	147
dàozūn 道尊	147
dé'ān 德安	285
déxī 得悉	277
dēng 登	363
dēngdōng 登东	309
dēngdōngcè 登东厕	309
dēnglǎn 登览	279
dēngtiān 登天	363
dēngxiá 登假	363
登遐	363
dēngxiān 登仙	363
dēngzhēn 登真	363
dēngzhì 登陟	363
dǐ'ān 邸安	287
dìxià 第下	176
dìzǐ 弟子	329
diānluándǎofèng 颠鸾倒凤	323
diānyǔn 颠陨	377
颠殒	377
diànxià 殿下	175
diànyíng 奠楹	401
diāo 凋	378
diāocú 凋徂	379
diāokū 凋枯	379
diāolíng 凋零	378
diāolún 凋沦	379
diāoluò 凋落	378
彫落	378
雕落	378
diāosàng 凋丧	379
彫丧	379
diāoshì 凋逝	379
diāosuǒ 凋索	379

diāotì	凋替	379
diāoxiè	凋谢	378
	彫谢	378
	雕谢	378
diāoyǔn	凋陨	379
	凋殒	379
diē	爹	178
diēdiē	爹爹	178
diéhuà	蝶化	401
dīngfùjiān	丁父艰	413
dīngfùyōu	丁父忧	412
dīngjiājiān	丁家艰	411
dīngjiān	丁艰	411
dīngmǔjiān	丁母艰	413
dīngmǔyōu	丁母忧	413
dīngnèijiān	丁内艰	413
dīngnèiyōu	丁内忧	413
dīngwàijiān	丁外艰	412
dīngwàiyōu	丁外忧	412
dīngyōu	丁忧	411
dǐnglǎo	顶老	330
dǐngzhǒngjìnjuān	顶踵尽捐	402
dǐngzhǒngjuānmí	顶踵捐縻	402
dōng	东	300
dōng'ān	冬安	289
dōngcè	东厕	300
dōngjìng	东净	301
dōngqí	冬祺	295
dōngqīng	东圊	300
dōngsī	东司	300
	东厮	301
dòngláo	动劳	242
dǒudǎn	斗胆	61
dǒushān	斗山	251
dǒushāo	斗筲	61
dǒushè	斗舍	61
dūzhī	都知	332
dú	渎	58
dúchén	渎陈	58
dúgào	渎告	58
dúshāng	渎商	58
dúxī	读悉	276
duān	端	180
duǎn	短	387
duǎncháng	短长	420
duǎnlì	短历	387
duǎnshì	短世	387
duǎnzhé	短折	387
duǎnzuò	短祚	387
dùnhuà	遁化	394
duōchéng	多承	225
duōfán	多烦	241
duōméng	多蒙	226
duó'ān	铎安	286
duǒyún	朵云	275

E

ē	屙	309
èzhá	恶札	84

ēn 恩	149	
ēndì 恩地	150	
ēndōng 恩东	150	
ēnfǔ 恩府	150	
ēngōng 恩公	149	
ēngù 恩顾	150	
ēnguān 恩官	149	
ēnjiā 恩家	149	
ēnlài 恩睐	151	
ēnlì 恩力	150	
ēnlín 恩临	150	
ēnmén 恩门	150	
ēnrén 恩人	149	
ēnshī 恩师	150	
ēntái 恩台	150, 257	
ēnxiàng 恩相	150	
ēnxīng 恩星	149	
ēnyǐn 恩引	151	
ēnyú 恩俞	151	
ēnyǔn 恩允	151	
ēnzhǔ 恩主	149	
ēnzhǔn 恩准	151	

F

fǎhuì 法讳	250
fāntái 藩台	144
fán 烦	241
fándú 烦渎	58
fánláo 烦劳	241
fánlèi 烦累	241
fánsuǒ 烦琐	241
fǎnbì 返璧	246
fǎnjǐn 返锦	247
fǎnzhēn 返真	395
fāng 芳	163
fāngbiàn 方便	306
fāngcí 芳词	163
fānghàn 芳翰	163
fānghuī 芳辉	164
fāngjià 芳驾	164
fāngjiān 芳缄	163
fānglín 芳邻	164
fānglíng 芳龄	164
fāngmíng 芳名	163
fāngnián 芳年	164
fāngróng 芳容	164
fāngxìn 芳信	163
fāngxiōng 方兄	422
fāngxùn 芳讯	163, 271
fāngyán 芳颜	164
fāngzhá 芳札	163
fáng 房	315
fángshì 房事	315
房室	315
fángzhōngruòshuǐ 房中弱水	307
fěi 菲	19
fěibó 菲薄	19
fěicái 菲才	19
菲材	19
fěichéng 菲诚	19

fěidé	菲德	19		fèngcháng	奉偿	203
fěifēng	菲葑	10		fèngchén	奉尘	58
fěijìng	菲敬	20		fèngchéng	奉呈	202
fěishí	菲什	19		fèngchóu	奉酬	201
fěiyí	菲仪	20		fèngcí	奉辞	198
fěizhuó	菲酌	20		fèngdá	奉达	196
fèishén	费神	242			奉答	201
fèixīn	费心	242		fèngdǎoluándiān	凤倒鸾颠	323
fěnfáng	粉房	345		fèngdào	奉到	203
fěnhuā	粉花	328		fèngdú	奉读	201
fěntóu	粉头	328			奉渎	202
fěntuán'er	粉团儿	328		fèngfán	奉烦	199
fèn	粪	309		fèngfǎn	奉返	202
fēngchén	风尘	329,336		fèngfǎng	奉访	199
fēngfěi	葑菲	20		fèngfù	奉复	201
fēngkuáng	蜂狂	324		fènggān	奉干	196
fēngkuángdiéluàn	蜂狂蝶乱	324		fènggào	奉告	196
fēngmù	风木	414		fèngguó	奉国	204
fēngshù	风树	414		fènghè	奉贺	198
fēngyóudiéwǔ	蜂游蝶舞	324		fènghòu	奉候	200
fēngyuè	风月	329,348		fènghuán	奉还	202
fēngyuèchǎng	风月场	336		fènghuì	奉讳	414
fēngyuèguǎn	风月馆	336		fèngjì	奉寄	203
fēngyuèsuǒ	风月所	336			奉祭	204
fēngzhī	风枝	414		fèngjiàn	奉饯	198
fèng	奉	196		fèngjiāo	奉交	202
fèngbái	奉白	196		fèngjiǎo	奉缴	202
fèngbài	奉拜	199		fèngjiào	奉教	201
fèngbào	奉报	196,201		fèngjiè	奉介	204
fèngbì	奉璧	202		fèngjìng	奉敬	203
fèngbié	奉别	198		fèngkěn	奉恳	196
fèngbù	奉布	196		fèngkòu	奉叩	199
fèngchá	奉茶	249			奉扣	200

fènglǎn 奉览	201	
fèngliú 奉留	198	
fèngmù 奉慕	200	
fèngnà 奉纳	200,202	
fèngpéi 奉陪	199	
fèngqǐng 奉请	197	
fèngqiú 奉求	196	
fèngqū 奉屈	197	
fèngquàn 奉劝	199	
fèngràng 奉让	203	
fèngrǎo 奉扰	199	
fèngshāng 奉商	197	
奉觞	198	
fèngshàng 奉上	204	
fèngshēn 奉申	197	
fèngsòng 奉送	200	
fèngtuō 奉托	200	
fèngwán 奉完	202	
fèngwéi 奉违	198	
fèngwèi 奉慰	199	
fèngwén 奉闻	202	
fèngxiàn 奉献	203	
fèngxiè 奉谢	201	
fèngxún 奉询	200	
fèngyà 奉迓	198	
fèngyāng 奉央	196	
fèngyǎng 奉仰	200	
fèngyāo 奉邀	197	
fèngyè 奉谒	199	
fèngyì 奉诣	199	
fèngyíng 奉迎	198	
fèngzèng 奉赠	200	
fèngzhào 奉赵	202	
fèngzhù 奉祝	198	
fótóuzhuófèn 佛头着粪	83	
fūrén 夫人	253	
fūshì 趺逝	393	
fūzǐ 夫子	253	
fú 伏	208	
福	297	
fú'ān 福安	285	
fúchéng 伏承	209	
fúdú 伏读	210	
fúfèng 伏奉	210	
fúhòu 伏候	210	
fújì 伏计	208	
伏冀	209	
fújiàn 伏见	210	
fúméng 伏蒙	209,226	
fúniàn 伏念	208	
fúqí 伏祈	209	
fúqǐ 伏乞	209	
fútīng 伏听	210	
fúwàng 伏望	209	
fúwéi 伏惟	208	
伏惟(维)	209	
fúwén 伏闻	210	
fúxǐ 福禧	299	
fúxiǎng 伏想	208	
fúyè 伏谒	210	
fúyù 弗豫	415	
fúzhī 伏知	210	
fúzòu 伏奏	210	
fǔ 父	178	
甫	177	
府	148	

	俯	210	fǔzūn 府尊	149
fǔ'ài	俯爱	210	fù 复	272
fǔbào	府报	148	fùbù 覆瓿	84
fǔcǎi	俯采	211	fùchéng 复承	224
fǔchá	俯察	210	fùhán 复函	272
fǔcóng	俯从	211	赴函	275
fǔjī	俯稽	210	fùjì 附骥	75
fǔjiàn	俯鉴	210	fùjìwěi 附骥尾	75
fǔjiù	俯就	211	fùjiān 父艰	412
fǔjūn	府君	148	复缄	273
fǔliàng	俯亮	212	fùjiǎn 复柬	273
fǔnà	俯纳	211	fùjiàng 覆酱	84
fǔniàn	俯念	211	fùjiàngbù 覆酱瓿	84
fǔshàng	府上	148	fùlǎo 父老	178
fǔshí	俯拾	211	fùméng 复蒙	226
fǔsī	俯思	211	fùshì 复示	272
fǔtái	抚台	143	fùshū 复书	272
fǔxuē	斧削	237	讣书	275
fǔxún	俯询	212	fùtái 父台	144
fǔyǔn	俯允	211	fùxīn 负薪	416
fǔzhèng	斧正	237	fùxiōng 父兄	178
	斧政	237	fùyōu 父忧	412
fǔzhú	俯烛	210	fùyù 复谕	272
fǔzhǔ	府主	148	fùzī 负兹	416
fǔzhù	俯注	211	fùzǐ 负子	416

G

gǎn 敢		56
gǎnbù 敢不		56
gāo 高		115
gāodì 高弟		118
gāofā 高发		116
gāofēng 高风		115
gāofēngjìngjié 高风劲节		115
gāofēngjùnjié 高风峻节		115

gāofēngliàngjié	高风亮节		115
gāogài	高盖		119
gāohuì	高会		118
gāojià	高驾		115
gāojiàn	高见		116
	高鉴		118
gāojiǎng	高奖		82
gāojiù	高就		116
gāojū	高居		118
gāolín	高邻		118
gāolíng	高龄		118
gāolùn	高论		116
gāomíng	高名		116
	高明		115
gāopiān	高篇		118
gāoqiān	高迁		116
gāoqíng	高情		117
gāoshēng	高升		116
gāoshǒu	高手		118
gāoshòu	高寿		118
gāotáiguìshǒu	高抬贵手		119
gāotáng	高唐		323
gāotángmèng	高唐梦		323
gāotīng	高听		117
gāotú	高徒		118
gāowén	高文		118
	高闻		117
gāowèn	高问		117
gāoxián	高贤		115
gāoxìng	高姓		116
gāoyì	高义		117
	高谊		117
	高意		116
gāoyù	高谕		117
gāozhāi	高斋		118
gāozhǐ	高旨		116
gāozhì	高制		118
gāozú	高足		118
gǎo	槁		379
gàocú	告殂		357
gàofèng	告奉		204
géxià	阁(閤)下		175
	阁下		264
gézhèng	阁正		87
gēngyī	更衣		305
gēngyīshì	更衣室		302
gōng	公		173
	恭		159
gōng'ān	公安		287
gōngchéng	恭承		224
gōnghè	恭贺		159
gōnghòu	恭候		159
gōngjiàn	公鉴		261
gōngkòu	恭叩		160
gōngqí	公祺		293
gōngqǐng	恭请		160
gōngqiú	恭求		160
gōngsòng	恭送		160
gōngsuí	公绥		291
gōngtīng	恭听		160
gōngtǒng	恭桶		303
gōngxǐ	恭喜		159
gōngxiè	恭谢		160
gōngyà	恭迓		159
gōngyì	恭诣		160
gōngyíng	恭迎		159

gònghuān 共欢	319	
gōulán 勾栏	344	
gǒumǎ 狗马	71	
gǒumǎbìng 狗马病	72	
gǒumǎxīn 狗马心	72	
gǒumǎzhījí 狗马之疾	72	
gǒuwěixùdiāo 狗尾续貂	75	
gòu 媾	318	
gòuhé 媾合	318	
gòumǐn 遘闵	412	
gū 孤	65	
gūgěng 孤耿	28	
gǔ 瞽	62	
gǔcí 瞽辞	62	
gǔfǒu 鼓缶	415	
gǔjiàn 瞽见	63	
gǔlǎo 鼓老	254	
鼓佬	254	
gǔlùn 瞽论	62	
gǔpén 鼓盆	415	
gǔpénzhīqī 鼓盆之戚	415	
gǔshuō 瞽说	62	
gǔyán 瞽言	62	
gǔyì 瞽议	62	
gǔyǔ 瞽语	63	
gǔzihuā 鼓子花	330	
gù 故	405	
gù'ài 顾爱	247	
gùlín 顾临	137	
gùmìng 顾命	408	
gùshì 故世	405	
gùyán 顾言	408	
guǎ 寡	65	
guǎjūn 寡君	66	
guǎrén 寡人	65	
guǎxiǎojūn 寡小君	66	
guàcǎi 挂彩	421	
guàhuā 挂花	421	
guān 官	179	
guān'ài 关爱	247	
guānchuí 关垂	247	
guānrén 官人	179	
guǎn 管	61	
guǎnjiàn 管见	61	
guǎnkuī 管窥	61	
guǎnkuīlícè 管窥蠡测	62	
guǎnkuīwājiàn 管窥蛙见	62	
guǎnkuīzhījiàn 管窥之见	61	
guǎnkuīzhīshuō 管窥之说	62	
guǎnshuō 管说	62	
guàn 盥	204	
guàndú 盥读	204	
guànsòng 盥诵	204	
guāng 光	218	
guāng'ài 光爱	220	
guāngbàn 光伴	218	
guāngbì 光贲	218	
guāngchén 光尘	219	
guāngfàn 光范	219	
guānggù 光顾	218	
guānghàn 光翰	220	
guāngjì 光霁	219	
guāngjià 光驾	218	
guāngjiàng 光降	218,220	
guāngjǐng 光景	219	
guānglín 光临	218	

guānglíng	光灵	219		guìdàchén	贵大臣	106
guāngmào	光貌	219		guìdàn	贵诞	103
guāngpéi	光陪	218		guìdǐ	贵邸	108
guāngróng	光容	219		guìdì	贵地	109
guāngsòng	光诵	220			贵弟	104
guāngxiàng	光相	220		guìfǔ	贵府	108,109
	光像	220		guìgàn	贵干	108
guāngyán	光颜	219		guìgēng	贵庚	102
guāngyào	光耀	219		guìgōngshǐ	贵公使	106
guāngyí	光仪	219		guìguān	贵官	107
guīdàoshān	归道山	360		guìguǎn	贵馆	110
guījì	归寂	392		guìguó	贵国	105
guījìn	归尽	361		guìháng	贵行	107
guīqù	归去	361		guìhào	贵号	102
guīquán	归全	361		guìhuǒ	贵伙	105
	归泉	360		guìhuò	贵获	108
guīshān	归山	360		guìjí	贵疾	103
guīshén	归神	360		guìjì	贵纪	107
guīshì	归世	361		guìjiàng	贵降	103
guītiān	归天	360		guìjiǎo	贵脚	103
guītǔ	归土	360		guìjià	贵价	107
guīxī	归西	360		guìjū	贵居	108
guīyīn	归阴	361		guìjūtíng	贵居停	105
guīzhào	归赵	246		guìjuàn	贵眷	104
guǐshuǐ	癸水	314		guìkān	贵刊	110
guì	贵	102		guìkè	贵客	105
guìbāng	贵邦	105,109		guìlǐ	贵里	109
guìbào	贵报	110		guìmáng	贵忙	108
guìběnjiā	贵本家	105		guìmén	贵门	109
guìbiǎo	贵表	102		guìmíng	贵名	102
guìbù	贵步	103		guìnán	贵男	104
	贵部	107		guìqī	贵戚	104
guìchù	贵处	109		guìqīn	贵亲	104

guìqīnwáng 贵亲王	106	
guìrǎng 贵壤	109	
guìrén 贵人	102	
guìrǒng 贵冗	108	
guìshān 贵山	110	
guìshàng 贵上	108	
guìshè 贵社	110	
guìshěng 贵省	106	
guìshì 贵事	108	
贵室	104	
guìshǒu 贵手	103	
guìshòu 贵寿	103	
guìshǔ 贵属	107	
guìtǐ 贵体	103	
guìtóngnián 贵同年	107	
guìtóngshì 贵同事	107	
guìtǔ 贵土	109	
guìxiàn 贵县	107	
guìxiāng 贵乡	109	
guìxiānghǎo 贵相好	105	
guìxiāngzhī 贵相知	105	
guìxìng 贵姓	102	
guìxiōng 贵兄	104	
guìxù 贵婿	104	
guìyàng 贵恙	103	
guìyì 贵意	102	
guìyíng 贵营	107	
guìyǒu 贵友	104	
guìyǔ 贵圉	107	
guìyù 贵寓	108	
guìyuàn 贵院	110	
guìzào 贵造	103	
guìzhàngfáng 贵账房	107	
guìzhái 贵宅	108	
guìzhài 贵寨	110	
guìzhé 桂折	398	
guìzhélángcuī 桂折兰摧	398	
guìzhèngfǔ 贵政府	106	
guìzhí 贵职	107	
guìzhǐ 贵趾	103	
guìzhì 贵治	106	
guìzhǔ 贵主	106	
guìzhuāng 贵庄	110	
guìzǐ 贵子	104	
guìzōng 贵宗	105	
guìzǒngdū 贵总督	106	
guìzú 贵足	103	
贵族	105	
guǒméng 果蒙	226	
guò 过	80, 358	
guò'ài 过爱	80	
guòbài 过拜	245	
guòbèi 过背	358	
过辈	358	
guòchēng 过称	81	
guócún 过存	245	
guòjiǎng 过奖	81	
guòméng 过蒙	80	
guòqù 过去	358	
guòrǔ 过辱	54	
guòshì 过世	358	
guòwèn 过问	245	
guòyè 过谒	245	
guòyù 过誉	81	

H

hǎihán 海涵	243	
hǎiróng 海容	243	
hán 寒	34	
hánchá 涵察	279	
hándǐ 寒邸	34	
hánjiā 寒家	34	
hánjiàn 寒贱	35	
涵鉴	278	
hánjiào 函教	269	
hánjīng 寒荆	35	
hánmén 寒门	34	
hánshè 寒舍	34	
hánshēng 寒生	35	
hántīng 寒厅	34	
hánxí 函席	257	
hánzhāi 寒斋	34	
hánzhàng 函丈	264	
hánzú 寒族	35	
hànjiào 翰教	269	
hánghù 行户	344	
hángshǒu 行首	329	
hángyuàn 行院	344	
hǎodǎi 好歹	420	
hé 合	318	
hégǎn 何敢	56	
héhuān 合欢	319	
hétái 河台	144	
hézúguàchǐ 何足挂齿	82	
hè 荷	227	
hèjià 鹤驾	365	
hèméng 荷蒙	227	
hèyù 鹤驭	365	
hèyùdēngxiān 鹤驭登仙	365	
hōng 薨	388	
hōngbèi 薨背	389	
hōngcú 薨殂	389	
hōngluò 薨落	389	
hōngmò 薨殁	389	
hōngshì 薨逝	389	
hōngxiè 薨谢	390	
hōngyǎn 薨奄	389	
hōngyāo 薨夭	389	
hōngyǔn 薨陨(殒)	389	
hóng 红	421	
鸿	133	
hóngcháo 红潮	314	
hóngpiānjùzhì 鸿篇巨制	133	
hóngqiān 红铅	314	
hóngwén 鸿文	133	
hóngxǐ 鸿喜	299	
hóngzhì 鸿制	133	
hóngzhù 鸿著	133	
hòu 厚	222	
hòu'ài 厚爱	223	
hòucì 厚赐	223	
hòu'ēn 厚恩	222	
hòukuàng 厚贶	223	
hòulài 厚赉	223	

hòuqíng	厚情	223	huāliǔcóng	花柳丛	340
hòusōu	后溲	307	huāliǔrénjiā	花柳人家	340
hòutuō	厚托	223	huāliǔyíng	花柳营	340
hòuxìng	厚幸	223	huāmén	花门	340
hòuxué	后学	64	huāménliǔhù	花门柳户	340
hòuyì	厚意	223	huāmíng	花名	326
hòuzé	厚泽	222	huāniáng	花娘	326
hūchéng	忽承	224	huāqú	花衢	341
hūrán	忽然	381	huāqúliǔmò	花衢柳陌	341
hūzhū	忽诸	381	huāshì	花市	340
hú	鹄	217	huātái	花台	340
húgōng	鹄恭	217	huāyānjiān	花烟间	341
húhòu	鹄候	217	huāyíng	花营	340
húpàn	鹄盼	218	huāyuàn	花院	340
húsì	鹄俟	217	huá	华	162,267
húwàng	鹄望	218	huábiān	华编	162
hǔzi	虎子	304	huádàn	华诞	163
huā	花	325,340	huáhán	华函	267
huābǎo	花鸨	336	huáhàn	华翰	162,268
huāchuán	花船	341	huájiān	华笺(牋)	162
huācóng	花丛	340		华缄(械)	162
huāgūniáng	花姑娘	326	huájiào	华教	162,267
huāguǎn	花馆	340	huápiān	华篇	162
huāguó	花国	341	huáwèn	华问	163
huāhuācǎocǎo	花花草草	347	huáyán	华筵	163
huāhútòng	花胡同	341	huázhāng	华章	162
huājiē	花街	340	huà	化	395
huājiēliǔmò	花街柳陌	340	huàhè	化鹤	396
huājiēliǔshì	花街柳市	340	huàqī	化期	407
huājiēliǔxiàng	花街柳巷	341	huàqù	化去	396
huājiè	花界	341	huàxíng	化形	396
huāliǔ	花柳	340,346	huàzhàng	化杖	396
huāliǔchǎng	花柳场	340	huáisī	怀思	283

huáixiǎng 怀想	283	
huān 欢	319	
huānhuì 欢会	319	
huán 还	271	
环	272	
huánbì 还璧	246	
huáncǎo 环草	73	
huándú 还牍	272	
huánfèng 还奉	202	
huánhàn 还翰	271	
huánhuì 还海	272	
huánshì 环示	272	
huánshū 还书	272	
环书	272	
huánsòng 环诵	205	
huányīn 环音	272	
huányù 环谕	272	
huányún 还云	272	
huánzhāng 环章	272	
huánzhēn 还真	395	
huànsòng 浣诵	204	
huāng 荒	60	
huāngcūn 荒村	60	
huānghán 荒函	60	
huāngjū 荒居	60	
huānglòu 荒陋	60	
huāngshǔ 荒署	60	
huāngtáng 荒唐	60	
huāngzhāi 荒斋	60	
huāngzhuāng 荒庄	60	
huángyú 黄鱼	332	
huīxià 麾下	176,264	
huílù 回禄	423	
huíshǒu 回首	406	
huíyù 回玉	275	
huì 惠	215,268	
huìbì 惠毕	269	
huìchá 惠察	263,279	
huìcì 惠赐	215	
huìcún 惠存	216	
huìfù 惠复	269	
huìgào 惠告	217,269	
huìgù 惠顾	216	
huìhán 惠函	216,269	
huìjì 惠寄	216	
huìjiān 惠笺	269	
惠缄	269	
huìjiǎn 惠简	269	
huìjiàn 惠鉴	261	
huìjiào 惠教	217,268	
huìjiè 惠借	216	
huìkuàng 惠贶	215	
huìlǎn 惠览	262	
惠揽	262	
huìlín 惠临	216	
huìshì 惠示	268	
huìshū 惠书	216,268	
huìsǔnláncuī 蕙损兰摧	397	
huìwèn 惠问	217	
huìxuē 㧑削	236	
huìyīn 惠音	216	
huìyóu 惠邮	216	
huìyǔn 惠允	216	
huìzèng 惠赠	215	
huìzhá 惠札	269	
huìzhāo 惠招	217	

huìzhéláncuī 蕙折兰摧	397	
huìzhèng 诲正	236	
诲政	236	
húnduàn 魂断	406	
húnxiāo 魂销	406	
hùn 圂	302	

溷	302	
hùncè 溷厕	303	
hùnfān 溷藩	303	
hùnqì 溷器	304	
hùnqīng 溷圊	303	
hùnxuān 溷轩	303	

J

jīxià 几下	177	
jīzi 赍子	311	
jídài 即代	399	
jíméng 即蒙	226	
jíshì 即世	399	
jízhǐ 吉祉	295	
jì 妓	334	
jìchéng 既承	224	
jìdì 妓弟	334	
jìfèng 寄奉	203	
jìfù 妓妇	334	
jìguǎn 妓馆	345	
jìjiā 妓家	345	
jìlóu 妓楼	345	
jìméng 既蒙	226	
jìmiè 寂灭	392	
jìnǚ 妓女	334	
jìrén 妓人	334	
jìyù 寄谕	270	
jìyuàn 妓院	345	
jiā 佳	170	
家	1	
嘉	169, 299	

jiābīn 佳宾	170	
嘉宾	170	
jiācí 家慈	2	
jiācóngxiōng 家从兄	3	
jiādàrén 家大人	1	
jiādì 家弟	3	
jiā'èrqīn 家二亲	2	
jiāfūrén 家夫人	2	
jiāfǔ 家府	1	
jiāfù 家父	1	
jiāfùmǔ 家父母	2	
jiāgōng 家公	1	
jiāgū 家姑	3	
jiāhuì 佳惠	171	
嘉海	169	
嘉惠	169	
jiājiān 家艰	411	
jiājiě 家姐	3	
jiājiěfu 家姐夫	3	
jiājiù 家舅	3	
jiājūn 家君	1	
jiākè 佳客	170	
嘉客	170	

jiākuàng 佳贶		171
嘉贶(况)		169
jiāmìng 嘉命		169
jiāmǔ 家母		2
jiāpiān 佳篇		170
jiāsǎo 家嫂		3
jiāshī 家师		4
jiāshí 佳什		170
嘉什		169
jiāshū 家叔		3
jiāsī 葭思		283
jiāsūn 家孙		4
jiāwáng 家王		2
jiāxià 家下		4
jiāxiǎojiě 家小姐		3
jiāxīn 葭心		283
jiāxiōng 家兄		3
jiāyán 家严		1
jiāyáncí 家严、慈		2
jiāyù 嘉谕		169
jiāyuèmǔ 家岳母		3
jiāzǎo 嘉藻		169
jiāzhào 嘉诏		170
jiāzhǐ 嘉祉		295
jiāzǐ 家姊		3
jiāzǔ 家祖		1
jiāzūn 家尊		1
jiāzuò 佳作		170
jià 驾		137
jiàbēng 驾崩		390
jiàdào 驾到		137
jiàhèchéngxiān 驾鹤成仙		366
jiàhèxīqù 驾鹤西去		366
jiàhèxīyóu 驾鹤西游		366
jiàhōng 驾薨		390
jiàlín 驾临		137
jiānjiāyǐyù 蒹葭倚玉		83
jiānjiāyùshù 蒹葭玉树		83
jiānjiào 笺教		269
jiǎn 谫		22
jiǎnbó 谫薄		22
jiǎncái 谫才		22
jiǎnliè 谫劣		22
jiǎnlòu 谫陋		22
jiǎnnéng 谫能		22
jiǎnshí 谫识		22
jiàn 见		205
贱		28
鉴		260
jiànbèi 见背		372
jiànbì 贱婢		28
jiànbiǎo 贱表		30
jiànchá 鉴察		279
jiànchén 贱臣		28
贱辰		31
jiànchù 贱处		32
jiàncì 见赐		206
jiàncún 鉴存		278
jiàndàn 贱诞		31
jiàndì 贱地		31
jiànfáng 贱房		30
jiànfǎng 见访		206
jiànfū 贱夫		28
jiàngào 见告		207
jiàngēng 贱庚		31
jiàngōng 贱躬		29

jiàngù	见顾	206		贱术	32
jiànguò	见过	206	jiàntǐ	贱体	29
jiànhào	贱号	30	jiàntuō	见托	207
jiànhuì	见惠	206	jiànwěi	见委	207
jiànjí	鉴及	280	jiànxī	贱息	31
	贱疾	31	jiànxìng	贱性	32
jiànjì	贱迹	28, 31		贱姓	30
jiànjiàng	贱降	31	jiànyǎn	贱眼	31
jiànjiào	见教	205	jiànyàng	贱恙	31
jiànjīng	贱荆	30	jiànyí	见诒	206
jiànjuàn	贱眷	30	jiànyù	见谕	205
jiànkāng	健康	300	jiànzào	贱造	31
jiànkē	贱疴	31	jiànzèng	见赠	206
jiànlèi	贱累	30	jiànzhì	贱质	29
jiànliàng	见亮	206	jiànzhuàng	贱状	31
	见谅	206	jiànzī	贱姿	29
	贱量	32	jiànzǐ	贱子	28
jiànlín	见临	206	jiànzì	贱字	30
jiànmíng	贱名	30	jiǎngxí	讲席	258
jiànnèi	贱内	30	jiàng	降	135
jiànnú	贱奴	28	jiànggé	降格	135
jiànpǐn	贱品	29	jiàngguāng	降光	135
jiànqiè	贱妾	28	jiàngjià	降驾	135
jiànqū	贱躯	29	jiàngjiàn	降鉴	136
jiànrén	贱人	28	jiàngjuàn	降眷	136
jiànrì	贱日	31	jiànglín	降临	135
jiànshēn	贱身	29	jiàngmiǎn	降冕	135
jiànshēng	贱生	28	jiàngwèn	降问	136
jiànshì	贱士	28	jiàngyù	降喻	136
	贱事	32	jiàngzhǐ	降止	135
	贱室	30	jiàngzūnlínbēi	降尊临卑	136
	贱嗜	32	jiāo	交	317
jiànshù	见恕	206	jiāogǎn	交感	317

jiāogòu 交妬	317	
交媾(构)	317	
jiāohé 交合	317	
jiāohuì 交会	317	
jiāojiē 交接	317	
jiāojīng 交精	318	
jiāotōng 交通	317	
jiǎorǎo 搅扰	242	
jiào 教	269	
jiào'ān 教安	286	
jiàocì 教赐	269	
jiàodá 教答	270	
jiàofāng 教坊	343	
jiàojiǎn 教简	269	
jiàojú 叫局	354	
jiàoqí 教祺	293	
jiàosuí 教绥	291	
jiàotiáozi 叫条子	354	
jiàoxuē 教削	236	
jiàoyán 教言	270	
jiàozhèng 教正	236	
教政	236	
jiē 接	318	
jiēxiàntóu 结线头	354	
jié'ān 节安	288	
捷安	287	
jiécǎo 结草	73	
jiécǎoxiánhuán 结草衔(啣)环	73	
jiéniàn 结念	282	
jiéqí 节祺	294	
jiéxǐ 节喜	298	
节禧	298	
jiéxià 节下	176, 265	

jiézhǐ 节祉	296	
jiě 姐	327	
jiě'er 姐儿	327	
jiěgǔ 解骨	394	
jiějià 解驾	406	
jiějie 姐姐	327	
jiěshǒu 解手	305	
jiěxíng 解形	394	
jièguāng 借光	243	
jièshěn 藉谂	277	
jièwèn 借问	243	
jièxī 藉悉	277	
jièzhòng 借重	243	
jīn'ān 金安	284	
jīnchāikè 金钗客	330	
jīnfǔ 斤斧	237	
jīnjiàn 矜鉴	261	
jīnméng 今蒙	227	
jīnnuò 金诺	249	
jīnxuē 斤削	237	
jīnyán 金颜	251	
jīnzhèng 斤正	237	
jǐn 谨	156	
jǐnbái 谨白	157	
jǐnbǐng 谨禀	157	
jǐnchéng 谨呈	157	
jǐnduì 谨对	158	
jǐngào 谨告	157	
jǐnjì 谨记	157	
jǐnkòng 谨空	158	
jǐnlè 谨勒(泐)	157	
jǐnlíng 谨聆	276	
jǐnnuò 谨诺	158	

jǐnqǐ 谨启	157	jìngkòng 敬空	156
jǐnshàng 谨上	157	jìngláo 敬劳	156
jǐnshū 谨书	157	jìnglǐ 敬礼	300
jǐntí 谨题	158	jìnglíng 敬聆	275
jǐntīng 谨听	159	jìngnuò 敬诺	156
jǐnxī 谨悉	159,276	jìngshǒu 净手	305
jǐnxiàn 谨献	157	jìngshòumìng 敬受命	156
jǐnxiè 谨谢	158	jìngtǒng 净桶	303
jǐnzhì 谨志	157	jìngwén 敬闻	156
jǐnzhuàng 谨状	158	jìngwénmìng 敬闻命	156
jìn 尽	387	jìngwèn 敬问	156
殣	409	jìngxī 敬悉	275
jìn'ān 近安	289	jìngxiè 敬谢	156
jìnbù 进步	300	jìngxièbùmǐn 敬谢不敏	424
jìnchéng 近承	224	jiūzhuō 鸠拙	83
jìnmìng 尽命	387	jiǔ'ěr 久耳	240
jìnqí 近祺	295	jiǔhè 久荷	227
jìnxǐ 近禧	299	jiǔmù 久慕	240
jìnzhǐ 近祉	297	jiǔwén 久闻	240
jīng 荆	64	jiǔwéndàmíng,rúléiguàn'ěr 久闻大名, 如雷灌(贯)耳	240
jīngbù 荆布	64		
jīngdòng 惊动	243		
jīngfù 荆妇	64	jiǔyǎng 久仰	240
jīngqī 荆妻	64	jiùhuà 就化	399
jīngrén 荆人	64	jiùmìng 就命	399
jīngshì 荆室	64	jiùmù 就木	399
jīngxí 经席	257	jiùshì 就世	399
jīngyǔn 惊殒	377	jiùyuàn 旧院	343
jìng 敬	155	jiùzhèng 就正	238
jìngchéng 敬承	275	jǔshì 举事	319
jìngcóngmìng 敬从命	156	jùlíng 俱聆	277
jìngfèngjiào 敬奉教	156	jùlùn 巨论	254
jìngkěn 敬恳	156		

jùshěn 具谂	276	
jùxī 具悉	276	
jùzhī 具知	276	
juānbèi 捐背	367	
juānbīn 捐宾	367	
juānbīnkè 捐宾客	367	
juānchuángzhàng 捐床帐	367	
juānguǎn 捐馆	367	
juānguǎnshè 捐馆舍	367	
juānhái 捐骸	367	
juānjí 捐瘠	367	
juānmìng 捐命	367	
juānqū 捐躯	367	
juānshè 捐舍	367	
juānshēn 捐身	367	
juānshēng 捐生	367	
juānshì 捐世	367	
jué 绝	406	
juémìng 绝命	406	
juéqì 绝气	406	
juéshì 绝世	406	
jūn 君	173	
钧	138,266	
jūn'ān 均安	290	
钧安	283	
jūncái 钧裁	140	
jūnchá 均察	263	
jūncí 钧慈	139	
jūncōng 钧聪	139	
jūndá 钧答	267	

jūnfàn 钧范	139	
jūnfù 钧复	267	
jūnhán 钧函	267	
jūnhuì 钧诲	139	
jūnjiàn 均鉴	261	
钧鉴	260,277	
jūnjiào 钧教	138	
jūnjuàn 钧眷	140	
jūnlǎn 钧览	139,278	
jūnlìng 钧令	138	
jūnlù 钧录	139	
jūnmìng 钧命	138	
jūnpái 钧牌	139	
jūnpī 钧批	138	
jūnshǎng 钧赏	139	
jūntiē 钧帖	140	
jūntīng 钧听	139	
jūnwēi 钧威	140	
jūnwèn 钧问	140	
jūnxī 均悉	277	
jūnyán 钧严	140	
钧颜	140	
jūnyì 钧意	139	
jūnyǔ 钧语	139	
jūnyù 钧谕	138,266	
jūnzhá 钧札	266	
jūnzhǐ 钧旨	138	
均祉	297	
jūnzhù 钧注	140	
jūnzuò 钧座	140,256	

K

kànguān 看官	179	
kānglè 康乐	300	
kǎozhōng 考终	404	
kǎozhōngmìng 考终命	404	
kēlǐ 珂里	255	
kēxiāng 珂乡	255	
kétuò 咳唾	238	
kěniàn 渴念	282	
kěsī 渴思	282	
kěxiǎng 渴想	282	
kěyì 渴忆	282	
kè 殟	409	
kè'ān 刻安	290	
kèbì 溘毙	380	
kèchéng 刻承	224	
kèguān 客官	179	
kèjìn 溘尽	380	
kèlù 溘露	386	
kèrán 溘然	380	
kèqí 刻祺	295	
kèsāng 溘丧	380	
kèshì 溘逝	380	
kèsǐ 溘死	380	
kèxiānzhāolù 溘先朝露	386	
kèxiè 溘谢	380	
kèzhǎng 客长	254	
kèzhǐ 刻祉	297	
kèzhì 溘至	380	
kēngcè 坑厕	302	
kǒngfāng 孔方	422	
kǒngfāngxiōng 孔方兄	422	
kǒngxiōng 孔兄	422	
kōuqū 抠趋	245	
kōuyè 抠谒	245	
kōuyī 抠衣	245	
kōuyíng 抠迎	245	
kòu 叩	191	
kòubié 叩别	192	
kòucí 叩辞	192	
kòuhè 叩贺	191	
kòujiàn 叩见	193	
kòujiē 叩接	193	
kòulú 叩庐	193	
kòuqǐng 叩请	192	
kòuqiú 叩求	192	
kòusòng 叩送	193	
kòuwéi 叩违	192	
kòuwèn 叩问	192	
kòuxǐ 叩喜	191	
kòuxiè 叩谢	192	
kòuxún 叩询	192	
kòuyè 叩谒	192	
kòuyíng 叩迎	193	
kòuzhù 叩祝	191	
kòuzī 叩咨	192	
kuàhèxīguī 跨鹤西归	365	
kuàhèxiānqù 跨鹤仙去	365	
kuánggǔ 狂瞽	63	

kuàngbì 况毕	268	
kuàngshū 贶书	268	
kuí 葵	217	
kuíkǔn 葵悃	217	
kuíqīng 葵倾	217	
kuísī 葵私	217	
kuíxiàng 葵向	217	
kuíxīn 葵心	217	
kūnfú 坤福	298	
kūnzhǐ 坤祉	296	
kǔnfú 阃福	298	

L

lā 拉	309
lái 来	274
láigào 来诰	274
láihàn 来翰	274
láihuì 来诲	274
láijiào 来教	274
láishì 来示	274
láiyù 来谕	274
láncuīyùzhé 兰摧玉折	398
lánxùn 兰讯	271
lǎn 览	262
làn 滥	74
làncè 滥厕	74
lànchén 滥尘	75
lànyú 滥竽	74
láng 琅	271
lánghán 琅函	271
lángzhì 琅帙	271
láo 劳	241
láodòng 劳动	241
láodú 劳渎	58
láofán 劳烦	242
láojià 劳驾	242
láolèi 劳累	242
láorǎo 劳扰	242
láozūn 劳尊	242
lǎo 老	44, 121, 405
lǎobǎo 老鸨	335
lǎobǎopó 老鸨婆	336
lǎobǎozi 老鸨子	335
lǎobǐ 老鄙	44
lǎobó 老伯	124
lǎobóbo 老伯伯	123
lǎocáotóu 老槽头	44
lǎodàbó 老大伯	123
lǎodàgē 老大哥	126
lǎodàjiě 老大姐	126
lǎodàniáng 老大娘	125
lǎodàye 老大爷	123
lǎodàozhǎng 老道长	121
lǎodì 老弟	127
lǎodiē 老爹	123
lǎofóye 老佛爷	121
lǎofù 老父	123
lǎofùmǔ 老父母	121
lǎofùtái 老父台	121

音序检索 457

lǎogē	老哥	126	lǎoxiānzhǎng 老仙长	126
lǎogōnggong	老公公	123	lǎoxiànggōng 老相公	122
lǎogōngzǔ	老公祖	121	lǎoxiōng 老兄	126
lǎogǔtou	老骨头	44	lǎoxiǔ 老朽	44
lǎojiāgōng	老家公	124	lǎoye 老爷	122
lǎojīng	老荆	45	lǎoyéye 老爷爷	125
lǎokè	老客	127	lǎoyézi 老爷子	123
lǎokèzhǎng	老客长	127	lǎozhàng 老丈	123
lǎoláng	老郎	126	lǎozhuō 老拙	44
lǎolǎo	老老	123	lǎozǔzōng 老祖宗	122
lǎonà	老衲	45	lèifán 累烦	241
lǎoniánxiōng	老年兄	126	líchén 离尘	359
lǎopú	老仆	44	líqù 离去	354
lǎoqiè	老妾	45	líshì 离世	359
lǎoqù	老去	405	lízhèng 厘正	238
lǎorénjiā	老人家	123	lǐ'ān 礼安	285
lǎoqiánbèi	老前辈	122	lǐcì 礼次	265
lǎoqiè	老妾	45	lǐqí 礼祺	293
lǎosēng	老僧	45	lǐxí 礼席	258
lǎoshēn	老身	45	lǐzhǐ 礼祉	295
lǎoshī	老师	125	lì'ān 俪安	287
lǎoshīfu	老师父	125	lìcái 栎材	68
	老师傅	126	lìchū 栎樗	68
lǎoshū	老叔	125	lìjiā 俪嘉	299
lǎotài	老太	125	lìjià 例假	314
lǎotàitai	老太太	125	lìlín 莅临	137
lǎotàiyé	老太爷	123	lìsǎn 栎散	68
lǎotángtái	老堂台	121	lìzhǐ 俪祉	296
lǎowù	老物	44	liǎngméng 两蒙	226
lǎoxífu	老媳妇	45	liànghè 亮荷	228
lǎoxiān	老先	122	谅荷	228
lǎoxiān'er	老先儿	122	liàngméng 亮蒙	226
lǎoxiānsheng	老先生	122	liáoyúnbōyǔ 撩云拨雨	322

lín 临		136
línbì 临贲		136
língù 临顾		137
línhuà 临化		407
línjiàng 临降		137
línjué 临诀		407
临绝		407
línlì 临莅		137
línmìng 临命		407
línmò 临没		407
línsǐ 临死		407
línxìng 临幸		137
línzhōng 临终		407
líng 灵		229
零		377
língchà 灵刹		231
língchē 灵车		230
língchèn 灵榇		229
língchuáng 临床		229
língchūn 灵辌		230
língdòng 灵洞		232
líng'ér 灵辀		230
灵辒		230
língfú 灵符		232
línggào 灵诰		232
línggōng 灵宫		231
línggǔ 灵骨		232
língguàn 灵观		231
línghuà 灵化		401
língjī 灵几		229
língjià 灵驾		230
língjiù 灵柩		229
língjū 灵居		232
língkān 灵龛		231
língluò 零落		377
língmiào 灵庙		231
língpái 灵牌		229
língpiān 灵篇		232
língshì 灵室		231, 232
língshǔ 灵署		232
língsì 灵寺		231
língtǎ 灵塔		231
língtáng 灵堂		230
língtú 灵图		231
língwǎng 灵网		232
língwéi 灵帏		229
灵帷		229
língwèi 灵位		229
língxī 聆悉		276
língxià 铃下		177
língxiàng 灵像		232
língxiè 零谢		377
língyán 灵筵		229
língyú 灵舆		230
língyuán 灵辕		230
língzhāng 灵章		232
língzhàng 灵帐		229
língzhuàn 灵篆		232
língzhuì 零坠		377
língzhuō 灵桌		229
língzuò 灵座(坐)		229
lǐngjiào 领教		82
lǐngxī 领悉		276
lìng 令		86
lìng'ài 令爱		88
令嫒		88

lìngbiǎomèi 令表妹	90
lìngbó 令伯	86
lìngcí 令慈	86
lìngdì 令弟	90
lìnggé 令阁	87
lìngkǔn 令阃	87
lìngjiě 令姐	90
lìngjīng 令荆	87
lìngláng 令郎	88
lìngmèi 令妹	90
lìngnǚ 令女	88
lìngqī 令妻	87
lìngqīn 令亲	89
lìngsǎo 令嫂	90
lìngshēng 令甥	90
lìngshī 令师	90
lìngsì 令似	88
令嗣	88
lìngtǎn 令坦	89
lìngtáng 令堂	86
lìngxiānjūn 令先君	86
lìngxiānwēng 令先翁	86
lìngxiōng 令兄	89
lìngxù 令婿	89
lìngxuān 令萱	86
lìngyán 令严	86
lìngyǒu 令友	90
lìngyuán 令媛	88
lìngyuè 令岳	89
lìngyuèmǔ 令岳母	89
lìngzhèng 令正	87
令政	87
lìngzhí 令侄	90
lìngzhínǚ 令侄女	90
lìngzǐ 令子	88
令姊	90
lìngzǐzhàng 令姊丈	90
lìngzūn 令尊	86
liǔ 柳	341
liǔhùhuāmén 柳户花门	341
liǔlóu 柳楼	341
liǔmò 柳陌	341
liǔmòhuācóng 柳陌花丛	342
liǔmòhuājiē 柳陌花街	342
liǔmòhuāqú 柳陌花衢	342
liǔmòhuāxiàng 柳陌花巷	342
liǔshìhuājiē 柳市花街	342
liǔxiàng 柳巷	341
liǔxiànghuājiē 柳巷花街	342
liǔyínghuāshì 柳营花市	342
liǔyínghuāzhèn 柳营花阵	342
liùyuàn 六院	344
lóngqùdǐnghú 龙去鼎湖	365
lóngshēng 龙升	365
lòu 陋	22
lòucái 陋才	22
lòuchéng 陋诚	23
lòujiàn 陋见	23
lòumù 陋目	22
lòuqū 陋躯	23
lòushēn 陋身	23
lòushēng 陋生	22
lòuzhì 陋制	23
陋质	23
lòuzhōng 陋忠	23
lòuzhuō 陋拙	23

lòuzōng 陋宗	23	
lòuzú 陋族	23	
lú'ān 炉安	289	
lǚ'ān 旅安	288	
lǔchéng 屡承	224	
lǚcì 旅次	265	
lǚqí 旅祺	294	
履祺	294	
lǚsuí 旅绥	292	
lǚxì 履舄	253	
luándiānfèngdǎo 鸾颠凤倒	323	
luányùcíchén 鸾驭辞尘	365	
luányùxīguī 鸾驭西归	365	
lúnluò 沦落	373	
lúnmò 沦没(殁)	373	
lúnshì 沦逝	373	
lúnxiè 沦谢	373	
luò 洛	204	
落	378	
luòsòng 洛诵	205	
雒诵	205	

M

máfan 麻烦	241	
mǎbān 马班	332	
mǎchǐ 马齿	71	
mǎtǒng 马桶	304	
mǎzi 马子	304	
mǎzitǒng 马子桶	304	
mǎzǒu 马走	70	
mǎichūn 买春	351	
mǎixiào 买笑	351	
mǎixiàoxúnhuān 买笑寻欢	351	
mǎixiàoyínghuān 买笑迎欢	351	
mǎixiàozhuīhuān 买笑追欢	351	
màichūn 卖春	353	
màifēngliú 卖风流	352	
màifēngqíng 卖风情	352	
màijiān 卖奸	353	
màikè 卖客	352	
màiqiào 卖俏	352	
màiqiàoxíngjiān 卖俏行奸	352	
màiqiàoyíngjiān 卖俏迎奸	352	
màixiào 卖笑	352	
màixiàozhuīhuān 卖笑追欢	352	
màiyín 卖淫	353	
mànfú 曼福	297	
mànqí 曼祺	293	
máocè 毛厕	303	
茅厕	303	
máocí 茅茨	61	
máofáng 茅房	303	
máokēng 毛坑	303	
茅坑	303	
máoqīng 毛圊	301	
máosè 茅塞	84	
máoshè 茅舍	61	
máosī 茅司	303	
ménhù 门户	344	

ménhùrénjiā 门户人家	344	
ménlǐrén 门里人	331	
ménrèn 门刃	255	
ménxià 门下	176	
méng 蒙	9,225	
míhuāliànliǔ 迷花恋柳	347	
míhuāzhāncǎo 迷花沾草	347	
míliú 弥留	407	
mìliǔxúnhuā 觅柳寻花	346	
miánbó 绵薄	76	
棉薄	76	
miánhuājièliǔ 眠花藉柳	347	
miánhuāsùliǔ 眠花宿柳	347	
miánhuāwòliǔ 眠花卧柳	347	
miánhuāzuìliǔ 眠花醉柳	347	
miánlì 绵(緜)力	76	
棉力	76	
miánlìbócái 绵力薄才	76	
miǎnguì 免贵	85	
miànchéng 面承	225	
miè 灭	374	
mièdǐng 灭顶	374	
mièdù 灭度	374	
mièhuà 灭化	374	
mièmò 灭没	374	
mièyì 灭抑	374	
mièyǔn 灭陨	374	
mǐn 泯	373	
mǐnmò 泯没	373	
míng 明	180	
míngfǔ 明府	180	
mínggōng 明公	180	
mínghóu 明侯	180	
míngluòsūnshān 名落孙山	425	
míngmèi 冥昧	396	
míngmíng 冥冥	396	
míngmò 冥寞	396	
míngmù 冥目	396	
瞑目	396	
míngshàng 明上	180	
míngtái 明台	181	
míngtíng 明廷	180	
miù 谬	79	
miù'ài 谬爱	80	
miùcè 谬厕	80	
miù'ēn 谬(缪)恩	80	
miùgù 谬顾	80	
miùhuì 谬会	80	
miùjǔ 谬举	80	
miùróng 谬容	80	
miùyīng 谬膺	80	
miùzhí 谬职	80	
mò 末	48	
没(殁)	372	
mòcháo 末朝	48	
mòchén 末臣	48	
mòdì 没地	373	
mòguān 末官	48	
mòhuà 没化	372	
mòjiàn 末见	49	
mòjìn 末进	48	
mòliáo 末僚	48	
mòliè 末列	48	
mòlù 末路	48	
mòmìng 没命	373	
mòqì 末契	49	

mòshì 没(殁)世	372	mòzhèn 没陈	373
mòshòu 没寿	373	mòzhì 末志	49
mòxí 末席	48	mǔjiān 母艰	413
mòxué 末学	48	mǔyōu 母忧	413
mòyì 末议	49	mùjiě 木解	394

N

nǎlǐ 哪(那)里	57	niánzhǐ 年祉	296
nǎihè 乃荷	228	niànjíniànjí 念极念极	283
nǎiméng 乃蒙	226	niào 尿	309
nángēn 男根	311	溺	309
nányīn 男阴	311	niàohú 尿壶	305
nǎnghè 曩荷	227	溺壶	305
náo'ér 猱儿	336	niàopén'er 尿盆儿	304
nèi 内	318	niàoqì 溺器	304
nèijù 内具	311	nièpán 涅槃	391
nèiyōu 内忧	413	nín 您	174
niānhuānòngliǔ 拈花弄柳	347	niúmǎzǒu 牛马走	70
niānhuārěcǎo 拈花惹草	347	nòngyàntiáoyīng 弄燕调莺	354
nián'ān 年安	288	nú 奴	70
niánqí 年祺	294	nújiā 奴家	70
niánxǐ 年禧	298	núnú 奴奴	70
年釐	298	nǚyīn 女阴	312

P

pānhuāwènliǔ 攀花问柳	346	péngbìshēnghuī 蓬荜生辉	248
pānhuāzhéliǔ 攀花折柳	346	pénglú 蓬庐	61
péifèng 陪奉	199	péngxīn 蓬心	61
péihuā 陪花	330	piǎo 殍	409

piǎobó 殍殕	409	pínshè 贫舍	34
piǎojìn 殍殣	409	pínshēn 贫身	33
pín 贫	32	pínshēng 贫生	33
píndào 贫道	32	pínzhái 贫宅	34
pín'ér 贫儿	34	píng'ān 平安	287
píngū 贫姑	33	píngcè 屏厕	302
pínjiā 贫家	34	píngkāng 平康	342
pínnà 贫衲	33	píngkānglǐ 平康里	342
pínní 贫尼	33	píngkāngxiàng 平康巷	342
pínqī 贫栖	34	pōméng 颇蒙	226
pínqiè 贫妾	33	pú 仆	69
pínsēng 贫僧	33	púshàng 濮上	350

Q

qí 祺	292	qǐyǎng 企仰	281
qíhèhuà 骑鹤化	395	qǐzhī 启知	196
qíhèxīguī 骑鹤西归	366	qǐzhù 绮注	248
qíxí 耆席	257	qǐzú 启足	400
qǐ 启	195	qìbèi 弃背	369
qǐbái 启白	196	qìbèitiānxià 弃背天下	369
qǐbǐng 启禀	196	qìcháo 弃朝	368
qǐchén 启陈	196	qìdài 弃代	368
qǐfán 启烦	195	qìhái 弃骸	368
qǐgǎn 岂敢	56	qìjìn 气尽	388
qǐniàn 企念	282	qìjuān 弃捐	369
qǐqín 绮廑	248	qìlù 弃禄	369
qǐqǐng 启请	195	qìpíngjū 弃平居	369
qǐshǒu 启手	400	qìqū 弃躯	368
qǐshǒuqǐzú 启手启足	400	qìqúnchén 弃群臣	369
qǐshǒuzú 启手足	400	qìshēn 弃身	368
qǐwèn 启问	196	qìshì 弃世	368

	弃逝	369
qìtángzhàng	弃堂帐	369
qìtiānxià	弃天下	369
qìyǎng	弃养	369
qìyí	弃移	369
qiāncú	迁殂	357
qiāngǔ	千古	390
qiānhuà	迁化	365, 393
qiānjì	迁寂	392
qiānjīn	千金	255
qiānlǜyīdé	千虑一得	78
qiānqiū	千秋	390
qiānqiūwànshì	千秋万世	390
qiānqiūwànsuì	千秋万岁	390
qiānshén	迁神	393
qiānshì	迁逝	365
qiānxíng	迁形	393
qiānyīlǜ	千一虑	78
qiánchéng	前承	224
qiánméng	前蒙	226
qiánpó	虔婆	336
qiánsōu	前溲	307
qiǎn	浅	12
qiǎnjiàn	浅见	12
qiǎnlòu	浅陋	13
qiǎnmào	浅瞀	13
qiǎnmiù	浅谬	13
qiǎnwén	浅闻	12
qiǎnxiá	浅狭	13
qiǎnxué	浅学	12
qiǎnzhōng	浅衷	12
qiǎnzhuō	浅拙	13
qiàn'ān	欠安	417
qiànjiā	欠佳	417
qiànshuǎng	欠爽	417
qiánghuāliǔ	墙花柳	326
qiánghuālùcǎo	墙花路草	326
qiánghuālùliǔ	墙花路柳	326
qiàobiànzi	翘辫子	409
qiàoqǐ	翘企	281
qiè	妾	71
	窃	49
qièrén	妾人	71
qièshēn	妾身	71
qièyùtōuhuā	窃玉偷花	349
qièyùtōuxiāng	窃玉偷香	349
qīnchóu	衾裯	316
qīnchóushì	衾裯事	316
qīnhàn	亲翰	275
qīnlǎn	亲览	262
qīnzhěnzhī'ài	衾枕之爱	316
qīnzhěnzhīlè	衾枕之乐	316
qínchéng	芹诚	76
qínjìng	芹敬	75
qínlóu	秦楼	339
qínlóuchǔguǎn	秦楼楚馆	339
qínlóuxièguǎn	秦楼谢馆	339
qínpù	芹曝	75
qínxiàn	芹献	75
qínyì	芹意	76
qǐnshàn	寝苫	414
qǐnshànzhěnkuài	寝苫枕块	414
qǐnshànzhěntǔ	寝苫枕土	414
qīng	青	181
	清	164, 301
	倾	380

卿	174	
圊	301	
qīngbèi 倾背	380	
qīngcái 清才	164	
qīngcè 圊厕	301	
qīngchá 青察	263,279	
qīngchuí 青垂	280	
qīngchūn 青春	249	
qīngcōng 清聪	166	
qīngdé 清德	166	
qīngfàn 清范	164	
qīngfēng 清风	164	
qīngfú 青蚨	423	
qīnggé 清格	164	
qīngguàn 清贯	166	
qīnghuī 清辉	164	
清徽	165	
qīnghuì 清诲	165	
qīnghùn 圊溷	301	
清溷	301	
qīngjí 青及	181,263,280	
qīngjiàn 青鉴	277	
清鉴	166	
qīngjiào 清教	165	
qīngkuàng 清况	167	
qīnglài 青睐	181,280	
qīnglǎn 青览	262,278	
清览	278	
qīnglóu 青楼	328,339	
qīnglùn 清论	165	
qīngmíng 清名	166	
qīngmóu 青眸	181	
qīngmù 青目	181	

qīngnú 青奴	423	
qīngpàn 青盼	181	
qīngqì 清器	304	
qīngshǎng 清赏	166	
qīngshén 清神	165	
qīngshì 清士	164	
倾世	380	
倾逝	380	
qīngtán 清谈	165	
qīngtīng 清听	166	
qīngtǒng 圊桶	303	
qīngxìng 清兴	165	
qīngyán 清言	165	
清颜	165	
qīngyǎn 青眼	181	
qīngyàng 清恙	167	
qīngyì 清议	165	
qīngyú 圊腧	301	
qīngyù 清誉	166	
qīngzhāi 清斋	167	
qīngzhào 青照	280	
qīngzhēn 清箴	166	
qǐng 请	193	
qǐngbiàn 请便	194	
qǐngfā 请发	194	
qǐnghè 顷荷	227	
qǐngjiào 请教	194	
qǐngjiǔ 请酒	194	
qǐngké 謦咳	238	
qǐngmài 请脉	194	
qǐngshì 请示	194	
qǐngtuò 謦唾	238	
qǐngwèn 请问	194	

qǐngxíng 请行	194	
qǐngzhèng 请正	194	
请政	194	
qióng 琼	271	
qiónghàn 琼翰	271	
qióngyīn 琼音	271	
qiū'ān 秋安	289	
qiūqí 秋祺	295	
qiūxǐ 秋禧	299	
qiūzhǐ 秋祉	296	
qiúhuān 求欢	319	
qū 曲	184,343	
屈	183	
qūchuí 曲垂	184	
qūcì 曲赐	184	
曲锡	184	
qūgāojiùxià 屈高就下	184	
qūhè 曲荷	184	
qūjià 屈驾	183	
qūjiàng 曲降	184	
qūjiù 屈就	184	
qūkòu 趋叩	244	
qūlín 曲临	184	
屈临	183	
qūliú 屈留	184	
qūqū 曲屈	184	
qūwēi 屈威	183	
qūxiàng 曲巷	343	
qūyè 趋谒	244	
qūyì 趋诣	244	
qūyuàn 曲院	343	
qūyǔn 曲允	184	
qūzhōng 曲中	343	
qūzūn 屈尊	183	
qù 去	354	
qùshì 去世	399	
quán'ān 痊安	288	
quánqí 痊祺	294	
quánxǐ 痊禧	299	
quǎnmǎ 犬马	71,72	
quǎnmǎbìng 犬马病	72	
quǎnmǎchǐ 犬马齿	71	
quǎnmǎzhībào 犬马之报	72	
quǎnmǎzhījí 犬马之疾	72	
quǎnmǎzhīláo 犬马之劳	72	
quǎnmǎzhīlì 犬马之力	72	
quǎnmǎzhīnián 犬马之年	71	
quǎnzǐ 犬子	65	

R

rǎn 染	325	
ràngchá 让茶	249	
ràngjiǔ 让酒	249	
ràngyān 让烟	249	
rěcǎoniānhuā 惹草拈花	347	
rěcǎozhānhuā 惹草沾花	347	
réndì 仁弟	254	
rénxiōng 仁兄	253	
rènxí 衽席	316	
rènxízhī'ài 衽席之爱	316	

rènxízhīhǎo	衽席之好	316	rúwò 如握	265
rì'ān	日安	289	rúwù 如晤	265
rìsuí	日绥	292	rǔ 辱	53
rìzhǐ	日祉	297	rǔ'ài 辱爱	55
róng	荣	221	rǔchéng 辱承	224
róng'ān	戎安	286	rǔcì 辱赐	54
róngbì	荣庇	222	rǔcìguān 辱赐观	54
rónggù	荣顾	222	rǔcúnwèn 辱存问	54
róngguāng	荣光	222	rǔdào 辱到	54
róngguī	荣归	222	rǔhè 辱荷	228
rónghàn	荣翰	222	rǔjiànkuàng 辱见贶	54
rónghuán	荣还	222	rǔkuàng 辱贶	54
rónghuò	荣获	222	rǔlín 辱临	54
rónglǎn	荣览	222	rǔlínfǎng 辱临访	54
róngrèn	荣任	221	rǔlíngù 辱临顾	54
róngshēng	荣升	221	rǔméng 辱蒙	226
róngsuí	戎绥	291	rǔshì 辱示	54
róngwèn	荣问	222	rǔshōu 辱收	54
róngxíng	荣行	222	rǔzài 辱在	54
róngxìng	荣幸	222	rǔzhī 辱知	54
róngyīng	荣膺	221	rùchá 入察	279
róngyuàn	荣愿	222	rùfáng 入房	315
róngzhuó	荣擢	221	rùgǎng 入港	325
rúchuánbǐ	如椽笔	171	rùjì 入寂	392
rújiàn	如见	265	rùjiān 入奸	349
rúliàn	孺恋	282	rùjiàn 入鉴	278
rúméng	如蒙	226	rùlǎn 入览	279
rúmiàn	如面	265	rùmǎ 入马	349
rúmù	孺慕	282	rùmiè 入灭	392
rúqǐ	孺企	281	rùyuè 入月	314
rúshǒu	如手	265		

S

sā 撒		309
sāshǒu 撒手		359
sāshǒuchénhuán 撒手尘寰		359
sāshǒurénhuán 撒手人寰		359
sāshǒurénjiān 撒手人间		359
sānchángliǎngduǎn 三长两短		420
sānchángsìduǎn 三长四短		420
sānshēngyǒuxìng 三生有幸		421
sǎncái 散才(材)		69
sǎnchū 散樗		69
sǎnlì 散栎		69
sǎnmù 散木		69
sāngjiān 桑间		350
sāngjiānpúshàng 桑间濮上		350
sāngzhōng 桑中		350
sǎotà 扫榻		250
shà'ān 箑安		289
shāndǒu 山斗		251
shāngāoshuǐdī 山高水低		421
shānjīng 山荆		64
shānlíngbēng 山陵崩		388
shānqī 山妻		65
shàn'ān 善安		285
shàncì 苫次		258
shànxí 苫席		258
shāng 殇		386
shāngyāo 殇夭		386
殇殀		386
shāngzhé 殇折		386
shǎng 赏		155
shǎngguāng 赏光		155
shǎngjiàn 赏鉴		261
shǎngliǎn 赏脸		155
shǎngshōu 赏收		155
shàng 上		133
shàngbīn 上宾		364
shàngcái 上裁		134
shàngchà 上刹		134
shàngchén 上尘		134
shàngchuáng 上床		317
shàngfù 上覆		134
shàngshàngháshǒu 上行首		329
shànghuātái 上花台		348
shànglǎo 上老		133
shànglù 上路		364
shàngrén 上人		133
shàngshè 上舍		134
shàngtiān 上天		364
shàngtīngháshǒu 上厅行首		329
shàngtóu 上头		332
shàngxītiān 上西天		364
shàngxià 上下		133
shàngxiān 上仙		364
shàngxìng 上姓		134
shàngyuàn 上院		134
shàngzú 上足		134
shěmìng 舍命		370
shěshēn 舍身		370

shěshēng 舍生	370	
shěshēngcúnyì 舍生存义	370	
shěshēngqǔyì 舍生取义	370	
舍生取谊	370	
shěshòu 舍寿	370	
shězì 舍字	370	
shè 舍	4	
shèbiǎodì 舍表弟	5	
shèbiǎomèi 舍表妹	5	
shèdì 舍弟	4	
shèdìfù 舍弟妇	4	
shèjiān 舍间	4	
shèjuàn 舍眷	5	
shèmèi 舍妹	4	
shèmèizhàng 舍妹丈	5	
shèqí 摄祺	294	
shèqīn 舍亲	5	
shèshēng 舍甥	5	
shèxià 舍下	4	
shèzhí 舍侄	5	
shèzhínǚ 舍侄女	5	
shēnhè 深荷	227	
shēnméng 深蒙	226	
shēnxiānzhāolù 身先朝露	386	
shénchí 神驰	281	
shěn 哂	239	
shěncún 哂存	239	
shěnnà 哂纳	239	
shěnshōu 哂收	239	
shènniànshènniàn 甚念甚念	283	
shēng 升（昇）	362	
生	329	
shēng'ān 升安	284	
shēngqí 升祺	292	
shēngsuí 升绥	291	
shēngtiān 升（昇）天	362	
shēngxiá 升（昇）遐	362	
shēngxiān 升（昇）仙	362	
shēngzhǐ 升祉	295	
shéngxuē 绳削	238	
shèng 圣	172	
shīhòu 失候	81	
shījià 师驾	138	
shījiě 尸解	394	
shījìng 失敬	81	
shīpéi 失陪	82	
shītái 师台	144	
shīyà 失迓	81	
shīyíng 失迎	81	
shí'ān 时安	290	
shíjiā 时嘉	299	
shíjīng 识荆	255	
shísuí 时绥	292	
shíxǐ 时禧	299	
shízhǐ 时祉	297	
shǐ 屎（矢、菌）	309	
shǐxí 史席	258	
shì 示	270	
势	312	
侍	259	
逝	357	
shì'ān 侍安	285	
shìcú 逝殂	357	
shìfú 侍福	260,297	
shìjì 示寂	392	
shìméng 适蒙	226	

shìmiè 示灭	392
shìmò 逝没	357
shìqí 侍祺	293
shìqián 侍前	259
shìshǐ 侍史	260
shìshì 逝世	357
shìshū 示书	270
shìxià 侍下	259
shìyòu 侍右	259
shìyù 示谕	270
shìzhě 侍者	259
shìzhǐ 侍祉	296
shōulǎn 收览	279
shǒu 手	273
shǒubì 手毕	274
shǒuchǐ 手尺	274
shǒudá 手答	274
shǒufù 手复	274
shǒugào 手告	274
shǒuhán 手函	273
shǒuhàn 手翰	273
shǒuhuì 手诲	273
shǒujiān 手笺	274
手缄	274
shǒujiǎn 手简	274
shǒujiào 手教	273
shǒushì 手示	273
shǒushū 手书	273
shǒuyù 手谕	273
shǒuzhá 手札	273
shǒuzhào 手诏	274
shǒuzú 手足	266
shòucái 寿材	418
shòujù 寿具	418
shòukǎn 寿坎	419
shòukuàng 寿圹	419
shòulíng 寿陵	419
shòumù 寿木	418
shòuqì 寿器	418
shòushì 寿世	254
shòutáng 寿堂	419
shòuxué 寿穴	419
shòuyī 寿衣	420
shòuyíng 寿茔	419
shòuyù 寿域	419
shòuzàng 寿藏	419
shòuzhōng 寿终	404
shòuzhōngzhèngqǐn 寿终正寝	404
shòuzhǒng 寿冢	419
shū 殊	409
shūjiào 书教	269
shūniànshūniàn 殊念殊念	283
shūshì 书侍	260
shǔ'ān 暑安	289
shuāng'ān 双安	287
shuāngfú 双福	298
shuāngqí 双祺	295
shuāngsuí 双绥	292
shuāngzhǐ 双祉	296
shuǐjiě 水解	394
shuì'ān 睡安	288
shùnshì 顺世	393
sī 私	307,310
sīchù 私处	310
sījiān 私艰	412
sīkē 私窠	328

音序检索 471

sīkēzi 私窠子	328
sīwōzi 私窝子	328
sǐ 死	410
sǐsāng 死丧	410
sǐwáng 死亡	410
sǐzhōng 死终	410
sìméng 嗣蒙	226
sǒnglǐng 悚领	276
sòngxī 诵悉	276
sōu 溲	306
sōuqì 溲器	304
sùchéng 素承	224
sùméng 夙蒙	226
suí 绥	290
suì'ān 岁安	288
suìqí 岁祺	294
suìsuí 岁绥	292
suìxǐ 岁禧	298
suìzhǐ 岁祉	296
suǒdú 琐渎	58

T

tái 台	140, 257, 267
tái'ài 台爱	142
tái'ān 台安	142, 284
táichá 台察	263, 279
táicí 台慈	143
táicóng 台从	140
táidiàn 台电	142
táiduān 台端	141
táifǔ 台甫	142
táiguāng 台光	143
táihán 台函	267
táihàn 台翰	143
táihòu 台候	142
táihuì 台讳	142
台海	142
táijī 台基	345
táijià 台驾	140
táijiàn 台鉴	142, 260, 277
táijiào 台教	267
táijǐn 台廑	142
táijīng 台旌	141
táijuàn 台眷	142
táilǎn 台览	262, 278
táimìng 台命	143
táipèi 台斾	141
táipíng 台屏	140
táiqí 台祺	292
táishì 台示	267
táishǔ 台属	143
táisuí 台绥	291
táitái 台台	257
台臺	143
táitīng 台听	143
táixí 台席	143, 257
táixià 台下	140, 257
táixián 台衔	142
táixiōng 台兄	144
táixùn 台训	142

táiyán	台严	141	tángwēng	堂翁	254
	台颜	143	tángzi	堂子	346
táiyì	台意	143	tángzūn	堂尊	254
táiyù	台驭	141	tǎngméng	倘蒙	227
	台谕	142	tāo	叨	51
táiyuè	台阅	143	tāocè	叨厕	53
táizhào	台照	142	tāochén	叨尘	52
táizhǐ	台旨	143	tāochéng	叨承	51
táizuò	台坐	256	tāodì	叨第	53
	台座	140,256	tāoguāng	叨光	52
tài	太	131	tāojiàn	叨践	52
tàidì	太弟	132	tāojiào	叨教	53
tàidǒu	泰斗	251	tāojù	叨据	52
tàifūrén	太夫人	132	tāolài	叨赖	53
tàigōng	太公	131	tāolàn	叨滥	52
tàilǎoye	太老爷	131	tāolǐng	叨领	51
tàipó	太婆	132	tāomào	叨冒	53
tàipú	太仆	132	tāopéi	叨陪	53
tàishānběidǒu	泰山北斗	251	tāoqiè	叨窃	52
tàitai	太太	132	tāorǎo	叨扰	53
tàiwēng	太翁	131	tāoróng	叨荣	53
tàiyé	太爷	131	tāorǔ	叨辱	51
tàiyī	太医	132	tāoshòu	叨受	51
tàizūn	太尊	131	tāotiǎn	叨忝	52
tán'ān	潭安	287	tāowèi	叨位	52
tánfú	潭福	297	tāoyīng	叨膺	51
tánfǔ	潭府	148	tāozào	叨簉	53
	檀府	250	tāozhǎng	叨长	53
tánqí	潭祺	293	tǎojiào	讨教	248
tánsuí	潭绥	291	títái	提台	144
tánzhǐ	潭祉	296	tìyǔ	殢雨	321
tángchāi	堂差	330	tìyǔyóuyún	殢雨尤云	321
tángkè	堂客	330	tìyúnyóuyǔ	殢云尤雨	321

音序检索 473

tiānguǐ 天癸		314
tiángōuhè 填沟壑		403
tiánhè 填壑		403
tiǎn 忝		49
tiǎncān 忝参		51
tiǎnchū 忝出		51
tiǎnfù 忝附		51
tiǎngāowèi 忝高位		49
tiǎnguān 忝官		49
tiǎnhòujuàn 忝厚眷		51
tiǎnjìn 忝近		51
tiǎnjū 忝居		50
tiǎnjuàn 忝眷		51
tiǎnlèi 忝累		50
tiǎnliè 忝列		51
tiǎnqiè 忝窃		50
tiǎnrèn 忝任		49
tiǎnrǔ 忝辱		49
tiǎnshǒu 忝守		50
tiǎnsī 忝私		51
tiǎnwéi 忝为		50
tiǎnxìng 忝幸		51
tiǎnyīng 忝膺		49
tiǎnyú 忝逾		50
tiǎnyuè 忝越		50
tiǎnzài 忝在		50
tiǎnzhí 忝职		49
tiǎnzhòng 忝中		51
tiáozi 条子		332
tíngkǒng 廷孔		312
tóng'ān 同安		290
tóngchá 同察		263
tóngchuánggòngzhěn 同床共枕		315
tóngfáng 同房		315
tóngjiàn 同鉴		261
tónglǎn 同览		263
tóngzhěn 同枕		315
tōu 偷		349
tōuguāng 偷光		349
tōuhàn 偷汉		350
tōuhànzi 偷汉子		350
tōuhuān 偷欢		350
tōujīdàogǒu 偷鸡盗狗		350
tōujīdiàogǒu 偷鸡吊狗		350
tōujīmōgǒu 偷鸡摸狗		350
tōuqī 偷期		349
tōuqíng 偷情		349
tōuxiāng 偷香		349
tōuxiāngqièyù 偷香窃玉		349
tú 涂		84
túyā 涂鸦		84
túyǎ 涂雅		84
tǔzhū 吐珠		73
tuánnòng 抟弄		353
tuánxiāngnòngfěn 抟香弄粉		353
tuánxiāngnòngyù 团香弄玉		348
tuì 蜕		395
tuìhuà 蜕化		395
tuìwěi 蜕委		395
tún'ér 豚儿		65
túnquǎn 豚犬		65
tuōbù 拖步		248
tuōfú 托福		249
tuōhuà 托化		393
tuōjì 托骥		75
tuōsǐ 托死		394

W

wán 顽	12	
wánbì 完璧	249	
wáncái 顽才	12	
wán'ér 顽儿	12	
wánjiàn 顽健	12	
wánnú 顽驽	12	
wánqū 顽躯	12	
wánzhào 完赵	246	
wǎn 晚	63	
wǎn'ān 晚安	290	
wǎchū 晚出	390	
wǎncún 莞存	240	
wǎnjià 晚驾	390	
wǎnjìn 晚进	63	
wǎnshēng 晚生	63	
wǎnxué 晚学	63	
wǎnxuéshēng 晚学生	63	
wàn'ān 万安	285	
wànfú 万福	297	
wàngǔ 万古	390	
wànsuì 万岁	390	
wànsuìqiānqiū 万岁千秋	390	
wáng 亡	355	
wánggù 亡故	355	
wángguò 亡过	355	
wánghuà 亡化	355	
wángmǐn 亡泯	355	
wángmò 亡没(殁)	355	
wángshì 亡逝	355	

wángsǐ 亡死	410	
wǎng 枉	182	
往	357	
wǎngbù 枉步	182	
wǎngcì 枉刺	182	
wǎngcóng 枉从	182	
wǎngcún 枉存	183	
wǎngfǎng 枉访	182	
wǎnggù 枉顾	182	
wǎngguò 枉过	182	
wǎnghuà 往化	358	
wǎngjià 枉驾	182	
wǎngjiào 枉教	183	
wǎnglín 枉临	182	
wǎngqí 枉骑	182	
wǎngqū 枉屈	183	
wǎngshì 往逝	358	
wǎngsòng 枉送	183	
wǎngwèn 枉问	183	
wǎngyǔ 枉语	183	
wǎngzhào 枉棹	182	
wǎngzhé 枉辙	182	
wēi 微	16	
wēicái 微才	16	
wēichén 微臣	16	
微尘	19	
微忱	17	
wēichéng 微诚	17	
wēigōng 微功	18	

微躬		16
wēiguǎn 微管		19
wēijiàn 微贱		16
wēijié 微节		18
wēijìng 微敬		18
wēikē 微疴		17
wēikuǎn 微款		17
wēiláo 微劳		18
wēilì 微力		16, 18
wēilùn 微论		18
wēimíng 微名		16
wēimìng 微命		17
wēimò 微末		19
wēiqín 微芹		19
wēiqíng 微情		18
wēiqū 微躯		16
wēiqù 微趣		18
wēishàng 微尚		18
wēishēn 微身		16
wēishēng 微生		17
wēishuō 微说		18
wēisù 微素		18
wēiwù 微物		19
wēiyàng 微恙		17
wēiyí 微仪		19
wēiyì 微意		17
wēizhì 微志		18
微质		16
wēizhōng 微衷		17
wēizī 微姿		17
wéidài 违代		371
wéihé 违和		417
wéishì 违世		371
wéiyǎng 违养		371
wéiyōu 违忧		417
wéiyù 违裕		415
违豫		415
wěi 猥		55
wěichéng 猥承		55
wěichuí 猥垂		55
wěicè 猥厕		55
wěicì 猥赐		55
wěihè 猥荷		55
wěiláo 猥劳		55
wěilí 委离		372
wěilín 猥临		55
wěilùn 伟论		254
wěiméng 猥蒙		55
wěirǔ 猥辱		55
wěishì 委世		372
wěishòu 猥受		55
wěitāo 猥叨		55
wěituō 猥托		55
wèiméng 未蒙		227
wèixià 位下		255
wén'ān 文安		286
wéncóng 文从		252
wénfú 文福		297
wénqí 文祺		293
wénsuí 文绥		291
wénxí 文席		258
wénzhǐ 文祉		295
wènliǔpínghuā 问柳评花		347
wènliǔxúnhuā 问柳寻花		347
wènxùn 问讯		250
wòchéng 渥承		224

wòhè	渥荷	228		wúbǐng	芜禀	59
wòméng	渥蒙	226		wúcí	芜词	58
wòshǒu	握手	266		wúdú	芜牍	59
wòyǔxiéyún	握雨携云	321		wúhán	芜函	59
wūhū	呜呼	406		wújiān	芜笺	59
wūhū'āizāi	呜呼哀哉	406		wújiǎn	芜柬	59
wūshān	巫山	320		wúyīn	芜音	58
wūshānyúnyǔ	巫山云雨	320		wǔ'ān	午安	290
wūxiá	巫峡	321		wǔxǐ	午喜	299
wūyún	巫云	320,322			午禧	299
wūyúnchǔyǔ	巫云楚雨	320		wùgù	物故	405
wú	芜	58		wùhuà	物化	401

X

xīchéng	昔承	224		xiáshēng	遐升	364
xīshēng	牺牲	401		xià	下	46,135,174
xīxià	膝下	177		xià'ài	下爱	135
xí	席	257		xià'ān	夏安	289
xíxià	席下	177		xiàbǐ	下鄙	24
xǐ	禧	298		xiàchén	下臣	46
xǐ'ěr	洗耳	244			下尘	47
xǐ'ěrgōngtīng	洗耳恭听	244			下忱	47
xǐ'ěrgǒngtīng	洗耳拱听	244		xiàfáng	下房	47
xǐjiàn	喜鉴	261		xiàfǎng	下访	135
xìliàn	系恋	282		xiàfēng	下风	47
xìniàn	系念	282		xiàgù	下顾	135
xiá	狎	324		xiàguān	下官	46
xiádēng	遐登	364		xiàhuái	下怀	47
xiájǔ	遐举	364		xiàjiā	下家	47
xiánì	狎昵(暱)	324		xiàjiàng	下降	135
xiáqì	遐弃	364		xiàkǔn	下悃	47

xiàqí	夏祺	294		xiānrén	先人	233,235
xiàqiè	下妾	46		xiānshēng	仙升	361
xiàqíng	下情	47			先生	235
xiàshì	下世	399		xiānshī	仙师	228
xiàwèn	下问	135		xiānshì	仙逝	361
xiàxún	下询	135			先室	235
xiàyú	下愚	46		xiānwēng	仙翁	228
xiàzhù	下祝	47		xiānxiāng	仙乡	228
xiàzǒu	下走	70		xiānxiōng	先兄	235
xiān	仙	228		xiānyán	先严	233
	先	233		xiānyóu	仙游	361
xiān'ǎo	先媪	234		xiānyǒu	先友	235
xiānbǐ	先妣	234		xiānzhǎng	仙长	228
xiāncí	先慈	234		xiānzǐ	先子	233,235
xiāndàfū	先大夫	233		xiānzǔ	先祖	235
xiāndàn	仙诞	228		xián	贤	110
xiānfūzǐ	先夫子	233		xiánbèi	贤辈	114
xiānfǔjūn	先府君	233		xiánbǐ	贤妣	114
xiānfù	先父	233		xiáncóng	贤从	112
xiāngōng	先公	233		xiándì	贤弟	112
xiāngū	仙姑	228		xiándōng	贤东	114
	先姑	235		xiándù	贤度	115
xiānhòu	先后	234		xiánfān	贤藩	114
xiānhuà	仙化	361		xiánfū	贤夫	111
xiānjiù	先舅	235		xiánfūrén	贤夫人	111
xiānjūn	先君	233,235		xiánfǔ	贤府	114
xiānkǎo	先考	233		xiánfù	贤妇	111
xiānkè	仙客	228		xiángē	贤歌	115
xiānlǐ	仙里	228		xiángé	贤阁(阁)	111
xiānmǔ	先母	234		xiánhóu	贤侯	114
xiānqiè	先妾	234		xiánhuāyěcǎo	闲花野草	327
xiānqīn	先亲	234		xiánhuán	衔(啣)环	73
xiānqù	仙去	361		xiánhuánjiécǎo	衔(啣)环结草	73

xiánjiā 贤家	111	
xiánjié 衔(啣)结	73	
xiánkànglì 贤伉俪	112	
xiánkǔn 贤阃	111	
xiánláng 贤郎	113	
xiánlíng 贤灵	115	
xiánmán 贤瞒	111	
xiánměi 贤每	111	
xiánmèi 贤妹	113	
xiánmén 贤门	111	
xiánnèi 贤内	111	
xiánnèizhù 贤内助	111	
xiánnǚ 贤女	113	
xiánpèi 贤配	111	
xiánqī 贤妻	112	
xiánqì 贤契	114	
xiánqīn 贤亲	113	
xiánqīng 贤卿	112	
xiánshēng 贤甥	113	
xiánshì 贤室	111	
xiánshū 贤叔	114	
xiánshuǐmèi 咸水妹	331	
xiánsūn 贤孙	113	
xiánxī 贤息	113	
xiányǒu 贤友	114	
xiánzhí 贤侄	114	
xiánzhòng 贤仲	112	
xiánzhù 贤助	111	
xiánzǐ 贤子	113	
贤姊	112	
xiánzūn 贤尊	111	
xiǎn 显	236	
xiǎnbǐ 显妣	236	
xiǎnkǎo 显考	236	
xiǎnzǔ 显祖	236	
xiàn 宪	145	
xiànchá 献茶	249	
xiànchē 宪车	145	
xiànduàn 宪断	145	
xiàn'ēn 宪恩	145	
xiàngōng 宪躬	146	
xiànjià 宪驾	145	
xiànjǐn 宪廑	146	
xiànjìn 限尽	387	
xiànjuàn 宪眷	146	
xiànkǎo 宪考	146	
xiànpī 宪批	146	
xiànpù 献曝	75	
xiànqín 献芹	75	
xiàntái 宪台	145	
xiàntīng 宪听	145	
xiànxí 宪檄	146	
xiànxíng 宪行	145	
xiànyì 宪意	146	
xiànzhù 宪注	146	
xiāngfán 相烦	241	
xiānghǎo 相好	329	
xiāngrǎo 相扰	242	
xiāngxiāoyùsuì 香消玉碎	397	
xiāngxiāoyùsǔn 香消玉损	397	
xiāngxiāoyùyǔn 香消玉殒	397	
xiǎngniàn 想念	282	
xiǎo 小	40	
xiǎobìzi 小婢子	43	
xiǎobiàn 小便	307,311	
xiǎocí 小词	44	

xiǎodàjiě 小大姐	327	xiǎoxiānshēng 小先生	330
xiǎode 小的(底)	41	xiǎoxíng 小行	42
xiǎodì 小弟	41	xiǎoxù 小婿	43
xiǎo'ér 小儿	42	xiǎoyán 小筵	43
xiǎofáng 小房	44	xiǎoyàng 小恙	43
xiǎofù 小妇	42	xiǎoyí 小遗	307
xiǎofùrén 小妇人	42	xiǎoyìsi 小意思	44
xiǎogàn 小干	307	xiǎoyuán 小园	44
xiǎogōng 小恭	307	xiǎozhí 小侄	41
xiǎoguān 小官	42	xiǎozhuó 小酌	44
xiǎohào 小号	44	xiǎozǐ 小子	41
xiǎojí 小疾	43	xiàolǐng 笑领	239
xiǎojiě 小姐	327	xiàoliú 笑留	239
小解	307	xiàonà 笑纳	239
xiǎojiè 小价	43	xièbīnkè 谢宾客	358
xiǎokě 小可	41	xièbùmǐn 谢不敏	424
xiǎokè 小客	43	xièchényuán 谢尘缘	358
xiǎolǎo 小老(老儿)	41	xiè'é 谢娥	328
xiǎomèi 小妹	42	xièguǎnqínlóu 谢馆秦楼	339
xiǎoní 小尼	42	xièmò 谢殁	358
xiǎonǚ 小女	43	xièniáng 谢娘	328
xiǎoqiè 小妾	42	xièqì 褉器	304
xiǎoquǎn 小犬	42	xièshēng 谢生	358
xiǎorén 小人	40	xièshí 谢时	358
xiǎosēng 小僧	42	xièshì 谢世	358
xiǎoshè 小舍	44	谢事	358
xiǎoshēng 小生	41	xièzhuō 谢拙	424
xiǎoshuǐ 小水	307	xīn'ān 新安	288
xiǎosōu 小溲	307	xīncún 欣存	240
xiǎowán 小顽	42	xīnhuǒ 薪火	387
xiǎowén 小文	44	xīnjìn 薪尽	387
xiǎowǒ 小我	41	xīnjìnhuǒmiè 薪尽火灭	387
xiǎowū 小污(汙)	401	xīnqí 新祺	294

xīnxī 欣悉	276
xīnxǐ 新喜	298
新禧	298
xīnzhǐ 新祉	296
xīngjià 星驾	138
xīngluò 星落	377
xīngwáng 星亡	377
xīngyǔn 星陨	377
xíng'ān 行安	288
xíngfáng 行房	319
xíngqí 行祺	294
xíngqīng 行清	301
xíngshì 行事	319
xíngxiè 形谢	358
xíngyīn 行阴	319
xíngyún 行云	319
xǐnglǎn 省览	278
xìng 幸	220
xìngchá 幸察	220
xìngchéng 幸承	220
xìngfú 幸福	298
xìnghè 幸荷	228
xìnghuì 幸会	221
xìngjiào 幸教	220
xìnglín 幸临	220
xìngméng 幸蒙	220
xìngrǔ 幸辱	220
xìngshāng 杏殇	386
xìngshèn 幸甚	221
xìngyù 幸御	318
xiōngtái 兄台	144
xiūxī 休息	401
xùdiāo 续貂	75
xuán 旋	307
xuánxì 悬系	282
xuánxuán 悬悬	282
xuēzhèng 削正	238
削政	238
xuéqí 学祺	293
xūn'ān 勋安	284
xūnjiàn 勋鉴	260
xūnqí 勋祺	292
xúnfāng 寻芳	348
xúnhuā 寻花	346
xúnhuāmìliǔ 寻花觅柳	346
xúnhuāwènliǔ 寻花问柳	346
xùnzhèng 训正	236

Y

yǎ 雅	167
yǎ'ài 雅爱	168
yǎdù 雅度	168
yǎhào 雅号	168
yǎhuái 雅怀	169
yǎhuì 雅海	167
雅惠	167
yǎjiàn 雅鉴	168, 261
yǎjiào 雅教	167
yǎkuàng 雅贶(况)	167

yǎliàng 雅量	168	
yǎlùn 雅论	168	
yǎsī 雅思	168	
yǎtǐ 雅体	169	
yǎwàng 雅望	167	
yǎyì 雅意	168	
yǎzhèng 雅正	238	
yǎzhǔ 雅属	168	
yǎzhuàn 雅篆	168	
yǎzòu 雅奏	168	
yānhuā 烟花	326	
胭(臙)花	326	
yānhuāchǎng 烟花场	337	
yānhuāduì 胭花队	337	
yānhuāhángyuàn 烟花行院	337	
yānhuāliǔxiàng 烟花柳巷	338	
yānhuānǚ 烟花女	326	
胭花女	326	
yānhuāshì 烟花市	338	
yānhuāxiàng 烟花巷	338	
yānhuāzhài 烟花寨	337	
yānhuāzhèn 烟花阵	337	
yānyuèzuōfang 烟月作坊	337	
yānzhī 燕支	421	
yānzhīpō 燕脂坡	336	
yán'ān 研安	287	
yánfàn 颜范	251	
yánqí 研祺	293	
yánqì 延跂	282	
yǎn 偃	301	
yǎngé 奄隔	381	
yǎnhū 奄忽	381	
yǎnhuà 奄化	381	

yǎnhùn 偃溷	302	
yǎnlún 奄沦	381	
yǎnqì 奄弃	381	
yǎnrán 奄然	381	
yǎnshì 奄逝	381	
yǎnsōu 偃溲	302	
yǎnxiè 奄谢	381	
yǎnzhuō 眼拙	82	
yàn'ān 砚安	286	
yàndài 厌代	399	
yànguī 晏归	390	
yànjià 晏驾	390	
yànshì 厌世	399	
yànsī 燕私	324	
yànzikē 燕子窠	424	
yāngfán 央烦	241	
yáng 阳	312	
yángdào 阳道	312	
yángjù 阳具	312	
yángliǔlóu 杨柳楼	338	
yángtái 阳台	322	
yángwù 阳物	312	
yǎng 仰	207	
yǎngbān 仰扳	207	
yǎngchéng 仰承	208, 224	
yǎngchóu 仰酬	207	
yǎngdá 仰答	207	
yǎngdú 仰渎	208	
yǎngfán 仰烦	208	
yǎngfú 仰服	208	
yǎnggāo 仰高	207	
yǎnghè 仰荷	208, 227	
yǎngméng 仰蒙	226	

yǎngmù 仰慕		207
yǎngpān 仰攀		207
yǎngqí 仰祈		208
yǎngqǐ 仰企		207
yǎngqū 仰屈		208
yǎngxiàn 仰羡		207
yǎngzhǐ 仰止		207
yāo 夭		383
殀		385
yāochá 邀察		279
yāocuó 夭瘥		384
yāocú 夭殂		384
殀殂		385
yāocù 夭促		384
yāoduǎn 夭短		385
yāo'è 夭阏(遏)		385
yāo'èr 幺二		331
yāohūn 夭昏(昬)		384
yāojí 夭疾		384
yāojiàn 邀鉴		278
yāojù 夭遽		385
yāojué 夭绝		385
yāolì 夭厉		384
夭疠		384
yāomò 夭殁		384
yāosāng 夭丧		384
yāoshāng 夭殇		385
yāoshì 夭逝		385
yāoshòu 夭寿		385
yāosǐ 夭死		383
yāowáng 夭亡		383
殀亡		385
yāowǎng 夭枉		384
yāoxiè 夭谢		385
yāoyāng 夭殃		384
yāoyì 夭疫		384
yāozhá 夭札		384
殀札		385
yāozhé 夭折		383
yáo 瑶		271
yáofù 瑶复		271
yáohán 瑶函		271
yáohuáyīn 瑶华音		271
yáojiān 瑶笺		271
瑶缄		271
yáojiě 窑姐		327
yáotáiqīng 瑶台倾		397
yáozhāng 瑶章		271
yáozi 窑子		346
yé 爷		178
yétái 爷台		144
yéye 爷爷		178
yějī 野鸡		331
yèdùniáng 夜度娘		328
yèhú 夜壶		305
yīchángbànduǎn 一长半短		420
yīcháng'èrduǎn 一长二短		420
yīchí 依驰		281
yīdé 一得		78
yīdézhījiàn 一得之见		78
yīdézhīyú 一得之愚		78
yīliàn 依恋		283
yí 遗		306
yí'ān 怡安		287
颐安		285
yíqì 遗弃		370

yíshì	遗世	395		yǐngzhèng	郢正	237
yíxíng	遗形	394			郢政	237
yǐcuìwēihóng	倚翠偎红	353		yǒngbié	永别	383
yǐmén	倚门	353		yǒngcí	永辞	383
yǐménfù	倚门妇	331		yǒngjué	永诀	383
yǐménmàiqiào	倚门卖俏	353			永绝	383
yǐménmàixiào	倚门卖笑	353		yǒngqiān	永迁	383
yǐménxiànxiào	倚门献笑	353		yǒngshì	永逝	383
yǐménzhě	倚门者	331		yǒngzhé	永蛰	383
yǐyùwēixiāng	倚玉偎香	353		yǒngzhōng	永终	383
yì	殪	409		yōuhuì	幽会	350
yì'ān	懿安	285		yōuqī	幽期	350
yīn	阴	310		yóu'ān	游安	288
yīnhù	阴户	312		yóudài	游岱	365
yīnjīng	阴茎	311		yóuhuātǐxuě	尤花殢雪	321
yīnmén	阴门	312		yóuhuì	尤讳	390
yīnqì	阴器	310		yóutì	尤殢	321
yīnyáng	阴阳	310,325		yóuyúntǐxuě	尤云殢雪	321
yín'ān	吟安	286		yóuyúntǐyǔ	尤云殢雨	321
yíntái	寅台	144		yóuzǐ	犹子	64
yínxí	吟席	259		yǒudào	有道	263
yínyòu	吟右	259		yǒufán	有烦	241
yǐnhuà	隐化	401		yǒuhuì	有讳	402
yīngcháoyànlěi	莺巢燕垒	337		yǒuláo	有劳	242
yīngdiānyànkuáng	莺颠燕狂	324		yǒuqǐng	有请	194
yīnghuā	莺花	326		yǒuxìng	有幸	221
yīnghuāshì	莺花市	337		yūbù	迂步	248
yīnghuāzhài	莺花寨	337		yú	愚	5
yīnghuāzhèn	莺花阵	337		yúbiǎodì	愚表弟	8
yīngyàn	莺燕	326		yúbófù	愚伯父	8
yíngniàn	萦念	282		yúcè	愚策	6
yǐngcái	郢裁	237		yúchén	愚臣	6
yǐngxuē	影削	406			愚忱	7

yúchéng	愚诚		7
yúdì	愚弟		8
yúfū	愚夫		8
yúfūfù	愚夫妇		8
yúguǎn	愚管		7
yúhuái	愚怀		6
yújì	愚计		6
yújiàn	愚见		6
yúkěn	愚恳		7
yúkuǎn	愚款		7
yúkǔn	愚悃		7
yúlǎo	愚老		6
yúlǜ	愚虑		6
yúmèizhàng	愚妹丈		8
yú'nán	愚男		8
yúqíng	愚情		7
yúsǎo	愚嫂		8
yúsù	愚愫		7
yúsuàn	愚算		6
yútǒng	畬桶		304
yúxiào	愚效		8
yúxīn	愚心		6
yúxiōng	愚兄		8
yúyán	愚言		7
yúyì	愚议		6
	愚意		6
yúzhí	愚侄		8
yúzhì	愚志		7
yúzhōng	愚衷		7
yúzǐmèi	愚姊妹		8
yǔ'àiyúnhuān	雨爱云欢		321
yǔhúnyúnmèng	雨魂云梦		321
yǔkūyúncháo	雨窟云巢		322
yǔpòyúnhún	雨魄云魂		321
yǔsàn	雨散		323
yǔsànyúnshōu	雨散云收		323
yǔxíyúnchuáng	雨席云床		322
yǔxiūyúnkùn	雨羞云困		323
yǔyìyúnqíng	雨意云情		322
yǔyuēyúnqī	雨约云期		322
yǔyún	雨云		321
yǔyúnxiāng	雨云乡		322
yǔzhàngyúnpíng	雨帐云屏		322
yù	玉		160, 270
	谕		270
	御(驭)		318
	御		172
yù'ān	寓安		287
yùbù	玉步		162
yùcuī	玉摧		398
yùdù	玉度		161
yùhán	谕函		270
yùjiān	玉缄		270
yùjīng	玉茎		311
yùmào	玉貌		160
yùmiàn	玉面		160
yùnǚ	玉女		161
yùróng	玉容		160
yùsè	玉色		160
yùshēng	玉声		161
yùshì	谕示		270
yùshū	谕书		270
yùsuì	玉碎		398
yùsuìxiāngxiāo	玉碎香销		397
yùsuìzhūchén	玉碎珠沉		397
yùtǐ	玉体		161

yùxìng	御幸	318	yúnyù	云驭	361
yùyán	玉言	161	yǔn	陨	375
	玉颜	160		殒	375
yùyīn	玉音	161,270		贇	377
yùyǔn	玉殒	397	yǔnbèi	陨背	375
yùzhá	玉札	162	yǔnbì	陨毙	376
yùzhào	玉照	161		殒毙	377
yùzhé	玉折	398	yǔnbó	陨踣	376
yùzhǐ	玉趾	162	yǔndiān	殒颠	377
yuán'ān	元安	285	yǔnlíng	陨零	376
yuánjì	圆寂	392	yǔnluò	陨落	376
yuánzhǐ	元祉	295		殒落	376
yuǎnchéng	远承	225	yǔnmìng	陨命	375
yuǎnxíng	远行	355		殒命	376
yuè	月	313	yǔnmò	陨没(殁)	375
yuèjīng	月经	313		殒没(殁)	376
yuèkě	月客	313	yǔnpū	陨仆	375
yuèshì	月事	313	yǔnquē	陨缺	375
yuèshù	月数	314	yǔnsāng	陨丧	376
yuèshuǐ	月水	313	yǔnshēn	陨身	375
yuèxìn	月信	313	yǔnshì	陨世	375
yuèzhèng	阅正	238		殒逝	376
yúnmèngxiánqíng	云梦闲情	321	yǔnxiè	陨谢	376
yúnqíngyǔyì	云情雨意	322		殒谢	376
yúnshōuyǔsàn	云收雨散	323	yǔnyuè	陨越	376
yúnyóuyǔtì	云尤雨殢	321		殒越	376
yúnyǔ	云雨	320	yǔnzhuì	陨队(坠、隧)	375
yúnyǔxiāng	云雨乡	336	yǔnzuò	贇祚	377

Z

zàixià	在下	48	zāojiān	遭艰	411

zāoyōu 遭忧	411	
zǎo'ān 早安	290	
zǎojiàn 藻鉴	278	
zǎoméng 早蒙	227	
zǎoshì 早世	399	
zàofǔ 造府	245	
zàoyè 造谒	245	
zàoyì 造诣	245	
zèngfèng 赠奉	200	
zhānfēngrěcǎo 沾风惹草	347	
zhānhuārěcǎo 沾花惹草	347	
zhānliàn 瞻恋	283	
zhānyī 瞻依	283	
zhǎn 展	205	
zhǎncǎo 展草	74	
zhǎnfèng 展奉	205	
zhǎnyè 展谒	205	
zhǎnyì 展诣	205	
zhāngtái 章台	339	
zhàngjù 杖屦	252	
zhànglǚ 杖履	252	
zhàngxí 杖席	257	
zhāofēngrědié 招蜂惹蝶	348	
zhāofēngyǐndié 招蜂引蝶	348	
zhāohuārěcǎo 招花惹草	347	
zhāolù 朝露	386	
zhāoyúnmùyǔ 朝云暮雨	320	
zhàogōngyuánshuài 赵公元帅	423	
zhàoyuánshuài 赵元帅	423	
zhé 哲	171	
zhéjiù 哲舅	172	
zhékūn 哲昆	171	
zhésì 哲嗣	172	
zhéxiōng 哲兄	171	
zhēnhuì 珍惠	248	
榛荟	85	
zhēnkuàng 珍贶	248	
zhēnwú 榛芜	85	
zhěnxí 枕席	315	
zhěnxízhī'ài 枕席之爱	315	
zhěnxízhīhuān 枕席之欢	315	
zhěnxízhīshì 枕席之事	315	
zhènmò 阵没(殁)	402	
zhènwáng 阵亡	402	
zhèng 正	236	
zhèngmìng 正命	404	
zhèngsuí 政绥	291	
zhīchéng 祗承	276	
zhīhuī 芝辉	251	
zhīlíng 祗聆	276	
zhīxī 祗悉	276	
zhīyǔ 芝宇	251	
zhíshì 执事	250,264	
zhíshǒu 执手	266	
zhǐ 祉	295	
zhǐzhèng 指正	236	
zhì 陟	365	
zhìhuán 掷还	83	
zhìniànzhìniàn 至念至念	283	
zhìqì 至契	266	
zhìsòng 掷送	83	
zhìtái 制台	144	
zhìwǎn 治晚	63	
zhìwǎnshēng 治晚生	63	
zhìxià 掷下	83	
zhìzhèng 质正	238	

zhōng 终	405	
zhōngmò 终没(殁)	405	
zhūchénbìsuì 珠沉璧碎	397	
zhūchényùsuì 珠沉玉碎	397	
zhūchényùyǔn 珠沉玉陨	397	
zhù 伫	215	
zhù'ān 著安	286	
zhùfú 著福	297	
zhùhòu 伫候	218	
zhùqí 著祺	292	
zhùróngshì 祝融氏	423	
zhùwén 伫闻	218	
zhùxí 著席	258	
zhùzhǐ 著祉	295	
zhuǎnshēn 转身	406	
zhuàn'ān 撰安	286	
zhuànfú 撰福	297	
zhuànjiā 撰嘉	299	
zhuànqí 撰祺	292	
zhuànsuí 撰绥	291	
zhuànxí 撰席	258	
zhuāng'ān 妆安	288	
zhuāngsòng 庄诵	205	
zhuìdú 赘渎	58	
zhuō 拙	9	
zhuōbǐ 拙笔	9	
zhuōcái 拙才	11	
zhuōcún 拙存	10	
zhuō'è 拙恶	9	
zhuōfū 拙夫	11	
zhuōfù 拙妇	11	
zhuōgǎo 拙稿	9	
zhuōhàn 拙汉	12	
zhuōhào 拙号	12	
zhuōhuà 拙画	10	
zhuōhuàn 拙宦	11	
zhuōjí 拙疾	11	
拙集	10	
zhuōjì 拙计	10	
拙技	11	
zhuōjiàn 拙见	10	
zhuōjīng 拙荆	11	
zhuōkè 拙刻	10	
zhuōnè 拙讷(呐)	11	
zhuōnǚ 拙女	12	
zhuōqī 拙妻	11	
zhuōshī 拙诗	9	
zhuōshì 拙室	11	
zhuōshǒu 拙手	11	
zhuōshū 拙书	9,10	
zhuōyán 拙言	10	
zhuōyì 拙译	10	
拙意	10	
zhuōzhèng 拙政	11	
zhuōzhì 拙制	10	
zhuōzhù 拙著	9	
zhuōzhuàn 拙撰	9	
zhuōzuò 拙作	9	
zhuócái 卓裁	246	
zhuóduó 卓夺	246	
zhuóxuē 酌削	238	
zhuózhèng 酌正	237	
zǐ 子	173	
zǐmèi 姊妹	329	
zǒng'ān 总安	290	
zǒu 走	69,354	

zǒumǎzhāngtái	走马章台	339		zūnguān	尊官	96
zú	卒(殡)	404		zūnguǎn	尊馆	100
zúxià	足下	177,265		zūnhán	尊函	101,267
zuǎn'ān	纂安	286		zūnhàn	尊翰	267
zuǎnqí	纂祺	293		zūnháng	尊行	95
zuǎnzhǐ	纂祉	295		zūnhào	尊号	91
zuī	朘	311		zūnhóu	尊侯	91
zūn	尊	91,259,267		zūnhòu	尊候	99
zūn'ān	尊安	284		zūnhuái	尊怀	98
zūnbào	尊报	100		zūnhuì	尊讳	91
zūnbì	尊婢	96		zūnjí	尊辑	100
zūnbiàn	尊便	102		zūnjì	尊纪	96
zūnbù	尊步	99		zūnjià	尊驾	96
zūncái	尊裁	98		zūnjiān	尊缄	267
zūncáng	尊藏	100		zūnjiàn	尊见	97
zūnchá	尊察	263			尊件	102
zūnchǐ	尊齿	95			尊鉴	260
zūnchù	尊处	100		zūnjiè	尊介	96
zūncí	尊慈	92			尊价	96
zūncì	尊赐	101		zūnjū	尊居	97
zūndàjūn	尊大君	91		zūnjuàn	尊眷	94
zūndàrén	尊大人	93		zūnjūn	尊君	91
zūnfá	尊阀	97		zūnkè	尊刻	100
zūnfū	尊夫	94		zūnkuǎn	尊款	101
zūnfūrén	尊夫人	92,94		zūnkuàng	尊况	101
zūnfǔ	尊甫	91		zūnkǔn	尊阃	94
	尊府	91,97			尊壸	94
zūnfù	尊父	91		zūnlǎn	尊览	98
	尊腹	98		zūnlèi	尊累	94
zūngǎo	尊稿	100		zūnlín	尊临	98
zūngé	尊阁	94		zūnlùn	尊论	101
zūngēng	尊庚	95		zūnlǚ	尊履	99
zūngōng	尊公	91		zūnmào	尊貌	99

zūnmén 尊门	97	
zūnmiàn 尊面	99	
zūnmíng 尊名	91	
zūnmìng 尊命	97	
zūnqián 尊前	259	
zūnqīn 尊亲	93	
zūnquán 尊拳	99	
zūnrén 尊人	93	
zūnsǎo 尊嫂	94	
zūnsǎofūrén 尊嫂夫人	94	
zūnshàng 尊上	93	
zūnshěn 尊婶	94	
zūnshèng 尊乘	101	
zūnshī 尊师	95	
zūnshǐ 尊使	96	
zūnshì 尊示	267	
尊事	101	
zūnshòu 尊寿	95	
zūnshū 尊书	267	
zūnsù 尊宿	95	
zūnsuí 尊绥	291	
zūntái 尊台	96	
zūntáng 尊堂	92	
zūntǐ 尊体	98	
zūntīng 尊听	98	
zūnwēi 尊威	99	
zūnwén 尊闻	98	
zūnwēng 尊翁	91	
zūnxiāng 尊乡	97	
zūnxiàng 尊相	101	
zūnxìng 尊性	99	
尊姓	91	
zūnxiōng 尊兄	95	

zūnxuān 尊萱	92	
zūnyán 尊言	101	
尊颜	99	
zūnyàng 尊恙	99	
zūnyí 尊仪	99	
zūnyì 尊意	97	
zūnyǒu 尊友	95	
zūnyòu 尊右	259	
zūnyù 尊谕	267	
尊寓	97	
zūnzào 尊造	98	
zūnzhá 尊札	101,267	
zūnzhāng 尊章	93	
尊嫜	93	
zūnzhǎng 尊长	95	
zūnzhào 尊召	100	
尊照	101	
zūnzhèng 尊正	94	
zūnzhǐ 尊旨	98	
尊纸	100	
尊恉	98	
zūnzhòng 尊重	96	
zūnzhǔ 尊嘱	101	
zūnzhuàn 尊撰	100	
尊篆	91	
zūnzhuó 尊酌	98	
zūnzì 尊字	91	
zūnzú 尊足	98	
zūnzuǎn 尊纂	100	
zūnzuò 尊作	100	
zuóméng 昨蒙	227	
zuǒgù 左顾	184	
zuǒyòu 左右	265	

zuò 座	256	
zuò'ài 做爱	317	
zuògǔ 作古	400	
zuòguāng 做光	325	
zuòhuà 坐化	393	
zuòqǐguāng 做起光	325	

zuòqián 座前	256	
zuòxià 坐下	256	
座下	176,256	
zuòyòu 坐右	256	
座右	256